# LE LIVRE DES ANGES

Rêves – Signes – Méditation

## Angéologie Traditionnelle

*La guérison des mémoires*

Tome 2

## Kaya
## Christiane Muller

UCM
ORGANISME SANS BUT LUCRATIF

**UCM**

Centre d'Enseignement & de Recherche
Organisme sans but lucratif
36, rue Principale est
C.P. 161, BP Bureau-Chef
Sainte-Agathe-des-Monts, QC, J8C 3A3
Canada

Courriel : info@ucm.center
Site : www.ucm.center

 UCMFR – Kaya (official) – Kaya & Christiane Muller (official)

Pour organiser une conférence ou un atelier, ainsi que pour des renseignements sur la Formation IRSS sur l'Interprétation des rêves, signes et symboles : info@ucm.center

Transcription, structuration, aide à la rédaction et révision de la première édition :
Andrée Hamelin
Transcription : Michel et Ginette Nadon, Jocelyne Renaud, Micheline Ross et Kasara
Révision de la première édition : Lyne Bonneau, Denise Fredette
Révision de la deuxième édition : Kaya, Rita Haidu, Eloi Delmonico, Nils Delmonico, Martine Dion, Joëlle Colmar
Éditique et graphisme : Ssherie Y Puri
Page couverture et illustrations : Gabriell, peintre visionnaire
Photo : Anthony Di Benedetto

5e édition : 3e trimestre 2021
Dépôt légal : 2e trimestre 2004
Bibliothèque nationale du Canada
Bibliothèque nationale du Québec
Bibliothèque nationale de France
Bibliothèque nationale de Suisse

ISBN : 978-2-923097-05-3

Imprimé par KDP Amazon

Le lecteur comprendra mieux le langage utilisé dans ce
livre s'il garde à l'esprit qu'il s'agit, à part le chapitre
explicatif sur l'Angéologie Traditionnelle,
d'un enseignement oral.

Kaya

Ce livre a été réalisé à partir d'extraits de conférences
que mon époux et moi-même avons préparés et que
j'ai donnés en public au Canada et en Europe.
L'amour qui nous unit est le souffle même de mes
paroles.

En toute simplicité, je vous invite à découvrir notre
vie de tous les jours ainsi que celle des personnes qui
pratiquent cette ancienne voie de la Connaissance.

Christiane Muller

*Nous remercions sincèrement le
Docteur Masaru Emoto de l'I.H.M.
Research Institute du Japon pour son
altruiste contribution.*

# PRÉFACE

Ce livre est un ouvrage surtout pratique, même s'il traite de ce qui existe de plus subtil et de plus caché chez l'être humain – là est le paradoxe. En effet, l'enseignement qu'il contient trouve son application dans tous les secteurs de la vie : éducation, santé physique et mentale, exercice de la profession, relations humaines de toutes sortes, rapport à l'argent et aux biens, et, secteurs plus fondamentaux, relation à soi-même, à son énergie vitale et à l'Univers.

Quand je parle à des amis de l'Angéologie Traditionnelle, la plupart me disent – ou je sens – qu'ils ont de la difficulté à accepter le concept de réincarnation, arguant que leur vie présente leur donne suffisamment de matériel à traiter. Or, quand on se met à analyser nos rêves et qu'on prête une oreille attentive ou un œil alerte aux petits événements du quotidien, et qu'on les interprète avec la même symbolique que celle des rêves, on se rend compte que rien n'est séparé, que tout est connecté. L'ouverture à de nouveaux concepts tels que la réincarnation – quoique très anciens et présents dans pratiquement toutes les cultures – se trouve dans ces cas facilitée.

Et là commence la belle aventure ! Car ce que l'on croit être – notre identité – qui est tellement limité et limitatif, se trouve ébranlé de toutes parts. Ce qui se dévoile alors dans notre expérience la plus intime – intérieure – est que l'on est une âme, une âme qui prend un corps physique pour expérimenter.

Rien de plus pratique et de plus concret, en effet, que cet enseignement, car il ne se passe pas une fraction de journée ou de nuit où l'on n'ait l'occasion de travailler sur soi, de transformer notre vie. Et la technique qu'enseignent les auteurs de ce livre est tellement simple qu'elle en est déconcertante.

Vous vous souvenez du phénomène de la résonance mécanique que vous avez appris dans vos cours de physique ? Il est très simple. En voici un énoncé : Tout objet possède une fréquence vibratoire propre et naturelle ; or une oscillation qui a la même fréquence que la fréquence naturelle d'un objet peut le faire vibrer. Ce phénomène est à la base d'un nombre incroyable de manifestations, dont la musique. Or le principe qui se trouve à la base du travail avec l'Angéologie Traditionnelle est la résonance, ce sur tous les plans de l'être, y compris les plus subtils. À vous d'en voir l'application dans les exemples que les auteurs rapportent dans ce livre, histoires que leur ont confiées les gens qu'ils rencontrent lors de leurs tournées de conférences et ateliers.

Pendant une quinzaine d'années, j'ai fait régulièrement des plongeons intérieurs, expériences où je revisitais les événements de mon enfance pour en exorciser la colère, la rage, la peine et toutes sortes d'autres émotions refoulées – expériences qui s'apparentent au phénomène de catharsis. Quinze ans, c'est long pour un tel travail que je faisais le plus sincèrement du monde. Mais au terme de ces années, je me suis retrouvée déçue car je sentais que j'avais plafonné, que je n'avais pas atteint le bien-être espéré de tant de travail profond sur moi-même.

Ce n'est que récemment, quand j'ai commencé à travailler avec les Énergies Angéliques, que j'ai commencé à passer au travers de ce plafond, si je peux m'exprimer ainsi, à le dépasser. Les rayons que je visite sont les mêmes que ceux que je visitais autrefois quand je plongeais dans les mémoires difficiles de mon enfance, mais maintenant, je les explore tellement plus profondément !

Je conçois présentement ma vie comme une simple ramification de l'arbre de mon âme. Somme toute, cela me rassure et me réconforte. Et surtout, cela raffermit mon sens des responsabilités. Mon âme est responsable de tout ce qui se passe dans ma vie, et je peux extrapoler ce sentiment et ce concept bien au-delà, me sentir responsable de ce à quoi je me connecte dans le domaine social et culturel.

J'ai lu beaucoup de livres dans ma vie, mais s'il en est un que je recommande à tous les êtres est bien celui-ci – avec ses autres tomes.

Andrée Hamelin,
recherchiste et écrivaine

# INTRODUCTION

Ce livre se base sur les témoignages de nombreuses personnes qui viennent aux conférences du Centre de Recherche & d'Enseignement UCM et de personnes de notre entourage. Le cœur du livre se compose de 12 cours basés sur des conférences que nous avons données au Canada et en Europe.

Un grand vent d'ouverture de conscience souffle présentement, et nous avons l'occasion de constater que l'Enseignement de l'Angéologie Traditionnelle offre des réponses à de plus en plus d'êtres, dont une grande proportion est composée de jeunes adultes. Les personnes consciemment engagées dans un cheminement spirituel trouveront dans cet ouvrage un guide précieux qui les aidera à comprendre les phases d'initiation qu'elles traversent. En particulier, par les nombreuses histoires vécues et les interprétations de rêves et de situations que ce livre relate, elles pourront se familiariser avec le langage symbolique, dont la connaissance est la base fondamentale de l'autonomie spirituelle.

La partie la plus volumineuse du livre comprend 12 cours conçus à partir de conférences données sur des sujets spécifiques, traités à la lumière de différentes Essences Angéliques. Après les chapitres des cours suit celui des Lois Divines qui explique les grands Principes qui régissent l'Univers. Ce chapitre permet à la personne engagée dans un cheminement spirituel de comprendre ces Lois et de se les remémorer, jusqu'à les inscrire dans tout son être.

Les derniers chapitres du livre expliquent les fondements théoriques et historiques de l'Angéologie Traditionnelle, la méthode utilisée dans le travail avec les États de Conscience Angéliques, les tableaux permettant d'identifier les Anges Gardiens, une description détaillée de l'Arbre de Vie, suivie d'une description des 72 Énergies Angéliques sous forme de listes de leurs Qualités et des distorsions humaines correspondantes.

# ANGE 21 NELKHAEL
## L'Omniscience, la Connaissance en direct

Avant de commencer l'année scolaire, une enseignante a reçu en rêve son programme d'apprentissage pour l'année. Par ce rêve, On lui annonçait qu'elle allait apprendre les fondements de la justice.

Dès la rentrée scolaire, elle a réalisé combien son rêve était juste : pour la première fois depuis qu'elle enseignait, elle avait une classe d'élèves turbulents – certains se battaient – dans laquelle l'application de la discipline était un travail constant. Cette enseignante nous a raconté l'une de ses journées de travail difficiles au terme de laquelle elle était rentrée à la maison épuisée, envahie par tout ce qu'elle avait vécu avec ses élèves. Elle a alors décidé de s'intérioriser et de méditer. Pendant plusieurs heures, elle a invoqué un Ange et avant de s'endormir, elle a demandé au Ciel de l'aider à retrouver son harmonie intérieure.

Au cours de la nuit, elle a reçu un rêve qui l'a éclairée sur son expérience de la veille et elle s'est réveillée complètement régénérée, fraîche et dispose pour démarrer une nouvelle journée. Arrivée à l'école, sentant les élèves calmes et réceptifs, elle a jugé le moment propice pour leur parler de ce qu'elle avait vécu la veille et de son rêve.

Elle leur a dit :

— Hier, nous n'avions pas vraiment passé une bonne journée ensemble. Vous étiez agités et turbulents. Certains d'entre vous se sont battus et j'ai dû intervenir si souvent que lorsque je suis arrivée à la maison, je me sentais fatiguée et j'avais de la peine. Alors j'ai demandé au bon Dieu qu'Il m'aide, qu'Il m'envoie une réponse pour retrouver l'harmonie.

— Puis, est-ce qu'Il t'a répondu ? demanda un des élèves.

— Oui, par un rêve. Dans mon rêve, *je voyais un grand nombre d'enfants qui avaient les poches pleines de cigarettes Popeye, des cigarettes en bonbon. Et moi, je leur disais : « Non, non, non, vous ne pouvez pas les manger. »*

Bien sûr, elle savait que Popeye était un symbole qui décrivait le type d'énergie qu'il y avait dans la classe pendant la journée. Alors, sentant que les élèves étaient attentifs et sensibles à ce qu'elle disait, elle a poursuivi : « Que représente Popeye ? C'est un bon gars, il a bon cœur et il a beaucoup d'énergie, mais il ne sait pas toujours quoi faire de cette énergie et il est souvent en train de se battre. En plus, il fume. Ça veut dire que c'est un peu mêlé, embrouillé dans ses pensées. Puis le bon Dieu m'a envoyé une autre image pour m'expliquer comment vous aider. »

L'enseignante a dessiné au tableau un grand carré, puis elle a continué :

— *Il m'a expliqué que ce carré représente les règlements de l'école et que certains élèves considèrent ce carré comme une prison avec des murs très épais.*

— Oui, oui, oui, c'est justement comme ça qu'on se sent, se sont exclamées certains élèves en hochant la tête.

— *Puis le bon Dieu a ajouté que lorsque les élèves ne veulent pas apprendre dans cette structure, c'est-à-dire dans ce carré, eh bien, cela a pour conséquence que le carré doit se rapetisser au lieu de s'agrandir.* Ce qu'Il voulait me dire par là, c'est que lorsque vous n'écoutez pas, moi, je suis obligée à devenir sévère ; alors le carré devient plus petit. Et lorsque vous êtes gentils et que vous écoutez, alors le carré peut s'agrandir et vous avez plus de liberté.

Dans l'Univers, c'est exactement le même processus. À travers le symbole du carré, cette enseignante avait reçu une Loi fondamentale, et son rêve lui permettait de la comprendre et de l'expliquer à ses élèves d'une manière simple et accessible : pour pouvoir apprendre, nous devons accepter nos limitations, en faire des tremplins qui nous permettent de plonger dans les Qualités, les Vertus et les Pouvoirs à l'état pur, afin de les incarner un jour. La personne qui ne veut pas accepter ses limitations voit tôt ou tard le carré se rétrécir. Par contre, se elle les accepte, elle voit ce même carré s'agrandir progressivement pour devenir vaste comme l'Univers.

Le thème de ce cours est *l'Omniscience, la Connaissance en direct*. Il existe un Ange qui nous aide à y accéder, c'est l'Ange 21 Nelkhael qui fait partie des 72 Anges définis dans l'Angéologie Traditionnelle. Ces Anges représentent les 72 facettes du Créateur, l'ensemble des Qualités, des Vertus et des Pouvoirs Divins à l'état pur. Ce sont également des États de Conscience dont l'être humain peut faire l'expérience en activant la vibration de ces Énergies dans son être. En effet, en travaillant avec les Anges, nous arrivons à déployer les Potentialités qu'ils représentent et qui font également partie de notre nature originelle, Divine.

Ce travail, qui est expliqué de façon plus détaillée dans le chapitre sur l'Angéologie Traditionnelle, est très simple : il consiste essentiellement à répéter, intérieurement ou à haute voix, le Nom de l'Ange le plus souvent possible, comme un mantra. On peut faire cette pratique le soir avant de s'endormir, le matin au réveil et au cours de la journée en l'intégrant dans les activités qui le permettent. Nous appelons cette invocation – qui est une forme de méditation active – la Récitation Angélique ou Angelica Mantra. Elle favorise l'ouverture de l'inconscient et nous permet de visiter les différentes couches de mémoires que nous avons accumulées au fil de nos vies. La Figure 1 à la page 565 illustre la constitution de la conscience selon le schéma conçu par le psychologue Carl Gustav Jung pour représenter la psyché humaine.

Dans cette illustration, on voit que la partie consciente de notre être n'est qu'une petite portion, comme la pointe d'un iceberg. La ligne en dessous représente le voile qui sépare cette partie des différentes couches de l'inconscient lesquelles contiennent l'immense quantité de mémoires que nous avons accumulées au fil de nos vies. Dans ces mémoires est enregistré tout ce que notre âme a expérimenté lors de ses diverses incarnations. Or, quand on invoque un Ange en répétant son Nom, certaines mémoires se réactivent et elles apparaissent sous forme de scénarios ou de symboles dans nos rêves et dans les événements du quotidien. La Récitation Angélique nous permet de nettoyer ces mémoires, c'est-à-dire de les épurer des aspects distorsionnés qu'elles contiennent.

La principale Qualité de l'Ange 21 NELKHAEL est *la facilité d'apprentissage.* Ici, on parle d'apprentissage sur tous les plans : spirituel, intellectuel, émotionnel et physique. Tout notre être est touché. Une autre Qualité de cet Ange est *l'Omniscience.* Lorsqu'on parle d'Omniscience, il s'agit d'un savoir total, c'est-à-dire que l'être sait tout en termes d'essence et de compréhension multidimensionnelle. Il nous est possible d'entrer dans ce rayon de l'Omniscience, de l'accès direct à la Connaissance universelle. Comment ? Tout d'abord en méditant. La méditation élève notre taux vibratoire et nous permet d'entrer en contact avec les mondes parallèles. Nos rêves aussi nous offrent la possibilité de visiter ces autres dimensions.

Tout est inscrit dans les mondes parallèles. On peut y recueillir des informations sur les événements qui se préparent, bien avant qu'ils ne se matérialisent sur Terre. Un jour, après avoir réalisé un grand travail sur nous pour transcender nos besoins personnels, nous bénéficierons d'un accès constant à la Connaissance en direct, grâce à laquelle nous serons en mesure de poser les gestes justes dans l'action.

Beaucoup de personnes se sentent complexées devant ceux qui ont complété de hautes études sur le plan terrestre, qui ont obtenu des diplômes universitaires. Elles les admirent parfois outre mesure ou se sentent diminuées face à eux. Lorsqu'on active en soi la vibration de l'Ange NELKHAEL, on perd ce genre de blocage ou de fausse admiration et on arrive à tout apprendre facilement. Et si les hautes études terrestres font partie de notre plan de vie – si on doit passer par ces études pour pouvoir exercer telle ou telle profession qui correspond à notre programme intérieur –, alors on étudiera. Et avec l'Ange NELKHAEL, ce sera d'autant plus facile. Mais tout le monde n'a pas besoin de passer par là ; l'essentiel est que chacun trouve le métier, la vocation qui correspond à son programme d'évolution, à ce que son âme a besoin d'apprendre pour continuer à évoluer. Un jour, on prend conscience que les véritables hautes études sont les études initiatiques, celles qui nous permettent de développer les Qualités, les Vertus et les Pouvoirs à l'état pur.

Obtenir une maîtrise ou un doctorat requiert 10 à 15 ans d'études. Mais apprendre à aimer véritablement et à intégrer la Sagesse peut exiger des vies et des vies d'apprentissage. C'est précisément cela la raison pour laquelle nous existons, c'est en cela que réside le sens de notre vie et de l'évolution.

On entend quelquefois l'expression *science infuse.* Si on s'arrête à la définition courante, une personne qui a la science infuse est une personne qui possède le savoir sans avoir étudié, ni expérimenté. Or, il manque certaines notions à cette définition. Prenons l'exemple d'un être qui, très jeune, montre une grande habileté dans un certain domaine, une certaine activité, alors qu'il n'a pas eu l'occasion de l'apprendre dans cette vie. On peut se demander d'où lui vient ce grand talent ; comment un jeune enfant peut déjà être un virtuose du piano ou un génie dans d'autres domaines. C'est parce qu'il a développé ces facultés dans d'autres vies. Lors d'autres incarnations, il a étudié, expérimenté, pratiqué, et il ramène ce bagage dans sa vie présente. La mémoire relative à ces expérimentations lui est encore accessible, en sorte que les facultés acquises antérieurement ont pu se réactiver dès le début de sa nouvelle vie. Voilà l'une des raisons pour lesquelles on ne doit jamais se comparer aux autres ; car ce que nous sommes dans le présent est toujours à considérer en lien avec notre passé.

Il est aussi possible d'étudier et d'apprendre pendant la nuit dans nos rêves. Par exemple, on pourrait recevoir un rêve, dans lequel On nous enseigne telle ou telle activité ; où l'on se voit étudier une matière en profondeur, dans son essence. Et puisque dans les mondes parallèles, la perception du temps est différente, on peut réaliser en une seule nuit un apprentissage qui équivaut à plusieurs années d'études terrestres. Nombreux sont les scientifiques qui ont reçu les clés de leurs découvertes en rêve. Pensons à la découverte de l'ADN, celle de l'insuline et à de nombreuses autres inventions pour lesquelles les informations nécessaires ont été reçues en rêve.

On peut également obtenir des réponses d'un ordre plus pratique. Par exemple, si un mécanicien rencontre un problème qu'il ne comprend pas, On pourrait lui montrer dans un rêve où se trouve la solution. Et le lendemain, en quelques minutes, il sera en mesure d'achever la réparation. Tout est possible.

Un jour, tout en comprenant la notion d'Omniscience et en sachant activer en soi l'État de Conscience de l'Ange Nelkhael, on ne cherche pas à tout savoir, car on est conscient que nous sommes tous insérés dans une dynamique d'entraide et de partage avec les autres. Par la Connaissance en direct, on sera guidé vers la bonne personne, le bon spécialiste, l'être qui pourra le mieux nous aider. On sera toujours bien dirigé et on pourra réaliser de belles matérialisations. Dans le même ordre d'idées, on n'a pas besoin de tout faire soi-même. Cette façon de penser – où l'on comprend que nous avons besoin les uns des autres, non par dépendance, mais par sentiment d'entraide – nous porte à partager et nous met sur le chemin de l'altruisme. À partir du moment où l'on a intégré ce concept, on sait que lorsqu'on aura besoin d'une information pour réaliser notre programme, on la recevra ; soit par nous-mêmes directement de l'intérieur, soit par autrui. C'est aussi de cette façon que l'Omniscience se manifeste, via l'interconnexion entre nous et les autres.

Quand on ne sait pas, on demande. Un jour, on n'a plus d'orgueil, On demande au Ciel et on est aussi capable de demander aux autres, par exemple à des spécialistes. On se sent léger comme un enfant parce qu'on cesse d'être encombré par toutes sortes de bagages qui nous alourdissent.

Du côté des distorsions humaines de cette Énergie Angélique on trouve les *préjugés*. Quand on travaille avec l'Ange Nelkhael, dans la nuit, On peut nous dire : « Tu veux la Connaissance en direct ? Bon, d'accord ! » et On nous envoie un rêve dans lequel on verra des personnes qui critiquent ou qui expriment des préjugés. Par leurs comportements, On nous montrera que certaines parties de notre être ont encore ces mêmes comportements : « Regarde, tant que tu abrites de tels comportements dans tes mémoires, tant que tu nourris encore des préjugés et de la critique, On ne peut pas t'ouvrir l'accès à la Connaissance en direct. Ces mémoires t'obstruent l'accès à l'Omniscience. Corrige cette mentalité. »

Alors, si un être a beaucoup développé son intellect sans se connecter à cette grande Intelligence Divine, sans prendre conscience que tout vient d'Elle, il ne pourra pas assouvir sa soif de connaissance. Il lira sans arrêt, il sera avide de savoir, mais il ne sera jamais satisfait. Et cela est normal, car son âme reste sur sa faim puisqu'elle aspire à la véritable Connaissance, et elle continue à pousser l'être à la chercher. Mais tant que les obstructions perdurent, tant que l'intellect seul se développe et qu'il demeure fermé aux autres dimensions, toutes les connaissances et tout le savoir acquis resteront limités au plan horizontal. Il ne pourra pas apprendre à la verticale, comme l'enfant qui reçoit toujours ce qu'il doit recevoir, en direct.

Les personnes qui ont l'Ange NELKHAEL parmi leurs Anges d'incarnation ont des aspirations particulièrement fortes à l'étude, mais nous pouvons tous nous reconnaître dans cette Essence Angélique. Nous utilisons tous ce Champ de Conscience, soit du côté de ses Qualités, soit du côté des distorsions, et ce, même si nous ne connaissons pas le Nom de l'Ange.

Nous avons vu tout à l'heure que le travail avec les Énergies Angéliques déclenche une grande ouverture de l'inconscient qui nous permet de nettoyer nos mémoires distorsionnées. Or, la Récitation Angélique avec l'Ange NELKHAEL nous aide à reprogrammer les mémoires qui empêchent la facilité d'apprentissage ; par conséquent, on apprend de manière beaucoup plus aisée.

Certaines personnes paniquent lorsqu'elles sont confrontées à un concept novateur, à une idée nouvelle – par exemple, à un nouveau système informatique au travail. Elles se demandent : « Comment se fait-il qu'à chaque fois qu'on me propose un nouveau système, c'est la panique ? Je deviens rigide, je suis mal à l'aise et j'ai des sueurs. Ça vient d'où, ça ? » Grâce au travail avec l'Ange NELKHAEL, On peut nous indiquer, tant dans nos rêves qu'au moyen de signes, ce qui cause ces états et nous montrer des comportements ne semblant avoir aucun rapport direct avec le problème auquel on est confronté, mais qui, justement, nous empêchent d'apprendre facilement. En conscientisant ces aspects, nous avons la possibilité de les changer. Par la suite, il nous sera plus facile de nous adapter aux différents apprentissages et d'intégrer leurs contenus.

L'enseignante dont il était question au début a vraiment bien intégré le concept de la Loi de la résonance et son corollaire, le concept du dérangement. Revoyons brièvement ces deux concepts qui peuvent se résumer dans la phrase : *On attire ce que l'on est.*

Comme le montre l'illustration de la constitution de la conscience, la plus vaste partie de notre être – le subconscient et les différentes couches de l'inconscient – nous est cachée, occultée. Or, même si nous ne sommes pas conscients de ce qui s'y trouve, les mémoires et les forces, tant positives que négatives, contenues dans cette partie nous influencent continuellement. En effet, elles se manifestent à travers les êtres et les évènements que nous rencontrons au quotidien et que nous attirons inconsciemment par résonance. Cela vaut autant pour les situations et les rencontres agréables, avec lesquelles nous avons des affinités positives, que pour celles qui nous dérangent. Voilà le sens de la Loi de la résonance et celle du dérangement. Nos mémoires inconscientes, généralement endormies ou gelées, peuvent se mettre à vibrer si elles sont réveillées par un élément extérieur (personne, objet, évènement, etc.) qui a la même fréquence vibratoire. C'est de cette manière que nous pouvons en prendre conscience.

L'enseignante dont je vous ai parlé est habituée à ce langage. D'ailleurs, depuis deux ans, juste avant de commencer son année scolaire, elle reçoit le thème de son apprentissage pour l'année. On lui indique : « Voici, dans les grandes lignes, ce que tu apprendras cette année. » Donc, comme tous les enseignants, elle reçoit son programme d'enseignement – ce que les élèves devront apprendre –, mais elle reçoit également son programme d'apprentissage spirituel. L'expérience de cette femme illustre très bien un beau concept que l'on peut énoncer ainsi : *On est toujours à la fois enseignant et apprenti.* Cela est valable pour tout le monde et pas seulement pour les personnes qui exercent ce métier. Chacun est enseignant car il peut transmettre ce qu'il connait déjà, et apprenti parce que l'apprentissage est un processus qui se poursuit à l'infini. L'intégration de ce concept accélère notre évolution, car une grande ouverture peut alors s'opérer.

Souvent, cette enseignante dit à ses élèves : « Vous êtes tous des parties de moi, tous autant que vous êtes », et les élèves sont très sensibles à ses paroles. Elle sait que lorsqu'elle se sent dérangée par certains élèves, elle doit essayer d'identifier et d'analyser le comportement qui l'a dérangée. Ce dérangement qu'elle sent sur le plan énergétique lui signale que certaines mémoires de son inconscient se sont réactivées. C'est pour cela qu'elle peut se sentir fatiguée et qu'elle a des difficultés à maîtriser la situation. Lorsqu'on observe le comportement de cette femme au plan physique, on ne peut pas détecter chez elle des résonances négatives avec sa classe, surtout avec le groupe qu'On lui a confié cette année – une classe très difficile. Elle a un beau comportement, une belle attitude. Ses résonances ne sont pas du tout apparentes, elles sont occultées derrière le voile. C'est ce qui se passe lors des ouvertures de l'inconscient ; celles-ci ont pour effet d'éveiller les résonances dans la dimension métaphysique de notre être, de faire vibrer nos mémoires jusque-là endormies, afin que nous puissions les intégrer dans notre plan conscient, au-dessus du voile.

On lui avait envoyé ces rêves – en particulier celui du carré – afin qu'elle puisse mieux expliquer à ses élèves la question de la maîtrise de soi et des limitations. Mais le message s'adressait aussi à elle. Même si dans ce rêve, elle a possiblement visité l'âme de ses élèves, il n'en reste pas moins que ces derniers représentaient des parties d'elle qui doivent atteindre la maîtrise. Car le fait qu'elle se soit sentie dérangée et épuisée une fois rentrée à la maison, montre qu'elle n'avait pas encore la maîtrise. Voilà le critère qui démontre qu'elle avait des résonances. Ainsi, lorsqu'une telle situation se présente, on ne se dit plus : « Qu'ils sont difficiles, ces enfants ! », en projetant la cause de notre malaise sur la situation extérieure. Cette femme a fait le retour à soi, elle a souhaité retrouver l'harmonie à l'intérieur d'elle et On l'a aidée. Cette attitude est très spirituelle et très évolutive.

Pendant plusieurs années, cette personne a enseigné sans éprouver de problèmes d'autorité, son attitude lui semblait juste. Mais lorsqu'elle a commencé à travailler sur elle et que son inconscient s'est ouvert, elle s'entendait parler et se rendait compte que son autorité n'était pas toujours juste, qu'elle était parfois répressive, trop sévère. Elle prenait conscience qu'elle était dans la distorsion, que des fois, elle s'exprimait avec de la surconfiance. À partir de ce moment-là, il ne lui était plus possible de continuer à se manifester de cette manière – voilà ce que provoque l'ouverture de l'inconscient. Elle a donc entrepris la rectification de ces distorsions. Cela n'était pas facile au début parce que les élèves captaient son état de déséquilibre, de déstabilisation, et ils devenaient parfois encore plus indisciplinés. C'était comme si elle devait recommencer à zéro.

Mais, petit à petit, elle s'est adaptée et le résultat était magnifique. La vraie évolution passe par là.

Cet exemple s'applique à nous tous, dans toutes nos activités. L'un de nos plus grands enseignants est le dérangement. Si on veut vraiment apprendre – par exemple avec l'Ange NELKHAEL, cet Ange de l'apprentissage –, chaque fois qu'on se sent dérangé, on se dit : « Merci beaucoup, je vais apprendre bien des choses sur moi. Je vais prendre conscience de parties cachées de mon être dont je n'avais pas la moindre idée de l'existence. » Lorsqu'on intègre profondément ce concept, on acquiert le véritable Amour de l'apprentissage. On parvient à faire face à des situations où, malgré les dérangements, l'Amour finit par l'emporter. Chaque situation éprouvante ou dérangeante devient une nouvelle source d'Amour et de connaissance de soi. Alliés, ces deux rayons – Amour et connaissance de soi – nous branchent réellement sur la Connaissance en direct.

☉

Voici maintenant un autre exemple qui touche la Qualité principale de l'Ange NELKHAEL : *la facilité d'apprentissage*. Une femme qui est venue pour la première fois aux conférences m'a demandé l'interprétation d'un rêve qu'elle avait reçu. Dans son rêve, *elle montait une montagne en jeep et c'était son beau-frère qui conduisait. Arrivée au sommet, elle a aperçu de très belles fleurs jaunes et roses. Elle a dit : « J'aimerais avoir des fleurs comme celles-là dans mon jardin. » Un homme est apparu et lui a dit : « Tu ne peux pas en avoir tout de suite, aussi facilement. Pour les obtenir, tu dois d'abord passer par cette grange. » Alors elle s'est rendue vers une très vieille grange dont la porte d'accès était carrée et vraiment toute petite – un carré rétréci comme dans le rêve de l'enseignante. Devant cette porte se trouvaient de nombreux bouts de bâtons enchevêtrés, mêlés avec toutes sortes de déchets. Elle a commencé à démêler ce tas, mais au bout d'un moment, elle a abandonné en se disant : « Non, c'est trop difficile pour moi. » Soudain, une grande porte s'est ouverte, une porte de la grange qu'elle n'avait pas vue auparavant, et la femme qui l'a ouverte lui a dit : « Va donc dans la vallée. Va chez un fleuriste. Ce sera bien plus facile. »*

Tous les éléments de ce rêve représentaient des parties de la rêveuse. On lui a indiqué comment elle apprend au niveau spirituel : la montagne est un symbole d'élévation spirituelle par rapport à la matière. Et quand un rêve traite de la spiritualité, nécessairement, il concerne tous les plans de l'être. On lui a donc montré comment elle implique son esprit, son intellect, ses émotions et sa dimension physique lorsqu'elle apprend. C'était un rêve très important.

Elle a monté la montagne à l'aide d'une jeep. Les voitures représentent la manière dont nous nous conduisons et nous comportons dans le social et l'environnement pour avancer, aller vers des destinations, atteindre des buts. La jeep a la capacité de se déplacer sur les terrains difficiles. Mais ce n'était pas la rêveuse qui conduisait ; c'était son beau-frère. Je lui ai donc demandé :

— Qu'est-ce qu'il représente pour toi, ton beau-frère ?

— Il est têtu, il n'écoute pas les autres, il n'en fait qu'à sa tête.

— Alors On t'a montré une partie de toi, certaines de tes mémoires inconscientes, qui font en sorte que, dans ta recherche d'élévation, dans ton apprentissage, et jusqu'au niveau de la manifestation – puisque c'était un homme qui conduisait, et que l'homme représente l'action et la manifestation, tandis que la femme représente l'intérieur –, tu n'écoutes pas. Tu n'es pas assez réceptive. On t'a dit : « Tu veux monter, tu veux t'élever, tu cherches la spiritualité, mais tu n'écoutes pas assez. Tu n'en fais qu'à ta tête. »

Arrivée en haut, elle a vu de belles fleurs qui symbolisent de beaux sentiments. La couleur des fleurs – le jaune et le rose – révèle quel type de sentiments l'habitait. Le jaune fait penser au soleil, au rayonnement, à la confiance. Et concernant le rose, on dit souvent *voir la vie en rose,* n'est-ce pas ? C'est une couleur reliée à l'amour, mais un type d'amour réunissant la spiritualité et la matière car le rose est un mélange de blanc et de rouge. La confiance et l'amour sont deux ingrédients indispensables à la facilité d'apprentissage. Et c'est cela que souhaite cette personne ; elle souhaite vivre avec des sentiments de confiance et d'amour.

Dans le rêve, elle a dit qu'elle aimerait avoir de telles fleurs dans son jardin, qu'elle voudrait les cultiver dans son jardin intérieur.

L'homme qui est apparu à ce moment-là était un guide qui faisait de la transfiguration et représentait aussi une partie en devenir de cette femme. Les guides peuvent se manifester sous une forme qui revêt une valeur symbolique pour le rêveur ou la rêveuse. Celui-ci lui a signifié : « Tu ne peux pas avoir ces fleurs tout de suite. Tu dois d'abord passer par la grange. »

Une vieille grange symbolise de vieilles mémoires liées aux instincts. Pour avoir accès à ces vieilles mémoires, la rêveuse devait passer par une porte très petite et carrée. On retrouve le symbole du carré rétréci dont je vous ai parlé au début de ce chapitre. Il s'est rétréci à cause de toutes sortes d'expérimentations au cours desquelles elle n'a pas respecté les Lois Divines. De plus, avant d'avoir accès à ce passage étroit, la rêveuse doit faire face à un tas de bâtons enchevêtrés parmi d'autres déchets. Par leur forme allongée, les bâtons représentent la manière dont on manifeste le pouvoir et l'autorité dans l'action. Et puisque la rêveuse se trouvait sur une montagne, cet aspect est également à voir en lien avec sa façon de s'élever spirituellement par rapport à la matière. Le fait que les bouts de bâtons soient mêlés signifie que des mémoires d'expérimentations distorsionnées en rapport avec le pouvoir et l'autorité mélangeaient son être, ce qui s'extériorisait dans sa manière de se manifester.

On retrouve cette problématique chez des personnes qui ont de la difficulté à intégrer un nouveau concept. Pour certains, c'est facile, mais pour d'autres, c'est une montagne. C'est le cas de cette femme : dans le rêve, elle a abandonné la tâche car c'était trop difficile pour elle. Pourquoi ? Parce que dans son inconscient, les concepts qui normalement devraient servir à prendre des décisions sont tout emmêlés. Ce sont ses mémoires en lien avec le pouvoir et l'autorité qui, symboliquement, lui font renoncer à entrer dans la grange, donc à découvrir des aspects plus instinctuels de son être, des forces primitives, animales, égoïstes.

La grande porte symbolise la facilité, et c'est une femme qui l'a ouverte. Celle-ci représente une partie du monde intérieur de la rêveuse. Par cet aspect, On a voulu lui montrer une attitude intérieure qu'elle avait. Parlant des fleurs, la femme lui a dit d'aller les acheter chez un fleuriste dans la vallée, car ce serait plus facile.

Cela révèle que la facilité recherchée par la rêveuse n'est pas la bonne : en allant dans la vallée, elle perdra son élévation. Elle ira chercher la confiance et l'amour chez les autres, au lieu de cultiver ces beaux sentiments à l'intérieur d'elle-même.

Ce rêve signifie qu'avec son attitude intérieure, dès qu'elle rencontre un problème, elle a tendance à chercher des compensations à l'extérieur, à fuir, à refuser l'apprentissage. Je lui ai dit : « Essaie de réfléchir là-dessus, parce que cette thématique doit revenir souvent dans ton quotidien et elle se manifeste tant dans les petites choses que dans les grandes. Ce rêve te montre que lorsqu'On te fait vivre une expérience qui demande un effort et te dérange, eh bien, tu fuis cet apprentissage pour prendre la voie de la facilité. Bien sûr, momentanément, tu éprouves un mieux-être, mais c'est éphémère. En plus, cette attitude crée des dépendances. »

Mes commentaires l'ont fait réfléchir et au bout d'un moment, elle m'a dit :

— Je vois. Je suis infirmière de métier et j'ai toujours rêvé de confectionner mes propres vêtements. Alors, dernièrement, je me suis inscrite à un cours de haute couture qui se donne dans la ville de Québec. Moi, j'habite un tout petit village. Quand je suis allée à mon premier cours, il y avait tellement de monde ! Il y avait tellement de trafic sur la route ! J'étais affolée parce que je ne suis pas habituée à conduire dans une grande ville. Ainsi j'ai renoncé à mon cours, et c'est vrai que j'ai vécu cela comme un échec.

— Tu vois, c'est la matérialisation de ton rêve.

Analysons ce fait vécu exactement comme s'il s'agissait d'un rêve. C'est de cette manière – c'est-à-dire en interprétant ce qui se passe dans notre quotidien avec toute la profondeur du langage symbolique – qu'on ouvre les portes des mondes parallèles. Alors, la haute couture. La couture sert à fabriquer des vêtements et les vêtements représentent notre aura, ce que nous dégageons face aux autres, tant dans les qualités que dans les distorsions. Le souhait de cette femme d'apprendre la haute couture indique qu'elle aspire à faire des vêtements intérieurs de haute qualité, c'est-à-dire une belle aura. Il est important de comprendre que si on est attiré par une activité donnée dans le monde extérieur, cela veut dire qu'il existe à l'intérieur de soi une force qui crée cette attirance. Et cette force correspond à notre programme d'évolution. En analysant nos activités de cette manière – à la lumière du langage symbolique –, on retrouve l'essence de tout projet, de toute activité.

Quand on n'a pas la Connaissance, on peut, même au nom de la spiritualité, passer à côté d'un apprentissage important pour notre conscience. Par exemple, dans la situation que nous venons de voir, on pourrait se dire : « Dans mon village, avec mon métier, je suis bien. Je suis à l'aise et je me sens en harmonie. C'est d'ailleurs pour ça que je veux cheminer : pour être centrée et pour vivre en harmonie. Alors, à quoi bon aller dans une grande ville et vivre cet affolement, uniquement pour suivre des cours de haute couture ? » Avec une telle attitude, on passe à côté de quelque chose d'important.

Symboliquement, la grande ville représente un grand nombre d'activités simultanées, une grande intensité. Bien sûr, la ville comporte son lot de pollution, de bruit et de tensions de toutes sortes. Il est beaucoup plus favorable à un être spirituel de demeurer à la campagne qu'en centre urbain. Mais lorsqu'on doit aller en ville ou si cela fait partie de notre programme d'y demeurer un certain temps, on doit être capable de le faire sans se sentir dérangé. Alors on voit que cette femme abrite des mémoires qui l'empêchent de se sentir à l'aise au milieu d'activités intenses. Mais on peut retrouver cet affolement chez des gens qui conduisent aisément dans la circulation automobile intense : chez ces personnes, il se manifestera dans d'autres secteurs de la vie, par exemple dans leurs relations amoureuses – elles seront affolées lorsqu'une nouvelle relation se présentera.

Même si cette femme mettait de côté ses cours en ville, elle peut tout de même se dire : « Ce souhait de faire des cours de haute couture va me servir de motif, d'occasion pour travailler sur moi. Il va m'aider à démêler mes bouts de bâtons. Au lieu de faire des déplacements dans le concret, je vais faire des visites dans les zones affairées de mon inconscient pour découvrir ce qui cause mon malaise et mon affolement quand je dois aller en ville. » C'est cette activité qu'elle devrait entreprendre, car elle lui permettrait entre autres de démêler des parties compliquées en elle qui limitent l'expansion de son être.

Bien sûr, quand on choisit la voie de la facilité, momentanément, on se sent mieux que lorsqu'on explore des parties difficiles et compliquées. Voilà pourquoi il est important de comprendre ce qui nous attend lors du cheminement.

Bien des personnes qui lisent sur la spiritualité se disent : « Oui, mais la spiritualité, normalement, ça devrait être simple, facile et beau. » À un moment donné, elles se rendent compte que plus elles avancent dans leur cheminement, plus cela devient compliqué et plus elles se sentent dérangées. Lors de l'ouverture de l'inconscient, c'est normal de se sentir ainsi. On doit nettoyer de nombreuses mémoires distorsionnées qui sont enchevêtrées. Notre esprit est tout mêlé. Mais le travail avec l'Enseignement de l'Angéologie Traditionnelle et la pratique des Angelica Mantras nous aident et, petit à petit, un bâton après l'autre, on remet de l'ordre en soi et on acquiert une grande facilité d'apprentissage.

Donc, l'Ange NELKHAEL n'est pas une baguette magique avec laquelle on invoque, et CLAC ! la facilité d'apprentissage s'active. Non, cela ne fonctionne pas de cette manière. Mais le travail avec cet Ange nous aide à cesser de fuir nos apprentissages et à accepter de traverser les passages étroits tels que la petite porte carrée du rêve. Et un jour, on aura une grande facilité d'apprentissage qui nous sera utile dans tous les domaines que l'on sera amené à expérimenter.

Continuons avec une autre histoire vécue en lien avec *la facilité d'apprentissage*. Il s'agit du partage d'une femme qui venait pour la deuxième fois aux conférences. Elle s'est adressée à mon époux et lui a expliqué que pendant le mois précédent, elle avait fait ses devoirs. Elle avait lu le livre COMMENT LIRE LES SIGNES – *Psychologie initiatique* et après, ses rêves s'étaient déclenchés. Puis elle lui a raconté son premier rêve.

*Elle était enceinte et elle avait les oreilles de monsieur Spock. Puis elle a accouché d'un petit garçon.*

Monsieur Spock – pour ceux qui ne le connaissent pas – est l'un des personnages d'une ancienne série télévisée *Star Trek*. Que représente ce personnage ? Monsieur Spock est un être hybride, mi-humain, mi-extraterrestre, et en tant qu'extraterrestre, il est doté des pouvoirs de clairvoyance, de clairaudience et de clairsentience.

Quand on est enceinte dans un rêve, c'est qu'On nous annonce une nouvelle étape de vie, une nouvelle personnalité, un nouveau projet. Le projet peut être de nature matérielle ou affective, mais il peut aussi concerner de nouveaux concepts, de nouvelles pensées. Puisque la rêveuse a accouché d'un petit garçon, cela signifie que ce nouvel élément allait se manifester dans sa personnalité, dans l'action, concrètement. Et pourquoi avait-elle les oreilles de monsieur Spock ? Par cet aspect On lui annonçait une plus grande clairaudience, une plus grande réceptivité aux mondes parallèles. Elle avait dit à mon mari que ses rêves s'étaient déclenchés, et dans ce premier rêve, On l'a informée que dorénavant, elle serait aussi en mesure de mieux interpréter ses rêves et les signes du quotidien car sa dimension spirituelle était née.

Je vous rappelle qu'un signe n'existe que dans la mesure où la personne établit un lien entre ce qu'elle a vu se produire et ce qu'elle était en train de penser ou de faire à ce moment-là. Quand on pratique régulièrement la lecture des signes qu'on reçoit dans la vie quotidienne, les portes des mondes parallèles s'ouvrent à nous, l'une après l'autre. Cela nous permet de percevoir toujours plus en profondeur ce qui se trouve dans les mondes parallèles qui existent en nous, en chaque être humain. C'est l'intention avec laquelle on lit et cherche à comprendre les signes qui fait toute la différence.

Dorénavant, quand cette femme écoutera une conférence ou une histoire, elle comprendra plus en profondeur. Dans une simple histoire, il existe plusieurs niveaux de compréhension. Moi, je raconte de nombreuses fois les mêmes histoires, car je donne les mêmes conférences dans plusieurs villes et pays. Mais jamais je ne me suis lassée. À chaque fois que je les raconte, je me les répète à moi-même et cela me permet d'aller toujours plus en profondeur dans ma compréhension de leur signification multidimensionnelle. Et peu importe qu'une histoire reflète des qualités ou des distorsions : si on la comprend vraiment en profondeur, elle nous amène à comprendre les Lois de l'Univers.

Vous aussi, vous pouvez y arriver. Les signes que vous recevez, les évènements qui se produisent dans votre vie, les histoires que vous lisez, entendez ou vivez vous-mêmes, rentrez dedans, méditez dessus. Examinez-les en appliquant la Loi de la résonance, la Loi du dérangement et tout ce que comporte cet Enseignement. Vous verrez, cela vous amènera très loin, à une compréhension très profonde. Voilà ce qu'est la vraie Connaissance, la Connaissance à la verticale. Avec elle, on n'a plus besoin de s'étendre longuement sur des sujets ni de lire d'innombrables livres. Si on doit les lire et les étudier pour pratiquer notre métier, c'est très bien, mais autrement, ce n'est plus nécessaire. Avec la Connaissance à la verticale, on va toujours en profondeur et on entre dans une compréhension multidimensionnelle ; la vie elle-même devient le Livre. Voilà ce qu'est la Connaissance en direct.

Pendant que je méditais sur cette histoire des oreilles de Spock et la clairaudience, un matin très tôt, alors que je n'étais pas tout à fait revenue dans mon corps, j'ai entendu un bruit extrêmement fort, pas désagréable mais très fort. Je me suis demandé ce qui se passait dans la maison. J'ai ouvert un œil et me suis rendu compte que ce bruit provenait de mon mari qui se grattait la barbe. C'est cela, les oreilles d'extraterrestre ; dans les mondes parallèles, tout est amplifié. J'étais en train de me réveiller et mon ouïe ne s'était pas encore ajustée aux sons de la réalité physique. Ce n'était pas la première fois qu'On me faisait vivre cette expérience sensorielle. À chaque fois, cela avait servi à me donner un enseignement. Quelques secondes plus tard, mon ouïe s'était ajustée et le son était redevenu normal.

Le développement de la clairaudience – parmi d'autres facultés de perception subtile – permet d'entendre bien au-delà du son physique ; on devient capable d'entendre les pensées qui nous entourent et les voix qui proviennent d'autres dimensions. Alors notre vie devient tellement intense, tellement intéressante ! À chaque fois qu'une personne parle, y compris nous-même, on entend mieux. On analyse d'abord le choix des mots utilisés : « Pourquoi tel mot et pas tel autre ? » Le choix des mots est influencé par ce qu'on abrite dans notre inconscient et derrière chaque mot il y a une signification profonde. Mais on peut aller plus loin, car au-delà du choix du mot, il y a sa vibration spécifique à laquelle s'ajoute la vibration de la voix qui le prononce. En analysant tout cela, on découvre des aspects et on touche à des mémoires dont l'être concerné n'est même pas conscient. On perçoit à travers les dimensions. C'est cela, l'écoute avec la clairaudience.

Un jour, on arrive même à entendre les pensées des autres. Mais on doit y être préparé. C'est pour cette raison qu'il est fortement déconseillé de demander l'activation des facultés subtiles, médiumniques, comme la clairaudience, la clairvoyance, la clairsentience, etc. En travaillant sur soi pour développer les Qualités, les Vertus et les Pouvoirs à l'état pur, on développe simultanément une grande pureté de conscience. Ces facultés s'activeront alors tout naturellement et on saura en faire un usage juste. Tandis que lorsque leur activation est forcée et que l'être s'en sert pour satisfaire ses besoins et ses ambitions égoïstes, ou à des fins malveillantes, il nourrit ses distorsions et se crée des karmas qu'il devra rectifier, tôt ou tard.

On nous ouvre à ces perceptions à certains moments et pour des raisons précises, comme lorsque je méditais sur le rêve de cette femme. Mais il est essentiel de savoir que si On active notre potentiel de clairaudience et que, soudainement, nous nous connectons à une personne critique en pensant à elle, et que nous-même avons encore des résonances inconscientes avec la critique, alors nous pouvons rester pris toute la journée – et même plus longtemps – avec la critique, parce que nous nous sommes branchés à cet égrégore, à ce réservoir collectif rempli d'énergies de critique. Cela va donc bien plus loin que la résonance que nous avons avec la personne. Il est vraiment important d'intégrer le fait qu'en devenant ouvert aux mondes parallèles, nous nous connectons aussi aux puissants égrégores énergétiques qu'ils contiennent ; par conséquent, les résonances qui s'activent en nous se multiplient et s'intensifient également. Quand on comprend cela, on ne demande plus l'activation rapide des facultés médiumniques. On souhaite uniquement les Qualités, les Vertus et la pureté de conscience. On fait de notre mieux pour avancer dans notre évolution, étape par étape, sachant que l'Intelligence Cosmique décidera de nous donner ces facultés quand ce sera le bon moment, quand nous serons réellement prêts.

⊙

L'exemple qui suit touche plus particulièrement l'apprentissage de la parole. Une femme spécialisée en rééducation du langage qui travaille comme orthophoniste auprès d'enfants ayant des difficultés physiques à ce niveau, m'a partagé son vécu. Elle m'a dit : « J'aime beaucoup mon métier. Je suis très patiente avec les enfants que j'ai dans le moment. Mais il ne faudrait surtout pas me donner une classe où il y a des enfants agités et turbulents. Je ne serais pas capable, parce que j'ai déjà tout un spécimen à la maison. C'est mon fils qui a huit ans, et c'est vraiment difficile avec lui. Il est intense, il est très sensible, mais il parle beaucoup, et quand il parle, il dit ce qu'il pense. Bien sûr, ça cause des problèmes à l'école. Il s'est retrouvé plusieurs fois chez le directeur. Il a souvent carrément dit aux enseignants : 'Ça ne m'intéresse pas, ce que tu enseignes'. Un jour, j'ai été convoquée. Une autre fois, des enseignantes qui savaient que j'enseigne moi-même m'ont reconnue et se sont exclamées en disant : 'Hein ! C'est ton fils ?' J'avais tellement honte ! »

J'ai dit à cette mère : « Eh bien, tu n'as pas choisi le métier d'orthophoniste par hasard. Cela correspond à ton programme intérieur. Physiquement, tu n'as aucune difficulté à parler. Mais par cette situation, l'Intelligence Cosmique veut t'amener à conscientiser que par le choix de ce métier, ton âme souhaite que tu viennes en aide à certaines parties de toi. Ces parties ont des difficultés à s'exprimer et On te les fait rencontrer via tes élèves, car tous les enfants à qui tu enseignes représentent symboliquement des parties inconscientes de ton propre être, des mémoires refoulées dans lesquelles tu as enregistré au fil de tes vies des problèmes de communication, de langage, d'expression de toi. La situation te révèle que le moment est venu de rencontrer et reconnaître ces parties en te servant du principe de la résonance. Ton fils est tout un enseignant pour toi ! Lui, il ne refoule pas. Au contraire, il dit tout ce qu'il pense. Lui, il doit apprendre à maîtriser le verbe. Mais, d'une certaine manière, il exprime tes propres refoulements. Il te sert de haut-parleur. Bien sûr, ce n'est pas facile pour toi : tu dois apprendre à gérer cet aspect, mais ton fils t'enseigne des choses très importantes. Un jour, tu sauras le voir différemment. »

Après avoir entendu mes explications, elle m'a parlé de son époux. Elle m'a dit :

— Mon mari est critiqueur, il est chialeur. Qu'est-ce que je fais avec ça ?

— Là aussi, tu n'es pas avec lui par hasard, lui ai-je répondu. Il représente une partie de ton homme intérieur.

Nous avons tous les deux polarités. Si on est une femme, on a un homme intérieur, et si on est un homme, on a une femme intérieure. Et la Loi de la résonance est absolue. J'utilise toujours cette image qui nous aide à comprendre : on peut comparer Dieu à un immense Ordinateur Vivant dans lequel nous existons tous, chacun avec ses programmes d'apprentissage prévus dans son plan de vie. Ces programmes s'activent selon le principe de la résonance, faisant en sorte que nous rentrions en contact avec telle ou telle personne à un moment précis. Par exemple, si on rencontre une personne qui devient notre conjoint ou notre conjointe, c'est qu'on a de fortes résonances avec elle. Ces évènements sont générés par des attirances ancrées au-delà du plan physique et de la dimension consciente de notre être.

J'ai continué : « Ton mari, lui, il critique et il exprime son mécontentement. Mais puisque tu te sens dérangée par son comportement, cela signifie que toi aussi tu as des parties qui critiquent, à la différence que toi, tu refoules tes critiques, tu ne les exprimes pas. Apprends à utiliser le mal pour évoluer : chaque fois que ton mari critique, ne perds pas ton temps à t'énerver et à te créer d'autres karmas. Pratique intérieurement un Angelica Mantra : invoque un Ange et reviens à toi-même. Dis-toi : 'Je me sens dérangée. J'accepte d'avoir encore en moi ces mémoires, mais je vais parler à mes petites parties critiques intérieures.' Puis tu verras, un jour, ça va changer. Aussi, choisis le bon moment pour t'exprimer, fais-le quand tu te sens calme et sereine, et quand tu vois que c'est également un moment approprié pour ton conjoint. Et alors, permets à ces parties de toi qui refoulent de s'exprimer. Tu vois, tu peux faire de l'orthophonie aussi avec toi-même et ton époux. Quand tu échangeras avec lui, parle-lui d'abord de ses qualités – je suis sûre qu'il en a –, et ensuite tu pourras lui parler de sa tendance à critiquer. C'est uniquement de cette façon que tu pourras arriver à construire l'harmonie et à transformer le négatif. »

Ensuite, cette femme m'a raconté un rêve très puissant qu'elle avait reçu :

*Il y avait une espèce de monstre, genre dinosaure, qui me courait après. J'avais tellement peur ! Je suis allée me cacher dans une caserne de pompiers. J'ai fermé la porte et quand je me suis retournée, j'ai vu qu'il y avait un monstre aussi à l'intérieur. Il était plus petit, mais il me faisait quand même peur. Alors je suis ressortie, j'ai pris une liane et je suis descendue au creux de la Terre. Puis je suis arrivée dans un bloc appartements tout blanc et complètement vide.*

Je lui ai dit : « Dans ce rêve, On t'a montré que tu as accès à de très vieilles mémoires. Les dinosaures, c'est très vieux et ancien, ils n'existent plus dans la réalité concrète sur la planète. Cela signifie que tu visitais des mémoires très anciennes, devenues inconscientes et contenant des forces qui correspondent à ce symbole. Le fait que tu sois descendue au creux de la Terre indique que tu es descendue profondément dans ton inconscient. La présence des monstres ayant l'aspect de dinosaures montre que les mémoires touchées te font peur. »

Un jour, quand on a la Connaissance, on n'a plus peur de rien. On comprend le bien et le mal. Mais pour bien comprendre ces deux forces et leur interaction, on doit d'abord transformer les distorsions qui constituent le mal à l'intérieur de soi. On reconnaît alors que le mal est au service du bien, que sa raison d'être est éducationnelle.

J'ai poursuivi : « Ensuite tu es arrivée dans un immeuble d'appartements tout blancs et vides. Le blanc est relié à la spiritualité et les appartements complètement vides indiquent un manque de ressources et une profonde solitude. Tu verras, quand tu auras nettoyé ces mémoires, ce sera beaucoup plus facile avec ton fils, avec ton mari, avec tout le monde. C'est de l'intérieur de toi que tout cela prend son origine. »

Cette femme commence à bien intégrer l'Enseignement. Un mois plus tard, je l'ai revue. Ses relations s'étaient améliorées et elle m'a parlé de son fils d'une manière différente.

Elle m'a dit :

— J'ai été très touchée par sa réaction. Dernièrement, ma mère a eu une paralysie cérébrale. Elle a dû être hospitalisée et, pour la première fois depuis longtemps, toute la famille se trouvait réunie. Nous étions tous là et personne n'osait dire quoi que ce soit. L'ambiance était lourde ; c'était tendu. Il y avait des non-dits. À un moment donné, mon fils, avec toute sa fraîcheur et sa candeur, s'est avancé vers mon père et, en le regardant dans les yeux, il lui a demandé : « Dis, papy, qu'est-ce que ça fait de vivre avec une paralysée ? » Alors mon père s'est mis à parler. Cela a débloqué la situation si bien que l'ambiance a changé et tout le monde s'est senti libéré.

Je lui ai dit :

— À ce moment-là, qui a joué le rôle d'orthophoniste ? Vous aviez tous des problèmes à parler, à vous exprimer, et ton fils vous a aidés à vous en libérer.

— C'est sûr que je le vois beaucoup changer, a dit cette femme avec un grand sourire. Un soir, j'ai attendu qu'il dorme. Puis j'ai parlé à son âme. Je lui ai dit : « Je t'aime, mais je sais que dans mes je t'aime, il manque quelque chose… », et parce qu'il dormait, je me sentais plus à l'aise de m'exprimer. Je lui parlais à haute voix. Je lui ai dit combien je l'aimais et que quoi qu'il fasse, je l'aimerai toujours. À partir de ce moment, pendant les jours qui ont suivi, j'ai observé de grands changements de comportement.

Au niveau de son âme, l'enfant avait reçu le message de sa mère, et cela a changé son comportement vis-à-vis d'elle. Je lui ai dit : « C'est très beau, ce que tu as fait. Il est vrai qu'on peut parler à l'âme d'une autre personne. L'âme entend tout, même à distance. Tout est possible. Prends l'habitude de lui raconter une histoire juste avant qu'il s'endorme. Fais-en un moment sacré, privilégié, pour lui donner des enseignements à travers une simple histoire. »

À ce sujet, j'aimerais vous parler d'une pédagogie à adopter avec les nouveaux enfants. Si on remonte trois générations et qu'on analyse la situation de leurs grands-parents, on se rend compte qu'en général, ces personnes n'ont pas eu la vie facile. Elles devaient lutter pour subsister, la vie était dure et elles ont ainsi donné une éducation assez sévère à leurs enfants, parfois même trop sévère. Cette génération a été trop rigide. L'autre génération, celle des baby-boomers a connu l'inverse : l'abondance et l'époque des plaisirs. Dans l'éducation, on est allé à l'autre extrême : le laisser-faire, le laxisme. Et cela est normal : quand une génération visite un extrême, la génération suivante doit nécessairement visiter l'autre extrême.

La troisième génération, celle des enfants qui grandissent maintenant, connaît aussi une grande aisance matérielle – du moins dans nos sociétés occidentales – et une abondance phénoménale en ce qui concerne l'information, via Internet.

Si on ne change pas notre pédagogie avec les enfants d'aujourd'hui, une insensibilité peut s'installer chez eux. Ils sont très exposés au mal et à la violence, entre autres par les jeux vidéo. Même si certains ont l'air insensible, comme s'ils n'étaient pas touchés par ces influences, leur inconscient se charge d'attitudes et de comportements erronés qui s'inscrivent à l'intérieur. Non seulement ils sont très exposés, mais encore on ne leur explique pas le mal. On va même jusqu'à faire de certains acteurs et chanteurs qui ne sont pas justes, des héros, de faux héros.

Or, nous sommes responsables de nos enfants et nous pouvons, à travers de simples histoires, les aider à réintégrer les Lois Divines et à identifier le mal, le négatif et ses influences. Le principe à partir duquel on construit l'histoire via laquelle on transmet des messages et des enseignements est très simple : si on pose tel acte, regarde ce qui va arriver. Nous avons procédé ainsi avec notre fille Kasara. Le soir, avant qu'elle s'endorme, nous lui avons raconté une histoire. Nous avons touché à des thèmes tels que les drogues, l'alcool, le fait d'avoir un amoureux trop tôt, les ressources mal utilisées, etc. Dans l'histoire, nous avons fait agir le personnage – un petit garçon ou une petite fille – dans son milieu et nous l'avons fait renaître dans une autre vie. Par exemple, s'il n'avait pas bien utilisé les ressources matérielles, il s'est retrouvé très pauvre, aux prises avec de grandes difficultés matérielles. À travers des histoires toutes simples, nous avons infusé à notre fille les Lois Divines, dont le fait qu'*on récolte toujours ce que l'on sème*.

Alors, plutôt que de faire de nos enfants des marginaux et de les encourager à se rebeller contre leurs enseignants, on leur montre l'utilité de leur obéir et de les respecter. Plusieurs fois, de retour de l'école, notre fille nous a dit : « Aujourd'hui, ce que l'enseignante a fait n'était pas juste. J'ai senti que ce n'était pas juste. » Et chaque fois après nous avoir décrit la situation, nous devions admettre qu'elle avait raison. Alors, dans ces cas, que lui répondions-nous ? Nous lui disions : « Oui, tu as raison. Mais ton enseignante n'est pas parfaite. Aime-la comme elle est. Elle fait de son mieux. Toi non plus, tu n'es pas parfaite. Et ce n'est pas parce que tu en sais plus sur la lecture des signes que tu es supérieure à elle. » Nous lui avons enseigné à aimer inconditionnellement, à avoir de la compassion, tout en ayant accès à la Connaissance et aux multidimensions de la conscience.

Bien sûr, nous lui avons aussi appris à ne pas subir une autorité lorsque celle-ci n'était pas juste. Nous prenions le temps de lui expliquer la situation, l'importance de savoir s'adapter, de communiquer en donnant gentiment son point de vue. Nous lui faisions comprendre la pédagogie du carré. Le carré, c'est la structure, les consignes, les règlements. Que ce soit dans une entreprise, dans une école ou dans une famille, nous avons besoin d'une structure et de règles permettant d'établir une communication juste. Même si elles ne sont pas connues par tout le monde, les Structures et les Lois Divines sont universelles et elles constituent les fondements des programmes d'apprentissage conçus par l'Intelligence Cosmique pour nous aider dans notre évolution. On retrouve le reflet de ces Lois ici sur Terre, mais bien sûr, pas dans leur perfection originelle. C'est pour cette raison que nous avons besoin du carré, dont la taille change dans la mesure où nous progressons dans l'intégration de nos divers apprentissages. Donc, plutôt que de critiquer les autres, il vaut mieux rester positif, essayer de les comprendre et de donner soi-même le bon exemple. Ainsi, on respecte le programme et le rythme de chacun. On les respecte dans leur cheminement, dans leur expérimentation, mais on ne subit plus une autorité qui n'est pas juste, parce qu'on comprend. Si quelqu'un exerce son autorité d'une manière non juste envers un enfant ou envers nous, on se dit : « Cette personne a des problèmes, des distorsions, elle n'est pas bien dans son cœur », et on apprend à l'aimer telle qu'elle est parce qu'on la comprend. On laisse faire lorsqu'on sent qu'il n'y a pas de place au changement. À moins, bien sûr, que cela ne dépasse les limites de l'acceptable. Et dans un tel cas, on doit lui parler ou, dépendamment du cas, impliquer les autorités correspondantes.

En élevant nos enfants avec cette pédagogie, petit à petit, on sème des graines dans leur âme qui porteront des fruits dans leur vie d'adulte ; ils seront alors des femmes et des hommes responsables, qui vivent leur vie en appliquant la Connaissance spirituelle. Nous avons souvent rappelé à notre fille : *Si tu sèmes l'amour, tu récolteras l'amour, et si tu sèmes la colère, tu récolteras la colère.* Le principe est simple et facile à assimiler. Plus on le répète à l'enfant en lui montrant aussi comment il se manifeste dans des situations concrètes au quotidien, plus il l'intègre profondément en son être. Avec le temps, il devient le principe, il incarne ce qu'on lui a appris.

La clé de l'éducation parentale, c'est d'expliquer à l'enfant tout ce qu'il vit et qui se présente sur son chemin. En dehors du foyer familial, l'enfant entend bien des choses, souvent contraires à ce qu'on lui dit à la maison, mais son éducation familiale lui servira de point de repère, de référence. Bien entendu, il ne nous est pas possible de continuellement surveiller nos enfants, et là n'est pas le but. On lui aura enseigné les Lois avec amour et avec la juste autorité. Puis, au fil du temps, en observant ses amis et les autres personnes de son entourage qui n'appliquent pas les Lois, il constatera par lui-même : « Telle personne a fait telle chose injuste, et c'est ça qui lui est arrivé. » Il le reconnaîtra parce qu'il se rappelle les Lois qu'on lui avait enseignées en toute simplicité et d'une manière non répressive.

Prenons un exemple pour illustrer ce concept. Dans certains pays, on doit rouler sur la voie de droite, et dans d'autres, sur la voie de gauche. Les habitants de ces pays ainsi que les visiteurs trouvent cela tout à fait naturel et ne se sentent pas réprimé de respecter cette loi. Ils savent que l'ignorer équivaut à risquer des accidents. Donc, ils l'acceptent et s'adaptent. La même chose s'applique aux enfants. Si on leur explique bien les Lois, ils penseront : « Si je fais ça, alors c'est telle chose qui m'arrivera. » Si on respecte les lois – tant les lois terrestres que les Lois Divines –, on n'a pas besoin d'être emprisonné, enfermé dans un carré. Ainsi éduqué, l'enfant ne se sentira pas tenté d'expérimenter le non-respect des lois. Il les respectera non pour éviter la répression, mais parce qu'il les aura intégrées, parce qu'elles seront devenues une partie essentielle, fondamentale de son être.

Voici une anecdote à ce sujet. Cela s'est passé avec notre nièce Ariel qui, à ce moment-là, avait 21 mois. Dès que j'avais un moment, j'allais la chercher et je passais de magnifiques instants avec elle. Les enfants sont de grands enseignants pour moi ; j'apprends beaucoup avec eux. Alors, pendant qu'Ariel était avec moi, j'appliquais cette même pédagogie. Quand je m'apprêtais à jouer ou à faire une activité avec elle, je me demandais : « Quelles qualités, quelles vertus est-ce que cela va l'aider à développer ? » Lorsqu'on est dans cet état d'esprit, on ne fait pas l'activité avec l'enfant pour qu'il soit content ou pour qu'il finisse par être fatigué, afin qu'il s'endorme rapidement le soir. Non, on y met toujours une intention évolutive, exactement comme le font les guides dans les mondes parallèles.

Que font ces guides ? Ils mettent en route des programmes d'apprentissage éducationnels. Ils font en sorte que telle personne rencontre telle autre personne, qui deviendra ensuite son conjoint. Ils mettent en place des conditions pour que tel être trouve tel emploi, ou ils lui enlèvent son emploi parce qu'il a dit d'innombrables fois qu'il ne l'aimait pas. La mise en place de ces conditions sert à inciter la personne à travailler sur elle. C'est toujours à des fins éducationnelles que les événements se produisent, jamais par punition ; et c'est nous-mêmes qui créons notre vie, les situations que nous traversons. Il est très important de comprendre comment fonctionne notre force créatrice, que tout commence par des pensées, des émotions en lien avec des mémoires que nous avons enregistrées au fil des vies. Les guides nous accompagnent dans nos apprentissages. Ils nous font vivre des expériences qui nous permettent d'expérimenter certaines distorsions et de développer des qualités au travers de nos interactions avec les autres dans toutes sortes de situations ; comme ce que nous vivons dans les rêves.

Un jour, nous serons constamment conscients du fait que tout est éducationnel, que tout sert au développement de qualités et de vertus. Nous arrivons alors à bien matérialiser tout en continuant à apprendre, sans nous attacher au résultat, sans avoir peur de perdre.

Donc, je jouais avec notre nièce Ariel. Nous étions chez nous et j'avais sorti quelques jouets de notre fille Kasara : des poupées, de petits fauteuils blancs et une série de petits chiens en plastique contenus dans un sac. J'ai commencé à lui raconter une histoire en inventant des personnages. J'ai choisi l'un des petits chiens, pas n'importe lequel : un pitbull avec un collier plein de piquants, un symbole vraiment agressif, et je l'ai fait sauter sur un des petits fauteuils blancs. Puis je lui ai dit : « Non, non, non, Pitbull, tu ne peux pas sauter sur le fauteuil. » Et je l'ai remis à sa place. Ariel me regardait avec ses grands yeux et elle disait : « Non, non, non » comme moi.

Intentionnellement, j'ai répété le même scénario pour faire désobéir le pitbull : il a sauté encore une fois sur le petit fauteuil blanc. Je lui ai dit à nouveau : « Non, Pitbull, tu ne peux pas sauter sur le fauteuil », toujours avec une belle autorité. Ariel a répété, elle aussi : « Non, non, non, non » et nous avons enlevé le petit chien. Je l'ai fait désobéir une troisième fois, et alors, je lui ai dit : « Pitbull, tu as encore désobéi, tu vas avoir une conséquence. » Et j'ai mis le petit pitbull dans un coin. Ariel qui regardait la scène, s'est alors levée rapidement et s'est mise à pleurer à chaudes larmes. Elle appelait son père : « Papa ! Papa ! Papa ! » Elle était inconsolable. À ce moment-là, je me suis rappelé que quelques jours auparavant, Ariel avait fait une petite crise d'autorité – les enfants s'essaient et c'est normal, car ils expérimentent. Son père, très justement, l'avait mise dans un coin et elle n'avait pas du tout aimé cela. La mise en scène avec le petit pitbull avait ravivé cette mémoire.

C'est un exemple bien simple et à la fois si puissant pour nous montrer comment fonctionne notre âme, comment nous sommes influencés par nos mémoires. L'enfant a une telle capacité à s'identifier à un objet ou à une action de manière symbolique ! Ariel s'était complètement identifiée au petit pitbull, inconsciemment bien entendu. Et quand il a été mis dans le coin, elle aussi s'est sentie mise en punition et a revécu un état de conscience qu'elle avait en elle. L'identification était totale : aucun clivage. L'enfant ne fabrique pas de carapaces, ni toutes sortes de constructions mentales qui l'empêchent de ressentir, comme dans cet exemple l'état malheureux du pitbull. Un adulte aurait cherché à donner l'impression d'être dans la maîtrise.

Quand notre inconscient s'ouvre, il nous suffit de rencontrer un petit pitbull qui a été mis dans le coin et on se sent tellement mal ! On sent toutes nos résonances avec lui. Lorsqu'on rencontre une personne qui n'est pas gentille avec nous et que cela nous dérange, c'est qu'on est à vif : le voile a été enlevé, les mémoires se réveillent et on ressent de plus en plus puissamment nos résonances et nos dérangements. Le but du cheminement consiste à redevenir comme un enfant, tout en intégrant la Sagesse et la Connaissance. On sera comme l'enfant, tout sensible, tout ouvert, mais on n'aura plus de résonances négatives avec les êtres et les situations qui nous seront présentés. Avant d'en arriver là, chaque fois qu'on perçoit une résonance négative, on se questionne : « Qu'est-ce que je vois ? Ah, je suis dérangé par ce que je vois ! Je reviens à moi, je pratique la Récitation Angélique et je nettoie une distorsion. » Puis, un jour, face à un petit pitbull – ou tout autre comportement distorsionné – on sera capable d'avoir de la compassion, d'avoir de la compréhension, de percevoir tout ce que l'autre vit et de ne plus être dérangé, car grâce à la Connaissance, on aura transformé la zone négative en nous qui faisait échos. Quand on n'a plus de résonances, on n'éprouve plus de dérangement. C'est le travail spirituel que nous sommes tous appelés à faire sur soi ; mais c'est un long cheminement.

J'ai réconforté Ariel pour ne pas la laisser dans ces sentiments plus longtemps. Puis je lui ai dit : « On va ranger les petits chiens. Ils sont redevenus gentils. » Elle a ajouté : « Oui, oui, ils sont gentils. » Alors je n'ai plus abordé le sujet. Le lendemain elle est revenue chez nous. Nous sommes allées voir les jouets et quand j'ai ressorti le sac avec les petits chiens, elle s'est exclamée :

— Non ! Non !

— Ils sont gentils.

— Non ! Non ! – elle n'était pas encore prête à rejouer avec le pitbull, ainsi je n'ai pas insisté.

Quelques jours plus tard, je suis allée chercher Ariel pour une promenade dans le parc, ce qu'elle adorait. À un moment donné, je me suis agenouillée devant elle – elle était assise dans sa petite poussette – et je lui ai demandé : « Aimerais-tu que je te raconte une histoire ? Elle m'a répondu : « Oui ! Oui ! » tout enthousiaste. Alors, avec des mots que peut comprendre un enfant de son âge, j'ai créé trois histoires très simples. Elles portaient à nouveau sur le thème de la désobéissance, avaient le même type de scénarios et j'y ai infusé la même intention que l'autre jour. La première histoire était celle d'un poisson, la deuxième, celle d'un petit lapin, et la troisième avait pour personnage une petite fille, ce qui se rapprochait d'elle. Dans chacune d'elles, quand le petit personnage désobéissait, un gros méchant se présentait : le mal arrivait d'une manière ou d'une autre. Comme dans la vie, quand on désobéit, on attire des problèmes, qui créent des conséquences. Puis, dans chaque cas, je faisais arriver du Ciel l'Ange Nelkhael. À la troisième histoire, quand j'ai dit : « Il y a l'Ange… », c'est Ariel qui a prononcé Nelkhael. Elle l'avait assimilé. Bien sûr, je faisais en sorte que les histoires se terminent bien.

Un autre jour, je suis allée la chercher et je l'ai ramenée chez nous. En arrivant, je suis allée à la cuisine et elle s'est immédiatement dirigée vers la chambre de Kasara. Puis, en revenant avec sa petite démarche encore dodelinante, toute contente, les yeux brillants, elle m'apportait quelque chose dans sa petite main. C'était l'un des petits chiens du sac. Ce n'était pas Pitbull, c'était un petit dalmatien. Il n'y a jamais de hasard, elle l'avait bien choisi. Le dalmatien est tout un symbole ! De quelle couleur est-il ? Il est blanc et noir. Le blanc et le noir symbolisent, entre autres, le conscient et l'inconscient, les deux polarités, le Yin et le Yang, le bien et le mal. Du côté positif, le blanc représente aussi la Sagesse, la lumière de la Connaissance, et du côté négatif, une lumière ou une connaissance illusoire, un complexe de supériorité. Le noir, quant à lui, symbolise dans *le plus* la concentration, l'aspect mystique, discret, profond, et dans *le moins*, l'absence de lumière, le manque de Connaissance, l'incapacité de voir clair, de reconnaître les aspects cachés. À travers cet acte, l'âme d'Ariel me disait : « Continue à m'instruire, à m'enseigner les forces de la vie, le bien et le mal qui existent en toute chose, en toute situation, afin que j'arrive à comprendre comment ça fonctionne et que je puisse faire les bons choix. » C'est merveilleux de vivre comme cela avec les enfants !

On entend souvent des parents dire à propos des enfants : « Il est dans l'imaginaire. Il raconte des choses. » Ils ne savent pas que leurs enfants *parlent* en langage symbolique. Mais les adultes aussi le font en tout temps, sans toutefois s'en rendre compte et sans comprendre ce langage. Si on veut apprendre le langage symbolique, c'est merveilleux de le faire avec les enfants – ils sont nos plus grands enseignants –, car eux le *parlent* d'une manière plus simple que les adultes. Soyez attentifs à leurs gestes et réactions lorsque vous parlez en leur présence : ils peuvent vous apporter une petite image, un petit jouet ou vous dire quelque chose qui est plein de signification et qui est en lien direct avec ce que vous disiez ou que vous êtes en train de penser. Par eux, On vous enverra des signes.

Voici un exemple. Un autre jour, pendant qu'Ariel était avec moi, je parlais avec une femme qui me faisait part d'un problème personnel. Durant notre échange, je testais jusqu'où je pouvais aller dans l'enseignement : elle était en train de s'ouvrir et j'avançais très doucement. À un moment donné, Ariel est venue m'interrompre pour me donner une image ; c'était un cœur. Alors j'ai arrêté de lui donner plus d'explications. J'avais compris le message qu'On m'avait envoyé via Ariel : « Arrête ! N'en dis pas plus, aime-la, simplement ! »

En s'entraînant, on devient capable de lire continuellement les signes. On cesse de vivre d'une manière inconsciente et de s'imposer. Tous les signes sont importants. Quand Ariel m'a tendu l'image du cœur, elle agissait comme enseignante et comme messagère pour moi. C'est merveilleux de vivre avec cette simplicité. Tous les êtres que l'on rencontre peuvent être des messagers. Ils peuvent avoir des comportements tout distorsionnés, et pourtant, ils nous transmettent des messages, sans même en avoir conscience. Un jour, la guidance est avec nous 24 heures sur 24 : pendant la nuit, à travers nos rêves, et pendant la journée, à travers toutes les personnes que l'on rencontre. On recevra constamment des messages. Voilà pourquoi il est si important de se considérer soi-même comme un éternel apprenti.

Avec cette belle simplicité on est continuellement ouvert et on redevient comme un enfant parce qu'on n'a plus rien à prouver.

Pour conclure l'histoire avec les petits chiens, analysons le symbolisme de cet animal. Le chien représente comme tous les animaux des aspects de notre dimension instinctuelle. Lorsqu'on est engagé dans un parcours initiatique, on doit nécessairement visiter ces aspects instinctuels dont, très souvent, nous sommes inconscients. Ils sont fortement liés aux émotions, et c'est à cause de ce lien qu'ils sont parfois si réfractaires. Toutes sortes de mémoires se réveillent et la personne peut résister de manière très puissante. Donc, cette histoire illustre ce que nous devons faire : mettre toutes ces parties instinctives au pas, leur apprendre l'obéissance. Le jour où notre animalité a appris qu'elle doit obéir à notre nature divine, tout devient très facile. On fonctionne continuellement dans la synchronicité et notre vie est comme une autoroute dégagée sur laquelle on avance avec facilité. Mais pour y arriver, il est nécessaire d'apprivoiser et d'éduquer nos animaux intérieurs, nos instincts. Pour nous aider dans ce travail, On nous envoie des rêves avec des animaux, qui nous révèlent comment se comportent nos animaux intérieurs, comment nous utilisons notre énergie vitale et sur quels aspects instinctuels nous devons concentrer notre travail.

Voyons maintenant la position de l'Ange Nelkhael dans l'Arbre de Vie, qui symbolise à la fois la structure de la Conscience Universelle et de la conscience humaine (*voir page 587*). L'Ange Nelkhael a son domicile dans la Séphira Binah qui représente la Puissance féminine, la Matrice originelle, primordiale. À ce niveau, l'Esprit se prépare à prendre forme ; celle-ci n'est pas encore physique, mais subtile. Ainsi, avec cet Ange, on touche toutes les mémoires qui concernent nos matérialisations et la structure de la pensée causale. Or, lorsqu'on parle de structure, on parle également de lois, dans ce cas, des Lois Divines. Tous les Anges qui ont leur domicile en Binah ou pour qui cette Séphira est leur lieu d'expression – leur spécificité –, nous aident à comprendre le mode d'emploi des Lois Divines, la manière dont elles s'appliquent, ici, sur Terre. Ce n'est pas en lisant les anciens parchemins qu'on arrive à comprendre le mode d'emploi de ces Lois, c'est en le recevant à l'intérieur de soi et en les appliquant dans notre vie quotidienne pour s'améliorer, pour devenir une meilleure âme. On intègre ainsi leur mode d'emploi.

La planète qui représente symboliquement cette Séphira est Saturne. Les principales qualités saturniennes sont la persévérance, le sens du devoir et la concentration. On comprend que ce sont des qualités importantes dans les études, dans l'apprentissage. La stabilité est une autre qualité saturnienne. Le lieu d'expression de l'Ange NELKHAEL est la Séphira Tiphereth, qui se trouve au cœur de l'Arbre de Vie. Tiphereth symbolise le processus par lequel le Dessein Divin descend en l'être, se fixe dans sa pensée, dans son énergie en vue de sa matérialisation. Ainsi son programme de vie peut se réaliser.

La Séphira Tiphereth est symbolisée par le Soleil, qui représente le rayonnement, l'autorité et la créativité, toutes des qualités qui sont importantes en pédagogie, dans l'enseignement. Or, je le répète, nous sommes tous concernés par l'enseignement. Nous devons tous devenir des pédagogues Divins et apprendre à mieux communiquer les uns avec les autres. Qu'est-ce qu'une bonne pédagogie ? C'est une psychologie approfondie qui nous permet de bien parler aux gens, de bien faire passer notre message, en sachant aussi attendre le bon moment pour s'exprimer.

⊙

L'exemple suivant est très intéressant car il montre que, parfois, sur le plan conscient, l'être souhaite apprendre, mais qu'au niveau de son inconscient, il abrite des forces qui rejettent l'apprentissage. Voilà pourquoi les rêves sont si importants : par eux, On nous montre les parties cachées de notre être, dont on n'avait pas la moindre idée de l'existence et qui bloquent notre apprentissage.

Voyons cet exemple. Une femme avait reçu le rêve suivant : *Elle était habillée en astronaute et elle sentait qu'elle était comme Annie Brocoli. Elle ouvrait des portes et c'était facile. Elle a descendue quelques escaliers et elle est arrivée devant un immense appareil style high tech muni d'un grand nombre de manettes et de boutons. Deux hommes se tenaient là, ils semblaient être des guides. L'un des hommes lui a demandé : « Aimerais-tu apprendre à faire fonctionner cet appareil ? » Elle s'est entendue répondre : « Non, je sais. », alors qu'en fait, elle ne savait pas le faire fonctionner. Ensuite, elle a vu sur l'appareil des comprimés jaunes emballés dans des papiers cellophane, un peu comme des bonbons, et elle a demandé aux hommes : « Ça sert à quoi, ça ? » L'un d'eux lui a répondu : « On donne ça aux gens pour leur faciliter l'apprentissage. » Alors, sans demander la permission, elle en a pris un et l'a mis dans sa bouche. Puis elle l'a recraché devant eux, tellement elle trouvait le goût désagréable.*

Qu'a-t-On voulu dire à cette femme par ce rêve ? Tout d'abord, qui est Annie Brocoli ? C'est une femme qui anime des émissions télévisées éducationnelles pour les petits enfants et qui a réalisé plusieurs cassettes vidéo du même genre. En utilisant ce personnage comme symbole, la rêveuse a touché au thème de la confiance excessive et de la présomption. Elle m'a dit : « Je me sentais comme si le monde m'appartenait, comme si j'étais le nombril du monde. » Bien sûr, elle sentait l'attitude distorsionnée de ce caractère. Cette animatrice pour enfants a fait de belles émissions et de belles cassettes, mais un désir de séduire, une certaine ambition et un excès de confiance se dégagent de sa personne. La rêveuse était habillée en astronaute. Un astronaute voyage dans l'espace. Or les voyages dans l'espace représentent l'exploration de l'Univers. On a donc voulu dire à la rêveuse : « Tu veux commencer à apprendre à voyager dans l'Univers, mais ta confiance excessive et ta présomption t'en empêchent. »

Dans le rêve, quand est venu le moment d'apprendre, elle a dit : « Non, je sais. » Donc, On a voulu lui montrer qu'elle avait de l'orgueil qui l'empêchait d'être comme un enfant, d'être ouverte et réceptive pour pouvoir recevoir des enseignements. Les deux hommes dans le rêve étaient des guides qui faisaient de la transfiguration. Quand ils lui ont offert de lui enseigner à manier l'appareil *high tech*, symboliquement ils lui proposaient de lui montrer comment fonctionne la programmation de l'Univers. Or, on doit d'abord apprendre à connaître sa propre programmation au plan personnel – savoir comment on fonctionne soi-même – avant de toucher à la programmation collective. Voilà pourquoi, dans un premier temps, chaque être doit nettoyer son inconscient personnel et familial. Ensuite, il peut passer à d'autres niveaux. Et c'est sans fin. Donc, dans ce rêve, On lui a offert d'aller un peu plus loin dans les mondes parallèles et On lui a montré comment elle réagissait.

Puis elle a demandé à quoi servaient les comprimés jaunes. Au plan symbolique, le jaune est relié à la confiance et celle-ci est un élément important dans le processus d'apprentissage, car autant une confiance excessive qu'un manque de confiance entrave la facilité d'apprentissage Très souvent, On nous montre dans nos rêves les étapes, les examens qui s'en viennent. On nous donne un aperçu de nos initiations. Dans notre cheminement, de nouveaux programmes sont mis en route. On se réveille le matin et on sent qu'on a un nouveau programme. Pendant la journée, on peut être maladroit, insécure, on peut se sentir gauche dans l'interaction avec les autres. C'est parce que le nouveau programme n'est pas encore bien inscrit en nous. Dans ces cas, on doit l'accepter et être humble. Un jour, on pourra manifester la maîtrise spirituelle en toute situation. Mais on doit parcourir bien des étapes avant d'y arriver.

Au cours de ces étapes, on doit s'attendre à être testé. C'est comme lorsqu'on commence un nouvel emploi et qu'on doit tout apprendre dès le début, jusqu'au fonctionnement du photocopieur. Si on n'a pas développé la capacité d'aller au-delà des résultats concrets, ou si on a des blocages pour apprendre, le soir, une fois rentré à la maison, on a l'impression d'avoir la tête grosse comme un ballon sur le point d'éclater.

Les guides nous aident. Ils figurent dans nos rêves pour nous transmettre des messages et ils nous montrent par des symboles : « Regarde, tel événement s'en vient. Nous sommes là. Nous allons t'aider. » Je l'ai vécu souvent. Alors que des événements concrets me faisaient travailler et que c'était difficile, je recevais un rêve dans lequel On me nourrissait – bien sûr, la nourriture était symbolique –, et le lendemain, je recevais effectivement de l'aide. Ces journées-là, j'avais des attitudes et des comportements distorsionnés, je vivais des angoisses et cela me faisait travailler. Je faisais la Récitation Angélique et On me faisait vraiment plonger dans mes profondeurs. Parfois, pour me préparer à un événement, je devais méditer et travailler intensément sur moi, des fois durant plusieurs heures, et cela changeait tout. Après ces phases de méditation et de travail intérieur, j'avais l'impression d'avoir été syntonisée à un autre poste : je me retrouvais calme, sereine, confiante – c'était incroyable – et je passais facilement à travers l'événement. Mais je savais que j'avais été aidée : ce n'était pas encore naturel. Je veux dire par là que je n'avais pas encore intégré les Qualités et les Vertus requises pour passer ces tests par mes seuls moyens. Petit à petit, on grandit, et un jour, on incarne les Qualités et les Vertus qui nous permettent de passer tous les tests.

Pourquoi les guides nous aident-Ils à passer les tests ? C'est simple et facile à comprendre. Chaque fois que nous vivons quelque chose, nous pensons, nous sentons, nous agissons et cela s'inscrit dans nos mémoires. Plus tard, si un événement similaire se produit, dans notre cerveau, en un quart de seconde, nos neurones vont chercher dans nos mémoires ce vécu similaire à l'événement et nous restituer le souvenir de celui-ci. Cela est désormais connu par la science. Alors, si dans un rêve, des guides nous ont aidés lors d'un événement que nous avons vécu dans la réalité onirique, cela s'est également enregistré dans nos mémoires ; dans ce cas, comme une expérience positive pouvant servir de source de confiance, d'assurance, de sérénité. De telles mémoires nous aident à contrebalancer les autres. Ainsi, au lieu de réagir par la panique face à un événement, on peut le vivre d'une manière plus aisée. Petit à petit, on se reprogramme. Bien sûr, quand on a dépassé un certain niveau d'apprentissage ou quand on a vraiment progressé dans un certain secteur de notre conscience, il nous reste toujours d'autres apprentissages à faire. Mais les guides spirituels des mondes parallèles sont toujours là pour nous aider. C'est extraordinaire !

Dans le rêve, pourquoi la femme a-t-elle recraché le comprimé jaune ? C'est parce qu'elle ne l'avait pas reçu : elle n'avait pas demandé la permission avant de le prendre. On ne le lui a pas offert, et, symboliquement, cela signifie qu'elle n'y avait pas droit. D'une certaine manière, elle l'a volé. Vous me direz peut-être : « C'est sûr que si les guides m'offraient de m'enseigner à voyager dans les mondes parallèles, je ne manquerais pas ma chance. J'accepterais et je les écouterais. » Et vous auriez raison. Mais qu'a-t-On voulu dire à cette femme ? On lui a signifié : « Tu crois tout savoir mais tu connais bien peu de choses. Ton orgueil limite ton évolution. Si tu n'es pas capable d'apprendre et de recevoir des autres, tu ne pourras jamais comprendre les mystères de l'Univers. »

Je lui ai donné un exemple : « Admettons que tu sois devant une photocopieuse et que tu ne saches pas comment la faire fonctionner.

Puis une ou deux personnes arrivent, et toi, par orgueil, tu fais semblant de savoir comment la machine fonctionne. Tu te tortures l'esprit pendant je ne sais combien de temps, mais tu ne demandes pas de l'aide. Pourtant, tu pourrais tout simplement demander : 'Pourriez-vous me montrer comment elle fonctionne, s'il vous plaît.' »

Et on peut demander avec confiance. Il n'y a pas de honte à demander de l'aide pour apprendre. Cela n'a rien d'humiliant. Seulement certains adultes ressentent de l'humiliation lorsqu'ils doivent demander ; les enfants, normalement, n'ont pas cette attitude. Avec l'Ange NELKHAEL, on devient très confiant lorsqu'on doit demander, comme l'enfant sait si bien le faire : « Je ne sais pas. Peux-tu me montrer comment faire ? » Mais, bien sûr, derrière le souci de mal paraître, derrière la feinte de savoir quelque chose alors qu'on ne le sait pas, se trouvent toutes sortes de mémoires que l'on doit nettoyer, des mémoires liées au besoin d'être reconnu et aimé.

Retrouver la confiance pour demander de l'aide a pour effet certain d'alléger l'esprit. On peut amorcer ce processus en se disant : « Je vais m'y habituer. Quand je ne saurai pas, je demanderai. Je vais travailler à transformer cet aspect. » Bien sûr, on rencontrera des personnes qui nous aideront avec sollicitude, mais on pourra aussi en rencontrer d'autres qui réagiront avec leur égo et prendront un air de supériorité simplement parce qu'ils donnent des explications. Et cela nous fera travailler car ils nous révéleront nos propres résonances. Un jour, peu importe la réaction de l'autre, on demande l'aide et tout se fait d'une manière simple et naturelle. Cela aussi contribue à faciliter l'apprentissage.

Donc, c'est aussi cet aspect-là qu'On a montré à la rêveuse : « Tant que tu seras soucieuse du paraître, tu rejetteras l'apprentissage. Si dans ton quotidien tu es incapable de changer cette attitude, de redevenir simple et de cesser de dissimuler ce que tu ne sais pas, eh bien, tu ne pourras pas monter très haut, tu ne pourras pas aller bien loin dans ton cheminement spirituel. » Voilà pour ce rêve.

☉

L'exemple qui suit concerne l'apprentissage spirituel. Une femme a reçu un rêve qu'elle a raconté à mon époux. Par ce rêve, On a voulu dire à la personne : « Tu veux te développer spirituellement ? Très bien, mais fais attention à certaines choses. » Dans son rêve, *elle conduisait une voiture coccinelle de couleur orange. À un moment donné, un gros autobus noir lui a coupé la voie et a failli la percuter. Elle était très fâchée contre le conducteur de l'autobus. Puis elle s'est retrouvée en face d'une église et d'un ancien couvent de religieuses.*

Tous les éléments contenus dans ce rêve représentaient des parties de la rêveuse. En utilisant comme symboles l'église et l'ancien couvent de religieuses, On a signalé à cette femme que ce rêve concernait sa spiritualité. Par le fait qu'elle conduisait une auto – laquelle symbolise la façon dont on se véhicule, la façon dont on se comporte en société – et qu'elle a failli se faire percuter, On lui indiquait quel type de comportements elle devait changer. La couleur de l'auto, l'orange, est celle qui correspond au deuxième chakra. Ce centre énergétique concerne la sexualité et les plaisirs. Un jour, on doit transcender ces énergies, les élever, et retrouver ainsi une pureté au niveau des sensations. Ce rêve montre que cette femme s'investissait dans une certaine recherche de pureté.

L'autobus symbolise une force d'avancement collective et la manière dont on se comporte lorsqu'on avance dans le social. Et la couleur noire représente la matière, des aspects cachés, inconscients, un manque de lumière, de connaissance, de compréhension. Or, ce bus noir a failli la percuter. Cet aspect indique symboliquement que lorsque cette femme avance dans le social pour rencontrer les autres, il y a des forces cachées, inconscientes en elles qui risquent de créer des accidents. Par son comportement, elle percute les autres au plan énergétique. Un jour, on comprend que si les autres nous rentrent dedans, c'est qu'on le fait soi-même avec notre propre énergie. On attire et on crée des accidents car on porte cette énergie à l'intérieur de soi. On a donc voulu dire à cette femme : « Attention, change ces concepts et attitudes. »

Il est normal de se faire rappeler à l'ordre. Dans les premières étapes du développement spirituel, on change notre façon de penser, mais notre inconscient, lui, il est encore bien chargé. On ne veut plus faire certaines choses, mais quand on les voit à l'extérieur, on réagit avec rigidité. On nourrit des préjugés et on critique les autres. On est susceptible avec eux, on est dur, on leur rentre dedans. En plus, on essaie de les convaincre et on nourrit des attentes vis-à-vis d'eux.

On se dit : « Il devrait être rendu plus loin, être plus évolué. » Un jour, on n'a plus ces attitudes : on n'a plus de puritanisme ni de rigidité, mais cela prend du temps et on doit le comprendre.

Puisqu'il est question d'autobus, j'aimerais vous parler d'un symbole que l'on peut retrouver assez fréquemment dans nos rêves, surtout lors de l'apprentissage spirituel : l'autobus scolaire. Quand ce symbole apparaît dans nos rêves, On nous signale qu'il est question de parties de nous qui sont en apprentissage, et tout le rêve traitera d'aspects reliés à ce sujet. Il nous montrera par exemple ce qui nuit à notre apprentissage, des étapes que nous sommes en train de traverser, etc. De même, si on voit un autobus scolaire dans le concret, il peut représenter un signe en lien avec notre avancement dans l'apprentissage.

Lorsqu'on ne connaît pas la symbolique de ce symbole, on dira simplement : « Bon, c'est un autobus qui transporte des élèves. » Cependant, si on intègre sa signification symbolique dans notre bibliothèque des symboles, quand un autobus scolaire qui passe, capte notre attention, on se demandera automatiquement : « À quoi étais-je en train de penser ? On veut attirer mon attention sur quelque chose en lien avec mon apprentissage. » La signification fondamentale d'un symbole ne change pas. Par contre, le signe qu'il représentera pour une personne dans une situation donnée, dépendra de ce que cette personne était en train de penser au moment où son esprit s'est focalisé sur le symbole en question. Vous voyez comme la perception profonde d'un objet peut nous ouvrir les portes des mondes parallèles. Cette façon de fonctionner nous amène progressivement à comprendre que tout ce qui existe est symbole.

☉

Voici un autre fait vécu qui touche à l'apprentissage et qui montre qu'On peut nous avertir lorsqu'on n'a plus d'autre choix que de faire un pas, d'apprendre – quoique, bien entendu, on conserve toujours notre libre arbitre. C'est l'histoire d'une femme qui a demandé à mon époux de l'aider à interpréter une série de rêves qu'elle avait reçus et qui l'inquiétaient. Dans l'un de ses rêves, *un médecin lui a diagnostiqué un cancer à l'épaule droite et un autre à l'épaule gauche.* Dans un autre rêve, *un dentiste l'a informée qu'elle avait le cancer des dents.*

Cette femme a demandé à mon époux :

— Est-ce qu'On veut m'annoncer que je vais avoir un cancer ?

— Pas nécessairement, lui a-t-il répondu. Ces rêves sont des avertissements par lesquels On veut t'inciter à changer certains comportements que tu as et qui sont en résonances avec cette maladie. Si tu ne les changes pas, alors oui, tu pourrais voir un cancer se matérialiser dans ton corps physique. En Haut, Ils ont fait exprès de t'envoyer ces symboles : le cancer des épaules, ça n'existe pas, et le cancer des dents non plus. Ce sont des symboles qui te signalent que le cancer n'est pas encore arrivé dans le plan physique. L'épaule, c'est la racine de la main, et les mains représentent la manifestation. Ça veut dire qu'à la racine de tes manifestations, il y a des *cellules* anarchiques. Un cancer peut se développer dans le concret si tu ne changes pas certaines de tes attitudes, si les mémoires correspondantes ne sont pas rectifiées. »

Les épaules sont aussi reliées au pouvoir, au sens des responsabilités, à la notion d'en prendre parfois trop sur ses épaules ou, au contraire, de ne pas vouloir assumer des responsabilités. Quant aux dents, elles représentent la structure des besoins, de nos instincts de survie, ainsi que la sagesse que nous manifestons ou non dans notre nutrition. Nous avons vu plus haut que les épaules représentent la racine de la manifestation, du donner et du recevoir. Or, concernant le symbolisme de la racine, qui nous ramène aussi à l'origine, il est intéressant de mentionner que lorsque les médecins sont en mesure de diagnostiquer un cancer au niveau du corps physique, il était déjà en incubation depuis environ sept ans. Donc, tout un processus préparatoire s'est déroulé sur les plans métaphysiques de la personne – aux niveaux de ses pensées, ses émotions et ses mémoires inconscientes – avant de prendre forme dans son corps physique.

Les personnes qui ont des dispositions pour le cancer se caractérisent par certains types de comportements. Elles ont tendance à refouler, à ne pas exprimer leurs émotions. Par exemple, même si elles bouillonnent à l'intérieur, pour sauver les apparences, elles diront simplement : « Tout est correct, tout va bien. »

La colère est un symptôme de manque de Connaissance et de compréhension profonde des diverses relations, situations et manières dont fonctionne notre apprentissage par le bien et le mal pendant que nous expérimentons. Si on est en colère, c'est qu'on se sent frustré : on a une limitation, quelque chose à comprendre, et on ne l'accepte pas. Or, lorsqu'on a la Connaissance multidimensionnelle, peu importe ce que l'on vit, peu importe ce que les autres nous font, il nous est impossible d'être frustré et de se mettre en colère. On comprend la Loi de la résonance, on comprend que dans une autre vie on a pu poser des gestes qui nous reviennent sous forme de karmas. On sait que c'est juste. On se dit : « J'ai des limitations. Mon carré s'est rétréci. Je ne vais pas me mettre en colère ; je vais l'accepter. Je vais m'en servir comme tremplin pour développer des Qualités et des Vertus qui, un jour, me redonneront une grande liberté, une dimension d'expérimentation et de responsabilité plus grande. »

La colère est une forme de rébellion et la rébellion mène à l'anarchie. Or les cellules cancéreuses sont des cellules anarchiques. Et si on ne modifie pas cet état anarchique, tôt ou tard, il se manifestera dans notre corps physique.

Cette femme a répondu à mon époux :

— Mais j'ai peur d'aller dans mes profondeurs. J'ai tellement peur ! Si tu savais !

— Je te comprends, mais si tu ne veux pas y aller maintenant, ce seront des épreuves physiques, voire des maladies qui vont t'y forcer plus tard. Ce rêve est un avertissement. Tu es vraiment chanceuse d'avoir pu percevoir la présence du cancer dans ton plan métaphysique, dans tes corps subtils. Il y a bien des personnes qui ne reçoivent pas d'avertissements dans leurs rêves parce qu'elles doivent vivre l'épreuve sur le plan physique. Toi, tu le sais maintenant et tu peux anticiper, agir spirituellement sur ta santé pour éviter de vivre la conséquence physique. Ainsi, tu as le pouvoir de changer ton destin.

J'ai dit tout à l'heure que les personnes qui sont sujettes au cancer ont tendance à garder leur colère à l'intérieur. Or, une personne qui exprime sa colère n'est pas plus à l'abri de la maladie : elle n'aura pas le cancer mais elle souffrira d'autre chose. Parce que la colère est une distorsion et les distorsions perturbent toujours la santé, l'harmonie, l'équilibre naturel. Cette personne aura des accidents ou une maladie de cœur, ou elle brisera l'unité familiale. Toute distorsion entraîne des manifestations néfastes, indésirables. C'est absolu.

Cependant, même si le mal est descendu jusque dans le corps physique, il n'est pas trop tard. On peut y remédier et on peut même vivre une guérison miraculeuse si l'Intelligence Cosmique le permet. Mais si la guérison de l'âme n'a pas eu lieu avant la guérison physique, la maladie reviendra sous une forme ou sous une autre, car on doit commencer par guérir l'âme. La cause de la maladie est inscrite dans l'âme et elle correspond essentiellement à un grand nombre de mémoires distorsionnées que l'être a enregistrées au fil de ses vies ; une accumulation de façons de penser, d'aimer et d'agir erronées qui sont devenues inconscientes. Par la pratique des Angelica Mantras et la méditation, il est possible de remonter à l'origine du problème et toucher les mémoires où, par manque de Connaissance et de compréhension, on a laissé libre cours à la colère ; ainsi on peut les nettoyer. Puis, une fois l'âme guérie, la guérison peut continuer jusque dans le corps physique. Cela dépend du programme de l'être. Ce sont Eux, En Haut, qui décident en fonction des mémoires karmiques que l'on a engendrées. Mais il est essentiel de se rappeler que tout est possible. L'Intelligence Cosmique peut aussi accorder à l'être une seconde chance ; pour une raison ou une autre, il peut vivre une guérison miraculeuse avant même que son âme soit guérie et qu'il ait conscientisé ses mémoires et modes de fonctionnements inconscients. Ainsi, une personne malade qui prie beaucoup, avec sincérité et humilité, et qui accepte son destin, peut guérir comme par miracle. Tout est possible dans le Dessein Divin.

⊙

Par une histoire vécue, nous allons maintenant étudier une distorsion humaine de l'Énergie de NELKHAEL : *recherche et utilisation de la Connaissance à des fins personnelles.* Cet exemple démontre une pédagogie bien intéressante.

Lors d'une de nos tournées au Canada, à la fin de la conférence et devant tout le monde, un homme s'est mis à parler fort. Sur un ton très critique et agressif, il remettait en question plusieurs des choses que j'avais dites. C'était la première fois que cela nous arrivait. Je lui ai répondu très gentiment. Je comprenais ce qu'il vivait. D'ailleurs, souvent, je dis aux gens qui viennent à nos diverses activités : « Ne prenez pas tout ce que je vous dis pour acquis. Expérimentez-le dans votre propre vie. C'est seulement en faisant l'expérience par vous-même que vous pourrez acquérir la compréhension. C'est bien d'écouter les autres – ils peuvent nous servir de modèles et nous inspirer, mais l'essentiel est de vérifier soi-même pour voir si et comment ça fonctionne. En ce sens, les doutes ont leur place et ils sont positifs. »

Par la suite, nous sommes retournés dans cette ville régulièrement pour enseigner. Lors de notre premier retour, j'ai revu cet homme. Il était assis dans la première rangée et je le regardais de temps à autre. Il avait l'air épanoui et très content. À la pause, il est venu me voir pour me raconter ce qu'il avait vécu. Il m'a dit : « Moi, je vais parier aux courses de chevaux, de temps en temps. D'ailleurs, je gagne très souvent. Mais je ne suis pas un joueur compulsif. J'ai toute une stratégie. J'ai de la maîtrise. Je ne perds pas tout, parce que dès que j'ai gagné, je m'en vais. Le lendemain de la conférence où l'on s'est vus pour la première fois, je suis allé parier et je Leur ai parlé, En Haut. Je Leur ai dit : 'Si ça marche, les Anges, faites-moi gagner.' Et j'ai gagné comme je n'avais jamais gagné auparavant ! Alors je me suis dit : 'Ça marche, donc je vais continuer à suivre ces conférences.' »

En effet, cet homme est venu régulièrement aux conférences avec son épouse et il a mis en application l'enseignement. Il a beaucoup changé : il n'était plus l'homme critique et agressif que j'ai connu la première fois, il est devenu de plus en plus beau, de plus en plus doux. C'était extraordinaire que voir sa transformation ! Et son épouse aussi embellissait continuellement, c'était beau de les voir changer ensemble ! Cet homme veut comprendre. Il est maintenant retraité après une carrière d'enseignant dans le secondaire. En mettant en application l'Enseignement de l'Angéologie Traditionnelle, il a commencé à observer les signes et à travailler sur ses distorsions. Il a appris à mieux se connaître. C'est ce qui a généré ces grands changements en lui. Quand on se revoyait, il me parlait parfois des chevaux et je l'écoutais alors avec une neutralité bienveillante. Une fois, il m'a dit : « Je vais encore aux courses de chevaux de temps en temps. À un moment donné, j'étais dérangé par la fumée, je ne voulais plus y aller à cause de cela et j'en ai parlé au propriétaire. Eh bien, celui-ci a tout fait changer. C'est devenu non-fumeur, si bien que j'y retourne à l'occasion. » Cet homme a tout un charisme !

Ensuite, il a ajouté : « Il faut que je te raconte ce qui m'est arrivé dernièrement. Je suis allé parier et le cheval sur lequel j'ai misé s'appelait *Catch me Angel* (Attrape-moi, Ange) ! Quand j'ai fait mon opération à la console distributrice pour enregistrer ma mise, dès que j'ai entré mes données dans la console, qui est reliée à un ordinateur, elle a sauté. Elle est tombée en panne. Je suis allé à une autre distributrice et j'ai recommencé l'opération, la même chose s'est produite : la console est tombée en panne. » Je vous rappelle que cet homme suivait l'Enseignement et qu'il *lisait* les signes. Ainsi, il savait qu'un ordinateur ne tombe pas en panne par hasard, c'était un signe. Et quand on perçoit un signe, on devrait toujours se questionner sur sa signification : « Que veut-On me signifier ? À quoi étais-je en train de penser ? Que suis-je en train de faire ? »

Cet homme savait tout cela, mais il a insisté. Il est allé voir un employé et a recommencé l'opération sur une troisième console. Celle-ci aussi est tombée en panne comme les deux précédentes. Il a insisté encore. On voit dans cet exemple comme – lorsqu'un signe ne fait pas trop notre affaire –, on peut soudainement devenir un peu analphabète. L'employé a essayé une quatrième console, avec le même résultat. Alors, cet homme s'est dit : « Oh, oh ! Quatre consoles qui tombent en panne… *Catch me Angel…* C'est tout un signe ! » Comme il n'était pas vraiment disposé à le *lire,* il venait de se faire *attraper par l'Ange.* En Haut, Ils ont simplement tiré la *prise de courant,* on peut bien l'imaginer, et aussi comment Ils riaient de bon cœur.

L'homme a ajouté : « Quelques jours plus tard, j'ai reçu un rêve dans lequel *j'assistais à une course de chevaux. Je voyais un jockey de Montréal qui, en chevauchant, est tombé au sol et en est mort.* Imagine-toi, le lendemain, je suis allé regarder une course et le même jockey que j'avais vu dans mon rêve est tombé. Je n'en revenais pas ! »

Je lui ai demandé :

— Mais est-ce qu'il est mort ?

— Non.

— Alors tu n'as pas visité l'âme de ce jockey. Tu aurais pu la visiter, mais dans ce cas, On a plutôt voulu saisir ta conscience. On a mis dans ton rêve un élément de ta vie concrète pour te transmettre un message. Dans le rêve, le jockey représentait une partie de toi. On t'a montré que cette partie doit mourir aux sensations que tu recherches en allant parier. On t'invite à recycler ce comportement, à utiliser d'une autre manière cette énergie que tu investis dans la recherche de ce genre de sensations ; c'est-à-dire de l'employer plutôt pour atteindre des états de conscience plus élevés.

Il m'a répondu vivement en disant :

— Oui, mais ma mère aimait les chevaux. Mon grand-père élevait des chevaux. Et moi aussi, j'aime les chevaux.

Il était évident que ma réponse ne faisait pas son affaire.

Pour bien décoder une attirance, on doit toujours aller à l'essence et essayer de comprendre sa signification symbolique. Cet homme n'est pas né dans cette famille par hasard. Le cheval est un beau symbole, mais il y a une différence entre un cheval sauvage, fougueux, trop nerveux et un cheval bien maîtrisé, n'est-ce pas ? Donc, que représente le cheval ? Il symbolise des aspects instinctuels de notre énergie vitale, entre autres l'énergie sexuelle. Au fil de notre évolution, nous devons tous apprendre à faire monter cette énergie – ce qu'on appelle aussi la montée de la kundalini – pour qu'elle s'illumine et qu'elle éveille nos centres supérieurs de conscience. C'est ainsi que nous retrouvons les pouvoirs à l'état pur, dont la clairvoyance, la clairaudience et la clairsentience. Cet homme a tout un charisme, il a une énergie très puissante, mais il ne la maîtrise pas encore. Voilà pourquoi le cheval est très présent dans sa vie.

Je lui ai alors rappelé un autre rêve qu'il avait reçu et qu'il m'avait partagé. Dans ce rêve, *il avait une clé qui lui permettait d'ouvrir les coffres-forts des autres, mais cette clé était toute croche.* Je lui avais interprété ce rêve en disant : « C'est un avertissement. Par ce rêve On te dit de faire attention, car tu as désormais accès à la Connaissance et tu dois bien l'utiliser. La clé et les coffres-forts symbolisent ton grand charisme qui te confère le pouvoir d'accéder aux contenus précieux et secrets des autres. Tu as la capacité de convaincre les autres, de les amener à s'ouvrir, à se dévoiler. » Or, dans la situation présente, c'était la même chose. On lui conseillait de faire attention, de changer cette attitude.

Il a insisté en disant :

— Oui, mais rappelle-toi, c'est les Anges qui m'ont fait gagner. C'est pour ça que je viens aux conférences.

— Ah, En Haut, ce sont de grands pédagogues. Ils appliquent la pédagogie Divine. Ils savaient qu'en te faisant gagner, tu viendrais aux cours. Et tu vois à quel point, toi et ta conjointe, vous avez changé. C'est extraordinaire ! En Haut, Ils nous font avancer avec la carotte et le bâton, en se servant du caractère illusoire du concret. C'est ainsi qu'Ils procèdent dans un premier temps.

L'être humain avance sans conscience, du moins jusqu'à ce qu'il acquière la Connaissance. Comme l'animal, il tente de satisfaire ses besoins vitaux ; il suit les ambiances énergétiques pour se nourrir sur les plans intellectuel, affectif et corporel. Si le Créateur, l'Intelligence Cosmique, devait retirer de la surface de la Terre tout ce qui est distorsionné chez les humains et leurs activités, il ne resterait plus grand-chose sur cette planète. Tout ce que l'on vit, est source d'apprentissage. C'est l'Intelligence Cosmique qui crée toutes les formes de vie, toutes les ressources, et qui met ces dernières à disposition même de ceux qui les utilisent de manière distorsionnée. Les guides qui travaillent au service de cette grande Intelligence, mettent en route des programmes tout en sachant que certaines personnes iront dans les distorsions. Ils savent qu'au bout d'un moment, elles auront expérimenté suffisamment dans la distorsion pour être prêtes à passer à autre chose. Les guides appliquent la pédagogie Divine. Voilà un grand enseignement.

Quand on comprend comment fonctionne l'Univers, on peut écouter les autres sans porter le moindre jugement critique. Lorsqu'on sait que telle personne est impliquée dans telle activité qui n'est pas juste, bien sûr, on ne la cautionne pas, mais on peut l'écouter avec amour. Ainsi, pendant qu'elle nous parle, elle peut voir la lumière qui brille dans nos yeux. La personne se sent aimée. Tout en sachant que ce qu'elle fait n'est pas juste, on conserve une attitude neutre. De cette façon, on ne l'encourage pas dans sa façon de penser et d'agir, et on ne lui envoie pas non plus des flèches blessantes ou destructrices par nos pensées. On rayonne l'Amour. Un jour, on agit de cette manière, lorsqu'on ne peut pas intervenir ni donner des conseils, parce qu'on sait que l'être n'est pas prêt, qu'il n'aspire pas encore à la Connaissance.

Combien de fois, face aux personnes qui viennent me voir, j'ai senti que je ne devais pas aller au-delà d'un certain point en répondant à leurs questions. C'est pour cette raison que nous – mon époux et moi – Leur demandons En Haut : « Est-ce que je peux tout dire à cette personne ou vaut-il mieux attendre avant d'aller plus loin ? » et que nous attendons un signe. Parfois, la réponse, le signe, vient de la personne elle-même ou passe par une autre personne présente. Comme dans l'histoire que je vous ai racontée plus haut, où ma nièce Ariel est venue m'arrêter. Si la personne suit cet Enseignement, nous savons fort bien qu'elle recevra des rêves et des signes. Nous savons aussi qu'elle les comprendra ou qu'elle en demandera l'interprétation plus tard, et que ce sera alors le bon moment pour elle d'aller plus loin. Si la personne ne suit pas l'Enseignement, elle recevra des leçons au niveau où elle est rendue. Les guides s'occupent de tout le monde, sans exception. Nous sommes tous des enfants de Dieu. Chaque être comprend au niveau où il est rendu. Voilà pourquoi, un jour, aider les autres devient tellement facile. Tout coule car on sait comment écouter et comment aimer.

En plus, quand on a intégré cet Enseignement, on peut aller partout. Moi, je bénis cet Enseignement. Si je ne l'avais pas reçu, j'aurais pu devenir puritaine et rigide. J'aurais jugé les autres. Souvent, j'aurais dit : « Je ne vais pas à tel endroit ni à tel autre endroit. Je ne veux pas voir telle personne, etc. » Maintenant, si je dois aller à un endroit où se passe des choses distorsionnées, j'y vais et je m'y sens bien, aussi bien que lorsque je suis avec des personnes proches ou que je donne une conférence. Peu importe ce que font les gens, je les regarde et je sais que ce sont des enfants de Dieu. Je sais qu'ils expérimentent, qu'ils sont tous en train d'apprendre, là où ils se trouvent. C'est une grande libération et une grande liberté de pouvoir vivre de cette manière. Mais avant d'en arriver là, on doit nettoyer les distorsions qui se trouvent à l'intérieur de soi.

Finalement, j'ai dit à cet homme :

— Un jour, tu regarderas les courses et tu te diras : « C'est donc ennuyant ! Mais qu'est-ce que j'allais chercher là-dedans ? » Quand nous nettoyons nos distorsions, arrive le moment où c'est l'activité elle-même qui renonce à nous. C'est pour cette raison qu'En Haut, Ils nous laissent du temps. On nettoie, on nettoie, et à un moment donné, on n'a plus de résonance, plus d'attirance pour l'activité qui n'est pas juste. Elle a perdu toute saveur.

Mon mari a jouté :

— Tu sais, le jour où tu seras capable de donner l'argent avec lequel tu paries à une personne pour l'aider à s'améliorer, tu connaîtras des sensations très élevées, celles que procure l'altruisme. Quand on vit la générosité à l'état pur, c'est très élevant. Il n'y a rien qui arrive à la hauteur de ces sensations-là.

Pour terminer, voici un dernier exemple qui touche à *la Connaissance en direct*.

Quand mon époux doit prendre une décision concernant une matérialisation et qu'il ressent une petite fatigue, il s'intériorise. Il médite en faisant la Récitation Angélique. Cela lui permet de se manifester au bon moment et d'une manière juste.

Pendant que nous étions en tournée de conférences, à un moment donné, il a ressenti une petite fatigue et il a commencé à méditer, sans faire aucune demande précise ; il a simplement médité en invoquant un Ange. Puis il a fait une sortie hors corps et *il s'est retrouvé dans notre cuisine, mais elle était toute blanche. Il y voyait un homme qui réparait l'échangeur d'air qui se trouve au-dessus de la cuisinière. Quand l'homme eut terminé son travail et que le courant était rétabli, mon époux est revenu dans son corps.* Instantanément, il s'est senti mieux, exactement comme s'il avait dormi toute une nuit. Il se sentait complètement régénéré.

Ce qu'il a vu durant cette sortie hors corps était symbolique. On lui a montré le travail qu'il était en train de faire à l'intérieur de lui-même. La cuisine représente la préparation en lien avec la nutrition sur tous les plans, non seulement comment on prépare les repas au plan concret. Une scène qui a lieu dans une cuisine montre donc de quelle façon on se prépare et se nourrit avant de passer à l'action. Puisque la cuisine était toute blanche, il était question de spiritualité. Pendant cette période, mon époux avait beaucoup de choses à décider au niveau de la logistique, beaucoup de sollicitations au niveau des pensées. Voilà pourquoi On lui montrait l'échangeur d'air – l'air représente le monde des pensées. Et le réparateur qu'il voyait travailler était un homme qui aide beaucoup l'association UCM. Il nous accompagne parfois en tournée et s'occupe de l'organisation. Dans ce rêve, il réajustait l'échangeur d'air. Donc, On montrait à mon époux qu'il était en train de se réajuster.

Cet exemple illustre bien de quelle manière, un jour, on sera devenu capable de tout anticiper, avant même que l'énergie se cristallise, c'est-à-dire qu'elle se densifie suffisamment pour prendre forme dans le corps physique. C'est ainsi qu'on peut en toute simplicité vivre en recevant la Connaissance en direct.

# ANGE 5 MAHASIAH
## Décodage des signes, décodage de la vie

Dans ce cours, nous apprendrons comment décoder les signes, ces signes qui nous sont tellement utiles pour prendre les bonnes décisions dans notre vie de tous les jours.

Voici un fait vécu qui illustre de manière simple comment effectuer ce décodage. C'est une histoire vécue par un homme qui a pour philosophie d'essayer d'être toujours le plus juste possible et de réaliser la bonne action au bon moment. D'ailleurs, il prend bon nombre de ses décisions à partir des messages qu'il reçoit en rêve, lesquels sont chez lui particulièrement précis et élaborés.

Un jour, cet homme avait besoin de soins dentaires. Alors il a demandé qu'On lui envoie un rêve pour l'aider à choisir le bon dentiste. Mais ses demandes restaient sans réponse : pendant les jours qui ont suivi, il a reçu beaucoup de rêves, mais sur d'autres sujets. Sa conjointe lui a alors suggéré de demander des signes concrets. Cet homme est un peu plus habitué avec les rêves qu'avec les signes, mais il a suivi le conseil. Quelques jours plus tard, il a reçu en consultation une fillette – cet homme est médecin. Une fois le traitement terminé, la petite fille s'est levée, s'est dirigée vers son pupitre où elle a ouvert spontanément l'annuaire téléphonique, puis a prononcé un numéro à haute voix. Sachant que le hasard n'existe pas, le médecin s'est approché de la fillette pour vérifier à quel nom correspondait ce numéro. Il n'en revenait pas : c'était le numéro d'un dentiste. Il avait reçu tout un signe !

Au début, il peut être bien déstabilisant de prendre des décisions sur la base d'un signe donné par un enfant ou par toute autre personne qui n'a pas l'apparence d'un sage. C'est pour cette raison que, dans un premier temps, il est suggéré de s'exercer avec des décisions qui n'ont pas de conséquences majeures sur notre vie. Ainsi on s'entraîne progressivement afin que le décodage des signes qui nous relient aux mondes parallèles, au monde des causes, puisse un jour nous servir de guidance en tout temps.

Dans cet exemple, une enfant bien spéciale avait été choisie comme messagère par l'Intelligence Cosmique. Tous les soirs, avant de s'endormir, cette petite fille médite avec les Angelica Méditations, et parfois dans ses rêves, elle se retrouve en compagnie d'Harry Potter, ce symbole des enfants nouveaux qui apprendront à vivre avec leurs rêves et les signes du quotidien.

Nous allons étudier le thème de ce cours à la lumière de l'Ange MAHASIAH, qui est l'un des 72 Anges définis dans l'Angéologie Traditionnelle. Cette Énergie Angélique porte la vibration du nombre 5 et sa principale Qualité est la *rectification des erreurs*. Il y a d'autres Anges qui nous aident à rectifier, à redresser, à réparer, mais avec MAHASIAH, on ne peut plus passer à côté de la rectification. Sa grande Puissance nous fait descendre dans notre Terre intérieure et nous amène à conscientiser ce que s'y trouve.

Une autre Qualité très intéressante de cet Ange est qu'il *redresse ce qui pousse de travers avant la matérialisation*. Pendant qu'on travaille avec cette Énergie Angélique, On peut nous envoyer des rêves dans lesquels on se voit agir d'une manière non juste. Par ces rêves, On nous signale : « Si tu persistes dans ce type de comportement, regarde ce qui s'en vient pour toi – une maladie, des problèmes, de grandes épreuves –, vois quel sera ton destin. C'est en train de pousser de travers. Rectifie, redresse avant que cela ne se matérialise. »

Nous analyserons, entre autres, un exemple de rêve, où la personne se voyait dans un comportement distorsionné, mais était suffisamment avancée dans son cheminement pour rectifier, redresser la situation dans le rêve même. Comment se matérialise ce genre de rêve ? Le lendemain, on peut se retrouver concrètement dans une scène du quotidien qui, symboliquement et en termes d'essences, ressemble à celle du rêve. On s'apprête à poser un geste ou à dire une parole, et, subitement, on est arrêté par notre programme intérieur. On se dit : « Mais non, il ne faut pas que je dise ceci, il ne faut pas que je fasse cela. » Et juste avant de poser le geste – qu'auparavant on exécutait machinalement –, en plein élan, on est stoppé par notre programme mais sans refoulement. Cela est bien agréable et surtout utile, car cela évite les actes manqués et permet de briser la chaîne des karmas.

Toujours concernant cette Qualité, certains pensent redresser une situation mais ne le font qu'en surface. Une personne peut, par exemple, se réveiller avec un cauchemar ou un rêve qui ne fait pas son affaire. Si elle a beaucoup de volonté, elle peut se concentrer sur son rêve et se dire : « Moi, il ne me plaît pas, ce rêve. Je veux qu'il se termine bien. » Alors elle peut se rendormir et se retrouver dans la même scène, et le scénario a changé. En réalité, cette personne a simplement collé une photo sur ce qui ne faisait pas son affaire. C'est du refoulement. Le fond de la situation, le comportement, n'a pas été rectifié. Les personnes qui pratiquent ce que l'on appelle la pensée positive y arrivent facilement. Mais cela ne suffit pas, il faut aussi rectifier. Si on ne fait que penser positivement, sans rectifier les mémoires distorsionnées qui sont à l'origine des attitudes négatives, notre vie peut aller bien pendant un certain temps, mais, à un moment donné, l'inconscient deviendra tellement surchargé qu'il débordera. Il commencera à régurgiter les mémoires non transformées. Un événement se produira qui deviendra un élément déclencheur et qui nous obligera à entreprendre la rectification des mémoires.

L'Ange Mahasiah favorise également l'*entrée dans une école initiatique* et il confère des *aptitudes pour la science initiatique*. Que sont, en réalité, ces deux notions ? L'école initiatique se trouve à l'intérieur de soi. Elle consiste à apprendre à être à la fois un mystique, un scientifique, un adulte aimant et responsable, et un enfant – les quatre dans une même personne. Nous en verrons plusieurs exemples.

⊙

Voici maintenant un fait vécu qui illustre bien certaines Qualités de cet Ange, en particulier *la rectification* – celle qui est directe et qui vient de l'intérieur –, *l'analyse des rêves et le décodage des signes du quotidien.*

Une femme nous a fait part de l'un de ses rêves. *Dans son rêve, elle arrivait dans un restaurant avec son mari et il y avait, étalé, un immense buffet très abondant. Ils se sont servis, mais elle ne savait pas si cette nourriture était payante ou gratuite. Ils sont allés s'asseoir et ils ont commencé à manger. À la table voisine se trouvaient deux femmes. Vu la proximité des tables, la rêveuse pouvait entendre leur conversation. Ces deux femmes avaient gagné le gros lot à la loterie – des millions de dollars – et elles discutaient sur l'utilisation de cet argent. Il s'avère qu'elles prévoyaient d'utiliser cet argent pour des plaisirs personnels, entre autres pour faire des voyages. À ce moment précis, la rêveuse s'est demandé si ce qu'elle était en train de manger était payant et On lui a répondu que oui. Au même moment, l'enfant qu'elle portait* – dans la réalité concrète aussi, elle était enceinte – *lui a donné de grands coups de pied dans le ventre.* Puis elle s'est réveillée et l'enfant lui donnait vraiment de grands coups de pied dans le ventre. C'était très douloureux et cette douleur a persisté pendant plusieurs heures.

Même si dans le concret l'enfant réagissait, tous les éléments du rêve représentaient des parties de la rêveuse, des aspects psychologiques d'elle-même qu'On l'incitait vraiment à rectifier. L'enfant qu'elle portait – qui était présent dans son rêve en tant que symbole – représente l'une des plus belles parties d'elle-même en devenir.

Tout d'abord, la nourriture que l'on mange dans un restaurant symbolise la nourriture ou l'énergie reçue par notre esprit et qui vient toujours d'En Haut. La différence entre une nourriture prise à la maison et celle consommée au restaurant est le caractère social de celle du restaurant, autrement dit, comment notre esprit utilise cette énergie lorsqu'on est avec les autres.

Les deux femmes qui avaient gagné le gros lot et qui faisaient des plans représentaient des parties intérieures de la rêveuse, des parties de sa polarité féminine. Par cet élément du rêve, On a voulu lui signaler : « Regarde, tu ne te rends pas toujours compte que tu reçois beaucoup de ressources. Tu reçois le gros lot en termes de potentiel, mais tu as une certaine ingratitude. Certaines parties de toi – certains pourcentages de ton être – utilisent ces ressources uniquement pour des plaisirs personnels, avec un certain égoïsme. Et tu as ton autre partie, celle qui est en devenir, qui réagit. » Cet enfant que porte la rêveuse représente son enfant intérieur. Il demande une rectification afin que les ressources soient utilisées d'une manière plus altruiste, plus généreuse et équitable.

Cette femme et son époux ont adopté une philosophie de simplicité volontaire. Dans cette philosophie de plus en plus connue, on prône le non-gaspillage et la juste utilisation des ressources. La simplicité volontaire est un choix, et ce couple l'a adoptée. Certaines personnes vivent dans la simplicité, mais si on leur donnait un peu plus de moyens, ils quitteraient facilement la simplicité. Nous allons voir que la conscience est très vaste et que parfois, face au besoin de rectifier, certaines parties de notre être peuvent traîner la patte, ce qui nous empêche d'atteindre les hauts niveaux de conscience. Et cela est bien normal dans un premier temps.

Cette femme est sincèrement impliquée dans un processus initiatique. Or les exigences que le Ciel fixe aux initiés sont très élevées. L'illustration de la constitution de la conscience (*voir* FIGURE *1, page 565*) montre que seulement une petite partie de soi est disponible à la conscience. On connaît certains paramètres, on croit être une telle personne et on est conscient d'une certaine identité, mais le voile de l'inconscient cache d'innombrables mémoires issues de cette vie et de nombreuses autres vies. Par ce rêve, On lui a montré des aspects voilés de son âme. On lui a révélé que certaines mémoires contrecarrent ce beau concept de générosité, de partage et de service qu'elle a adopté, ce qui provoque une rupture face à ses idéaux. On l'a invitée à réaliser une rectification. Là est toute la beauté des rêves.

Pour bien comprendre ce que représente l'enfant qu'elle porte, voyons son histoire. Cet enfant a été annoncé – tant au père qu'à la mère – deux mois avant d'être conçu. Les deux ont reçu des rêves et des signes annonçant sa venue. Même son nom leur a été indiqué : Gabriel. Puisque ce couple avait déjà trois enfants, dont un en bas âge, ils ont demandé des confirmations. Et ils ont reçu d'autres rêves qui corroboraient ce qu'ils savaient déjà.

Ils ont donc décidé de concevoir cet enfant, mais après trois mois de grossesse, la femme a perdu l'enfant ; elle a fait une fausse couche. Cela a été un choc pour elle, mais elle comprenait pourquoi elle l'avait perdu. Elle nous a dit : « Pour ma part, c'était plus par sens du devoir que par amour que je l'ai conçu, car j'avais reçu des rêves très précis sur le fait que mon destin était d'avoir un autre enfant. Mes rêves me l'avaient clairement montré. » Il est certain que l'âme du futur Gabriel – cela était écrit dans son programme – n'avait pas à vivre le rejet. Lorsqu'on conçoit un enfant par devoir et non par amour, il y a nécessairement rejet. Si cette âme ne devait pas le vivre, elle ne pouvait pas rester dans cette famille. C'est une simple application de la Loi de la résonance : on a des résonances avec ce que l'on attire et on ne peut pas résonner avec quelque chose qu'on n'est pas soi-même, et ce tant dans le positif que dans le négatif.

Très rapidement, l'Intelligence Cosmique a envoyé de nombreux rêves pour signifier que cet enfant revenait. La femme a même reçu un rêve dans lequel elle se promenait dans la rue avec une amie qui, pour elle, représentait la maternité, et elle voyait le nom de la rue sur un poteau indicateur : c'était la rue Gabriel.

Ce couple a donc décidé de concevoir l'enfant à nouveau. Plus tard, cette femme m'a raconté : « J'ai la tête dure quelquefois. Un jour, au tout début de ma grossesse, j'étais au bord de la piscine publique, j'ai fermé les yeux et je Leur ai demandé, En Haut : 'S'il Vous plaît, donnez-moi un signe concret que Gabriel est bien le nom qu'on doit lui donner.' – Elle voulait recevoir la confirmation du fait que c'était bien la même âme qui revenait. – Puis, en gardant les yeux fermés, j'ai pensé à autre chose. Soudainement, j'ai sursauté : j'ai entendu très fort, avec tout un écho : Gabriel ! Gabriel ! J'ai ouvert les yeux et j'ai vu un homme qui appelait son fils Gabriel qui se trouvait dans la piscine. » Elle a reçu tout un signe ! En Haut, Ils se sont dit : « Comme elle fait un peu la sourde oreille, On va lui mettre ça bien clair, le lui souffler un peu plus fort parce que le nom est important – à cause des résonances qu'on a avec sa vibration. »

Un signe n'existe que dans la mesure où l'on établit un lien entre l'événement extérieur et ce que l'on pensait au moment où il s'est produit, ou encore entre l'événement et une demande que l'on avait faite. La réponse ne vient pas forcément de façon simultanée avec la demande. Dans cet exemple, le signe a pris quelques minutes à arriver. Dans l'exemple avec le médecin, il a pris quelques jours. La signification du signe est également adaptée à la personne. Lorsque le père a appelé son fils à la piscine, une autre personne s'adonnant à la lecture des signes qui se serait trouvée là et qui aurait entendu ce nom, aurait – tout dépendant de ce qu'elle pensait ou de la demande qu'elle avait formulée – interprété son signe d'une manière totalement différente. Et une troisième personne qui, elle, ne lit pas les signes aurait simplement dit : « Bien, c'est normal : son fils s'appelle Gabriel. »

Il existe un moment très précis où l'on sait que l'on reçoit notre signe. On verra plus loin un exemple qui nous aidera à le comprendre. C'est une sorte de déclic qui se produit en soi qui fait toute la différence, il indique qu'un contact s'est établi entre notre conscience et les mondes parallèles. On a alors la certitude que l'événement répond à notre question. Pour les deux signes décrits plus tôt, le message reçu n'était pas difficile à interpréter, mais dans d'autres occasions, c'est ce déclic intérieur qui vient confirmer qu'il s'agit de notre signe, celui qui nous aidera à prendre une décision. Sans lui, l'événement peut paraître incongru, voire sans rapport.

Durant sa grossesse, cette femme a reçu de temps à autre des coups de pied dans le ventre de la part de l'enfant qu'elle portait. C'était bien sûr douloureux. Elle m'a dit : « Au début, je n'étais pas contente quand je recevais ces coups de pied. Mais j'ai remarqué que ce n'était pas à n'importe quel moment qu'il me les donnait. C'était toujours quand je n'étais pas juste, par exemple quand j'étais trop terre-à-terre, trop matérialiste ou que je n'avais pas des belles pensées. Au début, je faisais des colères. Imagine, c'était comme si j'avais un sage dans le ventre qui me rappelait à l'ordre par des coups de pieds quand je n'étais pas juste. En plus, je me sentais coupable d'avoir de tels sentiments pour mon enfant. Un jour j'en ai parlé avec mon mari. Il m'a éclairée et j'ai pu comprendre qu'en réalité, ce n'était pas par agressivité que le bébé me frappait, mais à cause de sa grande sensibilité. »

Quand cette femme est dans les qualités, elle est vraiment belle et quand elle est dans les distorsions, elle est très intense. Cela est normal dans un processus initiatique. Dans les moments où ses distorsions la rendait intense, elle semblait jouer de la musique hard rock avec des amplificateurs. C'est ce qui faisait réagir le fœtus qui était particulièrement sensible. Depuis qu'elle a pris conscience de cela, quand il se manifestait, elle se massait gentiment le ventre en lui disant : « C'est bien, maman se replace. »

C'est un bel exemple de rectification qui s'effectue à partir de messages reçus directement de l'intérieur. Quand on travaille avec l'Ange MAHASIAH, on fait ce genre de conscientisation. L'enseignement vient de l'intérieur et il n'est pas nécessaire de porter un enfant pour le recevoir. Le message peut être plus ou moins doux, tout dépendant de notre réceptivité et de ce que l'on doit comprendre.

☉

Étudions maintenant la position de l'Ange MAHASIAH dans l'Arbre de Vie, cette représentation du grand Ordinateur Cosmique. MAHASIAH est domicilié dans la Séphira Kéther au sommet de l'Arbre. Kéther représente le Souffle Primordial, la Volonté Créatrice et la Source Originelle. Les Anges qui résident dans cette Sphère de Vie confèrent beaucoup de feu, beaucoup de volonté. La planète qui symboliquement lui est associée est Neptune, laquelle représente l'inspiration du Dessein Divin. La spécificité ou le lieu d'expression de MAHASIAH – ce qui distingue cet Ange des autres Anges de cette Sphère – est la Séphira Tiphereth. La position centrale de cette Sphère en fait un lieu de conscientisation, de synthèse et de transmission entre les plans de l'Esprit et ceux de la forme. Ainsi, avec l'Ange MAHASIAH on peut descendre dans notre Terre intérieure et y amener le Souffle Divin. On comprend mieux maintenant la grande force de rectification et de redressement que cet Ange nous donne.

Voyons maintenant la correspondance entre cet Ange et certains chakras qui sont les centres énergétiques du corps humain. Habituellement, on parle de sept principaux chakras, mais en Angéologie Traditionnelle, on en considère neuf. Les deux chakras supplémentaires, situés au-dessus de la tête, témoignent, lorsqu'ils sont éveillés, d'une grande évolution spirituelle. Les huitième et

Ariel et son frère Gabriel

neuvième chakras sont des prolongements du septième. Quand celui-ci est éveillé, on vit des états de grande béatitude. On fait l'expérience d'états de conscience très élevés et d'un grand détachement de la matière. Dans son évolution, l'être humain doit apprendre à faire descendre le Souffle Divin ici, sur Terre, et cela implique l'éveil du huitième et du neuvième chakra. Telle est la fonction de la Séphira Kéther : le Pouvoir Divin et la capacité de matérialiser divinement. Autrement dit, cette Séphira correspond aux huitième et neuvième chakras.

Le lieu d'expression de l'Ange MAHASIAH – la Séphira Tiphereth –, correspond pour sa part au troisième œil. On comprend ainsi pourquoi cet Ange nous aide à décoder les signes, les rêves et la vie dans son ensemble. Le travail avec cette Énergie Angélique déclenche l'ouverture du troisième œil, laquelle nous donne accès aux mondes parallèles, au monde des causes. Un jour, on a les deux pieds sur terre, les yeux grands ouverts, on vaque à nos activités quotidiennes comme tout le monde, mais on le fait en ayant notre troisième œil ouvert. C'est ce qui fait toute la différence quant à la qualité de nos matérialisations. Le déclic dont je vous ai parlé tout à l'heure, on le perçoit continuellement quand notre troisième œil est ouvert.

⊙

### Modes de réception Angéliques

Nous allons maintenant voir les cinq façons de recevoir l'information des mondes parallèles lorsqu'on est en état d'éveil, les façons de lire les signes qui nous parviennent tant de l'intérieur que de l'extérieur. Ces modes sont tous reliés au troisième œil, et pour chacun, je donnerai un exemple qui nous aidera à bien comprendre. On peut recevoir les informations des mondes parallèles par le biais d'images, de sons, de parfums ou odeurs, de pressentiments et aussi au moyen de manifestations concrètes. Dans les quatre premiers modes, l'information vient de l'intérieur de soi et dans la dernière, elle nous parvient de l'extérieur.

## TROISIÈME ŒIL
## DÉCODAGE DES SIGNES

- Image intérieure

- Son intérieur

- Parfum ou odeur intérieurs

- Pressentiment (intérieur)

- Manifestation extérieure

Voici le premier mode, celui de *l'image*. Comment peut-On nous donner un signe à travers une image que l'on capte grâce à l'ouverture du troisième œil ? Admettons qu'on soit en train de converser avec une personne que l'on vient tout juste de rencontrer. Alors qu'elle nous parle, on a soudainement un flash la concernant. Bien qu'on ait les yeux ouverts sur la scène concrète, une autre image apparaît sur notre écran intérieur : on voit par exemple, le visage d'une collègue de travail. Qu'est-ce que cela signifie ? Au niveau de l'apparence, cette personne ne lui ressemble pas du tout. Donc, quelle question doit-on se poser lorsque cela nous arrive ? On se demande tout d'abord : « Que représente cette collègue pour moi ? – Elle est gentille, mais il ne faut surtout pas lui parler de spiritualité. » Alors on comprend qu'il s'agit d'un signe.

Grâce à l'ouverture du troisième œil, on a reçu un message, un signe. On nous a dit : « Attention, avec cette personne, ne t'aventure pas sur un sujet touchant à la spiritualité. Elle n'est pas encore prête. » Par l'image superposée, on a réussi à capter une information qui nous est parvenue d'une autre dimension, des mondes parallèles.

Alors pourquoi nous a-t-On envoyé cette image ? Parce qu'on connaît bien notre collègue et qu'elle fait partie de notre bibliothèque personnelle de symboles alors qu'on ne connaît pas la personne qui nous parle, et que ses propos ne laissent en rien supposer qu'elle n'est pas ouverte à la spiritualité. Donc, En Haut, Ils nous ont donné un symbole connu pour nous aider à décoder l'inconnu. On a eu accès à d'autres dimensions de cette personne et cela est très utile. Il n'en reste pas moins que pour pouvoir réellement se fier à nos perceptions, on doit faire un grand travail sur soi, car avant d'avoir nettoyé nos distorsions, toutes sortes de peurs peuvent créer de l'interférence et brouiller les messages qu'On nous envoie. Dans un premier temps, seul les rêves transmettent les messages fidèlement, mais, bien sûr, on doit apprendre à les interpréter.

Parmi les Qualités de l'Ange MAHASIAH, on trouve également la *facilité dans l'apprentissage des langues*. Cette Qualité s'applique au sens littéral : par son soutien, cet Ange nous facilite l'apprentissage des différentes langues humaines. Mais Il nous aide aussi et surtout à apprendre la langue universelle, c'est-à-dire le langage symbolique. Si on va plus loin et qu'on interprète cette Qualité en termes d'état de conscience – comme on doit toujours le faire lorsqu'on consulte la liste des Qualités et des distorsions –, elle indique que cet Ange nous aide à apprendre à parler la langue de l'autre, la langue de sa conscience.

Nous avons vu que notre inconscient est très vaste car il abrite des mémoires de nombreuses vies. L'âme possède ses propres lois, ses propres coutumes et habitudes ainsi que sa propre langue de conscience. Quand on séjourne dans un pays étranger, si on parvient à parler la langue des habitants et qu'on respecte leurs lois et coutumes, on peut facilement échanger avec eux. C'est la même chose en ce qui concerne l'âme. Lorsqu'une personne s'exprime dans la même langue humaine que nous, elle a aussi sa propre langue de conscience qu'on devrait être en mesure de comprendre pour mieux communiquer avec elle. Or les signes qui nous parviennent sous forme d'images, nous donnent des indications qui nous aident à nous adapter afin de pouvoir communiquer d'âme à âme avec elle, en respectant la langue qui correspond à son niveau de conscience.

La deuxième façon de recevoir les informations des mondes parallèles est via *le son*. Plutôt que de recevoir une image, un refrain, l'extrait d'une chanson, ou encore, une chanson complète commence à tourner dans notre tête. Mon mari, a davantage développé ce rayon-là à cause de son passé de musicien. Voici un exemple de ce qu'il vit souvent. Alors qu'il est en train d'interpréter un rêve ou de donner des explications à quelqu'un et, toujours dans le souhait de respecter l'autre – de respecter sa langue de conscience –, il se demande : « Est-ce que je peux aller plus loin dans l'interprétation ? » Soudainement, une chanson se met à jouer dans sa tête : *Do that to me one more time, once is never enough for my heart to give. Do that to me one more time... (Fais-le encore une fois, une fois n'est pas assez pour que mon cœur donne...)*. Alors il sait qu'il a reçu son signe. Par la chanson, On lui a signalé qu'il peut aller plus loin dans ses explications. Même si le reste de la chanson n'est pas juste, même si on n'a reçu que quelques lignes, c'est suffisant pour servir de signe.

Quand on est seul et qu'une chanson commence à tourner dans notre tête, avec un esprit cartésien, on a tendance à se dire : « C'est normal, je l'ai entendue à la radio. » Or on doit aller plus loin. Ce phénomène a une raison d'être précise : la Loi de la résonance est à l'œuvre car une dynamique en nous ou autour de nous correspond à cette chanson. Alors on l'analyse : « Est-ce une chanson triste ? Est-ce une chanson de dépendance affective ? Etc. » On sait qu'on a des mémoires qui sont en résonance avec cette chanson et que celles-ci viennent d'être réactivées. Voilà pourquoi la mélodie persiste dans notre tête. Vous voyez comment on peut apprendre à mieux se connaître grâce à ces modes de réception subtils.

La troisième façon de recevoir des informations des mondes parallèles s'effectue via ***les parfums et les odeurs***. L'odorat est lié au premier chakra, alors que l'ouïe, comme dans l'exemple précédent, est liée au chakra de la gorge. Cependant, la synthèse des perceptions subtiles se fait toujours au niveau du troisième œil et dans notre cerveau qui décode les multidimensions et nous permet de comprendre les corrélations. Personnellement, il m'arrive souvent de ressentir des parfums. Je peux être dans la neige, au grand froid, sans personne autour, et soudain, je perçois un parfum de lilas ou de mimosa, et l'odeur est tellement agréable ! Les premières fois que cela m'est arrivé, il y a bien des années, lorsque je me trouvais seule et que des parfums me parvenaient, je cherchais. Je me disais « Il doit y avoir une personne qui sent bon ou il doit y avoir des fleurs quelque part. Ça sent tellement bon ! » Mais en fait, le parfum provenait de moi, il m'indiquait que j'étais dans un bel état de conscience ou que j'avais pensé à une personne et On me transmettait son état intérieur par cette odeur agréable.

Un jour, je me suis rendu compte que ces odeurs venaient de mon intérieur. Quand je me trouvais avec d'autres personnes et que je leur faisais remarquer : « Ça sent les fleurs » mais qu'il n'y en avait pas concrètement, on me répondait : « Ben… non, je ne sens pas ça, moi. » Lorsqu'on perçoit d'agréables parfums de fleurs, on les analyse avec le langage symbolique : les fleurs représentent de beaux sentiments. Alors, quand on ressent de beaux sentiments, cela peut se manifester par de sublimes parfums que l'on reçoit de l'intérieur. C'est très puissant.

Ce mode d'accès à l'information des mondes parallèles nous est aussi disponible pendant que l'on parle avec une autre personne. L'odeur peut être agréable ou désagréable. On peut être en présence d'une personne, et soudainement, on sent une odeur désagréable, alors qu'au plan physique, corporel, elle ne dégage pas une telle odeur. Après avoir entendu la conférence sur l'Ange MAHASIAH, une femme m'a dit : « Moi, j'ai expérimenté ça dernièrement. Il y avait une personne qui dégageait une odeur d'œufs pourris et j'étais la seule à la percevoir, les autres ne la sentait pas. » Cette femme était allée plus loin. Quand on ressent une mauvaise odeur, c'est qu'on est en contact avec des distorsions, des défauts et des faiblesses. Les personnes qui ont une affinité avec cette façon de percevoir – qui ont développé ce rayon – peuvent ressentir des odeurs en guise de signes.

Et si la perception d'une mauvaise odeur persiste, on doit avoir l'humilité de revenir à soi et de ne pas penser que c'est nécessairement l'autre qui a un problème. Pour bien lire un signe, on doit toujours être neutre, dans l'amour, la compassion et la sagesse ; car lorsqu'on n'a aucune résonance avec la personne ou la distorsion en cause, la mauvaise odeur disparaît au bout d'un moment ; elle devient uniquement un signe en lien avec ce que nous vivons ou devons vivre. Par contre, si elle persiste et que cela nous dérange, cela signifie qu'au niveau de notre inconscient on a une résonance avec ce que l'on a perçu subtilement chez cette personne. Dans ces cas, que doit-on faire ? On invoque, on fait la Récitation Angélique et ainsi, on nettoie les mémoires distorsionnées qui sont en cause. On est content que le dérangement provoqué par l'odeur ou le comportement de l'autre nous permette de conscientiser des aspects qui sont à transformer en nous-mêmes.

La quatrième façon de recevoir de l'information des mondes subtils vient aussi de l'intérieur, mais elle ne passe ni par la vue, ni par l'ouïe, ni par l'odorat, même de façon subtile. Ce mode est celui du ***pressentiment***. En voici un exemple. Un jour, pendant l'hiver, alors que mon époux et moi-même nous rendions au Nouveau-Brunswick (Canada) dans le cadre d'une tournée de conférences, nous nous sommes retrouvés derrière un gros camion. Mon mari conduisait calmement et sereinement, comme il le fait d'habitude. À un moment donné, il a pressenti un danger, une sorte de peur. Alors, même si rien à l'extérieur ne laissait présager un danger, il a écouté son pressentiment : il a freiné et a mis en marche les clignotants. Or, quelques secondes plus tard, de gros blocs de glace se sont détachés du toit du camion devant nous. Immédiatement, mon époux a réagi et tout s'est bien passé pour nous. S'il n'avait pas anticipé le danger, nous aurions certainement eu un accident grave et la glace se serait déversée sur notre voiture. Comment se fait-il que mon époux ait pu pressentir ce danger physique ? Chaque action, avant qu'elle ne se matérialise, est inscrite dans les mondes parallèles. Mon époux a pu anticiper ce qui s'en venait parce qu'il était en état d'ouverture, de méditation, de sérénité pendant qu'il conduisait. C'est cela, vivre avec une Conscience Angélique. Un jour, on vit ainsi continuellement, en se laissant guider par nos rêves et les signes au quotidien.

Et pourquoi lui a-t-On permis de *lire* ce qui allait arriver ? Parce que nous ne devions pas avoir d'accident. Si, En Haut, Ils décident qu'un accident doit nous arriver, c'est qu'on a quelque chose à comprendre : l'accident est là pour nous aider à grandir. Et s'Ils décident que nous n'en n'ayons pas, on est à l'abri ou on est prévenu du danger. En ce sens, on est toujours protégé.

Les pressentiments nous permettent de *lire* le futur, généralement le futur proche. Avec nos rêves, on peut *lire* des événements plus lointains, des années – voire des décennies – à l'avance. On peut *lire* l'avenir dans le monde des causes, dans les mondes parallèles, là où tout est inscrit.

Les pressentiments ne sont fiables que lorsqu'on est calme au moment où on les reçoit. Si mon mari avait été trop absorbé par des choses terre-à-terre ou s'il avait été dans la rancœur ou tout autre état de conscience distorsionné, il n'aurait pas pu pressentir le danger d'une manière aussi fiable. Même lorsqu'on garde le silence à l'extérieur, certains états de conscience qui font du brouhaha à l'intérieur de nous peuvent brouiller nos perceptions, et alors le pressentiment est distordu ou bien on passe à côté. Le même principe s'applique dans la communication avec les autres. Les signes reçus par la perception subtile sont très utiles quand nous sommes en train d'échanger avec autrui, mais elles ne sont fiables que dans la mesure où nous avons nettoyé nos distorsions.

Certaines personnes qui travaillent dans le domaine de la relation d'aide disent parfois : « À la fin de la journée, je me sens épuisée. Je ne me suis pas assez protégée. J'ai n'ai pas fait ma bulle. C'est pour ça que je suis vidée. » Voilà un concept, mais on peut aller plus loin. D'une certaine façon, quand on fait une bulle autour de soi, on tient les autres à distance, or, un jour, on doit pouvoir fusionner avec chaque personne. Lorsqu'on est thérapeute, peu importe le genre de personne qui se présente, si on n'a plus de résonances négatives avec elle, on ne se sent pas fatigué après la consultation. Notre vulnérabilité se transforme. L'être qui reçoit en consultation doit analyser, se demander : « Qu'est-ce qui m'a fatigué ? Quel type de personne était-ce ? Ah, c'est tel genre de distorsion qui m'a touché, ça veut dire que moi aussi, sous certains aspects et à un certain degré, dans mon inconscient, j'ai des résonances avec elle, cela peut dater d'autres vies. » Puis, avec humilité, il doit faire son Angelica Mantra, se concentrer sur ces mémoires et les nettoyer au fur et à mesure qu'elles se présentent.

Lors de l'événement où nous avons failli avoir un accident, On nous a donné un beau signe concret de protection. Juste derrière nous roulait une fourgonnette qui nous a dépassés ainsi que le camion duquel venaient de se détacher les gros blocs de glace. En passant près du camion, le passager de la fourgonnette a fait de grands signes au conducteur du camion, lui ordonnant de s'arrêter. Mon mari trouvait qu'il était bien intense, mais quand il a entendu le son de la sirène, il a compris pourquoi : c'était un policier en civil. Dans un rêve, si on voit un agent ou une auto de police et si ce symbole figure positivement – c'est-à-dire s'il ne se manifeste pas de manière distorsionnée –, il représente la Protection Divine. Voilà pour les pressentiments.

La cinquième façon de recevoir les informations des mondes parallèles est ce que l'on appelle communément ***les signes***. Contrairement aux quatre modes que nous venons de voir, il s'agit de manifestations concrètes que l'on perçoit dans le monde extérieur. Voici un exemple : un jour, alors que je promenais ma nièce Ariel dans son petit pousse-pousse, à un moment donné, j'ai pressenti que je devais entrer dans tel magasin. J'y suis entrée et j'ai rencontré une femme qui me connaissait par les conférences. Elle m'a dit : « Ça fait des jours et des jours que je pense à vous parce que j'avais des questions à vous poser, et je ne savais pas comment arriver à vous parler directement. Et là, je vous rencontre. Oui, mais ce n'est pas le temps, avec la petite… »

Il est vrai qu'Ariel était bien active : elle courait, était dynamique. Mon pressentiment me disait : « L'Intelligence Cosmique l'a mise sur ma route ; il n'y a pas de hasard, elle a besoin d'une réponse maintenant. » Alors je me suis agenouillée devant Ariel et je lui ai parlé gentiment en y mettant une intention – l'intention est bien importante car elle s'adresse directement à l'âme de l'autre. Je savais qu'au niveau de son âme, Ariel pouvait comprendre. Je lui ai dit: «Ariel, la dame a besoin qu'on l'aide. Toutes les deux, on va pouvoir l'aider : toi, en restant tranquille un petit moment, et moi je vais lui parler pendant ce temps-là. » Je suis restée tellement surprise, et la dame aussi. Ariel s'est assise gentiment, elle a mis ses deux petites mains en croix sur le cœur et elle a fermé les yeux comme si elle partait en méditation. À ma connaissance, elle n'avait jamais fait cela auparavant. Imaginez ! Elle n'avait même pas trois ans !

Alors j'ai parlé avec cette femme, et en effet, c'était important. Son fils avait de gros problèmes de consommation et elle avait besoin de comprendre. Je ne pourrais pas dire combien de temps la conversation a duré, mais soudainement, Ariel s'est mise à parler gentiment. Cela m'a signalé que c'était le temps pour moi d'arrêter, que j'en avais assez dit. Et c'est par Ariel qu'On m'a donné le signe. Mais j'aurais pu le recevoir par une vendeuse qui serait venue m'interrompre ou par un message diffusé par les haut-parleurs. Qu'est-ce qui donne à un événement la valeur de signe ? Autrement dit, comment savoir si tel événement est un signe ? Tout d'abord, on sent un déclic. Quand l'Intelligence Cosmique veut nous envoyer un message en rapport avec notre programme, Elle nous envoie un signe – dans cet exemple c'était un signe concret – et il ne nous reste plus qu'à le décoder. Encore faut-il être vigilant et réceptif et ne pas y inclure nos besoins personnels, ce qui peut altérer le signe.

Quand je me suis retrouvée à nouveau seule avec Ariel, je l'ai remerciée. Je lui ai dit : « Tu as été tellement gentille, Ariel ! Toutes les deux, on a pu aider la dame. Le bon Dieu doit être vraiment content de toi. » Là, ses grands yeux se sont remplis de lumière et d'amour, parce que son âme savait qu'elle aussi avait participé à quelque chose de beau, qu'elle avait contribué à aider une âme en peine.

⊙

On peut aussi apprendre à *lire* les signes à caractère collectif. On écoute les nouvelles locales et internationales et on analyse les symboles comme s'il s'agissait d'un rêve – avec la même profondeur symbolique – et comme on le ferait pour les signes d'intérêt individuel. Ainsi on arrive progressivement à comprendre, voire à anticiper les événements qui se produiront. Certains films sont très révélateurs des tendances sociales à venir. Mon époux et moi-même étudions les films pour enfants ; cela nous tient beaucoup à cœur. Nous savons que si un film remporte un succès auprès des enfants, c'est qu'il véhicule les tendances de leur conscience collective. Les concepteurs de films ne se rendent pas tous compte à quel point ils sont guidés par En Haut lorsqu'ils conçoivent leurs œuvres.

Quelles sont les raisons de la popularité de certains films ? Tout d'abord, un film ne remporte un succès que parce que cela a été décidé par l'Intelligence Cosmique. Des programmes concernant autant le succès du projet que les synchronicités, les idées pour le réaliser, etc., sont mis en place en convergence avec le programme des âmes qui s'incarnent sur Terre. Prenons comme exemple le succès mondial qu'ont connu les livres et les films *Harry Potter*.

Pourquoi ces œuvres ont-elles connu une si grande popularité ? Parce qu'elles expriment symboliquement les états de conscience qui étaient déjà présents chez  les jeunes. Un film n'a pas besoin d'être parfait ; il peut dépeindre à la fois les questionnements, les inspirations, le bien et le mal, et les forces à l'œuvre dans les jeunes générations. Ce genre de film reflète l'évolution de la conscience, et ainsi ils nous permettent de saisir ce qui se passe sur le plan collectif. *Harry Potter* symbolise l'ouverture du troisième œil à la magie, à la spiritualité – l'ouverture aux mondes parallèles – déjà bien présente chez les nouvelles générations. Il représente aussi l'école initiatique, cette école que l'on trouve à l'intérieur de soi et qui facilite l'apprentissage – on l'a vu plus tôt en examinant les Qualités de l'Ange MAHASIAH.

Alors voici quelques mots sur cette série de films. Harry Potter est un orphelin élevé par des tuteurs – son oncle et sa tante – qui, eux, sont dans une conscience plutôt grossière et réfutent totalement l'existence de la magie et du pouvoir spirituel. En tant que symbole, Harry Potter dépeint bien la situation des nouveaux enfants dont les parents, même s'ils sont présents, sont quelquefois trop terre-à-terre et matérialistes. Ces enfants sont très avancés : ils ont une ouverture au niveau du troisième œil, et sur le plan spirituel, ils peuvent parfois se sentir comme des orphelins, incompris dans leurs questionnements, leur recherche des multidimensions, leur sensibilité qui déclenche toutes sortes de problèmes comme l'hyperactivité, le manque de concentration, etc. Mais cela n'est pas grave. Leur vécu va les renforcer et cela fait partie de leur programme et de l'époque actuelle. Les films comme *Harry Potter* aident tous ces enfants – qui rêvent beaucoup – à se rendre compte qu'ils ont directement accès aux mondes parallèles, qu'ils peuvent retrouver ces mondes à l'intérieur d'eux-mêmes.

Un autre film qui est bien intéressant, surtout pour les personnes qui veulent comprendre les enfants hyperactifs, est *Lilo et Stitch*. Ce film n'a pas eu autant de succès que certaines autres productions Walt Disney – comme par exemple *Le Roi Lion* –, mais quand on sait lire son symbolisme, c'est un vrai bijou qui nous aide à comprendre comment fonctionnent les hyperactifs. D'ailleurs, ce film peut inspirer grandement les enfants hyperactifs, et ce même si en tant que parent, on n'est pas encore en mesure de leur expliquer la signification symbolique des personnages.

Un jour, notre fille Kasara qui avait alors neuf ans, est venue nous demander une interprétation de rêve. Dans son rêve, *elle se trouvait en compagnie de son père. Avec une boule de pâte à modeler blanche et argentée, elle devait faire une réplique du petit bonhomme Stitch* – le personnage du film –, *mais à la verticale.*

Lorsque notre enfant nous dit qu'il a rêvé à tel ou tel personnage d'un film, si on a un esprit cartésien, on va dire : « C'est normal puisqu'il a vu le film. » Mais si on analyse symboliquement le personnage, on peut aller tellement plus loin. On est prévenu de l'évolution positive ou négative de notre enfant ! Et bien sûr, on peut l'aider beaucoup mieux. Avant d'interpréter ce rêve, voici quelques mots sur ce film.

Au début, on voit des extraterrestres. Ce mot a beaucoup été galvaudé. Qu'est-ce qu'un extraterrestre, en réalité ? C'est une entité des mondes parallèles. Une personne qui décède devient un extraterrestre car son existence continue au-delà de la Terre, dans les mondes parallèles. Cette définition donne une toute autre dimension à ce terme. Donc, le film s'ouvre sur une scène où l'on voit un savant extraterrestre achever la mise au point d'un être qu'il a créé, le petit bonhomme Stitch. Dans un premier temps, Stitch est très manipulateur – il est puissant, il a beaucoup d'énergie – et il a une fonction de destruction que ce savant maléfique a intégré dans son programme. Quand les dirigeants extraterrestres se rendent compte de cela, ils ne veulent pas laisser vivre le petit Stitch et ils le séquestrent. Mais Stitch est tellement intelligent qu'il réussit à s'évader. Il s'enfuit sur la Terre où il réussit à se cacher dans un refuge d'animaux abandonnés. Là, il se transforme en petit chien bleu. Et la petite fille Lilo, qui souhaite avoir un chien, le trouve si mignon qu'elle l'adopte. Tout comme Stitch, Lilo est orpheline, possède un caractère hyperactif, est très puissante, et quand elle se sent incomprise ou qu'elle a de la peine, des manques ou des peurs, elle peut être destructrice.

Quand on visionne ce film (qui est aussi disponible sur Internet), en réunissant ces deux symboles que sont Stitch et Lilo, on obtient le portait d'un être hyperactif. En analysant en particulier le comportement de Stitch, on arrive à comprendre comment fonctionne un hyperactif. Au début, on voit surtout le côté destructeur du personnage, mais peu à peu s'éveillent chez lui de belles qualités. L'histoire se termine magnifiquement bien.

La petite fille se rend compte que Stitch est destructeur, mais elle a tellement d'amour pour lui et le comprend tellement bien qu'elle l'accompagne, l'aide, comme on peut aider un enfant en bas âge dans ses expériences quotidiennes. C'est certain qu'elle se reconnaît en lui : elle retrouve chez lui certains aspects d'elle-même. Et, peu à peu, Stitch se transforme : il devient obéissant et gentil. Il devient beau ! Et il conserve tous ses pouvoirs. Les enfants hyperactifs sont comparables à Stitch au début du film : si on ne leur fait pas comprendre qu'il existe des Lois et si on ne leur enseigne pas la spiritualité, les Qualités et les Vertus, ils peuvent détruire l'ambiance dans une famille ou dans une classe en quelques instants.

Les hyperactifs se répartissent en deux catégories. Dans la première, on retrouve ceux qui ont un inconscient très chargé – dans d'autres vies, ils ont fait toutes sortes d'expérimentations et leur inconscient est chargé de distorsions. Ces hyperactifs souffrent de problèmes d'apprentissage, entre autres à cause de leur difficulté à se concentrer. Or cette difficulté vient du fait qu'ils abritent trop de désirs et de besoins. Dans la deuxième catégorie, on retrouve des êtres qui, au contraire, jouissent d'une grande facilité d'apprentissage. Leur inconscient est plus léger. Mais tous partagent un point commun : ils ont une ouverture au niveau du troisième œil, ils sont ouverts aux mondes parallèles.

Prenons un exemple. Si, dans une classe, en commençant son cours, l'enseignante se rend compte qu'elle a oublié d'apporter son cahier de programme et qu'elle est mécontente, l'élève hyperactif perçoit tout cela. Il est ouvert et, au-delà de la forme, il ressent la contrariété de l'enseignante. Alors il devient lui-même mécontent ; il ne se sent pas bien. Ce n'est pas tout : il ressent aussi, au-delà de la forme, l'état de son petit camarade qui vit toutes sortes de choses. Il entend la porte claquer, et pour cet enfant, les sons ont une plus grande intensité que pour les autres enfants : il entend des sons inaudibles, il capte l'intention derrière la forme.

Chez les hyperactifs, les facultés mentionnées plus haut sont particulièrement développées. Ils perçoivent plus d'images, de sons et d'odeurs au-delà de la forme et ils ont plus de pressentiments que les autres personnes. Ce sont des esprits très ouverts mais qui ne maîtrisent pas encore leurs facultés. Et, selon le cas, ils peuvent avoir un inconscient passablement chargé. Ils entrent facilement en résonance avec ce que l'autre vit et le reflètent par leur comportement. Si par exemple leur enseignante s'est disputée avec son conjoint avant de venir à l'école – même si elle a oublié la dispute, elle l'a encore dans son énergie, et l'élève hyperactif perçoit cette ambiance. Et si, en plus, il a des mémoires qui résonnent avec cette chicane, il peut être très dérangé et très dérangeant.

Beaucoup d'enseignants et d'enseignantes assistent aux conférences du Centre de Recherche & d'Enseignement Univers/Cité Mikaël. Avec les infirmières et les aides soignantes, ce groupe constitue la plus grande proportion de participants. Pourquoi ? Parce que leur métier devient de plus en plus difficile et qu'ils ont besoin de comprendre. Après avoir entendu la conférence sur l'Ange Mahasiah, une enseignante m'a dit : « Moi, ça fait 25 ans que j'enseigne. Il y a 25 ans, j'avais en général un seul hyperactif par classe. Maintenant, c'est le quart de la classe. »

Une autre femme qui suit l'Enseignement m'a confié qu'elle a souvent de la difficulté avec sa petite fille concernant l'autorité. Parfois, quand elle exerce son autorité, elle trouve qu'elle est juste – que ses mots sont justes –, mais la petite, elle, sent autre chose. Dans le passé, cette femme a eu des problèmes avec l'autorité, et son enfant perçoit les côtés rebelles de sa mère. Alors elle réagit. Par contre, face à une personne qui n'a pas ce genre de distorsions et qui est vraiment juste dans son attitude, cette petite fille est toute gentille et obéissante.

Un jour, cette femme m'a demandé :

— Qu'est-ce que je devrais faire ?

— C'est déjà très bien, ce que tu fais, lui ai-je répondu. Déjà, tu sais qu'elle est ouverte, tu connais donc son fonctionnement. Certes, tu n'as pas encore un sage devant toi, mais tu as un être tout ouvert qui capte tes dimensions cachées, alors tu n'as pas d'autre choix que de travailler 24 heures sur 24 avec les Qualités Divines.

On voit par cet exemple que l'éducation des enfants hyperactifs est tout un défi pour les parents et les systèmes scolaires en place. Bien sûr, si leur inconscient est chargé, ils ont de la difficulté à se concentrer et cela peut renforcer, voire multiplier leurs comportements distorsionnés. Or que fait-on pour ces enfants ? On leur donne de la médication. En réalité, celle-ci ne les aide pas à se concentrer, mais ferme leur troisième œil, diminue leur capacité de percevoir au niveau du cerveau et de leurs sens. Ils deviennent alors léthargiques et sont un peu plus tranquilles, mais évidemment, là n'est pas la solution. Cependant, si le comportement de l'enfant, du jeune devient dangereux pour lui ou pour les autres, alors il peut en effet être nécessaire de recourir à la médication pour limiter les dégâts.

Beaucoup de livres ont été écrits sur ces nouveaux enfants, qu'on appelle entre autres les enfants indigo. Peu importe la manière de les nommer, ce qui est certain, c'est qu'il n'existe pas de recette facile pour leur éducation. On doit d'abord et avant tout les comprendre et leur enseigner les multidimensions comme on le fait avec le programme scolaire The +|– Code (www.plusminuscode.com), qui est un programme avancé pour développer l'intelligence émotionnelle, éduquer l'enfant à valider ce qu'il perçoit, en unissant son intelligence et son côté émotionnel pour éviter la dispersion et la confusion en lui. En tant qu'adulte – parent, enseignant, éducateur, etc. – lorsqu'on travaille sur soi avec l'Angéologie Traditionnelle, on arrive à mieux comprendre les hyperactifs car on devient temporairement comme eux : le voile se lève, l'inconscient s'ouvre, la perception sensorielle subtile s'active et on commence à capter ce qui se trouve dans l'inconscient de tout le monde. Nos pouvoirs spirituels se développent graduellement, mais on ne maîtrise pas encore leur bonne utilisation, car il nous reste bien des mémoires à nettoyer. Toutes ces données accumulées dans notre être au fil des vies tournent dans notre tête, dans notre ordinateur intérieur, et c'est très puissant. Quand on commence à cheminer, dans un premier temps, on devient soi-même hyperactif ou, au contraire, on vit des états de grande fatigue. C'est pour cela qu'on recherche le yoga, la médiation, le calme, l'intériorisation ; intuitivement, on sait que cela va nous aider à gérer l'impact des résonances. Lorsqu'on a la Connaissance spirituelle, on est en mesure de réellement comprendre comment fonctionnent ces enfants. On peut alors aussi être des thérapeutes-enseignants extraordinaires : on apprend avec eux dans un état d'ouverture, ce qui est phénoménal.

Pour les enfants hyperactifs de la deuxième catégorie – ceux qui apprennent très facilement –, certains enseignants préconisent un programme scolaire accéléré. En réalité, cela n'est pas toujours la solution. Bien sûr, ces enfants doivent apprendre, mais cela ne sert à rien de leur bourrer le crâne, de leur en mettre plus au programme. Que devrait-on leur enseigner en priorité ? Les Qualités et les Vertus. Voilà ce qui est le plus important. Sinon, oui, ils deviendront très bons, ils excelleront dans un domaine ou plusieurs, mais en même temps, ils seront hautains, déconnectés et uniquement intéressés par la matière dans laquelle ils excellent. Le plan relationnel est souvent très difficile pour ces êtres, car ils n'ont pas acquis la maturité au niveau des sentiments et de la sagesse ; ils sont devenus trop intellectuels.

Notre fille nous accompagnait souvent en tournée, et pendant ces périodes, elle était absente de l'école. Or, elle excellait dans toutes les matières ; elle n'avait aucun blocage d'apprentissage. Toute difficulté d'apprentissage, tant chez l'adulte que chez l'enfant, est reliée à des distorsions qui peuvent dater d'autres vies, ainsi qu'à la dimension relationnelle dans laquelle l'être évolue. Ces distorsions semblent parfois ne rien avoir en commun avec le sujet d'étude qui pose problème. Plus on se purifie, plus on nettoie nos mémoires distorsionnées, plus l'apprentissage est aisé. C'est pour cette raison qu'en milieu scolaire, il faudrait l'axer davantage sur la dimension métaphysique, les émotions, les perceptions sensorielles, et ce dès le plus jeune âge. Expliquer aux enfants ce qui se passe, ce qu'ils perçoivent, au lieu de trop les rationaliser et les déconnecter du langage symbolique qu'ils intègrent facilement et dans lequel ils s'expriment tout naturellement. Ici sur Terre, on ne comprend pas encore suffisamment ce qu'est une école initiatique, ni les étapes de l'apprentissage réalisé au niveau de la conscience en termes de codes + et –.

En outre, on n'a pas besoin de tout savoir. Un jour, on aura toutes les informations utiles à notre disposition ; on le voit déjà avec Internet qui nous donne facilement accès à toutes sortes d'informations et de spécialisations. De plus, on peut avoir recours aux autres pour obtenir l'information dont on a besoin et le fait de demander contribue à développer l'altruisme : nous avons tous besoin les uns des autres. Ce qui importe le plus en éducation, c'est d'offrir aux élèves des occasions pour apprendre les Qualités et les Vertus. C'est uniquement pour cette raison que nous sommes ici sur Terre.

Je reviens au rêve de Kasara. Pour elle, son père représente la spiritualité, et puisqu'il est un homme, il symbolise aussi l'action. Kasara avait une boule de pâte à modeler blanche et argentée. Le blanc symbolise la lumière, la spiritualité, et l'argenté est relié à la Lune, à la réceptivité. Elle devait construire un petit bonhomme Stitch, mais à la verticale.

Comme symbole, et par contraste à l'horizontale – qui symbolise l'approche matérialiste et une vision terre-à-terre –, la position verticale indique le lien entre le haut et le bas, le Ciel et la Terre, mais aussi entre les profondeurs de notre être et les mondes parallèles. Un extraterrestre symbolise une grande intelligence qui peut agir tant sur le plan terrestre que dans les autres dimensions. Puisque l'ensemble du rêve est positif, c'est le côté positif du petit extraterrestre Stitch qu'il faut retenir. On montrait donc à Kasara qu'elle apprenait à se bâtir, à se modeler avec la spiritualité et la réceptivité, malgré la puissante énergie qui l'habitait. C'est ainsi qu'un jour on acquiert une belle maîtrise.

Il existe un phénomène qui contribue énormément à cet apprentissage des Qualités et des Vertus, c'est celui de l'identification. Voici une histoire vécue pour illustrer ce phénomène.

Un garçon de 11 ans qui s'appelle Jérôme m'a confié son amour pour un symbole auquel il s'identifie. Quel est-il ? C'est Tintin. À un moment donné, il m'a dit :

— Plus tard, j'aimerais faire comme Tintin : devenir journaliste, mais moi, j'aimerais être chroniqueur.

Ce garçon écrivait déjà régulièrement des articles dans le journal de son école. Je lui ai demandé :

— Pourquoi veux-tu devenir chroniqueur ?

— Les chroniqueurs, m'a-t-il expliqué avec une grande simplicité, ils peuvent donner leur avis, leur opinion, et moi, je désirerais influencer les politiciens. J'aimerais que ça change dans le monde, qu'il y ait plus de protection pour l'environnement.

L'environnement est vraiment une question qui lui tenait à cœur. Quand on s'identifie à une personne, cela influence le développement de notre âme. Jérôme m'a dit : « Tu vois, je me suis laissé pousser une petite houppette pour ressembler à Tintin. Mais si je voulais ressembler à Napoléon, là, j'aurais un problème. » Simplement par sa remarque, on voit qu'il était déjà conscient de l'influence du phénomène de l'identification sur son être.

Au cours de la nuit qui a suivi cette conversation, j'ai reçu un enseignement touchant à l'identification. Dans mon rêve, *je voyais la tête d'un beau cheval avec un poil brun bien soyeux, et, au centre, une bande verticale de poil blanc qui continuait jusqu'à la gorge et au cou. À gauche de la tête du cheval se trouvait une tête de chien, lequel aimait et admirait énormément ce cheval. Il voulait tellement lui ressembler qu'il avait pratiquement la même tête que lui. Ce chien avait la même bande blanche et verticale que le cheval.*

Pourquoi m'a-t-On montré des animaux ? Parce qu'ils symbolisent l'énergie vitale, l'énergie instinctuelle, qui dans un premier temps est logée principalement dans nos premiers chakras. On doit transcender cette énergie, la faire monter jusque dans les centres supérieurs pour éveiller tous nos pouvoirs spirituels. Et pourquoi m'a-t-On montré uniquement la tête ? Celle-ci représente les pensées et le visage, les états d'âme, c'est-à-dire ce à quoi ou à qui on s'identifie. En effet, nos états d'âme qu'on transmet à tout notre être sont profondément modifiés par nos identifications. C'est la raison pour laquelle On m'a montré la gorge et le cou, ces lieux de communication et de passage entre la tête, le cœur et le corps physique. On communique nos états d'âme même aux autres. On peut d'ailleurs facilement observer ce puissant phénomène d'identification chez certains conjoints qui, en vivant ensemble finissent par se ressembler.

J'ai revu ce garçon quelques mois plus tard. Il avait déjà réalisé son rêve. Il m'a raconté ce qui lui était arrivé. « Un jour, m'a-t-il

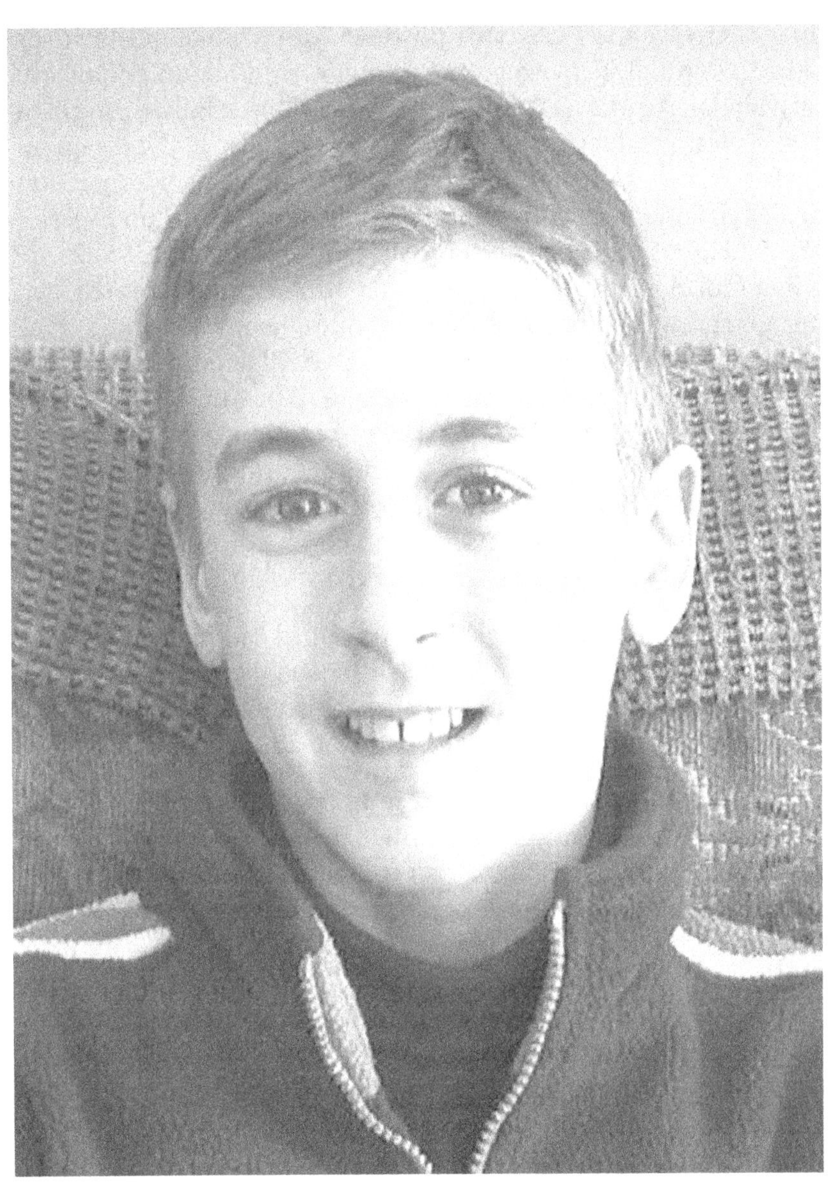

Jérôme, 11 ans

dit, j'ai envoyé mon CV pour postuler à un journal qui écrit sur la protection de l'environnement. Il n'y avait aucun enfant qui écrivait dans ce journal, mais j'ai tenté ma chance. Puis, un jour, un homme est venu faire une annonce dans ma classe. Il a dit qu'un enfant avait postulé pour écrire dans le journal sur la protection de l'environnement et que cet enfant avait été choisi pour écrire régulièrement des articles en tant que bénévole. Ensuite il a dit que c'était moi. À la fin du cours, mes camarades sont venus me féliciter, mais certains d'entre eux étaient choqués. Ils me disaient : 'Mais pourquoi tu ne te fais pas payer ? Tu devrais te faire payer. C'est pas normal.' À ceux-là, je leur ai demandé : 'Vous, qu'aimeriez-vous faire comme métier plus tard ?' L'un a répondu pompier, l'autre, médecin, le troisième, pilote... Alors je leur ai dit : 'Est-ce que vous seriez prêt à faire le métier que vous avez choisi, même si vous n'étiez pas payés ? Si la réponse est non, ça veut dire que vous n'êtes pas faits pour ce métier. Essayez d'en trouver un autre.' »

Imaginez ! Onze ans ! J'avais les yeux dans l'eau tellement j'étais émue. On parle souvent des jeunes de façon négative, mais je vous dis qu'il y a de l'espoir : nous rencontrons beaucoup d'enfants qui, comme ce garçon, sauront unir l'esprit et la matière.

Le phénomène d'identification, je le connais bien. Je me suis beaucoup identifiée, non pas à Tintin mais aux Anges. Et je continue de le faire. Quand je suis entrée en contact avec cet Enseignement, je voyais les Qualités des Anges et je me disais : « Moi, je veux devenir comme ça. » Bien sûr, je ne voulais pas devenir un petit bonhomme avec des ailes. J'avais déjà la compréhension que les Anges, ce n'était pas ça. J'avais vécu quelques expériences mystiques qui m'avaient ouverte aux mondes parallèles. J'avais aussi intégré une compréhension multidimensionnelle de ces phénomènes par mes études scientifiques et spirituelles. Alors j'ai unifié ces deux approches – mystique et scientifique – et cela m'a conféré une conviction, une confiance inébranlable dans le fait qu'un jour, il me serait possible de retrouver en moi ces États de Conscience très purs, très beaux. En travaillant avec l'Angéologie Traditionnelle, j'ai pris conscience que le simple fait de répéter le Nom d'un Ange avec toute l'intensité de mon être – pas seulement avec l'intellect, mais avec foi et la conviction qu'un jour ces Énergies se manifesteraient jusque dans mon corps – me permettrait d'incarner ces États de

Conscience Divins. D'ailleurs, c'est ce qui a donné la pratique des mantras Angéliques, un outil des plus puissants pour rêver, ouvrir les multidimensions de la Conscience Universelle en soi. Cependant, il y a une chose que je n'avais pas prévue, c'est qu'avant de pouvoir vivre et stabiliser ces hauts États de Conscience en mon être, je devais passer par de grandes initiations, de grandes purifications dont l'intensité m'a valu bien des larmes. En effet, lorsque je me trouvais face aux vérités que je découvrais sur moi et sur les autres, et qui n'étaient pas toujours faciles à accepter au début de mon cheminement, cela me touchait profondément.

L'identification peut avoir des effets positifs, mais elle peut aussi avoir des effets négatifs. Voici un exemple vécu pour illustrer cela.

Une femme a dit à mon époux qu'elle se faisait beaucoup de souci pour son fils de 13 ans. Elle lui a dit : « Mon fils est inséparable de ses deux amis. L'un est très gentil, simple et naturel. Il est fils d'agronome. L'autre est très négatif ; il écoute de la musique violente avec des paroles extrêmement négatives et il porte des chandails imprimés de têtes de mort. Maintenant, mon fils veut faire pareil que celui qui est négatif. Il s'identifie à lui. Alors, je lui ai dit : 'Non, je ne suis pas d'accord que tu portes des têtes de mort. Ce n'est pas beau. Puis regarde, si tu continues, tu ne pourras plus fréquenter ton autre ami ; ses parents vont lui interdire de te voir, comme ils l'ont fait avec celui-ci parce qu'ils trouvent qu'il n'a pas une bonne influence sur leur fils.' Quand je lui ai dit cela, mon fils s'est mis à pleurer. Il avait de la peine. »

Puis cette femme a demandé :

— Est-ce que c'est juste de lui parler comme ça ? Ou est-ce que je devrais plutôt le laisser faire ?

— C'est tout à fait juste comme tu as réagi, lui a répondu mon mari. Surtout, ne le lâche pas, continue. C'est tellement important !

Quelquefois, au nom de la liberté d'expression, on laisse nos enfants s'égarer parce qu'on se dit : « Il est jeune, on va le laisser faire. Il va se replacer par lui-même. » Certains choix clés sont tellement importants pour notre avenir quand on est jeune. Les petits problèmes, ça va, c'est habituel dans la vie de tous ; mais quand on dérive… là il faut ramener le bateau dans la bonne direction car la mer est vaste et on peut s'y perdre pendant longtemps quand on ne suit pas la bonne route.

Mon époux a dit à cette femme : « C'est normal que ton fils soit attiré par ses deux camarades : il a en lui autant le côté positif que le côté négatif. Parmi ses mémoires inconscientes, certaines résonnent avec son ami négatif, alors tu dois lui expliquer : 'Regarde, si tu portes des vêtements avec des têtes de mort, ce n'est pas anodin. Une tête de mort dégage une vibration de violence, d'échec, de destruction, et c'est ce genre de vibration que tu vas attirer. Tu attireras des amis et des situations qui résonnent avec ce symbole, et ainsi tu vas hypothéquer ton avenir.' »

Quand on a appris à décoder les signes, on prête attention au type de musique que nos enfants écoutent et au type de symboles qu'ils portent. De cette façon, on peut voir quel genre d'avenir ils sont en train de se préparer. Si, par le passé, on n'y a pas prêté attention parce qu'on ne savait pas, on ne doit pas se culpabiliser. Bien sûr, si on a trop laissé faire les enfants et qu'ils sont devenus violents ou voleurs, à un moment donné, ce n'est plus du ressort des parents : on doit s'en remettre à des institutions spécifiques où les éducateurs jouent un rôle de police, ce qui est juste. Mais il est préférable de s'y prendre à temps. C'est l'une des Qualités de l'Ange Mahasiah qui *redresse ce qui pousse de travers avant la matérialisation*. Si on veut bâtir des êtres spirituels, on doit dès le plus jeune âge, aider nos enfants à faire des choix qui vont dans le sens des Qualités et des Vertus et qui les aideront dans leur vie future. Pour ce faire, il est nécessaire de prendre conscience de l'importance de savoir leur dire non quand ils sont jeunes ; savoir les guider avec une juste pédagogie spirituelle et pas rigide, extrémiste. Cela passe d'abord et avant tout par l'exemple des parents.

Toute personne est régulièrement confrontée au dilemme que représente la question du choix. On nous pose souvent des questions du genre : « Quand on veut faire un choix, quelle est la différence entre poser la question au pendule et demander un signe ? » Dans cet ordre d'idées, une femme nous a fait part de ses expérimentations. Elle nous a dit : « Il y a quelques années, j'utilisais régulièrement le pendule. À un moment donné, il était question de déménager et j'ai demandé, avec le pendule, si c'était juste d'emménager dans telle maison. Le pendule a répondu non, mais nous sommes quand même allés habiter dans cette maison, avec laquelle on a eu beaucoup de problèmes. »

Voici tout d'abord quelques explications. Comment le pendule a-t-il pu répondre non ? Bien sûr, il n'a pas répondu non concrètement. Avant de poser la question, on décide que si le pendule oscille dans un sens, cela signifie que la réponse est oui, s'il oscille dans l'autre, cela signifie non, et s'il hésite, le résultat est neutre. Il n'y a que trois réponses possibles. Or, l'oscillation du pendule est influencée par notre état – d'âme, d'esprit et de conscience – du moment. En posant une question sur un sujet déterminé – comme dans l'exemple plus haut – une multitude de mémoires, conscientes et inconscientes, reliées à ce sujet se mettent à résonner. Celles-ci peuvent contenir toutes sortes de peurs, de besoins, d'attentes, de dualités, etc. Donc, tout un mélange d'énergies et d'essences différentes détermine la réponse du pendule selon la tendance positive, négative ou neutre  qui prédomine à ce moment-là. Mais cette tendance n'est pas stable, elle continue à être influencée par tout ce que la question a réveillé en nous. Ainsi, lorsqu'on consulte le pendule une deuxième fois pour la même question, on peut obtenir une réponse contraire. Cela montre bien les limites du pendule et à quel point il faut être neutre quand on pose une question au Ciel. Il faut avoir nettoyé ses mémoires pour recevoir une guidance juste.

Mon époux a répondu à cette femme : « Tu vois, ton programme intérieur était beaucoup plus puissant que la réponse de ton pendule. Ton programme t'a poussée à aller demeurer dans cette maison avec toute ta famille parce que vous aviez des choses à y apprendre. C'était un rendez-vous karmique. Ça devait vous servir d'apprentissage et c'est pour cette raison que vous avez ignoré la réponse, que vous y êtes allés quand même. »

Alors on voit que lorsqu'on pose une question, il est important d'en comprendre le sens profond. En Haut, Ils ne veulent pas nous voir nous comporter comme des marionnettes. Ils ne veulent pas qu'à tout instant, on suive un oui ou un non sans comprendre. Le but est d'arriver un jour à comprendre afin que notre conscience évolue. Quand on Leur demande un signe, Ils ne nous répondent pas par un oui ou un non. La majorité du temps, Ils nous donnent l'essence de la question. Voici quelques exemples de cela.

Comment préparons-nous les conférences ? Mon époux et moi déterminons ensemble les grandes lignes de la conférence en choisissant certaines histoires vécues et certaines interprétations de rêves qui sont en rapport avec l'Ange. Ensuite, je travaille sur chacun des thèmes et je médite pendant un certain temps sur chacune des histoires. Une histoire comprend tellement de facettes ! Je pourrais n'en prendre qu'une – même la plus simple – et élaborer sur elle pendant toute la conférence. Quand on apprend à lire à la verticale, on trouve tant de profondeur dans chacune d'entre elles ! Au bout d'un moment, je me concentre, je ferme les yeux et je Leur demande : « Est-ce que c'est juste de raconter cette histoire ? » Ensuite, je reçois une image. Bien sûr, pour pouvoir interpréter ces images, on doit apprendre le langage symbolique. C'est comme une langue qui s'apprend. D'ailleurs, la connaissance du langage symbolique est essentielle pour pouvoir dialoguer avec l'Intelligence Cosmique. Préparer ces conférences avec mon époux est si magnifique ! On discute ensemble pendant des heures, des jours, et on reçoit des rêves, des enseignements. Être un couple au plan spirituel est l'un des plus beaux cadeaux que les Anges nous apportent quand on a travaillé longuement sur soi.

À un moment donné, pour savoir si je devais présenter une histoire concernant le camp de concentration d'Auschwitz, j'ai demandé : « Est-ce que c'est juste ? Quel impact va avoir cette histoire ? » Alors j'ai reçu une image : je voyais simplement une flûte et des mains qui jouaient de la flûte. La musique symbolise l'ambiance. On me montrait que raconter cette histoire allait agir sur l'ambiance de la salle. La flûte est un instrument à vent ; elle touche donc à l'élément air qui symbolise les pensées, alors que les mains représentent l'action. La flûte est aussi un instrument tout en longueur ; entre autres significations, elle symbolise donc l'émissivité. Par cette simple image, On m'a montré que si je racontais cette histoire, elle allait créer une certaine ambiance, une émotion particulière dans la salle, et que celle-ci aurait un effet jusque dans le concret. On m'a ainsi signalé que ce récit aurait une influence souhaitable.

Plus tard, quand je me suis retrouvée avec mon mari pour faire la synthèse et établir l'ordre dans lequel je devais présenter les divers sujets, nous nous sommes demandé si nous devions commencer la conférence par cette histoire. Car les camps de concentration nazis sont un sujet difficile et il peut être un peu délicat de commencer une conférence avec un tel sujet. Or, au moment où nous en discutions, le téléphone a sonné. J'ai répondu. Au bout du fil, une gentille dame qui avait mal composé son numéro m'a demandé si le rabbin Goldman était là. Imaginez ! L'histoire des camps de concentration concerne plus particulièrement les Juifs, et là, on demandait à parler au rabbin Goldman ! Nous avions reçu tout un signe concret. Mon mari et moi, nous sommes regardés et nous savions que la question était réglée : c'était oui, la conférence devait commencer par cette histoire. Ceci n'est qu'un exemple parmi une multitude de signes et de synchronicités que nous vivons au quotidien. Un jour, on vit de cette manière. Prendre des décisions devient alors tellement facile !

Alors, quand on sait que le hasard n'existe pas, chaque fois que l'on reçoit un appel d'une personne qui a mal signalé, plutôt que de se dire : « Le fatigant ! », on interrompt ce qu'on était en train de faire et on se demande : « À quoi étais-je en train de penser ? Qu'est-ce que j'étais en train de faire ? » Cela nous donne un signe, tout dépendant du lien que l'on réussit à établir. Agir de la sorte nous amène à développer une grande vigilance. On cesse de vivre comme un automate. Pour l'Intelligence Cosmique, il est facile de faire composer le 2 au lieu du 3, et Oups ! on a un message. Imaginez à quel point la spiritualité devient concrète ! On retrouve notre autonomie spirituelle car on est guidé sans arrêt. Et on ne se perd plus dans la matière. On est continuellement ouvert.

Parfois, certaines personnes nous disent : « Oui, mais moi, quand je ferme les yeux et que je pose une question, aucune image ne vient. » À ces personnes, nous suggérons de méditer un peu plus. Méditer ne se fait pas seulement assis ou couché, et pas seulement les yeux fermés. Quand on fait la Récitation Angélique avec le Nom d'un Ange, que ce soit en marchant, en travaillant ou en se reposant, on ouvre nos canaux. Bien sûr, certaines personnes auxquelles on fait part de ce processus parviennent instantanément à obtenir des images. Cela signifie que dans d'autres vies, elles ont déjà beaucoup médité et que certains de leurs canaux sont déjà ouverts. Mais elles ne sont pas meilleures que les autres pour autant.

Il arrive aussi qu'on ait de la difficulté à obtenir une image parce qu'on est trop sous pression. Recevoir une image de l'intérieur nécessite un certain degré de réceptivité. Or la pression fait en sorte que les canaux sont parasités. Si la décision que l'on s'apprête à prendre peut avoir des répercussions sur notre vie pendant plusieurs années, la pression peut être considérable. C'est pour cette raison qu'au début, il est important de s'exercer avec des décisions qui n'ont que peu d'incidence sur notre vie. Ainsi on n'est pas sous pression, on est plus neutre et donc plus réceptif.

Plus essentielle encore que la capacité d'obtenir des réponses – même pour les questions importantes – est la profondeur du processus de transformation qui s'amorce avec cette lecture de signes. Il s'agit d'un processus initiatique qui amène de grandes purifications et initiations.

⊙

Voici maintenant une histoire vécue qui illustre comment certains comportements peuvent bloquer la facilité d'apprentissage. C'est l'histoire d'une femme qui est venue me demander une interprétation de rêve.

Dans son rêve, *elle était dans une classe avec une enseignante et des élèves, et elle était l'assistante de l'enseignante. À un moment donné, l'enseignante a dû s'absenter et elle a demandé à la rêveuse de la remplacer. Alors la rêveuse s'est sentie prise de panique : elle ne se sentait pas à la hauteur. Elle est sortie de la classe et elle a commencé à chercher des toilettes, mais elle ne trouvait pas de toilettes de femmes : seulement des urinoirs. Elle a continué à chercher, et au bout d'un moment, elle a enfin trouvé une cabine. Mais il y avait un problème : la cabine était vitrée. Elle n'avait pas le choix, elle y est entrée. Puis des personnes sont arrivées et elle s'est sentie très gênée, très embarrassée si bien qu'elle a interrompu son processus et elle est retournée en classe sans s'être soulagée. Quand elle est entrée dans la classe, elle n'y a trouvé ni enseignante ni élèves, enfin seulement quelques-uns.*

Tous les éléments du rêve représentaient des parties de la rêveuse. Le symbolisme des toilettes est bien important dans le cheminement spirituel, car lors des initiations les toilettes apparaissent très souvent dans les rêves. Cela est normal : c'est un symbole de purification. Si dans nos rêves tout se passe bien lorsqu'on est dans les toilettes, cela signifie que nos purifications seront faciles. C'est un signe de facilité d'apprentissage. Mais si on est confronté à un problème – comme dans ce rêve –, On veut nous signaler que certaines mémoires en nous, empêchent le processus de purification. »

Quand on voit des toilettes en rêve, on examine le reste du rêve pour connaître l'objet de la purification. Dans cet exemple, il s'agissait de l'apprentissage, à cause de la classe. À chaque fois qu'on rêve d'une école, d'une classe, d'enseignants ou d'élèves, l'apprentissage est en cause. Dans ce rêve, il n'y avait aucun sujet particulier d'apprentissage, mais même dans les cas où le sujet est explicite, il importe peu : il s'agit toujours d'un apprentissage pour atteindre des états de conscience plus élevés. Ici, sur Terre, toutes les activités ont leur place. Elles sont toutes organisées par l'Intelligence Cosmique et elles n'existent que pour aider les humains à apprendre en termes de conscience. Même les activités les plus extrêmes et les plus distorsionnées comme la guerre ont leur place. Certains êtres ont encore de l'agressivité et ils ont besoin de la manifester. Et si on fait la résultante des petites guerres que des millions d'êtres entretiennent encore à l'intérieur d'eux-mêmes, on obtient une guerre concrète qui se manifeste à un endroit donné. On doit se rappeler que le mal est éducationnel. Un être évolué connaît le mal et décide consciemment de ne plus le faire. Les activités distorsionnées sont là pour nous amener à franchir ce pas.

Dans le rêve, cette femme avait une enseignante. Celle-ci représentait une certaine partie d'elle qui enseigne à d'autres parties d'elle-même. Cependant, il lui arrive de s'absenter. Quand la rêveuse s'est trouvée dans l'obligation d'enseigner à sa place, elle en était incapable car certaines mémoires l'en empêchaient. Que signifie apprendre de manière continue ? Nous sommes tous à la fois enseignants et apprentis, et ce à temps plein. Apprendre continuellement ne consiste pas seulement à assister à des conférences spirituelles, à participer à des ateliers spirituels, à lire des livres spirituels et à fréquenter des personnes spirituelles. On apprend partout et en tout temps. Sur notre lieu de travail, même si les fréquences sont très basses et si les personnes qui nous entourent ont des comportements grossiers, on n'interrompt pas notre processus d'apprentissage pour autant. Notre troisième œil est continuellement ouvert. Quand on se sent dérangé, on se rappelle la Loi de la résonance : « Je suis dérangé par tel comportement, ça veut dire que j'ai le même en moi. » Un jour, on apprend 24 heures sur 24. Imaginez à quel point c'est évolutif !

Puis On a montré à cette femme ce qui bloquait son apprentissage. Elle ne trouvait pas de toilettes pour femmes : seulement des urinoirs. L'homme représente l'émissivité, et la femme la réceptivité. On a voulu montrer à cette femme : « Regarde, tu as trop d'émissivité. Et elle n'est pas juste. » L'émissivité est vraiment un gros handicap lorsqu'elle est injuste ou excessive, car elle bloque la réceptivité. Or cette dernière est une condition essentielle à la lecture des signes car on doit être continuellement réceptif, un peu comme une antenne. C'est seulement lorsque notre émissivité et notre réceptivité sont équilibrées que nous parvenons à la neutralité, laquelle nous permet de pouvoir lire les signes en tout temps et d'être à l'écoute des autres dimensions.

Ensuite, On lui a montré ce qui l'empêchait de se purifier et d'avoir ainsi accès à cette facilité d'apprentissage. La cabine vitrée concernait son authenticité. On a voulu lui dire : « Regarde, tu es capable de te purifier, mais dès qu'il y a du monde, dès que tu te socialises, tu interromps ton processus de purification. » Pourquoi ? Parce que cette femme tente de maintenir une certaine image ; elle accorde trop d'importance au paraître. Elle a peut-être toujours été perçue comme un leader ou comme une personne très positive, et là, tout à coup, elle n'est pas à son meilleur et elle ne veut pas que cela paraisse.

Lorsqu'on entre dans un processus initiatique, le voile s'enlève et on visite de nombreuses mémoires de cette vie-ci et d'autres vies. Si tout à coup, Ils nous plongent dans certaines zones de notre inconscient où on se sent comme dans un pays de guerre, le lendemain on perçoit en nous une mal-être certain. Pourtant rien n'a changé dans notre environnement, mais notre esprit est immergé dans ces mémoires. Quand cela se produit, il se peut qu'on arrive au travail dans un état de grande fébrilité, vulnérabilité, parce qu'on a reçu un rêve troublant – qu'on s'en souvienne ou non – et on a l'impression de ne plus savoir penser. Mais on ne veut surtout pas que les autres le remarquent parce qu'on a une image à maintenir pour continuer à être aimé, à être reconnu. Voilà l'un des plus importants handicaps que l'on doit dépasser. Un jour, on retrouve l'innocence de l'enfant. Tant que l'on n'a pas dépassé cette étape, En Haut, Ils vont nous faire vivre toutes sortes de choses, nous restructurer jusqu'à ce qu'on ne soit plus préoccupé par ce que les autres diront de nous. On se dit alors : « Je fais de mon mieux. »

Cela ne signifie pas que l'on doive dire à qui veut l'entendre : « Je suis en purification, je vis ceci, je vis cela. » Non, on demeure discret. Il n'en reste pas moins qu'il nous arrive de ne pas être au meilleur de notre état, et cela, on doit l'accepter. C'est tout un parcours qui demande beaucoup d'humilité. Voilà pourquoi On a montré à cette femme : « Quand tu as peur de mal paraître, tu ne peux plus apprendre. Tu reviens en classe et il n'y a plus d'enseignante et à peine quelques élèves. Plus aucune partie de toi n'apprend ni n'enseigne. Ton apprentissage est interrompu. »

Après avoir entendu cette interprétation, elle m'a dit :

— C'est donc vrai ! Quelquefois, je me sens limitée : je demande des signes mais je n'arrive pas à les lire. C'est difficile. Mais d'autres fois, je pose une question et là, la réponse vient, claire et sans ambiguïté. Comment cela se fait-il ?

— Bien… est-ce que tu pourrais me donner un exemple où cela a été facile ?

— Tiens, par exemple, un jour, je suis sortie de mon appartement, et sur l'immeuble voisin du mien, j'ai aperçu une annonce d'appartements à louer. Or, cet immeuble identique au mien, comporte des appartements plus petits que celui que j'occupe en ce moment. Alors je me suis dit : « Je pourrais aller voir le concierge. Ce serait peut-être bien que j'aie un appartement un peu plus petit, je n'ai pas vraiment besoin d'une telle superficie. »

Cette femme applique une philosophie de simplicité volontaire, mais elle n'avait pas un besoin pressant de changer d'appartement. Elle a ajouté : « Je suis allée au travail et je me suis couchée le soir sans plus y penser. Puis, dans la nuit, j'ai reçu un rêve. Je voyais le concierge – ce même concierge que je connais – qui était en train de cadenasser les portes de l'immeuble. C'était tellement simple à interpréter. J'avais ma réponse : 'Non, ça ne donne rien : ça ne fait pas partie de ton programme, d'aller vivre dans cet immeuble.' »

« Oui, mais regarde, lui ai-je dit, pourquoi est-ce que ça a été si facile dans ce cas-là ? Parce que ton intention était belle. Tu n'avais pas de besoin, tu étais plus neutre. Mais imagine que ta situation ait été différente et que tu te sois dit : 'Ouf, dans un mois, je n'ai plus d'appartement. Ça presse que j'en trouve un plus petit parce que j'ai vraiment de gros problèmes financiers.' Ta condition extérieure aurait réactivé des mémoires d'une de tes vies où tu as peut-être été itinérante, des mémoires qui n'auraient pas encore été nettoyées. Tant que l'ancien itinérant avait un toit et tout ce qu'il lui fallait, il sommeillait. Mais la simple pensée 'Je ne vais peut-être plus avoir de toit' aurait suffi à réveiller cette mémoire. Pourtant, tu aurais pu facilement trouver un appartement en un mois. Lorsqu'on a des mémoires de ce type, sous l'effet des insécurités inconscientes, tout devient irrationnel et on a des réactions exagérées. Même toi, tu en aurais été déconcertée. Tu te serais dit : 'Ça ne se peut pas que je puisse me sentir comme ça.' »

Donc, on voit à quel point la question qu'on pose – et surtout ce qu'elle éveille dans notre inconscient – peut influencer notre capacité de recevoir des signes. Une question peut toucher à des méandres et des labyrinthes dans notre inconscient, et lorsque cela se produit, on ne reçoit rien : on est tout mêlé. La réception d'images est complètement parasitée.

Cette femme m'a alors demandé :

— Oui, mais je fais quoi avec ça ? – Pour elle, c'est la composante affective qui rend difficile la lecture des signes.

— Tu fais déjà de ton mieux, lui ai-je répondu. C'est déjà bien, ce que tu fais. Tu ne peux pas tout changer en un jour. Tu disjoncterais si tu devais nettoyer toutes tes mémoires en une journée. Procède pas à pas. Tu es déjà choyée d'avoir des exemples. Ils t'encouragent, Ils te montrent : « Regarde, ça marche. Continue. » Pour nettoyer toutes ces mémoires, tu fais la Récitation Angélique, tu te répètes le plus souvent possible le Nom d'un Ange pour développer les Qualités. Et chaque fois que tu te sens dérangée par quelqu'un ou par une situation, ça veut dire que tu as encore des mémoires qui sont en résonance. Alors tu reviens à toi et tu les nettoies. à l'intérieur de toi. Puis, petit bout après petit bout, au fil des ans, ça fait de grands bouts, de gros morceaux qui sont nettoyés. Un jour, ce sera comme ça pour tous les sujets. Ce sera facile, direct, sans ambiguïté.

Avant d'atteindre cette excellence, on doit s'exercer. Voilà pourquoi il ne faut pas se priver de demander des signes et de travailler avec ce concept. On peut toujours demander pour des choses matérielles, mais on doit surveiller notre intention ; c'est l'intention qui compte. Elle fait toute la différence. On ne doit ni demander des signes pour arriver à conclure une bonne affaire ni être attaché à un certain résultat. Notre intention doit être celle d'apprendre. Derrière chaque question s'en trouvent d'autres : Que vais-je apprendre dans cette expérimentation ? Est-ce juste pour mon évolution ?...

Lorsqu'on a appris à demander avec ce concept et dans cet esprit évolutif, on fonctionne comme les guides des mondes parallèles. Ces êtres évolués organisent des scénarios, des rêves et des signes. Pour telle personne, ils rendent disponible tel emploi, ils préparent telle rencontre. Mais pour eux, il importe peu que l'emploi soit super bien rémunéré, qu'il offre la possibilité d'avancement hiérarchique ou toute autre caractéristique à laquelle on accorde généralement de l'importance sur Terre lorsqu'on fonctionne avec une conscience uniquement matérielle. Ce qui compte pour les guides, dans leurs missions d'aide, c'est que la personne ait l'occasion de travailler sur ses distorsions et qu'elle puisse développer des Qualités et des Vertus. Les guides des mondes parallèles pensent de cette façon lorsqu'ils organisent des scénarios pour notre vie ; et ces scénarios sont conçus en fonction de qui nous sommes, ils ne sont ni le fruit du hasard, ni une punition. Un jour, quand on arrive à penser de cette manière, notre vie devient extraordinaire et on accepte notre programme. La vie devient une école permanente et prend une toute autre dimension.

Quand on pratique le décodage de signes, on doit devenir comme un scientifique, mais qu'entend-on par ce terme ? Cela signifie valider, authentifier nos concepts et nos interprétations, et les réajuster au fur et à mesure qu'elles subissent le test de la réalité. On se dit : « Dans telle situation, j'ai posé telle question et j'ai reçu tel signe. Je l'ai interprété de telle manière et j'ai pris telle décision. Puis telle situation s'est produite ; j'ai obtenu tel résultat. Ce n'est pas tout à fait ça. Mais j'avais telle attente. Je me rends compte que je l'ai mal interprété. » Autrement dit, on valide nos interprétations et on analyse nos propres attitudes dans le processus du décodage de signes. De cette manière, on apprend sur le terrain. Ce n'est plus seulement de la théorie. On découvre des parties de notre inconscient et on apprend comment on fonctionne mais aussi comment fonctionne cette grande Intelligence Universelle. C'est extraordinaire ! Un jour, quand on vit de cette manière, on acquiert l'amour de l'apprentissage car notre vie prend tellement de saveur ! Cela fait partie du processus initiatique.

Nous avons vu plus tôt que l'une des Qualités de l'Ange MAHASIAH est *l'entrée dans une école initiatique* et que cette école se situe à l'intérieur de nous. Pour illustrer ce concept, je vais vous raconter une histoire qui met en scène le philosophe grec Socrate. Un jour, Socrate reçut un homme qui souhaitait ardemment entrer dans son école. Pendant un bon moment, il l'écoutait sans mot dire et, à un moment donné, alors que tous deux marchaient au bord de l'eau, Socrate prit la tête de l'homme, la lui plongea sous l'eau et l'y maintint jusqu'à ce qu'il suffoquât. Puis il la releva. Quand l'homme se remit de ses émotions, il regarda Socrate et lui demanda : « Voyons donc, Socrate, qu'est-ce qui t'a pris ? Mais qu'est-ce qui t'est passé par la tête ? Pourquoi m'as-tu fait ça ? » Très calmement, Socrate lui répondit : « Quand tu souhaiteras la science initiatique autant que tu as souhaité avoir de l'air, à ce moment-là, tu seras prêt pour entrer dans l'école. » Bien sûr, cette façon d'enseigner est un peu trop intense, mais au niveau de la conscience, que représente l'air ? Il symbolise l'aspiration ardente à développer la conscience et à devenir une meilleure âme. C'est cela, un jour, notre air métaphysique : c'est notre spiritualité.

Toujours en lien avec l'idée d'école initiatique, l'une des distorsions humaines de l'Énergie Angélique MAHASIAH est *l'adhésion à un mouvement spirituel pour fuir la réalité*. Quand leur vie devient trop difficile – à cause de problèmes financiers, affectifs ou de santé –, certaines personnes tentent de fuir la réalité et de se faire prendre en charge. Elles développent alors de grandes dépendances. L'attitude sectaire aussi est favorisée dans ces conditions. Mais ces phénomènes ont leur place : pour certaines personnes, il est approprié de vivre de cette manière, du moins pendant un certain temps. Mais c'est cette grande Intelligence – et seulement Elle – qui décide à quel moment le processus d'ouverture de l'inconscient est réellement engagé.

L'entrée dans un processus initiatique peut être motivée par plusieurs raisons, lesquelles varient d'une personne à l'autre. À cet égard, on peut distinguer deux types de motivations. Dans le premier, la personne mène une vie modérément satisfaisante, mais arrive un moment où elle se dit : « Il y a certainement plus, tellement plus que ça. : » Elle est alors prête à descendre dans son inconscient, le voile se lève et elle commence à visiter les mémoires accumulées au fil de ses vies. Lorsque le processus de déstructuration et de restructuration est engagé, il peut parfois paraître interminable, mais ces personnes se fixent un objectif et persévèrent. Elles se disent : « L'objectif – le seul qui compte vraiment pour moi –, c'est de devenir une meilleure âme. » Et elles font tout un parcours.

Dans le deuxième type, la personne doit vivre une épreuve – une séparation, une maladie, un accident majeur, la perte d'un être cher – pour que le processus soit amorcé. L'épreuve n'est pas encore la porte initiatique, mais cela en est une première porte, qui amène la personne à vivre le détachement. Si ces personnes ne vivaient pas de tels chocs, de telles épreuves, elles continueraient simplement le train-train de la vie, sans entreprendre de profondes remises en question. Elles ne travailleraient pas sur le détachement. Chez certaines des personnes de ce type, le détachement engendre une grande prise de conscience. Il se produit une ouverture au niveau de l'âme et l'être prend conscience qu'il n'est ici, sur Terre, que pour apprendre à retrouver les hauts états de conscience. À partir de ce moment, le processus initiatique peut être enclenché.

Mais tout le monde vivra un jour cette ouverture ; tout le monde amorcera un jour ou l'autre le processus initiatique. Et je le rappelle, c'est l'Intelligence Cosmique qui décide du moment. Ce sont les guides qui activeront alors le processus. Mais, qu'est-ce qu'un guide au juste? C'est une âme très évoluée qui travaille pour le

Gouvernement des mondes parallèles… un peu comme le côté top positif d'un fonctionnaire. Il travaille pour le bien commun et continue lui-même d'évoluer en collaborant à l'élaboration de l'œuvre de l'Intelligence Cosmique, de Dieu, peu importe le nom qu'on Lui donne. Souvenez vous de cette Loi : *Tout ce qui est en Haut est comme ce qui est en bas, et tout ce qui est en bas est comme ce qui est en Haut.* Notre monde est donc un reflet de l'organisation d'autres mondes ayant une essence parfaite et accomplie. Les guident nous aident comme des parents venus d'autres sphères pour nous permettre d'évoluer.

⊙

Voici maintenant une histoire vécue qui illustre une autre des Qualités de l'Ange MAHASIAH : *capacité de vivre en paix et de jouir des choses simples et naturelles.* Cet exemple nous montre comment on peut vivre notre quotidien avec une attitude qui marie le mystique, le scientifique, l'adulte aimant, responsable et l'enfant.

Un jour, le frère de mon époux est venu nous rendre visite et il nous a annoncé qu'il avait été engagé comme acheteur senior dans une chaîne de magasins de chaussures. Il a mentionné que dans le cadre de ses fonctions, il faisait un stage dans une boutique de chaussures. Puis il a dit à mon époux : « Imagine-toi, à la boutique, à un moment donné, un de tes anciens confrères est entré – il a nommé cet homme qui avait joué un rôle important dans la vie professionnelle de mon époux à une certaine époque – et il m'a demandé de tes nouvelles. Il m'a dit : 'Dis-lui qu'il m'appelle. Ça me ferait vraiment plaisir d'avoir de ses nouvelles. Mon numéro de téléphone n'a pas changé.' »

Mon mari n'avait pas eu de nouvelles de cet ancien confrère depuis plus de cinq ans. Que celui-ci lui ait demandé de le rappeler a fait réfléchir mon mari, parce qu'il ne tenait pas à renouer avec son passé pour des raisons simplement sociales. D'autre part, il voulait être juste. Alors, au cours de la nuit, mon mari a reçu un rêve. Dans son rêve, *il a vu cet ancien confrère qui entrait dans notre chambre à coucher, qui venait vers moi et qui s'adressait à moi avec beaucoup d'amour.*

Qu'a-t-On voulu lui signifier par ce rêve ? La chambre à coucher symbolisait l'intimité ; peu de gens entrent dans notre chambre à coucher. On a voulu dire à mon époux : « Regarde, cet homme entre dans ton intimité. » Moi, je représente une partie de mon époux ; je symbolise entre autres la spiritualité pour lui. Et comme cet homme exprimait beaucoup d'amour pour moi dans le rêve, On voulait également dire : « Regarde, ce n'est pas seulement pour socialiser que cet homme veut entrer en contact avec toi : il a une ouverture spirituelle. Il aime la spiritualité, ce que tu es intérieurement par la représentation de ta femme intérieure. » Mon mari ne ressentait pas une énergie de séduction ou un manque de respect chez cet homme dans le rêve. Il n'exprimait pas non plus un besoin amoureux envers moi. C'était plutôt une énergie d'enfant qu'il présentait, comme si notre enfant venait nous voir.

Donc, le rêve était clair et mon mari a obtenu son signe. Il a alors décidé de fixer un rendez-vous avec cet homme et il a noté dans son agenda de l'appeler quelques jours plus tard, soit le vendredi suivant à 11 heures. Il laissait ainsi un laps de temps pour permettre à l'Intelligence Cosmique de préparer un événement, de placer un autre signe avant la rencontre. Le vendredi, à 11 heures, mon mari s'apprêtait à composer le numéro de cet ancien confrère mais il a été interrompu par un homme qui entrait dans son bureau. Mon époux a considéré cette interruption comme un signe que le bon moment pour appeler n'était pas encore venu. Puisque c'était le début d'une fin de semaine de trois jours, il s'est dit : « Je vais reporter mon appel à mardi prochain, à 11 heures. » Arrivé le mardi, 11 heures, mon époux a appelé cet homme et il l'a joint directement. Très surpris, celui-ci lui a dit : « Mais quelle coïncidence ! J'étais en train de développer le colis de chaussures que m'a envoyé ton frère, et dans ma tête, je me demandais justement : 'Est-ce qu'il lui a transmis mon message ?' Et là, tu appelles ! » Il n'en revenait pas. C'était toute une synchronicité !

Mon mari ne savait pas que son frère devait envoyer des chaussures à cet ancien collègue, mais, même s'il l'avait su, entre le moment où son frère lui avait transmis le message et celui où mon mari l'a effectivement appelé, plusieurs jours s'étaient écoulés. En arriver à un timing aussi parfait était toute une synchronicité ! C'est ça, vous voyez, la vie angélique. Un jour, on vit avec les rêves et les signes continuellement. C'est une vie tellement profonde, dans laquelle la spiritualité devient très concrète et ne se limite pas à des prières sans fondements, sans réponses. Travailler avec les Anges change la vie… on ne peut même pas imaginer à quel point elle devient belle et heureuse.

Pour arriver à vivre de cette manière, on doit tout d'abord prendre conscience que l'Intelligence Cosmique prépare des situations, qu'elle prépare des événements, des apprentissages sur une vie et même sur plusieurs. D'où l'importance d'être patient avec un P majuscule. Ensuite – comme je l'ai déjà mentionné –, on doit développer une grande réceptivité. Une personne qui aurait été dans un état de conscience marqué par la dualité se serait dit : « Ah, ça ne me tente pas de renouer avec le passé, et de l'appeler. Mais il faudrait quand même que je l'appelle. Alors quoi faire ? » Sa dualité aurait brouillé la lecture des signes et elle n'aurait pas eu accès à une telle synchronicité.

Afin d'atteindre l'excellence dans la lecture et le décodage de signes, on doit s'entraîner. On demande des signes, on observe, on décode, on valide et on analyse. Bref, on fait comme le scientifique. De cette manière, on apprend. Et dans cet apprentissage, il est très important de demeurer discret. On s'abstient de parler à tout le monde des signes que l'on reçoit, sauf, bien sûr, aux personnes qui partagent ce langage. Sinon, on risque de banaliser, de ridiculiser ce système qui est sacré.

On peut demander des signes pour des choses matérielles, de petites choses, mais toujours avec le sens du sacré. On doit se rappeler qu'on s'adresse à cette grande Intelligence Cosmique et aux guides qui œuvrent avec dévouement à son service pour nous aider, entre autres. Cet aspect sacré, ces hauts niveaux que l'on touche parfois dans des stages et des conférences spirituels, on les perd en général dès qu'on retourne dans la vie quotidienne, parce qu'on reprend une attitude matérialiste, on remet nos vieux souliers. Pour que le mystique demeure actif en nous, il suffit de se rappeler qu'il est toujours là. Cela nous aide à imprégner tout ce que l'on fait au quotidien du sens sacré. Lorsqu'on s'entraine à vivre avec une attitude mystique, notre troisième œil reste ouvert et cela fait toute la différence.

Un autre aspect à surveiller quand on demande des signes est l'appropriation par l'égo. On doit être vigilant. Pour se nourrir, notre égo peut carrément s'approprier le crédit de certains signes. Avec les rêves, surtout si on apprend à considérer – dans la plupart des cas, du moins – tous les éléments du rêve comme des parties de soi, le risque d'appropriation est minimisé. Mais avec les signes, on doit vraiment demeurer vigilant.

⊙

Étudions maintenant une histoire vécue qui illustre ce processus d'appropriation par l'égo. C'est l'histoire d'une expérimentation que faisait une femme et que celle-ci a racontée à mon époux. Tout d'abord, cette femme a dit à mon époux qu'une médium qu'elle connaît l'avait convoquée pour lui faire part de sa mission ; la médium avait reçu la mission de cette femme. Celle-ci s'est rendue au lieu de rencontre prévu et la médium l'a informée qu'elle avait pour mission de sauver la Terre, entre autres d'aider tous les pédophiles de la Terre. Alors, quand cette femme est rentrée chez elle, elle a fait tout un travail. Elle a visualisé des colonnes de lumière blanche au-dessus de tous les pédophiles de la Terre.

Elle a dit à mon époux : « Deux jours plus tard, j'ai vu une entrevue à la télévision où l'on faisait témoigner un pédophile et les parents de la victime. Les parents semblaient vraiment être dans la compassion. Alors je me suis dit que c'était un signe, que mon travail a donné des résultats. Cela m'a encouragée et j'ai fait ensuite un travail sur tous les politiciens de la Terre. Le lendemain, j'ai appris à la télévision que des politiciens venaient de faire libérer des prisonniers de guerre. Je me suis à nouveau dit que c'était un autre signe pour me montrer que mon travail avait eu un effet. » Gonflée par son égo, elle a appelé tous ses amis pour leur dire qu'elle avait une importante mission et qu'il fallait qu'ils la soutiennent par leurs pensées.

Mon mari lui a demandé :

— Est-ce que tu as reçu cela en rêve ?

— Non, mais tu sais, c'est aussi simple que ça ! C'est très simple.

Elle a continué son récit. Elle lui a dit qu'elle avait fait tout un travail global sur l'Irak, les États-Unis, la Grande-Bretagne et Israël. Et que le lendemain, elle a appris à la télévision que la Grande-Bretagne avait envoyé une lettre qui allait retarder le processus de guerre en Irak. Bien sûr, là encore, elle s'est dit : « C'est un signe. C'est grâce à mon travail. »

Cette femme a également entrepris un travail sur tous les fumeurs de la Terre. Elle a dit à mon époux : « Mon mari est fumeur… Après ce travail sur les fumeurs, je suis allée au restaurant. À la table juste à côté moi, il y avait une femme que je ne connaissais pas, qui a dit : 'C'est drôle, avant, j'avais de la difficulté à arrêter de fumer, mais là, il suffit que j'y pense et mon envie disparaît.' Je me suis dit que ça aussi c'était dû à mon travail, que c'était un signe. »

Puis elle a repris le sujet de son mari : « Il n'a pas arrêté de fumer, mais je ne peux pas diriger l'énergie… » et, d'une manière très émissive, elle a empoigné mon mari par les épaules et lui a dit : « Je te surprends ? » Mon époux est demeuré calme et dans la compassion. Il l'a regardée avec gentillesse et il n'a rien dit, mais il comprenait que cette femme était vraiment dans l'illusion et que son égo s'était approprié certains signes pour s'en nourrir. Quand on a l'habitude de revenir à soi, de tels événements ont moins tendance à se produire parce qu'on a une certaine dose d'humilité, ce qui empêche ce genre d'appropriation. Bien sûr, lorsque des esprits scientifiques ou des matérialistes très intelligents – qui, eux aussi, ont tout un potentiel spirituel – entendent un discours comme celui de cette femme, ils ne peuvent pas prendre au sérieux les questions d'ordre spirituel. Il faut que le discours tienne la route.

Après avoir écouté le récit de cette femme, une autre personne est venue lui faire un témoignage. Ce dernier était empreint d'une grande humilité et il dépeignait très bien l'attitude que l'on doit avoir lorsqu'on travaille avec le décodage des rêves et des signes.

Cette autre femme lui a dit : « J'ai reçu un rêve où *je me voyais aider ma mère*. Quand je me suis réveillée, je me suis dit qu'elle représentait une partie de moi – mon intérieur, puisque c'était ma mère – en l'aidant, c'est aussi moi que j'ai aidée. » On retrouve ici une première clé : l'humilité. Quand la mère a décrit à sa fille quelques jours plus tard comment elle avait été aidée, cette femme a pu constater que la description correspondait exactement à l'aide qu'elle lui avait prodiguée en rêve. On voit ici la deuxième clé : elle a soumis son interprétation au test de la réalité : ainsi, elle a pu la valider.

Puis, quand elle s'est rendu compte qu'elle avait aidé sa mère en rêve, elle ne lui a pas dit : « Eh bien, c'est moi qui suis venue t'aider. J'ai fait un travail dans mes rêves et mes méditations angéliques. » Elle est restée discrète. Cette discrétion constitue la troisième clé.

Si on veut décoder les signes, les rêves, la vie, on doit cultiver dans notre attitude ces 5 clés importantes : l'humilité, la sagesse, l'amour inconditionnel, l'approche scientifique et la discrétion. De cette manière, on retrouve une grande facilité pour apprendre et on réunit à l'intérieur de soi l'enfant, l'adulte aimant et responsable, le scientifique et le mystique.

# ANGE 4 ELEMIAH
## Le Pouvoir Divin

Une femme disait qu'il faisait très froid là où elle se trouvait. Durant des années, elle a vécu des souffrances physiques et morales qui l'amenaient, elle et les personnes de son entourage, dans le pessimisme, les tourments et parfois même au bord de la folie. Pratiquement toutes les nuits, elle recevait ce rêve : *Elle était dans sa maison, couchée sur son lit, grelottant de froid. Alors, avec amour et tendresse, son père venait la recouvrir d'une couverture pour la réchauffer.* Si elle n'avait pas reçu aussi souvent ce rêve, cette femme serait déjà décédée, tellement à cette époque elle était épuisée, à bout de ressources.

Ce rêve lui révélait son plan de vie. Cette femme avait survécu au camp de concentration d'Auschwitz. Ces camps nazis dans lesquels prit place une destruction massive d'êtres humains représentaient une forme extrême d'abus de pouvoir. Ce rêve témoignait aussi que son esprit était nourri pendant la nuit afin que son corps bénéficie des forces nécessaires pour supporter ces souffrances extrêmes. Si on ne comprend pas que le mal est éducationnel et que chaque programme de vie est construit sur la base des vies antérieures, on ne peut pas saisir la nature du Pouvoir Divin, lequel se trouve au-dessus du bien et du mal et de toutes formes d'injustices ou de difficultés qui soient.

Dans ce cours, nous verrons comment nous pouvons arriver à devenir ce Pouvoir Divin, à le faire émaner de nous et à le mettre en application sur le plan matériel. Comme les autres Anges, l'Ange ELEMIAH est un immense Champ de Conscience dont les caractéristiques figurent dans le chapitre *Les 72 Anges*. Celui-ci présente les Qualités Angéliques et les distorsions humaines correspondantes sous une forme qui peut servir d'aide-mémoire. Nous utilisons tous ce Champ de Conscience, que nous connaissions ou pas le Nom ELEMIAH. Bien entendu, les Énergies Angéliques sont pures, mais puisque nous sommes encore en phase d'apprentissage, nous les déformons, distordons quand nous les utilisons au cours de nos multiples expérimentations. Cela génère toutes sortes d'abus de pouvoir, une autorité qui n'est pas bien exercée, la tendance à vouloir contrôler, des attitudes non justes qui se manifestent à divers degrés.

On peut très souvent se reconnaître dans les formes distorsionnées de cette Énergie Angélique, ne serait-ce qu'en tant que parent, lorsqu'on veut tellement bien faire pour nos enfants qu'on devient contrôlant. Cela ne signifie pas qu'on doive s'abstenir d'exercer notre autorité – l'autorité est importante pour les enfants –, mais avec les mêmes mots, on peut être juste ou bien contrôlant, tout dépendant de l'intention qui se trouve derrière ces mots. En travaillant avec cette Énergie Angélique, on arrive à se rendre compte soi-même à quel moment on devient contrôlant lorsqu'on exerce son autorité.

L'Ange ELEMIAH porte la vibration du nombre 4. Ce nombre est relié au carré et, comme lui, il symbolise le caractère solide ou tangible de la réalité et la matérialisation. Ce nombre est également relié aux quatre éléments – le feu, l'air, l'eau et la terre – et aux quatre points cardinaux, ce qui implique l'orientation.

On trouve parmi les Qualités de cet Ange : *découverte de l'orientation professionnelle*. Mais c'est d'abord et avant tout l'orientation de notre travail spirituel que l'on découvre en travaillant avec l'Ange ELEMIAH, une orientation qui, éventuellement, se manifeste concrètement par le choix de nos activités professionnelles. Avec l'Ange ELEMIAH on ne peut plus s'égarer dans nos choix professionnels ou occupationnels.

Le Nom ELEMIAH signifie *Dieu caché*. Un jour, après de nombreuses initiations, on peut sortir de la conscience ordinaire et retrouver nos Pouvoirs cachés, car le vrai Pouvoir n'est pas visible, ici, sur Terre.

Du côté des Qualités de cet Ange on trouve également : *étude et révélation du plan de vie*. Un jour, On peut nous révéler notre plan de vie à travers nos méditations et nos rêves, sous la forme de symboles. Et cela va plus loin encore : On peut nous révéler le plan de vie des autres pour nous aider à prendre des décisions. Mais ce sont Eux, En Haut, qui décident à partir de quel moment cela devient possible. On doit avoir renoncé à tout pouvoir sur les autres et même ne plus souhaiter ce type d'information pour que cela devienne une réalité en soi.

*Force qui aide à passer à l'action, capacité de décision.* L'Ange ELEMIAH nous aide à prendre des décisions, à nous engager, à poser des gestes concrets. Et quand il est question de s'engager à travailler avec une personne, On peut nous montrer : « Regarde, non, cela ne fait pas partie de son plan de vie. Son plan de vie ne va pas dans la même direction que le tien. » Cette capacité de connaître le plan de vie de l'autre ne nous sert qu'à apprendre à matérialiser de manière Divine.

Le Nom ELEMIAH comporte les deux syllabes EL et IAH qui sont des symboles hébreux. C'est avec l'une ou l'autre de ces syllabes que se termine le Nom de chaque Ange : POYEL, ANAUEL, VEHUEL, VEHUIAH, LEUVIAH, LAUVIAH. La syllabe EL désigne un courant ascendant, qui nous élève et qui représente le principe masculin. Quant à la syllabe IAH, elle désigne un courant descendant, une force qui nous permet de matérialiser les Qualités et les Vertus, et elle représente le principe féminin. On voit que lorsqu'il est question de Pouvoir Divin, le principe masculin est à la première place, et le principe féminin à la deuxième car le mouvement est la représentation d'une expression de réalisation, et non de compréhension ou d'intériorisation.

Chaque être humain possède ces deux pôles ou principes : le masculin ou l'émissivité, et le féminin ou la réceptivité. On voit donc l'importance de leur complémentarité. Si on veut un jour atteindre les plus hauts niveaux de Pouvoir Divin, on doit absolument se repolariser, c'est-à-dire réaménager dans la juste proportion – selon notre programme d'homme ou de femme – ces deux pôles complémentaires.

Il existe un autre Ange dont le nom comporte ces deux voyelles mais en position inverse. Il s'agit de l'Ange 62 IAHHEL. Ici, le principe féminin est à la première place et le principe masculin à la deuxième. Cette Énergie est vraiment différente de l'Ange ELEMIAH. L'Ange IAHHEL nous aide à retrouver la Connaissance en favorisant l'intériorisation, la contemplation et la retraite. Avec cette Énergie, on utilise le principe féminin – on est réceptif – pour ensuite monter et retrouver la Connaissance, tandis qu'avec l'Ange ELEMIAH, l'esprit descend vers la matière et s'incarne. On le voit : avec des Qualités telles que la *capacité de décision,* on touche vraiment terre. Pour atteindre les plus hauts niveaux d'alliance avec les Énergies Lumineuses, toute personne doit avoir développé ces deux aspects. Elle doit avoir développé la réceptivité à ces Énergies en intégrant les Qualités et les Vertus, et elle doit émettre le Pouvoir Divin, c'est-à-dire se manifester de manière juste en mettant en application ces Qualités dans le monde concret.

Du côté des distorsions, on trouve : *trahison, existence de traîtres intérieurs.* Cet Ange nous aide à rectifier les parties traîtresses – tant les siennes propres que celles des autres – en les faisant sortir au grand jour. Il met en évidence non seulement les parties de soi qui nous embourbent – notre tendance à l'inertie qui nous empêche de poser des actes –, mais également celles qui sabotent notre action et nos projets. Parfois, avec une seule parole, on peut détruire tout un potentiel d'action ou de relation sans même s'en rendre compte. Ces forces sont très sournoises ; elles sont tapies dans notre inconscient.

Avec l'Ange ELEMIAH, on est en mesure de faire face à toutes ces parties de soi qui sont traîtresses ou qui tentent de contrôler. Lorsqu'on ne comprend pas bien notre plan de vie, on croit devoir aller dans telle direction alors que la vie nous pousse dans telle autre direction. On peut aussi, par recherche d'harmonie, éviter certaines situations qui pourtant font partie de notre programme. Il est parfois nécessaire de passer par certains chemins pour payer des karmas et comprendre certaines choses. Ainsi, pour tenter de contrôler notre destin, on peut bloquer le courant vital de l'énergie. Or, le jour où on réussit à s'abandonner – à sacrifier le désir de contrôler –, on peut devenir le Pouvoir Divin et, dorénavant, n'avancer que d'une manière juste et équitable.

La pratique de l'Angelica Mantra

Voici une analogie qui permet de mieux comprendre comment pratiquer l'Angelica Mantra. Imaginons que l'on est chef d'un orchestre symphonique de 72 musiciens, chacun jouant d'un instrument spécifique. Quand on travaille avec un Ange, c'est comme si, en tant que chef d'orchestre, on se concentrait pendant cinq jours sur un seul musicien, disons le flûtiste – le flûtiste, comme tous les autres musiciens, représentant une partie de soi. C'est comme si la caméra focalisait seulement sur ce musicien et que le volume capté à son micro était amplifié. En se concentrant ainsi sur notre flûtiste, on peut vraiment mieux analyser son travail et rectifier sa technique afin que ses talents s'élèvent. Or, pendant qu'on focalise sur lui, les 71 autres musiciens continuent à jouer, et il se peut qu'on perçoive un trompettiste auteur d'une cacophonie, qui n'est pas du tout dans le rythme. Alors on se propose de l'étudier un peu plus tard ; mais pour l'instant, on reste concentré sur le flûtiste.

De la même manière, quand on travaille pendant cinq jours avec l'Ange ELEMIAH, on se concentre vraiment sur le Pouvoir et les questions d'autorité, et on garde les autres *Rayons* pour plus tard. Ce travail focalisé continue pendant la nuit. Comment est-ce possible ? Les guides des mondes métaphysiques réalisent des scénarios qui corroborent le travail effectué avec cet Ange spécifique et Ils nous les présentent dans nos rêves. On nous montre comment notre flûtiste réagit, comment il joue, quel type d'ambiance il crée. Tant le jour que la nuit, pendant ces cinq jours, En Haut, Ils nous révèlent les parties de notre être sur lesquelles on travaille, en mettant en scène des scénarios de rencontres, des signes et des rêves qui tournent autour du thème de l'Ange avec lequel on travaille. Si on est en train de travailler avec l'Ange ELEMIAH, quand on rencontrera une personne, on sera plus sensible à la façon dont cette personne exerce son autorité. Pour reprendre l'analogie, ses 72 musiciens auront beau jouer à l'unisson, on demeurera concentré sur son flûtiste.

Lorsqu'on parle d'instruments de musique, bien sûr, on est dans un domaine tangible : on peut entendre et voir ces instruments. Mais, imaginez, quand il s'agit d'aspects psychiques ou énergétiques, cela peut devenir tellement abstrait ! Dans ce domaine, on peut être facilement mélangé : les paramètres sont tellement nombreux et, pour la plupart, inconscients. En pratiquant les Angelica Mantras sur une base annuelle et en observant les manifestations spécifiques en lien avec chacun des Anges, le travail qui se réalise en nous devient concret. *L'Angéologie Traditionnelle* est donc une méthodologie très précise.

⊙

Analysons maintenant une histoire vécue qui illustre certains aspects de l'Ange ELEMIAH : la *capacité de décision*, et du côté des distorsions, la *trahison*. C'est l'histoire d'une femme qui est venue me demander une interprétation de rêve. Dans le concret, cette personne travaille dans une pharmacie, à un comptoir derrière lequel le public n'a pas la permission d'aller.

Elle m'a dit : « Dans mon rêve, *je me trouvais derrière le comptoir et un homme est arrivé – un homme que je connais bien dans le concret. Et il a passé outre l'interdiction d'aller derrière le comptoir. Je suis restée très surprise quand je l'ai vu : ses pieds étaient nus et l'ongle de son gros orteil droit était démesurément long. Alors, par surprise, je suis demeurée un peu à l'écart.* Quelques nuits plus tard, j'ai reçu un autre rêve. Dans ce rêve, à nouveau, *j'étais derrière le comptoir et j'ai vu cet homme qui passait outre l'interdiction. Cette fois, il était rayonnant, lumineux, et il m'offrait un cadeau. Quel était ce cadeau ? C'était un paravent plié. Puis j'ai remarqué que ma patronne était présente derrière le comptoir.* »

Je lui ai tout d'abord demandé : « Que représente cet homme pour toi ? » En quelques mots, elle m'a expliqué qu'il la courtisait et qu'elle était sensible à ses avances. Alors je lui ai dit : « Dans ce rêve, l'Intelligence Cosmique t'a permis d'aller visiter son âme. On t'a dévoilé des aspects cachés de cet être pour t'aider à décider si tu dois t'engager ou non dans cette relation. On t'a montré qu'il force : il a pénétré en des endroits où il n'a pas le droit d'aller. Il est donc trop émissif. Ensuite, On t'a montré ses pieds. Les pieds représentent symboliquement l'action. On pense, on sent et on agit : on avance ou on recule. Le gros orteil, c'est comme le pouce : son symbolisme est relié au Pouvoir et à l'Amour Divins. On t'a montré que son ongle était trop grand. Ça rejoint un peu le côté animal de la griffe. En plus, c'est au pied droit – la gauche, c'est l'intérieur, et la droite, c'est l'action, l'avancement personnel. Donc, On a voulu te dire : 'Attention, dans l'action, dans la manifestation personnelle, cet être force et il a des aspects très instinctifs.' »

Dans le deuxième rêve, elle a de nouveau visité l'âme de cet homme et, cette fois-ci, On a voulu l'avertir : « Attention, ne te fie pas aux apparences. Même s'il a l'air tout beau, tout rayonnant, tout lumineux, la seule chose qu'il a à t'offrir, c'est un paravent. »

Je lui ai expliqué :

— Pour comprendre le symbole du paravent il suffit de l'analyser avec la logique concrète. À quoi sert un paravent dans le concret ?

— Eh bien, à se cacher, m'a-t-elle répondu.

— Dans ce rêve, On t'a montré que cet être cache des choses et qu'il te propose de faire de même. En quelque sorte, c'est comme si cet amour, tu ne pourrais pas le vivre au grand jour, dans la béatitude ; c'est comme si tu allais devoir te cacher. C'est ça qui est inscrit dans ce rêve.

— Il n'est pas marié, m'a-t-elle expliqué, un peu gênée, mais il a une conjointe. Il sous-entend que cette relation va se terminer bientôt.

— Pourtant, tu vois, ce n'est pas ça que ton rêve t'a montré. On t'a signalé que tu devras te cacher. En plus, tu aurais dû signaler dans ton interprétation, quand on en a parlé, qu'il était en couple. Marié ou pas, il n'est pas libre, donc pas prêt, pas disponible…

— C'est l'histoire de ma vie, a-t-elle dit en haussant les épaules. J'ai toujours été à la deuxième place.

— Tu vois, suite à ces rêves, tu peux décider de t'engager, d'entrer dans cette relation, et alors tu vas expérimenter. Tu peux aussi choisir de ne pas le faire. Mais si tu prends la deuxième option, fais-le d'une manière positive, éducative. Même si tu es allée visiter son âme, il représente quand même une partie de toi, une partie de ton homme intérieur. Tu attires des hommes pas libres. Il y a une partie en toi qui ne veut pas aimer à temps plein. Et cette partie, tu dois la guérir si tu veux un jour ne plus être à la deuxième place.

L'illustration qui montre la constitution de la conscience (*voir* F*igure* 1 *à la page 565*) nous aide à comprendre ce qui se passe dans la conscience de cette femme. Elle est consciente de certains aspects d'elle-même ; c'est sa partie consciente. Mais il y a le voile – un paravent, pour reprendre l'exemple du rêve – qui cache d'innombrables mémoires de cette vie-ci, mais surtout d'autres vies. Et on ne doit pas oublier que la Loi de la résonance s'applique dans chaque relation : si on est attiré ou dérangé par une personne, c'est parce qu'on a des résonances avec elle.

J'ai poursuivi : « On voit que ce n'est pas la première fois que cela t'arrive. Par la Loi de la résonance, tu peux mieux comprendre pourquoi tu es toujours attirée par le même type d'hommes. Ça veut dire que toi aussi tu as des parties dans ton inconscient qui forcent, où il y a un peu trop d'aspects instinctifs, de la trahison et des éléments destructifs qui t'empêchent d'avoir accès au bonheur et de le vivre au grand jour. Ces forces destructrices, qui ne sont pas réellement disponibles pour aimer, t'empêchent d'être attirée par quelqu'un qui est libre, et elles te dirigent vers des situations et des personnes qui portent en elles la trahison, la complication amoureuse. Donc, quand tu penses à cet homme, plutôt que d'être amère et de penser : 'Une fois de plus, encore…', utilise la Loi de la résonance et dis-toi qu'il représente une partie de toi. Considère-le comme une partie de toi, une partie de ton plan de vie qui n'est pas prête pour l'amour. Analyse aussi les autres conjoints que tu as eus dans ta vie, repère tous les cas semblables et ramène-les systématiquement à toi. Si tu fais un grand travail avec l'Ange E*lemiah* pour nettoyer ces parties qui trahissent, qui jouent des doubles jeux, le jour où tu auras bien nettoyé ces mémoires, tu verras quel type d'hommes tu vas attirer. Si On t'en envoie un autre, il sera différent : il sera réellement libre, prêt à t'aimer, à s'occuper de toi, et non principalement intéressé à ce qu'on s'occupe de lui. Et la relation ira beaucoup plus loin, au-delà de l'aspect affectif. Elle touchera toutes les dimensions de ton être car elle sera basée sur des valeurs saines, spirituelles. Quand on est juste, on est toujours spirituel. »

Au cours de la conversation, je lui ai demandé ce que représentait pour elle sa patronne qui était dans le rêve.

— Ah ! m'a-t-elle répondu, elle est autoritaire et très rigide.

— Tu vois, dans ton rêve, On t'a montré des aspects instinctifs non maîtrisés à l'intérieur de toi. Et par compensation, tu dois avoir une certaine rigidité pour tenir en laisse ces forces qui ne sont pas justes. Ça donne l'autoritarisme, le côté contrôlant. Ta patronne représente ces parties de toi, à l'intérieur – c'est une femme –, qui font preuve d'autoritarisme et de rigidité. Juste en travaillant sur tes relations affectives, un jour tu n'auras plus ce genre de relation avec ta patronne. De trois choses l'une : ou elle changera d'attitude envers toi, ou tu partiras, ou elle sera remplacée dans son poste. Si tu rectifies ces parties de toi, tu n'auras plus à côtoyer une personne qui est écrasante avec son autorité. Le travail avec l'inconscient est absolu. »

Chaque fois qu'une autorité est exercée – qu'elle soit juste ou non – et qu'on ne se sent pas bien avec cette autorité, on doit toujours revenir à soi. On doit se dire : « Si je ne me sens pas bien avec cette expression de l'autorité, ça veut dire que moi aussi, j'ai abusé du pouvoir. J'ai expérimenté. Ce n'est pas grave. J'ai cela en moi. Là, je suis irrité par quelqu'un qui me donne un ordre et cela me dérange. Je respire l'Énergie de l'Ange et je répète : ELEMIAH, ELEMIAH, ELEMIAH… Ainsi je fais un travail grandiose, car c'est justement l'une des Qualités de cet Ange : le *redressement dans l'action.* » Imaginez à quel rythme on peut évoluer quand on applique l'Enseignement de cette manière. Un jour, on rencontre des personnes autoritaires – qui utilisent leur autorité d'une façon injuste – et on ne se sent plus dérangé. Alors notre vie change considérablement.

⊙

Étudions maintenant la position de l'Ange ELEMIAH dans l'Arbre de Vie. Cet Ange réside tout en haut dans la Séphira qui s'appelle Kéther, là où on touche la racine de tous les Pouvoirs Divins. Les Forces qui résident dans cette Sphère donnent beaucoup de volonté, de feu. C'est le souffle de la liberté. Tout le monde, sans exception, recherche la liberté. C'est pour cette raison que tous, d'une manière ou d'une autre, recherchent le pouvoir de créer, de réaliser des projets, de participer à l'élaboration de l'Univers.

Pour comprendre mieux encore la puissance de cette Énergie Angélique, savoir ce qui la relie au Pouvoir Divin, considérons sa spécificité. L'Ange ELEMIAH s'exprime dans la Séphira Guébourah, une facette du Créateur qui n'est pas du tout contemplative. Cette Sphère est symboliquement associée à la planète Mars, laquelle représente la vigueur, la force et la motivation à travailler, toutes des énergies qui entraînent à l'action. C'est vraiment très puissant. Cette Force est aussi libératrice, car si la forme n'est pas juste, elle la brise. Voilà pourquoi, quand on touche à cette Énergie Angélique, on obtient entre autres le redressement, la rectification et la réparation ; on est équipé pour réparer. La combinaison de ces deux Forces – la Séphira Kéther et la Séphira Guébourah, c'est-à-dire la Volonté, le feu et la racine de tous les pouvoirs, conjugués avec la Force martienne – résulte en la puissance de l'Ange ELEMIAH, le Pouvoir Divin.

⊙

L'exemple qui suit illustre de quelle manière les deux polarités présentes dans chaque être – le masculin et le féminin, l'émissivité et la réceptivité – s'appliquent dans la réalité, et comment le Pouvoir Divin se manifeste selon qu'on est un homme ou une femme.

Une femme m'a demandé une interprétation de rêve et avant de me le raconter, elle m'a confié : « Il n'y a pas très longtemps, mon conjoint m'a quittée parce qu'il estimait que je n'étais pas assez évoluée spirituellement. C'est un homme qui chemine beaucoup à travers l'ésotérisme. Puis, dernièrement, j'ai rêvé à lui. Dans mon rêve, *je voyais surtout ses mains. À sa main gauche, à l'annulaire, il portait une bague de pharaon que je lui ai offerte dans le concret. À la main droite, encore à l'annulaire, il portait une alliance qui était trop grande pour lui* – dans le concret, il ne portait pas d'alliance. *Et au majeur de la main droite, il portait une espèce de bague cadenassée.* Qu'est-ce que cela veut dire ? »

Je lui ai expliqué : « Dans ce rêve, l'Intelligence Cosmique t'a permis de visiter son âme. Pourquoi ? Pour que tu te déculpabilises et pour ne pas que tu te sentes inférieure à lui. On va examiner les symboles. Les mains, c'est comme les pieds : elles représentent l'action. La différence entre les deux, c'est qu'avec les pieds, on avance ou on recule, tandis qu'avec les mains, on fabrique et on crée, mais ça demeure une action. La gauche symbolise l'intérieur, et la droite la manifestation. On a voulu te montrer que lorsque tu étais avec lui, ton attention, ton amour et l'ambiance que tu créais faisaient en sorte que lui, à l'intérieur, il se sentait comme un pharaon. Ton attitude lui procurait une sensation de pouvoir ; tu avais tendance à être trop gentille probablement, à ne jamais dire non quand il n'était pas juste, à trop te soumettre. Ainsi tu pourrais avoir tendance à construire des hommes qui se lassent de toi car tu les mets trop sur un piédestal. Le pharaon est lié aux Égyptiens ; il est en quelque sorte comme un roi absolu représentant un dieu sur Terre pour cette ancienne civilisation. Les Égyptiens avaient une certaine connaissance : ils connaissaient les bases des mathématiques, utilisaient une base de langage symbolique et ils avaient ainsi un grand pouvoir de matérialisation pour leur époque ; mais négativement parlant, cela était une civilisation axée fortement sur le pouvoir, sur la concentration de l'égo en divinisant trop ses chefs et ses hiérarchies et en abusant des esclaves, etc. Dans ton rêve, On t'a montré que c'est comme ça que ton ex-conjoint se sent encore aujourd'hui et que tu as contribué à créer cela en lui. D'une certaine manière, tu agissais comme onde porteuse pour lui. Et On t'a montré ce qu'il fait de ce pouvoir dans l'action désormais, et que cet état de supériorité royale et spirituelle envers les autres continue en lui encore maintenant. »

Et que signifie l'alliance trop grande pour lui ? Chaque fois qu'on voit en rêve une personne qui porte un vêtement trop grand ou – comme dans ce cas-ci – un bijou trop grand, ça révèle un complexe de supériorité. Et quand le vêtement est trop petit, ça révèle un sentiment d'infériorité – cela fait partie des distorsions humaines de l'Énergie Angélique ELEMIAH. Et l'un ne va pas sans l'autre, si on allait voir dans l'inconscient de toutes les personnes ayant un sentiment de supériorité, on trouverait nécessairement un sentiment d'infériorité.

J'ai dit à cette femme : « Puisque l'alliance était trop grande, cela indique que dans votre relation, ton ex-conjoint nourrit des sentiments de supériorité très importants. Tu vois, juste par ce symbolisme et celui du pharaon, On t'a indiqué que tu n'as pas à te sentir inférieure à lui. Au majeur, il portait une bague cadenassée.

Par cette image, On a voulu te montrer qu'il essayait de contrôler. Il suffit de réfléchir à quoi sert un cadenas : c'est l'opposé de la liberté. »

⊙

### Le symbolisme des doigts

Les doigts revêtent chacun une signification symbolique qui est reliée aux planètes et aux Séphiroth, et par conséquent, aux Énergies Angéliques. Le pouce – on l'a vu tout à l'heure avec son semblable le gros orteil – symbolise le pouvoir, la protection et l'amour. Dans sa correspondance Angélique, il est relié aux Séphiroth Kéther et Hochmah. L'index, pour sa part, est associé symboliquement à la planète Jupiter, et donc à la Séphira Hésed. C'est la direction à suivre, l'autorité dans la gestion, l'enthousiasme, l'expansion et la capacité de recevoir des ressources. Quant au majeur, il est relié symboliquement à la planète Saturne et, du côté des Énergies Angéliques, à la Séphira Binah. Ce doigt représente donc la structure, la loi et la rigueur. Dans la distorsion, cet aspect se manifeste par la rigidité et le contrôle de l'autre – on vient d'en voir un exemple avec la bague cadenassée portée au majeur. L'annulaire est pour sa part relié au soleil, et dans l'Arbre de Vie, à la Séphira Tiphereth. Il symbolise l'union, la fusion, le rayonnement de l'être et la capacité de conscientiser. Quant à l'auriculaire, le petit doigt, il est relié à la planète Mercure et à la Séphira Hod. Il symbolise donc tout ce qui concerne la communication et la connaissance.

Dans le rêve que l'on vient de voir – tout comme dans celui du paravent –, même si la femme a visité l'âme de l'autre, il n'en reste pas moins que tous les éléments du rêve représentaient des parties d'elle-même, des parties de son homme intérieur. Parce que la Loi de la résonance s'applique. Je lui ai dit : « À chaque fois que tu te sens nostalgique, que tu es triste parce qu'il est parti, tu peux faire un grand travail, non pas sur lui mais sur toi, sur ton homme intérieur. Si tu as attiré un homme écrasant, dominateur, qui a un complexe de supériorité – même au niveau de la spiritualité –, c'est que toi aussi, tu as enregistré ce genre d'attitude dans une de tes incarnations passées où tu étais un homme. Tu as attiré cette personne dans ta vie car tu avais quelque chose à vivre, à comprendre de cette relation. »

Le seul fait que cette femme ait offert une bague de pharaon à son conjoint révèle qu'une certaine attitude intérieure l'habite. Les pharaons ont un symbolisme positif – on l'a vu tout à l'heure –, mais ils ont aussi un symbolisme négatif : pour réaliser leurs projets, ils sont allés jusqu'à utiliser l'esclavage. Donc, l'abus de pouvoir est inscrit dans ses mémoires.

Que provoquait cette femme chez son conjoint par ce qui émanait d'elle, par ce qu'elle dégageait au-delà de la façade de gentillesse et de belles paroles ? Elle gonflait son égo. Et par le fait même, elle gonflait son propre égo, bien qu'elle l'ait fait d'une manière indirecte. Son attitude procurait du pouvoir tant à son homme intérieur qu'à son homme extérieur, mais c'était un pouvoir distorsionné.

Cet exemple est bien intéressant car il illustre comment le Pouvoir Divin s'applique d'une manière différente selon qu'on est un homme ou une femme. La femme possède un grand pouvoir de matérialisation, d'abord par la grande influence qu'elle exerce sur les ambiances – même à son insu –, et ensuite par sa capacité de donner forme. On voit, déjà, elle est capable de former un enfant ; non pas de le créer, mais de le former. La matérialisation est très puissante chez la femme. Et si elle n'a pas perdu sa féminité, si elle n'est pas devenue trop masculine – comme bien des femmes le sont devenues dans notre société –, elle possède un très grand potentiel de matérialisation dû, entre autres, à la puissance de ses émotions et de ses sentiments. Ainsi elle peut, sans rien dire ni faire, agir très puissamment sur l'autre personne, comme une onde porteuse, mystique. Et dans sa relation avec l'homme et la vie en général (famille, travail, etc.), elle pourra l'influencer très fortement. Elle lui donnera le goût de bâtir, d'édifier.

Or, si son attitude est égoïste dans le couple, elle poussera l'homme vers des actions et des projets qui ne viseront qu'à satisfaire ses besoins personnels ; son influence sera dirigée uniquement dans ce sens. Et si par contre ses intentions sont belles, généreuses et altruistes, elle lui donnera tout autant le goût de se lancer dans des projets – de bâtir, d'édifier, peu importe le domaine –, mais ses réalisations auront un caractère altruiste. Donc, on voit à quel point l'attitude de la femme est importante. On comprend aussi pourquoi la tradition initiatique affirme que le monde spirituel prend forme sur Terre lorsque la femme acquiert la Connaissance et qu'elle l'utilise pour le bien de l'Univers tout entier. Dès la conception de l'enfant, les pensées, les sentiments et les actions de la mère participent intensivement au développement du fœtus qui croît dans son ventre. On peut aussi interpréter cette affirmation de manière symbolique et l'appliquer à tout projet, à toute matérialisation. Ainsi, toute matérialisation spirituelle naît de la réceptivité de l'être au monde Divin mariée à la capacité de matérialiser. Je rappelle que ces deux capacités existent autant chez l'homme que chez la femme, et que la réceptivité provient du pôle féminin de l'être.

Pour spiritualiser la matière, on doit absolument retrouver la juste émissivité et la juste réceptivité, et dans bien des cas cela signifie se repolariser consciemment. C'est principalement pour cette raison que l'on s'incarne en homme ou en femme. Dans une union où les deux êtres ont pour objectif principal de développer les Qualités et les Vertus – c'est à dire dans un couple spirituel –, les conjoints utilisent la relation pour grandir, pour se transformer. Même si au départ ils sont loin d'être parfaits, ils utilisent la Loi de la résonance : si l'un ou l'autre se sent dérangé par son conjoint, que le comportement de ce dernier soit juste ou non, il se dira : « Je me sens dérangé. Alors je reviens à moi et je fais la Récitation Angélique. J'utilise tout pour grandir, pour me transformer. C'est ça mon objectif, ici, sur Terre. » Bien sûr, dans un tel couple, les conjoints parlent régulièrement de ce qui cause ces dérangements, et ils choisissent le bon moment pour le faire.

Progressivement, au fil du temps, les deux conjoints prennent l'habitude de se raconter leurs rêves. De cette manière, chacun sait ce que vit l'autre parce qu'il connaît les rêves qu'il ou elle a reçu au cours de la nuit précédente. Il pourra se dire : « Ça ne sera pas facile, aujourd'hui, il y a des initiations en cours. » Ainsi on évite de le prendre personnellement si l'autre est un peu agressif ou triste ; on saura qu'il est en contact avec des distorsions. On saisira mieux ce que l'autre vit parce qu'on comprendra ce que vit son âme. Il va sans dire que cela facilite grandement la communication et l'harmonie dans le couple.

Concernant le Pouvoir Divin, les initiations sont aussi puissantes chez l'homme que chez la femme, mais les champs d'application différent. Cette différence va dans le même sens que dans le concret : ici, sur Terre, en général ce sont les hommes qui sont dans l'armée, dans la police et dans certains autres métiers où l'émissivité prédomine. Bien sûr, maintenant la femme peut tout faire, mais si elle pratique ces métiers – c'est absolu –, elle se dépolarisera. Elle perdra son côté féminin, sa réceptivité et sa douceur. Il en va de même dans le domaine des rêves : l'homme recevra certains types de rêves où On l'enverra visiter certaines régions bien spécifiques des mondes parallèles afin qu'il développe son émissivité, alors qu'une femme visitera d'autres régions de la Conscience Universelle et développera d'autres champs d'action, cela, afin de bien réussir son incarnation de femme.

Quand on vit en couple de cette manière, il n'y a pas de compétition comme celle que l'on retrouve souvent chez les couples ordinaires, où les conjoints rivalisent, où chacun veut avoir raison. Cela n'existe plus : concernant des projets communs, l'homme peut recevoir une partie des rêves, et la femme une autre partie. L'intelligence Cosmique leur donne parfois des informations complémentaires pour qu'ils apprennent à travailler ensemble et à fusionner jusque dans les mondes spirituels. C'est tellement beau de pouvoir vivre de cette manière, un jour.

Dans ces couples, il n'est même plus question d'autorité : chacun retrouve sa juste place, naturellement, petit à petit, et on ne dit plus : « Tu ne m'as pas donné assez de place ; tu ne m'as pas assez laissé parler. Je n'ai pas assez d'importance à tes yeux. »

L'homme initié et la femme initiée reçoivent autant l'un que l'autre les Pouvoirs Divins. On a vu la nature de ces Pouvoirs : entre autres avoir accès aux plans de vie et pouvoir pratiquer l'aide Angélique dans les mondes parallèles. Alors, quand un être reçoit des Pouvoirs, il ne ressent plus le besoin de se battre pour acquérir le pouvoir terrestre. Car il comprend que tout ce qui a trait au pouvoir sur Terre est organisé par la Conscience Universelle et que personne ne peut agir seul. Je souhaite ce genre de relation à tout être. C'est tellement beau ! Tout le monde y arrivera un jour.

⊙

Pour continuer sur le thème de la repolarisation et du Pouvoir Divin, voici maintenant l'histoire d'une autre femme qui a demandé une interprétation de rêve à mon époux. Cette femme était bouleversée par le rêve qu'elle avait reçu. Dans son rêve, *elle se trouvait en présence de plusieurs hommes, elle était témoin de la dictature et elle voyait des corps mutilés. Elle ne pensait qu'à fuir cet endroit car elle ne se sentait vraiment pas bien. Alors elle est partie. Puis elle s'est retrouvée dans un avion où il n'y avait que des femmes. Elle a cherché une place pour s'asseoir, mais elle n'en a pas trouvé. Là encore, elle ne se sentait pas bien du tout. Alors elle s'apprêtait à partir quand une de ses amies – qui était dans l'avion – lui a dit : « Viens, reviens », ce à quoi elle a répondu : « Non, je ne peux pas revenir. » À ce moment-là, elle a constaté qu'elle avait perdu son sac à main et que toutes les femmes présentes dans l'avion avaient également perdu le leur.*

Mon époux lui a expliqué : « Dans ce rêve, c'étaient toutes des parties de toi qui ont un rapport avec tes deux pôles, le masculin et le féminin. Tu es en train de vivre une grande ouverture. » En effet, cette femme vit une grande ouverture de conscience. Elle visite donc des aspects difficiles de son inconscient. Cela est bien normal : ses mémoires deviennent accessibles à sa conscience, et dans un cheminement, un travail de repolarisation est généralement nécessaire. Mon époux lui a dit : « Dans la première partie, où il y a les hommes, On t'a montré que tu as abusé du pouvoir dans cette vie-ci ou dans d'autres vies. Il y a de la dictature dans tes mémoires inconscientes. »

Un jour, on a accès à ces mémoires d'abus de pouvoir et de dictature. On n'a qu'à penser à un dictateur dans le concret : il monopolise toutes les ressources du pays pour faire la guerre et le peuple devient pauvre. Le même processus se produit à l'intérieur de soi. Quand on abrite à l'intérieur de soi des parties qui abusent du pouvoir, sans même qu'on s'en rende compte – on n'en est pas conscient tant que le voile existe –, on s'appauvrit en énergie, en pensées et en sentiments. Lorsque règne la dictature, on devient un jour ou l'autre très pauvre.

Mon mari a poursuivi : « Puis tu as vu des corps mutilés. Cela veut dire que tu as dû imposer ta manière de penser, ta manière d'agir, et c'est cela que ça donne. Tu es en train de visiter ces mémoires, et tu ne t'en sens pas capable. Tu ne penses qu'à une chose : fuir.

C'est sûr que c'est extrêmement difficile de visiter ce genre d'énergie, un extrême négatif de la polarisation masculine, de l'émissivité. Ensuite, tu as touché ta polarité féminine quand tu étais dans l'avion. Là, du fait que ça se passait dans un avion – qui représente le monde de l'air, des pensées – et que tu ne te sentais pas bien à cet endroit, on voit que tu as de la difficulté à trouver ton propre concept de féminité, de réceptivité, de douceur. D'ailleurs, quand tu es en présence de femmes, tu ne dois pas te sentir bien avec elles ; ce rêve le démontre. Ensuite, tu as perdu ton sac à main, comme toutes les femmes qui étaient dans l'avion. Elles représentaient toutes des parties de toi. Quant au sac à main, à quoi sert-il ? C'est un contenant utilisé par les femmes pour transporter leur bourse d'argent, leurs cartes d'identité et divers autres objets lorsqu'elles sortent. Le fait que vous ayez toutes perdu votre sac à main dans le rêve démontre qu'en ayant perdu ta réceptivité, tu as perdu ta capacité de te manifester en tant que femme dans la société et que tu as perdu tous tes moyens. »

À ce moment-là, elle s'est exclamée :

— Ça c'est l'histoire de ma vie ! Je sais que je prends trop de place en tant que femme, mais je fais de gros efforts pour revaloriser mon mari. Mais il ne décide pas, il ne parle pas. C'est difficile : c'est moi qui suis obligée de tout faire. Pourtant, je fais de gros efforts.

— Quand un homme a ce problème, cela révèle qu'il doit se repolariser. Et, tu sais, c'est aussi difficile pour lui de se repolariser et de devenir un décideur que ça peut l'être pour une femme de devenir plus réceptive, plus féminine.

Lorsqu'on est habitué à un comportement qui nous procure des points de repère – et dans certains cas une impression d'être au contrôle –, et que subitement on doit changer, bien sûr, c'est difficile. On peut éprouver de grandes peurs. Aussi bien en tant qu'homme qu'en tant que femme, on peut se dire : « Oui, je change, là », mais lorsque nos mémoires ne sont pas rééduquées, elles resurgissent en criant : « Un instant ! Et si on me trahissait, si on abusait de ma confiance... » et on a tellement peur ! On a peur consciemment, mais on a encore plus peur inconsciemment. C'est normal. Ces peurs sont légitimes, car avant de s'être transformé, avant d'avoir nettoyé tout son inconscient, il y a effectivement à l'intérieur de soi des personnalités inconscientes qui trahissent la confiance et qui abusent du pouvoir. Ces peurs et ces distorsions traversent les âges et les multiples incarnations. Pour comprendre ce qui se passe à l'intérieur de soi, on peut se servir de la Loi de la résonance, car il y a de fortes chances que dans cette vie-ci on ait rencontré des personnes qui ont trahi notre confiance et qui ont abusé de leur pouvoir. Ces peurs sont donc légitimes.

Alors comment s'en sortir ? On doit tout d'abord vouloir changer. Sinon, si on continue à avoir peur, on reste dans l'inertie ; on n'ose rien. Je vais vous faire part d'une formule qui nous a beaucoup aidés, mon époux et moi-même, au début de notre relation, lorsque nous l'avons appliquée. Bien sûr, avec le temps, une grande confiance s'est installée entre nous, car nous nous sommes tellement vu agir sur différents terrains d'application. Mais cette formule, on l'applique encore avec les autres. Quelle est-elle ? On se dit : « Non, je ne fais pas confiance aux êtres humains. C'est normal : avant qu'ils aient atteint les plus hauts niveaux de conscience, ils ont toutes sortes de distorsions et de personnalités différentes. Il y a des hauts et des bas : des *je te veux, je ne te veux pas, je te possède, je te trahis, j'abuse...* C'est normal : il s'agit d'un parcours. Donc, je ne peux pas lui faire confiance. Mais je peux faire confiance à Dieu, à Dieu qui est en chaque être. Je fais confiance à Dieu en ce sens que j'ai un programme – s'Il m'envoie à tel endroit, c'est mon programme – et je vais y faire face. Je sais que cela peut me mener à la rencontre de karmas, mais j'ai confiance. Si je ne devais pas y être, Il m'aurait aidé à anticiper et je ne serais pas dans cette situation. J'ai quelque chose à comprendre. Je vais grandir. C'est normal que j'aie peur, mais je m'ouvre, je fais confiance. Et là je rectifie, je redresse dans l'action. Je comprends que s'Il ne m'avait pas envoyé dans cette situation, certaines personnalités ou mémoires distorsionnées ne pourraient pas m'être révélées. »

Quand on a une vie toute tranquille, ça va bien. Mais quelquefois, on est mis en situation et cela fait sortir toutes sortes de choses. Et c'est tant mieux, car autrement, ces mémoires resteraient planquées là jusqu'à la prochaine vie. Avec la Récitation Angélique, on est équipé pour transformer ces mémoires, et après, on n'a plus à revivre les mêmes situations. Donc, on fait confiance : Dieu nous envoie à l'endroit le plus favorable à l'évolution de notre âme.

Dieu peut être comparé à un immense Ordinateur Vivant dans lequel on vit et dans lequel on a chacun notre programme ; les grandes lignes de notre vie sont écrites par rapport à nos vies antérieures. Imaginez, quand un programme est écrit, c'est très puissant. S'il est écrit que l'on doit vivre certaines épreuves, rencontrer certaines personnes ou aller en certains endroits, et que l'on va à contre-courant de ce programme, c'est comme si on était dans une immense rivière très puissante et qu'on se disait : « Non, je ne veux pas y aller. » On s'accroche aux branches et aux rochers, on s'égratigne et on gaspille notre énergie. Tout cela uniquement parce que l'on craint de s'abandonner à cet immense courant qui, de toute façon, est absolu et plus fort que tout. Par contre, le jour où on comprend notre programme, cela ne nous empêche pas d'avoir encore des peurs et des doutes, mais, au moins, toute notre énergie est disponible pour s'améliorer, se transformer; et là, la vraie vie angélique, spirituelle, débute. On accepte notre programme parce qu'on le comprend.

Je continue avec un exemple qui illustre que si on veut atteindre les plus hauts niveaux de Pouvoir Divin, on doit nécessairement transformer, transcender notre énergie vitale. On peut l'appeler énergie sexuelle, mais moi, je préfère l'expression énergie vitale à cause de sa connotation plus globale. En effet, cette énergie se manifeste à travers tout notre être. Pour la toucher, on doit vraiment descendre aux tout premiers chakras, aux premiers Centres de Vie. En travaillant avec l'Énergie Angélique ELEMIAH, on éveille ces forces qui peuvent s'exprimer aussi bien de manière positive que de manière négative – parfois agressive –, mais on est équipé pour les transformer. Dans nos rêves, cette énergie vitale est souvent représentée par des animaux, et on doit observer le comportement de l'animal pour mieux comprendre ce que l'on doit changer.

Cet exemple est l'histoire d'un homme qui a demandé une interprétation de rêve à mon époux. Dans son rêve, *il se trouvait à l'orée d'une forêt en compagnie de deux de ses amis. Tout à coup, ils aperçoivent deux bébés ours. Alors le rêveur avertit ses compagnons : « Attention ! S'il y a des bébés ours, ça veut dire que la maman ourse n'est pas loin. On ferait mieux de déguerpir. » Mais ses amis n'accordent aucune attention à ses avertissements. Alors il répète : « Il vaut mieux partir. C'est dangereux ! » Tout à coup, la maman ourse surgit, féroce, agressive, et elle se dirige vers lui. Alors il prend ses jambes à son cou, il court et plonge dans l'eau d'un lac pour atteindre l'autre rive, là où il avait laissé son véhicule. Mais pendant qu'il est en train de nager, il a tellement peur ! Il sent l'ourse s'approcher dangereusement de lui, et quand il arrive sur l'autre rive, l'ourse continue à le poursuivre.* Quand il racontait ce rêve, c'était comme s'il y était encore. C'était tellement puissant ! Pour qu'il comprenne bien son rêve, mon époux lui a dit : « Dans ce rêve, c'étaient toutes des parties de toi. »

Tout d'abord, que représentait la forêt ? Sous son aspect positif, la forêt est un lieu de ressourcement et elle représente l'inconscient instinctuel. Sous son aspect négatif, elle représente la loi de la jungle, la loi du plus fort – elle peut abriter des animaux sauvages, n'est-ce pas ? On a vu que dans son rêve, cet homme a fait face aux aspects négatifs de la forêt. Il était en compagnie de deux de ses amis. Puisque c'étaient des hommes, On a voulu lui montrer comment il se comporte avec les autres quand il est dans l'action. On voit que cet homme commence à comprendre comment se manifeste son énergie vitale. Il est conscient de forces toutes douces, toutes gentilles – le bébé ours – qu'il abrite à l'intérieur de lui-même, mais attention ! Une autre force peut émerger derrière, qui, elle, est agressive et incontrôlable. La mère ourse est en effet apparue, et elle a poursuivi le rêveur non seulement sur terre mais aussi dans l'eau. Ce qui démontre que son côté physique aussi bien que sa dimension émotionnelle sont impliqués. L'aspect positif de l'ours est une grande force, une grande puissance à l'état brut. On doit utiliser cette force vitale car elle renferme un énorme potentiel. Sans cette grande force, sans cette grande puissance, il est impossible d'atteindre les hauts niveaux du Pouvoir Divin. Donc, on a besoin de ces forces-là ; on ne doit surtout pas les tuer ni les refouler. Cela est très important.

Dans un rêve, si on voit un ours tout beau, tout gentil, cela signifie que notre force vitale se manifeste de façon positive. Autrement – s'il est rustre ou agressif –, cela signale qu'elle se manifeste de façon négative. En général, quand un ours mange, il est goulu, il donne l'impression d'être insatiable. Le fait que l'ourse a poursuivi le rêveur jusque dans l'eau témoigne chez cet homme d'une dépendance affective et démontre que lorsque ses besoins ne sont pas assouvis, il peut se sentir passablement submergé par la frustration – car l'ourse est une femelle. Un jour, pour atteindre de hauts niveaux de conscience, on doit avoir transcendé toute notre animalité. On n'a qu'à penser à certaines personnes qui, si elles n'ont pas mangé depuis trois heures et que subitement la faim leur prend, ne voient plus rien et deviennent très impatientes. Seule leur faim compte ; tous les beaux principes spirituels s'évaporent et la personne peut même devenir agressive. Un jour, toute cette animalité doit être transcendée pour que l'être ait accès aux mondes parallèles, aux mondes plus évolués.

Alors mon mari lui a dit : « Tu dois être épeurant, quelquefois, quand tu as des besoins ? » Cet homme a acquiescé du regard et lui a raconté une petite anecdote allant dans ce sens. Mais avant de vous la raconter, j'aimerais vous faire remarquer que dans ce rêve ce n'est pas le rêveur qui a attaqué ou agressé : c'est l'ourse qui a poursuivi le rêveur. Lorsque, dans un rêve, on se voit attaquer les autres, cela indique qu'on projette cette force à l'extérieur et que l'on commettra une agression. Ici, ce n'est pas le cas. Le rêve démontre que cet homme n'a plus tendance à projeter sa force agressive sur les autres : il a déjà fait un certain cheminement. Donc, il retient cette force, mais elle se retourne contre lui. Cela fait partie du cheminement. D'où l'importance de l'Angelica Mantra. Ces forces-là s'accumulent à l'intérieur de soi lorsqu'on n'utilise plus d'exutoire. Avec l'Angelica Mantra, quand on sent ces grandes forces destructrices, on invoque l'Énergie Angélique afin de les transcender. Comme je l'ai dit tout à l'heure, on ne doit surtout pas les refouler ni les tuer avec nos pensées.

En validant du regard l'interprétation que mon époux venait de lui donner, cet homme a dit :

— C'est vrai, je suis un grand dépendant. Je me reconnais dans ce rêve. Il y a quelques années, j'ai eu deux enfants avec une femme et je les ai abandonnés pour partir avec une autre femme. Et puis, dernièrement, j'ai commencé une relation avec une autre femme – c'est un bel homme physiquement et il a beaucoup de charisme. À un moment donné, elle ne donnait plus signe de vie. Alors j'ai essayé de la rejoindre. Au bout d'un moment, je l'ai rejointe et elle m'a donné des explications. Elle m'a dit : « Non, non, je ne veux plus te voir : tu me fais peur. »

— Tu vois, lui a dit mon mari, c'est ta maman ourse. Ton énergie n'est pas bien maîtrisée et elle sort de façon brute : tu fais peur aux femmes. Quand tu la sentiras monter, cette force, tu pourras invoquer l'Ange ELEMIAH et tu pourras la transformer progressivement. Éventuellement, elle t'emmènera aux plus hauts sommets.

Ce sont ces mêmes forces qui procurent l'intensité à l'être. Les premiers chakras sont très intenses et ils permettent la matérialisation ; ils renferment un grand potentiel de création Divine. Cette énergie vitale n'est pas là pour faire des ravages. Elle a une raison d'être évolutive : elle doit monter un jour jusqu'aux centres supérieurs de Conscience pour nous faire développer les pouvoirs spirituels, ces Pouvoirs auxquels tous les êtres humains auront éventuellement accès et qui leur permettront à nouveau de créer, de matérialiser de façon juste.

Pour mieux comprendre cela, on n'a qu'à méditer sur la différence qui existe entre certains êtres spirituels et les matérialistes. L'intensité des matérialistes est parfois beaucoup plus grande que celle des spiritualistes qui se réfugient dans les ashrams ou dans les monastères et qui rejettent la matérialisation. D'autre part, les attitudes des matérialistes et leur façon de matérialiser ne sont pas justes, car leur intention n'est axée que sur la satisfaction de leurs besoins personnels. On se rend compte qu'essentiellement, c'est l'intention qui distingue un spiritualiste d'un matérialiste. C'est l'intention qui fait toute la différence, et cela, il est important de se le rappeler.

⊙

Voici maintenant une autre histoire vécue qui touche à certains aspects difficiles de l'Énergie Angélique Elemiah.

Une femme nous a parlé de sa fille de 17 ans qui a commencé à sortir avec les garçons dès l'âge de 14 ans. Elle a eu de mauvaises fréquentations et, plus tard, elle est tombée dans les drogues douces et l'alcool, puis elle a eu un petit ami qui avait les mêmes dépendances.

Un jour, sa fille lui a avoué qu'elle consommait aussi de la cocaïne. Elle lui a dit : « Tu sais, maman, je prends de la cocaïne parce que j'ai tellement mal ! Je veux geler mes souffrances. Mais quand je me réveille, le matin, elles sont encore là ; j'ai mal partout. » Quelque temps plus tard, soit tout dernièrement, à l'âge de 17 ans, elle lui a annoncé qu'elle était enceinte et que le père était son petit ami qui a les mêmes problèmes qu'elle.

Alors cette dame a eu une discussion avec sa fille :

— Mais pourquoi est-ce que tu veux avoir cet enfant ? Lui a-t-elle demandé. Est-ce que c'est pour combler ton vide intérieur ? Est-ce que c'est pour essayer de retenir ton petit ami ? Il se peut que tu te retrouves toute seule pour l'élever. Y as-tu pensé ?

— T'inquiète pas, Maman, je saurai l'élever toute seule, comme toi tu nous as élevées toute seule.

Cette femme, qui n'a su que dire à sa fille à ce moment-là, nous a demandé : « Mais je fais quoi avec ça ? » Elle était tellement tourmentée par ce problème ! Pendant la période où nous préparions cette conférence sur l'Ange Elemiah, cette femme nous a dit que sa fille était née à 1 h 02 du matin. Donc, son troisième Ange Gardien – celui de l'intellect – est l'Ange Elemiah. Cette jeune fille fait beaucoup de rêves et ils sont extrêmement difficiles, très tourmentés. Voici l'un de ces rêves.

Pour des raisons de déontologie, je changerai le prénom de la rêveuse et des autres personnages. On appellera cette jeune fille Monique. Donc, *Monique se trouvait chez sa belle-mère et elle voyait, dans la maison d'en face, la voisine qui a des enfants. Tout à coup, elle a vu arriver une femme qu'elle connaît – et qu'on appellera Rascas.*

J'ouvre une parenthèse pour vous dire ce que cette femme représente pour Monique. Dans le concret, ladite Rascas a eu trois enfants de pères différents et elle s'est fait retirer la garde de ses enfants parce qu'elle avait été extrêmement violente envers eux.

*Pour continuer le rêve, Rascas est allée vers la voisine et lui a dit :*

*— Je veux avoir tes enfants.*

*— Pas question, lui a répondu la voisine, je ne veux pas te donner mes enfants.*

*Puis, en se promenant en scooter – c'était l'après-midi – Monique a passé devant la maison de la voisine et elle a vu les enfants qui se balançaient à l'extérieur sur une balançoire. Puis, vers minuit, elle a passé encore une fois en scooter devant la maison de la voisine. Elle trouvait bien bizarre que les enfants soient encore dehors en train de se balancer à cette heure-là. Alors elle s'est approchée de la fenêtre, elle a regardé à l'intérieur, et Oh ! elle voit Rascas installée sur la chaise berçante de la voisine. Elle trouve cela vraiment louche. Quand Rascas l'aperçoit, elle la fixe d'un œil noir et menaçant et la pointe du doigt en lui disant : « Toi, t'as pas fini ! » Alors Monique est saisie de peur. Elle appelle la police. Le policier arrive, et au moment où il s'apprête à arrêter Rascas, impossible ! Rascas disparaît : elle devient transparente, impossible de l'attraper. Là, Monique, terrifiée, supplie le policier de l'emmener chez sa mère. Le policier lui demande : « Mais pourquoi as-tu peur comme ça ? » Alors Monique avoue au policier que Rascas veut la tuer. Puis la police l'a emmenée en voiture. Enfin, au moment où elle traversait un pont, elle s'est réveillée.*

Que signifiait ce rêve ? Mon époux lui a expliqué : « Dans ce rêve, tous les éléments représentaient des parties de ta fille. Ce rêve démontre qu'elle ne sera probablement pas capable d'élever son enfant toute seule. Juste par le symbole de Rascas, qui est une partie d'elle-même, à l'intérieur, on voit une extrême violence énergétique en elle. Et on voit que quand sa police intérieure essaie de maîtriser ces forces violentes, elle n'y parvient pas. Rascas disparaît. Elle devient invisible ; ce qui veut dire que sa justice intérieure n'arrive pas à prendre le contrôle et qu'il y aura des récidives. »

Ce rêve témoigne que la rêveuse a un énorme potentiel d'autodestruction et de violence envers les enfants. La façon dont Rascas se comportait dans le rêve signale que des entités négatives ont le droit d'entrer dans l'âme de cette jeune fille. Ce phénomène est toujours lié au comportement de l'être, à ses pensées, à ses émotions et à des mémoires qu'il transporte dans son âme. C'est comme un virus ou une bactérie qui a le droit d'entrer car la personne génère elle-même cette faille intérieurement avec ses mémoires, ses pensées, ses émotions et agissements. Cela vaut également pour toute maladie : la maladie est causée par certains comportements qui ne sont pas justes, qui se sont créés en soi avant de devenir une maladie physique ; sachant cela on ne doit jamais oublier que le mal est toujours éducationnel et qu'une âme peut toujours évoluer, se transformer. Il faut toujours baser un cheminement sur l'espoir.

Si Rascas avait tué Monique dans le rêve, alors, dans le monde concret – dans le monde des conséquences –, cette dernière aurait vécu un total changement de comportement : elle aurait eu un comportement de schizophrène, où l'être peut poser des actes d'une extrême violence sans éprouver aucun remords. Alors mon mari a dit à cette mère : « Tu vois, si elle n'entreprend pas vraiment un travail spirituel très rigoureux, avec une grande discipline, c'est sûr qu'elle vivra les grandes difficultés que ce rêve annonce. » D'autres rêves qu'avait reçus la jeune fille annonçaient eux aussi de grandes difficultés.

J'ai trouvée cette femme admirable et vraiment très touchante. Elle nous a envoyé une longue lettre très émouvante pour nous raconter les grandes lignes de sa vie avec sa fille. Malgré les immenses difficultés qu'elle a vécues, elle n'avait aucune rébellion contre Dieu. Pourquoi ? Parce qu'elle a la foi, et parce que son cheminement lui a donné accès à un certain degré de Connaissance et qu'il l'a amenée à comprendre la Loi de la réincarnation. Cette femme a compris que sa fille représente une partie d'elle-même. Elle se rend compte qu'elle est en train de récolter ce qu'elle a semé.

Cette femme n'a pas besoin de retourner dans une autre vie pour comprendre ce qui arrive à sa fille : dans celle-ci, elle a passablement expérimenté. À l'âge de 14 ans, elle a pris conscience des raisons pour lesquelles ses parents ne s'étaient jamais vraiment occupés d'elle. Elle était dans un couvent de religieuses où ses parents l'avaient placée, c'était le temps des vacances, et elle s'est rendu compte que ses parents lui cachaient un gros problème d'alcoolisme. Elle a compris que c'était pour cette raison qu'elle ne les voyait pratiquement jamais. Alors, à partir de ce moment-là, elle a versé dans la rébellion et elle est tombée dans l'alcoolisme et la drogue – on voit ici la similarité avec le comportement de sa fille.

Puis, pendant 10 ans, elle a travaillé comme barmaid dans un club de danseuses nues. Et même quand elle s'est retrouvée enceinte de Monique, elle a continué d'y travailler jusqu'à sept mois de grossesse. C'est sûr que l'âme de cet enfant a absorbé l'énergie de ce milieu. Tout de même, cette femme n'a pas besoin d'entretenir un sentiment de culpabilité, car sa fille avait des résonances avec un tel programme ; sinon, elle ne serait pas venue s'incarner dans ce contexte – c'est absolu. Elle serait allée dans une autre famille. Ce sont des programmes qui correspondent les uns aux autres.

Grâce à la Connaissance que cette femme a intégrée avec l'Angéologie, dès qu'elle se sent dérangée, elle revient à elle maintenant. Elle sait que sa fille peut tomber au plus bas, et cela, elle l'accepte. Elle apprend à ne pas se laisser manipuler et à dire non lorsque nécessaire, mais elle revient invariablement à elle-même. Vraiment, elle utilise cette situation pour faire un grand travail intérieur. Et parce qu'elle croit en la réincarnation, elle garde espoir. Elle sait que même si sa fille n'arrive pas à se relever au cours de cette vie-ci, elle finira par le faire, peu importe le nombre de vies qu'il lui faudra. Monique aussi est un enfant de Dieu ; elle aussi parviendra aux plus hauts sommets.

⊙

L'exemple suivant touche au pouvoir spirituel. C'est l'histoire d'une femme qui assistait aux conférences pour la première fois et qui est venue me parler de ce qu'elle vivait. Elle m'a dit qu'elle faisait beaucoup de rêves prémonitoires et qu'elle allait aider les autres dans ses rêves. Elle m'a dit aussi que lorsqu'elle s'approchait des autres, il lui arrivait d'entendre leurs pensées et que cela était parfois vraiment difficile. Et qu'il lui arrivait même, en entrant dans une maison, de savoir ce qui s'y était passé au cours des années précédentes. Elle m'a dit : « Je ne sais pas quoi faire. Parfois, quand je me réveille, le matin, j'ai des maux de dos et c'est lourd. Mais qu'est-ce que je fais avec ça ? » Après un court moment, elle a ajouté : « Cela a commencé quand j'étais toute petite. Très jeune, j'avais toutes sortes de manifestations que ma mère ne comprenait pas. Alors elle m'a fait exorciser par des prêtres à plusieurs reprises – cela se pratiquait à l'époque. Ce que vous avez dit dans votre conférence m'a rappelé un rêve que j'avais reçu. Dans ce rêve, *je me voyais avec une immense oreille droite et une immense narine droite. J'avais de longs poils sur l'oreille et aussi des poils au menton.* Qu'est-ce que cela veut dire ? »

Je lui ai répondu : « Dans ce rêve, On t'a montré que tu as réellement une grande médiumnité. Mais tout d'abord, la grande oreille signifiait que tu as une grande faculté de clairaudience et que cela se manifeste jusqu'sur le plan physique – puisque c'était l'oreille droite. C'est pour ça que tu entends les pensées des autres, les sons inaudibles. Quant à la grande narine, elle signifiait que tu as aussi une grande faculté de clairsentience. Mais on voit que l'oreille était disproportionnée par rapport au reste de la tête, au cerveau, au monde des pensées. Symboliquement, cela signifiait que ta clairaudience est disproportionnée par rapport à tes pensées et à ton niveau de conscience. D'un autre côté, à cause des longs poils, un symbole qui se rapporte au monde animal, On t'a montré que certains aspects instinctifs entravent ta médiumnité : ils t'empêchent d'interpréter de manière juste ce que tu perçois subtilement. Il y a toutes sortes de mémoires inconscientes qui parasitent. Tu es très ouverte et ces mémoires entrent en résonance avec ce que tu perçois. Voilà pourquoi c'est très difficile. Et, évidemment, comme l'animal n'a pas le degré de compréhension de l'être humain, c'est à cause de ces parties instinctuelles que tu n'arrives pas à bien interpréter ce que tu perçois. »

Elle a dit : « Je sais, j'aimerais mieux ne plus les avoir, ces pouvoirs », et je sentais qu'elle était vraiment sincère. Elle avait éprouvé tellement de difficultés qu'elle ne voulait plus avoir ces pouvoirs.

Alors j'ai poursuivi :

— Tu es ouverte maintenant, en termes de conscience. C'est sûr que tu es dans cette situation parce que, toute petite, ton inconscient était déjà ouvert. Ça veut dire que dans d'autres vies, tu as eu beaucoup de pouvoir spirituel et que tu en as abusé. Tu expérimentais. Il n'y a rien de grave. Alors, maintenant, il faut que tu essaies de rectifier ces aspects-là et de mieux comprendre ce que tu vis. Pourrais-tu me donner quelques exemples de rêves prémonitoires ou du type d'aide que tu fais dans tes rêves ?

— Bien sûr. Dans un de mes rêves, *je me retrouvais avec un Arabe qui se trouvait proche d'un puits. Soudain, je l'ai vu pousser ses deux enfants dans le puits pour les faire mourir.* Et quelque temps plus tard, concrètement, j'ai lu dans le *Reader's Digest* la même, même histoire.

Voyant qu'elle considérait ce rêve comme prémonitoire, je lui ai demandé :

— Mais qu'est-ce que ça te donne que l'Intelligence Cosmique t'envoie ce rêve et te mette en contact avec cette histoire du *Reader's Digest* ?

— Bien oui, qu'est-ce que ça me donne ? Ça ne me donne rien, je suis d'accord avec toi.

— Tout ce que l'Intelligence Cosmique fait est motivé par un objectif bien précis. Quand on reçoit des rêves ou des signes, c'est toujours pour une raison éducationnelle, c'est toujours en vue d'un apprentissage. En Haut, Ils savaient qu'un jour, tu ferais interpréter ce rêve et cette concrétisation. Dans ce rêve, l'Arabe et ses deux enfants représentaient des parties de toi. Au niveau symbolique, chaque peuple représente un aspect positif et un aspect négatif. Le côté arabe symbolise une ouverture des premiers chakras, ce qui procure une intensité des sens, une dimension poétique profonde, très spirituelle, très concrète aussi et un pouvoir de matérialiser. La force peut être constructive ou destructive. On peut matérialiser de façon juste ou pas juste. Dans ce rêve, on voit qu'un certain aspect est à rectifier.

J'ai poursuivi :

— L'Arabe était proche d'un puits. Qu'est-ce que contient un puits ? De l'eau. Donc, ça concerne ton côté émotionnel. Et un puits contient des eaux profondes ; donc, le rêve touchait à des aspects inconscients de tes émotions. Nos enfants dans les rêves ne représentent pas seulement nos enfants : ils symbolisent toutes nos actions, le résultat de nos matérialisations. Ce sont nos œuvres. Et puisque l'homme poussait ses enfants dans le puits, on voit que tu as une force qui te pousse à détruire tes œuvres et à les refouler dans tes émotions inconscientes. Alors essaie de noter à quel moment ce rêve se matérialise. Par une simple parole ou un geste, tu peux détruire tes œuvres, et en portant attention, tu pourras te rendre compte à quel moment tu le fais. Ça va t'aider. Tu vois, juste avec ce rêve et le signe que tu as reçu en lisant le *Reader's Digest*, tu peux apprendre à revenir à toi-même pour te purifier, pour rectifier toutes ces zones qui ne sont pas justes. »

Puis je lui ai demandé :

— Maintenant, peux-tu me donner un exemple du type d'aide que tu fais ?

— Entre autres, dans mes rêves *je me retrouve souvent avec les personnes qui ont le sida et je les aide.* Et le lendemain, je me sens lourde, je ne me sens pas bien.

— Dans ce type de rêve, lui ai-je dit, ce sont toutes des parties de toi, en réalité. Même si tu n'as pas le sida, tu as une résonance avec cette maladie.

Pour bien comprendre ce genre de résonances, on doit se demander ce que signifie cette maladie au niveau métaphysique, quelle est son essence. Le sida est relié à la sexualité ; il dénote donc un problème dans le domaine de la sexualité. Parfois, au nom de l'amour libre, on s'adonne à toutes sortes de relations et de comportements, et on transgresse des Lois Divines. Ces Lois existent, et les personnes qui les transgressent expérimentent ; elles apprennent. Le sida est aussi un problème au niveau du sang. Les globules blancs ne font plus leur travail et la fonction d'immunité en souffre : les virus et les bactéries peuvent parasiter l'organisme. On peut faire une analogie avec les couleurs des chakras. Le sang contient des globules rouges et des globules blancs. Le rouge représente toute la vitalité, la matérialisation ; c'est la couleur du premier chakra. Et le blanc, qui est la synthèse de toutes les couleurs, caractérise le chakra Universel, le plus élevé, celui qui donne accès au Pouvoir Divin. Il représente aussi la pureté.

Quand on a transgressé des Lois, quand on a manqué de pureté dans notre conscience, on perd notre immunité. Tout d'abord, cela se passe sur le plan métaphysique : les entités négatives peuvent pénétrer comme les mauvaises relations et elles en ont le droit. Cela demeure éducatif, on se rencontre soi-même. Ensuite, le corps physique est affecté : on perd notre protection contre les bactéries et les virus, toujours à cause du non-respect de certaines Lois. Dans un tel cas, on doit rectifier les mémoires qui sont à l'origine de la maladie. Si dans cette vie-ci on n'a pas eu de comportement particulièrement abusif ou non juste au niveau de la sexualité, le problème peut se rapporter à d'autres vies. On pense par exemple aux personnes qui sont accidentellement contaminées par une seringue.

Chez cette femme, le problème de sida – problème que pour le moment elle essaie de résoudre en aidant ses parties sidatiques – ne se situe encore qu'au niveau métaphysique.

Le problème, c'est qu'en agissant au mauvais moment, en allant là où elle ne doit pas aller et en posant des gestes qui ne sont pas justes, elle fusionne trop souvent avec l'énergie des autres sans égard aux Lois Divines et uniquement pour assouvir ses besoins instinctifs ou personnels. Voilà la cause réelle du sida chez cette femme, même s'il ne se manifeste pas encore sur le plan physique.

Comme je l'ai mentionné plus haut, quand on travaille sur le Pouvoir Divin, on touche inévitablement l'énergie vitale et on peut donc avoir des rêves qui touchent à la sexualité. Ces rêves se classent en deux catégories : ceux qui sont magnifiques et justes bien sûr, et ceux qui concernent les déviations et les fantasmes que l'on reçoit lorsqu'on est en initiation et qui sont très variés. Voici un exemple de ce dernier type de rêves.

Il nous a été partagé par une femme qui chemine depuis plusieurs années – une belle personne. Toute gênée, elle est venue me voir et elle m'a dit : « J'ai fait tout un rêve ! Je ne sais pas ce que ça veut dire, mais il m'a mise à l'envers. » Elle avait même de la difficulté à le raconter. Puis, prenant sur elle, elle m'a dit : « Dans mon rêve, *je me trouvais dans un autobus avec mon fils qui a 15 ans. Je n'avais aucune excitation ni aucune sensation, mais je me voyais masturber mon fils.* Le lendemain matin, je n'osais même pas le regarder. Mais qu'est-ce que cela veut dire ? »

Je lui ai expliqué : « La signification de ce rêve va au-delà du côté physique. Ce rêve indique que tu as tendance à stimuler les autres énergétiquement. Le bus représentait le côté social. Quand tu es avec les autres, tu as tendance à les stimuler pour les faire avancer socialement et ça a un impact jusque sur le plan physique. Tu es ouverte et ce que tu dégages est très puissant. Voici un exemple de la manière dont tu peux stimuler quelqu'un. Une personne a un projet, et toi, tu lui répètes avec insistance : 'Vas-y, tu es capable.' Tu le stimules et ça passe par ton charisme, par la puissante énergie que ton esprit dégage. Et en faisant cela, tu induis la personne à poser l'acte, à aller de l'avant avec son projet. Dans ce rêve, On a utilisé le symbole de l'adolescent pour te montrer qu'il n'est pas juste de stimuler une personne qui n'a pas encore la sagesse pour bien créer, pour matérialiser divinement, ou d'encourager un projet qui n'est pas prêt ou pas juste. Tu as en toi une énergie de matérialisation qui veut aller trop vite, qui veut sauter des étapes essentielles à la Création, et On te l'a montré par ce rêve. C'est pour cette raison qu'On a utilisé ton fils comme symbole : il est trop jeune. » L'adolescence est une période de mutation et d'apprentissage aux futures responsabilités, pas l'étape de concrétiser sa vie.

Quand on stimule une personne, bien sûr, notre intention peut être très belle. On peut par exemple lui dire : « Va donc à cette conférence, vas-y !... Et tu sais, il y a ci, il y a ça... » et l'énergie qu'on dégage est très invitante. Cela peut pousser la personne à se rendre à la conférence, mais ce n'est peut-être pas le bon moment pour elle d'y aller. Elle a peut-être autre chose à vivre, et cela peut être aussi beau et aussi bien.

Lorsqu'on stimule une autre personne – et cela s'applique également à soi-même, quand on a tendance à se pousser – et que ce n'est pas le temps, on se crée un karma. On a certains pouvoirs et on s'en sert pour pousser l'autre à poser un geste. On est par le fait même relié à ce geste. La motivation est une grande qualité spirituelle, et, bien entendu, on ne doit pas s'empêcher de motiver les autres. Mais un jour on les stimule au bon moment, à bon escient, avec sagesse et amour, lorsqu'on en a reçu l'autorisation d'En Haut.

Plus on évolue, plus ces portes qui nous permettent de visiter l'âme des autres nous sont ouvertes. On comprend, on pressent et on sait que telle personne, ce n'est surtout pas le moment de la stimuler pour qu'elle entre dans tel projet, pour qu'elle fasse telle chose. Car on sait intérieurement que ce n'est pas cela qu'elle doit vivre pour l'instant. Quand on stimule une personne et que ce n'est pas le bon moment, qu'est-ce que cela signifie ? Cela signifie qu'on se nourrit de ce projet, de cette action : on stimule l'autre à faire ce qu'inconsciemment on souhaiterait faire soi-même. Cela prouve qu'on a encore besoin d'action, de manifestations concrètes, de matérialisations qui sont motivées par des besoins personnels. C'est une nourriture. Et c'est pour cette raison qu'on le fait. Un jour, on arrive à le faire uniquement lorsque c'est le bon moment.

Cette femme croyait qu'elle aidait les autres en rêve, mais en fait tous les éléments de ces rêves ne représentaient que des parties d'elle-même. Oui, un jour On nous permet de sortir de notre programme personnel et d'agir en rêve dans l'inconscient collectif, là où on peut aider l'âme des autres. Dans les rêves de ce type, la symbolique demeure la même que celle des rêves dont les éléments représentent des parties de soi, mais notre rôle y est différent. D'ailleurs, avec le temps, avec l'expérience, on arrive très facilement à les différencier. Lorsque cette nouvelle étape est amorcée, On nous montre, chez les personnes qu'on a aidées, des matérialisations de ces rêves : on peut observer l'effet de l'aide apportée.

Concernant l'aide Angélique, ce sont Eux, En Haut, qui décident à quel moment on est prêt à prodiguer cette aide. Ils nous laissent intervenir dans un programme uniquement lorsqu'on est prêt ; sinon, on pourrait le dérégler. On doit donc répondre à deux critères. Tout d'abord, on ne doit plus avoir de besoins personnels. Et on doit avoir compris que le mal est éducationnel et que les guides peuvent envoyer des épreuves. Par exemple, si tout à coup notre enfant tombe malade, ou si une personne proche ou qu'on aime beaucoup est aux prises avec des difficultés, si on ne comprend pas, on peut chercher à intervenir et ainsi dérégler le programme d'éducation de l'être. Et cela, On nous l'enseigne en rêve ; On nous entraîne. Dans un tel cas, On nous montrera que ce n'est pas le temps d'intervenir, que cette épreuve ou cette maladie est exactement ce qui peut le mieux aider cette personne à évoluer. L'autre critère concerne l'appropriation par l'égo. Dans l'aide Angélique, l'égo ne doit pas intervenir ; il ne doit pas se nourrir ou se gonfler de cette aide. Pourquoi ? Parce que lorsqu'une aide Angélique a lieu, c'est un programme qui est actionné : si ce n'était pas nous qui prodiguions cette aide, ce serait une autre personne ou un guide qui le ferait. Vous me direz : « Mais alors à quoi ça sert que j'aide, puisque ça se ferait quand même ? » Imaginez !

Quand on pratique l'aide Angélique, on participe à la *création du Destin* – c'est en outre l'une des Qualités de l'Ange Elemiah. Non seulement on est conscient de faire partie du Grand Tout, mais on voit de première main comment l'Intelligence Cosmique fonctionne. On peut observer directement sa dynamique, son déploiement, du monde des causes au monde des conséquences. Ainsi, on peut mieux comprendre les autres et les aider de façon juste, c'est-à-dire en accord avec leur programme. C'est de toute beauté ! Voilà pourquoi l'égo ne peut pas s'investir dans ce genre d'aide : c'est un processus essentiellement impersonnel. Et on doit le faire dans la plus grande discrétion, sauf en rares cas d'exception.

☉

### Les sorties hors corps

Comment comprendre les sorties hors corps ? Commençons par une histoire vécue. Une femme est venue me parler de son expérience avec les sorties hors corps. Elle m'a dit : « Dans le passé, je faisais des sorties hors corps, mais depuis que je travaille avec les 72 Anges, je n'en fais plus. Et maintenant, j'ai toutes sortes de rêves très difficiles. »

Puis elle m'a raconté l'un de ces rêves. Elle m'a dit : « *Je me voyais tout près d'un puits avec ma fille qui a 10 ans. Elle avait une cuiller de bois à la main et elle s'est mise à brasser l'eau du puits. C'était une eau pure et limpide. Mais plus elle brassait, plus des choses se produisaient : tout à coup un animal doux et gentil qui ressemblait à un koala a surgi du puits. Puis un dragon a jailli des profondeurs du puits. Il était féroce, avec des grands crocs, et il a arraché la tête de ma petite fille. Mais qu'est-ce que ça veut dire ? »*

« Dans ce rêve, lui ai-je répondu, tous les éléments représentaient des parties de toi. En travaillant avec les 72 Anges, tu es entrée dans un programme initiatique de purification. C'est ça, les Anges. Si on veut atteindre les plus hauts sommets, si on veut retrouver les Qualités, les Vertus et les Pouvoirs à l'état pur, c'est sûr que l'on doit descendre dans l'inconscient pour purifier, nettoyer. C'est absolu. Dans ton rêve, le puits représentait l'inconscient émotionnel. Ta fille symbolisait ton enfant intérieur, et vu qu'elle était encore petite, elle représentait ton enfant intérieur qui apprend. Par le travail que tu fais avec les États de Conscience Angéliques, tu es en train de brasser tes émotions.

« Elle utilisait une cuiller de bois. Le bois est lié à la Connaissance car il vient de l'arbre, symbole de sagesse, de connaissance et de la construction de l'âme, et la cuiller représente la réceptivité. Donc, On t'a montré que tu es en train de travailler sur ta réceptivité émotionnelle. En surface, tes émotions sont pures et limpides, mais plus tu brasses, plus tu éveilles des aspects instinctuels, de nature animale, et plus les vieilles mémoires – représentées par les sédiments – qui sont au fond de ton inconscient remontent à la surface.

« Puis un koala. Le koala vient de quel pays ? De l'Australie. L'Australie est une très vieille terre. Elle représente donc de très anciennes mémoires. Donc, tu es en train de toucher de très anciennes mémoires liées à des aspects paresseux en toi, qui restent dans les arbres, qui ne veulent pas descendre sur Terre, qui fuient en quelques sortes la concrétisation de tes émotions. En brassant encore un peu plus creux dans ton inconscient émotionnel, tu éveilles de puissantes forces qui, dans ton rêve, étaient représentées par le dragon féroce, qui lui est lié au pouvoir de l'empereur, des 4 éléments (feu-air-eau-terre). Mais maintenant, tu es équipée pour faire face à ces forces inconscientes qui sont agressives et destructrices. Le fait que le dragon a arraché la tête de ta petite fille signifie que lorsque tu touches ces forces, ton enfant intérieur qui apprend perd sa tête, symboliquement parlant. Cela montre que subitement, à cause des initiations que tu vis, tu es déstructurée et tu n'es plus capable de penser ; tu deviens en grande recherche de pouvoir et tu veux arrêter de penser à tout prix. Quand tu touches ces forces de tes profondeurs, tu perds tes belles idées, tes belles pensées, ton avenir intérieur et émotionnel représenté par ta fille. Et ce sont ces forces que tu dois nettoyer. C'est ça qu'On t'a montré. »

Alors elle m'a demandé :

— Oui, mais quand est-ce que je vais recommencer à faire des sorties hors corps ?

— Il ne faut jamais demander les sorties hors corps, lui ai-je répondu. Dans le passé, On t'a permis d'expérimenter, mais dans un cadre très limité. On n'a qu'à voir ce qui habite encore ton inconscient. Tes sorties étaient nécessairement très limitées. C'est un peu comme si tu avais voyagé en touriste, sans impact, sans pouvoir. Maintenant, tu commences un autre programme, un programme de purification, pour développer les vrais Pouvoirs.

Je reviens au dragon du rêve. Le dragon représente entre autres les quatre éléments : il peut cracher le feu, lequel symbolise l'esprit, la volonté ; il peut voler dans l'air, symbole du monde des pensées ; il peut aller sous l'eau, qui représente le côté émotionnel ; et il peut vivre sur terre, symbole du côté corporel. Le dragon touche vraiment aux quatre dimensions de l'être. Chez les Chinois, l'empereur était représenté par un dragon ; c'est donc tout un symbole de pouvoir. Avec le dragon, on est face à des forces très puissantes que l'on doit transcender un jour.

J'ai conclu en disant à cette femme : « C'est pour cela que tu veux les sorties hors corps, les pouvoirs, plus que ta propre personne et que ton évolution dans les qualités. Tu es trop dans la recherche de pouvoir spirituel ; attention à cette forme de marmites que tu brasses car tu crées en ce moment un cocktail de sorcière, de magie noire, qui pourrait se retourner contre toi. Il faut absolument que tu transformes ces forces-là avant de pouvoir recommencer à faire des sorties hors corps ; la vie de touriste spirituel semble bel et bien terminée pour toi. »

Comme je l'ai mentionné tout à l'heure, on ne demande jamais les sorties hors corps. C'est une expérience que l'on reçoit lorsque le moment est venu. Si on les demande, si on y aspire, En Haut, Ils peuvent décider d'ouvrir cette porte. Alors On nous dit : « Tu veux expérimenter les sorties hors corps ? C'est bien, vas-y, expérimente. Et ils peuvent te lancer dans le bas astral et tu peux devenir complètement schizophrène. » Et ce qui risque de se produire peut ressembler à l'expérience de la dame qui a rêvé à la grande oreille et à la grande narine : l'expérience peut être extrêmement difficile. L'être peut contracter des problèmes psychiques ou des maladies. Mais cela demeure une expérimentation. Par contre, en travaillant avec les Énergies Angéliques, la sécurité est assurée ; les sorties hors corps demeurent sans danger. La symbolique de l'Ange, les ailes, c'est la représentation des sorties hors corps. On peut même dire que c'est l'Enseignement qui nous prépare à cela ; à développer nos pouvoirs spirituels au plus haut niveau qu'il soit. Il suffit d'accorder la primauté au développement des Qualités, des Vertus et des Pouvoirs à l'état pur, et, En Haut, Ils ouvrent les portes lorsque le moment est arrivé.

Un rêve, c'est très souvent au-delà de notre ordinateur intérieur. Plus on évolue, plus on voyage dans les mondes parallèles et on visite l'âme des autres. On peut faire une sortie hors corps lorsqu'on est en état de méditation. Certaines personnes, au début – quoiqu'il ne soit pas nécessaire de passer par cette étape – sentent tout à coup leur corps trembler, vibrer. Leur cœur bat très fort et elles éprouvent de grandes peurs. C'est que le véhicule métaphysique est en train de se préparer et que l'être oppose certaines résistances à l'élévation. Dans ces cas, de nouveau, on ne doit pas forcer ; on doit apprendre à s'abandonner, à faire confiance. Il ne sert à rien de résister. L'expérience Angélique des sorties hors corps est réelle et très puissante. Mais il faut développer la pureté, les Qualités et les Vertus avant d'activer les Pouvoirs Divins en soi. Cela est très important. Il y a des étapes à respecter ; comme un enfant de 5 ans ne peut pas être un ingénieur et signer les plans d'un édifice pour sa construction. Il sait que deux plus deux font quatre, mais il ne peut pas faire des plans d'un édifice. Il devra étudier pendant des années, devenir adulte, se préparer pour cette étape. Il en va de même pour un être spirituel. On est tous des enfants au début. Il ne faut pas sauter des étapes.

Je vais vous donner une description schématisée des sorties hors corps. Celles-ci se distinguent en trois types de sorties. Les sorties hors corps des deux premiers types se produisent en état de méditation. Admettons qu'on se pose une question, qu'on Leur demande, En Haut : « Est-ce que c'est juste que je me rende à tel endroit ? Cela servira-t-il à l'évolution de mon âme ? » Puis on ferme les yeux et on commence à méditer en faisant la Récitation Angélique. La fréquence vibratoire s'élève, du seul fait que l'on médite – là est le but de la méditation. Alors on reçoit une image, comme si on était branché à l'Internet du Ciel, à Skynet, et qu'on recevait une image qui répond à notre question. Symboliquement, cela équivaut à une sortie hors corps qui ne se produit qu'au niveau de la tête : seulement nos pensées s'élèvent dans le processus. Voilà pour le premier type.

Maintenant, dans la même situation – en état de méditation –, si en plus de recevoir une image, on ressent des émotions ou on éprouve des sentiments, et que c'est plus intense, c'est que la sortie s'est effectuée plus profondément : la région du thorax est impliquée. Bien sûr, je schématise. C'est le deuxième type – ou niveau – de sorties hors corps.

Finalement, dans le troisième type, on se retrouve dans l'image ou la scène, et c'est exactement comme si on y était en réalité, comme dans le plus concret de nos rêves ou de nos songes. Tous nos sens sont ouverts. C'est cela qui caractérise les sorties hors corps complètes : tout est là, exactement comme si on était dans le concret. Il en va de même dans les rêves où on a l'impression d'être dans le concret : il s'agit alors de sorties hors corps, même si on ne s'en rend pas compte. Ce troisième type de sorties hors corps – les plus profondes, les plus complètes – se produit donc autant en méditation qu'en rêve. Dans ces sorties, il ne subsiste plus qu'un lien, lequel relie le corps métaphysique au corps physique et sert à maintenir les fonctions vitales.

Voici un exemple de sortie hors corps en état de méditation. Dernièrement, mon époux se demandait s'il était juste de visionner le film *Le Seigneur des Anneaux* car celui-ci renferme beaucoup de violence et parce qu'il véhicule certains concepts qui ne sont pas tout à fait justes, comme la nécessité de combattre le mal. En Angéologie Traditionnelle, on apprend qu'on ne doit pas combattre le mal. Bien sûr, pendant une certaine période qui est transitoire, on est porté à le combattre, mais un jour on ne le combat plus car on sait qu'il *travaille* pour l'Énergie Cosmique. On nettoie nos résonances et de cette façon on transcende le mal. On apprend aussi dans toutes nos cellules que le mal est éducationnel.

De plus, passé une certaine étape de notre cheminement, on ne va plus voir un film parce qu'on se sent seul ou parce qu'on a le goût de se changer les idées. Tout ce que l'on fait est orienté vers le développement des Qualités, des Vertus et des Pouvoirs à l'état pur. Toutes nos activités servent à notre apprentissage et à notre évolution.

Alors il a posé sa question et il est entré en méditation. Puis il a fait une sortie hors corps. C'était comme s'il était là concrètement. Tous ses sens étaient ouverts – l'odorat, la vue, etc. – comme s'il y était réellement. *Il voyait une étendue d'eau et il marchait sur une surface qui ressemblait à des rochers, mais qui en fait était de la nourriture végétarienne.*

Alors, quand il est revenu de sa sortie hors corps, il a commencé à analyser avec la symbolique. Il s'est dit : « Je marchais et je voyais de l'eau : donc, c'est l'action émotionnelle. Il y avait de la nourriture végétarienne. C'était de la bonne nourriture. On me donne le feu vert : ça veut dire qu'il y a de la bonne nourriture à aller chercher dans ce film. C'est juste que j'aille l'étudier. »

Et en effet, ce film est bien intéressant. Ce n'est pas par hasard si nous sommes allés le voir justement pendant la période où nous préparions les conférences sur l'Ange Elemiah : ce film traite vraiment du pouvoir spirituel. Évidemment, on y voit bien des distorsions, car le pouvoir spirituel fait sortir les côtés les plus sombres de l'être. Ce pouvoir est tellement puissant ! Un jour, on doit vraiment le transcender.

Dans certains enseignements spirituels – qui proviennent plus souvent de philosophies orientales –, on incite l'être à se détacher de la matière et on laisse un peu de côté la question de la transcendance du pouvoir. Pourquoi en est-il ainsi ? Parce que le détachement de la matière est essentiel en un premier temps. Une fois que l'élève a fondamentalement travaillé sur le détachement de la matière et du pouvoir terrestre, il est plus en mesure de reconnaître ce qu'est le réel pouvoir spirituel. Un jour, on doit transcender toute forme de pouvoir. C'est à cette seule condition que l'on peut vivre dans le monde des causes, obtenir des pouvoirs spirituels qui se manifesteront dans la matière, et non uniquement au plan subtil ou énergétique.

Dès qu'on est dans l'action, qu'on doit prendre une décision, on touche au Rayon du Pouvoir. Ce Champ de Conscience est donc très présent dans la vie de tous les jours, et la plupart du temps, il est très distorsionné.

Pendant que je visionnais ce film, je faisais la Récitation Angélique en invoquant l'Ange ELEMIAH et j'observais les symboles, exactement comme si j'avais été dans un rêve. Je m'appliquais à distinguer ce qui était juste de ce qui ne l'était pas, et j'analysais le scénario au moyen du langage symbolique. Quand on va voir un film avec cette attitude, cela devient très intéressant.

Le symbolisme utilisé dans *Le Seigneur des Anneaux* est très intéressant. Les personnages qui jouent les rôles de *méchants* coupent les arbres. Symboliquement, cela signifie qu'ils se coupent de la sagesse, de la stabilité, de la droiture, des émotions saines, transformatrices, de la connaissance et de la construction de l'âme ; essentiellement, l'arbre symbolise l'Arbre de Vie, soit la Force d'existence en termes de Conscience Universelle, le lien entre le Ciel et la Terre, entre la continuité des cycles. On voit deux sages, dont l'un, qui ayant dérapé, utilise les autres à ses propres fins. À un moment du film, il bloque l'écoulement de l'eau au moyen d'un barrage. Symboliquement, cela signifie qu'il réprime les émotions, qu'il stoppe l'expression des sentiments. Il a aussi un intellect extrêmement puissant. Même le sage qui joue le rôle du *bon* n'est pas juste : il veut tuer le dragon. Un jour, avec le travail Angélique, on ne souhaite plus tuer cette force que représente le dragon. On la transcende ; c'est cela, le travail. Une fois qu'il a franchi cette étape initiatique, l'initié obtient la Connaissance du bien et du mal. Il devient alors un guide qui travaille à la Création et au développement de l'Univers. Il peut même, par son action en rêve et en méditation, déclencher des initiations chez des êtres humains, et, s'il le faut, leur envoyer des épreuves. Cette étape du pouvoir Divin dépasse l'entendement humain. L'initié accomplit son travail de guide dans le secret et la plus grande discrétion, car son unique rôle sur Terre est d'être représentant du bien. À cette étape, l'initié vit au-dessus des lois humaines, bien qu'il les respecte lorsqu'il agit dans le monde matériel.

⊙

Voici un autre exemple de sortie hors corps. C'est un rêve que j'ai fait. *Je me trouvais dans notre chambre, couchée sur le lit. Tout à coup, j'ai vu mon pied droit et ma jambe droite se soulever. C'était très puissant ; je sentais ce mouvement dans mon corps physique. Donc, le pied droit s'est mis à se soulever, puis la jambe, puis tout le corps, et j'ai senti que je volais. Tous mes sens étaient ouverts ; je sentais le mouvement de vol dans mon corps. Une musique Angélique jouait – une musique instrumentale – et l'ambiance était très belle. Je volais dans la chambre. Je me sentais joyeuse comme une petite fille et, à un moment donné, je me suis demandé : « Est-ce que je sors ? Est-ce que je traverse la paroi ? »*

*Tout était aussi dense que dans le concret. Je voyais mon mari couché dans le lit, mais je savais qu'il n'était pas là. Je me disais : « Il ne faut pas que je fasse de bruit. Sinon, je vais le déranger – il est en train de faire du travail ailleurs – et il sera obligé de revenir dans son corps. » Alors je faisais bien attention à ne pas le déranger. Une chose, toutefois, n'était pas tout à fait comme dans le concret : il y avait une porte à ma gauche qui n'existait pas dans le concret.*

Dans ce rêve, plusieurs symboles ont été utilisés. La chambre à coucher représentait l'intimité, et généralement, ce qui se trouve au-dessus du lit symbolise ce qui se passe dans le jour. Pourquoi le pied s'élevait-il avant le reste du corps ? Dans leur symbolique, les Grecs et les Romains mettaient souvent des petites ailes aux chevilles de leurs déités pour représenter la sublimation, l'élévation dans l'action – on a vu que le pied représente l'action. C'est en parvenant un jour à sublimer ses besoins, à s'élever, à se détacher de la matière, que l'on devient léger. D'où la métaphore des êtres ailés. Si on représente les Anges avec des ailes, c'est justement pour illustrer le fait que ces États de Conscience élèvent l'être. Un jour, on a sublimé l'action, on a sublimé la matière. Alors on devient léger et on peut prendre son envol pour avoir accès aux mondes métaphysiques, aux dimensions parallèles.

Dans une sortie hors corps, lorsqu'on peut observer des différences par rapport à la réalité concrète, comme, dans ce cas-ci, la porte supplémentaire et la musique qui jouait – dans la réalité concrète, aucune musique ne jouait –, ces détails ont une signification particulière. On doit analyser et essayer de comprendre ces disparités. La musique symbolisait une ambiance éthérée, et la porte, un passage vers un autre Champ de Conscience.

Les sorties hors corps s'inscrivent toujours dans un programme de l'être – ce sont les guides, nos professeurs des mondes parallèles, qui les mettent en œuvre –, et ce que l'être y expérimente n'est utile qu'à lui-même, du moins dans un premier temps. Éventuellement, ces sorties prennent une dimension plus vaste ; elles deviennent utiles aux autres, à la collectivité. C'est alors que l'être expérimente le réel Pouvoir, le pouvoir spirituel.

On peut visiter toutes sortes de dimensions : parfois l'expérience est très tangible et relativement proche du corps physique, et parfois elle prend place dans des dimensions parallèles très éloignées, à plusieurs années-lumière de la Terre. Les balises communes d'espace-temps n'existent pas lors de ces expériences. On peut aussi visiter des mondes concrets où se trouvent tant des personnes décédées que des êtres vivants. Un jour, tout est possible. Les sorties hors corps ouvrent sur la vastitude, l'immensité de l'Univers. Là est notre objectif : devenir des Anges en s'élevant par les Qualités et les Vertus Divines. Un jour, on n'a plus de limitations : on peut voyager dans l'Univers et ainsi voir avec notre âme comment Il fonctionne.

Il existe un type de pouvoir spirituel qui est accessible à tout le monde. C'est le pouvoir des rêves. Même si certaines personnes ne se souviennent pas de leurs rêves, par un travail Angélique quotidien, elles peuvent recevoir ce pouvoir. Un jour, on comprend combien les rêves sont importants et combien ce don est sacré. On comprend qu'on ne peut pas être un initié si on ne rêve pas. Les clés de la Connaissance métaphysique s'acquièrent principalement au moyen des rêves. Méditez sur vos rêves, écoutez leurs messages, puisez la Sagesse contenue dans chaque parcelle dont vous vous souvenez.

Même si le rêve ne contient qu'une image, même s'il a l'air tout à fait anodin ou même s'il s'agit d'un cauchemar, chaque image et chaque rêve sont importants. Si on veut faire une analogie pour illustrer cela, imaginons que dans le concret on regarde la télévision et qu'on voit le Premier ministre ou le président du pays annoncer au monde entier : « On y va. On libère des fonds pour réaliser tel projet. » Quand on écoute le discours à la télévision, rien ne se passe immédiatement sur le plan de la forme. Ce n'est qu'une image. Reste qu'à court, moyen ou long terme, de grandes conséquences, positives ou négatives suivront cette annonce. Avec un rêve, c'est exactement la même chose : même s'il n'est constitué que d'une image ou d'une série d'images, son influence sur la réalité est tout ce qu'il y a de plus puissant, de la nature même du Pouvoir Divin.

# ANGE 8 CAHETEL
## Les temps à venir

*Un jour, une femme sortit de sa maison et vit, assis dans la cour arrière, trois hommes à la barbe blanche.*

*— Je ne pense pas vous connaître, leur dit-elle. Mais vous devez avoir faim. Venez, entrez, je vais vous servir quelque chose à manger.*

*— Est-ce que le maître de la maison est là ? demandèrent les trois hommes.*

*— Non, pas pour l'instant : il est à l'extérieur.*

*— Dans ce cas, nous ne pouvons pas entrer.*

*Le soir venu, quand son mari rentra à la maison, la femme lui raconta ce qui s'était passé. Il lui dit : « Va les avertir que je suis de retour et invite-les à entrer. » La femme s'exécuta, mais les trois hommes lui répondirent :*

*— Nous ne pouvons pas entrer ensemble dans la maison.*

*— Mais pour quelle raison ? les interrogea la femme, très surprise.*

*— Lui s'appelle Richesse, expliqua l'un des trois hommes en pointant du doigt l'un de ses amis. Et lui s'appelle Succès. Quant à moi, mon nom est Amour. Retourne discuter avec ton mari pour décider lequel d'entre nous vous choisissez.*

*La femme retourna dans la maison et rapporta tout à son mari. Exalté devant ces bonnes nouvelles, il lui dit :*

*— Mais c'est vraiment beau ! Invite donc Richesse pour qu'il remplisse notre maison de richesses.*

*— Ne devrions-nous pas plutôt inviter Succès ? avança son épouse qui, visiblement, n'approuvait pas ce choix.*

*Leur belle-fille, qui avait entendu leur conversation à partir de l'autre coin de la maison, intervint avec sa propre suggestion :*

*— Ne serait-il pas souhaitable d'inviter plutôt Amour, afin qu'il remplisse notre maison d'amour ?*

*— Tenons compte du conseil de notre belle-fille, dit l'homme à son épouse. Va et invite celui qui s'appelle Amour.*

*La femme se présenta à nouveau devant les trois hommes et leur dit : « Celui qui s'appelle Amour est notre invité. » Alors Amour se leva et marcha en direction de l'entrée. Mais les deux autres se levèrent également et le suivirent. Étonnée, la femme demanda à Richesse et à Succès :*

*— Mais j'ai invité uniquement Amour. Pourquoi venez-vous également ?*

*— Si vous aviez choisi Richesse ou Succès, les deux autres seraient restés à l'extérieur de la maison. Mais vous avez choisi Amour. Partout où il va, nous l'accompagnons.*

La morale de cette histoire, c'est que lorsqu'on a l'amour à l'intérieur de soi, la richesse et le succès l'accompagnent toujours. Ce sont des états de conscience.

Nous allons étudier dans ce cours *les temps à venir* à la lumière de l'Ange Cahetel. Comment vivre au temps présent sans se soucier de l'avenir ? Nous répétions très souvent à notre fille Kasara quand elle était petite : « Si tu sèmes des carottes, tu récolteras des carottes.

Si tu sèmes la colère, tu récolteras la colère. Mais si tu sèmes l'amour, tu récolteras l'amour. » Cela décrit dans un langage simple une Loi Cosmique fondamentale : *On récolte ce que l'on sème.* Si nous respectons cette simple Loi, nos terres intérieures seront fertiles et nos récoltes abondantes. De cette Loi découle que les temps à venir dépendent de nos états de conscience dans le présent. Or, comment pouvons-nous retrouver les hauts états de conscience, et surtout comment les stabiliser ? » Eh bien, simplement en travaillant avec les Anges.

Dans ce cours, nous allons étudier plus particulièrement le Champs de Conscience Universelle représenté par l'Ange Cahetel, qui est l'un des 72 Anges définis dans l'Angéologie Traditionnelle. Cette Énergie Angélique qui porte la vibration du nombre 8, nous aide à nous reprogrammer de sorte à pouvoir intégrer les états de conscience élevés qui amèneront dans notre vie amour, richesse et succès. Lorsqu'on travaille avec cet Ange, c'est comme si On nous infusait une substance faite de vibrations et d'informations qui nous permettent de réaliser cette reprogrammation. Dans ce processus, nous visiterons un grand nombre de mémoires qui ne correspondent pas à cette haute vibration, cette vibration qui se matérialise entre autres sous la forme de *réussite facile* et de *récoltes abondantes*.

Cahetel est l'Ange idéal pour nous aider à comprendre ce qu'est la matérialisation Divine. Derrière chaque matérialisation se trouvent un ensemble de pensées, d'émotions ou sentiments qui incitent l'être à agir et à créer dans la matière. L'une des plus belles matérialisations est un enfant, mais les compagnies, les entreprises et toutes nos œuvres sont également des matérialisations. Les mots que nous exprimons en sont aussi une forme car en parlant, nous matérialisons nos pensées et nos émotions. Chaque acte, chaque geste réalisé dans la réalité concrète est une matérialisation.

En voyant la qualité d'un fruit, on peut évaluer la qualité de ce que l'on a semé. J'ai dit plus haut que cette grande Loi Cosmique est simple, et c'est vrai. Mais nous ne savons pas toujours ce que nous semons – et là est le hic. Nous abritons dans notre inconscient un grand nombre de mémoires enregistrées au fil de nos nombreuses vies et nous ne nous souvenons pas de tout ce que nous avons fait dans celles-ci. Peu importe ce que nous avons semé, ce n'est pas grave parce que nous l'avons fait pour expérimenter. Avec l'Énergie Angélique Cahetel, nous intervenons dans le processus de matérialisation en semant consciemment des graines prometteuses.

Le travail avec cet Ange nous révélera entre autres nos intentions. Nos intentions conscientes sont souvent belles – nous voulons bien faire –, mais les intentions inconscientes qui se cachent derrière, nous sont inconnues. Ainsi, il nous arrive d'être surpris en voyant ce que nous avons matérialisé, surtout quand on le considère du point de vue de la Connaissance.

En travaillant avec un Ange pendant une certaine période – idéalement, au moins cinq jours – nos rêves se déclenchent et on peut facilement reconnaître le rapport qu'ils ont avec l'Essence spécifique de l'Ange. En effet, l'Intelligence Cosmique, via les guides, prépare pour nous des rêves qui correspondent au Champs ou Rayon de Conscience de l'Ange. Avec CAHETEL, On nous dira par exemple : « Tu veux réussir ? Alors On va te montrer pourquoi tu ne réussis pas : tu veux trop et cela te rend rigide. Ta volonté est encore inconsciemment trop axée sur la matière. Au plan conscient de ton être, tu veux faire le bien, mais dans ton inconscient, il y a encore des insécurités qui t'amènent à forcer avec ta volonté, sans même que tu t'en rendes compte. » Quand le voile commence à se lever, On nous fait progressivement prendre conscience des intentions véritables, qui jusqu'alors étaient demeurées occultées, cachées dans notre inconscient.

Donc, avec le travail angélique, nos rêves nous révèlent le contenu de nos mémoires inconscientes. Mais les multiples petits événements de la vie quotidienne en font autant. En effet, nous pouvons interpréter les signes du quotidien avec le langage symbolique tout comme nous le faisons avec nos rêves. Nous découvrons alors que notre vie est conçue de manière symbolique, que tout est symbole, même les panneaux qui indiquent les noms des rues, les marques de fabrique inscrites sur les produits... réellement tout est symbole. Un jour, on analyse tout ce que l'on perçoit avec le langage symbolique. Chacun est en mesure de l'apprendre, mais bien entendu, cela demande du temps et de la pratique tout comme pour l'apprentissage d'une nouvelle langue humaine. Le langage symbolique est la langue universelle qui nous ouvre les portes des mondes parallèles et nous permet de comprendre les informations qui nous parviennent depuis les autres dimensions. Grâce à la connaissance de ce langage nous pouvons voyager dans l'Univers.

### Les quatre éléments

Dans l'aide-mémoire des Qualités de cet Ange, on voit qu'il est le *Patron des quatre éléments* – le feu, l'air, l'eau et la terre. Les quatre éléments jouent un rôle-clé dans la structure du langage symbolique parce qu'ils en constituent le fondement. Des représentants de ces quatre grandes catégories sont omniprésents dans nos rêves et dans les signes du quotidien. Comme un peintre utilise les couleurs de base, de la même manière, l'Intelligence Cosmique utilise les quatre éléments pour composer des rêves et des signes couvrants toutes sortes de nuances. C'est comme si tous les autres symboles s'imbriquaient dans ces quatre grandes catégories ou s'associaient avec elles pour nous être compréhensibles.

Voyons maintenant la signification symbolique des quatre éléments. Considérons d'abord le feu. Le feu symbolise l'esprit et la volonté. Il représente le Feu Créateur, la Volonté Divine. Les Énergies Angéliques correspondent au feu. Et quand cet élément se matérialise dans notre corps, qu'est-ce qu'il en résulte ? Beaucoup de volonté. Les personnes qui ont beaucoup de volonté ont, symboliquement, beaucoup de feu. Or, on le verra, cette volonté peut être utilisée de façon positive ou négative. Le feu touche aussi à notre énergie vitale ; il procure une abondance d'énergie.

Dans nos rêves, les symboles qui touchent à **l'élément feu** nous indiquent où l'on se situe et comment on se comporte au niveau de l'esprit, au niveau de notre âme. On peut par exemple nous montrer un foyer ou un four. Si le contexte du rêve est positif et harmonieux, la présence de ce symbole signale qu'un processus alchimique est en train de se produire à l'intérieur du rêveur. Ce feu positif dégagera de la chaleur. C'est ce feu intérieur que l'on remarque chez certains êtres, lorsqu'on dit : « Il est chaleureux, il a du charisme. » C'est lui qui lui donne ces qualités d'accueil et de rayonnement. En général, quand le feu est destructeur ou qu'il figure dans un rêve à caractère négatif – par exemple, si on voit en rêve un incendie, un feu qui fait des ravages –, On veut nous montrer un aspect distorsionné de soi : On nous signale qu'on utilise mal notre volonté.

**L'élément air** symbolise le monde des pensées. Lorsque dans nos rêves apparaissent des symboles en lien avec le monde de l'air – par exemple, des oiseaux, des insectes, des engins capables de voler (avion, hélicoptère, drone, etc.) – On veut nous montrer des aspects concernant notre façon de penser ou ce que nous devons changer au niveau de nos pensées. On peut aussi nous montrer le vent, et, s'il s'agit d'un aspect distorsionné, On nous montrera par exemple des tornades ou des ouragans. Par ces symboles puissants, On pourrait nous signaler : « Regarde ce que tu crées quand tu te tourmentes ainsi. Tes pensées génèrent une tornade dans ton esprit, même quand tu ne dis rien. Et ça ravage toute l'ambiance autour de toi. C'est destructeur. » Il est donc bien utile de comprendre la signification de tels symboles.

Un jour, on parvient à aimer même les cauchemars. Pourquoi ? Parce qu'on a appris à les transformer ; on sait comment interrompre le processus de leur matérialisation. Dès lors, ils n'ont plus besoin de se réaliser et de ravager notre vie. Quand on a appris à maîtriser les quatre éléments à l'intérieur de soi, peu importe ce qui se passe à l'extérieur, on conserve notre bien-être.

**L'élément l'eau** symbolise le monde des émotions et des sentiments. Chaque fois qu'on voit de l'eau en rêve, On nous montre une situation ou un état d'âme à dimension affective. Dans nos rêves, l'eau peut être claire et limpide ; elle dénote alors de beaux sentiments et de belles émotions. Lorsqu'elle est sale, boueuse, On veut nous signaler la présence d'émotions embourbées. On peut aussi nous montrer des pluies torrentielles et des inondations, par lesquelles On nous révèle un manque de maîtrise émotionnelle. Si on se voit en rêve renverser un verre d'eau, l'image aura beau n'avoir duré qu'une fraction de seconde, dans la journée, on vivra des débordements émotionnels. En étant vigilant et en sachant reconnaître les signes, on pourra plus facilement retrouver la maîtrise.

Finalement, **l'élément terre** touche au corps physique et à l'action dans la matière. La liste des symboles reliés à cet élément est interminable. Tous les types de véhicules qui se déplacent sur le sol, tous les animaux terrestres, tous les végétaux qui poussent dans la terre, etc., sont reliés à cet élément. Pour comprendre leur signification symbolique, on se demande à quoi ils servent dans le concret. Par exemple, si on voit un train en rêve, on se demande à quoi sert un train dans le concret. Il nous permet de nous déplacer, de changer d'état de conscience. Ce moyen de transport collectif va de ville en ville et, symboliquement, il nous annonce des changements importants concernant notre orientation de vie. Les informations reçues par nos rêves sont vraiment précises.

⊙

Nous allons maintenant voir un exemple de rêve initiatique composé de plusieurs séquences et qui touche aux quatre éléments. C'est le rêve d'une femme qui est venue me voir pour une interprétation. Dans son rêve, *elle se trouvait dans un aéroport et un couple s'apprêtait à monter en avion. Mais à la dernière minute, la femme n'est pas montée. Seul l'homme a pris l'avion et a emporté avec lui une valise noire. La rêveuse savait – par une vision – qu'une bombe allait exploser dans l'avion.*

Dans la deuxième séquence du rêve *la rêveuse se retrouvait sur le Titanic en train de sombrer. Elle a sauté à l'eau, l'eau était gelée, et son corps est devenu tout froid.* À propos de cette séquence, la femme m'a dit : « C'était comme si j'y étais, tellement c'était intense. »

Dans la séquence suivante, *elle voyait des personnes qui partaient en exil parce que leur pays était en guerre.*

Dans ce rêve, tous les éléments contenus représentaient des parties de la rêveuse. Certains aspects psychologiques d'elle-même lui ont été révélés car le voile de l'inconscient avait commencé à se lever. Cette femme a touché à des mémoires inconscientes très puissantes et, après avoir approfondi la compréhension de ce rêve, elle a effectué un grand travail intérieur.

Dans la première séquence, l'aéroport et l'avion concernaient le monde de ses pensées, et la présence de la bombe renvoyait à l'élément feu. Cette femme entretenait des pensées qui portaient tout un potentiel d'autodestruction et d'auto-sabotage, qui pouvait se manifester à bien des niveaux et à bien des degrés. On a voulu dire à cette femme : « Regarde, ce couple, c'est toi – la femme représente l'intérieur et l'homme représente l'action dans le monde extérieur. Dans ton intérieur, tu as déjà une petite voix qui te dit : 'Non, ne fais pas ça, ne t'engage pas là-dedans' mais tu ne l'écoutes pas. Tu y vas quand même et ça amène de grandes difficultés. Avec tes pensées, tu suis la mauvaise voie même si tu sais que ce n'est pas juste. »

Chaque symbole vu en rêve est important. La valise noire. Le noir peut avoir une signification positive ou négative – comme tous les symboles. Du côté positif, il représente la matière, et du côté négatif, des aspects sombres ou occultés de l'être. Et les bagages contenus dans la valise représentent des mémoires qu'on transporte avec soi. Par ce symbole, On a voulu dire à cette femme : « À cause de tes mémoires sombres, tu t'engages dans ces pensées destructrices. Et c'est ta volonté, ton feu, qui te pousse. Mais ces mémoires sont inconscientes. Sous leur pression, tu t'apprêtes à poser des actes qui amèneront de grandes difficultés dans ta vie. »

Vous me direz peut-être : « Oui, mais comment savoir si c'est la petite voix qui nous parle, ou si ce sont nos peurs et nos insécurités ? » Il n'existe pas de recette pour le savoir avec certitude. Dans un premier temps, on n'arrive pas à bien discerner car tout est mélangé à l'intérieur de soi : il y a tellement de mémoires ! Voilà pourquoi on doit y aller pas après pas, nettoyer une partie à la fois. On peut invoquer un Ange – faire la Récitation Angélique – et une purification s'opère automatiquement dans l'inconscient.

Parfois, des personnes me demandent : « Tu parles souvent de purification, mais de quoi s'agit-il au juste ? » Celle-ci consiste simplement à se restructurer ; à éliminer de nos mémoires inconscientes les vieux concepts erronés qui nous font agir de manière non juste, et à les remplacer par de nouveaux, qui eux, sont en accord avec notre nature Divine.

La deuxième séquence du rêve touche à l'élément eau, c'est-à-dire aux sentiments, au côté émotionnel. La rêveuse se trouvait sur un bateau, symbole de l'avancement et de la stabilité émotionnelle. Mais pas n'importe quel bateau : le Titanic. Donc, que représente-t-il ? Vous avez probablement vu le film du même nom qui a fortement brassé son auditoire parce qu'il met en résonance chez les gens beaucoup de leurs mémoires inconscientes très chargées sur le plan affectif. Le jour où l'on peut regarder ce film en demeurant très ouvert et sans être bouleversé émotionnellement, on saura qu'on n'a plus de résonances. On est alors capable de demeurer stable et conscient de nos émotions.

La femme qui a reçu ce rêve était en train de visiter des mémoires en lien avec d'importants problèmes émotionnels. Les difficultés qu'elle éprouvait à gérer ses émotions et sa vie affective entraînaient des troubles qui la faisaient sombrer parfois. Elle perdait sa stabilité émotionnelle et se retrouvait dans une mer de sentiments froids et gelés – comme dans le rêve. C'est ce qui fait que l'être ne peut plus dégager d'amour. Lorsque les initiations nous font descendre dans de telles mémoires, à leur contact, on a froid, on a mal. C'est alors le moment d'invoquer l'Ange pour nettoyer ces mémoires, afin qu'elles cessent de provoquer de telles situations. Ainsi on cesse d'attirer comme conjoint une personne froide ou, au contraire, trop passionnelle, ces deux extrêmes ne pouvant que nous rendre malheureux.

Quand on reçoit un rêve comme celui-là, on est content et on se dit : « Merveilleux ! Je suis en train de faire du ménage. Je nettoie. Et tout ce que je nettoie, je n'aurai plus à le revivre. Je vais dorénavant attirer de belles situations. »

Finalement, dans la dernière séquence du rêve, l'élément terre prédominait. La guerre représente l'agressivité. Chaque fois qu'on est agressif, on est en quelque sorte en état de guerre intérieure et des parties de soi sont alors condamnées à s'exiler de leur pays d'origine. Comment ce fait-il que certaines personnes vivent dans leur propre pays et qu'elles ne s'y sentent pas chez elles alors qu'elles disposent d'une certaine abondance ? De temps à autre, elles peuvent saisir une opportunité et se sentir momentanément bien, elles sont contentes de leur situation, mais, quelques mois passent, et de nouveau, elles éprouvent un mal-être, elles se sentent décalées, exilées. Il en va de même dans une relation affective. Mais on ne se sentira jamais vraiment à sa place tant qu'on n'aura pas nettoyé les mémoires qui condamnent certaines parties de soi à l'exil. Exilées par rapport à quel pays ? Par rapport à notre Origine Céleste, notre Origine Divine. Un jour, on se sent bien, peu importe où l'on se trouve, parce qu'on a retrouvé notre véritable Origine à l'intérieur de soi.

Bien sûr, après un rêve comme celui de cette femme, le lendemain, on est plutôt perturbé. On ressent un mal-être. Mais on sait au moins pourquoi. On sait ce qui se passe et on se dit : « Je suis en initiation. Je suis en train de faire un grand nettoyage pour aménager un mieux-être. » Et on cesse de déprimer et de projeter sur les autres, générant ainsi des karmas supplémentaires.

Il m'arrive souvent de parler avec des personnes – dont certaines n'ont pas encore amorcé un cheminement spirituel – qui se sont subitement retrouvées aux prises avec une dépression, un *burn-out* ou un problème de fibromyalgie. À ces personnes, je dis : « Vous n'êtes pas malades, vous êtes en initiation. Le voile a commencé à se lever. Extérieurement, votre situation n'a peut-être pas changé, mais votre esprit lui, vit une situation tout à fait nouvelle. Il touche à des mémoires qui sont restées jusqu'ici inconscientes et qui sont en train de se réveiller. Cela fait partie de votre programme de vie. » Et c'est très beau, car on connaît l'objectif. À partir du moment où l'on se rend compte qu'on est en initiation, on est en mesure de reconnaître la beauté de ce que l'on vit. Un jour, on prend conscience de l'objectif ultime de notre vie est de développer les Qualités Divines, mais on ne peut pas prévoir à quel moment les initiations commencent à se produire.

⊙

L'exemple qui suit nous aide à comprendre en profondeur l'essence de la matérialisation, c'est-à-dire comment on matérialise à partir des graines que l'on sème, tant consciemment qu'inconsciemment. C'est un exemple très simple, dans lequel on se reconnaît facilement.

Un jour, une femme souhaitait acheter une chaîne en or. Au moment où elle s'apprêtait à se rendre chez un bijoutier, elle a regardé sa montre et s'est aperçu que l'heure de fermeture approchait. Alors elle s'est dépêchée et elle est arrivée juste avant la fermeture. Devant l'une des vendeuses, elle a commencé à faire son choix, mais elle a senti que la vendeuse n'avait pas de bons sentiments à son égard. À un moment donné, la vendeuse lui a carrément dit: « Vous n'êtes pas à la bonne place, madame. Normalement, les clients n'ont pas le droit d'être là. » Immédiatement, elle s'est remise à sa place en s'excusant. Mais elle a continué à sentir que la vendeuse la soupçonnait : elle la traitait comme si elle était une voleuse. Ce n'était pas agréable. Finalement, elle a choisi une chaîne, elle l'a payée et elle est sortie du magasin en se disant : « Elle n'était vraiment pas gentille, cette vendeuse. »

Au cours de la nuit, elle a reçu un rêve. Dans son rêve, *elle se trouvait dans la même bijouterie. Elle était en train de choisir une chaîne –*

*elle ne voyait que des chaînes en or – et, soudainement, les chaînes ont été aspirées vers elle et lui sont rentrées dans la peau. Elle s'est demandé : « Mais qu'est-ce que c'est ça ? » Alors elle les a retirées et les a remises à leur place.*

Quel enseignement l'Intelligence Cosmique a-t-Elle voulu donner à cette femme ? On a voulu lui dire : « Regarde, tu as émis un petit jugement sur la vendeuse. On va te montrer ce que tu dégageais quand tu choisissais cette chaîne. Tu voulais tellement ta chaîne en or qu'elle te rentrait dans la peau. Quand on dit *avoir un homme dans la peau* ou *avoir une femme dans la peau,* cela signifie qu'on lui est fortement relié par un désir instinctif. Avec la chaîne, c'était la même chose. On t'a montré dans quel état de conscience tu étais, ce que tu dégageais au moment où tu achetais cette chaîne. » Quand on est dans ce type d'énergie, l'autre ne compte plus. Il devient un objet.

Le fait que la vendeuse se soit senti dérangée indique qu'elle avait des résonances avec cette femme. D'autre part, au niveau de son conscient, cette dernière pensait que son attitude était correcte. Au début, elle n'était pas à sa place – celle des clients –, mais très rapidement elle s'est excusée et a changé de position. Elle n'avait pas du tout l'intention de voler les chaînes, donc, sur le plan conscient tout était bien. Or, lorsque le voile se lève, On peut nous montrer : « Regarde, tu as des mémoires inconscientes qui t'infusent ce volontarisme et cette soif de posséder. » On commence alors à détecter toutes sortes de mémoires distorsionnées, dont par exemple l'insécurité et le besoin de plaire. Chez cette femme, une multitude de mémoires peuvent avoir été éveillées en même temps lorsqu'elle a décidé d'aller acheter sa chaîne en or. Un jour, on est tellement content de recevoir ce genre de rêves ! C'est tellement révélateur !

Autrement, on peut très bien ne pas se rendre compte de ce que l'on dégage. On a l'impression de bien faire, en général, surtout quand on chemine spirituellement et qu'on n'a plus de comportements grossiers. Ce type de distorsions – qui peuvent s'exprimer subtilement – tend à nous échapper. Alors les rêves nous les montrent.

Que doit-on faire après avoir reçu un rêve qui révèle certaines de nos mémoires distorsionnées ? On redouble de vigilance. Par exemple, on se dit : « Je dois faire cet achat, j'ai besoin de cet objet, mais qu'est-ce qui compte le plus pour moi ? Acquérir l'objet ou profiter de l'occasion pour développer des Qualités et des Vertus ? Quelle sera mon intention quand j'irai l'acheter ? » En se rendant au magasin, on peut invoquer un Ange. On sera alors plus conscient de ce que l'on dégage car on percevra toutes les distorsions qu'On nous aura montrées en rêve.

En procédant de cette manière, on nettoie progressivement toutes nos mémoires, les unes après les autres. Sinon, elles agissent à notre insu et gâchent nos récoltes. Surpris, on se demande : « Comment se fait-il que je récolte ça, alors que j'avais de si belles intentions ? » Un jour, On nous lève le voile et on en est très heureux.

Bien des personnes blâment la société, la collectivité, de son caractère matérialiste. Or le matérialisme du monde dans lequel nous vivons n'est que la conséquence, la matérialisation d'un égrégore énergétique alimenté par tous les êtres ; c'est la manifestation globale de la conscience collective. Tout ce qui touche à la société part de l'individu, est ensuite expérimenté dans le cadre restreint de la famille avant de devenir une mentalité, une culture à vaste échelle. Il y a bien des années, je vivais dans un milieu très matérialiste, et comme tout le monde, je me laissais imprégner de cette philosophie. Puis, un jour, je me suis dit : « Mais qu'est-ce que ça donne de posséder autant d'objets ? Une fois que j'ai réussi selon ces critères, qu'est-ce que cela m'apporte ? N'y a-t-il pas autre chose ? »

À partir de ce moment, par réaction, j'ai versé dans l'extrême inverse, celui du rejet de la matière. Je me disais : « On se couche, on se lève, on va travailler, puis on arrive à 60 ans, avec quel résultat ? » Puis, le jour où j'ai découvert que l'unique but de notre vie, ici sur Terre, est de développer les Qualités et les Vertus Divines, quand j'ai pris conscience que nos matérialisations ne servent que d'occasions d'apprentissage et de miroirs qui nous reflètent qui l'on est et ce que l'on sème, alors ma vie a pris tout un sens ! J'ai commencé à agir avec conscience dans tout ce que j'entreprenais. Cette façon de vivre consciemment a totalement réorienté ma vie. Mon âme était heureuse parce que je sentais et que je savais au plus profond de moi que j'avais trouvé ma mission. Peu importe ce que je faisais, aucune activité n'était plus importante qu'une autre. Dans tout ce que j'entreprenais, je n'avais qu'une intention : faire de mon mieux, avec le plus de qualités et de vertus possible. Avec cette philosophie, je me suis réconciliée avec le monde matériel car je comprenais que la matière est une école, elle est la concrétisation de l'apprentissage spirituel au quotidien.

L'exemple suivant montre l'influence de la philosophie matérialiste sur la vie de nos enfants.

Une femme nous a raconté avec une certaine tristesse ce qu'elle vivait avec une de ses filles. Elle nous a dit : « J'ai deux filles, une de 21 ans et une autre qui est adolescente. Ma fille aînée a été une enfant modèle. Quand elle était petite, elle était gentille, elle faisait ses devoirs... tout ce qu'elle faisait, était bien fait. On l'emmenait aux cours d'équitation, de natation, de piano. On a vraiment fait de notre mieux pour l'aider, pour qu'elle réussisse. Puis, arrivée à l'âge de 21 ans, elle a tellement changé ! Avec son salaire, elle s'est acheté un cheval, et depuis, il n'y a plus que son cheval qui compte. Elle est devenue rebelle. Elle n'est pas gentille avec nous. On ne sait plus quoi faire avec elle. Elle marche avec ses bottes crottées et pleines de paille dans la maison. Elle n'a plus aucun égard, aucun respect. Son petit chien fait des excréments partout dans la maison et elle ne s'en occupe pas. Si on a le malheur de lui dire quelque chose, elle rue dans les brancards. Et nous, on n'aime pas la chicane. On aime tellement l'harmonie! Mais je n'arrive pas à me faire à l'idée que ma fille est devenue une profiteuse. Ça me fait trop mal. Je ne peux pas non plus me dire qu'elle est égoïste – d'ailleurs, elle dit qu'elle ne veut pas avoir d'enfants. Vraiment, tout ça me déchire. »

Mon mari l'a écouté avec compassion, puis il lui a demandé :

— Quand elle était plus petite, la faisiez-vous participer aux tâches ménagères ? Lui demandiez-vous de vous aider à la maison ?

— On ne lui demandait jamais ça. Elle était bien trop occupée ! Elle avait tellement de devoirs à faire et toutes sortes de cours où on l'amenait. Elle n'avait pas le temps. On ramassait tout derrière elle.

— Alors c'est normal qu'elle agisse comme ça maintenant. Elle n'a jamais appris à participer, à collaborer, à faire partie d'une famille qui s'entraide. Bien sûr, vous n'avez pas à vous culpabiliser car vous avez fait de votre mieux, avec ce que vous saviez. Quand on ne sait pas, on ne sait pas. Vous avez inconsciemment poussé votre enfant vers la réussite personnelle, égotique, et seulement la réussite extérieure. Lui faire prendre des cours de piano, d'équitation, de natation, c'est bien – il n'y a rien de mal à ça –, mais dans quel but l'avez-vous fait ? Vous l'avez poussée seulement vers la réussite extérieure pour recevoir les bravos des autres, au lieu de l'aider aussi à intégrer des valeurs essentielles, de lui faire comprendre que la gentillesse, le service, la participation aux travaux ménagers, tout cela est important et crée l'unité familiale.

Il est essentiel d'apprendre ces valeurs alors qu'on est encore petit. On n'a pas besoin de payer l'enfant pour qu'il aide aux tâches ménagères. Faire le ménage est aussi important que d'autres activités. Si on connaît la symbolique, on sait que lorsqu'on fait du ménage à l'extérieur, on nettoie simultanément aussi dans notre monde intérieur.

Puis il a ajouté : « Il n'est jamais trop tard pour bien faire. Tu peux lui parler. Ce que je te conseille de faire, c'est de méditer et de lui dire avec amour : 'Il faut que tu nous aides, maintenant. Il faut que tu participes.' Tu peux même lui demander de payer une pension. Il n'y a pas de règle qui nous interdit de faire payer une pension à un enfant. S'il fait bien les choses, bien sûr, il n'est pas nécessaire de le faire, mais s'il gaspille... En Haut, quand on gaspille, Ils resserrent le carré de notre structure, on est ainsi plus limité. Nous devons nous aussi apprendre à dire : 'Non, c'est assez !' »

Quand les guides nous envoient des épreuves, c'est pour nous faire grandir. Et quand Ils le font, chez Eux, pas une larme ne coule, car Ils savent exactement ce que cela va déclencher : des réactions, une évolution, des changements-clés. Ils savent que même si on se sent déstructuré, frustré, qu'on souffre et pleure, ces épreuves nous obligeront à changer. Et En Haut, Ils nous aiment tellement !

Nos enfants nous poussent à beaucoup travailler sur nous. Ce sont de grands enseignants. Mais lorsqu'on a trop d'attachement émotionnel à leur égard, on a de la difficulté à leur poser des limites. De plus, comme on projette continuellement sur nos enfants tout ce qu'on est soi-même, cela nous demande tout un apprentissage avant de pouvoir déterminer des limitations lorsque cela est juste et nécessaire.

Mon mari lui a suggéré :

— Tu peux lui dire : « Si tu ne fais pas ça, tu t'en vas. »

— Jamais je ne pourrais dire ça à mon enfant. Ça me ferait trop mal !

— Oui, mais elle va continuer à se comporter de la même manière, et toi, tu auras cautionné cette attitude – une attitude qu'elle reproduira plus tard avec son mari, ses collègues et tout le monde. Elle continuera à n'accorder d'importance qu'à sa petite personne, à ne penser qu'à ses besoins personnels.

Une femme qui se trouvait à côté d'eux l'a encouragée. Elle lui a dit : « J'avais le même genre de difficulté avec mon grand fils. Puis, un jour, je lui ai parlé comme ça ; j'ai été bien ferme avec lui. Et maintenant, il me remercie. Il me dit : 'Maman, c'est le plus grand cadeau que tu m'aies fait, ce jour-là, quand tu m'as mis les points sur les i.' »

Pour être juste, on doit être dans l'amour, mais on doit aussi être capable de dire non. Souvent, quand on est spirituel, on souhaite l'harmonie, on ne veut pas de dispute et on est incapable de dire non. Il est important d'apprendre à mettre des limites. Puisque notre enfant représente une partie de nous, quand on lui dit non, c'est à notre partie intérieure qui n'est pas juste que l'on dit non. Et en le faisant, on restructure cette partie de notre être.

Pour mieux comprendre l'État de Conscience représenté par l'Ange CAHETEL étudions sa position dans l'Arbre de Vie. Cette Énergie Angélique a son domicile dans la Séphira Kéther, qui se trouve au sommet de l'Arbre. Tous les Anges qui résident dans cette Sphère de Vie sont associés au Feu Créateur Primordial et à la Volonté Divine. Ils sont aussi symboliquement reliés à la planète

Neptune, laquelle représente toutes les inspirations spirituelles. On peut se demander comment il se fait que l'Ange CAHETEL soit associé à la matérialisation, puisqu'il réside tout en haut, dans le monde des causes ? Cela s'explique par sa spécificité, son lieu d'expression, qui est la Séphira Yésod. Celle-ci est située dans le bas de l'Arbre de Vie, tout près de la Séphira Malkouth qui représente le plan de la matérialité. Dans l'Univers physique, Yésod est symbolisé par la Lune, qui représente entre autre la réceptivité. En effet, la Sphère Yésod reçoit les énergies des autres Séphiroth et les densifie avant qu'elles se manifestent dans la matière. Ce processus de densification se déroule en toute neutralité, sans aucun ajout ni retrait. Yésod récolte tout simplement l'ensemble des informations et les commandes venant des Sphères situées au-dessus d'elle, puis les transmet à la Séphira Malkouth, qui est symboliquement associée à la Terre.

Par exemple, dans l'histoire que nous venons de voir, la volonté d'aller acheter la chaîne en or s'est activée dans cette femme et elle a reçu les impulsions – les commandes – qui reflétaient l'ensemble de ce qu'elle était à ce moment-là, tant sur le plan conscient que sur le plan inconscient. Ce processus a abouti à la matérialisation que nous avons vue. Toutes les matérialisations fonctionnent selon ce principe. Quand on comprend cette dynamique, d'immenses possibilités s'ouvrent à l'intérieur de soi.

Je continue avec une histoire vécue qui montre pourquoi on peut éprouver certaines craintes face à la matérialisation et pourquoi cela est accentué chez les personnes qui font une démarche spirituelle. C'est l'histoire d'un jeune médecin qui travaille intensément avec les Anges depuis quelques années et qui reçoit beaucoup de rêves. Il avait un confrère médecin avec qui il ne se sentait pas bien parce qu'il le trouvait trop matérialiste. Ce confrère lui imposait en quelque sorte de ne passer avec les patients qu'un temps limité. Or, sachant très bien que les maladies résultent d'attitudes et de comportements erronés, ce médecin considérait nécessaire de pouvoir consacrer plus de temps à ses patients afin de les aider à comprendre ces corrélations.

Ce confrère lui avait proposé de s'associer avec lui pour démarrer une entreprise potentiellement très lucrative, une entreprise qui allait aboutir à la construction de plusieurs cliniques. Il a refusé cette offre à cause de ses principes et a ouvert sa propre clinique. À partir de ce moment, sa situation a réveillé des peurs et des blocages face à la matérialisation. Cet homme souhaitait vraiment agir de façon juste.

Ainsi, un soir, avant de s'endormir, il a demandé qu'On lui explique l'origine de ses blocages face à la matérialisation. Il s'est endormi en répétant intensément le Nom d'un Ange, et au cours de la nuit, il a reçu un rêve. Dans son rêve, *il se retrouvait à une époque ancienne dans une famille juive* – dans cette vie-ci, il n'est pas Juif – *et son père était à la veille de mourir. Puisqu'il était l'aîné de la famille, son père voulait lui léguer ses affaires, mais à condition qu'il continue à les gérer comme lui l'avait fait. Cependant, sa manière de se comporter en affaires était corrompue. Ce fils a refusé l'héritage à cause de ses principes. Le père s'est irrité de ce refus et il est entré dans une grande colère. Le déshéritant, il l'a chassé et répudié à vie, comme cela se faisait en de tels cas à l'époque. À la suite de ce rejet par son père, le fils vivait dans l'errance.*

Dans une autre séquence, *il avait un passe pour accéder à un hôtel. Il y est entré et y a vu un grand nombre de personnes de nationalités différentes, dont certaines avaient une apparence démoniaque.* Dans une autre séquence encore, *il n'avait plus de voiture et il était en proie à une grande angoisse existentielle.*

Cet homme avait posé une question et l'Intelligence Cosmique lui a répondu à travers ce rêve, en lui donnant un aperçu de l'une de ses vies antérieures.

Alors, comment peut-on savoir si ce qu'on voit dans un rêve concerne réellement une vie antérieure ? Plusieurs critères s'appliquent. Le premier veut que si On nous montre une époque ancienne, on ne doit voir dans le rêve aucun élément qui soit étranger à cette époque. Par exemple, si on se retrouve à l'époque médiévale, on ne doit pas y voir des choses d'une autre époque comme des mouchoirs en papier, une télévision, un ordinateur, etc. C'est comme dans un film d'époque : on n'y voit aucun symbole typiquement contemporain. Le deuxième critère concerne la vraisemblance et la consistance selon la même logique qu'on applique dans le concret. Par exemple, on ne doit pas voir un chien bleu ou un arbre dans un frigo. Ce genre de symboles va avoir toute une signification dans d'autres types de rêves, mais on ne les retrouve pas dans les rêves de vies antérieures. Le troisième critère veut que notre apparence physique dans le rêve ne soit pas celle de notre vie présente. Par exemple, si une femme reçoit un rêve de vie antérieure, elle peut très bien y être un homme.

Ces critères sont assez simples et ils suffisent à reconnaître les rêves de ce type. Quand on pose une question, on ne reçoit pas nécessairement un rêve de vie antérieure, et cela, on doit l'accepter. C'est que ce n'est pas le temps d'en recevoir.

On a envoyé un rêve de vie antérieure à ce jeune médecin afin qu'il saisisse les causes premières de ce qu'il vivait. En décidant de ne pas s'associer en affaires avec ce confrère, il a mis ses principes à la première place. Toutefois, il n'était pas encore prêt à affronter les émotions que cela allait engendrer. Il a donc revécu les forts sentiments de rejet et d'abandon qu'il avait enregistrés dans une autre vie. Le fait qu'à la séquence suivante, il s'est retrouvé dans un hôtel parmi des personnes de nationalités variées, signale que plusieurs vies d'errance ont succédé à sa vie dans la famille juive. Quant à l'apparence démoniaque des personnages, elle signifie que dans ces vies, il a commis des abus extrêmes, soit en matérialisant de manière non juste, soit en fuyant ou en rejetant totalement l'implication dans la matière. Cela n'a rien de grave : un jour, lorsqu'On nous enlève le voile, on s'habitue à voir de tels scénarios dans nos rêves. Quand on commence vraiment à s'ouvrir, cela devient puissant et c'est vrai qu'on est très secoué. Et lorsqu'on se rend compte qu'on a commis de tels abus, on ne désespère pas. En travaillant avec les Énergies Angéliques, on peut nettoyer les mémoires de plusieurs vies en une seule vie.

Dans la dernière séquence du rêve, On lui a montré pourquoi il avait des blocages. Il n'avait plus de voiture. La voiture touche à l'élément terre et elle représente la façon dont on avance dans le monde matériel, comment on se conduit. Donc, d'une certaine manière, cet homme ne pouvait plus se manifester. Vers la fin du rêve, il éprouvait aussi des peurs existentielles. Dans une telle situation, on fait la Récitation Angélique : on invoque un Ange.

Cette histoire montre bien pourquoi on éprouve parfois des peurs et des angoisses démesurées par rapport à ce que l'on vit sur le plan conscient. On se dit : « Ça n'a pas de bon sens ! Pourquoi est-ce que je me sens comme ça ? » Or cela a vraiment du sens, car on est en train de toucher à des mémoires inconscientes, très profondes.

◉

Voici maintenant une autre histoire vécue qui concerne également la façon d'être spirituel face à la matérialisation. Une femme a reçu une série de rêves qui signifiaient à peu près tous la même chose et dont elle a demandé l'interprétation à mon époux. Voici le récit de l'un de ces rêves.

*Elle montait un escalier pour atteindre l'étage supérieur. En montant, elle a rencontré un homme qu'elle connaît dans le concret et elle lui a demandé :*

*— Mais qu'est-ce que tu fais ici ?*

*— Je cherche ton père, lui a-t-il répondu. Est-ce qu'il est en bas ?*

*— Je ne sais pas.*

*Puis, sans trop se préoccuper de lui, elle a continué à monter. Arrivée à l'étage supérieur, elle est entrée dans une grande salle munie d'une verrière et elle a vu dans la salle une femme et un chien qui dormaient. À travers la verrière, elle voyait un magnifique paysage.*

Mon mari lui a expliqué ce que signifiait ce rêve. Il lui a dit : « C'est beau. Tu montais un escalier, cela signifie que tu souhaites t'élever spirituellement. Mais On t'a indiqué qu'il y a un problème, que tu dois changer certaines choses dans cette élévation. »

Dans ce rêve, tous les éléments représentaient des parties de la rêveuse. L'homme, la femme, le chien et la verrière symbolisaient tous des aspects psychologiques d'elle-même. Mon époux lui a demandé :

— Que représente pour toi l'homme que tu as rencontré dans l'escalier ?

— Il a quatre artères bouchées dans la tête et seulement une a été réparée.

— Donc, On te montre qu'il y a un problème au niveau d'un concept intellectuel. Il y a quelque chose dans ta manière de penser qui bouche, qui obstrue. Cet homme voulait retrouver ton père, et celui-ci symbolise ton action, ta manière de te manifester. Tu ne veux pas réellement retrouver la manière juste de te manifester, car dans le rêve tu continuais à monter, sans te préoccuper de cet homme, sans savoir où était ton père. C'est uniquement l'élévation qui t'intéressait. Cela indique une tendance à vouloir fuir la matière.

Il a ajouté : « Beaucoup d'êtres qui sont en cheminement ont cette attitude de fuite. À cause d'une aspiration à l'harmonie, ils évitent toute action qui pourrait les mener à des confrontations et, par conséquent, à des pertes d'énergie et de bien-être. C'est ça qu'On a voulu te dire. En quelque sorte, tu fuis la responsabilité de matérialiser, à laquelle tu dois pourtant faire face. Le rêve t'a aussi montré pourquoi tu fuis cette responsabilité : parce que tu veux absolument monter spirituellement. Le concept erroné qui te bloque, c'est de croire qu'on arrive à monter spirituellement en refoulant et en fuyant la réalité quotidienne. La véritable façon de s'élever, c'est de chercher à devenir une meilleure âme, de nettoyer nos mémoires inconscientes.

Cette femme a une forte volonté spirituelle et elle cherche à atteindre le nirvana par la méditation. Et c'est normal : quand on chemine spirituellement, c'est ce à quoi on aspire. Mais elle ne le cherche que dans sur le plan conscient : elle ne veut pas descendre dans son inconscient pour nettoyer ses mémoires négatives liées à la matérialisation. Ainsi, avec une volonté excessive, elle essaie coûte que coûte de préserver l'harmonie dans sa vie.

Ensuite, arrivée à l'étage de la verrière, elle a vu une femme et un chien endormis. Comme on l'a vu, la femme représente le monde intérieur, et le chien symbolise des aspects de l'énergie vitale en lien avec des besoins instinctifs primaires et aussi affectifs. On lui a montré : « Oui, tu arrives à avoir un certain bien-être par tes méditations transcendantales, mais tu vois, il y a des mémoires endormies qui manquent d'amour. » Chaque fois qu'on voit des personnages ou des animaux endormis en rêve, cela signifie que les énergies qu'ils représentent sont endormies, que les parties correspondantes dans notre inconscient ne sont pas éveillées. Quand on travaille avec les Anges, on descend dans l'inconscient et on réveille le potentiel endormi. Ce faisant, on éveille nécessairement certains des aspects négatifs qui sont là, bloqués, gelés, et dont la présence nous empêche de nous manifester, de prendre notre envol, d'incarner le Pouvoir Divin. On est limité à cause de ces mémoires. Avec les Énergies Angéliques, on réveille et on transforme ces forces négatives. Et ainsi, un jour, tout leur potentiel positif devient disponible.

Par le symbole de la verrière, On a montré à cette femme : « Regarde, tu es parvenue en haut, mais il y a une vitre ; donc en additionnant les symboles de la femme et du chien endormis, on peut comprendre un aspect important de ta manière de fonctionner. » Pour interpréter, il suffit de faire le raisonnement suivant : « Quand je me trouve devant une vitre et que je vois un beau paysage, dans le concret, qu'est-ce que cela veut dire ? Cela signifie que ce beau paysage que je regarde est à l'extérieur de moi. Je ne peux pas sentir le parfum des fleurs, je ne peux pas toucher à l'arbre. Cela signifie que je n'incarne pas encore ce paysage et cette beauté. » Par ce rêve, On a voulu dire à cette femme : « Lorsque tu auras fait le ménage, tu pourras atteindre des niveaux bien plus élevés dans tes méditations. Quand cette femme et ce chien seront éveillés en toi, vitalisés, la vie sera plus vraie. »

On remarque chez cette femme un manque de Connaissance – la Connaissance du bien et du mal. Elle a dit à mon époux : « Mais je fais tous les jours deux heures et demie de méditation transcendantale, où on nous apprend à faire le vide. » Cela confirmait l'interprétation du rêve qu'elle n'était pas encore prête à voir, et mon époux lui a répondu : « La méditation, c'est parfait, c'est très bien. Mais faire le vide est la dernière étape. Avant de faire le vide, on doit nettoyer beaucoup de mémoires. Là, tu es anesthésiée en ce moment. Tu ne ressens pas grand-chose, ta joie de vivre est endormie, et c'est pour cela que tu dois ressentir de la monotonie dans ta vie. Un genre de vide de vitalité, de joie. »

Tant qu'on n'a pas fait le ménage dans notre inconscient, on ne peut pas réellement faire le vide : tout au plus, ce sera du refoulement, l'accumulation de parties endormies, latentes. On repoussera les impulsions négatives à l'intérieur, et on pense ainsi être bien. Cela fonctionnera pendant un certain temps, mais au bout d'un moment, il ne sera plus possible de le faire : On nous enverra des situations concrètes qui nous obligeront à travailler sur ces forces inconscientes. L'autre option est de les rencontrer consciemment par la Récitation Angélique et l'interprétation des rêves et des signes. En prendre conscience et les changer, c'est ce qui va améliorer notre vie.

Alors, comment méditer ? Et puis, qu'est-ce que c'est, au juste, méditer ? Méditer consiste à s'intérioriser et à descendre dans nos profondeurs. Toutes sortes d'images, de sensations peuvent se présenter : positives aussi bien que négatives. En un premier temps, la méditation nous permet d'analyser, de comprendre et de reprogrammer nos comportements qui ne sont pas justes.

Nous pouvons également méditer sur nos rêves ; ça c'est l'idéal. On repasse chaque élément du rêve, chaque symbole qui y est apparu, et on en découvre, explore la signification. Ainsi, des facettes de plus en plus profondes apparaissent à notre esprit. On se demande : « J'ai vu cela. Qu'est-ce que ça veut dire ? » et on retourne le symbole dans tous les sens. Puis, au cours de la journée, même si on n'a pas réussi à comprendre tout le rêve, au moment où il se matérialisera, on le sentira, on le reconnaîtra.

Prenons un exemple très simple. Si on voit en rêve un verre d'eau se renverser, au cours de la journée, on peut être amené à déborder d'émotions en entendant une simple parole prononcée par la personne avec laquelle on discute. Au moment où l'on ressentira ce débordement de tristesse, de joie ou de toute autre émotion, on reconnaîtra notre rêve et on se dira : « C'est mon verre d'eau. »

Nos rêves peuvent se matérialiser plusieurs fois dans la même journée, et si on ne nettoie pas les mémoires distorsionnées qui nous sont montrées, ils peuvent revenir pendant des mois entiers. Si on n'en tient pas compte, des situations en rapport avec ce que l'on doit comprendre se produiront dans notre vie, des situations pas toujours agréables. Aucun enseignement prodigué par une personne extérieure ne peut arriver à la hauteur de l'étude des rêves. Car lorsqu'on établit un lien entre un rêve et sa matérialisation, on reçoit l'enseignement de l'intérieur et il s'intègre dans les profondeurs de notre être. Chacune de nos cellules reçoit l'enseignement.

Il est également très bénéfique de méditer sur les problèmes qu'on a. On s'intériorise, on se met à l'écoute de ce qu'on ressent par rapport à un problème qu'on veut résoudre et on demeure réceptif à ce qui se présente. Là aussi, des images peuvent surgir. Prenons l'exemple de la femme dont je viens de vous parler – celle qui a tendance à fuir et à vouloir faire le vide. Elle peut arriver à se détendre au moyen de certaines méthodes, mais au moment où elle commence à peine à planer, soudain, l'image de son patron apparaît. Elle se dit : « Pas celui-là, pas cet être-là ! Je l'ai eu sur le dos toute la journée. Donnez-moi une pause, s'il vous plaît. Je ne veux pas le voir, lui. Out ! » La volonté intervient et elle chasse l'image. En fait, elle la refoule.

Si notre patron apparaît dans nos méditations, c'est parce qu'on a des résonances avec lui. Je vous ai déjà parlé de la Loi de la résonance et de son corollaire : la Loi du dérangement. C'est surtout cette dernière qui s'applique dans ce genre de cas. Même si soi-même, on n'écrase pas les autres, même si on est gentil et qu'on n'ouvre pas la bouche, reste que dans notre inconscient se trouvent des petites forces qui font Ksss !... Ksss !... – qui excitent et provoquent le comportement autoritaire du patron. Sans s'en rendre compte, on dégage le même type d'énergie que celui qu'on reproche à l'autre. Dans d'autres vies, on a été écrasant et autoritaire, et On nous le montre. Cela n'a rien d'une punition, au contraire, c'est un cadeau, un enseignement, car la Vie est une école initiatique.

Dans cet exemple, notre patron devient un sujet de méditation, qui nous amènera à découvrir certains aspects psychologiques qui sont à l'œuvre dans notre inconscient. On s'en sert comme symbole, non pas pour le faire changer, mais afin d'entrer en contact plus profondément, de façon encore plus vive, avec certaines mémoires qui nous habitent. Ensuite, on fait l'Angelica Mantra. On médite en invoquant l'Ange et en se concentrant sur ce type de mémoires. Ainsi on nettoie, et un jour, on n'est plus dérangé par le comportement autoritaire ou écrasant de l'autre.

Lors d'une conférence, une personne m'a dit :

— Moi, je prie pour que les personnes qui m'ont fait du mal ne m'en fassent plus.

— C'est très beau de prier, lui ai-je dit. Mais ta façon de prier ne t'apportera pas de résultat. Je m'explique : quand tu Leur fais ta demande, En Haut, formule-la différemment. Demande-Leur de t'aider à purifier les résonances négatives que tu as avec ces personnes qui t'ont fait du mal. Parce qu'on ne nous fait pas de mal comme ça, sans raison. En Haut, Ils ne laisseraient pas faire. Si cela arrive, c'est parce qu'on a quelque chose à comprendre, à nettoyer. Si tu Leur demandes de l'aide, Ils te montreront ces résonances : tu auras toutes sortes de rêves, des informations, des enseignements, et tu pourras reconnaître à l'intérieur de toi ces comportements qui blessent. Et ensuite tu pourras les transformer.

Quand on travaille avec la Loi du dérangement, les sujets ne manquent pas. C'est cela, la vraie spiritualité.

En pratiquant la méditation de cette manière et dans cette perspective, on évolue réellement au niveau de l'esprit. Voici maintenant un exemple qui illustre bien à quel point cette méthode est réelle.

Un jour, Kasara et moi étions sur la route et je conduisais la fourgonnette. À un moment donné, elle a ouvert la boîte à gants pour prendre une cassette de musique et, après avoir réfléchi quelques instants, elle l'a refermée en disant : « Non, on va rester dans le silence, on va méditer. » À cet instant, elle faisait un petit peu comme son père : quelquefois, quand nous voyageons, lorsqu'elle demande de la musique, nous en faisons jouer, mais à d'autres moments, son père lui dit : « Non, on va rester dans le silence pour méditer. »

Elle s'est assise en tailleur et s'est intériorisée, sans toutefois fermer les yeux. Tout à coup, j'ai senti le taux vibratoire chuter. Je l'ai regardée et j'ai vu qu'elle faisait toute une moue.

Alors, en la mimant, je lui ai demandé :

— Kasara, qu'est-ce qui se passe ?

— Je me raconte des histoires, m'a-t-elle répondu. Des fois, je me raconte de belles histoires dans ma méditation, et des fois, ce ne sont pas de belles histoires. Et là, ce n'était pas une belle histoire.

— Veux-tu me la raconter ?

— Oui. *Je voyais une rivière. Il y avait un gros rocher, dont je me suis approchée, et j'y ai vu un mort. Oh ! Là, j'avais peur.* Hier, on est allé au lac avec papa et d'autres personnes. L'eau était un peu sombre et j'avais entendu qu'une personne de la famille était tombée dans un trou noir, dans de l'eau noire. Ça m'a fait un peu peur. Mais tu sais, moi, quand j'ai peur, j'ai un truc. Je me dis : « Kasara, qu'est-ce qui peut t'arriver de plus que de mourir ? » Et alors, je n'ai plus peur – cela aussi, c'est un enseignement qu'elle entendait souvent de son père.

— Tu sais, lui ai-je dit, c'est très bien, tes histoires dans tes méditations. Continue à te les raconter, même celles qui ne sont pas belles.

Elle m'a regardée, très surprise, et j'ai ajouté : « Oui, souvent, les adultes disent que les enfants se racontent des histoires parce qu'ils ont beaucoup d'imagination, mais qu'est-ce qui s'est passé réellement ? Comment se fait-il que tu aies reçu cette histoire dans ta méditation ? Là, tu t'es intériorisée et tu es descendue en dessous du voile – elle connaît bien le schéma de l'inconscient. Tu es descendue profondément et tu as touché à des mémoires. Ces mémoires, tu les as habillées d'histoires. Même si elles ne sont pas belles, il faut que tu les analyses comme si c'étaient des rêves. »

L'eau, on l'a vu, représente les émotions. Cette histoire touchait donc à un aspect émotionnel. Quant au rocher, il représentait quelque chose de très inconscient. En effet, la roche appartient au règne minéral, qui est le plus ancien dans l'échelle des règnes – humain, animal, végétal et minéral. Alors je lui ai dit : « Tu es descendue profondément dans ton inconscient et On t'a montré un mort. La mort annonce un refoulement ou bien une renaissance, une nouvelle étape. Un mort dans l'eau, ça veut dire que dans tes émotions, tu as des choses, certains aspects à changer. »

Il y a des adultes qui perdent leur force d'imagination, mais ils continuent à faire comme Kasara. Sauf qu'au lieu de raconter des histoires inventées, ils prennent un projet, une quelconque situation concrète, ou ils pensent à leur conjoint et essaient d'évaluer ce que le futur deviendra. Donc, dans un sens, eux aussi se racontent des histoires. Les craintes que cela leur fait vivre les amènent à descendre dans leur inconscient. Ils pensent réfléchir, mais en fait ils méditent sans le savoir.

La personne s'intériorise – même les yeux ouverts –, et soudainement, elle pense : « S'il arrivait ceci... et s'il arrivait ça... s'il rencontrait telle personne et me quittait... », et la peur l'envahit. Ses réflexions déclenchent toutes sortes de peurs reliées à des mémoires inconscientes. Ensuite, ses peurs se matérialisent, deviennent réalité, et elle se dit : « J'avais raison, c'est arrivé. » C'est bien normal que l'événement malencontreux se produise : la personne l'avait dans son programme et elle a tout simplement anticipé ce qu'elle devait vivre. Donc, les adultes aussi se racontent des histoires, sauf qu'ils le font d'une manière plus contournée. Or, quand on travaille avec l'Angéologie Traditionnelle, on est vigilant face à ces histoires et on se dit : « Mais qu'est-ce que je suis en train de me raconter là ? C'est vrai que cela peut se produire, parce que c'est ce que je dégage. Mais, je peux arrêter mes insécurités, je peux me reprogrammer. Je vais faire la Récitation Angélique. J'invoque un Ange plutôt que de continuer à nourrir mes peurs. Je ne nie pas ce que j'ai dans ma tête ou dans mon être, mais je travaille là-dessus, sinon tôt ou tard, cela se matérialisera. »

Avec le temps, on arrive à anticiper les événements en délogeant les mémoires qui se trouvent derrière le voile ; ainsi, ils n'ont plus besoin de se matérialiser, de se concrétiser. Là est la beauté de cet Enseignement. On analyse tout ce que l'on vit. On fait l'expérience de l'éveil de la conscience.

On invoque l'Ange le plus souvent possible, intérieurement, car on ne peut pas prononcer le Nom d'un Ange tout haut dans n'importe quelle situation. Mais quand on est seul chez soi, on peut trouver une petite mélodie et chanter le Nom de l'Ange. Très souvent, c'est cela que nous faisons au cours de nos activités familiales. Pour l'enfant, c'est concret, et il apprend à invoquer tout en vaquant à ses occupations. Ce sont des habitudes qui nous aident à vivre notre spiritualité au quotidien.

⊙

L'exemple qui suit parle de la difficulté que les êtres spirituels peuvent avoir avec la matérialisation.

Une femme nous a raconté un rêve qu'elle avait reçu. Dans son rêve, *elle voyait une nappe d'eau qui servait à donner l'oracle. Elle était avec une de ses amies qui représente pour elle la spiritualité, et de la nappe d'eau émergeait une carte géographique. Son amie lui a dit : « Regarde, nous, on vient de l'est, mais dans cette vie-ci, on s'en va là, vers le sud. » Ensuite elle a ajouté : « Je ne sais pas comment on peut s'y rendre, mais c'est là qu'on va. Le chemin nous est caché parce que c'est comme ça que cela doit être pour l'instant. »* L'est était représenté par un E, et le sud par un huit couché. – Au lieu de dire le symbole de l'infini, cette femme a dit un huit couché.

Ce rêve est bien intéressant car il décrit la situation que vivent beaucoup de personnes qui cheminent spirituellement, plus spécifiquement avec la nouvelle spiritualité. Que signifie l'expression *venir de l'est* dans le contexte de ce rêve ? Elle réfère aux personnes qui, dans d'autres vies, s'adonnaient à une spiritualité de type oriental, par exemple tibétaine ou bouddhiste. La personne a travaillé sur des qualités, mais elle l'a fait en retrait du monde. Son programme de matérialisation n'était pas celui que l'on a lorsqu'on est responsable d'une famille ou qu'on occupe une fonction dans la société. Dans une ou plusieurs vies antérieures, elle avait plutôt eu un programme d'intériorisation, et dans cette vie-ci, tout la pousse à matérialiser. Elle vit en couple avec des enfants et de nombreuses responsabilités. De là découle parfois une grande dualité intérieure. L'être a de fortes aspirations spirituelles, mais bien sûr, ce n'est pas parce qu'on a eu une, deux ou même plusieurs vies de retraite que notre bagage karmique est résolu. Alors, quand l'être se manifeste dans la matière, il se sent déchiré ; il ressent la dualité qui s'est créée entre les états de conscience élevés qu'il a vécus dans d'autres vies et les limitations qu'il vit actuellement. Une dualité esprit-matière.

L'être peut aussi avoir une certaine naïveté et, face aux conflits, se dire : « Eh bien, j'envoie ça à l'Univers. » Une phrase qu'on entend souvent. Bien sûr, tout vient de l'Univers, mais avec une telle attitude, on n'a ni la persévérance ni la bonne méthode pour matérialiser. Les personnes qui accordent beaucoup d'importance à la réussite matérielle – les matérialistes –, elles aussi ont des qualités. Mais leur intention est trop souvent égoïste et axée seulement sur les besoins de leur cercle proche. Un jour, les êtres spirituels connaîtront aussi la réussite matérielle, mais leur intention aura ceci de particulier qu'elle sera fondamentalement altruiste. Ils accorderont plus d'importance à la qualité qu'à la quantité. Ce ne sera pas le résultat qui comptera, mais bien la manière de matérialiser et ce qu'ils pourront apprendre au cours du processus de matérialisation. Avec le temps, le résultat sera là aussi : la réussite coulera de source, elle viendra facilement.

Pour pouvoir matérialiser de façon altruiste et spirituelle, on doit avoir développé nos facultés et pouvoirs spirituels, car ce sont eux qui nous permettent de vérifier dans l'Ordinateur Cosmique – par nos rêves et nos méditations – si notre projet est approuvé par En Haut. À défaut d'approbation, on doit attendre et travailler sur soi, ou encore modifier notre projet afin qu'il soit conforme à la Volonté Divine. Lorsqu'on travaille avec les 72 Énergies Angéliques, on est automatiquement amené à comprendre que ce n'est pas la matérialisation elle-même qui compte, mais l'évolution spirituelle qui s'effectue à travers elle.

⊙

L'exemple suivant touche à l'une des plus belles matérialisations : un enfant.

Une femme d'environ 40 ans qui suit cet Enseignement depuis plusieurs années, est venue me parler. Quand on se voyait aux conférences, elle me confiait souvent son souhait – partagé avec son conjoint – d'avoir un enfant. Elle se sentait triste parce qu'ils ne réussissaient pas à concevoir un enfant. Donner la vie à un enfant et l'élever représentaient pour cette femme l'une des plus belles expériences. Parfois elle me disait : « J'aimerais que cet enfant soit une grande âme pour qu'il ou elle puisse aider l'humanité. » Voyant l'ardeur de son souhait, je lui disais : « Tout est écrit. Les grandes lignes de ton programme sont déjà écrites. Si tu dois avoir un enfant, cela se produira. En Haut, Ils sont en train de te purifier parce que ton objectif est élevé : recevoir une grande âme pour aider l'humanité. Accepte la Volonté Divine.. » En effet, cette femme avait toutes sortes de rêves dont certains n'étaient pas faciles.

Or, un jour, alors que j'étais en train de méditer pour choisir les rêves et les histoires qui devaient faire partie de cette conférence, j'ai reçu un appel téléphonique de cette femme. Exaltée et fébrile, elle m'a raconté : « J'ai beaucoup travaillé avec l'Angéologie, comme tu me l'as conseillé, pour nettoyer les mémoires qui bloquaient la conception d'un enfant. Il y a quelque temps, une nuit, j'ai reçu un rêve. Dans mon rêve, *j'étais avec ma grand-mère, agenouillée devant elle, et je lui tendais un bébé emmailloté dans une petite couverture bleu ciel. Je lui disais : 'Regarde, j'ai un enfant.' Et je pleurais de joie tellement j'étais contente. Je sentais la présence de mon conjoint et celle de mon frère d'âme* – un homme qu'elle considère comme son frère d'âme. *Puis j'ai entendu : 'Il s'appelle Samuel.'* »

C'était le matin et quoiqu'il soit encore très tôt, elle s'est empressée de raconter son rêve à son conjoint. Elle trouvait que le nom Samuel avait une connotation biblique. Ne connaissant pas bien la Bible, elle est allée en chercher une et elle a lu l'histoire de Samuel. Quelle est cette histoire ?

*Elkana avait deux épouses. Sa première épouse, qui s'appelait Penina, avait beaucoup d'enfants, tant des garçons que des filles. Par contre, Anne, sa deuxième épouse, était stérile. Penina n'était pas gentille avec Anne. Entre autres, elle se moquait d'elle parce qu'elle ne pouvait pas enfanter. Elle la mortifiait sur ce sujet. Même si Anne était parfois triste de cela, elle ne désespérait pas et continuait de prier l'Éternel. Elle sentait que malgré sa stérilité, Penina la jalousait, l'enviait. Pourquoi ? Parce que son mari la préférait car elle était plus vertueuse, plus spirituelle. Finalement, à un âge relativement avancé, Anne a conçu un enfant et elle l'a appelé Samuel. Ce nom signifie 'Dieu qui a exaucé ma prière'. Elle a consacré Samuel à l'Éternel et plus tard, il est devenu un grand prophète.*

Imaginez l'émoi qu'a éprouvé cette femme au moment où elle lisait cette histoire ! Le cœur lui résonnait. Elle pouvait tellement s'identifier à Anne ! Cette annonce était pour elle tout un cadeau, elle lui redonnait espoir. Au moment où elle avait reçu ce rêve, ses règles n'avaient qu'un jour de retard ; il était donc trop tôt pour passer un test de grossesse. De plus, il lui était déjà arrivé d'avoir 20, 30 ou même 40 jours de retard sans pour autant être enceinte.

Ce soir-là, cette femme était invitée avec son conjoint chez une de ses amies. Une vieille revue qui datait de cinq ans se trouvait sur un meuble ; c'était une revue sur la grossesse. Cette femme m'a dit : « Je l'ai ouverte au hasard, et j'ai eu tout un choc ! Imagine ce que j'ai vu. Je n'en revenais pas ! C'était écrit : *Un prénom pour la vie : Samuel.* J'avais les yeux dans l'eau. Je pleurais, tellement j'étais touchée. Mais quelle délicatesse de la part d'En Haut ! J'avais reçu mon rêve durant la nuit, et là, On me donnait en plus un ce signe ! J'étais vraiment très, très touchée. »

Elle a ajouté : « Mais je n'étais pas au bout de mes surprises. À la fin de la soirée, nous sommes retournés chez nous et en marchant vers la maison, dans la lumière qui éclairait le parterre de fleurs, j'ai aperçu un petit jouet de bébé. Quelle délicatesse ! Plus tard, j'ai su que c'était le voisin qui l'avait mis là. C'est un vrai enfant, notre voisin ; d'ailleurs, on l'appelle *le lutin.* »

En effet, c'était un signe ! Mais cela aurait pu être une gaffe, car ce voisin savait à quel point elle souhaitait avoir un enfant. Or, il n'était pas au courant qu'elle avait reçu ce rêve au cours de la nuit précédente. Son geste aurait pu retourner le couteau dans la plaie. Quand cette femme m'a raconté cela, elle était encore émue. Elle a dit : « Ce n'est pas tout. Le lendemain, à un moment donné, j'ai levé les yeux vers le ciel et j'ai vu un gros nuage qui avait la forme d'un fœtus. J'étais certaine que le Ciel m'annonçait une fois de plus qu'un enfant s'en venait. » Quelques jours plus tard, elle a passé un test de grossesse, et, effectivement, elle était bel et bien enceinte. Son rêve et les signes l'en avaient avertie à l'avance.

Le matin après son rêve, il était presque certain que cette femme allait se référer à la Bible et à l'histoire de Samuel pour valider ce qu'On venait de lui annoncer en rêve. En Haut, Ils peuvent utiliser toutes sortes de moyens pour nous donner des signes et nous permettre de les confirmer. Cette femme aurait pu ouvrir une page du *Reader's Digest* et recevoir le même message. Ou bien lire sa confirmation dans une publicité peinte sur un autobus. Tout peut être utilisé par l'Intelligence Cosmique. Voilà pourquoi on doit constamment avoir les yeux et les oreilles grands ouverts. Nos antennes doivent pouvoir capter en tout temps, car le Ciel nous parle continuellement à travers les situations que l'on vit et les êtres que l'on rencontre. À tout moment, les gens peuvent être des messagers sans même le savoir. Vivre de cette manière est merveilleux. Un jour, on n'existe plus seulement dans la forme ; on habite aussi les mondes parallèles.

Je reviens à l'histoire de la Bible mentionnée plus haut. On pourrait la prendre au pied de la lettre. D'ailleurs, ce n'est pas le seul passage de la Bible qui relate ce genre de scénario : dans l'histoire de Joseph – celui qui a interprété les songes du Pharaon –, on retrouve le même scénario, où l'une des épouses et mère de nombreux enfants est dans une conscience ordinaire et a un comportement peu gentil avec l'autre épouse, qui est spirituelle mais stérile, mais qui finit par donner naissance à une grande âme destinée à devenir prophète.

Pour bien comprendre cette histoire, nous allons l'analyser exactement comme s'il s'agissait d'un rêve, comme si Elkana, Penina, Anne et Samuel représentaient tous des parties de nous, des aspects psychologiques de notre être. Ce passage traite de la matérialisation d'un enfant, mais d'une manière symbolique, il traite de toutes nos matérialisations. Absolument toutes, incluant les affaires, bref, tout ce que l'on fait.

Penina représente une femme qui est dans une conscience ordinaire. Son attitude révèle le niveau d'états de conscience qu'on abrite tant que nos mémoires distorsionnées n'ont pas été purifiées. Penina avait beaucoup d'enfants. Cela symbolise l'abondance relative dans laquelle on peut vivre dans un premier temps. Si l'on considère comment cette abondance est utilisée par une personne ayant une conscience ordinaire, on constate qu'elle s'en sert pour dénigrer les autres. Mais, à partir du moment où on commence à cheminer spirituellement, on devient progressivement le personnage d'Anne, qui représente notre partie spirituelle. On acquiert de nouveaux principes, mais pendant des années, notre situation nous semble bien stérile : on peut être limité et en éprouver de la frustration. Beaucoup d'êtres spirituels le sont. Ils se disent : « Moi, je suis honnête, je suis intègre, et regarde les autres. Ils sont dans des plaisirs grossiers et ils réussissent, pendant que moi, j'ai à peine ce qu'il faut pour survivre. Et en plus, il m'arrive toutes sortes de choses. Mais comment cela se fait-il ? » En entretenant une attitude de comparaison, ces êtres peuvent perdre la foi parce qu'ils ne comprennent pas le processus dans lequel ils sont engagés.

En tant que telle, la stérilité n'existe pas : elle n'est qu'un manque d'abondance qui se manifeste sur le plan matériel, un manque créé par des limitations de toutes sortes qui ont chacune leur raison d'être. Pour faire une analogie, admettons qu'on soit propriétaire d'une usine et que le temps soit venu de la rénover ou de la nettoyer. Bien entendu, la fabrication est interrompue pendant tout le temps que dure la rénovation ou le nettoyage, et de ce fait, nos ressources sont réduites à l'essentiel. Lorsqu'on vit une situation similaire – de rénovation et de nettoyage – sur le plan de la conscience, il est bien utile d'analyser nos rêves : cela nous encouragera à persévérer. En effet, On nous enverra toutes sortes de cauchemars et des rêves initiatiques dans lesquels on sera secoué, et, de temps en temps, pour nous encourager, On nous montrera où on en est rendu. On nous dira : « Regarde comme tu as progressé. Continue. Ça va bien. Tu avances. »

Pourquoi nous impose-t-On des limites pendant tout ce temps-là ? Parce que si On nous prodiguait à nouveau beaucoup de ressources avant qu'on ait nettoyé nos mémoires, les parties de notre être qui n'ont pas encore été rectifiées s'empareraient vite de ces ressources et nous feraient poser d'autres actes manqués, lesquels engendreraient d'autres karmas et d'autres vies difficiles. Donc, parfois On ne nous donne que le nécessaire et cela nous oblige à aller dans nos profondeurs. Cette stérilité temporaire est donc très positive. Puis, un jour, comme lors de l'avènement de l'enfant Samuel, on retrouve la fertilité et alors toutes nos matérialisations seront altruistes, qu'il s'agisse d'une entreprise, de la création d'œuvres artistiques ou de toute autre forme de matérialisation. Ce qui les caractérisera, c'est que l'intention à la base aura été belle et Divine. Et cela fera toute la différence.

Maintenant, si on repense à cette femme qui a feuilleté le magazine sur la grossesse, on prend vraiment conscience que dans ce grand Ordinateur Vivant qu'est l'Intelligence Cosmique, tout est mathématique. À la minute près, à la seconde près, les événements convergent pour nous faire vivre quelque chose. Imaginez, cette revue était vieille de cinq ans. Il fallait vraiment que son parcours soit programmé pour qu'elle tombe entre les mains de cette femme précisément ce soir-là afin qu'elle reçoive un signe. C'est ainsi que fonctionne l'Univers. Les esprits cartésiens diraient que c'était simplement un hasard. Mais un jour, on lit continuellement de cette manière et on constate alors que les signes se succèdent sans arrêt. On sait que les plus petits événements ne sont pas le fruit du hasard, mais, qu'au contraire, ils font partie de la guidance que nous recevons d'En Haut, de l'Intelligence Cosmique.

Organiser la manifestation de signes est très facile pour En Haut ; pour Eux, c'est comme jouer avec des formules algébriques. Tout est organisé. Un grand nombre de guides qui agissent d'une manière impersonnelle mettent en route des programmes pour nous faire vivre toutes sortes d'événements – autant des épreuves que des situations merveilleuses – et ces événements n'ont qu'une seule raison d'être : favoriser notre évolution. Pour Eux, En Haut, cela n'a aucune importance qu'on réussisse sur le plan matériel. Ils se disent : « C'est dans cette relation ou dans cette matérialisation qu'il s'est engagé. Il y vivra toutes sortes de choses. Il ira dans de grandes distorsions mais c'est comme ça qu'il apprendra. » La seule raison d'être des épreuves est l'apprentissage, l'éducation de l'âme.

Quant au voisin que cette femme appelait *le lutin* et dont elle disait qu'il est comme un enfant, eh bien, il était suffisamment réceptif pour recevoir une inspiration d'En Haut ; une inspiration qui l'a amené à se dire : « Il faut que j'aille mettre un petit jouet dans le parterre de cette voisine. Elle est tellement gentille ! » Il n'a pas poussé la réflexion plus loin. Un esprit plus rationnel aurait dit : « Cela n'a pas de bon sens d'aller mettre un jouet dans les fleurs ; ça va lui faire mal. » Un jour, on est conscient de ce que l'on fait et on suit l'inspiration si elle est sensée, si elle nous incite à agir avec bienveillance et dans les qualités. On ne connaît pas nécessairement les raisons derrière nos inspirations, mais on demeure réceptif et on est capable d'incarner le message quand une belle inspiration se présente. Ainsi tout devient plus facile et on vit des synchronicités magnifiques.

Quant au conjoint de cette femme, il avait reçu toute une série de rêves et de signes dans lesquels apparaissait le chiffre huit.

Lorsqu'on travaille avec cet Enseignement, le symbolisme des chiffres des Anges est souvent utilisé. Puisqu'un signe n'existe que dans la mesure où la personne établit un lien entre ce qu'elle a vu et ce qu'elle était en train de penser ou de vivre, En Haut, Ils utilisent en général la symbolique que la personne connaît. Ils savaient que cet homme attribuerait au 8 les Qualités de l'Ange CAHETEL.

Le conjoint de cette femme nous a raconté cette petite anecdote parmi plusieurs autres. Il nous a dit : « C'était le 8 août – le 8 du huitième mois – et je suis allé ouvrir un compte en banque. Le numéro du compte comportait une série de huit chiffres. Ensuite, je suis allé faire des achats et la facture totalisait 88,18 dollars. » Un jour, on observe constamment ce qui se passe autour de soi ; on sait que tout a de l'importance et on peut se référer aux nombres des Anges pour comprendre la symbolique des chiffres et les messages qui nous sont transmis par ce type de signes. On ne se laisse plus aveugler par l'aspect matériel des choses, car on sait que tout est symbolique, qu'il y a un sens profond derrière tout.

☉

Le dernier exemple que nous allons étudier dans ce cours traite de la réussite matérielle.

Une femme qui a connu une grande réussite matérielle m'a raconté son histoire. Elle travaillait dans une grande entreprise internationale, où elle occupait le plus haut poste d'administration, ce qui faisait d'elle le bras droit du président directeur général. Cette femme avait une grande capacité de travail, vraiment tout un pouvoir de matérialisation. Puis, une nuit, elle a reçu un rêve qu'elle n'oubliera jamais, un rêve qui a marqué son destin.

Dans ce rêve, *elle montait une montagne, et sur le parcours, elle a vu une sorte de marché public qui comprenait plusieurs boutiques. Elle portait un sac à main rouge qui contenait entre autres ses cartes d'identité, ses cartes de crédit et son argent. Elle a caché son sac rouge et a continué sa montée. Arrivée au sommet de la montagne, elle a vu un hôtel, et de là, elle avait une vue d'ensemble sur la vallée et les alentours. Puis, elle a aperçu en bas dans la vallée une caravane d'éléphants, mais pas n'importe laquelle : c'était la caravane d'éléphants d'Hannibal.*

Qui était Hannibal ? C'était un homme de guerre carthaginois qui a vécu à la fin du deuxième siècle et au début du premier siècle avant J.-C. Carthage était une métropole maritime située sur le territoire qu'on appelle aujourd'hui la Tunisie et qui, à l'époque, se disputait avec Rome la souveraineté des contrées méditerranéennes. Hannibal était un conquérant ! Il est connu pour ses éléphants car, à un moment donné, son armée a traversé les Alpes à dos d'éléphants pour surprendre les Romains par la terre. Il a gagné certaines batailles contre Rome, mais à la fin il a perdu et il a dû s'exiler.

*La rêveuse voyait avancer cette caravane au travers des montages, et quand l'équipage est arrivé à son but, il ne restait plus que deux ou trois éléphants. Tous les autres avaient été abattus. Puis, elle a commencé à redescendre et quand elle a voulu récupérer son sac rouge, elle ne le trouvait plus. Il avait disparu. Ensuite, elle a rencontré des religieux juifs.*

J'ai demandé à cette femme ce que représentaient pour elle les religieux juifs et elle m'a répondu : « La loi de Moïse, la notion œil pour œil, dent pour dent – tu as des karmas, tu paies tes karmas. » Elle était bien loin de savoir comment ce rêve allait se matérialiser.

Quelques mois plus tard, peu après que ce groupe international eut connu une réussite financière fulgurante et une croissance sans précédent – se chiffrant par milliards de dollars –, elle a appris que l'entreprise faisait faillite. Certaines filiales à l'étranger avaient subi de lourdes pertes et cela entraînait la chute du groupe entier. À cause de son poste dans la haute administration, elle portait une certaine responsabilité. Les finances de l'entreprise ont été vérifiées par les autorités judiciaires et, par ricochet, les comptes bancaires personnels de cette femme ont été complètement gelés. Ainsi, elle s'est retrouvée avec très peu de ressources. Voilà comment son rêve s'est matérialisé.

Analysons maintenant ce rêve en profondeur. Tout ce qui est arrivé à cette femme était écrit, et nous allons voir pourquoi les choses se sont produites de cette façon pour elle. Quand on comprend les véritables causes, on n'en veut plus à celui qui a décidé de geler les comptes. Au lieu de se dire : « Quoi ! Mais de quel droit bloque-t-il mes comptes ? Je n'ai rien fait ! », on accepte la situation, car on sait que tout est orchestré par l'Intelligence Cosmique. Cette situation devait se produire pour aider la personne à grandir, à évoluer. Cette femme devait apprendre à matérialiser d'une manière plus juste.

La montagne symbolise l'élévation spirituelle face à la matière. La rêveuse commençait à cheminer, à s'élever spirituellement. Mais elle a caché sa bourse, et celle-ci n'était pas rouge par hasard. Le rouge symbolise la matérialisation, la manifestation sur le plan physique. Dans sa bourse, elle avait ses cartes d'identité et ses ressources, autrement dit tout un bagage personnel. Pourquoi l'a-t-elle cachée ? Parce que, d'une certaine manière, son âme savait que ce bagage personnel contenait des choses qui n'étaient pas justes. Elle savait qu'elle ne pouvait pas s'élever avec un tel bagage ; des parties cachées en elle craignaient de perdre ou de se faire voler ses ressources et ce à quoi elle s'identifiait au plan concret. Elle a continué à s'élever, et une fois arrivée en haut, en voyant la caravane de Hannibal – en quelque sorte elle recevait une vision –, elle pénétrait dans le monde des causes. Elle pouvait percevoir symboliquement ce qui se préparait pour elle.

Les éléphants de la caravane d'Hannibal représentaient des parties de cette femme. Quand on parle d'éléphants, on évoque souvent aussi la mémoire d'éléphant. C'est un animal puissant et intelligent, et il est doté d'une grande mémoire.

Dans le rêve, les éléphants transportaient les troupes d'Hannibal. Cet homme n'était pas un saint, c'était un conquérant. Il représentait donc le pouvoir sur le plan matériel, mais un pouvoir mal utilisé. Et on connaît sa fin : après les défaites et l'exil, il s'est suicidé pour ne pas être capturé par les Romains. Les victoires remportées d'une manière non juste créent une énergie distorsionnée qui, un jour ou l'autre, par la loi du retour, se retourne contre nous. C'est cela qu'On annonçait à la rêveuse. Le fait que de nombreux éléphants soient morts indiquait que cette femme devait renaître à une nouvelle façon d'utiliser son énergie vitale ainsi qu'à une nouvelle façon de concevoir l'expansion et d'utiliser les ressources matérielles. En général, la mort dans un rêve annonce une renaissance, c'est donc un symbole positif. Mais bien entendu, la renaissance implique parfois d'importantes restructurations. Cette femme devait donc s'attendre à un important remue-ménage, et c'est exactement ce qui est arrivé dans sa vie suite à ce rêve.

Lors de sa descente de la montagne, la rêveuse ne retrouvait plus sa bourse rouge. Cet aspect indique comment le rêve allait se matérialiser : l'Intelligence Cosmique avait décidé de lui retirer ses ressources et ce, jusque sur le plan physique. Ses cartes d'identité avaient disparu avec la bourse. Cette femme s'était beaucoup identifiée à ce groupe pour lequel elle travaillait : la réussite de celui-ci était devenue la sienne. Or, après la chute du groupe, son patron avait été reconnu coupable de multiples fraudes et détournements de fonds et il a été condamné à plusieurs années de prison. Quant à cette femme, qui avait été son assistante de direction, elle a perdu son identité et ses ressources et elle a été interrogée par le FBI ainsi que par des instances judiciaires internationales qui enquêtent dans les cas de fraudes financières et fiscales majeurs. Cette chute était une épreuve très puissante et difficile à vivre pour elle, car sa grande capacité de matérialiser se retrouvait du jour au lendemain complètement arrêtée et remise en cause. Cependant, à la lumière de l'enseignement initiatique, ce qu'elle vivait, était un cadeau du Ciel pour son âme.

Un an plus tard, elle a reçu un rêve dans lequel *On lui annonçait qu'elle devait mourir trois fois.* Le nombre trois dans un rêve symbolise la triade tête, cœur, corps. Dans ce rêve, On lui a signifié qu'elle devrait mourir au niveau de ses pensées pour renaître à de nouveaux concepts et à une nouvelle façon de voir les choses ; elle devrait également mourir sur le plan affectif pour retrouver de nouvelles émotions ; et elle devrait mourir à d'anciennes façons d'agir. Dans l'Angéologie Traditionnelle, le nombre 3 est celui de l'Ange Sitael. Or, du côté des distorsions de cette Énergie on trouve la déstructuration. Il va sans dire que ce fut une autre année passablement difficile pour cette femme, sur tous les plans.

Puis, la troisième année après la chute du groupe, elle a reçu un rêve qui lui décrivait la thématique d'un nouveau programme. *Elle traversait un désert et courait derrière un éléphant en essayant en vain de l'attraper – à chaque fois, il lui échappait. Finalement, elle a réussi à l'attraper. Elle est montée sur son dos et elle a pu revenir du désert à dos d'éléphant.*

De nouveau, cette femme a vu son rêve se matérialiser. Elle nous a dit : « Cette année-là, chaque fois que je voyais une opportunité qui pouvait m'amener un petit peu d'abondance, à la dernière minute, ça ne fonctionnait pas. » Tous ses comptes bancaires avaient été saisis et ce, même si elle n'a pas été reconnue coupable et qu'elle a finalement été libérée de l'enquête principale. Quelques jours avant la chute en bourse, elle avait acheté personnellement des actions de la compagnie. Et c'est ce qui a dissuadé le juge de l'accuser de participation à la fraude financière. Elle était naïve et l'ambition de son patron avait déréglé sa vie. Qu'elle ait dû vivre cette expérience indique que dans une autre vie, elle a pu faire la même chose. Dans sa vie présente, il était inscrit dans son programme qu'elle devait en subir la conséquence karmique.

Quand on a la Connaissance, si on vit des limitations matérielles, on l'accepte et on fait de notre mieux, tout en restant juste. Cela, même si on sait que notre énergie vitale en sera déstabilisée, qu'on perdra notre dynamisme habituel, que des situations pas faciles seront à vivre et que des souvenirs douloureux referont surface. Quand on sait que nos épreuves viennent d'En Haut, qu'elles sont inscrites dans notre programme et qu'elles sont là pour une raison positive – nous amener à développer une vision spirituelle de la matérialisation –, on ne perd pas espoir et on se reconstruit, étape par étape. Mon mari a accompagnée et conseillée cette femme durant ces années difficiles pour toutes ses décisions juridiques importantes, et elle en a été tellement reconnaissante, car elle avait même songé à se suicider.

Cette femme vit maintenant d'une manière un peu plus confortable. Elle effectue lentement son retour du désert. Et elle a tellement changé ! Elle est devenue plus légère. Lorsqu'elle avait beaucoup d'argent, elle se montrait très généreuse et donnait souvent à sa famille afin d'être reconnue et aimée. Récemment, elle m'a confié : « Maintenant, les personnes qui sont restées proches de moi – parce que, bien sûr, la plupart des gens prennent une distance lorsque survient un tel changement de situation –, elles me permettent de vivre une autre sorte d'amour. Elles m'aiment pour ce que je suis, et non pas pour ce que j'ai ou pour ce que je peux leur donner. » D'autres changements positifs se sont opérés avec la mise en place d'un nouveau bien-être plus simple, plus vrai.

Elle m'a aussi confié qu'elle s'était sevrée à un autre niveau. À l'époque où elle avait son poste dans la haute administration, elle était devenue accro à un jeu sur ordinateur. Elle m'a dit : « Je jouais pendant des heures à ce jeu. » Vous allez voir, ce n'était pas n'importe quel jeu. On n'est pas attiré par un jeu par hasard : il correspond toujours à certaines parties de soi. Elle m'a dit : « C'est un jeu dans lequel un pharaon et une reine créent des civilisations – cette femme a toute une envergure ! À un moment donné, j'ai pris conscience que j'étais devenue accro. Alors j'ai effacé ce logiciel de mon disque dur. À ce moment, j'ai reçu tout un signe : la moitié de la mémoire venait d'être libérée et pendant trois jours l'ordinateur a cessé de fonctionner normalement. Il était complètement déstructuré. C'est la même chose qui s'est produite en moi au cours de ces trois dernières années. J'ai dû nettoyer tellement de mémoires que ça m'a déstructurée. »

Pour nettoyer ce qui concerne des vies et des vies, trois ans, c'est somme toute une bien courte période. Bien sûr, les années paraissent longues quand on vit des moments difficiles. Mais un jour, on est tellement content lorsque le changement s'est opéré !

J'aimerais ouvrir une parenthèse pour parler des jeux pour enfants, comme les jeux Nintendo. Quand on joue, on pense, on sent – cela éveille des sensations – et on agit : on appuie sur le bouton. Absolument tous les plans de l'être sont touchés. Alors, quand on utilise certains jeux à contenu violent, un jour, c'est absolu, on posera une action violente, parce qu'elle aura été programmée. Il ne faut donc pas sous-estimer la portée de ces jeux. La responsabilité des parents est très importante à cet égard.

À ce propos, un homme nous a raconté ce qu'il avait vécu avec son fils adolescent. Celui-ci voulait avoir un jeu et cet homme lui a demandé en quoi consistait ce jeu. Alors le fils lui a apporté la description du jeu pour la lui faire lire. Ce jeu consiste à résoudre une énigme, mais pour le faire, on doit fictivement tuer ses propres parents. Imaginez la programmation créée chez l'enfant ! Certaines personnes peuvent se dire : « Pas grave. » Bien sûr, quand on ne sait pas, on ne sait pas. Mais quand On commence à nous ouvrir les yeux – quand on comprend que tout ce que l'on fait et tout ce que l'on pense laisse une empreinte dans notre âme –, alors, on essaie de prévenir les tendances destructrices cultivées chez nos jeunes par de tels jeux.

⊙

Pour terminer ce cours, j'aimerais vous raconter un dernier rêve qui touche plus particulièrement à l'élément eau. L'homme qui l'a reçu a beaucoup cheminé. Dans son rêve, *il se trouvait au bord du fleuve auprès duquel il habite et il voyait une immense Madone transparente entourée d'une aura dorée. Dans ses bras, elle tenait un jeune enfant qui déversait de l'or liquide dans le fleuve à partir d'une urne. Un soleil de toute splendeur brillait dans le ciel et sa lumière était amplifiée par celle qui irradiait du corps de la Madone et l'enfant. C'était indescriptible ! Puis, il voyait en arrière-plan des catastrophes qui s'en venaient – noirceur, guerres, tornades, tremblements de terre, inondations – et malgré cela, surtout quand il regardait la Madone, l'enfant et l'or qui coulait dans l'eau, il ne ressentait aucune souffrance. Il se sentait très bien.*

Que signifiait ce rêve ? Pour une personne d'une autre confession – par exemple une personne de confession hindoue, musulmane ou bouddhiste –, l'Intelligence Cosmique aurait utilisé à la place de la Madone un autre symbole qui inspire la pureté et la réceptivité. L'eau, très présente dans ce rêve, symbolise les émotions, et l'or touche à la matérialisation Divine. On lui a montré que lorsque ses émotions sont apaisées par la présence de la Madone – qui représente le monde métaphysique, spirituel –, ce qui se passait en arrière-plan ne lui inspire ni peur ni souffrance.

Ce rêve traitait autant de l'intérieur de cet homme que du monde de la manifestation. Il illustre le fait que lorsqu'on travaille de pair avec l'Intelligence Cosmique, quand On nous infuse des énergies de haute vibration – d'une grande pureté, grande beauté et grande puissance –, on peut faire face à toutes sortes de noirceurs qui émergent de notre inconscient. Il témoigne aussi que lorsqu'on a reçu beaucoup de rêves initiatiques et qu'on est passablement avancé dans le nettoyage de nos mémoires, on demeure calme et confiant face à l'annonce d'événements catastrophiques.

Alors, quelle que soit la sévérité des événements rapportés dans les médias, on n'a plus besoin d'adopter la politique de l'autruche ni d'entretenir des discours apocalyptiques. Certaines personnes motivent leur pratique spirituelle par une pensée apocalyptique.

De ce fait, elles ne voient plus de raison de s'investir dans la matérialisation. Cette attitude, qui nourrit le pessimisme et la méfiance, fige ces êtres et engendre la peur, non la compréhension.

Quand on travaille avec les Énergies Angéliques, on sait que l'œuvre est d'abord et avant tout intérieure et que le mouvement de matérialisation ne comporte ni commencement ni fin. On s'engage dans des projets, non pas pour ce qui en résultera sur le plan matériel, mais pour avoir l'opportunité de développer encore plus de qualités. Avec une telle intention, notre vie devient une Bénédiction Divine. On prend de plus en plus conscience que la matière est temporelle et éducationnelle. Et on sait que ce que l'on apprend reste inscrit dans notre âme pour l'Éternité.

# ANGE 10 ALADIAH
## La seconde chance

Une femme nous a raconté l'histoire de son filleul qui avait souffert d'une pneumonie. Un jour, à l'époque où il était profondément atteint, elle lui a parlé au téléphone pour le réconforter et lui a alors suggéré de prier son Ange Gardien, de répéter son Nom le plus souvent possible à l'intérieur de lui-même. Ce soir-là, comme le lui avait conseillé sa marraine, le jeune garçon a prononcé le Nom de l'un de ses Anges Gardiens à maintes et maintes reprises. Puis il s'est endormi. Dans la nuit, il a reçu un rêve.

Dans son rêve, *un homme lui a ouvert une porte, et derrière cette porte se trouvaient des lignes blanches horizontales. Le garçon a pris les lignes dans ses mains et il les a broyées avec mécontentement.*

Le lendemain, il a raconté ce rêve à sa marraine, et en très peu de temps, il s'est retrouvé complètement guéri.

Voici l'interprétation que mon époux a donnée à cette femme :

— Dans ce rêve, On a montré à ton filleul qu'il avait ouvert une nouvelle zone de sa conscience où se trouvent certaines mémoires de spiritualité mal comprise. Dernièrement, il a dû vivre un événement qui l'a amené à se révolter contre les règles, les directions, les principes de vie à suivre. Le blanc représente la spiritualité, la lumière qui permet de voir clair, de connaître, et l'horizontale symbolise ce que l'on suit, ce qui se manifeste concrètement, dans la matière. Puisqu'il a broyé les lignes blanches avec mécontentement, cela veut dire que, dans son avancement, il se révolte de voir tout ce qui se passe sur la Terre et contre les directions de vie qu'on lui demande de suivre.

— Je comprends ! s'est exclamée cette femme. La pneumonie s'est déclenchée juste après son retour des Caraïbes, et je sais qu'il a été bouleversé par la pauvreté de certains enfants. Il en parle d'ailleurs très souvent. Il a vu de très jeunes enfants travailler dans les plantations de canne à sucre, et il leur a donné tout son argent de poche, ses crayons, ses objets.

Ce garçon avait eu un choc de conscience car, contrairement à ces enfants, il vit dans une très grande abondance.

Mon époux a ajouté : « Puisqu'il t'a demandé une interprétation de son rêve, explique-le-lui. Souligne l'importance de suivre les règles et ajoute aussi la notion de la réincarnation qui explique la pauvreté, les difficultés, sinon, il deviendra de plus en plus révolté. Dis-lui qu'on a plusieurs vies, ici, sur Terre, et que certaines personnes sont pauvres parce que dans d'autres vies elles n'ont pas su bien utiliser les ressources matérielles qui leur avaient été accordées. Explique-lui qu'il existe des Lois Divines, qui s'appliquent non pas pour punir mais pour éduquer, pour enseigner aux êtres à ne pas gaspiller les ressources qu'ils reçoivent. Explique-lui les notions de bien et de mal. Dis-lui pourquoi la pauvreté existe et à quoi elle sert ; fais-lui comprendre qu'elle est éducative. Dis-lui aussi que dans la vie on doit être juste, suivre ce qui est juste, ne pas se rebeller contre les règles mais les améliorer quand on le peut. Inspire-le pour qu'il comprenne que s'il n'utilise pas bien la grande abondance matérielle dans laquelle il vit, il pourra lui aussi se retrouver – lors d'autres vies – dans la même situation que les enfants qu'il a vus. Cela ne veut pas dire qu'il doit tout donner, mais qu'il doit essayer d'être juste. »

À l'aide de plusieurs exemples, nous allons étudier dans ce cours le sujet de *la seconde chance* – comment recevoir une seconde chance, et également, comment accorder aux autres une seconde chance. Nous analyserons ces exemples à la lumière de l'État de Conscience représenté par l'Ange ALADIAH, qui porte la vibration du nombre 10 et qui est l'un des 72 Anges définis dans l'Angéologie Traditionnelle.

Dans le chapitre explicatif sur l'Angéologie Traditionnelle, on voit dans la section qui montre les Qualités des 72 Anges et les distorsions humaines, que la principale Qualité de l'Ange ALADIAH est *la Grâce Divine*. Or, que doit-on comprendre au juste par Grâce Divine ? C'est la Grâce qui absout et dissout tout mal. Elle innocente l'être. Quoi qu'il ait pu faire, peu importe ses erreurs, elle l'innocentera, sans nécessairement qu'il ne se repente, ni même qu'il change de comportement.

Recevoir une grâce est une expérience très puissante. Et quand on entend parler de Grâce Divine, on pense qu'elle est plutôt rare. L'idée de gracier un criminel ou la notion de grâce avec une connotation mystique nous viennent immédiatement à l'esprit. Or, en étudiant l'Essence Angélique ALADIAH, nous allons voir que nous recevons très souvent des Grâces Divines, sous forme de secondes chances.

Par exemple, chaque fois qu'une personne malade ou accidentée récupère la santé sans pour autant avoir changé son comportement – alors qu'il est connu qu'une maladie est toujours due à des comportements erronés –, elle reçoit une Grâce Divine. Lorsqu'un patient reçoit l'aide d'une infirmière, il bénéficie également d'une grâce, surtout dans les pays où le système de santé dispense les soins gratuitement. Or, il y a bien des personnes ingrates qui n'apprécient pas la chance qu'elles ont. On trouve la même ingratitude chez les gens qui critiquent leur emploi et qui sont constamment à la recherche d'un autre, plus rémunérateur. Un emploi aussi est une grâce. Au sein de la famille et dans l'éducation des enfants, on reçoit et on accorde continuellement des grâces, avec et par amour.

Certaines Énergies Angéliques comportent un côté rigoureux, par exemple l'Ange CALIEL, la Vérité, ou l'Ange MIKAEL, l'Ordre. Ces Champs de Conscience assurent qu'à un moment donné, on doit reconnaître et rectifier les erreurs qu'on a commises. S'il n'existait pas la Grâce Divine, si seule l'application rigoureuse des Lois intervenait, on serait vraiment accablé ! La vie serait tellement dure qu'on n'aurait aucune chance de récupérer et de s'améliorer ; on serait constamment en situation de survie. Donc, dans son infinie Bonté, le Créateur a prévu la rémission ou la Grâce Divine – qui est l'une de ses facettes.

Avec l'Ange ALADIAH, on prendra conscience de toutes les grâces que l'on a déjà reçues et on apprendra à les apprécier. On voit parmi les distorsions : *le gaspillage*. Combien de fois a-t-on gaspillé, sans avoir conscience que l'on bénéficiait de grâces. On pensait que les ressources nous étaient dues. En étudiant cet Ange, on comprendra à quel point on reçoit souvent des ressources qui ne correspondent pas à ce qu'on est, c'est-à-dire à ce qu'on mériterait réellement. Le jour où l'on prend conscience de cela, notre évolution est accélérée.

Dans la liste des Qualités – ou aide-mémoire – de cet Ange on voit qu'il nous procure également un *grand pouvoir de guérison et une santé florissante*. En effet, en mettant à notre disposition beaucoup de ressources et d'énergie, ALADIAH nous confère le pouvoir de *la régénération*. Il touche aussi à *l'abondance spirituelle et matérielle*. Il nous fait bénéficier de grandes ressources sur tous les plans ; on recevra beaucoup d'informations et de pouvoir spirituel, lesquels se matérialiseront sous la forme d'une abondance matérielle.

Quand on ne comprend pas bien ce Champ de Conscience Angélique et qu'on ne l'a pas intégré et utilisé de manière juste, il en résulte toutes sortes de distorsions. Parfois on ne fait pas bon usage de l'abondance spirituelle et du pouvoir que celle-ci nous confère. On génère alors diverses formes de *spiritualité dangereuse*, c'est-à-dire des pratiques spirituelles qui versent dans la distorsion. Comme dans le cas des *faux gourous*, ces personnes font miroiter le pouvoir spirituel mais, en fait, n'ont qu'un pouvoir illusoire, ou ont de petits pouvoirs qu'ils utilisent uniquement à des fins personnelles, pour nourrir leur égo en abusant des autres. La même chose s'applique pour les victimes d'une fausse spiritualité qui peut prendre bien des formes. Quand on travaille avec ALADIAH, nos mémoires distorsionnées touchant au pouvoir spirituel mal utilisé nous sont révélées : elles nous apparaissent sous forme de symboles dans nos rêves et elles nous font entrer en résonance avec des personnes et des situations qui se présentent dans notre vie quotidienne – car on attire inévitablement ce que l'on est.

Parmi les distorsions, on trouve également : *déchéance morale, nonchalance, indifférence et mollesse*. L'être a reçu toutes sortes de ressources – non seulement matérielles et spirituelles, mais aussi affectives, comme si quelqu'un lui donnait de l'amour – et qu'il y restait indifférent. Il manifeste alors cette mollesse et nonchalance caractéristiques des personnes qui croient que tout leur est dû et qui n'apprécient pas ce qu'elles ont. Il en résulte un mode de vie où l'on s'attend à être assisté par les autres, les institutions sociales, sans vouloir faire des efforts et assumer des responsabilités.

Lorsque cette Énergie Angélique est mal employée, cela génère aussi une *mauvaise santé*. En effet, quand nous n'utilisons pas bien nos ressources, cela engendre des *karmas difficiles* qui peuvent se manifester jusque dans notre corps physique. De même, quand on n'arrive pas à bien intégrer une abondance d'énergie et qu'on s'en sert pour s'adonner à toutes sortes d'excès, dont *les excès sexuels*, là aussi, on nourrit la distorsion du *gaspillage*. Dans la même catégorie entre les problèmes de *boulimie* et sa contrepartie, *l'anorexie*. Nous verrons également des exemples à ce propos.

En travaillant avec l'Ange ALADIAH, on recevra en rêve des informations sur les occasions où nous avons gaspillé nos ressources. Ou encore, On nous montrera nos résonances avec certaines pratiques prétendument spirituelles qui ne sont pas justes. Mais bien entendu, tout a sa place : peu importe la méthode pratiquée, même si elle est distorsionnée, elle a sa place. Un être peut se sentir attiré par une spiritualité qui n'est pas juste parce qu'il a mal utilisé le pouvoir spirituel dans d'autres vies. Même s'il n'en est pas conscient, il transporte ces mémoires à l'intérieur de lui, et c'est ce qu'il doit vivre. C'est en expérimentant et en voyant l'effet du pouvoir spirituel mal utilisé qu'il pourra se corriger un jour. Donc, face au phénomène des faux gourous et de la fausse spiritualité en général, au lieu de réagir par la peur et de s'engager dans une guerre idéologique, au lieu de devenir soi-même fanatique ou extrémiste, on évalue avec discernement et on demeure dans la compassion. En outre, chaque fois qu'on a peur de quelque chose, on saura qu'on porte cela quelque part dans notre inconscient. C'est absolu. Et parfois, c'est profondément enfoui.

L'Ange ALADIAH nous révèle aussi les secondes chances – les Grâces Divines – qui nous ont été accordées et qu'on n'a pas su bien utiliser. Ces mauvaises utilisations ont créé dans notre inconscient des nœuds, des zones obscures, que l'on devra un jour ou l'autre nettoyer.

⊙

Voyons maintenant un premier exemple qui montre comment On peut nous signaler en rêve qu'on reçoit une seconde chance. C'est le rêve d'une femme qui m'a demandé son interprétation.

*Dans son rêve, elle avait perdu sa bourse et sa voiture avait été volée. Elle a vu arriver des hommes qui lui ont dit : « On te rend ta voiture, On te rend ta bourse, mais tu n'as pas passé le test. »*

Ces hommes étaient des guides qui faisaient de la transfiguration. Quand les guides font de la transfiguration, Ils prennent une forme – symbolique – qui leur permet de transmettre au rêveur un message qu'il doit comprendre. Les deux symboles, la voiture et la bourse, représentaient des parties de cette femme. La voiture situe l'être dans ses relations sociales : elle symbolise la façon dont la personne se comporte et comment elle avance socialement vers ses objectifs. Lorsque dans un rêve on ne trouve pas son véhicule, qu'on ne se souvient pas de l'endroit où on l'a stationné ou qu'on se le fait voler, le lendemain, on n'a vraiment pas beaucoup d'énergie. On aurait beau avoir dix voitures dans le concret, on n'aurait pas plus d'énergie pour avancer vers les autres.

Et pourquoi se fait-on voler son véhicule, symboliquement ? Pour que cette restriction qui nous est imposée nous fasse réfléchir sur la façon dont nous nous manifestons sur le plan social. Et que symbolise la bourse ? Pour comprendre sa signification symbolique, on l'analyse avec la logique du concret : à quoi sert une bourse ? Que contient-elle ? Nos papiers d'identité. Donc, perdre ou se faire voler sa bourse indique symboliquement que l'on perd ou se fait voler ce qui nous procure notre identité personnelle, ce à quoi on s'identifie. Sans qu'aucun événement extérieur ne se produise, soudainement, on manque de confiance en nous. La bourse peut aussi contenir des clés, lesquelles nous permettent de rentrer chez soi, de faire partir notre voiture, etc. Quand on perd nos clés, on perd l'accès aux lieux qui nous sont importants. La même chose vaut pour les cartes de crédit et l'argent, qui représentent de l'énergie densifiée grâce à laquelle nous avons la possibilité de nous manifester, d'agir dans la matière. Si dans ce rêve On ne lui avait pas restitué ses biens, cette femme se serait sentie vidée le lendemain. Ensuite, On lui a signalé qu'elle n'avait pas passé le test.

Je lui ai dit : « Ce rêve est important. C'est un avertissement qu'il ne faudrait pas ignorer. Sinon, tu auras bientôt à vivre une épreuve dans le concret, car tu n'as pas réussi le test sur le plan métaphysique. Après un rêve comme celui-là, au réveil, demande-Leur, En Haut, de te montrer à quel moment tu te fais voler ta voiture et à quel moment tu perds ta bourse, symboliquement parlant. Demande-Leur de t'aider à reconnaître ce qui fait en sorte que tu perds ta protection. »

Des attitudes et des comportements ainsi que des pensées et des émotions non justes, qui interviennent dans toutes sortes de situations, sont généralement à l'origine de cette perte de protection. Beaucoup de personnes pourraient recevoir ce genre de rêves, mais On ne leur en envoie pas. D'autres en reçoivent mais ne savent pas les interpréter. Cela correspond toujours à ce que l'être a à vivre. Or, lorsqu'on reçoit la Grâce de pouvoir comprendre les messages contenus dans nos rêves, il devient tellement plus facile de rectifier nos distorsions, et surtout, d'empêcher que celles-ci ne se manifestent concrètement sous forme d'épreuves.

À quoi sert une Grâce Divine ? Au lieu de présenter une explication théorique, je vous donnerai un exemple qui montre à quoi servent essentiellement les Grâces Divines ou les secondes chances. C'est un exemple tiré du roman *Les Misérables* de Victor Hugo et il illustre fort bien comment le Champ de Conscience de l'Ange ALADIAH se manifeste.

Pourquoi ce roman a-t-il connu un tel succès ? Parce que cette histoire reflète des facettes de l'Amour Universel, cet Amour qui pardonne les fautes et les actes non justes qu'on a pu commettre. Voici en résumé le contenu. Le personnage principal s'appelle Jean Valjean. *Tout jeune, il vole déjà du pain pour nourrir ses neveux qui sont affamés. Il est arrêté, puis emprisonné pendant 20 ans. Les lieux d'emprisonnement sont tellement sordides, les conditions de vie tellement difficiles que les prisonniers en deviennent enragés. Jean Valjean réussit à s'évader, puis il est accueilli et hébergé par un prêtre bienveillant qui lui témoigne beaucoup de confiance.*

*Or, une nuit, Jean Valjean décide de s'enfuir, et en partant, il vole les chandeliers en argent du prêtre. Il est rapidement arrêté par la police et il prétend que le prêtre lui a donné les chandeliers. La police n'en croit pas un mot et le ramène chez le prêtre. Le policier dit alors au prêtre : « Cet individu prétend que vous lui avez donné vos chandeliers. » Jean Valjean, les yeux baissés, se sent traqué comme un animal et il sait que les paroles du prêtre détermineront le cours des événements. Le prêtre répond : « C'est vrai, je les lui ai donnés. » Avec ces quelques mots, le destin de Jean Valjean bascule.* – Cette attitude du prêtre est un bel exemple de la manière dont la Grâce Divine à l'état pur peut se manifester. Dans ce cas, elle permet au malfaiteur de retrouver sa dignité sans avoir à se repentir, ni à changer son comportement : il est blanchi. On ne tient pas compte de son acte et On lui donne des ressources. C'est cela, une Grâce Divine. L'intention du prêtre était pure, et c'est cette pureté qui détermine la puissance de la Grâce. Nous pouvons tous activer ce Champ de Conscience Angélique en notre être et offrir aux autres des secondes chances, comme un juge peut également le faire dans certaines circonstances ou lors d'une première offense.

*Le geste du prêtre transforme la vie de Jean Valjean : il change de nom, il vend les chandeliers et l'argent qu'il en retire lui permet de repartir à zéro. Puis, au fil des années, il acquiert une fortune considérable et il devient maire de la ville. Jean Valjean devient un homme meilleur, un homme qui développe les Qualités et les Vertus. Avec sa fortune, il aide les pauvres et les ouvriers, et va même jusqu'à adopter une petite fille. Mais arrive le jour où son passé refait surface – cela aussi fait partie de la Grâce Divine. Il apprend qu'un certain homme qu'on prétend être Jean Valjean va être condamné à sa place. Bien sûr, cela lui pose un problème de conscience qui le pousse à aller se livrer à la justice. Plus tard, il s'enfuit à nouveau et un policier implacable le poursuit.* Cette histoire est un drame humain, un drame karmique qui décrit bien l'Essence de l'Ange ALADIAH.

Qu'est-ce qui fait de cette histoire une si parfaite allégorie de la Grâce Divine ? Dans la Grâce Divine, sur le moment, nos fautes sont absoutes et des moyens nous sont redonnés, mais – et c'est cela qu'on doit comprendre et que cette histoire illustre bien – tout ce que l'on a fait demeure inscrit. Ces ressources nous sont accordées afin que l'on fasse comme Jean Valjean : que l'on devienne riche, surtout riche en termes de Qualités et de Vertus.

Quand on est dans une situation de survie, comme un animal misérable, quand nos besoins de base ne sont pas satisfaits, il est très difficile de travailler sur soi. Voilà pourquoi l'Intelligence Cosmique nous donne des ressources : pour nous permettre de travailler sur nous. Puis, une fois qu'on s'est enrichi – et ce, sur tous les plans, jusque dans la matière –, tôt ou tard les karmas se manifestent à nouveau. C'est absolu. Quand on est très pauvre, on ne peut pas payer ses dettes, mais quand on est très riche, c'est plus facile de le faire. Il en va de même avec nos karmas, qui sont des dettes Cosmiques. Voilà à quoi servent les Grâces Divines. Lorsqu'on a compris cet aspect fondamental, quand On nous redonne des ressources, on les apprécie et on ne les gaspille plus. On les utilise à bon escient. C'est tout le but de ce Champ de Conscience ; l'Ange Aladiah nous permet de bien l'intégrer.

Avec cette Énergie Angélique, on apprend aussi à accorder des grâces et à reconnaître le bon moment pour le faire. Car c'est cela qu'Ils font, En Haut : Ils nous accordent des grâces de manière répétée, et à un moment donné, Ils disent : « Ça ne donne rien. On doit débrancher. On doit sevrer cet être. Il continue à nourrir les mêmes distorsions. » Alors, pendant un laps de temps plus ou moins long, l'être n'a plus rien ; il traverse une phase de sevrage. Ici sur Terre, nous devons apprendre à procéder avec les autres exactement de la même manière que le Créateur. Et nous devons le faire toujours avec bonté et amour.

Comment savoir quand on doit donner une seconde chance à une autre personne ? Pour illustrer cette problématique, voici un fait vécu. Une femme qui travaille avec l'Angéologie Traditionnelle depuis un certain nombre d'années, a reçu ce rêve : *Elle voyait son fils âgé d'une trentaine d'années qui lui téléphonait à partir d'un endroit très sale et très pauvre. Au téléphone, il lui a demandé de l'aide ; en fait, il lui demandait de la nourriture et des saucisses. Elle a refusé. Ensuite, elle l'a vu aller au bureau de l'aide sociale.*

Quelques jours après ce rêve, son fils est venu les voir, elle et son conjoint. Il leur a dit qu'il souhaitait leur emprunter de l'argent parce qu'il avait des dettes et parce qu'il avait reçu une contravention très coûteuse à cause d'un grand excès de vitesse. À ce moment-là, cette femme a reconnu la signification de son rêve : elle a pris conscience qu'elle avait visité l'âme de son fils.

La plupart du temps, les personnages que l'on voit dans nos rêves ne sont que des symboles qui représentent des parties de nous – surtout lorsqu'il s'agit de personnes proches, lesquelles symbolisent des parties majeures de notre inconscient. Mais lors de la visite de son fils dans le concret et après avoir entendu sa demande, cette femme a compris qu'elle avait visité effectivement son âme dans ce rêve. Cependant, dans le doute, il vaut mieux se dire qu'On nous a montré uniquement des parties de nous-même, et on continue à travailler sur soi pour développer les Qualités et les Vertus. Si, En Haut, Ils veulent qu'on sache qu'on a visité l'âme de la personne vue en rêve, Ils nous l'indiqueront.

Par la suite, cette femme a raconté son rêve à son fils. Puis elle lui a précisé : « Cette fois-ci, on te prête l'argent, mais c'est la dernière fois. » Ce n'était pas la première fois que leur fils empruntait de l'argent, car il ne sait pas bien gérer ses ressources. Il a un travail bien rémunéré, et malgré cela, il n'arrive pas à équilibrer son budget.

Analysons maintenant ce rêve. Dans la réalité onirique, le fils se trouvait dans un milieu pauvre et sale. Pourtant, dans la réalité concrète, il vit dans un environnement propre et ordonné. C'est sur le plan énergétique que ce jeune homme est pauvre et sale. Vous voyez, ce qu'On nous montre lorsqu'on visite l'âme d'une autre personne n'est pas nécessairement identique à ce que l'on voit dans le concret ; On nous montre toujours l'essence. D'autre part, il est important de ne pas figer l'image d'un être à ce que l'on a perçu en visitant son âme. Car ce que l'on voit est comparable à une photo : au moment où la photo a été prise, la personne peut apparaître tout sale et grimaçante, et si on reprend une deuxième photo un peu plus tard, elle peut être tout lumineuse et propre. La même chose s'applique au plan métaphysique : ce qu'on aperçoit de l'âme d'une personne à un moment précis n'est pas invariable, car elle continue à évoluer. De plus, chaque être, chaque âme, est constitué d'une multitude d'aspects qu'on ne peut pas voir simultanément. Donc, il est bien important de ne pas fixer de manière durable l'image qu'on se fait d'une personne.

Dans ce rêve, On a montré à cette femme où en était réellement son fils à ce moment-là – quelle attitude il avait par rapport aux ressources – et ce qu'il allait faire de l'argent qu'elle lui prêterait. C'était un rêve d'avertissement. Un jour, On nous ouvre ces portes, surtout quand on chemine. Cela fait partie du pouvoir spirituel. Quand on chemine spirituellement, on souhaite être dans l'Amour, favoriser l'harmonie et aider les autres. Et lorsqu'il s'agit de nos propres enfants, bien sûr, on est généralement encore plus touché. Ainsi, tant qu'on n'a pas acquis une compréhension profonde, qui permet de percevoir ce qui se passe au niveau de l'âme de l'autre, il est difficile de dire non, de refuser l'aide que nous demandent nos enfants dans le concret. Alors, dans un rêve, On peut nous dire : « Cette fois-ci, tu dois dire non, et ce sera un acte d'Amour de lui dire non. »

Par l'image des saucisses, On a montré à cette mère ce que son fils vivait et quelle sorte d'aide il demandait. La nourriture, c'est de l'énergie. Il aurait pu demander des fruits et des légumes, et dans ce cas la signification aurait été bien différente. Les saucisses sont fabriquées à partir de chair animale, et les animaux symbolisent les instincts, les besoins primaires. Cet homme demandait donc de l'argent pour pouvoir nourrir les aspects instinctuels, primaires de son être. De par sa forme allongée, la saucisse représente aussi l'émissivité. Avec l'aide reçue de la part de ses parents, ce fils continuera à nourrir un fonctionnement trop émissif. Ce rêve servait d'avertissement à cette mère, comme si On lui disait :« Regarde, si tu lui donnes de l'argent, il s'en servira pour nourrir les aspects instinctuels qu'il exprime déjà de manière trop excessive. »

Dans le rêve, elle a refusé et elle a pu en observer les conséquences : son fils est allé demander l'aide sociale. Or, comme tous les symboles, l'aide ou assistance sociale a son *plus* et son *moins*. Du côté positif, elle représente une grâce ! Lorsqu'une personne n'a plus d'emploi, elle peut y trouver de l'aide pour subsister. Du côté négatif, il y a aussi des personnes qui en abusent, qui profitent pour se faire prendre en charge, pour se déresponsabiliser et mener un mode de vie de décrochage, de fuite. Dans ce rêve, c'est le côté négatif de l'assistance sociale qui ressortait. On a signifié à cette femme : « Tu vois, il a une tendance à vouloir se faire prendre en charge. »

Quelques semaines plus tard, cette femme m'a raconté qu'elle était allée en voiture avec son fils. Elle m'a dit : « J'ai eu assez peur ! Il allait tellement vite ! J'étais tout de même contente de moi, par rapport au passé, car je ne me suis pas énervée. Je lui ai dit calmement d'aller moins vite. Il a répliqué en disant que lorsque je n'étais pas avec lui, il allait encore plus vite. Alors j'ai eu encore plus peur ! »

Puis elle m'a dit : « Bon, je sais que j'ai des résonances avec lui, mais ce n'est pas au niveau des excès de vitesse, je ne fais pas d'excès de vitesse. » La résonance qu'elle avait avec son fils et que cette anecdote a révélée, existait à un autre niveau : elle concernait la hâte que les choses aboutissent. Or, qu'est-ce qui motive cette hâte, ce désir de résultats immédiats ? C'est l'ambition et, plus loin derrière, un besoin d'être reconnu et d'obtenir rapidement des résultats, sans devoir faire des efforts, ce qui donne une sensation de succès. Le dérangement qu'on ressent dans diverses situations se compare à une fenêtre qui s'ouvre sur un écran d'ordinateur et qui offre un menu. On a le choix d'aller plus loin en ouvrant une autre fenêtre, puis une autre encore. Derrière la peur de cette femme face aux excès de vitesse, se trouve un non-respect des Lois Divines. En allant encore plus loin dans la compréhension métaphysique, on décèle une peur de la mort qui n'est pas transcendée.

Quelques semaines après avoir prêté de l'argent à son fils, cette femme ne se souvenait plus de l'avoir fait. Elle ne se rappelait pas non plus de ce qui avait fait déborder le vase – à savoir l'excès de vitesse – et ce qui lui avait fait dire que c'était la dernière fois. Par cet oubli, On a voulu lui donner un autre enseignement. On a voulu lui dire : « C'est bien de l'avoir averti que c'était la dernière fois que tu lui prêtais de l'argent, mais cette dernière fois, tu as quand même cautionné son comportement ; tu n'as pas écouté ton rêve. Et tu vois, malgré la grosse contravention qu'il a eue, il continue à conduire trop vite. »

Un jour, ce jeune homme ira peut-être jusqu'à perdre son permis de conduire ou pire encore. En Haut, Ils utilisent la même pédagogie. Pendant un certain temps, on agit de manière distorsionnée, on répète les mêmes erreurs, et En Haut, Ils multiplient les secondes chances. Ils ont tellement d'Amour ! Or vient un moment où Ils disent :

« Maintenant, c'est assez. Nous allons lui retirer son véhicule. » Et Ils peuvent le faire symboliquement ou même concrètement. Pour notre apprentissage, il arrive qu'On nous retire toutes sortes de choses et là, on apprend par l'expérience du manque.

L'exemple suivant ressemble au précédent. Au début, quand une personne reçoit un rêve au cours duquel elle visite l'âme d'un autre être, l'orgueil peut se mettre de la partie et la personne se sent importante parce qu'elle a eu accès à ce pouvoir. Ou encore elle part en croisade et s'empresse de parler de son rêve à la personne dont elle a visité l'âme. Or c'est justement ce qu'il ne faut pas faire. Les cas où il convient d'en parler sont très rares, et lorsqu'On nous ouvre ces portes, il faut l'accepter avec beaucoup de sagesse et de respect. Notre accès aux informations révélées dans ce type de rêves ne sert qu'à nous permettre de mieux accompagner l'autre, à prendre les bonnes décisions à son égard. Et si, par exemple, on doit refuser une demande d'aide – comme dans le cas précédent –, on ne se sentira pas coupable de le faire, car on saura que notre geste est juste. On restera simplement dans l'Amour.

Une femme a reçu ce rêve : *Son ex-conjoint revenait d'Afrique, des cadeaux plein les bras. Puis deux policiers de race noire l'ont arrêté.* Dans le concret aussi, cet homme était en Afrique. Or, deux semaines après avoir reçu ce rêve, son ex-conjoint l'a appelée d'Afrique pour lui demander un service. Il lui a dit : « J'ai besoin d'argent. Est-ce que tu pourrais intercéder en ma faveur auprès de notre fille pour qu'elle me prête de l'argent ? » Il faisait référence à leur fille qui avait hérité de son époux. Ici, on voit que les rôles sont inversés par rapport à l'exemple précédent : c'est le père qui demandait de l'aide à sa fille. En entendant cette demande, cette femme s'est souvenue de son rêve.

Elle m'a dit : « J'ai pu lui dire non sans me sentir coupable. » Puis, pour m'expliquer sa situation, elle a ajouté : « J'ai toujours eu une très bonne relation avec mon ex-conjoint – c'est un joueur compulsif qui a fait faillite, ici, au Québec, et qui pour cette raison est allé vivre à l'étranger –, mais il continue à jouer. Parfois, il revient ici chargé de cadeaux et il fait la distribution à toute la famille, y compris à moi. Avant, je me serais sentie coupable de lui dire non. Mais cette fois-là, je me sentais bien de le faire, car mon rêve m'avait clairement indiqué que ce qu'il faisait n'était pas juste et que cette épreuve était là pour l'amener à changer de comportement. »

⊙

Étudions maintenant la position de l'Ange ALADIAH dans l'Arbre de Vie. Cet Ange réside dans la Séphira Hochmah. Connaissant son domicile, il nous est aisé de comprendre pourquoi ALADIAH nous offre des Grâces Divines. En effet, Hochmah est le siège de l'Amour et de la Sagesse suprêmes, capables d'absoudre et de dissoudre tout mal. Cette Séphira représente le jaillissement de l'Énergie Cosmique à l'état pur et elle infuse une grande dévotion. Hochmah est symboliquement reliée à la planète Uranus, qui représente l'altruisme, la fraternité et l'évolution.

La spécificité – ou lieu d'expression – de l'Ange ALADIAH se trouve en face, sur l'autre pilier de l'Arbre de Vie, dans la Séphira Binah. Celle-ci représente le mode d'emploi des Lois Divines et la Matrice Originelle dans laquelle débute la conception de la forme, la matière primordiale. De ce fait, Binah symbolise aussi la Puissance féminine qui enfante une nouvelle vie. Cette Séphira est symboliquement reliée à la planète Saturne, qui représente la persévérance, la concentration et la stabilité.

Pour mettre en évidence la nature rigoureuse de la Séphira Binah, on utilise souvent dans la science initiatique le symbole des 24 Vieillards qui jugent et décident des destins. L'image des 24 Vieillards représente un certain état de conscience auquel correspondent dans la tradition orientale les 24 Seigneurs du karma. Avec la vibration de l'Ange ALADIAH, c'est comme si, symboliquement, ces 24 Vieillards ou Seigneurs du karma résidaient dans le pays de l'Amour pur, de l'Amour qui absout, dissout et pardonne toute faute. C'est le Champ de Conscience dans lequel les Seigneurs du karma disent : « Bon, cet être a transgressé les Lois, mais on n'en tient pas compte pour l'instant. On va lui redonner des ressources, une seconde chance pour qu'il puisse travailler sur lui et retrouver les Qualités et les vertus, pour qu'il puisse s'enrichir et avoir un peu plus de facilité à payer ses dettes. »

Normalement, quand on sollicite un prêt dans une banque, des garanties sont exigées ; sans elles, il est impossible d'obtenir l'argent demandé. Or, lorsqu'on reçoit une Grâce Divine, c'est comme si on contractait un emprunt sans qu'On nous demande de garanties. En Haut, Ils ne tiennent pas compte de ce que l'on a fait et Ils nous disent : « Tiens, voici 100 000 dollars. » Une personne peut dilapider ces ressources en trois jours, alors qu'une autre les fera fructifier. À la manière du personnage Jean Valjean, elle bâtira une entreprise, elle développera des Qualités et des Vertus, et elle se servira ensuite de l'abondance des ressources qu'elle aura générée pour venir en aide aux autres. Voilà l'utilité d'un prêt, en termes symboliques.

Nous avons vu que l'Ange ALADIAH touche à l'abondance spirituelle, et que la distorsion de celle-ci s'exprime par des pratiques spirituelles malsaines et par le phénomène des faux gourous. Voyons maintenant une histoire vécue qui illustre bien ces deux côtés. C'est l'histoire d'un homme qui travaille assidûment avec les Énergies Angéliques et à qui On a montré ces aspects en rêve afin qu'il puisse les rectifier. Là est la grande beauté de cet Enseignement : l'être reçoit la vérité en direct et il peut en tirer un bénéfice extraordinaire. En réalité on peut tout transformer.

Raconter des rêves comme ceux-ci demande énormément d'humilité de la part de la personne qui les reçoit. Cet homme n'a même pas trente ans et il a déjà un grand pouvoir spirituel. Il reçoit une abondance d'informations dans ses rêves, qui sont souvent très élaborés, très détaillés, et dans lesquels On lui apprend aussi comment gérer ses pouvoirs.

En ce moment, on voit émerger ces êtres qu'on appelle *les enfants indigo ou les enfants des étoiles* parmi d'autres noms qu'on leur a donnés. Ces êtres qui s'incarnent depuis plusieurs décennies, manifestent déjà très jeunes des facultés médiumniques avancées. Ce sont des enfants très intenses qui sont habitués à visiter les mondes parallèles et dont le programme inclut un rythme de matérialisation très rapide – leurs pensées et leurs émotions ont un effet quasi immédiat dans le concret. Mais un grand nombre de ces êtres n'ont pas encore acquis la sagesse et la pureté nécessaires pour bien utiliser leurs facultés et leurs pouvoirs spirituels. Ils doivent faire un grand travail sur eux-mêmes pour transformer leurs distorsions. Certains le font surtout au moyen de leurs rêves : leurs distorsions leur sont montrées directement afin qu'ils accèdent à la compréhension. D'autres doivent surtout expérimenter et apprendre au moyen de situations concrètes, car ils ne tiennent pas compte des messages de leurs rêves ou ne les comprennent pas. Par exemple, s'ils ont des mémoires de pouvoir spirituel mal utilisé, ils s'improviseront gourous et se constitueront un fan club, ou bien ils seront fascinés par des faux gourous, et, le moment venu, ils souffriront de la désillusion. Mais cela fait partie de leur programme.

Quoiqu'il en soit, lorsqu'est activé le programme visant à élever l'être vers les hauts niveaux de pouvoir spirituel – dans la pureté, entendons-le bien – il reçoit généralement des rêves de ce type.

Donc, voici le premier de deux rêves qu'a reçus cet homme. *Lui et son amie* – avec laquelle il chemine spirituellement depuis plusieurs années dans la réalité concrète – *conduisaient chacun sa voiture. Elle devait se rendre dans une ville et lui, l'a devancée avec son véhicule. Chaque fois qu'il voyait un panneau de circulation indiquant une entrée d'autoroute ou une route, il aspirait et avalait l'information qui s'y trouvait. Les panneaux se vidaient donc de leur information. Dans son rêve, il savait pourquoi il faisait cela : pour que son amie soit obligée de lui demander les directions. Puis son amie s'est approchée et lui a dit : « Mais qu'est-ce que tu fais là ? Les gens qui cherchent à aller dans cette ville ne vont plus s'y retrouver. Ils seront complètement perdus. »*

Tous les éléments dans ce rêve représentaient des parties de cet homme, y compris son amie. On lui a montré une attitude de faux gourou, celle d'un être qui veut que les autres passent par lui pour trouver leur orientation. Cette attitude est à l'antipode de la démarche suggérée par l'Angéologie Traditionnelle, qui vise et encourage le développement de l'autonomie spirituelle en devenant capable de recevoir sa guidance en direct, 24 heures sur 24. On y arrive en apprenant à décoder, avec le langage symbolique, les rêves, les signes, les situations du quotidien et les rencontres qu'on fait au jour le jour.

Quand un être est suffisamment conscient de l'influence de ses pensées et qu'il a rectifié ses mémoires distorsionnées, alors – et seulement alors –, On peut lui donner accès aux différentes strates de l'inconscient collectif (*voir* Figure 1 *page 565, la constitution de la conscience*). En effet, avant de pouvoir visiter ces zones, l'être doit d'abord nettoyer son inconscient personnel et son inconscient familial – en général, les deux vont de pair. Mais cela doit faire partie de son programme.

Si on veut faire une analogie avec l'ordinateur, c'est comme si dans un premier temps on pouvait accéder seulement à nos documents personnels. Bien sûr, puisque la pensée est créatrice, on peut faire du tort à certaines personnes en pensant à elles, mais uniquement si elles ont des résonances avec le contenu négatif des pensées qu'on envoie. De toute façon, puisqu'on n'a pas accès à leurs fichiers, les ravages que l'on peut faire demeurent limités. Or, plus nous nettoyons notre inconscient, plus nous acquérons certains pouvoirs et plus la force de matérialisation de nos pensées est puissante.

Donc, avant qu'On nous accorde l'accès au programme collectif et à la programmation qui y a lieu – parce que tout se décide dans les mondes parallèles –, on doit avoir passé bien des tests. C'est pour cette raison que, parfois, suite à un comportement en apparence bien banal, où par exemple on a eu une saute d'humeur ou une petite impatience, On nous dit : « Là, tu n'as pas passé le test. Tu dois recommencer. » Une petite impatience ou un petit mécontentement peuvent paraître insignifiants, sans portée réelle, mais lorsqu'un programme de matérialisation de haute puissance est activé, ces mouvements de l'âme ont toute une portée ! Les guides peuvent être en train de travailler sur un programme d'expansion pour telle ville ou sur un programme de régression pour telle autre ville – un jour, on peut voir ces programmes dans les mondes parallèles –, alors, bien sûr, Ils interdiront l'accès à tout être qui a encore des désirs de pouvoir personnel, de l'impatience et toutes sortes d'attitudes distorsionnées. Ils ne lui ouvriront pas les portes vers ces mondes car il pourrait dérégler l'application des programmes.

C'est à cela que servent toutes les initiations, toutes ces phases où nous sommes soumis à de fortes tensions. Ils nous permettent de développer suffisamment de maîtrise pour qu'En Haut, Ils puissent décider de nous accorder l'entrée dans les mondes parallèles.

Voici maintenant le deuxième rêve de cet homme. *Il voyait un bus arrêté, chargé de bicyclettes. Sans attendre que les autres passagers prennent une bicyclette, il en a enfourché une, et c'était une bicyclette en or. Puis il a été arrêté par une femme policière qui lui a dit : « Vous n'avez pas le droit d'aller sur les terrains de football avec la bicyclette. » Ensuite, il s'est retrouvé près d'un terrain de football avec des hommes et des femmes. Il y a aperçu un de ses amis d'enfance à bicyclette qui, malgré l'interdiction, s'était avancé sur le terrain de football. Lui n'y est pas allé parce qu'il était un peu gêné : il y avait de la séduction. Ensuite il s'est retrouvé sur un autre terrain de football où il n'y avait que des hommes et cette fois-ci, il y est allé. Il n'a pas obéi. »* Après avoir raconté son rêve, il a ajouté que les bicyclettes étaient prêtées.

Dans ce rêve comme dans le premier, tous les éléments représentaient des parties du rêveur. Commençons avec l'autobus. Lorsqu'on se déplace dans un véhicule, cela symbolise la façon dont on se comporte dans la société. Mais l'autobus est un mode de transport collectif, contrairement à la bicyclette, sur laquelle on avance de façon individuelle. Dans la première partie du rêve, On a montré à cet homme comment il avançait et se comportait en société. Il a pris une bicyclette en or, et ce n'est qu'à la fin de son récit qu'il a mentionné que ces bicyclettes étaient seulement prêtées. Vous allez voir que c'est un détail très important – souvent, on peut oublier de tels détails. Donc, cette bicyclette en or ne lui appartenait pas : elle lui était prêtée.

La bicyclette en or est tout un symbole d'exagération pour une bicyclette ! L'or est un symbole de richesse, une dynamique solaire, de reconnaissance ; il représente aussi le succès à grande échelle, la notion d'être le numéro un, une notion de matérialisation Divine. Donc, une bicyclette en or dans ce contexte explique la dimension de l'égo au plan individuel, une façon de briller, de vouloir être vu, considéré par tous. Un aspect *bling bling* aussi dans notre dimension personnelle d'avancement et de détente.

Et quelle différence y a-t-il entre une bicyclette en or prêtée et une bicyclette en or qui appartient à la personne ? Ici, On a voulu montrer que, oui, par moments, la personne peut avoir un grand charisme et inspirer les autres – elle peut rayonner –, mais son pouvoir n'est pas stable et est concentré pour briller, attirer l'attention à tout prix. Elle a encore trop de distorsions dans son inconscient pour être reconnue, et, à cause de cela, en d'autres moments elle verse dans l'excès. On peut souvent observer chez les riches toutes sortes d'excès, dont les excès sexuels, car ils sont monnaie courante. C'est aussi le cas de certains gourous, comme Osho qui avait des montres en diamants, des voitures de luxe, etc. La personne perd le contrôle de ses impulsions tout en ayant un puissant charisme. Or, l'âme sait que le charisme ou le pouvoir avec lesquels il fascine les autres, lui sont seulement prêtés.

Dans ce rêve, On a montré à cet homme ce qu'il doit changer afin qu'un jour la bicyclette en or soit justifiée et qu'il n'en ait plus besoin. Bien des besoins et objets sont transcendés quand on évolue spirituellement. Un autre aspect que cet homme doit changer concerne la compétition, qui est signalée par le symbole des terrains de football. Il doit cesser de vouloir toujours être le premier. La femme policière représentait une partie du rêveur – une partie de sa polarité féminine intérieure – qui veillait à faire respecter la Loi dans le monde des causes, une partie de lui qui est juste, qui cherche à le recadrer. Si la symbolique de la police et du métier de policier, policière était négative, cela s'afficherait, par exemple, par de la corruption et un abus de pouvoir dans l'exercice de leurs fonctions.

Je lui ai demandé :

— Qu'est-ce qu'il représente pour toi, ton ami d'enfance ?

— Il dessinait très, très, très bien, m'a-t-il répondu, mais il manquait de confiance en lui-même.

Lorsqu'on dessine, on utilise un crayon, un symbole masculin d'émissivité ; on pense, on sent et on agit : c'est une notion reliée aussi au besoin de se manifester. Il est donc ici question de souhaits de manifestation. Mais le manque de confiance en lui – manque de confiance face à la matérialisation – qui est encore inscrit dans son inconscient, resurgira dans certaines situations, par exemple lorsqu'il est avec des amis ou sur son lieu de travail, et l'empêchera de briller. Il aura tendance à rivaliser, à vouloir montrer qu'il est le meilleur. Or, lorsqu'on a atteint de hauts niveaux de conscience, on ne rivalise plus. Car rivaliser, c'est se battre contre les autres pour satisfaire ses besoins. On lui a montré que pour atteindre de hauts niveaux, il devait rectifier cette attitude.

Dans le rêve, au départ, il s'est abstenu d'aller sur les terrains de football, non pas par respect des lois, mais parce qu'il était gêné, et ce pour des raisons de séduction. Cela renvoie à nouveau à la bicyclette en or. Il veut briller et en même temps, il ne veut pas. On observe cela souvent chez les gens.

Cela m'amène à ouvrir une parenthèse. On a vu parmi les distorsions de l'Énergie Angélique ALADIAH : *la boulimie.* Cette distorsion touche aussi à tous les complexes liés à l'apparence physique, dont l'excès de poids et les handicaps qui en résultent. À cause de ces complexes, la personne s'abstiendra de poser certains actes et elle refoulera certains comportements, dont ceux axés sur la séduction, parce qu'elle est gênée de son apparence. Souvent, on cherche à éliminer ces handicaps sur le plan physique – toutes sortes de programmes et de techniques existent à cet effet – et on ne se rend pas compte qu'ils sont là pour une bonne raison. Ils ont une fonction de prévention, car ils empêchent l'être de continuer à accumuler des karmas. En éliminant ces handicaps, la personne a tout le loisir de continuer à poser des gestes visant à séduire, plutôt que de travailler sur elle et de développer des qualités et des vertus.

Quand un être s'est abstenu, non par respect des Lois mais parce qu'il était gêné ou complexé, un jour, lorsqu'il recevra une seconde chance – lorsqu'on lui redonnera la beauté, le charisme ou le pouvoir matériel –, qu'en fera-il ? Est-ce qu'il les utilisera de manière juste ? Est-ce qu'il se souviendra des karmas qu'il a engendrés, ou bien recommencera-il le même processus ? Dans ce rêve, au deuxième terrain de football, sur lequel ne se trouvaient que des hommes, le rêveur a recommencé à rivaliser. Et cette fois-ci, le personnage qui désobéissait était lui-même et non plus son ami d'enfance. Le contexte n'activait plus la gêne, puisqu'il n'y avait pas de femmes. Des rêves comme ceux-là sont tellement riches d'enseignements !

On pourrait se demander : « Si tous les personnages qui apparaissent dans un rêve représentent des parties du rêveur, comment se fait-il que dans certains cas c'est le rêveur qui agit, qui pose un geste, et dans d'autres cas, c'est un des personnages ? Il y a deux raisons à cela. La première vise à épargner le rêveur dans un premier temps ; car s'il s'agit d'un geste très distorsionné ou d'une action pas du tout juste, le rêveur peut ne pas être prêt à se voir agir ainsi ; le choc serait trop grand, il en serait démoli. En Haut, Ils procèdent de manière progressive, exactement comme lorsqu'on choisit de raconter une histoire à un enfant plutôt que de parler directement du sujet qu'on veut aborder avec lui. Quand l'enfant écoute une histoire, il devient réceptif et l'enseignement passe mieux. C'est la même chose pour nous : si On nous montrait crûment ce que l'on fait parfois, on pourrait se fermer à la signification du rêve. La deuxième raison c'est que dans le cas où le personnage pose le geste, cela indique qu'il s'agit d'un comportement qui, en termes de pourcentage, est moins élevé dans l'intégralité de ce que le rêveur est ; autrement dit, c'est un comportement qu'il ne manifeste pas souvent ou qui, pour le moment, n'est pas activé dans son programme.

☉

Voici un autre fait vécu qui touche le sujet de la spiritualité. Une femme assistait pour la première fois à une de nos conférences et elle semblait être venue uniquement pour obtenir l'interprétation d'un rêve. Elle a parlé à mon époux et lui a confié ce qu'elle vivait : « Je fais de l'écriture automatique et je me sens attirée par le *channelling*. Mais j'ai certaines inquiétudes à m'engager dans cette voie. D'autant plus que j'ai reçu un rêve qui m'inquiète un peu. Dans mon rêve, *j'ai vu ma tête sur un oreiller et un grand nombre de vers de terre sortait de celui-ci. Certains étaient blancs, d'autres bruns ou noirs. Les vers pullulaient.* » Elle ne se sentait pas très confortable d'avoir reçu ce rêve.

Mon mari lui a expliqué : « Au plan symbolique, la tête représente les pensées, et en général, quand on pose la tête sur l'oreiller, c'est qu'on se met en état de réceptivité. Par ce rêve, On a voulu te montrer à quel type d'énergies tu es réceptive au niveau de tes pensées. Les vers symbolisent des énergies instinctives qui peuvent devenir intrusives. Et comme c'étaient des vers de terre, ça veut dire que les pensées auxquelles tu te rends réceptive t'amènent à être trop terre-à-terre. » Sinon, si On avait voulu signifier à cette femme que ces énergies atteignaient seulement ses émotions, On aurait utilisé comme symbole des poissons, car ceux-ci appartiennent au monde de l'eau, laquelle symbolise le plan émotionnel, affectif. Et si On avait voulu dire que ces énergies se trouvaient au niveau des pensées, On aurait pu lui montrer des mouches, qui appartiennent au monde de l'air. Donc, par les symboles contenus dans son rêve, On a voulu dire à cette femme qu'en faisant du *channelling*, elle se rendrait vulnérable à des énergies qui l'atteindraient jusque dans son corps physique. Mon mari lui a parlé ensuite du channelling.

D'abord, qu'est-ce que le *channelling* ? Ce terme anglais (qui signifie *canalisation* en français) désigne le processus au cours duquel une personne sert de canal d'expression à une entité d'une autre dimension. Celle-ci entre temporairement dans le corps de cette personne pour transmettre des messages ou répondre à des questions. On entend parfois dire que certaines personnes canalisent les Archanges MIKAEL, GABRIEL, MÉTATRON, etc. Or, un Archange n'est pas une entité ; comme les Anges, les Archanges représentent des Champs de Conscience Universels. Un Archange représente un dixième de la Puissance du Créateur. Un dixième de Dieu, imaginez comme c'est puissant ! Si la personne canalisait vraiment l'Énergie et la vibration d'un Archange, elle exploserait. Donc, cette entité qui prétend être tel ou tel Archange – ou quelquefois Jésus ou la Vierge Marie –, qui est-elle en réalité ? Très souvent, c'est une entité du bas astral. Il n'y a rien de plus facile que de faire du *channelling* : la personne se branche et exprime avec une ferme volonté : « Je veux faire du *channelling*. » En Haut, Ils répondent : « Tu veux canaliser des entités et les inviter en toi, fusionner avec des énergies et des forces que tu ne connais pas ? D'accord. » Ils laissent faire pour que la personne puisse vivre l'expérience et une entité se présente.

Certaines personnes qui souhaitent canaliser des entités sont, sur le plan conscient, authentiquement de bonne volonté ; elles ont de belles intentions mais elles sont comme des enfants. Elles sont attirées par la spiritualité, mais elles ne savent pas ce qu'elles font réellement. Elles disent : « Moi, je le fais parce que je veux aider les autres. » Elles parlent de lumière et de toutes sortes de belles choses qui nourrissent les égos des gens la plupart du temps, qui les font planer dans des théories douteuses. Mais la personne qui veut faire du *channelling* ne sait pas ce qu'elle a dans son inconscient, derrière le voile. L'inconscient est immense comparativement au plan conscient, qui est tout petit, semblable à la pointe d'un iceberg par rapport à la partie submergée de sa masse. L'inconscient de la personne qui fait du *channelling* peut être encore très chargé de distorsions, dont l'ambition, le besoin d'être reconnu et aimé, et toutes sortes d'autres besoins. Or, l'entité qui sera attirée correspondra au taux vibratoire de cette personne, tant celui de son plan conscient que celui de son inconscient. Cela se fait par résonance, comme l'attirance chez les êtres humains qui les amène à former des couples. Mais quand on ne sait pas ce que notre inconscient contient, on ne peut pas prévoir quel genre d'entité on attirera. Voilà pourquoi il existe tant d'ignorance concernant les effets du *channelling*. Attirer des entités lorsque notre inconscient n'est pas nettoyé, c'est exactement comme descendre dans la rue et faire l'amour avec le premier venu, sans savoir s'il est alcoolique ou drogué, ou si c'est un enjôleur, un faux gourou ou un criminel.

Toute personne qui fait du *channelling* en garde des séquelles. Au fil des années, mon époux et moi avons rencontré de nombreuses personnes chez qui cette pratique avait causé des dégâts psychologiques considérables, parfois énormes. Par le *channelling*, une entité peut aller jusqu'à prendre possession de la personne, lui donner de mauvais conseils, l'inciter à faire toutes sortes de choses, la mener même à la schizophrénie, ou en faire un faux gourou qui utilise les autres pour s'enrichir matériellement.

Pourquoi ces phénomènes sont-ils aussi répandus dans les milieux dits spirituels depuis quelques décennies ? C'est parce que l'Intelligence Cosmique les utilise pour ouvrir l'esprit des gens à l'existence des mondes parallèles et ainsi débuter la transcendance des religions. Ces expérimentations leur permettent d'explorer le rayon de la spiritualité et d'acquérir progressivement leur autonomie dans ce domaine. Même si, bien souvent, les séances de *channelling* prennent la forme de spectacles qui se veulent être cosmiques ou soi-disant de la guérison universelle, elles peuvent constituer une source d'information spirituelle qui contribue à accélérer la chute des religions institutionnalisées telles qu'on les connaît. C'est en cela que réside leur aspect bénéfique.

Présentement, de plus en plus de gens développent une nouvelle approche de la spiritualité, une approche qui valorise le développement de l'autonomie spirituelle. Dans cette pratique et philosophie spirituelle – même si tout n'est pas encore parfait – l'être reçoit la Connaissance en direct, ce qui n'est pas le cas avec le *channelling*. L'être humain apprend en vivant des expériences, en suivant des modes de tous genres. Au fil du temps, ses multiples expérimentations l'amènent à découvrir par lui-même ce qui est juste et ce qui ne l'est pas et à s'imposer des règles. Grâce au décodage de la Vie avec le langage symbolique et la compréhension des rêves, nous pouvons faire directement l'expérience du caractère métaphysique de l'existence ; mais cela s'apprend par étape. C'est un parcours initiatique au cours duquel se développent aussi en nous tout naturellement les facultés médiumniques. Nous pouvons alors prendre conscience des corrélations qui existent entre le monde des causes et celui des conséquences.

Pendant la période où je méditais sur les Essences représentées par l'Ange ALADIAH pour préparer ce cours, On m'a montré un cas de figure qui illustre bien cet aspect. Après une conférence que j'avais donnée, une femme est venue me voir pour une interprétation de rêve. Avant de me le raconter, elle m'a dit : « Moi, je ne rêve plus depuis des années et des années. On a mis un mur protecteur… Mais cette nuit, j'ai fait un rêve. » Ensuite, elle m'a expliqué avec un petit air hautain qu'elle se trouvait là parce qu'elle allait donner des soins énergétiques dans la salle voisine. Voici son rêve.

*J'avais un bébé et il y avait des hommes qui venaient voler mon bébé, ils l'emmenaient dans une voiture, ils le séquestraient. Je ne pouvais plus le revoir.*

Cette femme s'exprimait d'une manière saccadée. Son discours était marqué par des changements de voix, dont certaines faisaient usage de l'ancien français. Elle avait aussi un regard un peu hagard.

Je lui ai expliqué son rêve :

— Tous les éléments dans ce rêve représentent des parties de vous, y compris les parties qui séquestraient votre enfant intérieur. Votre enfant intérieur est ce que vous avez de plus beau en vous.

— Oui, oui, je sais. Je sais qu'à l'extérieur, il y a des personnes qui en veulent à mon enfant intérieur. Mais *on* m'a dit que j'étais rendue tellement élevée, que mes vibrations étaient tellement élevées, qu'on ne pouvait plus rien contre moi.

— Quand vous dites *on*, de qui parlez-vous, madame ?

— De mon entité.

— Vous êtes libre d'accepter mon interprétation ou non, mais dans ce rêve, ce sont toutes des parties de vous… toutes !

— Je vais y réfléchir, m'a-t-*on* répondu, en hochant la tête – c'était une autre voix qui s'exprimait.

J'avais devant moi un cas concret de ce qu'on appelle la schizophrénie : l'entité avait pris possession de la personne. Sa conscience était désormais fragmentée et plusieurs parties égotiques parlaient et vivaient en elle. Le *channelling* ne se limitait plus à des périodes de transe lors de consultations : il était devenu constant chez cette femme. Elle vivait un énorme décalage ; sa personnalité principale était scindée, éclatée. C'est ce qui se passe quand l'être ne veut plus faire face à ses parties distorsionnées, qu'il ignore ce qui est juste et ce qui ne l'est pas et qu'il continue à forcer pour bien paraître devant les autres. C'est ce qu'on appelle la schizophrénie, la maladie de l'égo.

Cette femme s'est approchée de moi et je l'ai prise dans mes bras. J'avais tellement de compassion pour elle ! Je savais qu'en s'adonnant au *channelling*, elle avait ouvert une porte sur une pratique dangereuse. Mais rien n'est dramatique ; tout est expérimentation.

⊙

Voici une autre histoire vécue qui touche à la seconde chance. Une femme qui occupe un poste de cadre dans une entreprise m'a confié : « Au moment où arrivent les évaluations, j'ai tellement de difficulté à évaluer les employés qui sont sous ma responsabilité ! J'aimerais toujours leur donner une seconde chance. Même s'ils ont fait des erreurs importantes, moi, je veux leur donner une seconde chance. » Ce choix était motivé par son approche spirituelle, par une attitude d'amour et de recherche d'harmonie.

Elle m'a dit : « À ce sujet, On m'a envoyé un rêve dans lequel, *je voyais mon patron qui me remettait des cassettes sur lesquelles étaient enregistrées des conversations d'une employée de l'entreprise. Il m'a demandé de les écouter et de les analyser. Ensuite, j'ai vu que cette employée était licenciée.*

Tous les éléments de ce rêve représentaient des parties de la rêveuse. On lui a révélé les vraies raisons – les raisons inconscientes – pour lesquelles elle avait tant de difficultés à évaluer les employés. Et On lui a montré les parties d'elle-même qui gênaient.

Je lui ai demandé :

— Tout d'abord, que représentent ton patron et cette employée pour toi ?

— Mon patron est intransigeant. Lui, il ne donne pas de secondes chances. En plus, il a pris la place de cette femme, et elle se sent sur une voie de garage. Elle n'est pas bien avec la situation.

— Cela explique pourquoi tu as des problèmes à évaluer les employés. Les personnages de ton rêve représentent tous des parties de toi, et quand tu fais l'évaluation, elles se manifestent. C'est pour ça que tu ne peux pas bien les évaluer. On t'a montré que certaines parties de toi sont intransigeantes, qu'elles agissent avec froideur et manque d'humanisme. Dans ton rêve, ton patron – qui représente ton patron intérieur – t'a demandé d'analyser les cassettes, mais il a licencié l'employée avant même de prendre connaissance de ton analyse. Cela montre la dualité qui t'habite face à l'autorité. Certaines parties de toi n'écoutent pas les conseils des autres. On t'a aussi montré des parties de toi-même qui ne sont pas en confiance, qui ne se sentent pas à leur place, pas reconnues, pas gratifiées, et qui ont l'impression d'être sur une voie de garage. Et c'est pour cela que tu dois étudier les cassettes : elles contiennent des mémoires que tu as enregistrées et qui sont en lien avec ces aspects. Tu as ces deux types de personnages à l'intérieur de toi, dans tes mémoires inconscientes : autant le patron que l'employée licenciée. En termes d'état de conscience, tu es tantôt l'un, tantôt l'autre. Cela fait en sorte qu'au moment d'évaluer une personne qui a causé de gros problèmes, au lieu d'être rigoureuse et juste, tu projettes ces parties-là sur elle. Tu éprouves à la fois de l'intransigeance et de la pitié. Mais ce processus n'est pas tout à fait conscient. C'est pour ça qu'On t'a dit : « Étudie et analyse bien toutes ces cassettes, toutes ces mémoires que tu as enregistrées. » La Récitation Angélique va t'aider dans ce travail. Quand ces parties se manifesteront, tu pourras les sentir, les percevoir de façon plus détaillée dans d'autres rêves. Tu dis que c'est au nom de la spiritualité que tu veux toujours donner des secondes chances. Mais nous devons apprendre à aborder les choses comme les guides dans les mondes parallèles. Comment fonctionnent-ils quand ils conçoivent les programmes pour les êtres humains ? Les guides savent que nous disposons de nombreuses vies et ils en tiennent compte dans leurs choix et décisions. Ils ne sont pas submergés par la pitié ou des remords lorsqu'ils doivent activer pour une personne un programme contenant beaucoup de limitations comme conséquences des karmas qu'elle a générés dans d'autres vies. Ces limitations peuvent comporter des handicaps physiques ou l'expérience d'accidents. Pour eux, l'activation de tels programmes, c'est exactement comme si nous disions à notre enfant : « Ce n'est pas juste, ce que tu viens de faire. Va dans ta chambre et réfléchis sur ton comportement. » C'est exactement la même pédagogie.

Après avoir entendu mes explications, cette femme m'a dit :

— Ce que tu viens de dire m'aide vraiment. Je comprends mieux maintenant et cela va m'aider à changer mon attitude.

⊙

L'exemple qui suit concerne la guérison. Nous avons vu plus haut que l'Énergie Angélique Aladiah procure le *pouvoir de guérison*.

Une femme qui était venue aux conférences pour la première fois m'a demandé l'interprétation d'un signe. Elle m'a dit : « Un jour, je revenais de faire des emplettes et, à peine avais-je le pied dans la maison que j'ai entendu la sonnerie du téléphone. C'était une amie. En parlant avec elle – nous avons conversé assez longuement –, j'ai subitement ressenti des palpitations cardiaques. C'était très intense et très douloureux. À la fin de notre conversation, j'ai continué à sentir ces palpitations. Peu après, le téléphone a sonné à nouveau. C'était mon époux qui m'appelait pour me dire qu'une de nos connaissances venait d'être hospitalisée : il avait un problème de cœur, de grosses palpitations, un problème avec son *pacemaker*. »

Comme ses propres palpitations avaient continué pendant tout le reste de la journée, elle m'a demandé :

— Est-ce qu'il y avait un lien entre cet homme et mes palpitations cardiaques ?

— Oui, lui ai-je répondu, il y avait un lien. À travers votre époux, vous vous êtes branchée à l'âme de cette connaissance. Vous êtes entrée en résonance avec son malaise et il est resté en vous. Par cette expérience, On a voulu vous donner un enseignement sur la Loi de la résonance.

Cette femme était un peu médiumnique. Lorsque l'on devient spirituel, l'inconscient s'ouvre et on commence à développer les facultés médiumniques, la capacité de pressentir, la clairvoyance, la clairaudience et la clairsentience. Alors, on perçoit subtilement toutes sortes de choses, autant de belles choses que des états de mal-être ou les maladies. Or, quand on n'a pas de résonances avec les énergies qu'on capte, celles-ci ne restent pas collées à notre être ; la sensation ne dure que quelques instants – le temps nécessaire pour nous faire comprendre la situation de l'autre, par exemple où se situe son mal –, ensuite elle disparaît. Mais si on a des résonances, la sensation demeure pendant une période qui peut être plus ou moins longue. Et si on ne s'en occupe pas, elle peut se transformer en un problème physique, même grave.

J'ai dit à cette femme :

— Vous devez analyser cet homme exactement comme si c'était un personnage de vos rêves. Essayez d'identifier les résonances que vous avez avec lui. Que représente t-il pour vous ?

— Bien, je ne le connais pas tellement. C'est plutôt une connaissance de mon mari.

— Bon, c'est une partie de vous que vous ne connaissez pas bien.

— Mais il est très volontaire, a-t-elle ajouté.

— Très volontaire. Quand on est trop volontaire, on force. Et alors le cœur saute, n'est-ce pas ? Ce sont des parties de vous qui forcent, qui ont trop de volonté.

— Son épouse parle l'anglais, mais pas moi. Ainsi, j'ai de la difficulté à communiquer avec elle.

— Avec cet aspect, on touche à la symbolique de l'anglais. C'est la langue des affaires, et du côté positif, elle représente l'expansion.

Donc, certaines parties de vous ont de la difficulté avec l'expansion. Et elles sont apparentées à celles qui ont trop de volonté – car l'épouse de l'homme qui a des problèmes de cœur a nécessairement de fortes résonances avec lui. C'est cette difficulté avec l'expansion qui vous amène à forcer, quelquefois.

Puisque cette femme m'avait dit qu'elle donnait des soins énergétiques, j'ai continué mon explication :

— Vous voyez, quand on donne des soins énergétiques, la même chose se produit : la Loi de la résonance s'applique et il arrive qu'on se sente passablement mal après avoir soigné une personne.

— Oui, mais avant de donner des soins, on se protège. Cette fois-là, au téléphone, je n'étais pas protégée. Je n'étais même pas consciente d'être connectée à cet homme.

— C'est vrai qu'il y a toutes sortes de méthodes pour se protéger – je connais bien ce domaine car j'ai été maître reiki, je l'ai enseigné et j'ai pratiqué toutes sortes d'autres techniques pendant un certain temps. C'est vrai aussi qu'on peut s'entourer de lumière blanche ou violette, ou utiliser un autre moyen de protection, mais la Loi de la résonance s'applique quand même. Lorsqu'on donne un soin, on se connecte à l'énergie de l'autre et on la filtre en quelque sorte. Et si on a des résonances avec les distorsions de la personne, cela provoquera des sensations en nous.

Quand on pratique des soins énergétiques, il est important, dès le départ, de comprendre certaines données fondamentales. Tout d'abord, on doit prendre garde de ne pas abuser du pouvoir spirituel que les personnes qu'on soigne nous donnent. Je m'explique. Dans les soins énergétiques, un contact personnel s'établit entre la personne qui soigne et celle qui reçoit le soin, et par le biais de cette relation, le receveur peut obtenir une Grâce Divine. Autrement dit, il peut recevoir des ressources énergétiques qui vont lui permettre de récupérer. Cette expérience positive peut ensuite l'inciter à donner son pouvoir à la personne qui a fait le soin. Cela ouvre la porte à la projection et la relation soignant–soigné risque de devenir un terrain fertile pour des abus de pouvoir ainsi que la dépendance émotionnelle et spirituelle.

Aussi paradoxal que cela puisse paraître, autant certaines personnes ont peur qu'on abuse d'elles, autant elles sont prêtes à donner leur pouvoir. Et ces personnes ne sont pas rares. Ainsi, la personne qui pratique les soins peut abuser de ce pouvoir spirituel. Afin d'éviter pareil piège, il est bon de savoir qu'aucune guérison ne peut avoir lieu si elle n'est pas déjà inscrite dans le plan de vie de la personne – c'est-à-dire avant même que l'on prodigue les soins. En Haut, Ils envoient une personne à un guérisseur et c'est déjà inscrit qu'elle recevra une Grâce Divine. Le guérisseur agit en se branchant à l'immense réservoir d'énergie cosmique. Mais pour chaque personne qui se présente à son cabinet, il devrait aussi se demander – demander à l'Intelligence Cosmique – s'il est juste de lui prodiguer des soins.

Quand on comprend le bien et le mal, quand on sait que le mal a une fonction éducationnelle, on cesse de combattre les maladies et le mal-être, et on cesse de vouloir guérir tout le monde… surtout si on le fait en ayant en tête la préoccupation – consciente ou inconsciente – du loyer et des factures à payer. On comprend que ces troubles de santé sont déclenchés par les guides pour aider la personne à évoluer. C'est pour cette raison qu'on doit toujours demander la permission avant d'agir. Et se rappeler que la médecine pratiquée à ces niveaux doit être prodiguée de manière altruiste et gratuitement. Bien entendu, en tant que thérapeute on peut recevoir de l'argent en échange de notre soin. Cependant, cela devrait se faire de façon équilibrée, dans une dynamique sacrée, comme une offrande, dans une énergie d'accueil et une dynamique de gestion sans but lucratif à la base – et non pour que la caisse enregistreuse fasse *ding ding* constamment. C'est l'intention qui est la plus importante. Un thérapeute doit agir comme un gouvernement juste : au départ, il doit s'assurer que les ressources soient dépensées de manière raisonnable. Ensuite, il peut offrir aux citoyens des services avec les ressources dont il dispose, travailler pour eux et non uniquement pour soi. C'est la pureté de l'intention qui confère aux soins énergétiques une véritable dimension spirituelle et qui permet au thérapeute d'agir avec détachement par rapport au plan matériel.

Un autre point important pour l'évolution des êtres qui travaillent dans le domaine de la guérison – et qui, entre autres, les aide à éviter les pièges du gourou et de l'emploi abusif du pouvoir spirituel et de l'argent – est l'utilisation consciente de la Loi de la résonance. Les personnes qui nous sont envoyées pour un soin ou une consultation n'ont pas été choisies au hasard. Elles représentent toutes des parties de nous-mêmes. Même si on ne souffre pas des maladies dont elles sont atteintes, même si on n'a aucune des manifestations ou symptômes qu'elles rapportent, reste que tapies dans notre inconscient se trouvent les mêmes distorsions ; ou que nous avons un enseignement important à recevoir de cette personne qui nous consulte. Exactement comme l'a expérimenté cette femme qui a eu des palpitations. À différents niveaux et degrés, nous pouvons avoir des attitudes similaires à celles des personnes qui viennent nous consulter. Et ce sont ces résonances qui les attirent, et ce jusqu'à ce que qu'on atteigne les plus hauts degrés d'illumination. Il est nécessaire de pratiquer ce retour à soi, qui est la consécration de notre vie en tant que soignant. Le spirituel, ce n'est pas la philosophie matérialiste du chacun pour soi. Quand on a compris cela, on assume le double rôle de guérisseur-patient, qui ressemble à celui de l'enseignant-enseigné, et dont on doit rester conscient en tout temps. Si on prodigue des soins et des conseils dans cet état d'esprit, on ne risque pas d'absorber les karmas ni les maladies des personnes que l'on soigne.

L'Énergie Angélique ALADIAH permet de se guérir soi-même – on l'a vu parmi ses Qualités. En l'invoquant, on retrouve notre autonomie dans notre processus de guérison, comme l'a fait le petit garçon de l'histoire du début. En travaillant avec les Énergies Angéliques, la guérison peut survenir rapidement ou bien au terme d'une plus longue période – cela dépend du programme de la personne. Mais une chose est certaine : la guérison est profonde parce qu'elle s'opère à la source même du mal. Quand la guérison ne se fait pas à la source, la maladie revient sous une forme ou sous une autre. C'est cette compréhension de la guérison que l'on assimile lorsqu'on travaille avec l'Ange ALADIAH et qu'on est thérapeute. On sait que les conseils qu'on donne et les soins énergétiques qu'on pratique, ont un réel impact sur le processus de guérison de la personne. Parfois cela touche directement la régénérescence du corps et des miracles peuvent se produire. C'est vrai. Mais très souvent, la fonction du thérapeute consiste à reprogrammer le rôle que la mère et/ou le père n'ont pas bien assumé quand le patient était bébé ou enfant. Juste en envoyant au patient de l'énergie par nos mains et notre conscience suffit pour illuminer et transformer des mémoires, des modes de penser, des émotions refoulées. Ce travail de reprogrammation est tellement profond, tout comme son impact sur notre santé sur tous les plans.

En Haut, Ils n'ont pas besoin de faire appel à des guérisseurs. Ils peuvent nous guérir comme ceci – en claquant les doigts ; mais chaque personne peut apprendre à se guérir elle-même. Lorsqu'un être donne des soins, l'Intelligence Cosmique lui permet d'apprendre, d'expérimenter pour développer progressivement une conscience universelle. Au fil de ses pratiques, il constate : « Quand j'envoie de l'énergie, des pensées, mes émotions, cela produit tel et tel effet. » Ça lui permet d'assimiler concrètement des notions qui, autrement, demeureraient abstraites. Un jour, on n'a plus besoin d'*imposer* les mains : un regard, une écoute profonde suffisent pour que le travail se fasse. Ou alors on peut aider les autres en rêve, de manière impersonnelle, exactement comme le font les guides dans les mondes parallèles. C'est aussi cela que signifie devenir un ange. C'est l'humain qui incarne l'Énergie Divine.

Un jour, les enfants apprendront dès leur plus jeune âge qu'ils peuvent se donner eux-mêmes des soins énergétiques simplement en faisant l'Angelica Mantra avec un des 72 États de Conscience Angéliques. Ils apprendront à se soigner en utilisant autant la médecine traditionnelle que la médecine moderne avec toute sa technologie en constants progrès et leur propre force divine intérieure. En réparant les membres cassés et en opérant les organes, les chirurgiens se trouvent à donner des secondes chances, mais les guérisseurs, eux, ont pour mission principale d'éveiller la conscience. Ils sont là pour ceux qui n'ont pas encore développé leurs pouvoirs spirituels, qui ne savent pas que Dieu et les Anges existent réellement, et que le monde des causes leur est directement accessible.

☉

Voici une dernière histoire vécue qui touche également le sujet de la guérison.

Une femme qui était maniaco-dépressive depuis un certain temps et qui venait régulièrement aux conférences a fait un beau témoignage à mon époux. Elle lui a dit que depuis qu'elle suit cet Enseignement, elle se sent beaucoup mieux et sa condition s'est améliorée, au point que son psychiatre a décidé de diminuer sa médication. Toutes les personnes qui sont diagnostiquées maniaco-dépressives font l'expérience d'une ouverture de leur inconscient. Les psychiatres ne comprennent pas tous cela. Certains sont ouverts à cette vision, mais d'autres veulent simplement stopper ce processus par la médication ; et ce, même si la personne vit un symptôme léger, comme une insomnie occasionnelle. Bien sûr, la médication a sa place quand un patient est dangereux pour lui-même ou pour les autres. Toutefois, dans bien des cas, les gens prennent des antidépresseurs trop facilement. Ils ne savent pas que la dépression représente une étape où le voile de l'inconscient s'ouvre progressivement et l'âme révèle alors une grande quantité d'informations refoulées, parfois depuis des vies. Or, plus l'inconscient est chargé de mémoires distorsionnées, plus l'âme trouvera difficile la visite de ces zones auparavant occultées. Voilà l'origine de la dépression, qui est une ouverture spirituelle, une détresse psychologique de l'âme. La dépression sert de déclencheur ; son but est d'amener l'être à comprendre que le corps n'est pas constitué seulement de matière, mais qu'il abrite aussi une conscience, un esprit, une âme.

Mon époux a suggéré à cette femme une grande discipline ; il lui a recommandé de faire régulièrement la Récitation Angélique. Chaque fois qu'on ne se sent pas bien, c'est que notre esprit visite des mémoires difficiles, et on peut les nettoyer progressivement avec la pratique des Angelica Mantras. Cette femme disait justement que grâce à ce travail, elle avait reçu toute une série de rêves qui témoignaient de l'ouverture de son inconscient et de l'amélioration de sa condition.

Dans ces rêves, *elle se voyait dans des maisons, des pièces et des appartements de plus en plus grands, de plus en plus vastes. L'espace s'agrandissait.* On lui montrait ainsi symboliquement qu'elle avait accès à de nouvelles zones de sa conscience, qu'elle se libérait de certaines limitations. Elle a dit qu'au début, elle se réjouissait de ces ouvertures, mais que maintenant il y en avait tellement que cela lui faisait peur. Un jour, on arrive à se sentir confortable dans ce processus. On voit à quel point il est important de comprendre ces aspects de la guérison et d'avoir accès à la Connaissance initiatique. Il y a quelques années, si j'étais allée voir un psychiatre qui n'aurait pas été ouvert face à la spiritualité, il m'aurait sûrement internée et médicamentée, tellement ce que je vivais intérieurement était intense. Mais je me suis réfugiée dans la prière, mon âme savait que mon inconscient s'ouvrait, que je me rapprochais de Dieu, de la Conscience Universelle.

Nous avons vu que l'Énergie Angélique ALADIAH nous aide à comprendre ce qu'est le gaspillage et à cesser de gaspiller. À ce propos, j'aimerais mentionner deux images que j'ai remarquées un jour dans un volume du *Livre Guinness des Records* et qui illustrent des formes souvent ignorées du gaspillage. Un grand nombre de personnes pourraient admirer ce que ces images dépeignent et certaines applaudiraient même les personnages qui y figurent. L'une d'elle montre un homme qui soulève une énorme brique de 50 kilos déposée sur son oreille droite. Pour y arriver, il utilise son pouvoir spirituel : sa formation dans les arts martiaux, sa respiration et sa concentration. Or quand on sait que l'oreille est un symbole de sagesse et de réceptivité par l'écoute, tant intérieure qu'extérieure, on comprend que cette personne affichait un grand manque de sagesse et de réceptivité. D'autant plus qu'avec la médiatisation de sa performance, l'effet s'en trouvait multiplié. Il est important de savoir que plus la médiatisation est vaste, plus la responsabilité des personnes impliquées est multipliée. Ainsi, bien des gens pourraient se blesser parce qu'ils essaieraient d'imiter ce que cet homme a fait, ou alors ils feraient d'autres choses dans le même genre, simplement pour impressionner les autres, et non pour évoluer.

Une personne qui s'adonne à de telles activités pourrait, dans une autre vie, se retrouver avec des problèmes d'oreilles, devenir sourde ou être privée de certaines capacités physiques. Dans son âme, elle serait tellement malheureuse, mais la personne ne comprendrait pas la source de son mal-être.

L'autre image montre le baiser le plus long : 30 heures 45 minutes. Quel gaspillage ! Dans l'exemple précédent, on touchait à une distorsion concernant la sagesse ; ici, la distorsion concerne l'amour. La compétition est l'antithèse même de l'amour, et rivaliser par un baiser est vraiment grotesque. Un jour, ces âmes pourront ne plus avoir d'intérêt pour l'amour ou y être devenues insensibles, sans comprendre pourquoi. Leur expérience du plus long baiser aura été inscrite dans leur âme et – à l'instar d'une personne qui regarde fréquemment de la pornographie –, à un moment donné, cela ne produira plus d'effet. Dans sa constante recherche de sensations, l'être a si souvent augmenté la dose qu'il est devenu insensible.

Je vous ai partagé ces exemples pour attirer votre attention sur le gaspillage, pour vous amener à vous poser les questions suivantes : Quand est-ce que j'utilise mon énergie intellectuelle pour des questions futiles ? Quand est-ce que je gaspille mes émotions par des excès, au lieu de bien les gérer ? Et comment est-ce que je gère les ressources que je reçois ? Lorsque nous avons appris à bien gérer nos ressources sur tous les plans, nous pouvons nous permettre d'être altruistes et généreux. Mais c'est tout un apprentissage !

Pour conclure ce cours, voici un rêve qu'a reçu une enfant très spirituelle et que sa mère nous a raconté. Dans son rêve, *cette enfant a vu la Lune descendre vers elle, et la Lune lui a dit : « Viens, embarque ! » La petite fille a embarqué sur la Lune et celle-ci l'a transportée jusqu'au Ciel. Dans le Ciel, la Lune lui a dit : « Choisis une étoile », et la petite fille a choisi l'étoile numéro 10. Puis la Lune a ajouté : « Souviens-toi toujours que tout vient du Ciel. »*

# ANGE 67 EYAEL
## La peur des changements

Un peu plus d'un an s'était écoulé depuis l'accident de voiture qui avait emporté sa filleule qu'elle chérissait tant, âgée d'à peine 14 ans. Des larmes coulaient sur ses joues pendant qu'elle me racontait cet événement qui la remplissait d'émotion, de tristesse. Une semaine avant cet accident, la jeune fille lui avait confié : « Il y a une chose que je regrette : c'est que tu n'aies pas eu d'enfant. »

Environ sept mois plus tard, cette femme rêvait à sa filleule pour la première fois. Dans son rêve, *elle la voyait à l'extérieur de sa maison. Elle est sortie pour aller la voir et elle lui a demandé :*

*— Mais qu'est-ce que tu fais là ?*

*— Je t'écris, lui a répondu sa filleule en écrivant dans la neige au sol.*

Le lendemain, dans le concret, cette femme est allée faire faire des analyses qui lui ont révélé, à sa grande surprise, qu'elle était enceinte. Elle m'a dit qu'elle et son conjoint étaient très heureux de cette nouvelle. Ensuite, elle m'a confié qu'auparavant – elle avait 35 ans – elle n'aurait pas été prête à avoir un enfant.

Quelques mois se sont écoulés, puis elle a pris rendez-vous pour passer une échographie. À la veille de ce rendez-vous, elle a reçu ce rêve : *Elle se trouvait dans une salle où on faisait des échographies, et un homme a sorti un bébé de son ventre et l'a déposé sur une table. Quand elle s'est penchée pour regarder le bébé, elle a été très touchée, car il ressemblait beaucoup à sa filleule. Il avait le même visage. Elle était tellement émue qu'elle ne savait plus que faire. Son conjoint aussi était présent. Quelques instants plus tard, l'homme a pris le bébé et l'a remis dans son ventre.*

Le lendemain, cette femme est allée à son rendez-vous pour l'échographie et on lui a annoncé qu'elle aurait une petite fille. La signification de ces deux rêves était très claire : l'Intelligence Cosmique lui annonçait que sa filleule viendrait se réincarner en elle. Il est plutôt rare qu'On révèle l'identité de l'âme aux parents, et ce, pour de multiples raisons. Il n'en reste pas moins que cette pratique est bien connue des sages depuis des millénaires. Si cela fait partie du programme des parents, ils peuvent recevoir cette information.

La venue d'un enfant est un événement extraordinaire qui apporte de grands enseignements et d'importants changements dans le mode de vie du couple.

⊙

Dans ce cours, nous allons étudier, à l'aide de différents exemples de rêves et d'histoires vécues, la peur des changements. Comment pouvons-nous apprivoiser et nous libérer de cette peur, et ainsi parvenir à aimer le changement. Parmi les 72 États de Conscience Angéliques définis dans l'Angéologie Traditionnelle, il y a un Ange qui peut nous aider plus particulièrement dans cette démarche : c'est l'Ange EYAEL, qui porte la vibration du nombre 67.

Afin de comprendre pourquoi cet Ange nous aide à bien vivre le changement, nous allons étudier plusieurs de ses Qualités. Dans la liste des Qualités Angéliques et des distorsions humaines (*voir le chapitre* Les 72 Anges), on découvre que sa Qualité principale est la sublimation, l'action de changer une substance en une autre, plus subtile, plus élevée. Avant qu'un changement ne se matérialise sur Terre, il se prépare dans les dimensions subtiles, métaphysiques, dans les mondes parallèles. Or, il nous est possible d'accéder à ces dimensions à partir de notre monde intérieur. Le travail avec l'Ange EYAEL nous permet de retracer l'origine d'un changement en nous connectant au moment même de sa conception. Dès lors, nous sommes en mesure de générer des changements souhaitables, grâce auxquels nous saurons construire le bonheur et atteindre des niveaux de conscience élevés.

En chimie, la sublimation est le passage de l'état solide à l'état gazeux, sans passage par l'état liquide ; le résultat de la sublimation est donc un état plus léger, plus éthéré que l'état de départ. En métaphysique – qui est le domaine des Lois de l'énergie et des aspects invisibles de la réalité –, le terme *sublimation* désigne le passage d'un état de conscience ordinaire, voire lourd, dense ou grossier, à un état de conscience sublime, caractérisé par de belles pensées et de beaux sentiments. Une pratique régulière de la sublimation génère de très hauts niveaux vibratoires. Un jour, on réussit à stabiliser ces états de conscience élevés.

Un changement peut améliorer une situation, mais il peut aussi l'empirer. La direction qu'il prend dépend directement de nos états de conscience et de notre manière de penser. Comment expliquer cela ? L'Ange Eyael est une Énergie pure qui transforme, mais en tant qu'êtres humains, nous expérimentons, et dans notre ignorance, nous ne savons pas toujours bien utiliser les Énergies Angéliques qui font partie de notre nature Divine. Nous les déformons, ce qui engendre différents défauts et faiblesses que nous appelons les distorsions humaines. Celles-ci représentent donc les versions distorsionnées des Énergies et États de Conscience Angéliques. Par exemple, au lieu d'élever notre conscience par la transformation, *on passe d'une expérience à une autre sans comprendre.*

Quelquefois, on souhaite un changement pour alléger une situation que l'on vit. Par exemple, on a une relation difficile avec un collègue de travail et on se dit : « Si seulement cette personne pouvait être loin de moi… » ou « Je me sentirais tellement mieux si je n'étais plus dans cette situation-là. » À force d'y penser, bien sûr, des changements peuvent se produire : la personne peut partir ou on quitte soi-même cet emploi. Mais puisqu'on se sent dérangé par ce collègue, cela nous signale que notre inconscient contient des mémoires similaires à ce qui nous dérange chez lui. Alors, inévitablement, on se retrouvera dans la même situation ailleurs, car ces mémoires n'auront pas été transformées. On aura effectué un changement de situation, mais tôt ou tard, on s'apercevra qu'il était régressif, quoique – on ne doit jamais l'oublier – tout est éducationnel. Il sera régressif en ce sens que le comportement ou l'énergie qui nous habitait dans l'ancienne situation aura simplement été transféré à la nouvelle situation, et parfois en pire.

C'est de cette manière que nous générons et renforçons nos karmas. La situation sera plus difficile encore, parce que, En Haut, dans leur Amour, Ils se disent : « On veut l'aider à comprendre. Elle n'a pas compris. Nous allons lui mettre des doses un peu plus fortes. Comme ça, elle finira par comprendre. »

Lorsque nous sommes mécontents ou irrités, nous perdons notre réceptivité. Il nous est alors impossible de recevoir les informations subtiles qui facilitent les changements. La meilleure façon de générer un changement positif consiste à sublimer les forces qui créent les situations négatives, directement dans le monde des causes, en développant les Qualités et les Vertus Angéliques. En utilisant la situation présente pour travailler sur nous, tôt ou tard, elle changera pour un mieux.

Une autre des Qualités de cet Ange concerne *la science des mélanges et des échanges*. Nous utilisons tous cette science, sans même nous en rendre compte. Par exemple, en cuisine, on prépare un repas avec des ingrédients de première qualité, mais on ajoute trop de sel ou trop de vinaigre, et le plat devient immangeable ; la science des mélanges nous a fait défaut. Bien sûr, on peut simplement expliquer la chose en se disant : « Eh bien, j'ai mis trop de vinaigre », mais avec cet Ange, on pourra remonter aux causes, dans l'énergie. On se demandera : « Pourquoi ai-je mis trop de vinaigre ? À quoi étais-je en train de penser à ce moment-là ? Peut-être que mes pensées étaient un petit peu trop acides. » Et on peut aller encore plus loin : essayer de trouver d'où viennent ces pensées. Elles viennent de mémoires inconscientes qui influencent nos gestes et nos dosages à notre insu.

La science des mélanges et des échanges touche également les domaines de la musique et de la peinture. Certaines personnes maîtrisent bien l'art de mélanger les couleurs. Certes, il existe des techniques que l'on peut apprendre, mais comment se fait-il qu'une personne puisse faire ressortir un beau bleu lumineux ou créer du premier coup la nuance de couleur précise qu'elle souhaitait avoir ? D'où lui vient ce talent ? Il vient de mémoires positives qu'elle a enregistrées dans son âme dans d'autres vies où elle a acquis des expériences dans le Champ de Conscience ou Rayon de cet Ange.

Un autre secteur auquel cet Ange contribue est *l'étude des Hautes Sciences*. Là aussi, on retrouve l'art des mélanges. Par exemple, en astrologie, ériger un thème astral exige de prendre en compte un grand nombre de paramètres : la position de chacune des planètes dans les signes et les maisons, et les multiples relations qu'elles forment entre elles – oppositions, conjonctions, trigones, etc. Un bon astrologue maîtrise donc la science des mélanges. Mais la différence entre un astrologue qui pratique son art de manière plutôt technique et un véritable astrologue est la capacité de recevoir intuitivement ou en rêve et en méditation des informations sur la personne. Il en va de même pour de nombreuses autres sciences qui touchent de près ou de loin à l'ésotérisme, les soins énergétiques ou la Kabbale.

Le mot *Kabbale* signifie *la Sagesse cachée et la Parole reçue*. Il existe de nombreux livres sur la Kabbale, et la plupart sont bien compliqués et hermétiques. En réalité, la Kabbale est très simple et facile d'accès : cette Connaissance se reçoit de l'intérieur par les rêves, la lecture des signes, la compréhension du langage symbolique et l'observation de la Loi de la résonance dans le quotidien. Un jour, on maîtrise cette Haute Science qui passe par la Connaissance de soi.

Parmi les Qualités de l'Ange EYAEL on trouve également la *capacité de déceler l'origine et la genèse*. La genèse correspond à l'ensemble des étapes de la Création, sur tous les plans et dans toutes les dimensions. Cette Qualité concerne donc aussi tout ce que nous créons et produisons sur le plan terrestre. Avec l'histoire mentionnée au début, celle de la fille qui allait se réincarner dans sa marraine, nous sommes remontés dans le processus de la genèse un petit peu plus loin qu'on ne le fait habituellement. Mais on pourrait remonter encore plus loin dans les étapes en considérant les vies antérieures de cette âme.

Un jour, on arrive à connaître tout objet ou toute personne en profondeur. Par exemple, avant d'arriver sur notre table, un produit a parcouru plusieurs étapes de production, dont tout un processus naturel et l'apport de nombreuses personnes – celle qui l'a emballé, celle qui a fabriqué telle partie et telle autre, etc. Mais ces aspects de la genèse ne concernent que la forme. Or, avec l'Ange EYAEL, on peut déceler l'état d'esprit de la personne qui a emballé le produit. L'état d'esprit de toutes les personnes qui ont touché au produit contribue à sa texture énergétique et en fait donc partie. Voilà un exemple simple de la science des mélanges et des échanges, cette science qui nous permet de percevoir les êtres et les choses en profondeur.

Dans ce cours, nous verrons que cette profondeur peut nous être accessible en tout temps. On peut visiter les mondes parallèles, non seulement dans nos rêves mais aussi les deux pieds sur terre et les yeux grands ouverts. Lorsque notre conscience est suffisamment ouverte, nous pouvons être en train de parler avec une personne et percevoir simultanément les dimensions les plus profondes de son être parce qu'on les aura explorées en nous-mêmes.

Grâce à la capacité de voir en profondeur, on pourra, dans nos échanges avec les autres, adapter nos paroles de la meilleure façon possible. On percevra ce qui se trouve derrière les mots, le sourire ou les gestes de l'autre et on saura utiliser le juste dosage et le bon moment pour s'exprimer. Cette faculté bien importante dans les échanges ne se développe pas par l'intellect, mais elle est le fruit d'un grand travail intérieur au cours duquel on purifie de nombreuses mémoires qui font obstruction à l'accès aux mondes parallèles.

L'Énergie Angélique EYAEL amène aussi dans notre vie beaucoup de joie. Pourquoi ? S'exprimant dans la Séphira Hésed – qui est symboliquement reliée à la planète Jupiter –, EYAEL instille dans notre être la confiance, l'optimisme et l'expansion. Bien sûr, plus on est optimiste, confiant et joyeux, plus les changements se produisent de façon aisée.

Un jour, les changements deviennent faciles pour une autre raison : parce qu'on les aura anticipés dans toute leur profondeur. Dans nos rêves, On nous aura préparés aux différentes étapes, et le jour où le changement se manifeste au niveau physique – dans notre corps ou dans notre environnement –, il nous apparaîtra comme la suite logique, normale, des étapes qui l'ont précédé. Donc, finies les surprises et les déstructurations. Cependant, au début, En Haut, Ils sont obligés de nous déstructurer parce qu'on tombe inévitablement dans les distorsions et les façons de penser erronées que l'on traîne depuis des vies et des vies. On ne sait même pas qu'on agit de manière distorsionnée ; on pense qu'on fait bien les choses. Or, un jour on se rend compte que l'on abrite beaucoup de préjugés et de structures mentales erronées qui nous empêchent d'accéder aux autres dimensions et d'être en constante communion avec elles.

Eyael nous aide aussi à *aimer la solitude*. Autant cet Ange nous procure une grande sociabilité, une grande capacité d'échanger avec les autres, autant il nous amène à aimer la solitude. Quand on a intégré cet État de Conscience Angélique, être avec les autres n'est plus un besoin. Certaines personnes ont un besoin constant de parler, d'être écoutées, et lorsqu'elles sont seules, elles ne se sentent pas bien. Avec cet Ange, on apprend à faire des échanges *à la verticale*. On est constamment en connexion avec les mondes invisibles. Et lorsqu'on se trouve en présence d'autres personnes, sans même dialoguer avec elles, l'échange se produit par le simple fait d'être là et ouvert. On n'est plus enfermé dans une carapace ou derrière une cloison, tout seul et aux prises avec un pressant besoin de s'extérioriser.

Dans la liste des distorsions humaines de cette Énergie Angélique on trouve : *faux professeur, manque d'éclairage, sans morale, sans principes.* Il n'est pas nécessaire d'avoir un poste d'enseignant pour être professeur : l'enseignement concerne tout le monde parce qu'on est tous simultanément enseignant et enseigné. J'ai mentionné plus haut la distorsion : *Passe d'une expérience à une autre sans comprendre.* Or, quand on est dans cette distorsion, on répète continuellement les mêmes erreurs. On a beau changer notre situation sur le plan physique, tant qu'elle reste inchangée dans le monde des causes, on tournera en rond sans comprendre pourquoi.

Le travail avec un Ange via la Récitation Angélique est très puissant. Dans l'illustration montrant la constitution de la conscience (*voir Figure 1, page 565*), on voit qu'un voile cache des couches de mémoires inconscientes qui se sont constituées au fil de nos multiples vies. Or l'Ange Eyael nous aide à découvrir parmi ces mémoires inconscientes les parties de notre être qui rendent si difficiles les changements que l'on aimerait pourtant réaliser.

Pour identifier ces parties, les rêves et les signes déclenchés par la Récitation Angélique sont très utiles car ils nous révèlent ce qui nuit réellement au processus de sublimation intérieure.

⊙

Voyons maintenant un exemple qui illustre bien comment fonctionne le processus de sublimation et comment nous pouvons nous transformer tout en demeurant dans la joie et l'expansion.

Une jeune femme m'a demandé l'interprétation d'un rêve. Dans son rêve, *elle se dirigeait vers une rivière dont l'eau était parfaitement claire et limpide. Près de la rivière, une grande fête était organisée. Soudainement, elle a vu arriver des pingouins géants. Elle a voulu les photographier mais une personne l'en a empêchée. C'était sa patronne. Celle-ci a même bousculé la rêveuse, qui est tombée dans l'eau. Quand elle est sortie de l'eau, ses vêtements lui collaient à la peau et elle était toute dégoulinante. Ce n'était pas agréable.*

Tous les éléments contenus dans ce rêve représentaient des parties de la rêveuse : la rivière, la fête, les pingouins, la patronne. Ces aspects psychologiques nous montrent comment cette femme fonctionne à l'intérieur d'elle-même, à l'intérieur parce que les deux principaux personnages sont des femmes – une femme représente toujours l'intérieur et l'homme, l'action, la manifestation à l'extérieur. Que symbolise la rivière ? Tous les symboles qui sont du domaine de l'eau, du liquide, réfèrent au plan de nos émotions et sentiments. Lorsque l'eau est belle et claire, il est question de beaux sentiments, de belles émotions ; et quand elle crée des difficultés – débordements, infiltrations inondations, etc. – il est nécessaire de considérer ses aspects négatifs. Dans ce rêve, à la symbolique de la rivière était associée celle de la fête, indiquant un sentiment de joie intérieure au début, qui par la suite devient une difficulté. Ensuite, On a montré à la rêveuse une partie d'elle-même qui jouait le rôle de trouble-fête, qui lui faisait parfois perdre ce sentiment de joie et d'expansion.

Quelle est la signification des pingouins géants ? Quand on voit un animal en rêve, on doit toujours réfléchir sur ses aspects positifs et négatifs afin de bien comprendre lesquels s'appliquent au contexte du rêve. Puisque dans ce rêve il y avait un problème avec les pingouins (ils n'avaient pas leur taille normale, ils étaient géants), on retiendra le côté négatif et on analysera la situation avec la même logique que celle qu'on utilise pour une situation concrète. Où vivent les pingouins ? Dans l'Antarctique, là où il fait très froid et où l'eau est gelée. Par ce rêve, l'Intelligence Cosmique a voulu attirer l'attention de la rêveuse sur le contraste entre deux états de conscience différents : d'une part, de beaux sentiments et de belles émotions symbolisés par l'eau belle et limpide, par la fête, et d'autre part, la tristesse, l'austérité et la rigidité générées par des pensées très terre-à-terre et des émotions gelées. Le côté positif du pingouin est sa capacité d'être joyeux en dépit d'un environnement de neige et de glace ; symboliquement, de froideur émotionnelle. Le fait qu'il soit géant n'est pas positif, car cela dénote un complexe de supériorité. Celui-ci est en lien avec des pensées instinctuelles et trop terre-à-terre ainsi qu'avec des émotions figées, gelées. Cette femme a une certaine aptitude à être heureuse, mais quand ses pingouins géants intérieurs se manifestent, cela génère des situations qui la font tomber dans l'eau ; autrement dit, qui change son état d'âme, son rayonnement, son ambiance intérieure.

Si on voit en rêve un pingouin sous un aspect positif, cela signifie que le rêveur est capable de demeurer à l'aise dans les ambiances froides et hostiles. Son état d'âme n'est pas facilement dérangé par la froideur ou l'hostilité des autres : il saura conserver son bien-être et sa joie intérieure. Le fait que dans ce rêve cette femme ait voulu photographier les pingouins géants témoigne qu'elle aimerait être comme cela. Quand on photographie quelque chose – un être, un objet, un paysage, etc. –, c'est en général pour en garder un souvenir, parce que cela nous inspire. La photo nous permet de regarder plus attentivement et d'étudier ce qu'on a capté. Dans notre exemple, le fait que l'animal soit surdimensionné et que sa présence ait créé des problèmes, indique que le complexe de supériorité qu'il symbolise génère des problèmes pour cette femme ; elle n'a pas encore intégré les qualités du pingouin.

La scène où elle tombe dans l'eau dénote une chute dans ses émotions ; elle est passée d'un état de supériorité que l'énergie de la fête donne parfois, à un état d'infériorité que l'autorité (représentée par sa patronne) peut créer en elle. Les vêtements symbolisent l'aura, ce que l'on dégage et que les autres perçoivent. Dans le rêve, les vêtements de la rêveuse étaient tout mouillés. Cela signifiait que son aura était lourde d'émotions qui lui collaient à la peau et qu'elle ne se sentait pas bien.

On lui a aussi montré l'élément trouble-fête, qui éteignait sa joie intérieure et sa sensation de grandeur, de se percevoir au-dessus des autres quand elle s'amuse : sa patronne. Or celle-ci représentait une partie de la rêveuse.

J'ai demandé à cette femme :

— Que représente ta patronne pour toi ?

— Elle est froide. Avec les employés, elle est juste, correcte, mais avec les clients, elle est froide et distante. Elle n'est pas accueillante envers eux.

— Est-ce que je peux te demander dans quoi tu travailles ?

— Dans une station de ski, m'a-t-elle répondu, et ma patronne s'occupe parfois de la billetterie.

De nouveau, on voit qu'on ne pratique pas un métier ou une activité par hasard. Même si cette femme fait probablement ce travail pour gagner son pain, la Loi de la résonance continue à s'appliquer. Son emploi touche à la neige et au ski. La neige est de l'eau gelée. Donc, cette femme a vraiment quelque chose à comprendre en rapport avec ce symbole. Pour sa part, le ski représente le passage du plan causal au plan des conséquences, à cause de la descente, ainsi que la capacité à avancer malgré la présence d'émotions gelées. Sous son aspect négatif, ce symbole peut signaler une trop forte volonté à se réaliser dans la matière en avançant avec de la froideur et en cherchant à garder ses émotions gelées sous contrôle.

Examinons le comportement de la patronne qui permet de déceler certains aspects psychologiques de cette femme. Avec les employés, elle se comporte de façon correcte parce qu'elle occupe une position hiérarchique bien définie qui lui permet de les contrôler. Mais dans son rapport avec les clients, il n'en n'est pas de même car elle doit être à leur service. Or, des clients, il en existe de toutes les sortes : des gentils, des pas gentils, des imposants, des arrogants, etc. Comme cette patronne abrite à l'intérieur d'elle-même une partie contrôlante, lorsqu'un client imposant se présente, elle se sent mal. C'est la simple application de la Loi de la résonance. Quand un être n'a pas la Connaissance, le seul moyen pour lui de compenser sa soif de contrôle est d'adopter un comportement froid et distant. En agissant de la sorte, il n'applique pas la science des mélanges et des échanges, celle qui permet de rester ouvert aux autres et de baigner dans un état fusionnel en toutes circonstances et toutes présences. Pour ne pas être confrontée à ce manque de contrôle et risquer d'en souffrir, la personne préfère se fermer et garder les autres à distance. Ce comportement touche également à l'orgueil.

Avec beaucoup de fraîcheur et une certaine candeur, cette jeune femme m'a confié : « Je me reconnais dans cette description. » Elle sentait que cette attitude l'habitait parfois. C'est cette attitude qui fait en sorte que même si elle se sent généralement bien à son emploi, à certains moments elle se dit : « Ce n'est pas agréable de travailler ici » et là, elle ressent la froideur pernicieuse qui s'immisce et qui lui fait perdre sa joie de vivre.

Cet exemple montre bien à quel point il est utile de comprendre la Loi de la résonance. Si on observe cette jeune femme, on pourrait facilement croire qu'elle est à l'opposé de sa patronne, que ces deux êtres ne se ressemblent pas du tout – parce que cette femme émanait une certaine joie –, mais son rêve a révélé une ressemblance. Par ce rêve, On a voulu la faire aller plus loin dans son inconscient et lui faire rencontrer ses limites. Le rêve lui a montré qu'elle avait à l'intérieur d'elle la froideur et l'attitude contrôlante qu'elle n'aimait pas chez sa patronne. Dès qu'on n'aime pas quelque chose chez quelqu'un, c'est un indice prouvant que le même problème existe, à un certain pourcentage, à l'intérieur de soi.

Un jour, on a tellement nettoyé en profondeur nos mémoires inconscientes qu'on n'est plus atteint par les éléments négatifs présents dans l'environnement ; on les a transcendés.

La science des échanges est aussi prédominante dans l'art d'être un bon thérapeute. Après une journée de consultations, certains d'entre eux disent : « Je me sens vidé. » Il est vrai que des consultations sont parfois plus intenses, plus difficiles que d'autres. On entend aussi très souvent : « Je ne me suis pas assez protégé. » Il est important, en tant que thérapeute, de comprendre qu'il n'est pas utile de se protéger – on apprend ce concept de protection au début, quand on commence à pratiquer et dans certaines méthodes ; mais en se protégeant, on se ferme, on devient distant. Un jour, on est complètement ouvert et on ne ressent plus de résonances négatives. Alors, en attendant – car, évidemment, on n'y arrive pas au terme d'une fin de semaine de formation thérapeutique –, au sortir d'une consultation le moindrement exigeante, on se demande quel type de personne on a rencontré. On revoit ce qu'elle dégageait. Et même si on croit ne pas lui ressembler du tout, même si ses attitudes sont bien loin de celles auxquelles on s'identifie, on se dit : « C'est telle ou telle distorsion. Je l'ai encore, quelque part, enfouie dans mon inconscient. Merci beaucoup à cette personne de me révéler cet aspect de moi-même. » Ainsi, à tout moment, on est à la fois guérisseur et patient. De cette manière, on nettoie de plus en plus profondément notre inconscient et on dégage simplicité et humilité – deux clés essentielles de la réceptivité dans les échanges avec les autres.

Pendant que je méditais sur ce dernier cas, mon mari a reçu un rêve. Dans son rêve, *il se trouvait sur une haute montagne et il y était très à l'aise, très confortable, alors qu'On lui annonçait qu'il faisait moins 3200 degrés Celcius.* Que signifiait ce rêve ?... Que mon mari est un vrai pingouin … Qu'il a réellement les qualités spirituelles de ce symbole en lui. La montagne représente l'élévation spirituelle. Donc, On a voulu lui dire que même dans des situations très froides et austères, voire hostiles, il conservait un taux vibratoire élevé. Il demeurait à l'aise dans ces situations. On peut aller encore plus loin dans l'analyse de ce rêve. Quand on travaille avec les Anges, on reçoit très souvent des nombres en rêve. Ceux-ci correspondent aux nombres associés aux Énergies Angéliques. Alors on considère les Qualités de l'Ange en question, et ainsi on peut savoir de quel état psychologique le rêve traite. Le nombre 32 est associé à l'Énergie Angélique VASARIAH, l'Ange de la Clémence et du Pardon naturel, et le voir exprimé en milliers indique un haut degré d'intégration et d'application de ses Qualités.

Un jour, on a tellement travaillé sur soi que, peu importe le type d'énergie que dégagent les autres, on conserve notre élévation, et ce tout en demeurant ouvert et fusionnel avec eux sur le plan énergétique. On ne ressent plus le besoin d'être distant ou de se dire : « Je me protège parce que c'est trop difficile. » Au début d'un parcours spirituel, on est à vif et on est souvent écorché parce que notre inconscient s'ouvre et qu'on sent les énergies des autres de façon beaucoup plus intense qu'avant. Cela peut être très difficile de percevoir intensément et par résonance, les défauts, les faiblesses, les ambiances négatives qui correspondent à nos mémoires inconscientes. Avec le travail angélique, on devient progressivement capable de se sentir bien partout et dans n'importe quel contexte.

On peut aussi recevoir dans nos rêves de grands entraînements au cours desquels notre esprit visite des zones très perturbées de notre inconscient. Alors, au réveil, on revient avec ce contenu et ce n'est pas facile, au début, de s'abstenir de le projeter sur les autres. Avec la pratique, on arrive à comprendre ce que l'on est en train de vivre et on change notre comportement : au lieu de projeter le négatif à l'extérieur, on se le réapproprie et on le change à l'intérieur de soi – voilà ce qu'est la sublimation. À partir de ce moment, on passe automatiquement à une autre étape. C'est de cette manière que l'on monte les marches qui mènent à la maîtrise : pas par pas.

L'histoire vécue suivante traite de la peur des changements. Une femme qui travaille avec l'Angéologie Traditionnelle depuis un certain temps, tout comme son conjoint, m'a demandé une interprétation de rêve. Ce couple souhaitait acheter une maison, et depuis un an, de nombreuses indécisions embrouillaient leur démarche.

Dans son rêve, *elle se trouvait en compagnie de l'une de ses amies qui, pour elle, représente le travail assidu avec l'Angéologie Traditionnelle –* cette amie a vraiment mis sa spiritualité à la première place et, de temps à autre, la rêveuse lui demande conseil.

*Son amie lui a demandé :*

*— Et puis ? Où en êtes-vous dans l'achat de votre maison ?*

*— Eh bien, on attend des signes.*

*— Oui, mais il faut que vous fassiez quelque chose.*

*— Je voudrais bien, il n'y a pas de maison à moins de 100 000 dollars et il faudrait qu'on utilise nos REER* – les REER sont des fonds d'épargne au Québec.

Pourquoi lui a-t-On envoyé ce rêve ? Est-ce parce que l'Intelligence Cosmique voulait l'encourager à acheter ? Non, le rêve n'était pas en relation avec cette facette-là. Puisque tous les personnages étaient des femmes, c'est le monde intérieur de cette personne qui était en cause et non la manifestation ou l'action dans le concret.

L'amie représentait une partie de la rêveuse, sa partie spirituelle. Le rêve concernait donc sa propre spiritualité. Et On a utilisé un symbole très présent dans la vie de ce couple : la problématique de l'achat d'une maison. Il n'est pas rare qu'On utilise dans nos rêves des événements que l'on a vécus dans la journée, et on ne doit pas s'en étonner : le monde concret est un monde de conséquences. L'Intelligence Cosmique a voulu attirer l'attention de cette femme sur l'acquisition d'un nouvel habitat, un habitat intérieur, spirituel, spacieux, où elle se sentira bien et trouvera le bonheur.

Dans le rêve, cette femme a dit à son amie qu'elle attendait des signes. Alors On lui a montré pourquoi elle n'était pas encore prête à vivre dans un habitat spirituel : elle a encore trop d'insécurités. Ici encore, On a utilisé un symbole de la vie concrète, les REER. Sa réponse dans le rêve démontre qu'elle n'était pas prête à s'investir concrètement et totalement dans son intimité, dans la vie spirituelle, représentée par son amie. Elle avait des réserves. Que veut dire : s'investir totalement dans sa spiritualité ? Cela ne signifie pas qu'on doive tout lâcher : s'investir intimement (symbole de la maison), totalement dans sa spiritualité consiste en un état d'esprit dans lequel on accorde la primauté à l'esprit, où le travail spirituel au quotidien est de la toute première importance, au cœur de notre vie intime, de notre maison intérieure.

Avec l'Angéologie Traditionnelle, c'est à travers les événements de la vie quotidienne qu'on franchit les étapes du cheminement spirituel. On analyse nos rêves et on observe de quelle manière ils se matérialisent durant le jour. On *lit* les signes et on observe nos sensations intérieures pour connaître et apprivoiser nos résonances.

Même si, dans un premier temps, on n'a pas beaucoup de rêves ou on n'arrive pas à les interpréter – ce qui vaut aussi pour les signes –, reste que tout le monde peut faire au moins deux choses qui amènent au plus haut niveau. La première consiste à percevoir les résonances, et la deuxième, à les utiliser pour rectifier ses mémoires. Chaque fois qu'on se sent dérangé, on se demande : « Qu'est-ce qui me dérange chez cette personne ou dans cette situation ? » et on revient à soi, au lieu de projeter du négatif sur la personne ou la situation. Tout de suite, on invoque l'Ange et on nettoie la distorsion correspondante à l'intérieur de soi. Comme déjà mentionné, cette pratique à elle seule permet d'atteindre les plus hauts niveaux. Puis vient un jour où il est très facile d'interpréter ses rêves : tout s'ouvre car ce sont nos impatiences et nos irritations qui nous empêchent d'avoir accès aux informations des mondes parallèles. Dès qu'on se trouve dans une distorsion, nos horizons s'obscurcissent et on perd notre connexion. Autrement dit, c'est le travail de chaque instant – travail de sublimation – qui nous amène aux plus hauts niveaux.

Cette femme trouvait que 100 000 $ était trop cher. Dans le contexte, ce nombre ne concernait en rien le prix des maisons sur le marché immobilier car cela n'est pas très cher pour une maison au Québec. Donc ce montant était un symbole. Une demeure spirituelle coûte nécessairement un certain prix. Mais comment paie-t-on une telle demeure ? En travaillant sur soi pour développer les Qualités et les Vertus, en investissant son énergie et son temps pour s'améliorer, pour devenir une meilleure personne. C'est la seule manière de retrouver un jour une réelle et belle demeure intérieure.

Le seul fait d'envisager l'achat d'une maison a remué chez cette femme beaucoup de mémoires intérieures. En formant leur couple, elle et son conjoint ont créé une famille reconstituée : lui avait une petite fille issue d'une union précédente, et cette femme avait deux enfants d'une union antérieure. Leur relation n'était pas encore très stable à cause de points de vue divergents au sein du couple, mais aussi parce qu'elle avait des difficultés avec la petite fille de trois ans de son conjoint. Entre la femme et l'enfant il y avait vraiment un lien karmique. La petite faisait remonter des choses très difficiles chez cette femme. Pourquoi ? Parce que l'enfant lui miroitait une partie distorsionnée de son propre être.

Pour vous permettre de comprendre ces difficultés relationnelles, je vous dirai que cette fillette est née d'une union extraconjugale. Le conjoint de cette femme a eu une autre relation alors qu'il vivait avec son ex-conjointe, de plus, il lui a caché l'existence de cette enfant pendant les premiers mois de leurs fréquentations. La petite fille de trois ans incarne donc pour cette femme l'infidélité, la trahison et la tromperie. On peut comprendre pourquoi l'achat d'une maison et l'engagement dans cette relation de couple était si difficile pour elle. Cette *fibre* vibrait en elle dans le rêve mais aussi à chaque fois qu'elle voyait l'enfant. Le fait d'avoir été trompée, trahie faisait remonter des mémoires de colère et d'agressivité. Parfois, elle partait marcher, tant elle se sentait inconfortable et malheureuse de ne pas arriver à accepter la situation et à pardonner.

Je lui ai dit : « Cette petite fille est un grand cadeau du Ciel pour toi. Ce que tu ressens n'est que le bout de l'iceberg. Si cette infidélité – qui remonte à une date antérieure à leur rencontre – te dérange à ce point, c'est que tu l'as à l'intérieur de toi. Tu as des mémoires qui résonnent avec l'infidélité, la trahison et la tromperie. Tu as peut-être été trahie dans cette vie-ci, mais ces mémoires remontent à d'autres vies, où toi-même, tu as été infidèle. Ce petit être vient t'aider à nettoyer tous ces aspects. »

Cette résonance était très puissante, et acheter une maison avec son conjoint impliquait évidemment un engagement accru dans leur relation. Elle se sentait ambivalente et perturbée par tout cela et son rêve le lui révélait. Le côté amoureux de la relation n'était pas stable non plus.

Par la suite, cette femme est venue à une conférence où je racontais son histoire de façon anonyme, comme je le fais maintenant. Et cela l'a fait travailler même si elle était très reconnaissante. Entre autres, elle a reçu un rêve après la conférence. *Elle se trouvait dans la maison et elle voyait à l'extérieur, dans la neige, la petite fille de son conjoint qui portait des bas blancs et qui avait froid. Elle s'est dit : « Ah, je devrais la rentrer. » Puis elle est allée la chercher et l'a emmenée à l'intérieur de la maison.*

Or, suite à ce rêve, un changement notable est survenu. Le rêve montrait qu'elle ramenait à la chaleur cette partie d'elle-même que la petite fille représentait. Elle m'a dit : « Après ce rêve, cela a été plus facile. J'ai cessé d'avoir le goût de partir. » Bien sûr, sa situation n'était pas encore tout à fait parfaite, mais elle était plus facile à vivre. Quelque chose s'était déclenchée. Un rêve met en marche un programme dans le rêveur – c'est absolu, et cet exemple en fait foi. Un rêve est un ensemble d'images qui provient du monde invisible, du monde des causes, et qui marque inévitablement – voire détermine – le vécu au quotidien. Voilà pourquoi il est si important de comprendre nos rêves. Certaines personnes peuvent même observer le changement de programme avant qu'il ne se matérialise. Un jour, cette façon de fonctionner sera notre réalité.

Pendant que cette femme me faisait part de ces heureux changements intérieurs, son conjoint consultait mon époux pour une interprétation de signe. Il avait perdu sa carte d'identité au travail et se demandait, avec quelque inquiétude, ce que cela pouvait signifier. Comme je l'ai déjà mentionné, la signification d'un signe dépend toujours de ce à quoi on était en train de penser ou de ce qu'on vivait au moment où l'événement-signe s'est produit. Donc, même si le symbolisme de la carte d'identité demeure le même pour tout le monde – il touche à l'identité personnelle –, il varie d'un cas à l'autre et d'une personne à l'autre.

Donc, mon époux a dit à cet homme : « On t'annonce une période où tu ne te sentiras plus tout à fait toi-même ; tu te sentiras un peu déphasé. Tu perdras ton identité actuelle pour en trouver une autre. C'est pour cette raison que tu te sens mélangé présentement et que tu te cherches autant dans ta relation de couple. Si tu travailles sur toi, ça sera beaucoup plus facile ; la situation peut changer. » Voilà pour cette histoire.

⊙

Étudions maintenant où se situe l'Ange Eyael dans l'Arbre de Vie. Cette Énergie Angélique réside dans la Séphira Yésod. Par sa position, cette Sphère reçoit toutes les commandes, tous les élans des autres Séphiroth. Elle est comme un réceptacle, un *lieu* de grande réceptivité. La Séphira Yésod est la plus proche du plan de la matérialité, représenté par la Séphira Malkouth, et dans l'univers physique, par la planète Terre. Yésod accueille les énergies et les informations en provenance des autres Sphères de Vie, et après les avoir densifiées, elle les fait descendre dans le plan physique. D'autre part, elle achemine vers les plans plus subtils les informations provenant du monde physique. Cela explique pourquoi le travail avec les Anges qui résident ou qui s'expriment dans cette Sphère augmente notre capacité de *lire* les signes et de bien comprendre nos résonances avec les autres et les situations que nous vivons. Dans l'univers physique, la Séphira Yésod est symbolisée par la Lune, laquelle représente l'imagination, la réceptivité et tout le côté féminin. L'énergie lunaire procure aussi une grande neutralité, justement à cause de la réceptivité qui la caractérise.

L'Énergie Angélique EYAEL se distingue des autres Anges qui résident dans cette Sphère par sa spécificité jupitérienne – autrement dit, par son lieu d'expression qui est la Séphira Hésed, laquelle est symboliquement associée à la planète Jupiter. Cette influence nous procure de grands pouvoirs d'organisation et des ressources abondantes. Elle confère aussi la qualité de visionnaire lorsqu'on a appris à bien utiliser cette abondance de ressources. Les visionnaires ont des facultés qui leur permettent de saisir la signification profonde d'une situation. Toutes les étapes de la production leur sont révélées. Et cette capacité ne relève pas de l'intellect. Quant à la planète Jupiter, elle représente la confiance, l'optimisme et l'expansion. Avec l'Ange EYAEL, on arrive à tellement bien intégrer la science des mélanges et des échanges, à échanger à l'intérieur de soi avec les autres parties de notre être, que l'on découvre également de nouvelles façons d'échanger à l'extérieur. On le fait d'autant mieux, mais ce n'est plus dans le but d'éprouver le sentiment d'expansion et d'abondance qu'il procure : on a intégré ces états de conscience à l'intérieur de soi. De plus, on attire la même abondance à l'extérieur. C'est la simple application de la Loi de la résonance et c'est absolu. L'abondance extérieure n'est que l'étape de matérialisation de cette énergie et elle se concrétise alors avec facilité.

Je continue avec un exemple de rêve qui touche à la sublimation. Quand on parle de sublimation, on pense souvent à l'énergie sexuelle. En effet, on sait qu'un jour on doit parvenir à sublimer cette énergie – qu'on appelle aussi la kundalini –, à la faire monter le long de la colonne vertébrale pour qu'elle éveille et illumine les centres d'énergie ou chakras supérieurs, jusqu'au sommet du crâne et au-delà. Or la sublimation concerne toute notre énergie. En fait, cette énergie sexuelle, je préfère l'appeler énergie vitale parce qu'elle se manifeste dans tout notre être – dans notre regard, dans notre voix, dans nos gestes, etc. Elle est notre énergie de base, l'énergie de la Vie.

Alors voici ce fait vécu. Une femme qui venait aux conférences pour la première fois m'a demandé une interprétation de rêve. Nous verrons que ce rêve devait la préparer à intégrer des concepts qui, autrement, auraient probablement été trop abstraits pour elle. Dans son rêve, *elle voyait le symbole du tao, du yin et du yang* – un symbole qu'elle connaissait.

Ce symbole très ancien de la philosophie chinoise représente les deux grandes forces complémentaires qui sont à la base du mouvement de la création. On peut penser au contraste dynamique des principes de la lumière et de l'obscurité, du masculin et du féminin, du bien et du mal, et à toutes sortes d'autres principes qui semblent opposés, mais qui en fait sont appelés à fusionner et à travailler ensemble. On parle de duplicité plutôt que de dualité, comme s'il s'agissait des deux faces d'une même médaille. La fusion de ces principes à l'intérieur de soi nous amène aux plus hauts sommets de la compréhension initiatique. Cette fusion aussi fait partie de la science des mélanges ; c'est le mélange fondamental qui crée la Vie.

Dans son rêve, *cette femme pénétrait dans le symbole du tao et c'était très puissant au plan énergétique, comme si elle devenait ce symbole.* Puis elle s'est réveillée avec un orgasme dans son corps physique. Elle a médité sur cette expérience, puis elle s'est rendormie. Elle a reçu le même rêve une deuxième fois, avec des sensations identiques. Puis elle s'est réveillée et, une troisième fois, elle a eu le même rêve, avec les mêmes sensations.

Pourquoi lui a-t-On envoyé ce rêve répétitif ? Avant de répondre à cette question, j'aimerais dire quelques mots sur les rêves dans lesquels apparaissent des thèmes sexuels. Ceux-ci sont plutôt fréquents et beaucoup de personnes se sentent mal à l'aise lorsqu'elles en reçoivent. En effet, on peut se voir dans un rêve à thème sexuel avec une personne autre que son conjoint ou sa conjointe. Pour conserver notre équilibre mental face à ce type de rêves, on doit se rappeler qu'à moins d'indication contraire, l'autre personne y apparaît seulement en tant que symbole d'une partie du rêveur et que sa présence dans le rêve ne signale pas nécessairement une relation physique ou une dynamique d'infidélité.

Le thème de la sexualité dans un rêve peut avoir une signification autant positive que négative. Il est important d'analyser en détail chaque symbole du rêve pour comprendre ce qu'On a voulu nous dire.

Certains rêves ont un contenu érotique, renfermant par exemple des scènes de fantasmes. Cela n'a rien de grave, mais par ces rêves On veut nous dire : « Nettoie, purifie tes besoins instinctuels, ton animalité. » Et il est normal de recevoir de tels rêves, car lors de l'ouverture de l'inconscient, on visite aussi des mémoires distorsionnées rattachées à la sexualité, qui nous empêchent de vivre l'amour spirituel jusqu'au plan intime et sexuel, un amour où les qualités sont à la première place. On doit donc nettoyer et sublimer cette énergie pour pouvoir retrouver toute notre pureté et atteindre les plus hauts niveaux de fusion sexuelle et amoureuse dans notre intimité.

Comme je viens de le mentionner, certains rêves qui traitent de thèmes sexuels n'ont rien à voir avec la sexualité sur plan physique. Et le rêve de cette femme qui a eu un orgasme en voyant un symbole de yin et de yang en est un bon exemple. C'est un rêve très positif qui traite de l'amour, de la fusion des deux principes – le symbole du tao est assez explicite à cet égard. Du seul fait d'être vivant, on est continuellement dans un processus de création, de fusion, d'échange. On pense et ainsi on crée. Tout ce que l'on vit est création. Donc, ce rêve concernait le phénomène de la création par la compréhension. Quand on vit un orgasme avec un symbole, comme dans ce rêve, cela indique que l'Intelligence Cosmique veut nous faire fusionner avec la signification du symbole jusque dans le plan physique, afin de nous aider à comprendre l'amour véritable. Dans un tel cas, la fusion énergétique vécue en rêve permet à la personne d'acquérir une nouvelle profondeur et un degré de compréhension plus élevé de l'amour divin qu'elle intégrera dans tous son être, puisqu'elle aura vécu l'expérience jusque dans son corps physique.

Le fait que cette femme ait reçu trois fois le même rêve, et ce dans la même nuit, signifie qu'elle intégrait vraiment cet enseignement. Le nombre trois réfère aussi à l'Ange 3 SITAEL et fait donc ressortir le caractère constructif, structurant, très important de cette expérience vécue en rêve.

Je vous rappelle que c'était la première fois que cette femme venait aux conférences et je peux vous dire qu'elle aimait ce qu'elle y entendait. Elle était aux anges. Elle m'a aussi demandé d'interpréter un signe qui comportait le nombre 67 – sans savoir que j'étais en train de préparer la conférence sur l'Ange 67 EYAEL. Elle était vraiment connectée spirituellement. Cela témoignait qu'elle vivait une grande ouverture à d'autres dimensions, et qu'elle commençait à intégrer certaines notions relevant de la métaphysique qui étaient jusque-là demeurées abstraites pour elle.

Quand on reçoit un rêve dans lequel on fait l'amour avec une autre personne, on doit chercher à comprendre ce que représente cette personne. On se demande : « Comment pense-t-elle ? Comment se comporte-t-elle ? » Dans la plupart des cas, le rêve n'a rien à voir avec la sexualité proprement dite. On veut plutôt nous montrer avec quel type de pensées et de comportements on fusionne ; le rêve nous signale simplement que ces pensées et comportements nous habitent. Et, bien sûr, s'ils font partie de nous, on les attire à l'extérieur. Sur le plan conscient, on ne sait pas comment nos énergies se mélangent avec celles des autres. Donc, On nous le montre dans nos rêves. Et si les comportements dévoilés ne sont pas justes, on sait ce que l'on doit rectifier.

Voici un autre exemple de rêve qui montre l'importance de bien comprendre tous les aspects reliés à la notion de sexualité. Une femme avait reçu un rêve dans lequel *elle voyait un ours et elle avait le goût de faire l'amour avec lui, mais en même temps, elle en avait peur.*

Ce rêve n'a rien à voir avec la sexualité bestiale ; soyons rassurés, elle n'avait pas le fantasme de faire l'amour avec un ours pour de vrai. Il montre seulement le type d'énergie qui habitait la rêveuse et avec laquelle elle fusionnait parfois. Sous son aspect négatif, l'ours symbolise une énergie brute, non raffinée. Cette énergie était activée en elle – cela faisait partie de son programme. Par ce rêve, On le lui signalait : « Attention, tu émets ce type d'énergie qui est brute. Tu vas attirer un homme grossier et tu ne te sentiras pas bien avec cet aspect. » C'est pour cette raison qu'elle ressentait à la fois une attirance et une peur face à l'ours. J'étais touchée par son regard quand je lui ai mentionné cela. Je ressentais que sa sexualité, sa vie intime n'avait pas été facile. On voit avec quelle précision un rêve peut nous révéler des aspects profonds de notre vie. Généralement, on ne peut pas mettre le doigt sur de tels aspects ; on ne ressent qu'un mal-être diffus, et encore faut-il y prêter attention. Par ce rêve, On a montré à cette femme une force instinctuelle qu'elle devait absolument sublimer afin d'arriver un jour à une grande pureté, celle qui amène aux plus hauts niveaux de conscience. Elle devra aussi apprendre à s'affirmer face à son conjoint, si elle vit une sexualité qui ne lui convient pas.

De la même manière, dans un cheminement, il est normal qu'une personne se voie en rêve faire l'amour avec un ancien partenaire. Elle peut alors se réveiller aux côtés de son conjoint et se sentir confuse et envahie par la culpabilité. Que signifient de tels rêves ? Ils ne signifient pas nécessairement que la personne se sent attirée par l'ex-conjoint, ni qu'elle reprendra une relation intime avec lui. On veut généralement dire au rêveur : « Attention, tu as encore ce genre de comportement, cette manière de penser, cette manière d'être. Tu fusionnes avec ce type d'énergie ; tu l'as encore en toi et tu te comportes comme avant, tu répètes d'anciens schémas dans ton couple actuel. »

Nos ex-conjoints ou ex-conjointes font partie de notre bibliothèque personnelle de symboles, car on les connaît bien. C'est pour cela que l'Intelligence Cosmique les utilise dans nos rêves. Bien sûr, on n'a pas tel ou tel partenaire amoureux par hasard ; si on a été en relation intime avec une personne, c'est parce qu'on avait des résonances avec elle. Et à moins d'avoir transcendé les résonances négatives, elles sont encore là, et on va attirer le même genre de personnes. De tels rêves sont bien utiles, puisqu'ils nous révèlent des aspects distorsionnés de notre homme intérieur ou de notre femme intérieure, dépendamment du contexte du rêve. Pour arriver un jour à établir une union d'une grande pureté avec un être qui nous est complémentaire, on doit nécessairement nettoyer et transcender nos distorsions amoureuses. Et alors les rêves dans lesquels apparaitront nos ex-partenaires ou qui auront la sexualité comme thème deviendront justes, beaux et paisibles. Ceci étant dit, il est également possible qu'on soit dans la mélancolie d'une ancienne relation amoureuse. On peut être connecté à un amour impossible ou perdu et fantasmer sur cela. On me demande souvent : « Mais comment distinguer un rêve d'infidélité d'un rêve dans lequel on fait l'amour avec une personne qu'on ne connaît pas, ou un ex, etc. » Pour que l'acte du rêve dénote l'infidélité ou une influence de ce type, le rêve doit contenir des symboles d'infidélité. Par exemple : le conjoint ou la conjointe qu'on a dans la réalité concrète y apparaît sous une forme ou une autre ; ou le rêveur est conscient d'être marié pendant qu'il fait l'amour avec le personnage du rêve. Si une personne a un grand manque d'amour et de sexualité, On peut lui présenter ses manques et ses besoins sous forme de fantasmes. Lorsqu'on se voit en rêve faire l'amour avec le voisin, la voisine tout en sachant que cette personne est mariée et que soi-même on l'est également, alors il s'agit très clairement d'essences d'infidélité, car deux réalités se croisent dans le rêve. On doit faire très attention aux rêves d'infidélité car c'est parfois le début de la fin de la relation de couple que nous avons, si on ne transforme pas nos mémoires. Même si on n'a pas été infidèle dans le concret, notre âme commence à préparer le chemin de l'infidélité et, tôt ou tard, une personne apparaîtra sur notre chemin – si elle n'est pas déjà dans notre entourage – avec laquelle on matérialisera cet état de conscience qui germe en nous.

⊙

L'exemple qui suit touche à la sublimation en lien avec l'homosexualité.

Une femme qui avait assisté à plusieurs conférences sur l'Angéologie et qui semblait très touchée par cet Enseignement est venue me voir à la pause et m'a dit : « J'ai remarqué que vous parlez souvent des deux principes – effectivement, je parle souvent de la femme intérieure et de l'homme intérieur, de l'émissivité chez l'homme et de la réceptivité chez la femme, du yin et du yang, ces deux principes qu'il est important d'apprendre à fusionner – et je suis d'accord pour ce qui est de l'individu. Je suis d'accord qu'on a chacun ces deux principes. Mais le bonheur passe-t-il nécessairement par un homme ? Parce que je suis homosexuelle. D'ailleurs, ma conjointe est dans la salle. »

Je lui ai répondu : « Vous avez sans doute remarqué que lorsqu'on suit cet Enseignement, on est tout le temps en train de travailler à se repolariser dans un sens ou dans l'autre. C'est vraiment important. Tout ce qu'on abrite à l'intérieur de soi, autant les défauts que les qualités, eh bien, un jour ou l'autre, ils se manifestent dans le plan physique. Et quand on travaille intensément et de façon assidue avec cet Enseignement, on intègre progressivement notre homme intérieur si on est une femme, et notre femme intérieure si on est un homme. On devient complet, complète, et alors il nous est possible de rencontrer le partenaire idéal du sexe complémentaire.

« Pour ce qui est de l'homosexualité, c'est une expérimentation. On peut expérimenter, mais il faut savoir que si on visite l'inconscient d'une personne qui est homosexuelle, on y trouvera des souffrances, des blessures, des rejets et toutes sortes de peurs en relation avec l'autre principe. Une personne homosexuelle qui travaillerait intensément avec cet Enseignement, sans même focaliser son travail sur son homosexualité – en travaillant sur ses limitations, ses peurs et sa repolarisation en regard des deux principes –, eh bien, un jour, si ça fait partie de son programme de cette vie, elle pourrait se sentir à nouveau attirée par l'autre principe ou principe complémentaire.

« Cela étant dit, je considère les homosexuels – et tous les êtres, d'ailleurs – comme des enfants de Dieu. Ils expérimentent. Et certains d'entre eux ont des qualités que d'autres personnes qui sont hétérosexuelles n'ont pas, mais ils ont plus particulièrement le rayon des polarités à travailler. Qu'une personne me dise qu'elle est homosexuelle ou qu'elle me confie autre chose sur elle ne fait aucune différence pour moi. Mais on doit savoir que nous sommes tous dans cette voie, que notre âme cherche à se repolariser. Si nous expérimentons l'homosexualité, c'est que notre principe complémentaire est blessé et malade, il est refoulé dans nos mémoires inconscientes. Par la Récitation Angélique, on peut absolument tout guérir. »

J'ai moi-même un membre de ma famille qui est homosexuel, et pour moi, cela ne fait aucune différence. Je l'aime tout autant et je le respecte dans son expérimentation. Et cela, il le sent. Mais si on veut atteindre les plus hauts sommets de réalisation de soi, on doit savoir que cela passe par la fusion consciente des deux principes, par la repolarisation de l'âme jusque dans le plan physique.

Nous avons vu que l'Ange Eyael nous aide à comprendre la métaphysique et les sciences ésotériques – même si de nos jours, ces notions sont parfois galvaudées et présentées de façon trop abstraite ou erronée, sans trop de crédibilité. L'exemple qui suit concerne cette Qualité de l'Ange Eyael.

Une femme a demandé une interprétation de rêve à mon époux ; c'était un rêve par lequel On lui annonçait de grands changements. Cette femme a une sœur qui est handicapée mentale et qui est internée dans un institut psychiatrique.

Dans son rêve, *elle allait chercher sa sœur à l'institut où cette dernière séjourne habituellement, mais elle ne trouvait plus l'établissement. Toute la ville avait changé et la rêveuse était égarée. Puis elle a vu une église comportant un dôme qui ressemblait un peu à l'oratoire Saint-Joseph de Montréal* – c'est une grande église située sur le flanc du mont Royal. *Une équipe de tournage était sur les lieux et filmait une scène dans laquelle figurait un cheval blanc qui se trouvait sur le dôme. À un moment donné, quelqu'un a poussé le cheval et celui-ci est tombé, au ralenti. Puis la rêveuse a crié : « Non, non, non, non, non. » Le cheval s'est écrasé en atteignant le sol. Il était gravement blessé et il la suppliait par son regard de l'aider.*

Cette femme a expliqué à mon époux qu'elle vivait de profondes remises en question au niveau professionnel et qu'elle devait prendre une décision à ce sujet. Elle s'adonnait alors à deux types d'activités professionnelles. D'une part, elle donnait des soins énergétiques et enseignait la méditation – des activités dites spirituelles –, et d'autre part, elle enseignait le programme régulier à l'école primaire. Elle a dit à mon époux qu'elle souhaitait se consacrer totalement à ses activités spirituelles mais que des insécurités l'en empêchaient. D'autant plus qu'elle avait été malade peu de temps auparavant. Elle avait dû interrompre ses cours de méditation, et plus tard, quand elle a voulu recommencer, seule une personne s'était inscrite. Elle considérait cela comme un signe et souhaitait le comprendre. Elle voulait savoir si l'Intelligence Cosmique voulait la pousser à laisser son travail à l'école pour se consacrer totalement à ses activités spirituelles.

Mon mari a commencé à interpréter son rêve, mais en modulant quelque peu le message. En effet, quand on nous demande une interprétation, mon époux et moi adaptons parfois nos paroles à la personne en nous basant sur ce que nous ressentons. Nous livrons toujours le contenu de l'interprétation qui nous apparaît, mais en l'adaptant au niveau de conscience de la personne. Cela fait partie de la Sagesse et de l'Amour. Certaines personnes sont âgées de trois ans en termes de conscience, et à elles, nous disons seulement certaines choses ; d'autres ont un niveau de conscience *adulte*, et avec elles, nous pouvons aller beaucoup plus loin.

Quand cette femme a senti que mon époux mesurait ses paroles, elle lui a dit :

— J'aimerais que tu me dises vraiment ce que tu penses de ce rêve.

— Es-tu bien certaine de vouloir connaître en profondeur la signification de ce rêve ?

— Oui, oui, oui, a-t-elle insisté.

Alors mon époux lui a dit que tous les éléments de ce rêve représentaient des parties d'elle-même : sa sœur handicapée, le cheval, l'église, le film, etc. Ce rêve annonçait des initiations et d'importants changements dans sa vie. Et il lui montrait les aspects d'elle qu'elle devait rectifier.

Un handicap mental représente des limitations au niveau de la pensée. Donc, la situation de la sœur témoigne de la présence de telles limitations chez la rêveuse. La présence de l'oratoire réfère à une ancienne spiritualité. On a voulu montrer à cette femme qu'elle entretenait des systèmes de pensée erronés qui l'handicapaient dans son cheminement spirituel, qui l'empêchaient de s'élever.

Que signifie la scène du tournage ? Quand on joue un rôle dans un film, on n'est évidemment Int pas le personnage que l'on joue : c'est un rôle. Quoique jouer un rôle peut aussi être éducatif et positif, bien entendu. Dans ce rêve, On a voulu montrer à la rêveuse qu'elle jouait un rôle spirituel et qu'elle n'était pas tout à fait le personnage spirituel qu'elle donnait l'impression d'être : un beau cheval blanc. Le cheval représente l'énergie vitale, cette énergie qui nous confère une grande puissance, une grande volonté pour avancer. Dans le rêve, il était blanc. Or le blanc symbolise la spiritualité, la lumière, la capacité de voir, de reconnaître, la dimension consciente, éclairée de notre être. Cette femme a une grande volonté spirituelle, mais cette volonté était auparavant utilisée pour soutenir des attitudes et des comportements non justes, en l'occurrence, des jeux de rôles.

La scène où le cheval, poussé, tombait en bas indique que l'Intelligence Cosmique a tiré sur *la prise de courant* – qu'Elle interrompait le lien de cette femme avec sa source d'énergie d'élévation, de haute montagne méditative. Cela annonçait une importante perte de volonté et d'énergie dans sa recherche d'élévation et explique aussi pourquoi elle était *tombée* malade. En plus, dans le concret, pratiquement plus personne ne venait à ses cours. Pourquoi l'a-t-On coupée de sa source d'énergie ? Pour qu'elle entreprenne un travail intense de purification. Pour qu'elle nettoie ses mémoires handicapantes, car elle n'était pas encore prête à être une enseignante de méditation. Elle a expérimenté d'une certaine manière et c'était bien pendant un certain temps, mais elle était rendue à un point où elle devait changer, passer à une autre étape spirituelle, plus puissante, plus avancée.

Elle a écouté les explications de mon époux, puis elle lui a dit avec insistance :

— Mais j'ai eu des résultats extraordinaires, de vrais miracles au niveau des soins énergétiques. Puis je veux aider les autres à guérir. En plus, des médiums m'ont dit que c'était ma mission et que j'avais un don de guérison.

— Eh bien, il y a des médiums qui disent certaines choses pour plaire, pour flatter l'égo, d'autres qui ont une certaine intégrité mais manquent de pureté au niveau de leur médiumnité. Le meilleur moyen pour savoir ce qu'on doit faire, c'est de recevoir l'information en direct via les rêves. C'est ça, l'autonomie spirituelle. Ce rêve t'offre toute une guidance, tout y est inscrit. C'est toi qui l'a reçu.

— J'ai beaucoup de rêves, lui a-t-elle avoué, mais je ne les ai jamais vraiment compris.

— Le plus grand cadeau que tu puisses te faire, ce serait d'arrêter à l'extérieur tes activités dites spirituelles et de te concentrer sur des activités spirituelles à l'intérieur de toi-même, d'étudier tes rêves et de faire un grand ménage, un grand nettoyage des mémoires et des systèmes de pensées erronés qui te limitent, te handicapent. Un initié attend toujours le feu vert avant de se manifester ; être spirituel et enseigner la spiritualité n'est pas un travail, c'est une mission. Donc, quand tu recevras un rêve où On te montre de façon claire que tu peux reprendre tes cours, tu pourras le faire si c'est ton choix. Sinon, cela ne te donne rien du point de vue spirituel ; au contraire, ce sont des karmas qui s'accumulent. Il faut aussi savoir que chaque fois qu'une personne veut être dans le milieu spirituel et qu'elle n'est pas prête, tôt ou tard, elle se retrouve malade ou rencontre d'autres problèmes.

Bien sûr, certaines expérimentations ne génèrent pas nécessairement des karmas lourds, mais dans le cas de cette femme, vu son rêve, elle avait reçu un avertissement assez clair. On lui donnait vraiment une guidance très précise.

Cette femme entretenait encore une dualité dans sa façon de voir ses activités professionnelles : elle séparait ses activités dites spirituelles de son enseignement à l'école primaire. Pourtant, c'est une véritable activité spirituelle que d'enseigner aux petits enfants ! On se trouve à longueur de jour devant une vingtaine de haut-parleurs qui sont autant d'enseignants pour soi. Quand on est avec les enfants, soit on se sent dérangé, soit on se sent bien. Avec eux, on reçoit continuellement de puissants enseignements. C'est donc un travail très spirituel. Un jour, on cesse de considérer certaines activités comme moins spirituelles que d'autres, on comprend que tout est spirituel. Cela dépend de l'intention qu'on y met. On peut recevoir les plus grands enseignements partout, où que l'on soit.

Le fait vécu que nous allons voir maintenant touche à la compréhension de la métaphysique.

Une femme qui assistait pour la première fois aux conférences sur l'Angéologie souhaitait recevoir l'interprétation d'un rêve qu'elle avait fait 10 ans auparavant. Elle m'a expliqué qu'à l'époque, elle commençait son cheminement spirituel et qu'elle l'a fait par la pratique du yoga. Dans son rêve, *elle voyait, alignés en rang, un grand nombre de soldats allemands. Puis, elle a vu arriver une grande formation d'avions qui s'est transformée en une belle volée d'oiseaux blancs. Les oiseaux sont descendus tout lentement pour toucher les soldats allemands. Finalement, ils se sont transformés pour constituer un immense champ de blé.*

En voilà tout un rêve ! C'est un grand rêve initiatique, qui ne décrit pas seulement le programme d'une journée ou d'une année. Cependant, On ne dit pas à la rêveuse à quel moment le symbolisme de ce champ de blé se matérialisera. Par ce rêve très puissant, On a voulu montrer à cette femme que son cheminement – la pratique du yoga – avait un impact important sur son être.

Tout d'abord, que représentaient les soldats allemands ? On doit toujours se rappeler qu'un symbole a des significations tant positives que négatives, et que son interprétation dépend du contexte dans lequel il apparaît. Par exemple, même si l'armée allemande a commis des actes barbares lors de la deuxième guerre mondiale, pour un nouvel enfant allemand, le même symbole peut être positif : pour lui, l'armée allemande peut représenter la protection sociale, la gestion de ses conflits intérieurs qui empêche que le mal prenne toute la place et ne laisse aucune possibilité à sa nature Divine de se réaliser. Il est utopique de dire qu'on n'a pas besoin de l'armée. Elle joue un rôle, tout comme la police et les services d'urgence, essentiels dans une société. On peut même dire que les guides des mondes parallèles sont des soldats, qu'ils font partie de l'Armée Céleste qui protège les frontières de la Conscience Universelle et assure son expansion en accord avec les Lois Divines. Mais pour cette femme, ce symbole était relié à la deuxième guerre mondiale et aux conflits idéologiques intenses de cette époque.

La présence des soldats allemands dans le rêve signifiait que cette femme devait transformer, transmuter tous ses conflits intérieurs et son extrémisme idéologique. Les avions et les oiseaux volent dans l'air, lequel représente le monde des pensées. Ce rêve traitait – comme dans l'histoire précédente – de la transformation des systèmes de pensées, car les avions se transformaient en oiseaux. Il signalait à cette femme que ses pensées sociales (les avions) devenaient plus incarnées, que son cheminement spirituel l'amenait à bien penser, qu'elle développait de belles pensées spirituelles, car les oiseaux étaient blancs.

Ce rêve illustre bien le parcours usuel d'un être en initiation : la transformation s'opère en premier lieu au niveau des pensées. Si on cultive de belles pensées, un jour, l'énergie de la transmutation descend et touche notre cœur, notre côté émotionnel et affectif. Cette phase a un effet moteur, car nos émotions nous procurent une grande motivation. Enfin, l'énergie de sublimation descend jusque dans le plan physique, le plan de la manifestation, et notre vie s'en trouve vraiment transformée, élevée.

Le blé est un grand symbole solaire. Du blé on fait le pain, et le pain est un symbole de ressources et d'abondance matérielles. Toutefois, On n'a pas indiqué à la rêveuse à quel moment ses pensées se transformeraient en abondance. Heureusement qu'On ne nous précise pas le temps qui sera nécessaire à la venue de l'abondance, car un rêve comme celui-ci annonce une quête qui peut s'avérer être un très long processus.

Toujours est-il que 10 ans après avoir reçu ce rêve et vécu bien des changements, cette femme s'est retrouvée aux conférences sur l'Angéologie Traditionnelle. Elle a alors demandé à mon époux d'interpréter un rêve qu'elle venait de recevoir. Dans ce rêve, *elle se trouvait dans une pièce complètement blanche et elle pliait des draps avec sa mère. À un moment donné, elle a regardé sa mère et lui a dit : « J'en ai assez ! Je te hais depuis la conception. » Ensuite, elle a quitté la pièce et elle a rencontré son père, qui lui a dit : « Je vais parler à ta fille pendant une heure et demie. »*

Dans ce rêve, tous les éléments représentaient des parties de la rêveuse. La blancheur de la pièce témoignait que ce rêve concernait sa spiritualité et la mise en lumière de ce qu'elle devait comprendre. La mère est un grand symbole qui représente notre monde intérieur et que l'on doit un jour complètement transformer afin d'arriver à bien matérialiser, que ce soient des enfants, des projets ou toute autre réalisation. Toute création débute dans notre monde intérieur. Le fait que la rêveuse ait dit qu'elle en avait assez de plier les draps révèle qu'elle souffrait d'une *écœurite* aiguë concernant la purification de son monde intérieur. En effet, quand on plie des draps – lesquels sont symboliquement reliés au lit, à l'intimité – c'est qu'on met de l'ordre dans notre intimité, et puisque les draps étaient blancs, il était question de mettre de l'ordre sur le plan spirituel. Et cette femme en avait assez.

Ce qu'elle a ensuite dit à sa mère – qu'elle la haïssait depuis la conception – signifiait qu'elle haïssait son cheminement spirituel. Remonter à la conception, symboliquement, ne réfère pas seulement à cette vie-ci, mais à l'ensemble de nos vies. On doit remonter aussi loin que cela et nettoyer nos mémoires sans relâche. Quand l'inconscient s'ouvre, on en découvre tellement ! On se dit : « Comment est-ce possible que cela revienne encore ? » On va plus en profondeur et on en découvre d'autres à rectifier. Puis, un jour, on apprend à aimer ce processus, sauf que par périodes on peut souffrir – comme cette femme – d'*écœurite* aiguë. Cette étape est normale.

Mais un élément très positif chez cette femme apparaissait dans le rêve : son père allait parler à sa fille. Le père représente l'action, le jour, et la fille symbolise les nouvelles œuvres intérieures. Cette femme a donc la capacité d'arrêter ses mémoires distorsionnées avant qu'elles n'atteignent le niveau de la manifestation. En se parlant intérieurement, elle évite de détruire.

Les forces distorsionnées sont là, bien sûr, mais au moins, si on se parle à soi-même, elles ne saccagent pas notre vie. Sinon, si on les laisse faire, elles détruisent au fur et à mesure tout ce que l'on construit. C'est très puissant, quand l'inconscient s'ouvre. La Récitation Angélique nous aide énormément dans ce processus, car elle *appelle* la force distorsionnée de l'inconscient et la transforme sur-le-champ. On doit donc accepter de passer par de nombreuses étapes.

En écoutant l'interprétation de ce rêve, cette femme s'est souvenue d'un autre rêve qu'elle avait reçu quelques années plus tôt. Dans celui-là, *elle voyait un homme tout de blanc vêtu, debout sur un plancher de ciment. Ce plancher avait en son centre une grande fissure dans laquelle la rêveuse pouvait apercevoir des âmes à l'infini. Il y en avait énormément ! Puis l'homme en blanc lui a dit : « Non, tu ne peux pas y aller tant que tu n'auras pas réparé ta fissure. »* Que signifie ce rêve ?

L'homme vêtu de blanc était un guide qui faisait de la transfiguration. Avec l'Énergie Angélique EYAEL, on arrive à réellement comprendre le principe de la transfiguration. Un guide peut se transformer en une personne, un objet, une couleur, un parfum, pour ne mentionner que ces formes-là. Pour eux, tout est possible en termes de pouvoirs métaphysiques. En travaillant avec nos rêves, on s'habitue à voir ce qu'il y a dans la programmation de la vie. Dans le langage humain, nous utilisons aussi le terme *transfigurer* pour décrire certaines expériences ; par exemple lorsqu'on dit de quelqu'un que la joie l'a transfiguré. La transfiguration est un état de conscience de transformation à un très haut niveau. Une personne a beau être belle esthétiquement, si elle est de mauvaise humeur, elle n'est pas belle ; tandis qu'une autre personne qui est traversée par un élan de joie, peu importe son apparence, elle est éminemment belle et on en oublie même son aspect physique. Elle se trouve à ce moment-là dans un état de conscience qui la transfigure.

Le plancher de ciment. Quand On nous montre un plancher ou le sol, On veut nous donner un enseignement sur la solidité de nos fondations. Dans cette perspective, un plancher fissuré symbolise l'instabilité et la faiblesse des fondations de l'être.

Pourquoi a-t-On utilisé l'image des âmes à l'infini ? Pour évoquer les mondes parallèles et la dimension métaphysique de l'existence. Le guide a clairement signifié à la rêveuse qu'elle n'aurait pas accès à ces mondes tant qu'elle n'aurait pas réparé sa fissure. Une fissure peut à elle seule représenter un grand nombre de mémoires distorsionnées. Cette femme avait reçu ce rêve environ trois ans plus tôt. On lui avait donc indiqué à ce moment-là, qu'elle devait rectifier d'anciennes mémoires avant de retrouver sa stabilité et de pouvoir voyager dans les mondes parallèles. Là est toute la beauté d'un symbole : en une demi-seconde, avec une seule image, On peut nous montrer des aspects très profonds de notre être, des aspects qui, autrement, ne seraient accessibles à notre conscience qu'au prix de nombreuses expérimentations.

⊙

L'histoire vécue suivante touche également à la science des mélanges et des échanges – elle se situe vraiment dans le Rayon de l'Ange EYAEL. Parfois, quand on est engagé dans un cheminement spirituel, on se sent un peu mélangé concernant les relations à entretenir. On se demande : « Est-ce que je dois revoir cette personne ? Est-ce que je dois continuer à entretenir cette relation ? » On réfléchit souvent à cela, et c'est bien normal quand on veut construire une vie harmonieuse. L'exemple qui suit permet d'éclairer cette question.

Un homme a rêvé d'un ami qu'il n'avait pas revu depuis plus de deux ans. Dans son rêve, cet ami lui disait : « Je ne veux plus être ton ami. » Au réveil, il se demandait bien ce que cela pouvait signifier. Cet ami était une relation que son ex-conjointe et lui avaient en commun, et, suite à la séparation du couple, il l'avait perdu de vue. Mais aucune dispute pouvant expliquer que cet homme ne veuille plus revoir son ami ne s'était produite.

Cet homme s'est levé et il est allé chercher le courrier. Ce faisant, il a rencontré le facteur, qui lui a demandé :

— Au fait, as-tu eu des nouvelles d'un tel ? – parlant justement de cet ami dont il venait de rêver.

— Pas vraiment. – Bien sûr, il n'allait pas raconter son rêve au facteur.

— Eh bien, il vient d'avoir un accident. Il est tombé d'un arbre et il s'est cassé une jambe et fracturé les deux hanches.

Le facteur lui a aussi dit où cet ami était hospitalisé. Cet homme a appelé à l'hôpital, mais on lui a répondu que son ami était déjà parti. Puis il a essayé de le rejoindre à son domicile, sans succès.

Quand il a raconté cette anecdote à mon époux, celui-ci lui a dit : «On a vraiment voulu te donner un enseignement sur la science des échanges. On t'a donné un rêve et un signe – un jour, on devient habitué à ce genre de coïncidences et on en trouve rapidement la signification, cela devient un mode de vie. On a voulu te dire que ça ne donne plus rien de côtoyer cet ami. »

Quelque temps plus tard, nous avons eu la suite de cette histoire. Finalement, cet homme a revu son ancien ami et il nous a expliqué qu'au moment où il avait appelé à l'hôpital, son ami s'y trouvait encore – il y était resté assez longtemps –, la standardiste s'était tout simplement trompée. Or on ne fait pas une erreur par hasard. Il est tellement facile pour le grand Ordinateur Cosmique de créer ce genre de situation, de *pitonner* sur la conscience de la standardiste qui a alors un blanc. À partir du moment où on comprend cela, chaque fois qu'une personne fait involontairement une erreur qui nous affecte, on réfléchit sur le sens profond de cette erreur. On se demande : « Pourquoi le Ciel a-t-Il bloqué cette démarche ? »

Puis, en échangeant avec son ancien ami, cet homme s'est rendu compte qu'il n'avait plus d'affinités avec lui. À l'époque, ils s'étaient laissés en bons termes, mais maintenant c'était comme s'ils n'avaient plus rien à se dire. Cet homme a connu des mutations très importantes depuis qu'il travaille intensément avec les Anges, alors que son ami a continué son petit bonhomme de chemin.

Des deux hommes, l'un n'est pas meilleur que l'autre. Aux yeux du Ciel, les deux se valent ; simplement, chacun avance à son propre rythme. On a voulu montrer à cet homme qu'à partir d'un certain moment, il est inutile de continuer à côtoyer certaines personnes : les destins et les expérimentations diffèrent trop. Au début, cela n'est pas facile car on a eu toutes sortes de résonances avec elles, surtout s'il s'agit de membres de notre famille, d'amis, de collègues, etc., et qu'ils nous ont connu alors qu'on vivait encore dans une conscience ordinaire. De plus, certains de ces êtres ont pu nous voir pendant nos périodes de mutation, où l'on se trouvait parfois dans des états de conscience encore plus distorsionnés qu'avant, car certaines initiations sont difficiles et on est tout mélangé. Pendant ces processus s'opèrent de profonds changements en nous, et après, on n'a plus les mêmes résonances qu'auparavant. Quand on a gravi ces paliers, on doit conserver une grande simplicité parce que cela n'est pas facile pour les autres ; et il ne faut surtout pas chercher à les changer en les convaincant de devenir spirituels. Le cheminement est toujours quelque chose de personnel, qui vient à nous de notre intérieur.

L'autre personne qui n'a pas traversé toutes ces étapes de travail intérieur et qui, par conséquent, ne peut pas comprendre ce que l'on vit, peut elle aussi trouver cela difficile. Il arrive même qu'elle essaie de nous tirer en arrière, car, sans le faire exprès, on lui reflète à la manière d'un miroir certains aspects qu'elle n'a pas changés ; elle voudrait qu'on soit comme avant. Par son rêve et les signes qu'il a reçus, On a signalé à cet homme très clairement : « Non, ça ne donne plus rien d'entretenir une amitié avec cette personne ; les affinités ne sont plus là. » Il n'avait plus de résonances avec cet être ni aucune nécessité de rester en contact avec lui. Donc, la décision de ne plus le voir qu'il avait reçue en rêve était juste. Il faut, bien sûr, que ce soit logique. On ne prend pas de décisions abstraites, sans fondements concrets. Il est important parfois de vérifier, de valider, si on n'est pas sûr. Car le rêve peut aussi nous parler uniquement de nous et non de l'autre.

Quand on chemine, on décide des fois de ne plus nourrir certaines attitudes et de ne plus avoir certains comportements ordinaires ou distorsionnés. Mais cela demeure au niveau des pensées, car il subsiste encore dans l'inconscient bien des mémoires distorsionnées qui génèrent une attirance vers notre ancienne personnalité, nos anciennes façons d'être et d'agir. Puis, quand on se remet à côtoyer des personnes qu'on a connues ou avec lesquelles on a vécu dans le passé, on peut se sentir tellement mal avec elles ! Dans ces cas, il est préférable de se retirer quelque temps pour travailler plus intensément sur soi. Mais un jour, on doit arriver à demeurer très à l'aise en présence de tout le monde ; anciens ou nouveaux amis. On a pour eux de la compassion et de la compréhension ; on s'intéresse aux gens. Cependant, si on se rend compte qu'on n'a plus de résonances avec certaines personnes, il est sage de se renouveler et d'accepter que les destins peuvent emprunter des voies différentes. L'Ange Eyael nous aide vraiment à comprendre en profondeur la science des mélanges et des échanges.

Voyons à ce sujet un autre exemple, un fait vécu. Une femme a été obligée de vivre un grand changement suite à une suppression de postes dans l'entreprise où elle travaillait. Elle n'a pas été licenciée, mais son chef a exercé tellement de pressions sur elle pour la dissuader de continuer, qu'au bout d'un moment, elle a versé dans la dépression et elle a cessé de travailler pendant quelques mois. Elle a alors connu une ouverture de l'inconscient, et c'est pendant cette période qu'elle a amorcé son cheminement spirituel.

Cette femme m'a annoncé qu'elle venait de trouver un autre emploi et que sa nouvelle directrice était vraiment gentille. Elle m'a alors confié qu'elle était en train de prendre conscience que c'était elle-même qui avait un problème. Elle m'a dit : « J'ai toujours eu des problèmes avec l'autorité, avec les personnes qui occupent un poste hiérarchiquement élevé. » Puis elle m'a raconté un rêve qu'elle avait reçu au cours de la nuit précédente. Elle m'a dit : « Dans mon rêve, *j'habitais avec ma directrice ; nous étions colocataires. C'était vraiment agréable, comme expérience.* »

Dans ce rêve, On n'annonçait pas à cette femme qu'elle allait loger avec sa directrice. Elle n'était pas allée non plus visiter son âme. Sa directrice représentait une partie d'elle-même qu'elle allait apprendre à mieux connaître. Quand on loge avec une autre personne, on partage nécessairement une certaine intimité avec elle, et inévitablement, on apprend mutuellement à mieux se connaître.

Après un rêve tout court comme celui-là, qui n'a duré que quelques instants, cette femme peut se réveiller avec la sensation d'avoir vécu pendant de nombreuses années avec sa directrice – cette partie d'elle-même – et avoir appris à la connaître en profondeur. Je lui ai dit : « C'est un grand cadeau que tu as reçu du Ciel. Dorénavant, tu auras beaucoup plus de facilité à échanger avec les personnes en position d'autorité. Tu n'auras plus cette tendance à te sentir mal à l'aise parce que tu es impressionnée et en même temps rebelle face à l'autorité. Tu te sentiras mieux ; tu deviendras en quelque sorte une patronne, ta propre patronne à l'intérieur. Tu auras une nouvelle dynamique dans ta façon d'être et tu seras plus à l'aise avec les gens en position de pouvoir. »

Quand on prend conscience de la richesse des expériences que l'on vit en rêve, on peut vraiment en apprécier la valeur et la beauté. Cette femme aurait pu faire des études pendant des années – prendre des cours sur la communication et sur la relation avec l'autorité – et elle n'aurait pas eu d'aussi bons résultats qu'avec ce rêve qui n'a duré que quelques instants. Lorsque vient le temps d'avoir accès aux autres dimensions, on apprend tellement sur soi-même et en si peu de temps ! Voilà comment on acquiert progressivement la facilité à échanger avec les autres.

☉

Pour terminer ce cours, nous allons voir un exemple de manifestation très concrète de l'Énergie Angélique EYAEL. Cet exemple qui sert d'enseignement nous permet de comprendre l'essence de la transsubstantiation, du changement d'une substance en une autre. Il est très concret et il nous touche de près en certaines occasions. Quand ? Dans les situations où l'on échange des devises. Je me servirai de cet exemple pour établir une analogie entre l'échange de devises et l'échange qui prend place au niveau de la conscience, à l'intérieur de soi. Pour analyser symboliquement l'échange de devises, on procède de la même manière que si on analysait un rêve. C'est en examinant de la sorte les manifestations concrètes qu'on arrive à les comprendre dans toute leur profondeur.

L'adoption de l'euro – d'une monnaie commune – par les pays de l'Union européenne (UE) est devenue une réalité. Or l'intégration financière de ces pays a mis énormément de temps à se produire – plus de 50 ans. D'où est née cette idée d'une monnaie commune ? En 1946, tout de suite après la deuxième guerre mondiale, un certain nombre de pays se sont dit : « Assez de guerres, assez de tensions ! Nous devons collaborer, créer un espace d'économie avec une monnaie commune... » Bien sûr, cela n'a pas été formulé de cette façon, car ce n'était pas si simple que ça. En effet, il aura fallu 55 ans pour concrétiser cette idée, entre autres à cause de toutes sortes de luttes de pouvoir internes et externes aux pays, et de difficultés à s'ouvrir à l'autre et à le comprendre.

Aux fins de l'analogie que j'aimerais établir, considérons que l'on a tous les pays à l'intérieur de soi, et qu'un pays correspond à un état de conscience. On a appris à penser et à agir d'une certaine manière, et cela a créé un certain état de conscience qui est bien présent. De plus, on a une foule d'autres états de conscience que l'on a développés au cours d'autres vies.

D'un pays à l'autre, les modes de penser, les manières de sentir et les façons d'agir diffèrent. Cela fait en sorte que les lois varient d'un gouvernement à l'autre. De la même manière, quand on passe d'un état de conscience à un autre, c'est lent, c'est laborieux et on ne se comprend pas toujours soi-même. Voilà pourquoi on est parfois mélangé. C'est comme si tous ces pays et toutes les entreprises qu'ils abritent – nos entreprises intérieures – essayaient de se parler, d'échanger, mais que des blocages intervenaient constamment à cause de luttes de pouvoir internes et de nos résistances à changer d'état de conscience.

L'ampleur des changements qui ont été nécessaires pour établir concrètement l'euro est phénoménale. Chaque entreprise de chacun des pays de l'Union européenne a dû modifier son système de gestion comptable, et par ricochet, le système informatique de chaque entreprise a dû être modifié pour s'adapter à la nouvelle unité monétaire. Dans la symbolique, l'informatique représente la codification de l'âme, les systèmes de pensées. Pour reprendre notre analogie, lorsqu'on développe une mentalité altruiste – une philosophie qui vise le bien-être de la collectivité –, on doit modifier chacune de nos entreprises et chacun de nos projets. On doit absolument tout repenser. Voilà pourquoi le travail doit se faire au quotidien, pas par pas, étape par étape. On doit examiner ce que l'on fait de toutes les ressources qui nous viennent d'En Haut : comment on gère nos pensées et nos émotions qui se manifestent concrètement par nos actions. On doit vraiment tout réviser, pièce par pièce. Puis, un jour, on a une devise commune, universelle ; on est réunifié à l'intérieur.

Les avantages de l'euro pour les entreprises de l'Union européenne sont nombreux – c'est du moins ce que les gestionnaires et autres responsables commerciaux affirment. Les échanges sont plus faciles et les frais bancaires réduits. Chaque fois que des devises sont converties, cela engendre des frais, n'est-ce pas ? Or la même chose se produit à l'intérieur de soi : lorsqu'on se réunifie, on bénéficie d'un regain d'énergie car les échanges internes sont facilités. Les résistances sont moindres. De plus, étant donné qu'on attire tout ce que l'on est, si on a des cloisonnements – si on est divisé, pays par pays, état de conscience par état de conscience, avec chacun ses lois et ses règlements –, c'est automatique, on attire des gens compliqués. Eux aussi vivent avec des cloisonnements intérieurs. Imaginez ce que donne un être compliqué avec un autre être compliqué ! Voilà pourquoi les relations sont si souvent conflictuelles. Un jour, on arrive à unifier toutes nos mémoires inconscientes, toutes les parties de nous. Bien sûr, cela implique de profondes mutations. C'est le fruit d'un grand travail sur soi.

Or, grâce à ce travail, on devient capable de parler aux gens dans la langue qui correspond à leur état de conscience du moment, la langue de leur pays intérieur dans lequel ils résident en termes de compréhension. Et on peut le faire avec un juste dosage parce qu'on connaît bien ce pays pour l'avoir complètement nettoyé à l'intérieur de soi-même. C'est ce qui fait qu'un jour, on développe un intérêt pour les relations avec les autres et pour tout ce qui se matérialise sur Terre.

En faisant des analogies comme celle-là, on arrive facilement à comprendre la conscience, car *tout ce qui est En Haut est comme ce qui est en bas, et tout ce qui est en bas est comme ce qui est En Haut.* Qu'un exemple soit simple ou complexe, peu importe, si on va à son essence, il est facile à comprendre.

Or c'est exactement ce que le travail avec les Anges nous permet de faire. Il nous amène à extraire l'essence de tout concept : on apprend comment une Énergie Angélique se matérialise. Et puisqu'on étudie tant les Qualités que les distorsions, on arrive à déceler non seulement l'origine de toute chose, mais également toutes les étapes de sa matérialisation, aussi nombreuses et complexes soient-elles. Qu'une situation donnée soit le reflet d'une Qualité ou le produit d'une distorsion, peu importe, on demeure à l'aise. On peut ainsi remonter jusqu'à sa conception, sa genèse, et en avoir une compréhension qui s'applique de manière universelle.

# ANGE 7 ACHAIAH
## La réussite du casse-tête

Après dix ans de travail dans une banque, une femme s'est retrouvée sans emploi. Elle en a profité pour faire un travail sur elle-même. Puis, un an après cette perte d'emploi, elle a souhaité recommencer à travailler, cette fois-ci comme thérapeute. Mais les événements ne se sont pas déroulés comme elle le souhaitait.

À cette époque, elle m'a demandé d'interpréter un rêve qu'elle venait de recevoir. Dans son rêve, *elle occupait un emploi. Elle croyait que les gens devaient recevoir de l'argent, mais elle s'est rendu compte qu'ils devaient plutôt payer leurs factures.*

Dans ce rêve, On ne lui a pas indiqué quel genre de travail elle devait faire, ni pour quel employeur elle allait travailler ; On l'a prévenue de ce qui se préparait pour elle du côté professionnel. Simultanément, On lui a indiqué pour quelle raison elle n'était pas encore prête à devenir thérapeute. Parfois, on pense que lorsqu'on est engagé dans un cheminement spirituel, tout devrait être facile et la prospérité devrait être au rendez-vous. Il n'en va pas toujours ainsi. Ce rêve est un bon exemple d'enseignements que peuvent recevoir les personnes qui entretiennent des attentes et qui se sentent limitées, bloquées dans la réalisation de leurs aspirations.

Tous les éléments de ce rêve représentent des parties de cette femme. On a voulu lui faire comprendre qu'elle entretenait un concept erroné. Les personnes qui devaient payer leurs factures symbolisent des parties d'elle qui avaient encore des karmas à régler, ce qui l'empêchait d'accéder au dharma. Or, qu'est-ce que le dharma ?

C'est la capacité de recevoir sa guidance à travers les rêves et les signes. Cela implique également un haut niveau de conscience grâce auquel l'être est en mesure de rayonner et d'agir avec sagesse, amour inconditionnel, altruisme, une vision globale et une compréhension qui est au-dessus du bien et du mal. Lorsqu'on vit dans un état de dharma, on est continuellement dans la synchronicité, car le dernier morceau du casse-tête a été placé, tous les karmas ont été réglés et les anciennes erreurs réparées.

Nous allons étudier dans ce chapitre l'État de Conscience représenté par l'Ange ACHAIAH, dont la principale Qualité est la patience. Comme les 71 autres Anges, l'Énergie Angélique ACHAIAH est un vaste Champ de Conscience que nous utilisons tous sans même avoir besoin de connaître son nom. Quand l'être humain n'utilise pas bien cette Essence Divine, il la distorsionne et cela donne l'opposé : l'impatience. Or, lorsqu'une personne ressent ou exprime de l'impatience, c'est qu'elle ne comprend pas son programme.

En travaillant avec cet Ange pendant une période d'au moins cinq jours, on recevra des enseignements en rêve et on vivra des situations concrètes en rapport avec son Champ de Conscience. À travers eux, On pourrait par exemple nous dire : « Tu penses qu'à l'égard de ton emploi ou ta relation de couple tu es dans la patience – c'est-à-dire dans l'acceptation, qui est une qualité –, mais Nous allons te montrer qu'en réalité tu es dans la résignation. »

La ligne entre l'acceptation et la résignation est tellement fine ! Parfois, pour nous faire savoir où nous en sommes réellement, On nous envoie un rêve ou un signe qui nous montre : « Regarde, là, tu es dans la résignation. Fais attention ! » La résignation est toujours accompagnée de révolte, mais d'une révolte sournoise et pernicieuse, parce qu'elle est camouflée derrière les traits de la patience.

Les personnes résignées ont tendance à avoir un comportement plutôt introverti. Elles vaquent à leurs activités normales et on ne les entend jamais se plaindre. Mais si on captait ce qu'elles vivent à l'intérieur d'elles, si on pénétrait jusqu'au niveau inconscient de leur être, on percevrait leur révolte cachée. Comme je l'ai mentionné plus haut, quand une personne se trouve dans la résignation, c'est qu'elle ne comprend pas son programme, ni celui des autres d'ailleurs.

Alors, comment faire pour se sortir de la résignation et du sentiment d'impuissance qui la sous-tend ? En travaillant avec l'Ange Achaiah, afin de purifier nos mémoires et d'activer à l'intérieur de nous tout le potentiel qu'il représente. En effet, cette Énergie Angélique nous permet de débloquer les choses à partir de l'intérieur. Elle nous aide à parcourir les étapes nécessaires pour qu'en bout de ligne, les événements souhaités se produisent. Il va sans dire que ce processus exige de la patience, parce qu'avant que la situation ne se débloque dans la réalité concrète, avant que les événements ne se manifestent sur le plan physique, nous devons revisiter bien des mémoires inconscientes. Nos limitations sont là pour nous aider : elles nous évitent de répéter continuellement les mêmes erreurs. Sachant cela, on accepte de passer par toutes les étapes nécessaires, et de cette manière, on se sort de la résignation et on redevient actif. Quand on accomplit un grand travail intérieur, cela finit tôt ou tard par avoir un effet à l'extérieur.

Les personnes ayant tendance à se résigner ont une prédisposition à une maladie assez répandue dans notre société : le cancer. Si elles perdurent dans l'attitude de résignation, elles augmentent la probabilité de développer ce problème. Les personnes atteintes de cancer ont un tempérament et un comportement identifiables : elles ne parlent pas beaucoup, elles sont plutôt introverties et elles ne comprennent pas leur programme. Elles se demandent : « Pourquoi est-ce que je vis ça ? », mais elles ne disent rien. Elles ont l'air tout à fait gentilles, et pourtant, à l'intérieur, elles vivent une grande révolte. Toutefois, les pensées et les émotions que nous générons et entretenons finissent par se matérialiser dans notre corps physique, sous une forme ou une autre.

Le cancer se caractérise par le comportement anarchique de certaines cellules. Or la révolte et l'anarchie vont de pair. Même si Achaiah n'est pas spécifiquement un Ange de guérison, la patience qu'on développe en travaillant avec cet Ange va grandement contribuer à se guérir du cancer.

Nous allons voir dans ce chapitre plusieurs exemples qui nous aident à découvrir le rôle de la patience dans le processus de création de l'Univers. La patience n'a pas vraiment bonne réputation dans notre société ; elle a plutôt une connotation négative. Cependant, il suffit d'appliquer la plus simple logique pour comprendre la nécessité de parcourir certaines étapes avant d'atteindre un but, obtenir un résultat, réaliser un projet ou voir un événement se produire.

Lorsque nous travaillons avec l'Ange ACHAIAH, On peut nous montrer en rêve ce qui s'en vient pour nous et nous faire miroiter un des beaux objectifs que l'on espère atteindre. Mais généralement, Ils ne nous disent pas quand cela se produira. Ça peut être dans quelques semaines, quelques mois, voire plusieurs années. Ça peut même se produire seulement dans une prochaine vie. Mais le fait d'avoir reçu un rêve met en route un programme à l'intérieur de soi. Les rêves sont très puissants car ils proviennent du monde des causes. Pourquoi, En Haut, s'abstiennent-Ils de nous dire qu'on n'atteindra notre objectif que dans une prochaine vie ? Parce qu'on serait tellement démoralisé de l'apprendre ! Parfois, on entend des personnes se plaindre : « Ouf ! Ça fait assez longtemps que j'endure cette situation. Quand est-ce que ça va cesser ? » Alors, En Haut, en bons pédagogues, Ils ne spécifient pas les échéances. Ils ne nous donnent que l'information nécessaire – ce qu'on est capable de recevoir – pour continuer à avancer sans être trop démotivé.

Dans la liste montrant les Qualités des Anges et les distorsions humaines – qu'on peut utiliser comme un aide-mémoire – on voit qu'ACHAIAH procure une *facilité dans l'exécution de travaux difficiles*. Qu'est-ce qu'on entend par travaux difficiles ? Ce sont des travaux qui ne font pas partie de l'expérience de notre âme. Ils nous paraissent difficiles parce que notre âme n'a pas encore développé les habiletés nécessaires à leur exécution. Mais en dehors de ce facteur, qu'est-ce qui fait qu'un travail nous est difficile et nous stresse ? Si on percevait ce qui se passe dans notre inconscient, on découvrirait derrière ce stress toutes sortes d'attitudes et de comportements basés sur la peur.

Plus ou moins consciemment, la personne se dit : « Ouf ! J'ai l'air gauche. Je ne sais rien faire dans cette nouvelle tâche, je ne me sens vraiment pas à l'aise… ». La peur de ne plus être aimé, de ne pas être reconnu, voilà où le stress prend racine. Autrement, toute perspective de nouvelle tâche suffirait à stimuler notre amour de l'exploration et de la découverte. On se sentirait exactement comme à la veille d'une excursion dans une nouvelle région. On serait enthousiaste et content. Un jour, en travaillant sur soi, on aura une attitude bien différente : tout nouveau lieu, toute nouvelle tâche éveillera alors un bel état d'esprit, parce qu'on ne sera plus préoccupé de ce que les autres penseront de nous. Le spectre de ne pas être à la hauteur ne sera plus là pour nous causer du stress. Et même si on n'a jamais accompli le genre de tâche qui nous est demandé – ni dans cette vie, ni dans une vie antérieure – on sera content de s'y appliquer. Mais avant d'en arriver là, la plupart des gens doivent accomplir un grand travail de purification.

L'Ange ACHAIAH nous confère aussi la capacité d'être un *propagateur de la Lumière (de la Connaissance)*. En regardant son lieu d'expression dans l'Arbre de Vie, on constate que celui-ci se trouve dans la Séphira Hod, un espace mercurien. Cette Énergie Angélique est donc intimement liée à l'intellect. Elle amène une illumination de l'intellect qui fait en sorte qu'à un moment donné le processus se débloque. Par exemple, beaucoup de personnes qui sont ouvertes au concept de la réincarnation, se disent : « Oui, j'ai ces limitations, je comprends que j'ai fait des erreurs dans d'autres vies » – mais leur compréhension plafonne à un certain niveau. Toutes sortes de forces obscurcissent ce concept qui est juste, et rendent la personne impatiente et inconfortable, intérieurement. Quand l'intellect s'illumine, l'être peut enfin conscientiser ce qui faisait obstacle à sa capacité de matérialiser, et il peut dès lors aller de l'avant avec ses projets.

De par son côté mercurien, l'Ange ACHAIAH couvre un autre vaste domaine : celui de la diffusion. Cet Ange facilite la diffusion médiatique par les ordinateurs, la télévision, la radio, la presse et l'édition. Imaginez la quantité incroyable de manifestations que le travail avec cette Énergie Angélique nous permet de développer et de bien gérer. Dans ce chapitre, nous verrons plusieurs exemples qui touchent à ce domaine. On doit aussi se rappeler que toutes les manifestations dans le monde extérieur ont leur contrepartie à l'intérieur ; autrement dit, cette Essence Divine engendre une grande diffusion dans notre monde intérieur. Grâce à cette diffusion aux quatre coins de notre monde intérieur, nous sommes mis au courant de ce qui se passe en nous et nous pouvons entreprendre le travail nécessaire pour faire disparaître nos divisions.

⊙

L'exemple suivant illustre certaines Qualités de l'Ange ACHAIAH.

Une femme m'a demandé l'interprétation d'un rêve qu'elle avait reçu : *Elle escaladait une montagne avec beaucoup de facilité. De temps à autre pendant son ascension, elle cherchait et appelait en criant le capitaine. Arrivée au sommet, on lui a présenté le capitaine. Celui-ci était un collègue de travail* – un homme avec qui elle travaille dans le concret. *Ce capitaine habitait dans une toute petite maison située au sommet de la montagne. Puis la rêveuse l'a vu entrer dans sa maison et en ressortir portant dans ses bras des 33 tours* (anciens disques de musique) *qu'il lui a offerts. Parmi ceux-ci, il y avait un disque du groupe Harmonium et un disque d'Elvis Presley.*

Je lui ai demandé :

— Que représente ton collègue pour toi ?

— C'est juste un collègue… j'ai une petite attirance pour lui.

— Tu vois, à cause de ta petite attirance, On t'a permis de visiter son âme pour que tu saches mieux quel genre de personne il est.

L'Ange ACHAIAH nous confère *la capacité de discerner et de découvrir ce qui est occulté.* Cette Qualité ressort clairement de l'analyse de ce rêve, comme nous allons voir.

La rêveuse escaladait une montagne, et celle-ci symbolise l'élévation spirituelle. Cette femme cherchait donc à s'élever. On a vu que cette ascension était facile pour elle – dans le concret, cette femme a déjà fait tout un beau cheminement. Pourquoi était-elle à la recherche d'un capitaine ? Elle aurait pu rechercher un guide de montagne puisqu'elle se trouvait en montagne. Le capitaine est un symbole relié à l'eau et l'eau représente les émotions et les sentiments. Un capitaine a pour fonction de diriger un bateau, et le bateau symbolise la stabilité affective. Cette femme était donc à la recherche d'un principe masculin qui pourrait lui apporter la stabilité affective. Du côté négatif, elle pourrait avoir tendance à donner son pouvoir à l'autre, à être trop soumise dans sa relation amoureuse.

Son collègue de travail a nécessairement une vision plus globale, voire une certaine élévation spirituelle puisqu'il se trouvait en haut de la montagne. Même sa maison y était, et la maison représente l'intimité, notre habitat intérieur. Le fait que celle-ci était toute petite signale que cette élévation intérieure est restreinte, limitée, que l'aspect accueillant, chaleureux et le sentiment d'expansion au plan intime y faisaient défaut.

On a aussi voulu montrer à la rêveuse ce que cet homme peut lui offrir. La musique symbolise l'ambiance, les états d'âme, comment on se sent. On a voulu lui dire : « Regarde quel type d'ambiance il a à t'offrir, ce qu'il dégage réellement, ses états d'âme, l'ambiance qu'il crée et que tu n'as pas encore perçue. » Le fait qu'il lui ait offert des 33-tours signifie que ce qu'il peut lui offrir est vieux, qu'il se manifeste et matérialise selon des concepts dépassés.

Puisque je ne connaissais pas le groupe Harmonium, je lui ai demandé :

— Que représente le groupe Harmonium pour toi ?

— Ah, c'était un groupe des années 70 qui représentait la philosophie du *peace and love.*

On voit donc qu'il y avait des aspects spirituels dans ce que cet homme dégageait, dans les ambiances qu'il créait, mais aussi que sa compréhension était limitée. En effet, dans la philosophie du *peace and love*, on ne comprend pas que le mal est éducationnel ; on flotte un peu et on peut avoir un mode de vie très bohême, volage, sans trop vouloir assumer des responsabilités ou s'engager, y compris dans la relation de couple.

Par l'autre disque de 33 tours, celui avec de la musique d'Elvis Presley, On a signalé à cette femme quelque chose de plus important encore qu'elle devait rectifier. On lui a montré que son collègue de travail dégageait une énergie similaire à celle de ce chanteur très connu et populaire. Vu ce symbole, on se doute bien que ce collègue doit avoir tout un charisme – Elvis Presley avait beaucoup de charisme, mais de quelle manière l'a-t-il utilisé ? Il suffit de regarder ses photos pour déceler qu'il y avait beaucoup de séduction dans son regard.

Elvis Presley avait aussi un côté très macho et il a fini sa vie en se prenant pour un roi – le roi du rock & roll. Souvent, les rois sont des obsédés du pouvoir. Et on sait comment il a fini ses jours après le déclin de son succès : dans les drogues, l'alcool, etc. Cela ne signifie pas que ce collègue de la rêveuse ait nécessairement des problèmes de drogues et d'alcool ; la ressemblance et les résonances se situaient davantage aux plans métaphysique et symbolique. Autrement dit, ce collègue dégageait une énergie de légèreté bohème, de dépendance de toutes sortes, de séduction et de recherche de pouvoir. Par ce rêve, On a dépeint à cette femme un portrait de son collègue qui comportait tant des aspects positifs que des aspects négatifs. On lui a d'abord montré qu'il avait une certaine vision globale et même un côté spirituel – ce qui explique en partie pourquoi elle s'est sentie attirée par lui. Mais On lui a aussi signalé : « Attention, ce n'est pas tout ! Il a beaucoup de charisme, il joue énormément la corde de la séduction, il est difficile d'accès et fortement dans le pouvoir ».

Après avoir entendu mon interprétation, cette femme s'est ouverte un peu plus et m'a dit :

— J'ai fait deux autres rêves avec lui et j'aimerais bien en comprendre la signification. Une nuit, j'ai rêvé que *j'étais avec lui sur un grand lit. On était tous les deux complètement nus. Et moi, je l'embrassais.* Puis, une autre nuit, *lui m'enveloppait avec son manteau et j'avais vraiment de belles sensations.*

Je lui ai expliqué :

— Dans ces deux rêves, On t'a montré le jeu des énergies à l'œuvre dans votre interaction et aussi que tu es réellement amoureuse de lui.

Cette femme m'avait dit au début : « C'est juste un collègue. Il n'y a rien qui se passe entre nous. Nous avons seulement des conversations de collègues... Il me tapote un petit peu sur l'épaule de temps à autre, mais ça ne va pas plus loin parce que même si moi, je suis libre, lui ne l'est pas : il a une conjointe et un enfant. »

J'ai ajouté : « Tu es très choyée d'avoir reçu ce rêve. Puisque que tu es sincère dans ta démarche et que tu es une personne très ouverte, On t'a montré des aspects cachés de cet homme. Dans le rêve de la montagne, On t'a permis de visiter son âme. Et puisque vous ne vous avouez pas ouvertement votre attirance, On t'a montré dans les deux autres rêves ce qui se passe réellement dans votre relation au niveau de l'énergie. » Ces deux rêves sont très intéressants et, En Haut, Ils pourraient envoyer ce genre de rêves à un grand nombre de personnes, mais Ils le font uniquement quand c'est nécessaire et lorsque les personnes sont suffisamment ouvertes.

J'ai continué : « Juste le fait qu'il ne soit pas libre démontre clairement qu'il n'est pas pour toi – et cette femme en était consciente. Mais il représente quand même une partie de toi, une partie de ton homme intérieur. Pourquoi ? Parce que tu es attirée par lui. Ça veut dire que tu as des résonances avec lui. »

Le voile de l'inconscient cache d'innombrables mémoires que nous avons enregistrées au fil de nos vies ; ce sont elles qui soutiennent les aspects énergétiques de nos gestes. Le fait que cette femme soit attirée par son collègue démontre qu'elle était en contact avec des mémoires d'infidélité. Le charme qu'il exerçait sur elle révèle également la présence en elle de mémoires marquées par le désir de séduire et d'autres distorsions qui lui ont été montrées dans le premier rêve, dont la notion de *peace and love* qui implique une tendance à vivre des relations amoureuses et sexuelles multiples et à considérer cela comme correct. Cette femme est très honnête. Elle m'a dit : « C'est vrai que j'ai aussi ces aspects-là. »

Comment peut-on utiliser une telle situation pour évoluer ? On peut se rappeler à l'ordre et se dire : « D'accord, cette personne n'est pas pour moi. Je sais très bien que si je continue dans cette direction, j'attirerai des problèmes d'infidélité et, en plus, je me créerais des karmas à cause de tout ce que cela ferait vivre à son épouse et à leur enfant, en brisant leur famille. »

En Haut, Ils ont fait exprès de mettre en contact ces deux personnes, cela fait partie de leur programme. Ils les ont amenés à se rencontrer pour qu'elles prennent conscience de leurs résonances et de certaines parties inconscientes de leur être. J'ai dit à cette femme : « Plutôt que d'éviter de penser à lui, de refouler tes sentiments et de le rejeter, tu peux, en pensant à lui, le considérer non en tant que personne physique mais en tant que symbole d'aspects cachés de ton homme intérieur, d'aspects distorsionnés que tu dois rectifier. Car les deux rêves, où tu te trouves au lit avec cet homme ne sont pas justes. Ils indiquent que tu aimes l'interdit, l'homme difficile d'accès. Tu es attirée par cela. Tu cultives ce genre de fantasmes. Bien sûr, tu n'étais pas consciente de ces aspects, sinon tu aurais pu te dire tout de suite : « Il n'est pas libre, donc je ne m'investis pas dans cette direction, cette attirance. » Il est temps pour toi de résoudre les aspects karmiques liés à cette relation si tu veux pouvoir rencontrer le véritable amour, au lieu de tourner en rond et perdre du temps en répétant les mêmes vieux schémas durant des années, voire des vies. Chaque fois que tu penses à lui, tu peux faire la Récitation Angélique pour nettoyer les distorsions qu'il représente et qui font partie de tes résonances, de ton homme volage intérieur. En travaillant ainsi sur toi et en méditant sur ce sujet, l'attirance que tu ressens pour lui sera désamorcée et tu verras, qu'au bout d'un certain temps, le charme se sera évanoui. Tu auras une attitude juste face à lui, votre contact sera agréable, mais tu ne te sentiras plus attirée. » Un jour, on n'éprouve plus d'attirance pour une personne qui nous amènera des difficultés, qui nous éloignera de la synchronicité et du bonheur, comme cela aurait été le cas pour cette femme et cet homme. S'ils avaient développé leur relation sur cette base, ils auraient été obligés de se cacher pour vivre une relation qui, de toute façon, n'aurait pas été juste.

Donc, le travail avec les Essences Angéliques permet d'éviter ou de résoudre tous ces problèmes. J'ai ajouté : « Tu sais, on peut traiter une difficulté avec n'importe lequel des 72 Anges. Chacun nous aide à sa façon, par sa Force, ses Qualités et sa puissante vibration. » En invoquant l'Ange ACHAIAH pour traiter ce problème, cette femme développera une nouvelle façon d'entrevoir le potentiel de l'Intelligence. Son intellect intègrera le fait que la compréhension implique, entre autres, la guérison de certains aspects cachés d'elle-même. Ce travail lui procurera aussi une plus grande patience. Certes, elle peut avoir besoin d'un certain laps de temps pour transformer son capitaine intérieur, pour éliminer toutes les résonances que son premier rêve a mises en évidence. J'ai conclu notre échange en disant : « Et quand ce sera fait, il y aura un capitaine extérieur qui se présentera, et celui-là, sera stable, fiable et… libre. »

☉

Voici maintenant une autre histoire vécue qui illustre des aspects de l'Énergie Angélique ACHAIAH.

Un jour, notre fille Kasara, qui avait alors neuf ans, est venue nous raconter ce qui venait de se passer. Elle avait joué avec deux petites filles, deux sœurs, dont l'une avait six ans et l'autre huit, et la grande sœur n'arrêtait pas d'agacer la petite en répétant : « T'as un amoureux, t'as un amoureux… », en citant le nom du petit garçon.

Au bout d'un moment, Kasara était intervenue auprès de la grande sœur :

— Tu devrais arrêter, car elle n'est pas bien, ta petite sœur. Elle est partie se cacher. Puis elle est triste et est fâchée.

— C'est vrai. Tu as raison. Je vais m'excuser.

Or, quand la grande sœur est allée s'excuser auprès de la petite, celle-ci l'a repoussée.

Quelques minutes plus tard, la petite sœur est arrivée, elle a interrompu mon mari, qui à ce moment-là était en train de parler avec la mère des deux filles, et elle lui a raconté un rêve, sans plus. Or, derrière les paroles de la petite, mon mari a senti que son âme lui lançait un signal d'alarme, qu'elle lui demandait : « Fais quelque chose. Explique à ma mère certaines choses pour qu'elle comprenne. » Quel était le rêve de cette petite fille ?

Dans son rêve, *elle voyait un homme à la cravate et plusieurs personnages de films d'animation de Walt Disney. Puis cet homme rangeait sa cravate dans un tiroir. Or, peu de temps après, il se l'est faite voler et il n'était pas content.*

Tous les éléments de ce rêve représentaient des parties de cette petite fille. À cause de la présence simultanée de l'homme à la cravate et des personnages de dessins animés, On a voulu montrer que cette enfant vivait une confusion, une sorte de décalage entre son monde d'enfant et des préoccupations qui appartiennent au monde des adultes, qui n'étaient pas de son âge.

Si on analyse la symbolique de la cravate, on note en premier lieu sa forme phallique, qui en fait un symbole d'émissivité, de relation d'affaire, de responsabilité. Et lorsqu'elle est portée, sa forme rappelle une flèche qui pointe vers le bas, vers la matière. D'autre part, si on tire la partie la plus visible de la cravate, l'effet est celui d'un nœud coulant, comme si on étranglait la personne ou qu'on la tenait en laisse. À bien y penser, c'est un symbole assez intense ! Tout cela bien considéré, la cravate représente une tendance à être trop attiré par la matière.

Les rêves sont ce qu'il y a de plus important, et on peut se servir des rêves de nos enfants pour leur venir en aide. Par exemple, dans le cas de cette petite fille, l'Intelligence Cosmique nous a prévenus de l'influence qui s'exerçait sur elle et des répercussions probables. Le fait que l'homme ait rangé sa cravate dans un tiroir – qui représente des aspects cachés dans l'inconscient – démontre que l'âme de l'enfant était consciente que cette préoccupation avec la matière était prématurée pour elle. Par ce geste, cette fille, qui était très mature pour son âge, remettait donc le programme d'adulte dans son inconscient. Mais quand l'homme s'est fait voler la cravate, il n'était pas content. Cela signifie que même si elle souhaitait rester un enfant, cette petite fille était fortement attirée par la matérialité, l'émissivité et une dynamique d'affirmation conflictuelle.

Quand un scénario se déroule en rêve, le programme qu'il symbolise se trouve lancé. Et à moins qu'on n'intervienne de la bonne manière pour le changer, il se réalisera. Or nous, en tant qu'adultes – parents ou éducateurs –, si nos enfants nous racontent leurs rêves et que nous savons les interpréter, nous avons la possibilité d'intervenir dans leur programme et, si nécessaire, de le rectifier avant qu'il ne soit trop tard. Dans le cas de cet exemple, si les parents de cette enfant ne rectifient pas le programme qui a été lancé dans son rêve, lorsqu'elle sera adulte, elle sera trop attirée par la matière, elle sera trop facilement happée par des considérations d'ordre uniquement matériel.

Comment fait-on pour intervenir de manière juste dans le programme de nos enfants ? Avec notre fille Kasara, nous avons régulièrement choisi des moments propices pour lui expliquer les choses essentielles. Nous lui avons dit : « Dans notre existence ici sur Terre, nous vivons, nous mourons, nous revenons pour une nouvelle vie, puis nous mourons à nouveau… C'est tout un cycle.

Et chaque fois que nous mourons et que nous partons dans d'autres dimensions, nous quittons notre corps physique, mais nous laissons aussi toute la matière derrière nous. Nous ne pouvons pas l'emporter avec nous. Alors, à quoi sert-elle, la matière ? Elle est comme un jouet qui nous aide à apprendre certaines choses et à développer les Qualités et les Vertus Divines. Elle a un rôle éducationnel. C'est juste pour cela qu'elle existe. » Et nous prenions soin de lui montrer qu'il n'est pas question de rejeter la matière. Puisque dans notre société la matière est mise à la première place, il est d'autant plus important de donner le bon exemple à l'enfant, c'est-à-dire de n'accorder à la matière que la place qui lui revient. On doit se rappeler que c'est notre exemple qui a le plus d'influence sur l'enfant.

De plus, dans notre société, on a tendance à pousser l'enfant à devenir trop tôt adulte, ou à se comporter comme tels. Le seul fait de demander à une petite fille de sept ans : « As-tu un petit amoureux ? » – une question que beaucoup de personnes trouveront tout à fait anodine – exerce toute une influence sur l'enfant. La petite fille dira non, et à ce moment-là, les adultes ricaneront. Alors la petite fille pensera : « Ils rient de moi… je ne suis pas normale… » Lorsque cela se produit, l'enfant met en route un programme qui vise à répondre aux attentes des adultes – du moins ce qu'il en perçoit. On voit à quel point nos attitudes sont importantes.

Un jour, une de ses tantes a demandé à notre fille : « Est-ce que t'as un petit amoureux, toi ? » Alors mon mari a attendu que cette tante soit partie et il a parlé à Kasara : « Tu sais, ce n'était pas juste de te poser cette question. Tu es trop jeune pour avoir un amoureux. Si elle t'a demandé cela, c'est parce qu'elle manque d'amour dans son cœur ; ça n'a rien à voir avec toi Kasara. En te demandant cela, c'est en fait d'elle-même qu'elle parlait. Mais cela ne change pas notre amour pour elle. »

Quand on enseigne aux enfants à faire des évaluations en insistant toujours sur l'amour, leur attitude vis-à-vis des autres ne change pas, mais au moins ils peuvent se dire : « Cet adulte, n'est pas un modèle pour moi. C'est tel autre adulte qui est juste. » Ainsi il n'est pas contraint d'intégrer des concepts erronés.

Un autre outil éducatif des plus efficace est de raconter aux enfants des histoires le soir, avant qu'ils s'endorment. Ce que l'enfant entend juste avant son sommeil s'engramme profondément dans son être. D'ailleurs, cela s'applique tout autant aux adultes ; si on pratique un Angelica Mantra avant de s'endormir, un grand travail se fait pendant la nuit. C'est très puissant. Je l'ai moi-même expérimenté pendant des années et j'ai vu l'effet de cette pratique chez les enfants ; c'est extraordinaire ! Pour revenir aux histoires, on choisit un thème en lien avec une situation d'actualité pour l'enfant. Par exemple, pour rester avec le thème que nous venons de voir, on prend comme personnage principal une petite fille qui a un amoureux trop tôt et on lui fait vivre dans l'histoire toutes sortes de conséquences négatives qui en résultent. De cette manière, on sème des graines bénéfiques dans l'esprit de l'enfant, qui se rend alors compte que cela peut être néfaste de poser certains gestes avant que le moment propice n'arrive. Par ce genre d'exemples éducationnels, on l'aide à intégrer sa propre logique de vie.

Un jour, Kasara nous a raconté un rêve qu'elle avait reçu. Elle n'en demandait pas l'interprétation car elle l'avait déjà compris. Dans son rêve, elle était plus âgée : *Elle avait environ 17 ans et un garçon lui demandait si elle voulait devenir son amoureuse. Elle a mis sa main devant elle en guise de stop et lui a répondu : « Non. » Dans sa tête, elle pensait : 'Je suis trop jeune.' Puis son père est arrivé et lui a demandé : « Qu'est-ce qui s'est passé ? » Elle lui a tout raconté et son père était très content d'elle.* Inutile de vous dire que dans le concret aussi, son père était très, très content !

Le fait que Kasara ait exprimé cette compréhension en rêve démontre qu'elle était bien ancrée dans son être, beaucoup plus que si elle avait simplement dit : « Non, je suis trop jeune. Moi, ce ne sera pas avant tel âge. » Le rêve vient du monde des causes, de ses fondements, ses principes et valeurs ; de ce fait, l'intention qui y est exprimée est donc déjà en action dans l'être du rêveur, dans sa dimension métaphysique.

Selon la science initiatique, l'âge idéal pour avoir une relation intime est de 21 ans. Ce nombre vient des cycles de sept ans : 3 x 7 = 21. Or, le nombre 3 est associé à l'Ange Sitael, dont la principale Qualité est la construction, tant intérieure qu'extérieure ; le nombre 7 est celui d'Achaiah, l'Ange de la patience ; et 21 est le nombre attribué à l'Ange Nelkhael, dont les Qualités touchent plus particulièrement le domaine de l'apprentissage, de l'omniscience et de la Connaissance. Ces cycles de sept ans marquent la cadence des profondes mutations qui s'opèrent en l'être au cours de son développement. Et on comprend facilement l'importance de la patience et de la véritable Connaissance pour bien vivre ces processus par lesquels se construisent les différents plans de notre être.

Pourquoi les adolescents ont-ils tant de difficulté avec l'éveil de leur sexualité et les émotions qui y sont liées ? C'est parce que les parents n'enseignent pas à leurs enfants les étapes de développement qu'ils devront parcourir pour réaliser leur plan de vie. Bien sûr, à l'adolescence, la force sexuelle est activée, et avec elle, l'attirance pour l'autre sexe. Mais si on enseignait aux enfants, pendant qu'ils sont encore tout jeunes, à puiser à l'intérieur d'eux-mêmes les réponses à leurs dilemmes, ils seraient moins désorientés une fois rendus à l'adolescence – surtout face aux messages contradictoires qu'ils reçoivent dans notre société. Cette idée d'attendre l'âge de 21 ans avant de s'engager dans une relation intime est tellement éloignée de ce que l'on pense généralement dans notre culture ! Si on l'affirmait haut et fort, les gens nous regarderaient avec de grands yeux et diraient : « De quelle planète viennent-ils, ceux-là ? »

Lorsqu'on éduque les enfants avec la Connaissance, on leur dit : « C'est toi qui le sauras, quand ce sera la bonne personne. Tu recevras des messages dans tes rêves. » Et si l'enfant a été habitué dès son plus jeune âge à analyser ses rêves, s'il a expérimenté avec eux pendant des années et qu'il a pu se rendre compte de leur caractère prémonitoire, alors il sera content d'attendre qu'On lui dise quelle est la bonne personne. Quoi qu'il arrive, il saura qu'il est dans la synchronicité. C'est tellement plus facile quand on vit de cette manière.

⊙

Étudions maintenant la position de l'Ange ACHAIAH dans l'Arbre de Vie, cette représentation symbolique de la grande Intelligence Universelle. Souvent, nous comparons le Créateur à un immense Ordinateur Vivant dans lequel tous les êtres vivent et possèdent chacun leur programme. Nous avons vu que le Champ de Conscience Angélique ACHAIAH touche entre autres à la diffusion par les ordinateurs. Grâce à la compréhension, nous pouvons considérer nos vies ainsi que toute la Création comme une interaction de logiciels et de programmations. Il nous est alors facile d'imaginer à quel point c'est un jeu d'enfant pour l'Intelligence Cosmique que d'orchestrer les rencontres entre les personnes et de produire des événements de toutes sortes – que nous appelons des synchronicités. À partir des données karmiques, les guides créent des programmes qui déclenchent des événements avec un timing des plus précis.

L'Énergie Angélique ACHAIAH réside dans la Séphira Kéther, qui symbolise le Pouvoir Divin. Voilà pourquoi quand on travaille avec cette Énergie, on sort de la résignation. Avec un tel Pouvoir que l'on reçoit de l'intérieur, il est impossible de se sentir impuissant. C'est le Souffle Primordial qui descend jusque dans notre corps et qui nous confère de la volonté et beaucoup d'énergie.

Ce qui distingue ACHAIAH des sept autres Anges qui résident dans cette Sphère, c'est qu'il s'exprime dans la Séphira Hod qui se manifeste symboliquement par la planète Mercure et représente l'intelligence pratique, la faculté d'analyse, la capacité de l'intellect à faire des analogies et à discerner le vrai et le faux. C'est dans cette Séphira que s'élabore notre programme, et ce lieu symbolise la compréhension du scénario de notre vie. Hod se situe sur le pilier gauche, tout comme la Séphira Binah, qui représente la Matrice Originelle dans laquelle sont contenues les grandes Lois Cosmiques qui régissent la Création avec une logique suprême, infaillible. Dans la Séphira Hod, les Lois sont très proches du plan de la matérialité : elles sont sur le point de se matérialiser. Si on respecte les Lois, on récolte de beaux fruits, et si on les transgresse, on doit s'attendre à récolter des limitations, des difficultés, des conséquences plus ou moins désagréables. Bien entendu, comme nous sommes ici sur Terre pour apprendre, les karmas négatifs que nous pouvons engendrer en expérimentant avec le bien et le mal ne sont pas dramatiques, car tout peut être réparé, rectifié, guéri, transcendé.

Avec l'Énergie Angélique ACHAIAH, on est en mesure de comprendre tout ce qui nous arrive, non pas tellement grâce aux facultés intellectuelles ordinaires, mais grâce à un intellect illuminé. C'est tellement puissant ! On se dit : « J'ai telles limitations dans ma vie conjugale, dans mes ressources financières ou dans tout autre secteur de ma vie ; ce ne sont que des conséquences. Je retrouve maintenant toute la puissance intérieure dont j'ai besoin pour franchir chacune des étapes, l'une après l'autre. J'accepte de payer mes karmas, de payer mes factures. » Autrement, lorsqu'on est dans la résignation, on se demande : « Pourquoi cette épreuve ? Pourquoi ces limitations ? » On ne comprend pas avec profondeur. On se compare avec les autres et on se demande : « Pourquoi pas moi ? ». On ne se sent pas bien et on a l'impression que ce qui nous arrive n'est pas juste. De là vient le sentiment de révolte que l'on s'empresse d'enfouir et qui devient de la résignation. Avec l'Ange ACHAIAH, on pénètre dans le processus de création et c'est très puissant.

⊙

Voici maintenant une histoire vécue qui vous aidera à comprendre avec encore plus de profondeur ce qu'est la résignation. C'est l'histoire d'une femme qui nous a partagé qu'elle vivait depuis une vingtaine d'années avec son conjoint, que leur relation était tombée dans la monotonie et l'indifférence, et qu'elle s'y était résignée depuis déjà plusieurs années. Un jour, elle avait demandé au Ciel : « Est-ce que je dois encore rester avec cet homme ou bien dois-je dois le quitter ? » Suite à sa question, elle a reçu deux rêves et elle a demandé à mon mari de les lui interpréter.

Dans le premier rêve, *elle sortait d'une prison où elle avait été incarcérée pendant 20 ans. Elle s'est ensuite dirigée vers une tombe dans laquelle se trouvaient des pantoufles marquées à son nom. Elle ne voulait pas de ces pantoufles.*

Mon mari lui a dit : « Dans ce rêve, On ne t'a pas dit quoi faire. On ne t'a pas dit de rester avec lui ni de le quitter. On t'a ramenée à toi-même et On t'a expliqué pourquoi tu vis cette situation dans le concret. Elle est la manifestation de certaines mémoires que tu abrites à l'intérieur de toi, dans ton inconscient. »

En Haut, Ils ont fait exprès de choisir le chiffre 20 pour marquer le temps passé en prison. Il est à voir en lien avec la vingtaine d'années qu'elle a vécues avec son conjoint. On a voulu lui dire que même si On la libérait de cette situation concrète qui, en quelque sorte, était une prison, elle irait automatiquement vers des situations où elle mourrait d'ennui.

Voilà ce que représente la tombe dans ce rêve : un lieu sans vie. Pour ce qui est des pantoufles, leur symbolique positive est la détente et le repos, et la négative – qui est à retenir dans ce rêve – est la paresse. C'est l'une des distorsions humaines de l'Énergie ACHAIAH qui fait que l'être résiste à apprendre. Or cette femme n'avait rien d'une paresseuse. Elle était très active dans le concret et elle cheminait spirituellement. Sa paresse n'était pas du tout apparente, elle était occultée dans son inconscient où elle générait une résistance à visiter et à rectifier certains rayons difficiles de son être. C'est pour cette raison que cette femme éprouvait un tel sentiment d'emprisonnement et qu'elle se sentait aussi blasée. Après avoir entendu l'interprétation de mon époux, elle s'est ouverte. Elle nous a partagé qu'avant de vivre avec son conjoint actuel, elle a eu un premier mari qui était alcoolique. À son sujet, elle nous a dit : « C'était toujours moi qui faisais les premiers pas pour aller vers lui. Mais au fil du temps, je m'en suis lassée et la relation est tombée dans l'indifférence, la monotonie. Là encore, j'étais dans la résignation et au bout d'un moment, je l'ai quitté. »

Ensuite, cette femme s'est retrouvée dans une situation similaire mais en mieux, car son deuxième conjoint – nous l'avons rencontré – est quand même un bon monsieur. Il chemine spirituellement, mais, tout comme elle, c'est une spiritualité de surface : ils tournent un peu en rond, ils ne vont pas assez en profondeur.

Le fait que son premier conjoint ait été alcoolique indique d'importantes dépendances affectives chez elle, même si elle n'a pas de problème d'alcool ; c'est la simple application de la Loi de la résonance. En effet, l'alcool, comme tout liquide, symbolise les émotions. D'ailleurs, cette femme a reconnu que sa première relation était teintée d'une forte dépendance affective. À voir son deuxième conjoint, on pouvait deviner que cette femme avait progressé sur le plan de la conscience, mais elle mourait d'ennui avec lui. Lui aussi trouvait que leur relation était devenue monotone. Ils s'ennuyaient tous les deux.

Concernant cette même question : « Dois-je rester ou quitter mon conjoint ? », elle a reçu un autre rêve dans lequel *elle voyait des démons à l'intérieur d'elle-même. Elle essayait de les faire sortir par un mouvement rotatif de son bras droit et de sa main droite.* À ce moment là du rêve, dans le concret, elle hurlait tellement que son conjoint a dû la réveiller. Il va sans dire qu'elle se sentait très mal.

Mon mari lui a expliqué : « Dans ce rêve-là non plus, On ne t'a pas dit si tu devais rester ou partir. Ton conjoint n'y figurait même pas. On t'a encore une fois ramenée à toi-même, à une situation intérieure. »

Que symbolisent les démons ? Ils représentent des forces très négatives qu'on a accumulées dans l'inconscient, et quand ils apparaissent dans nos rêves, cela annonce qu'on va traverser des initiations intenses qui peuvent causer une profonde déstabilisation. Mais c'est normal et, un jour, on comprend que, tôt ou tard, chacun doit visiter ses forces négatives. Or, dans son rêve, la rêveuse a essayé de faire sortir les démons. Cela signifie qu'elle ne voulait pas faire face à ses forces négatives et les transformer en profondeur. Elle les refusait simplement. Le bras et la main droits sont en lien avec la capacité de faire, d'agir. Donc, par le mouvement rotatif cette femme voulait se défendre, elle cherchait à évacuer ces forces, à faire du ménage à l'extérieur plutôt que de transformer son mal-être intérieur.

Bien sûr, lorsqu'il y a de la violence physique dans une relation, cela ne sert à rien de rester, mais ce n'était pas le cas de cette femme car son conjoint est une bonne personne. On a simplement voulu signifier à la rêveuse qu'avant de faire du ménage à l'extérieur, elle devait le faire l'intérieur d'elle-même. Sinon, elle allait se retrouver dans la même situation.

Alors je lui ai suggéré : « Essaie de changer ta façon de voir le problème. Essaie de servir ton conjoint d'une manière inconditionnelle et non plus comme une dépendante affective. » Quand on est dépendant affectif, lorsqu'on donne, on le fait d'une manière conditionnelle. On ressent un tel sentiment de manque à l'intérieur de soi qu'on essaie d'une certaine manière d'acheter l'amour de l'autre et de lui soutirer de l'énergie. L'autre aussi a des résonances – cela va de soi –, mais il n'est pas toujours disponible et il ressent les demandes de cet amour maladif comme une agression. Cette situation génère beaucoup de frustration chez les deux êtres.

On peut servir l'autre dans le but de plaire, mais cela ne peut durer qu'un temps : l'autre le sentira d'une manière consciente ou inconsciente. Il est préférable d'adopter une autre attitude. À chaque fois qu'on sert une personne – pas seulement son conjoint ou sa conjointe – on se demande : « Comment est-ce que je donne présentement ? Comment est-ce que je sers ? » On peut méditer avec un État de Conscience Angélique pour arriver à vraiment comprendre comment on pose le geste. Et si on s'applique, on obtient la réponse par nos propres sensations intérieures. Au début, bien sûr, on doit être particulièrement vigilant parce que toutes sortes de mémoires sont réveillées. Et quand on en arrive à se dire bien sincèrement: «Là, je donne sans conditions», on ressent vraiment une autre dimension.

J'ai dit à cette femme : « Si tu sers ton conjoint de manière inconditionnelle, tu sortiras de la monotonie. Peu importe son comportement, tu éprouveras des sensations que tu n'as jamais éprouvées auparavant. Seulement en changeant ce concept, seulement en t'appliquant à servir l'autre sans conditions ni attentes, tu seras connectée à cette grande Source qui est inépuisable. C'est intelligent d'agir de la sorte, car tout ce qu'on fait aux autres s'inscrit à l'intérieur de soi. Et tout ce que l'on inscrit à l'intérieur de soi, on devra le vivre d'une manière ou d'une autre un jour. De toute façon, quand on a nettoyé toutes les mémoires situées sur ce rayon, il devient naturel de donner sans attentes. C'est tellement beau quand on peut vivre de cette manière ! »

J'ai ajouté: « Regarde, tu vis depuis 20 ans avec ce conjoint et tu l'appelles encore 'mon chum' (ce terme qui signifie copain au Québec dénote en fait une dynamique de relation pas réellement sérieuse). Je sais que c'est très répandu, ici, au Québec, d'appeler son conjoint 'mon chum' – et la conjointe 'ma blonde' –, mais moi, quand j'entends ces mots, je sens autre chose derrière, dans la vibration. J'ai l'impression que c'est un adolescent qui parle ou que la personne garde toujours sa valise prête, qu'elle a un pied dans la relation et un pied en-dehors. Certaines parties de l'être ont été blessées et elles ont peur de s'engager. Mais bien sûr, dans la plupart des cas, c'est inconscient. Vous voyez, on peut saisir tellement de choses derrière un seul mot ! »

Pendant que nous parlions de tout cela, cette femme a reçu un appel téléphonique. Après avoir raccroché, elle est revenue vers nous et avec un grand sourire elle nous a dit que c'était son conjoint. Elle était en train de nous parler de son dilemme – savoir si elle devait rester avec lui ou le quitter – et voilà qu'il appelle ! Elle se rendait compte que c'était un signe et elle en était rayonnante. Il était facile de voir et de sentir qu'elle était toujours amoureuse de son conjoint. Mon mari l'a regardée avec ses yeux coquins et lui a dit : « C'est tout un signe ! En tous cas, tu en as encore pour au moins quelques semaines à être avec lui. » Cette femme avait bien compris les rêves qui lui avaient été envoyés. Son âme savait qu'elle devait faire le ménage à l'intérieur avant de le faire à l'extérieur, qu'elle devait découvrir de nouvelles dimensions de l'amour en travaillant sur elle-même.

⊙

Voici un autre fait vécu qui nous aide à comprendre comment sortir de l'ignorance, qui fait partie des distorsions humaines de l'Énergie d'Achaiah. C'est l'histoire d'une femme qui m'a demandé de l'aider à interpréter un signe qu'elle avait reçu dans le concret. Elle n'était pas tout à fait sûre de l'avoir bien interprété.

Un jour, *elle était dans un supermarché où elle avait acheté beaucoup de nourriture qu'elle avait mise dans un chariot. À un moment donné, elle s'est engagée avec son chariot sur une espèce d'escalier roulant conçu exprès pour stabiliser les chariots. Elle m'a dit : « Je ne sais pas pour quelle raison, mais soudainement, mon chariot s'est déstabilisé. Il a roulé sur mes pieds et mes chaussures ont été tout endommagées. En plus, c'étaient des nouvelles chaussures que je venais d'acheter. Puis le chariot a continué, mais une personne a réussi à l'arrêter. » Arrivée en haut de l'escalier, la situation s'est rétablie. Alors cette femme a regardé au Ciel et elle s'est mise à Leur parler.*

Cette femme approche de la soixantaine, mais quand elle me racontait son histoire, elle avait l'air d'une petite fille. En faisant sa demande au Ciel, elle n'avait aucune révolte dans son cœur. Elle était comme un petit enfant. *Elle a regardé vers le Ciel et Leur a dit : « Ça mérite une récompense, hein ? Mes chaussures sont toutes abîmées. Ça mérite une compensation parce que je ne me suis pas fâchée. »* Elle m'a dit : « Imagine ! J'arrive à ma voiture et qu'est-ce que je vois proche du coffre, par terre ? Un billet de 200 francs français. Oh ! Je Les ai regardés, En Haut, et je Leur ai dit : 'Merci beaucoup. C'est un signe que Vous m'envoyez une récompense.' »

Elle m'a demandé :

— Est-ce que j'ai bien interprété ?

— En quelque sorte oui.

Comment interpréter ce geste du Ciel ? En Haut, Ils sont de grands Pédagogues ! Ils appliquent une pédagogie empreinte d'une bonté infinie. Ici, sur Terre, quand on s'adresse à un enfant de la maternelle, on lui parle d'une certaine manière. Et si on parle à un étudiant de cégep ou de lycée, on s'exprime d'une autre manière. Et à un étudiant d'université, d'une autre manière encore. En Haut, Ils font la même chose : Ils adaptent les signes, les récompenses et les épreuves à la personne, à son niveau d'apprentissage et de compréhension. Chaque cas est particulier et tout ce qu'Ils orchestrent est parfaitement adapté à la situation.

Cette femme avait une certaine ouverture et elle essayait de lire les signes, mais elle n'avait pas encore appris à les interpréter avec profondeur. Elle savait que ce billet de 200 FF était un signe, car le rapport était trop évident avec la demande qu'elle venait de faire. En Haut, comment procèdent-Ils ? Ils réalisent toutes sortes de scénarios et de signes pour nous amener à croire, à ne pas percevoir uniquement la forme. En général, les gens s'identifient tellement à la forme qu'ils ne sont plus connectés aux autres dimensions, ou seulement de temps en temps. Alors, En Haut, Ils créent toutes sortes de situations – tant des cadeaux que des épreuves – pour nous signaler : « Oui, On est là. »

Bien sûr, cette femme ne pouvait pas rendre le billet car elle l'avait trouvé par terre dans un stationnement. Donc, pour elle, c'était un signe. Je lui ai dit : « Un jour, tu comprendras les signes différemment. Tu ne demanderas plus à en recevoir en guise de récompense. » Que fait-on quand on reçoit un signe ? Bien sûr, on doit retrouver ce à quoi on était en train de penser à ce moment-là, c'est l'aspect personnel. Mais on peut aussi analyser la symbolique des éléments qui font partie de l'événement, leur essence – qui demeure la même pour tout le monde. Pour l'analyse d'un événement, on procède de la même manière que pour les rêves.

Tout d'abord, le chariot. À quoi sert un chariot ? À recevoir quelque chose ; c'est un contenant. C'est donc un symbole de réceptivité. Il sert à recevoir de la nourriture, entre autres. La nourriture symbolise l'énergie que notre esprit reçoit pour nous permettre d'agir, car la nourriture procure de l'énergie, et ce, jusque sur le plan physique. Cette femme montait un escalier, ce qui représente une dynamique d'ascension, la recherche d'élévation, de vision globale, de réalisation, de succès. Les chaussures représentent la façon dont on se déplace, dont on avance en société, autrement dit l'action dans le domaine social, public. Donc, On a voulu dire à cette femme : « Quand tu reçois beaucoup d'énergie, beaucoup de ressources, malgré le fait que tu chemines et que tu cherches à t'élever, tu crées parfois des accidents. Tu crées des actes manqués par tes actions. »

En méditant et en interprétant les petits évènements du quotidien avec une telle profondeur, imaginez toutes les mémoires que l'on peut toucher ! De plus, lorsque des actes manqués se produiront dans le futur, on sera plus alerte. On demandera : « Montrez-le-moi quand je crée des actes manqués. » Il n'est pas facile de les identifier lorsqu'ils se produisent sur le plan métaphysique, surtout dans un premier temps. Par exemple, on parle à une personne et, soudainement, on exprime quelque chose d'une façon un peu trop carrée. On est trop rigide, trop directif ou trop émissif, et l'âme de l'autre le perçoit. À ce moment, cette personne ne se sent pas bien. On a créé un accident sur le plan métaphysique, énergétique, et, désormais l'autre personne aura moins envie de nous approcher. Imaginez quel cadeau c'est de pouvoir décoder les signes ! Une récompense de 200 FF n'est rien à côté d'un tel enseignement. Le seul fait de prendre conscience des effets néfastes que peut générer notre comportement vaut des millions et des millions. C'est inimaginable ! Quand on cesse de créer des accidents dans nos rapports sociaux, quand on apprend à bien gérer les ressources que le Ciel nous met à disposition, alors on modifie amplement notre destin : on s'apprête à recevoir l'abondance au niveau affectif et sur tous les autres plans.

Cette femme me regardait avec de grands yeux ! Bien sûr, ce genre d'interprétation était très nouveau pour elle. Ensuite, elle m'a dit : « J'ai une autre question. » Ce questionnement qu'elle allait me présenter constituait le casse-tête de sa vie : il était demeuré insoluble pour elle. Elle m'a donc raconté son histoire.

« Quand j'étais un bébé, ma mère m'a allaitée, et quand j'ai eu deux ans, elle a voulu me sevrer. Mais moi, je revenais toujours au sein. Ma grand-mère maternelle vivait avec nous et c'était une femme difficile. Elle avait une relation très conflictuelle avec sa fille, donc ma mère, et les deux se querellaient souvent. Cette grand-mère était d'origine tunisienne et quand elle a vu que je résistais à être sevrée, elle a dit à ma mère : 'Dans notre famille, dans le passé, lorsqu'on avait de la difficulté à sevrer un enfant, on mettait du cirage noir sur le bout du mamelon.' Ma mère a suivi ce conseil et je me suis retrouvée toute barbouillée… mais j'ai quand même continué à aller au sein. »

La grand-mère n'a pas baissé les bras ; elle a poursuivi ses conseils : « Quand ça ne marchait pas, on avait un autre truc. » Quel était ce truc ? C'était de mettre une plume d'oiseau noir sur le sein. Cette femme m'a dit : « Cette fois-là, ça a marché, sauf que depuis, j'ai une phobie des oiseaux. J'ai tellement peur des oiseaux ! » Imaginez-vous… avoir peur des oiseaux ! Il y en a partout, des oiseaux. Et lorsqu'on en a peur, on les remarque encore plus. Cela peut sembler sans portée, mais c'est quelque chose, de vivre avec une phobie !

Cette femme qui approche de la soixantaine, supporte ce problème depuis plus de 55 ans. Elle m'a dit : « *J'ai tout fait pour essayer de m'en guérir. J'ai suivi toutes sortes de thérapies. J'ai même fait une régression sous hypnose. Mais ça n'a rien donné.* » Lors de cette expérience, que lui a-t-On montré ? Elle me l'a raconté : « *J'étais dans une ancienne cathédrale – dans une autre vie – et je voyais qu'un corbeau était entré dans la cathédrale, qu'il y avait installé son nid et pondu beaucoup d'œufs. Puis je me voyais écraser les œufs du corbeau pour les détruire.* Alors la thérapeute et moi, nous avons pensé que c'était peut-être pour ça que j'avais autant peur des oiseaux. » Et puisque la thérapeute croyait en la réincarnation, elle a considéré ce qui était arrivé avec la mère et la grand-mère comme une conséquence.

Je lui ai expliqué : « Même si tu as reçu ces images au moyen d'une régression sous hypnose, tu ne dois pas les interpréter à la lettre, dans la forme. Il importe d'en comprendre l'essence symbolique, exactement comme si tu l'avais vécu dans un rêve. On t'a montré l'essence de cette peur. On t'a ramenée à d'autres vies, car l'origine de cette phobie ne provient pas de ta vie présente. La cathédrale symbolise ta spiritualité. Et vu que le corbeau est un oiseau, il a trait au monde de l'air, donc aux pensées. Dans *le moins*, le corbeau symbolise des pensées instinctives très intelligentes mais négatives, maléfiques, dangereuses, qui peuvent déclencher des initiations intenses et des épreuves difficiles. C'est pour cette raison que, dans une conscience ordinaire et propice à la superstition, on considère le corbeau comme un annonciateur de malheur. Dans *le plus*, il symbolise la maîtrise et la transcendance des épreuves négatives, la capacité de les anticiper, de les comprendre au plan causal, voire de les utiliser positivement pour faire le bien. Dans cette scène de régression, c'est le côté négatif qui ressortait, il dévoilait que tu portes dans ton inconscient des mémoires marquées de grandes épreuves et de malheurs personnels en lien avec la spiritualité, puisque cela se passait dans une cathédrale. On a voulu te dire que tu avais laissé entrer des pensées très négatives qui ont généré le malheur dans ta spiritualité, que celles-ci ont proliféré (il y avait beaucoup d'œufs) et que maintenant, tu te sens dérangée par le mal que cela avait créé. Le fait que tu brises les œufs indique une incompréhension du mal : tu as voulu tuer, détruire le mal au lieu de le transformer, le rééduquer. C'est cette essence qui est inscrite dans ta phobie des oiseaux : une attitude de rejet et de combat face au mal et au malheur.

Le fait que cette phobie ait été réactivée dans ton programme de vie dès ton plus jeune âge (par la plume d'oiseau noire utilisée pour te sevrer de force en te faisant peur), indique qu'On voulait t'amener à travailler sur les mémoires et les aspects inconscients en lien avec cette phobie. Tu peux méditer et demander : 'Montrez-moi quand j'ai des pensées négatives que je projette sur les autres, des pensées qui génèrent la peur, le malheur… comment et quand je les laisse entrer dans ma spiritualité.' La spiritualité est très importante car elle se trouve au sommet de la pyramide, de qui nous sommes et de notre pouvoir décisionnel. Elle touche tous les plans de notre être et tous les domaines de notre vie. Ainsi les pensées négatives liées à la projection du malheur qui affectent ta spiritualité ont des conséquences sur tous les aspects de ton être. Tu as tendance à rejeter et vouloir détruire le mal parce que tu ne comprends pas qu'il est éducationnel. Tu peux aussi le souhaiter aux autres aussi pour te venger, leur faire peur, comme une sorcière qui jette des sorts. Donc, c'est vraiment tout un travail que tu vas devoir faire pour te libérer de cette phobie. »

Bien sûr, la plume noire sur le sein a créé une coupure affective chez cette femme ; cela l'a traumatisée au plan intime et affectif. Mais il n'y a pas de hasard. Elle devait vivre cette phobie qui, somme toute, était une réplique de sa condition intérieure. Dans d'autres vies, et peut-être même dans sa vie présente, elle aussi avait éloigné les autres par la peur ou en provoquant des malheurs. Donc, chez cette femme, On avait volontairement créé ce traumatisme pour l'inciter à faire un travail très profond sur ces mémoires afin de se libérer de façons de penser négatives, nuisibles qui affectent sa spiritualité.

Utiliser une plume d'oiseau noir, c'est faire usage d'un symbole très puissant : l'inconscient se trouve fortement touché par cet archétype. La puissance évocatrice de ce symbole est utilisée négativement pour alimenter la superstition en lien avec le malheur, les épreuves, la mort. Les personnes qui font appel à la superstition utilisent souvent des symboles puissants, toutefois, elles en connaissent rarement l'essence et la signification profondes. Leur compréhension des symboles se limite à la forme, elles s'en servent pour engendrer des peurs, insinuer le malheur, imposer leur volonté à autrui, le manipuler ou le dominer, etc. Il y a beaucoup d'ignorance dans la superstition. Et c'était le cas de la grand-mère et de la mère de cette femme qui ont créé un petit film d'horreur pour l'enfant, sans être conscientes de ce qu'elles faisaient réellement. Elles ne savaient pas que, c'est l'essence qui est le plus important. Pour se libérer d'une phobie, on doit vraiment travailler sur l'essence du problème. J'ai expliqué à cette femme que les agissements de sa mère et sa grand-mère lui révélaient que dans d'autres vies, elle aussi avait joué, expérimenté avec les forces sombres, utilisant le négatif pour obtenir un résultat.

On ne doit jamais comparer une personne qui a une phobie à une personne qui n'en a pas. Qu'une personne ait une phobie ne signifie en rien qu'elle est moins évoluée qu'une autre. Elle peut même être plus évoluée. Vous aimeriez savoir pourquoi ? Eh bien, parce qu'en général, l'inconscient d'une personne qui a une phobie est plus ouvert que celui d'une personne qui n'en a pas. Chez cette femme, les mémoires marquées par l'incompréhension du malheur ont été activées. Le voile a été levé et ces mémoires datant d'autres vies se sont rapprochées du plan conscient de son être, faisant en sorte que chaque fois qu'elle voit un symbole qui correspond à ces mémoires, elle éprouvera de grandes angoisses, sans comprendre pourquoi. Ses peurs sembleront tout à fait irrationnelles, incommensurables.

Certaines thérapies qui reposent sur le conditionnement peuvent aider une personne à se libérer d'une phobie à un certain niveau, mais avec ces méthodes on ne la guérit pas au plan causal parce qu'on ne touche pas à l'essence du problème. Puisque le programme est activé, la personne vivra d'autres problèmes par compensation. Elle transférera son problème de base et commencera à souffrir d'asthme, d'allergies ou d'une autre phobie, car son inconscient est ouvert.

Prenons par exemple la claustrophobie, présentement assez répandue dans notre société. L'ouverture de l'inconscient chez les personnes claustrophobes se fait surtout dans le secteur des mémoires liées à des enfermements. Ces êtres ont étouffé, enfermé des sentiments ou créé des situations étouffantes, pour eux ou autrui. Alors, quand ils se retrouvent dans un lieu très restreint comme un ascenseur, leur esprit est amené dans ces mémoires et la dose peut être tellement forte qu'elle provoque un étouffement.

Pour revenir à notre exemple, il y a un Ange en particulier qui peut aider cette femme à se libérer de sa phobie des oiseaux : c'est l'Ange 12 Hahaiah. Mais bien entendu, comme je l'ai déjà mentionné, chaque problème peut être traité avec n'importe laquelle des Énergies Angéliques puisqu'elles sont toutes interconnectées et que les forces et caractéristiques de chacune touchent l'essence des problèmes ; chacune contribue par ses Qualités à leur résolution. Par exemple, si cette femme travaille avec l'Ange Achaiah pour régler sa phobie des oiseaux, elle arrivera à discerner des aspects jusque-là occultés et elle comprendra l'utilité du mal. Elle acquerra aussi beaucoup de patience, et on sait que se guérir d'une phobie nécessite une bonne dose de patience. Cette limitation qu'est la phobie joue le rôle d'épée de Damoclès ; la personne est mise sous pression et elle n'a d'autre choix que de chercher une solution pour se guérir.

Alors j'ai dit à cette femme :

— Tu peux travailler sur l'essence de ton problème, car c'est ce qui est le plus important. Mais rien ne t'empêche de travailler aussi sur les conséquences, c'est-à-dire sur la peur des oiseaux et sur ce que tu as vécu avec ta mère et ta grand-mère. Comment ? Par doses homéopathiques, en réactivant tout doucement le négatif accumulé en toi, afin de le transformer. L'homéopathie, on le sait, c'est l'administration d'une substance à des doses très diluées qui à l'état non dilué provoquerait des symptômes chez une personne en bonne santé ; alors que sous forme diluée, elle apaise ces mêmes symptômes chez une personne malade. Transposé à ton cas, qu'est-ce que cela veut dire ? Tu pourrais par exemple prendre une photo d'un oiseau et te concentrer là-dessus, ou bien observer un oiseau pendant quelques minutes.

— Ah ! Ça, je l'ai déjà fait, a-t-elle répliqué parce que, bien sûr, elle avait suivi tellement de thérapies.

— C'est très bien, tu peux continuer… Je te suggère de continuer mais en ajoutant la Récitation Angélique. Pendant que tu regardes l'oiseau, tu te répètes sans arrêt le Nom d'un Ange. Qu'est-ce que cela va faire ? Alors que tu regarderas l'oiseau, ton esprit ira automatiquement dans ces mémoires inconscientes, et la puissante vibration de l'Ange rectifiera ces mémoires. Tu y arriveras de cette façon, c'est certain, tu verras, mais sois patiente et confiante.

À la fin, cette femme avait des yeux… c'étaient des billes de lumière ! Elle était tellement contente ! Son âme savait qu'elle venait de placer plusieurs morceaux de son casse-tête. C'était beau de la voir ! Son âme était heureuse. Le temps était venu pour elle d'avoir accès à une plus grande compréhension.

⊙

L'exemple qui suit touche, entre autres, la notion d'impatience.

Une femme qui m'a demandé de lui interpréter deux de ses rêves. Dans le premier rêve, *elle portait une belle robe tout argentée et, en la regardant de plus près, elle pouvait y discerner des motifs qui ressemblaient à des glaçons d'arbre de Noël à l'horizontale. Puis elle a saisi un fil, elle l'a tiré et la robe a commencé à s'effilocher.*

Analysons ce rêve. Les vêtements représentent l'aura, ce que l'être dégage, tant dans les qualités que dans les distorsions. La robe était argentée. L'argent est apparenté à la Lune, qui symbolise la réceptivité et la médiumnité. Avec le motif des glaçons, On a indiqué à cette femme : « Oui, tu sembles très réceptive et tu as l'air d'avoir une certaine médiumnité, mais en y regardant de plus près, on découvre autre chose. »

Les glaçons sont faits d'eau gelée ; ils représentent donc les émotions gelées. D'un autre côté, les glaçons de Noël évoquent l'esprit de générosité, la dimension christique, c'est-à-dire le pardon, l'amour et le service. De prime abord, le symbolisme des glaçons de Noël semble positif, mais ils étaient en position horizontale et la robe s'effritait. Or la position horizontale symbolise le monde de la forme et des apparences. Par exemple, la Fête de Noël signifie pour certaines personnes seulement l'excitation des sens et l'échange de cadeaux matériels, des rencontres en famille mais qui souvent sont superficielles. Par ces symboles, On a voulu montrer à cette femme qu'elle était encore trop attachée aux apparences et à la superficialité de la matière. Vers la fin du rêve, la robe commençait à se déstructurer. Cet élément du rêve signifie qu'elle perdra ce genre d'aura constitué de joie superficielle et de fausse générosité ; elle développera désormais un nouveau type d'énergie féminine, de réceptivité et de médiumnité, moins axées sur la forme et la matière.

Après avoir entendu cette interprétation, la femme m'a dit : « Eh bien, justement je suis médium. J'ai eu un bureau de consultation en médiumnité pendant des années, avec beaucoup, beaucoup de clients, et l'an dernier j'ai cessé volontairement les consultations. Sauf que tout dernièrement, j'ai eu le goût de recommencer et j'ai reçu un signe. Je n'ai eu qu'à y penser pour que beaucoup de personnes me téléphonent et me demandent à quel moment j'allais recommencer. Mais j'ai reçu un autre rêve et j'aimerais en avoir l'interprétation. » Vous verrez, autant dans le premier rêve On lui révélait des aspects en lien avec la générosité et la perte de réceptivité et de féminité, autant dans le deuxième On a touché son émissivité.

Voici ce rêve : *Je marchais dans la rue et ma voiture ainsi qu'un groupe de personnes me suivaient. En marchant, je passais sur des vêtements. J'ai trouvé un pantalon, je l'ai essayé mais il était trop grand pour moi. Je n'en voulais pas et je l'ai remis par terre. Puis je suis arrivée devant un canevas, une sorte de grand voile. Je l'ai entrebâillé et j'ai vu une femme qui s'apprêtait à traverser une passerelle. Soudainement, une voix très puissante qui venait du Ciel m'a dit : 'Non, ce n'est pas là !' Alors j'ai continué à marcher et je suis arrivée à un endroit où, à ma gauche, je voyais un hôpital et un homme en chemise qui se tenait à l'extérieur. De nouveau, la voix m'a dit : 'Non, ce n'est pas là !' J'ai continué à marcher, mais les gens qui me suivaient se sont impatientés, ils m'ont dépassée, ils n'écoutaient pas la voix et allaient tellement vite que je n'arrivais pas à les suivre. Alors je les ai perdus de vue. J'ai continué ma route et je suis arrivée devant une immense porte. J'ai descendu un escalier pour aller au sous-sol. Rendue au sous-sol, j'étais dans une pièce qui ne contenait qu'une table et je ne savais plus où j'étais. J'étais complètement perdue et je me suis demandée ce que je faisais là.*

Tous les éléments de ce rêve représentaient des parties de cette femme. On lui a montré qu'elle avait trop d'émissivité. Cette femme dégage une puissante énergie, c'est impressionnant ! Mais elle a beaucoup trop de volonté. Elle a tellement de volonté, de *drive* collectif, que dans son rêve, diverses parties de son être et même sa voiture étaient obligées de la suivre ! Bien sûr, c'est symbolique, mais cette manière d'être se manifeste aussi concrètement. Cette femme est dotée d'un grand charisme social : elle attire les gens et elle a un leadership pour mener des groupes.

Dans son rêve, elle marchait sur des vêtements. Qu'est-ce que cela signifie ? Cet aspect révèle qu'elle peut empiéter sur l'aura des autres. Dans l'action, elle a tendance à être un peu trop imposante, voire écrasante. Puis elle a essayé un pantalon. Le pantalon est un symbole d'émissivité, de dynamique masculine – même si, bien sûr, ce vêtement peut être porté autant par un homme que par une femme. Le fait qu'il soit trop grand indique – comme tout vêtement trop grand, d'ailleurs – un sentiment de supériorité. Alors qu'un vêtement trop petit signale un sentiment d'infériorité. Mais son geste dans le rêve était très positif, car en remettant le pantalon trop grand par terre, elle a manifesté qu'elle n'en voulait plus de ce sentiment de supériorité.

Puis elle s'est retrouvée devant un grand voile. Celui-ci représentait le voile de l'inconscient. Elle l'a entrebâillé et a aperçu une femme qui s'apprêtait à traverser une passerelle. Une femme représente toujours l'intérieur. Elle souhaitait donc voir autant dans son intérieur que dans celui des autres – rappelons-nous qu'elle était médium. Le symbole de la passerelle indique que cette femme s'apprêtait à effectuer un passage, à activer une nouvelle étape. Mais par la voix qui disait à répétition : « Non, ce n'est pas là », On lui a indiqué que le temps n'était pas encore venu pour effectuer ce passage.

Si on n'a pas la capacité de voir dans notre propre inconscient, il nous est impossible de lire celui de l'autre. La capacité de voir et de sentir les autres est justement ce que l'on développe en travaillant avec les Énergies Angéliques. On descend sous le voile et on nettoie toutes nos mémoires, l'une après l'autre ; ainsi nos pouvoirs spirituels et nos facultés médiumniques peuvent s'activer sainement. Bien sûr, cela n'est pas toujours gratifiant au début, mais on effectue un travail initiatique très puissant pour développer progressivement notre médimunité. Et un jour, on retrouve les pleins pouvoirs – la clairvoyance, la clairaudience et la clairsentience qui permettent de percevoir les multidimensions des rêves et des signes. Car ce sont nos distorsions qui nous empêchent de développer pleinement notre médiumnité et nos facultés extrasensorielles.

Cette femme a déjà suivi diverses thérapies et elle-même aurait aimé devenir thérapeute. Or, dans le rêve, quand elle est arrivée devant l'hôpital, elle a vu un homme posté à l'extérieur. Par cette image, On a voulu lui dire : « Non, ce n'est pas encore le temps. »

Puis certaines parties d'elle-même se sont impatientées et n'ont plus voulu suivre les consignes de la voix. Elles ont dépassé la rêveuse et celle-ci ne savait pas où elles allaient. Ensuite, la rêveuse a traversé une porte, symbole annonciateur d'un passage. Cela est dans l'ensemble positif car, même si certaines parties ont désobéi par impatience, c'est la rêveuse elle-même – donc sa personnalité principale – qui a traversé la porte.

Elle est descendue au sous-sol, symboliquement dans son subconscient. Celui-ci est la zone de l'inconscient qui est la plus proche du plan conscient. Au sous-sol, la pièce était pratiquement vide et la rêveuse se sentait complètement perdue car il y manquait l'aspect social. Elle ne savait plus où elle se trouvait, ni ce qu'elle faisait là. Son programme l'amenait à descendre dans son subconscient – le voyage dans l'inconscient commence généralement par cette étape – où elle voyait peu de choses, ce qui a généré en elle le sentiment d'être perdu. Cela indique que ce mouvement vers ses mémoires inconscientes lui a fait perdre sa dynamique sociale, son excès de confiance et son charisme habituel. En se demandant : « Qu'est-ce que je fais là ? », elle redevenait comme un enfant. En effet, lorsqu'On nous fait descendre dans les couches inconscientes de notre être, nous sommes amenés à développer une grande humilité pour nous reprogrammer. Nous plongeons aussi dans une période de questionnement et de recherche qui nous incite à nous retirer. Lors de nos nombreuses vies, nous avons fait toutes sortes d'expérimentations et, à un moment donné, il est nécessaire de descendre dans l'inconscient afin de purifier et de changer notre façon d'avancer.

Après avoir entendu cette interprétation, la femme m'a dit :

— Oui, mais mes consultations allaient bien quand j'ai arrêté, et j'ai reçu beaucoup d'appels dernièrement. C'est un signe, ça.

— Le signe, c'est que ta volonté est si puissante que tu as la capacité de mettre en route des choses au niveau métaphysique ; les gens veulent même te dépasser dans ton rêve. De plus, les personnes qui t'ont appelée ont des résonances avec toi, avec ton intense énergie et ta volonté. Tu m'as demandé d'interpréter ces deux rêves, mais tu es libre d'accepter ou non mon interprétation. Ces rêves ne te signifient pas que c'est le temps de recommencer les consultations ; ils indiquent que c'est le temps de t'intérioriser. Le rêve de la robe qui s'effiloche montre la déstructuration d'une fausse générosité pour aider les autres, d'une ancienne médiumnité qui se trouvait seulement à un certain niveau. Et dans l'autre rêve, On t'a montré que ce n'est pas encore le temps d'aller voir dans l'inconscient des autres. Tu n'es pas encore suffisamment prête pour ça. Pour le moment, tu dois visiter ton subconscient, commencer à travailler sur tes mémoires inconscientes, ce que tu n'as pas encore réellement fait. »

En parlant avec elle, je sentais ses parties impatientes qui l'avaient dépassée dans le rêve. Je sentais que ce que je lui disais ne faisait pas son affaire. C'était comme si elle ne m'entendait pas vraiment. Or, quelques mois plus tard, elle a assisté à une conférence dans laquelle j'ai raconté son histoire, et à la pause, elle s'est empressée de venir me voir. Elle était contente. Elle était belle à voir et on sentait qu'elle avait en partie perdu son côté un peu imposant. Elle m'a dit : « J'ai mieux compris mon rêve ce soir. Puis, c'est vrai ce que tu m'avais dit. Ces derniers mois, j'ai vécu toutes sortes de choses. J'ai eu deux décès dans ma famille et j'ai fait d'importantes prises de conscience. J'ai compris qu'effectivement, ce n'est pas encore le temps de recommencer à travailler comme médium, il faut que je travaille d'abord sur moi. »

Quand on sait interpréter les rêves, on est conscient du caractère absolu de ce qu'ils annoncent. Ce qui se passait dans la vie de cette femme était déjà prévu dans son programme. Les événements qui ont été déclenchés dans sa vie suite à notre première rencontre ont modifié sa conscience afin qu'un nouveau programme puisse se réaliser.

⊙

Voici maintenant une histoire vécue qui concerne une autre des Qualités de l'Ange ACHAIAH : *facilite la diffusion médiatique.* Je vous parlerais plus particulièrement de l'engouement pour la télévision à la lumière de l'Angéologie Traditionnelle. Pour cette analyse, mon époux et moi-même avons choisi une émission de télévision musicale qui a connu un énorme succès en France, et aussi au Québec. Vous l'avez peut-être deviné, il s'agit de *Star Académie.* Il est intéressant d'analyser ces phénomènes collectifs.

Comment interpréter l'extraordinaire engouement que de telles émissions suscitent ? Pourquoi cette émission en particulier a-t-elle connu un tel succès ? Et que se passe-t-il chez les personnes qui sont attirées par cette émission ? Comme le nom le suggère, le programme à la base de *Star Académie* est un apprentissage pour devenir une star, une vedette. Quand une personne regarde la télévision, les images et les sons qu'elle perçoit réveillent toutes sortes d'états de conscience et de mémoires enregistrées dans son inconscient. Et c'est très puissant. Une émission comme *Star Académie* éveille et alimente de puissantes mémoires qui ont trait à la reconnaissance et au succès. Par ces émissions, un grand nombre de personnes peuvent sortir de l'anonymat et, en l'espace de quelques mois, atteindre de hauts niveaux de célébrité. En plus, le fait que certains candidats soient timides amplifie le phénomène d'identification. Le téléspectateur peut, pendant quelques instants, se mettre dans la peau de la personne qui atteint les sommets de la gloire. C'est une attraction très puissante pour les gens qui éprouvent un manque de reconnaissance. C'est essentiellement pour cette raison que de telles émissions connaissent autant de succès.

Alors voici l'histoire vécue que je vous ai annoncée. Un matin, notre fille Kasara m'a dit : « À l'école, les enfants ne font que parler de *Star Académie.* » Cela m'a fait réfléchir. Je me suis dit que si même les enfants ont un tel intérêt pour ces émissions, elles deviennent un phénomène collectif intéressant à étudier. Alors, un soir, j'ai ouvert le poste de télévision pendant l'heure où *Star Académie* était diffusé. Je suis arrivée au moment de la finale des hommes et j'ai commencé à étudier divers éléments : les vêtements que les candidats portaient, non pas pour connaître la mode, mais pour analyser avec le langage symbolique l'aura, ce que les personnes dégageaient. On ne porte pas un vêtement par hasard. J'étudiais aussi les chansons qu'ils interprétaient. Même si ces chansons n'étaient pas de leur propre composition, le fait qu'un chanteur choisisse d'interpréter telle chanson nous dévoile une partie importante de son inconscient. On écoute les paroles avec une grande profondeur – comme s'il nous racontait un rêve – et on les analyse. Le troisième œil est ouvert quand on fait cette étude. Cela devient tout à fait naturel avec le temps et la pratique. C'est très révélateur d'écouter la télévision de cette manière.

À un moment donné, l'animatrice a présenté les conjoints des personnes en nomination. Quand on regarde une émission de cette manière, on ne pense pas : « Ah ! Elle est fine, elle est belle. » ou « Elle n'est pas belle. » Non, on regarde et on sait que la personne nous dévoile une partie de sa femme intérieure ou de son homme intérieur. Et on étudie les êtres toujours avec beaucoup d'amour, comme dans la vie de tous les jours. Cela est très important !

Chaque candidat ayant passé son tour, j'ai éteint le poste de télévision et suis allée faire de l'Angélica yoga. Soudain, un son a retenti. C'était la sonnette du lave-linge ; il était temps de sortir le linge. Je m'en suis occupée, et en passant près du téléviseur, je me suis dit : « Je vais voir où ils en sont. » J'ai rallumé le poste de télévision et je suis arrivée juste au moment où ils annonçaient les résultats. Alors j'ai écouté. Et j'étais contente du résultat, parce que lorsque le gagnant Wilfred Le Bouthillier a chanté – vous connaissez sans doute son nom au Canada – j'ai perçu chez lui une certaine sensibilité, une certaine simplicité et une certaine ouverture spirituelle, le reflet de certaines belles qualités. Donc, j'étais contente de ce choix et je me réjouissais que cette émission soit hautement médiatisée pour inspirer les jeunes avec une bonne énergie – car c'est plutôt rare de nos jours. Les chanteurs ont un grand impact, puisque des millions de personnes les observent et les prennent pour modèles, tant positifs que négatifs, tout dépendant de ce qu'ils chantent.

Le lendemain, mon mari a rencontré une femme qui lui a demandé une interprétation de rêve, et ce rêve concernait *Star Académie*. Dans son rêve, *elle participait à une fête. Il y avait de nombreux enfants qui jouaient, mais sa fille de trois ans s'endormait à cette fête. Ensuite, dans une autre séquence, elle se trouvait dans un autobus dont tous les passagers regardaient la télévision et l'émission qui était diffusée était 'Star Académie'. À un moment donné, sa mère, qui était toute nue dans le bus, s'est levée en disant que tout le monde devait descendre. Tous les passagers sont sortis et le bus a pris feu. La rêveuse ne se sentait pas bien et elle s'est mise à pleurer.*

Que signifie ce rêve ? Cette femme a dit à mon mari : « Hier soir, j'ai regardé l'émission *Star Académie* avec mon mari. Et à la fin de l'émission, je lui ai dit : 'Ah ! Je me suis encore fait prendre. J'ai encore une fois l'impression d'avoir gaspillé mon temps.' » Elle n'était pas contente d'elle-même. Par ce rêve, On lui a donné un enseignement. On lui a montré pourquoi elle se sentait frustrée d'avoir regardé l'émission. En fait, On lui a montré avec quelle attitude elle l'avait regardée.

Le rêve commençait par une fête. Certains aspects de cette émission font émerger la joie, n'est-ce pas ? Que symbolisait sa petite fille de trois ans qui s'était endormie à la fête ? Cette enfant fait partie des nouveaux enfants très lumineux, très spirituels. On a montré à cette femme que sa partie intérieure, spirituelle, était endormie. En regardant l'émission, elle s'est retrouvée plongée dans des distorsions sans en avoir conscience. Ce qui apparaissait à l'écran – la séduction, le besoin d'être reconnu et toutes sortes d'autres distorsions – faisait trop vibrer certaines parties de son âme. Elle s'est nourrie de ces distorsions et c'est la raison pour laquelle elle ne se sentait pas bien après, un peu comme si elle avait avalé un plat un peu indigeste ; son âme avait ingéré un contenu qui était en résonance avec ses propres distorsions.

Dans l'autre séquence, tous les passagers dans le bus regardaient la télévision. Un autobus représente la façon dont on avance dans le social, en compagnie des autres, et comment on se comporte quand on est exposé à différentes énergies culturelles – car dans un bus, on peut rencontrer toutes sortes de personnes. La mère est un symbole très important : elle représente l'intérieur, la façon dont on s'occupe de soi et de notre dimension émotionnelle. Or, la mère de la rêveuse était nue, elle absorbait donc dans son intimité ce qu'elle voyait à la télé : un immense besoin de séduire, d'être reconnu et aimé par les autres, et d'être prêt à tout parfois pour réussir. De manière générale, la nudité symbolise un état d'intimité avec la situation vécue. Selon le contexte, elle peut aussi représenter, positivement, le retour à l'origine, le fait d'être bien dans son corps, l'authenticité du mystique, ou négativement, un sentiment de honte ou le désir de séduire. Dans ce rêve, elle représentait la honte : la rêveuse n'était pas contente d'être nue devant tout le monde, elle ne se sentait pas bien avec cela.

Puis, la mère s'est levée et elle a ordonné aux passagers de sortir. Cela signifie que des forces intérieures chez cette femme ont réagi et ont réalisé : « Aïe ! Ce n'est pas bien ce que tu fais, de vouloir plaire à tout le monde comme cela, en te mettant nue dans l'autobus. » À ce moment-là, elle a basculé dans l'autre extrême : elle a cessé de se nourrir de distorsions et elle est tombée dans le puritanisme, qui est une forme d'extrémisme, de jugement et de rejet. Cette réaction de rejet est fréquente lorsqu'on commence à cheminer et qu'on conscientise peu à peu le grand nombre de distorsions qu'on a à nettoyer. On rejette parfois violemment à l'extérieur ce qu'on ne veut plus reproduire ; ou, à l'extrême, on peut même vouloir le détruire. C'est ce que symbolise la scène du bus qui prenait feu : l'esprit qui détruit ce qu'elle a fait, ses façons erronées d'agir, faute de Connaissance et de compréhension profonde.

Certaines personnes qui cheminent spirituellement disent : « Moi, je ne regarde plus la télévision. C'est tellement distorsionné ! J'ai décidé de ne plus la regarder. » Or, si on est vigilant et qu'on écoute avec conscience, on peut regarder la télévision – sans exagérer, bien entendu – et cela peut être une source d'évolution pour notre âme, un moyen de s'étudier soi-même et d'étudier les phénomènes collectifs.

Avec quelle attitude doit-on regarder la télévision pour que ce soit évolutif ? Bien sûr, les conditions idéales ne sont pas d'arriver fatigué à la maison, le soir, de s'affaler sur le sofa et d'allumer la télé pour se détendre et s'évader. Dans ces conditions, on n'a pas de vigilance et on gobe tout ce qu'on voit et entend, sans discernement. Tant et aussi longtemps qu'on a encore des distorsions, elles entrent en résonance avec les contenus distorsionnés des émissions et s'en alimentent. Il est important de conscientiser le fait qu'on ne mange pas uniquement pour nourrir le corps physique et pour avoir de l'énergie pour agir. On se nourrit aussi continuellement sur les plans subtils – émotionnel, intellectuel et spirituel – de toutes sortes d'émotions et de pensées. Or, quand on chemine sérieusement, on choisit de faire cela en conscience. On essaie de nettoyer nos distorsions l'une après l'autre et on sait que c'est tout un travail. Quand on perd notre vigilance en regardant la télévision, à la fin de la soirée, on peut ressentir de la déception parce que, par nonchalance et manque de vigilance, on a alimenté des parties de soi qui ne devaient pas être alimentées.

Alors comment peut-on maintenir un état de vigilance pendant qu'on regarde la télévision ? Dans un premier temps, jusqu'à ce qu'on soit suffisamment entraîné pour regarder consciemment la télé, il est suggéré de faire la Récitation Angélique le plus souvent possible durant l'écoute, surtout quand on se sent dérangé par ce qu'on voit ou entend. Pourquoi ? Parce que cette pratique élève notre taux vibratoire et nous permet ainsi de rester vigilant. Notre partie spirituelle est en état de veille et elle doit l'être parce qu'on a encore beaucoup de travail à faire au niveau de la conscience et de la compréhension métaphysique. Ensuite, on analyse tout ce que l'on voit et entend au moyen du langage symbolique, comme si un rêve défilait devant nos yeux. Finalement, on observe les émotions, les sensations agréables ou désagréables, les dérangements, les associations, etc., qui se sont activées en nous et qui nous révèlent les résonances qu'on a avec ce qu'on regarde. La Loi de la résonance s'applique en tout temps. En effet, quand on se sent dérangé, c'est que des parties de soi résonnent avec ce que l'on voit à l'écran. Il importe d'être vigilant, surtout avec tout ce qui a trait aux secteurs de la conscience où la démarcation entre l'acceptation et la résignation, l'évaluation et la critique est très fine et subtile.

Par exemple, on constate qu'une personne porte un habit très décolleté. Elle est à moitié nue et chante sur scène devant un public. Alors on se demande : « C'est vrai, mais est-ce que je ne serais pas un peu trop critique et dans le jugement ? Oui, je suis encore dans la critique et le jugement. » Et on met la télé sur *mute* – on enlève le son pour mieux se concentrer – et on fait la Récitation Angélique pour nettoyer ces mémoires qui se sont mises à vibrer en nous. On comprend qu'on a probablement encore de petites parties séductrices à l'intérieur de soi. C'est pour cela qu'on se sent dérangé et parce qu'on ne veut plus être ainsi. Si ce n'était pas le cas, on ne se sentirait pas dérangé. On accepte que les autres expérimentent et qu'ils aient le droit de le faire.

Lorsqu'on se sent dérangé par les distorsions qu'on voit à la télévision, la vigilance est d'autant plus importante si consciemment on ne veut plus les endosser. C'est comme si nous avions devant les yeux un plat de nourriture qui nous attire, mais qu'en même temps nous ne voulions plus le manger parce que nous savons qu'il n'est pas bon pour nous. On ressent à la fois de l'attirance et de la répulsion. C'est à ce moment-là que la vigilance est essentielle, car les mémoires qui résonnent sont tout près du seuil de la conscience et elles sont donc disponibles pour être rectifiées. La fonction *mute* est dans ces cas bien pratique. Quand les concepteurs de télécommandes ont inventé cette fonction, ils ne se doutaient certainement pas qu'elle servirait un jour à aider les téléspectateurs à travailler sur leur conscience. On pourrait faire une publicité : « Mettez sur *mute* pour accéder à la conscience. » Donc, on voit qu'il est possible de faire du temps que l'on passe devant l'écran de la télé un temps de cheminement et d'évolution pour notre âme.

⊙

J'aimerais maintenant vous proposer un exercice. Vous trouverez ci-après le texte d'une chanson intitulée Je t'aime qui a été interprétée par une femme à l'émission *Star Académie*. À la fin du texte est mentionné aussi le lien sous lequel vous pourrez visionner la vidéo sur Youtube. L'exercice consiste à aller en profondeur dans l'écoute des mots de cette chanson, sans vous laisser entraîner par la mélodie, qui est quand même assez belle. Écoutez chacun des mots comme si la chanteuse vous racontait son rêve. Essayez de comprendre autant les aspects positifs que les aspects négatifs et ce, avec beaucoup d'amour. Vous verrez que le compositeur n'est pas resté dans le crémage : le contenu est assez fort, tant dans son *plus* que dans son *moins*. Nous analyserons ensuite la chanson à la lumière de l'Énergie Angélique ACHAIAH.

*D'accord, il existait d'autres façons de se quitter*
*Quelques éclats de verre auraient peut-être pu nous aider*
*Dans ce silence amer, j'ai décidé de pardonner*
*Les erreurs qu'on peut faire à trop s'aimer*
*D'accord, la petite fille en moi souvent te réclamait*
*Presque comme une mère, tu me bordais, me protégeais*
*Je t'ai volé ce sang qu'on n'aurait pas dû partager*
*À bout de mots, de rêves, je vais crier*


*Je t'aime, je t'aime*
*Comme un fou, comme un soldat*
*Comme une star de cinéma*
*Je t'aime, je t'aime*
*Comme un loup, comme un roi*
*Comme un homme que je ne suis pas*
*Tu vois, je t'aime comme ça*


*D'accord, je t'ai confié tous mes sourires, tous mes secrets*
*Mêmes ceux dont seul un frère est le gardien inavoué*

*Dans cette maison de pierre, Satan nous regardait danser*
*J'ai tant voulu la guerre de corps qui se faisaient la paix*

*Je t'aime, je t'aime*
*Comme un fou, comme un soldat*
*Comme une star de cinéma*
*Je t'aime, je t'aime*
*Comme un loup, comme un roi*
*Comme un homme que je ne suis pas*
*Tu vois, je t'aime comme ça.*

Paroliers : Lara Fabian / Rick Allison ; Video: www.youtube.com/watch?v=bVvkcaY5khc

Tout d'abord, on remarque que le message *Je t'aime* n'est ni très reposant ni très Angélique. Bien sûr, lorsqu'on écoute cette chanson en conduisant notre voiture ou en vaquant à d'autres occupations, la mélodie peut nous plaire, nous transporter, mais si on n'est pas vigilant, la vibration de ce type de *Je t'aime* peut alimenter dans notre âme certaines blessures avec lesquelles on a des résonances.

Avec quels aspects résonne cette chanson ? Avec la passion – une passion qui frôle la folie, où l'on aime comme un fou ; avec la résignation et avec les promesses non tenues. Quand on entend : *Quelques éclats de verre auraient peut-être pu nous aider dans ce silence amer,* on imagine ce que cela suggère ! Une chanson, c'est très puissant. Quand on se laisse bercer – ou prendre autrement – par une musique qui est très belle, l'intellect est moins vigilant et la vibration pénètre très profondément dans l'inconscient. Or, les paroles qui invitent à la violence aussi bien que celles qui proposent la passion folle versent dans la distorsion, et quand elles pénètrent dans notre inconscient, elles impriment en nous une manière d'être, une façon de devenir, ainsi que de fortes aspirations et influences néfastes.

Quand on entend : *J'ai décidé de pardonner,* c'est d'un pardon de surface qu'il s'agit. Avec ce genre de pardon, il suffit qu'un petit événement banal se produise, et toute la colère et la révolte remontent à la surface. Voilà comment cette chanson vibre en termes de conscience. Et, bien sûr, l'entendre peut éveiller de puissantes résonances. Si on a déjà fait l'expérience de passions déçues, de trahisons, de blessures et de faux pardons, nul doute que l'écoute de ces paroles alimenteront des parties de soi qui ne sont pas justes, qui débordent de souhaits d'être aimé.

On voit aussi : *Je t'ai volé ce sang.* Ouf ! C'est intense de dire ou de vivre cela. Le sang est un liquide, il symbolise donc le côté émotionnel, et sa couleur rouge le relie au premier chakra, celui de l'énergie de vitale. Quand la chanteuse prononce ces paroles, elle parle symboliquement du vol de l'énergie vitale de l'autre. C'est d'ailleurs ce que l'on fait lorsqu'on éprouve un manque d'amour obsessionnel : on prend, on vole constamment l'énergie des autres. Là est la beauté des rêves, qui très souvent, nous montrent ce qu'on abrite intérieurement. Un jour, on peut recevoir ce genre de rêves, dans lesquels On nous révèle comment notre attitude agit au niveau énergétique et ce, sans être catastrophé. Puisque nous ne nous rendons pas compte de l'influence de nos distorsions inconscientes, On nous les présente dans nos rêves : « Regarde, quand tu as telle et telle attitude, tu aspires l'énergie des autres. » C'est cet aspect qui ressort de ces quelques mots.

*Je t'aime comme un fou, comme un soldat.* Il va de soi que l'image d'un soldat n'évoque en rien la tendresse. Au contraire, elle rappelle plutôt la guerre. *Comme une star de cinéma.* Que signifie aimer comme une star de cinéma ? Cela signifie jouer un rôle : la personne n'est pas authentique.

Ensuite *Comme un loup, comme un roi, comme un homme que je ne suis pas.* Outre le côté animal et instinctuel, l'expression *aimer comme un loup* évoque plusieurs distorsions : l'agressivité, la possessivité, l'esprit de clan du genre : « Ils font partie des miens, et les autres, je ne m'en occupe pas. » L'expression comme un roi évoque pour sa part toutes les questions de pouvoir. Et *comme un homme que je ne suis pas* rappelle à quel point, dans notre société, la dépolarisation s'est installée. En effet, les femmes ne sont plus des femmes, et les hommes, plus des hommes, en ce qui a trait à la constitution principielle de l'âme. Les chansons de ce type encouragent vraiment la dépolarisation des êtres et leur font perdre la belle harmonie originelle, complémentaire.

La phrase *Dans cette maison de pierre, Satan nous regardait danser*
exprime tout le côté négatif de la tentation, de la luxure. Pour sa
part, la phrase *J'ai tant voulu la guerre des corps qui se faisaient la
paix* décrit bien le double mouvement que provoquent les passions :
celui de l'attraction et de la répulsion : « Je te veux, je ne te veux
pas, je te rends jaloux, je te rejette… » La raison pour laquelle autant
de personnes vibrent à ce genre de chansons vient du fait qu'elles
ont encore des mémoires de ce type inscrites dans leur inconscient.
C'est normal et il n'y a rien de mal à avoir expérimenté. Mais un
jour, on devient vigilant et, comme je l'ai expliqué tout à l'heure,
on se demande : « Qu'est-ce que cela vient chercher en moi ?
Quelles sortes de mémoires cette chanson réveille en moi ? » On
s'observe pour reconnaître ses résonances et on fait la Récitation
Angélique pour les transformer.

En regardant la télévision et en écoutant de la musique de
cette manière, on devient vigilant face à tout ce qui nous est
présenté. On continue d'être touché lorsque cela est beau, juste
et harmonieux, mais notre âme cesse de se nourrir d'éléments
distorsionnés, parce qu'elle sait les reconnaître et qu'elle est en
mesure de les transcender. Ainsi on peut demeurer dans un état
d'amour et de non-jugement. Cela est très important quand on
a la Connaissance initiatique.

Voici maintenant un autre fait vécu en rapport avec *Star Académie*.
Un jour, une femme nous a laissé un message téléphonique qui
disait : « En ce moment, je suis chez moi et j'ai devant moi le
trophée de Wilfred à côté d'une petite statuette d'Ange. J'aimerais
vous poser des questions. » Alors je l'ai rappelée car j'y voyais
une synchronicité avec la soirée où j'avais écouté *Star Académie*
pour la première fois et que ce jeune homme Wilfred avait gagné.
Cette femme qui travaille avec l'Enseignement de l'Angéologie
Traditionnelle depuis quelque temps et qui a suivi plusieurs autres
enseignements spirituels par le passé, est une personne proche
de Wilfred. J'ai compris par la suite pourquoi j'avais ressenti une
si belle énergie spirituelle chez ce jeune homme. Cette dame fait
partie de sa parenté et elle semble avoir eu toute une influence sur
Wilfred et sur son parcours à *Star Académie*. Elle avait téléphoné à

notre organisme pour obtenir de l'information sur l'un des Anges d'incarnation de Wilfred afin de mieux pouvoir le lui expliquer.

Étant donné que Wilfred est né le 12 mai, son Ange Gardien sur le plan physique est l'Ange 11 Lauviah. Quand il a lu les Qualités de cet Ange – victoire, renommée, célébrité, réussite, etc. –, il a été très impressionné. Cette période marquante de sa vie et le succès qu'il était en train de vivre à l'échelle du Canada s'inscrivait tellement dans le Rayon de cet Ange !

Il est intéressant de comparer les caractéristiques de l'Ange Achaiah avec celles de l'Ange Lauviah. La renommée ne figure pas parmi les Qualités d'Achaiah, mais dans la liste des distorsions on trouve : recherche de gloire. C'est sa capacité de faciliter la diffusion qui lui procure une affinité avec la renommée. En effet, quand la diffusion est facile et vaste, la renommée et la célébrité sont automatiquement favorisées. En Haut, quand Ils ne nous imposent pas de limites, on a accès à l'abondance des ressources universelles ; voilà ce que représente l'Ange 11 Lauviah. D'autre part, le domicile de cet Ange est la Séphira Hochmah, qui symbolise l'Amour et la Sagesse aux plus hauts niveaux. C'est ce que j'ai expliqué à cette femme. Je lui ai dit : « Explique à Wilfred que la renommée sert à une seule chose : à être un modèle pour les autres. » Si notre programme inclut d'être un modèle pour les autres, la renommée nous est donnée et sera bénéfique pour notre vie au lieu d'être un fardeau. »

Mais il faut être vigilant car la renommée est à double tranchant : elle comporte aussi un grand potentiel karmique négatif. Beaucoup de personnes qui ont la renommée l'expérimentent dans les distorsions, sans même s'en rendre compte. Or on doit toujours se rappeler que si une personne obtient la célébrité, c'est qu'En Haut, Ils ont décidé de lui donner des ressources conséquentes pour qu'elle apprenne à les utiliser avec gratitude et au service du Divin. Bien sûr, Ils savent que la personne peut utiliser cette renommée et ces ressources dans les distorsions – elle en a le droit –, mais Ils savent aussi qu'un jour, parfois après plusieurs vies d'expérimentation, elle les utilisera correctement. Il est improbable qu'une personne apprenne en une seule vie à utiliser divinement la renommée, le succès et les ressources sous leurs différentes formes. Cela prend plusieurs vies d'expérimentations qui peuvent aller dans tous les sens. Mais grâce à celles-ci vient le jour, où l'être comprend ce qui est vraiment essentiel et il commence à changer ses mécanismes de fonctionnement pour réellement bien les utiliser. Il peut alors servir le Ciel sur Terre si la renommée sociale à grande échelle fait partie de son programme.

J'ai dit à cette femme : « Rappelle-lui que s'il peut servir de modèle positif pour les jeunes, et d'ailleurs pour tous les êtres qui vont l'écouter, ce serait vraiment extraordinaire pour l'évolution de son âme. Ce serait un avancement bénéfique pour tous les jeunes Canadiens. »

Tout ce que l'on fait en tant qu'individu a des conséquences, mais celles-ci sont multipliées lorsqu'on est célèbre. Si la célébrité n'est pas bien utilisée, les karmas négatifs qui en résultent seront tout aussi grands. En fait, ils seront plus que multipliés, car ils suivront une courbe exponentielle. La célébrité et la renommée vont de pair avec une grande responsabilité. D'ailleurs, dans un premier temps, les initiés vont jusqu'à les rejeter. Ils en ont peur car, à cause des puissantes sensations qu'elles procurent, elles peuvent faire chuter l'être. D'où l'importance d'apprendre à bien les gérer et à utiliser de manière juste les pouvoirs qu'elles confèrent sur Terre.

En travaillant avec l'Enseignement de l'Angéologie Traditionnelle, on peut éviter de chuter, parce qu'on est averti dans nos rêves quand on est sur le point de tomber dans un piège. On nous montre : « Attention, là ! Tu es en train de déraper, à te gonfler la tête… Il est temps de changer d'attitude… » Alors la personne peut profiter de l'avertissement et éviter de se perdre. Elle peut n'avoir eu qu'une petite pensée d'orgueil ou de prétention, et En Haut, Ils le lui montrent en gros dans un rêve. Si elle sait reconnaître cette guidance et qu'elle est prête à la suivre, elle s'évitera ainsi bien des karmas qu'elle aura à rectifier ultérieurement, tôt ou tard !

J'ai dit à cette femme : « Explique à Wilfrid que s'il n'utilise pas bien la renommée et l'abondance dans cette vie-ci, il pourra se retrouver pendant de nombreuses incarnations dans des contextes de vie marqués de pauvreté, de manque de ressources et sans aucune reconnaissance de la part des autres. Il pourrait même être rejeté au sein de sa propre famille. Toutes ses vies seront très difficiles car il aura la renommée inscrite dans ses mémoires devenues inconscientes et il la recherchera avec avidité, mais sans succès. Cela le rendra malheureux. Par ailleurs, on peut observer ce phénomène aussi chez les personnes qui durant leur jeunesse ont connu un grand succès dans le monde extérieur et qui en prenant de l'âge tombent dans l'oubli. Si on expérimente le succès uniquement à l'extérieur, sans l'intégrer comme un état de conscience permanent à l'intérieur de soi, tôt ou tard, on est démodé, dépassé par quelqu'un d'autre. Explique-lui bien cela. » Alors cette femme a conclu notre conversation en me disant : « Je te promets que je vais le lui rappeler. »

Voici maintenant un autre exemple en lien avec la télévision. J'ai lu un jour un article dans un journal qui rapportait que la violence avait augmenté de 432 % dans les émissions de la télévision canadienne. Ce pourcentage est énorme ! L'article était très bien écrit et les résultats étaient sans équivoque – l'étude portait sur des milliers de cas. Les chercheurs avaient constaté que les personnes qui regardaient souvent des émissions de télévision contenant des scènes de violence avaient tendance à reproduire cette même violence : tôt ou tard, ils posaient des actes violents. L'article expliquait bien ce phénomène mais sa compréhension se limitait à un certain niveau. La banalisation de la violence tout comme celle des mensonges, des fausses nouvelles et d'autres actes non justes était devenue également, avec le temps, un grave problème. La propension des médias à se concentrer sur la diffusion de mauvaises nouvelles a généré un phénomène d'habituation chez le public qui a commencé à les considérer comme une nouvelle normalité. Ainsi, au lieu de favoriser l'évolution des valeurs et des principes, ils ont enclenché le processus inverse, à savoir, leur involution ou déclin. L'interprétation du rêve qui suit nous permettra de comprendre avec plus de profondeur ce phénomène maintenant reconnu mondialement.

Ce rêve a été reçu par un collègue de travail d'une femme qui en a demandé l'interprétation à mon mari. Voici donc le rêve de cet homme : *Il participait à une compétition de mangeurs d'insectes dont le gagnant était celui qui en mangeait le plus. Finalement, c'était lui qui a gagné le concours. Il y avait des insectes partout, sur le sol, sur les murs... Il a même écrasé des insectes avec son dos.*

Mon mari a expliqué à cette femme que le rêveur, donc son collègue de travail, se nourrissait symboliquement parlant d'une multitude de petits besoins instinctifs dispersés, qu'il était à la recherche d'émotions et de sensations fortes et qu'il avait un immense besoin de reconnaissance. Quand une personne abrite dans son inconscient des mémoires marquées de comportements hyper compétitifs, exagérés, non justes, elle ressent avec le temps une sorte de vide stérile, comme si des parties d'elle étaient gelées, une impression de ne jamais réussir à faire quelque chose qui lui apporte de la satisfaction. Cela incite la personne à rechercher exagérément des sensations à l'extérieur et, inconsciemment, elle va vers des secteurs qui, symboliquement, correspondent à ses mémoires. Par ces sensations, elle espère arriver à combler le vide intérieur, car elle a momentanément l'impression d'être plus vivante.

Dans ce rêve, les insectes, qui font partie du monde animal, représentent des aspects de l'énergie vitale et une multitude de petits besoins primaires, instinctifs, qui incitent l'être à se disperser dans tous les sens afin de les nourrir et les satisfaire, allant jusqu'à manifester des comportements parasitaires pour y arriver. Leur très grand nombre et le fait que cet homme les mangeait dans le contexte d'une compétition indique qu'il se nourrissait des sensations que procure un fonctionnement très compétitif pour alimenter et multiplier ses petits besoins. Mon époux a dit à cette femme : « Cet homme doit être plutôt intense et assez combatif. Le fait qu'il ait écrasé des insectes avec son dos – qui symbolise le passé – démontre qu'il abrite des mémoires inconscientes avec beaucoup de forces instinctives qui le font agir et se comporter symboliquement parlant comme les insectes : avec une forte tendance à s'éparpiller, à aller dans tous les sens, à consumer, parasiter, vampiriser l'énergie vitale des autres, à être parfois invasif, ravageur, dévastateur dans ses interactions avec les autres et l'environnement. »

C'est cela que provoque les émissions violentes au niveau énergétique. L'énergie vitale est hyper stimulée. L'agressivité est une force qui débute avec de petites choses et qui grandit avec le temps. L'insecte est un symbole intéressant à ce sujet car, il se multiplie rapidement et, malgré sa petite taille, il peut causer des dégâts immenses dans la nature, transmettre des virus, propager des maladies. La personne qui regarde des scènes de violence stimule non seulement ses insectes intérieurs mais aussi ses fauves intérieurs. Elle nourrit et se nourrit de ses forces instinctives. Mon époux a ajouté : « Cet homme doit aimer les films d'horreur, de violence, de crime, de guerre, car après avoir regardé ce genre de films, il se sent encore plus fort, parce que son énergie vitale et sa combattivité ont été stimulées. » Après avoir entendu l'interprétation du rêve, la femme n'en revenait pas : c'était la description exacte de cet homme. Les rêves sont tellement révélateurs !

Ce que les analyses dans les journaux n'expliquent pas, c'est que toutes ces personnes qui regardent la violence à la télévision et qui finissent par la reproduire s'alimentent de cette violence. Que provoque le visionnement ? Dans un premier temps, on ne remarque pas de conséquences sur le plan physique. L'impact est petit. La personne regarde le film ou l'émission, elle se sent mieux, plus forte, car nourrie en quelque sorte, comme le tigre qui a mangé son repas – mais elle enregistre ce contenu et en demande plus avec le temps, voire régulièrement. Et la charge négative de l'énergie vitale grandit ainsi dans son inconscient, au plan invisible, métaphysique de son être. Or, tout ce que nous pensons et ressentons se densifie progressivement et, un jour, le seuil au-delà duquel les énergies accumulées vont se matérialiser est atteint. Dans notre exemple, c'est le moment où la violence va se manifester à l'extérieur : soit l'être l'extériorise en devenant lui-même violent, soit il attire la violence d'autrui et en devient victime. Ces dynamiques peuvent aussi se matérialiser lors d'une vie future : l'être peut s'incarner par exemple dans un contexte familial rustre, instinctif, violent, où il sera un enfant battu, etc. Il est évident qu'il ne pourra pas simplement mettre sa vie en mode *mute*, ni éteindre le téléviseur : il devra subir la violence parce qu'il a cautionné ce genre de comportements dans son passé. Souvenez-vous de cette phrase de sagesse : *Tout dans la vie commence petit, autant le positif que le négatif, comme un enfant qui apprend et devient.*

Il est important de comprendre que le fait de s'être incarné dans une famille ayant une grande charge karmique ou dans un autre contexte de violence, ne représente pas une punition. Si nos parents ont été violents avec nous pendant qu'on était un enfant, on ne doit pas non plus se dire qu'on doit avoir été un monstre dans une autre vie. On doit plutôt se dire : « D'accord, j'ai expérimenté, j'ai fait des erreurs qui ont généré cette vie difficile. Mais je peux reprogrammer ces mémoires que j'ai inscrites à l'intérieur de moi et dire Stop ! Je comprends que c'est moi qui ai attiré cette famille parce qu'il fallait que je vive cette expérience pour pouvoir intégrer le fait que le mal engendre le mal et pour choisir de mon propre gré de faire le bien. »

On peut certes expliquer aux gens ce mécanisme par lequel la violence se reproduit, mais beaucoup ne sont pas prêts à s'abstenir de la violence télévisée ou autrement diffusée. Ceux qui ne le sont pas, ont encore des expérimentations négatives à vivre. En regardant des émissions de violence, ils s'auto-visionnent comme dans un rêve et d'une certaine façon, ils recherchent la justice, sauf quand ils ont de l'admiration pour le malfaiteur ! On ne doit pas bannir ou censurer les films violents ou d'horreur, car un certain travail intérieur se réalise même si la personne qui regarde n'en est pas consciente. C'est comme s'ils recevaient des rêves qui leur montrent les distorsions et le mal qu'ils portent dans leur inconscient et qu'un jour, ils devront étudier et transformer. Le voyage d'une âme au travers des vies et des cycles de l'évolution est tout un chemin.

Voyons maintenant trois types de réactions possibles face à la violence télévisée. Imaginons que trois personnes regardent des scènes violentes dans un film ou aux nouvelles.

Dans le premier cas de figure, la personne s'alimente du visionnement parce qu'elle porte dans son inconscient encore des mémoires et des forces agressives qui demandent à être nourries. Elle donne l'impression d'être en maîtrise car elle ne se sent pas dérangée par ce qu'elle voit ; elle se sent simplement excitée, comme si elle avait un regain d'énergie. C'est que le moment de prendre conscience de ses énergies négatives et violentes n'est pas encore venu pour elle ; cela ne fait pas encore partie de son programme.

Dans le deuxième cas de figure, la personne résiste fortement à la violence qu'elle voit parce qu'elle en a trop consommé. C'est de cette manière que réagissent bien des personnes qui cheminent spirituellement, car, contrairement au cas de figure précédent, leur inconscient est ouvert. Elles ont énormément de difficultés à voir la violence, l'interaction d'énergies et de forces instinctives, agressives, destructrices, etc. Ça les empêche de se manifester, d'être à l'aise. Pourquoi réagissent-elles ainsi ? C'est parce qu'elles ont encore des résonances avec l'agressivité et la violence, et que selon leur programme, c'est le temps pour elles de visiter leurs mémoires. Bien sûr, on doit comprendre que lorsqu'on visite son inconscient, on ne visite pas seulement les mémoires de cette vie.

Cette personne est plus évoluée que celle du premier type. Parce qu'elle se rend compte qu'elle a encore certains comportements qu'elle souhaiterait ne plus avoir et qu'elle est en mesure de reconnaître ses résonances avec les énergies agressives et instinctives. Cette personne est prête à faire un travail sur elle pendant le visionnement, comme je l'ai expliqué plus haut : elle peut mettre sur *mute* pour accéder à sa conscience et nettoyer ses mémoires via la Récitation Angélique. Ainsi le visionnement d'émissions contenant de la violence c'est comme si elle participait à un atelier sur la non-violence.

Dans le troisième cas de figure, la personne a déjà transcendé les distorsions d'agressivité et de violence. Elle a déjà vécu tellement de cauchemars où On lui a montré ses mémoires d'agressivité et elle a tellement progressé dans le nettoyage de ses mémoires, que lorsqu'elle est confrontée à la violence, elle se dit simplement : « Je comprends pourquoi ces êtres vivent cela, je ne suis pas dérangé ni perturbé par ce que je vois. Je comprends qu'ils vivent un retour de karma. J'ai de la compassion et de l'amour pour eux et je sais que c'est positif pour l'évolution de leur âme. » Cette personne est dans la maîtrise spirituelle, elle a parcouru un long cheminement qui l'a conduite à la compréhension du bien et du mal.

⊙

Pour terminer, j'aimerais vous parler plus généralement des téléréalités, ces émissions qui se multiplient présentement et dont *Star Académie* n'est qu'un exemple, plus particulièrement axé sur les arts de la scène. Une téléréalité est une émission d'expériences vécues en direct, dont les protagonistes ne sont pas des acteurs professionnels. Le phénomène d'identification y est plus intense encore que dans les films, car les sentiments qui y sont exprimés sont plus près de la réalité.

Afin de comprendre l'engouement créé par ces émissions, voyons d'abord pourquoi les gens sont généralement si attirées par les acteurs et les actrices. Certains vont même jusqu'à raffoler des petits événements qui se produisent dans la vie de ces derniers, une dynamique qui rappelle celle de l'homme qui mangeait des insectes dans son rêve.

Souvenez-vous : *Tout ce qui est En Haut est comme ce qui est en bas, et tout ce qui est en bas est comme ce qui est En Haut.* En réalité, ce qui se passe ici, dans le monde matériel, n'est qu'un pâle reflet de ce qui se passe dans les mondes parallèles. Or, que s'y passe-t-il ? Dans ces mondes, une multitude de guides, qui sont autant de scénaristes, réalisent des scènes de films qu'ils nous envoient dans nos rêves et qu'ils nous font vivre dans notre réalité quotidienne pour nous donner des enseignements. Ils créent des scénarios de vie : tel événement, telle rencontre, tel collègue, tel signe pour telle personne, etc. Ils font cela sans arrêt. Ils travaillent continuellement pour nous aider à évoluer, en utilisant aussi bien des événements positifs que des événements négatifs, des récompenses autant que des épreuves. Ils savent exactement comment s'y prendre. Ils connaissent tous nos aspects cachés et inconscients et ils créent des *émissions* à partir de ce matériel.

Sachant ce que font les guides, on arrive à comprendre l'origine de l'engouement pour les acteurs et les actrices. Les films sont exactement comme les rêves et la vie : des scènes construites pour nous enseigner l'Amour et la Sagesse en passant autant par les beaux rêves que par les cauchemars. Les guides peuvent faire de la transfiguration dans les rêves, tout comme dans la réalité concrète. Ils prennent alors la forme d'un personnage ou d'un autre, selon les exigences de la programmation en cours ainsi que des messages et des enseignements à transmettre. Ils inspirent, agissent dans les coulisses du pouvoir en tout temps et en toutes circonstances. Ils peuvent même prendre la forme d'un objet ou d'une couleur. Ils affinent, activent la vie dans un but uniquement éducationnel. En quelque sorte, ils ne sont pas justes des réalisateurs et des réalisatrices, ils sont aussi des acteurs et des actrices. Ils peuvent apparaître dans nos rêves sous les traits de l'oncle Paul ou sous l'apparence du président des États-Unis, et l'énergie qu'ils dégagent est la même que celle de la personne que l'on connaît de près ou de loin dans le concret. Reste que tout cela n'est que de la transfiguration à des fins éducatives. D'autre part – et c'est cela qui les distingue le plus des acteurs et des actrices du monde concret –, puisque les guides ont transcendé tous les besoins de renommés et toutes les distorsions, ils n'ont plus de résonances négatives, et donc, rien ne leur colle à la peau pour ainsi dire. Ils peuvent donc se transfigurer en symboles négatifs sans en être moindrement affectés, tout comme un acteur qui accepterait de jouer un rôle négatif sachant que celui-ci aidera les gens à comprendre ce qu'il ne faut pas faire ou devenir.

Si seulement les acteurs et les actrices pouvaient savoir ce qu'entraînent leurs jeux de rôles et l'influence qu'ils exercent dans la vie des gens et sur leur conscience ! Lorsqu'un acteur incarne un personnage positif, c'est bien. Mais chaque fois qu'il joue un rôle négatif et qu'il le fait pour l'argent, le prestige et par ambition – au lieu d'aider le public à reconnaître les aspects distorsionnés qu'il ne faut ni nourrir ni reproduire –, alors c'est une partie de son propre inconscient qu'il est en train de manifester. Les acteurs ont toujours des résonances avec les rôles qu'ils jouent et ces résonances touchent autant des aspects conscients qu'inconscients de leur être. Ainsi, lorsqu'un acteur assume un rôle négatif, il peut s'en servir pour faire un travail sur ses distorsions qui correspondent au rôle. De cette façon, il travaillera simultanément à les transcender. Alors qu'un acteur qui joue des rôles négatifs sans comprendre les corrélations et les résonances qu'il a avec eux, contribuera à renforcer ses distorsions respectives. En effet, à force de répéter un rôle, la personne alimente la partie d'elle-même qui lui correspond et qui, au départ, se situait à un certain niveau de son inconscient. Or, par la répétition, elle incarne de plus en plus les caractéristiques du rôle, et ce, jusqu'au niveau de son corps physique. Finalement, dans cette vie ou dans une autre, il devient le rôle, c'est-à-dire, il le reproduit dans sa vie de tous les jours en ayant les mêmes comportements et en commettant les mêmes actes que ceux qu'il a répétés dans ses rôles.

D'ailleurs, si on analyse en profondeur le comportement de certains acteurs connus, on constate que certains frôlent la schizophrénie ; surtout quand ils jouent fréquemment des rôles très méchants, violents et destructeurs. L'être a si souvent mis en scène et incarné dans les films ses propres divisions intérieures, sans jamais avoir travaillé sur lui pour les transcender, que cela lui devient très difficile de vivre normalement, de manière saine et équilibrée. Cela explique aussi pourquoi un si grand nombre d'acteurs et d'actrices développent des problèmes d'alcool, de drogues, de relations multiples, de scandales, etc. Quand on comprend cela, on n'envie plus ces personnages et on cesse de les admirer béatement. On sait qu'ils expérimentent et que certains se préparent des vies très difficiles. Donc, il vaut mieux aspirer à devenir comme les guides, des enseignants de la Conscience Divine.

Alors, comment faire pour y arriver ? En observant attentivement et en étudiant tout ce qu'on perçoit, avec beaucoup de compassion, d'Amour et un intellect illuminé. Ainsi, on arrive à vivre simultanément dans plusieurs dimensions, sachant que tout ce que l'on voit ici sur Terre n'est qu'un pâle reflet de ce que l'on retrouve dans les autres dimensions ; que nos expérimentations terrestres ne sont que des tentatives – plus ou moins réussies – de faire descendre les qualités et les vertus dans le monde matériel, même lorsqu'elles font partie de nos réalisations les plus sincères.

Oui, un jour, la beauté des dimensions supérieures s'incarnera ici sur Terre. Mais pour y arriver, nous devons pratiquer la patience, car cela peut encore prendre des milliers d'années. L'Ange ACHAIAH nous apprend que le temps n'a pas d'importance. Il nous enseigne que les êtres dans les autres mondes, dimensions et planètes ont appris progressivement, comme nous les humains, à s'améliorer et à évoluer. Alors on comprend que toute l'humanité saura un jour ce qu'est l'Illumination. C'est le chemin de la Vie, le chemin de l'évolution pour toutes les âmes dans tous les mondes.

Le but de la vie pour nous est de devenir angélique, de devenir des anges et de vivre avec nos pouvoirs spirituels pour le bien de tous. Vous y êtes prêts ?

Alors invoquez pour activer votre Conscience Angélique : ACHAIAH,
ACHAIAH, ACHAIAH, ACHAIAH, ACHAIAH, ACHAIAH, ACHAIAH, ACHAIAH,
ACHAIAH, ACHAIAH, ACHAIAH, ACHAIAH, ACHAIAH, ACHAIAH…

# ANGE 3 SITAEL
## La construction de l'âme

Dès sa sortie de l'hôpital, une femme qui venait d'accoucher d'un petit garçon a dû adopter une certaine pédagogie avec sa fille de trois ans afin que celle-ci ne se sente pas délaissée. Cela a nécessité quelques ajustements. Elle m'a dit : « J'en faisait trop et On me l'a montré très clairement dans l'un de mes rêves. Dans celui-ci, *je me voyais couchée dans le lit de notre fils adolescent. Derrière moi, collée à mon dos, se trouvait une personne endormie, que je n'arrivais pas à identifier. Elle s'est réveillée et je me suis rendu compte que c'était ma fille de trois ans. Alors je l'ai prise dans mes bras et je l'ai embrassée. Mais je lui faisais des 'french kiss'.*

Une fois réveillée, j'ai compris que j'en faisais trop. J'avais aussi une meilleure compréhension de certains de ses comportements. Par exemple : pendant la période où je reprenais des forces, quand elle s'apprêtait à sortir avec son père pour aller se faire garder, je lui disais : 'Viens, je vais te donner un bisou !', elle me répondait : 'Non, maman, pas maintenant.' À ce moment-là, je savais que mon énergie n'était pas juste et les paroles de ma fille me le reflétaient. »

À ce propos, il est bon de noter qu'un excès à l'extérieur indique toujours un manque à l'intérieur de soi, et vice versa. Tous les éléments de ce rêve représentaient des parties de la rêveuse. Le lit symbolise l'intimité, et la rêveuse se trouvait dans le lit de son fils adolescent. Sous son aspect positif, l'adolescence représente la période où l'âme se construit, et ce peu importe l'âge du rêveur. L'adolescence est aussi une période de conflit et de dualité. Or, chez cette femme, l'adolescence a été marquée par l'abandon. En effet, à cette période de sa vie, elle a vécu de forts sentiments d'abandon car sa mère avait quitté le foyer familial. Dans son rêve, la personne qui dormait appuyée contre son dos – lequel symbolise le passé – représentait certaines mémoires endormies reliées à son passé. La relation qu'elle vivait avec sa fille suite à son accouchement réveillait ces mémoires marquées par le sentiment d'abandon.

Quand une situation réveille des mémoires jusque-là endormies, nos réactions peuvent parfois nous sembler disproportionnées par rapport à ce que l'on vit concrètement. Cette femme en était consciente. « C'était tellement disproportionné ! m'a-t-elle dit. Quand je faisais garder ma fille, je pleurais pendant des heures parce que j'avais l'impression de l'abandonner. » Sa réaction était provoquée par ses propres mémoires d'abandon.

Dans son rêve, elle faisait des *french kiss* – c'est-à-dire des baisers d'amoureux. Pour interpréter un tel geste, on se demande : « Dans la réalité concrète, est-ce que c'est juste d'embrasser un enfant de cette façon ? » Non, ce n'est pas juste. On a donc voulu lui montrer qu'elle était trop émissive dans son affection, qu'elle en faisait trop parce qu'elle cherchait à compenser pour le sentiment d'abandon qu'elle croyait avoir créé chez sa fille. Et cela *transpirait* dans son énergie. Sa fille, qui est une enfant très ouverte – elle fait partie de ces nouveaux enfants –, le sentait et le lui signifiait à sa façon, en refusant de se laisser embrasser par sa mère.

Ce rêve a permis à cette femme de se recentrer, il l'a beaucoup aidée et elle en est restée positivement marquée. Elle s'est donnée pour objectif de ressembler un jour à la mère divine et elle travaille intensément avec les Anges. Cela l'amène à vivre de grandes déstructurations et à se reconstruire sur de nouvelles bases qui lui permettent de concrétiser son objectif élevé.

La construction de l'âme se fait progressivement. Elle exige que l'on se prépare et que l'on rectifie nos manières de penser et d'agir erronées en prenant conscience de nos karmas. Nous pouvons tous retrouver notre ressemblance avec le Grand Architecte, que l'on soit homme ou femme. On y arrive en se bâtissant, tant intérieurement qu'extérieurement, avec clémence et magnanimité.

En regardant la liste des Qualités de l'Ange 3 Sitael (*voir le chapitre Les 72 Anges*), on découvre que cette Énergie Angélique est liée à la *construction*. SITAEL est l'Ange idéal pour nous aider à nous reconstruire intérieurement et – par extension – extérieurement. De plus, cet Ange nous *confère le pouvoir d'expansion*. Ainsi, dans le processus de reconstruction, on éprouvera également un sentiment d'expansion intérieure.

Dans l'Arbre de Vie, cet Ange réside dans la Séphira Kéther, qui est le siège du Feu Créateur, du Souffle Primordial ainsi que de la Volonté et du Pouvoir Divins. Par ce lieu de résidence, l'Ange SITAEL nous confère une très grande volonté et beaucoup de dynamisme. D'autre part, sa spécificité – son lieu d'expression – est la Séphira Hésed, symboliquement reliée à la planète Jupiter. Cette Sphère de Vie représente l'abondance des ressources que l'on reçoit de l'intérieur, le don d'organisation, l'enthousiasme, l'optimisme et un grand talent de négociateur.

La Séphira Hésed représente également la mise en application des Lois Cosmiques, ce qui confère à l'Ange SITAEL une autre Qualité : *administrateur honnête et intègre*. La Séphira Binah est, elle aussi, fortement reliée aux Lois, mais elle se distingue de la Séphira Hésed par le fait qu'elle touche à la conception et au mode d'emploi des Lois Divines – et non à leur mise en application. À partir du moment où l'on respecte les Lois, on n'a plus besoin d'expérimenter l'écroulement dans notre vie et de traverser des situations qui génèrent de la souffrance. Cependant, cet apprentissage est long et difficile.

L'Ange SITAEL nous confère un point de vue élevé et nous permet de recevoir des visions, d'avoir une perception de visionnaire. Pour illustrer cela, imaginons un être au sommet d'une montagne en train de contempler le paysage et qui, grâce à une vision reçue intérieurement, peut imaginer une cité entière bâtie en ces lieux. Dans son état de conscience, il perçoit non seulement une image mais une cité bien tangible.

Or ce genre de vision s'applique à tous nos projets, jusque dans le quotidien. De plus, quand on travaille avec cette Énergie Angélique, on reçoit d'une part la vision et de l'autre, toutes les ressources nécessaires permettant de la réaliser, quelle que soit sa dimension ou l'échéance de sa réalisation. Un projet met un certain temps à se réaliser, voire beaucoup de temps dans certains cas. Il est donc nécessaire d'être patient et de ne pas perdre espoir. Dans le processus de matérialisation, toutes sortes d'obstructions et d'événements peuvent nous freiner et même si tout ne va pas comme on le souhaite, on n'abandonne pas car on a reçu une vision, une mission à réaliser. Peu importent les embûches rencontrées, on garde son optimisme et son enthousiasme,  alors que l'être qui n'a pas reçu de mission et qui ne dispose pas de toutes ces ressources intérieures, a tendance à s'arrêter au moindre obstacle et à baisser les bras.

À ce sujet, voici une histoire vécue par un homme qui est bien établi dans la matière ; il œuvre dans le monde des affaires et il gère des millions de dollars pour un groupe international. Cet homme avait reçu un rêve dans lequel *il montait au Ciel et il volait. Il a survolé une cité qui était très belle, un peu comme celle que l'on voit dans le film 'Au-delà de nos rêves'.*

Il nous a dit : « C'était tellement beau ! C'est indescriptible car c'était très lumineux, au-delà de ce qu'on connaît sur Terre ! » Quand il est redescendu dans son corps et qu'il s'est réveillé, il a ressenti un tel décalage qu'il en a eu pour une semaine à s'en remettre : tout ce qu'il voyait et sentait dans la réalité concrète lui semblait terne, fade et sans saveur en comparaison de ce qu'il avait vu et ressenti dans cette autre dimension.

Dans ce rêve, cet homme a reçu une vision, qui est restée très présente en lui et grâce à laquelle il œuvre depuis des années de son mieux pour réaliser ici sur Terre, une cité comme celle qu'il a vue dans son rêve. On retrouve chez lui de nombreuses Qualités de l'Ange SITAEL : il est très doué pour la négociation, a beaucoup d'enthousiasme et sait bien gérer. Malgré toute son envergure, il a une grande humilité, sait être second et assister les autres.

Dans l'aide-mémoire des Qualités de l'Ange SITAEL, on trouve également : *emploi avec d'importantes responsabilités.* Un jour, On peut nous confier d'importantes responsabilités, mais pas nécessairement pour occuper un poste supérieur dans une entreprise. Élever un enfant est également une grande responsabilité, n'est-ce pas ? Cette Qualité Angélique concerne tous les aspects de la vie et, en l'intégrant, on arrive à comprendre la vraie signification du sens des responsabilités. Assumer des responsabilités fait partie de l'évolution de l'âme et implique la capacité de prendre des décisions. En effet, dès qu'on prend une décision, qu'on le sache ou non, on choisit entre endosser le bien ou le mal, entre faire ce qui est juste ou ce qui ne l'est pas.

C'est pour cette raison que l'on doit effectuer tout un travail sur soi. La capacité de discerner si quelque chose est juste ou non, nous permet de prendre les bonnes décisions et d'atteindre l'objectif ultime qui consiste à aligner notre volonté et notre pouvoir personnels à la Volonté et au Pouvoir Divins. Pour être en mesure de prendre continuellement les bonnes décisions, on doit d'abord et avant tout comprendre que faire le bien ne signifie pas nécessairement que tout doit être parfait. Dans toute situation positive, il existe des énergies négatives qui aident le bien à se concrétiser. Cette compréhension fait partie intégrante de la philosophie de la Kabbale.

La juste compréhension du bien et du mal est l'aspect le plus important de la Connaissance. Au cours de notre cheminement spirituel, nous acquérons progressivement la faculté d'évaluer et de reconnaître si une situation est à tendance positive ou à tendance négative. Cette aptitude est primordiale, car la conscience humaine et le monde matériel n'ont qu'une seule raison d'être : amener l'âme à développer les Qualités et les Vertus Divines, parce que rien sur Terre n'est absolument parfait. Le rôle de l'initié est d'œuvrer pour que le bien puisse prendre structure et qu'il s'incarne dans sa vie et tout autour de lui.

Or, pour s'élever à la Conscience Divine, on doit apprendre à ne pas se fier uniquement à ce qu'on perçoit avec notre conscience humaine individuelle. Il est nécessaire de développer la faculté de vérifier dans l'Ordinateur Cosmique – par nos méditations et nos rêves – si ce que l'on pense est juste, et si nos projets et nos entreprises sont en accord avec le Plan Divin. Il est évident qu'en procédant ainsi, nos responsabilités nous paraissent moins lourdes. Quand on sait communiquer avec le Ciel, tout devient très facile.

Nous étudierons un exemple à ce propos tout à l'heure. À l'aide de plusieurs histoires vécues, nous verrons également que notre responsabilité s'applique d'abord et avant tout envers notre monde intérieur. Chaque être abrite dans son inconscient une multitude de mémoires très anciennes enregistrées au fil de ses vies, lesquelles influencent les situations de son vécu présent. Quand une ou plusieurs de ces mémoires se réveillent subitement, cela peut entraîner des sautes d'humeurs, des bouleversements et dans les cas extrêmes, des problèmes psychiatriques.

L'Ange Sitael nous aide aussi à devenir un bon *pacificateur*. Quand on suit la guidance d'En Haut, les décisions que l'on prend font partie du Plan Divin, et alors, qu'on en soit conscient ou non, on joue un rôle de pacificateur.

Dans la liste des distorsions, on trouve : *écroulement des structures*. Nous analyserons plus loin un exemple à ce sujet, mais pour l'instant j'aimerais mentionner que si la manière dont nous avons construit notre âme ainsi que nos œuvres et nos matérialisations dans le concret n'a pas été juste, nous verrons nécessairement nos structures s'écrouler, tôt ou tard, dans cette vie ou dans une autre. Car avant de pouvoir se reconstruire sur de nouvelles bases, plus solides et justes, nous devons défaire les anciennes structures erronées.

Bien sûr, en tant qu'être spirituel, on recherche le beau et le bien, et on voudrait que tout soit harmonieux tout de suite. Mais un jour on comprend que si l'on souhaite atteindre de hauts niveaux, on doit passer par d'importantes déstructurations. C'est comme dans le concret : si une maison est délabrée, si plus rien ne tient et si, de surcroît, la fondation et la structure n'ont pas été bien construites dès le départ, il ne sert à rien de la rénover ; mieux vaut la démolir et la rebâtir à neuf. Lors de nos initiations, En Haut, Ils doivent parfois nous déstructurer en profondeur. Même si certaines parties de nous sont belles et bonnes – comme dans une maison ornée de belles moulures – il est tout de même nécessaire de défaire la structure existante afin de pouvoir en éliminer les aspects négatifs, nuisibles, et les remplacer par des éléments nouveaux, sains et positifs. Ce processus est très puissant puisqu'avec cet Ange on touche au Pouvoir Divin. Une fois que l'on a bien assimilé ce concept, il devient plus facile de se transformer en acceptant les étapes qui sont à parcourir.

Parmi les distorsions humaines de cette Énergie Angélique figure également la *vantardise*. Un vantard a tendance à étaler ses possessions ou son savoir dans le but d'impressionner les autres. Ce comportement a un côté expansif, qui le distingue de l'orgueil. En effet, l'orgueilleux ne va pas vers les autres ; il attend que les autres viennent à lui. Il joue toutes sortes de jeux pour les attirer afin de montrer son importance. Mais généralement, ces deux distorsions – la vantardise et l'orgueil – vont de pair et l'Ange Sitael nous aide à les rectifier.

☉

L'exemple qui suit est en lien avec les Qualités de *pacificateur* et de *constructeur de l'âme*. Il illustre comment nous pouvons assumer nos responsabilités de façon positive.

Une femme infirmière venait de recevoir une promotion. Elle avait postulé à un concours, y avait été reçue et même promue au grade de responsable de la gestion des conflits à l'hôpital. Elle a dit à mon époux : « Depuis que j'occupe ce poste, je ne me sens pas bien, j'éprouve des difficultés à gérer les conflits qui me sont rapportés. Je me rends compte qu'un poste de décideur n'est pas la voie de la facilité. » Elle prenait également conscience que toute décision peut être lourde de conséquences et se sentait énormément fragilisée et déstabilisée par sa nouvelle tâche.

Mon mari lui a expliqué : « Tu sais, apprendre à assumer des responsabilités fait partie de l'évolution d'une âme. » Comme je l'ai déjà mentionné, décider consiste à dire oui ou non, ce qui nous amène à devoir choisir entre le bien et le mal. Bien sûr, si un employé arrive avec un conflit et que cette femme a des résonances avec la nature de celui-ci, ses mémoires endormies se mettront à *vibrer* – comme dans le cas de la jeune mère du début. On comprend donc qu'elle puisse se sentir ébranlée et qu'elle perde ses moyens. Voilà pourquoi il est si important de transformer nos distorsions. Une fois que cela est fait, on ressent un immense bien-être.

Le jour où l'on acquiert la responsabilité de régler des conflits – et cela vaut pour tous les parents, car ils doivent aider leurs enfants à résoudre les leurs –, si on abrite encore des mémoires de conflits non réglés dans notre inconscient, celles-ci se réveillent et on *devient* le conflit. Dans cet état, on ne peut pas prendre de bonnes décisions. Mais pendant qu'on s'applique à régler tous nos conflits intérieurs, c'est-à-dire à nettoyer toutes nos distorsions, on peut quand même travailler sur le *dossier* qui nous est présenté. On se dit par exemple : « Cette personne vient de me faire part de tel conflit et ça me met dans tous mes états. D'accord, cela veut dire que j'ai des résonances. Donc, je reviens à moi et je les transforme avec la Récitation Angélique. »

Cette femme s'était rendu compte que depuis qu'elle occupait son nouveau poste, elle avait partiellement perdu sa connexion avec le Ciel, avec sa spiritualité. En parlant avec mon époux, elle a compris que sa nouvelle situation réveillait beaucoup de mémoires conflictuelles – beaucoup plus qu'elle n'en gérait habituellement. Or, la spiritualité doit s'appliquer dans l'action et dans toutes les situations du quotidien. Cette application pratique consiste à maintenir en tout temps un état de méditation active, et l'Angelica Mantra est un moyen très efficace pour y arriver.

Au cours de la journée, on prend périodiquement des pauses de méditation ; quelques minutes suffisent à se reconnecter. Où qu'on se trouve – au bureau, à l'usine, à la maison, etc. –, on se retire à l'intérieur de soi. Les yeux fermés, on répète le Nom de l'Ange et on revoit mentalement les Lois Divines : *Dieu est un Ordinateur Vivant – la Justice Divine est absolue – la Loi de la réincarnation – la Loi de la résonance – le mal est éducationnel – la matière est temporelle – l'Esprit est éternel…* Puis on médite sur les décisions que l'on doit prendre en les mettant en relation avec les Lois et, soudain, les réponses nous viennent : l'Ange nous transmet le Savoir.

S'il s'agit de décisions ayant une portée ou des conséquences importantes, on demande des signes ou des rêves en plus. La guidance qu'on reçoit ainsi est absolue. Au début, on s'entraîne avec de petites décisions dont l'impact sur notre vie est moindre. Cela nous laisse le temps d'apprendre à se fier et à s'abandonner à la guidance d'En Haut.

Analysons maintenant un fait vécu qui illustre bien comment on peut utiliser la guidance du Ciel pour prendre des décisions importantes.

Dans le passé, mon mari a pris quelques années sabbatiques au cours desquelles il s'est retiré du monde de la matière et a beaucoup médité. Il a travaillé sur lui 24 heures sur 24 et ses nuits étaient très intenses. Il a partagé son expérience dans le livre autobiographique *Devenir un ange, Le chemin de l'Illumination*. Pendant ces années, l'Intelligence Cosmique lui a enseigné dans ses rêves à bien matérialiser – à le faire selon les Lois Divines – et à comprendre ce qu'est la matérialisation. Ceux qui ont lu ce livre savent que cela n'a pas été facile.

Voici le fait vécu par mon mari concernant une relation professionnelle qu'il avait dans le passé avec un homme d'affaires. À un moment donné, il a reçu un rêve dans lequel il a visité l'âme de cet homme. Cet exemple illustre bien comment on peut utiliser des informations reçues en rêve pour matérialiser de manière juste.

*Mon époux nageait dans l'eau et voyait cet homme d'affaires nager non loin de lui. Il voulait absolument communiquer avec mon époux et son expression témoignait de l'amour qu'il avait pour lui. Mais il nageait dans une direction opposée à celle de mon époux. Ensuite, mon époux marchait dans une forêt du Canada et il se dirigeait vers cet homme. Il se faisait piquer aux mollets par de nombreux moustiques et il voyait cet homme d'affaires tenir un discours sur la spiritualité en utilisant des propos apocalyptiques. Son attitude était aussi celle de quelqu'un qui veut se montrer important. Dans sa tête, mon mari s'est dit : « Dans quatre ans, il sera encore comme ça. Il ne changera pas. Ça ne donne rien que je continue de me faire piquer par les moustiques pendant tout ce temps-là. » Puis il a rebroussé chemin.*

Dans ce rêve, mon époux a visité l'âme de cet homme. On lui a révélé que cette alliance n'était pas bénéfique. Cette personne voulait aider l'Univers/Cité Mikaël et s'y impliquer par son travail, mais ce rêve et d'autres tout aussi explicites, ont révélé à mon époux qu'il était temps de mettre un terme à cette association. On a voulu lui dire : « Oui, c'est vrai qu'il a beaucoup d'amour pour toi et qu'il veut communiquer avec toi, mais regarde, sur le plan émotionnel – car la première partie du rêve se déroulait dans l'eau –, il ne va pas dans la même direction que toi. Cela créera continuellement des décalages, il ne prendra pas les bonnes décisions pour l'association, malgré sa bonne volonté. La collaboration avec lui n'est pas compatible avec ta mission. »

Quand une personne adopte une philosophie apocalyptique, cela signifie qu'elle ne comprend pas le mal. Or la compréhension de la fonction éducationnelle du mal est essentielle en Angéologie Traditionnelle et dans la philosophie de vie de mon époux.

Ensuite, On lui a signifié : « Regarde, en allant vers cet homme, vers une association avec lui, tu te fais attaquer par des pensées négatives – symbolisées par les moustiques – et dans quatre ans, ce sera encore la même chose. Ça ne donne rien. » Le message était très clair : « C'est assez, tu peux stopper ton association avec lui. »

Pendant plusieurs années, mon époux avait transigé avec cet homme et sa société d'édition pour éditer les livres de l'UCM. Or celui-ci a eu des problèmes avec tout son entourage, entre autres à cause de sa manière de gérer les affaires. Avec le temps, il a connu de grandes difficultés relationnelles et financières. Son comportement était contrôlant, orgueilleux, envieux. Il avait aussi des difficultés à s'exprimer. Mon mari qui a beaucoup de patience et de compréhension avec les gens a, pendant qu'il transigeait avec cet homme, réussi à élever le taux vibratoire de leur relation, ce qu'il fait avec toutes les personnes avec lesquelles il collabore. En outre, les distorsions mentionnées ne le dérangeaient pas. Un jour, on peut côtoyer des gens qui ont toutes sortes de distorsions – se faire piquer, au sens figuré – sans pour autant se sentir dérangé par elles. Mon époux était conscient de l'énergie dégagée par cet homme et il se disait très souvent : « L'Intelligence Cosmique l'a mis sur ma route et il aide la mission UCM. Alors je vais faire au mieux tant que cela ne devient pas problématique. »

Certaines personnes de l'entourage proche de mon mari ne comprenaient pas pourquoi il continuait à travailler avec cet être qui, de toute évidence, était un cas assez intense. Mon mari leur répondait : « Tant que je n'aurai pas reçu un rêve m'indiquant clairement que je dois arrêter cette collaboration ou que quelque chose de réellement répréhensible ne se passe, je continuerai parce qu'il peut changer. » Ce n'est qu'à partir du moment où il a reçu le rêve mentionné plus haut ainsi que d'autres lui disant : « C'est assez, il est temps de stopper », qu'il a amorcé les démarches nécessaires pour mettre un terme à leur association. L'homme était triste car il voulait continuer à aider UCM, mais les rêves de mon mari indiquaient clairement qu'il fallait tourner la page. Voilà un bel exemple de la manière dont on peut utiliser la guidance par les rêves pour assumer nos responsabilités. C'est celle des initiés, dont le but premier est d'aider les autres mais pas au détriment de leur mission collective. Un problème interpersonnel doit être traité individuellement. Personne n'est parfait et tout le monde apprend dans la vie. Cependant, quand la problématique affecte les autres, il faut savoir intervenir, en commençant par un avertissement. Si cela ne suffit pas, on doit avoir le courage de dire : « Stop, c'est assez ! » et de bien s'affirmer, sans nuire à l'autre. En Haut, Ils peuvent donner de plus en plus de responsabilités à un initié s'il sait s'affirmer de manière juste, et il ne les trouvera pas trop lourdes ou difficiles.

Bien sûr, cette manière de mener des projets et ces critères d'évaluation dans le choix des associés sont bien différents de ceux qui prévalent dans le monde des affaires, où règne en général une conscience ordinaire. Dans ces milieux, ce sont la performance et les résultats tangibles qui comptent avant tout, non l'évolution des êtres. Si une personne ne fait pas l'affaire, si elle ne réalise pas les buts souhaités, elle est *out* et on la remplace par une autre. Pour un être qui a la Connaissance, les critères d'embauche et d'association gravitent autour de la construction de l'âme, du développement des Qualités et des Vertus. Mon époux était conscient qu'il aidait cet homme à se construire, et pour lui, c'était l'essentiel. Il était capable de transformer les énergies comportementales négatives de celui-ci et d'en faire des perles. Il suivait la guidance d'En Haut et quand On lui a signalé : « Regarde, ce n'est plus compatible, On met en route un programme d'expansion pour l'organisme et cet homme a d'autres stages à faire. » Peu importe ce que cet homme ou d'autres personnes ont pensé de sa décision, mon époux a su obéir. Un initié comprend toutes les dimensions impliquées dans un programme, même le fait que les autres soient bousculés lors de l'activation d'un processus d'évolution qui demande de mettre fin à une relation ou à une situation. Il est capable de prendre sa décision en toute quiétude et, à l'instar d'un bon policier, il n'éprouvera ni regret ni culpabilité face à ce que la personne vivra, mais uniquement de la compassion.

Quand on prend une décision de ce genre, très souvent, la culpabilité se met de la partie. On se demande : « Est-ce que j'ai bien fait ? » Cette tendance est encore plus accentuée lorsqu'on a une philosophie de vie valorisant la fraternité, le partage et l'entraide. On se dit : « Je suis en train de laisser tomber, d'abandonner cette personne » et on se sent coupable. À nos propres yeux, on perd notre belle image de pacificateur et de constructeur d'âme, et cela génère de la dualité.

Or, le travail avec les Énergies Angéliques nous amène à conscientiser l'utilité du mal et à comprendre les méthodes pédagogiques utilisées par les guides dans les mondes parallèles. Ceux-ci nous laissent des fois seuls, d'autres fois ils font sentir leur présence en nous prêtant main forte de manière évidente ou en nous donnant un signe réconfortant, et parfois, ils nous créent des épreuves. À force d'observer la guidance reçue, on arrive à comprendre le fonctionnement de l'Intelligence Cosmique et on devient capable d'appliquer la même pédagogie : l'éducation via des oui et des non bien affirmés et justes, exprimés avec amour, respect et gentillesse, sans se fâcher, tout comme un bon parent le fait avec son enfant. On applique ici, sur Terre, les mêmes Lois que dans les mondes parallèles. On le fait avec sagesse et on se sent bien. Quand on prend une décision, on ne subit plus des bouffées de questionnements et des doutes qui alourdissent notre esprit. On arrête de ressasser et d'avoir l'impression de porter des responsabilités trop lourdes. Un jour, on agit comme les guides : on prend les décisions au fur et à mesure que les problèmes ou les questions se présentent et en suivant la guidance du Ciel. On saura qu'on a été juste. Bien sûr, cela demande de l'entraînement. Comme mentionné plus haut, on commencera par des décisions de peu d'importance, et progressivement, on devient capable de prendre des décisions pouvant entraîner d'importantes conséquences même dans la vie d'autres êtres humains. Ce processus d'entraînement, de l'enfance spirituelle à la vie d'adulte initié, nous fait évoluer et nous procure un sentiment continu d'expansion.

Dans un premier temps, on reçoit beaucoup de rêves dont tous les éléments représentent des parties de soi. Puis, dans la mesure où nous progressons, On nous envoie des rêves dans lesquels on visite l'âme d'autres personnes. Ceux-là nous aident à mieux les comprendre et à savoir comment on peut les soutenir. Cette étape aussi demande de l'entraînement. Comment peut-on savoir si une personne qui nous apparaît en rêve représente une partie de nous ou bien l'âme d'autrui ? Tout d'abord, on doit toujours revenir à soi-même – et plus on est humble, plus on le fait automatiquement. Si le rêve concerne vraiment l'autre personne, On nous l'indiquera clairement et On nous montrera des événements qui le confirment. De toute façon, le retour sur soi n'est jamais erroné.

⊙

Analysons maintenant une série d'exemples vécus qui touchent à la déstructuration. Comme nous l'avons vu, avant de pouvoir se reconstruire, on doit généralement passer par une étape de déstructuration. Dans ce processus, on est amené à faire face à nos forces destructrices. En effet, notre inconscient peut abriter autant des forces enthousiastes, optimistes, favorisant la construction et l'expansion, que des parties insidieuses qui sabotent et détruisent systématiquement notre vie. Ces dernières sont constituées de mémoires qui proviennent d'autres vies. Or – et là est la beauté de cet Enseignement –, nous avons la possibilité de visiter, nettoyer et transformer ces parties. Ces forces latentes et occultées à caractère destructeur deviennent alors positives et nous pouvons les affecter à la construction de notre âme ainsi qu'à la réalisation de belles matérialisations.

Le premier exemple de la série nous aidera à comprendre comment les affinités et le phénomène de la résonance participent à former la cellule familiale. On verra comment l'être se construit grâce à des programmes organisés par l'Intelligence Cosmique et ce, pour l'évolution commune de plusieurs âmes.

Lors de l'une de nos conférences, un couple est venu me voir à la pause et l'homme m'a dit : « J'ai un fils adoptif issu de la relation avec ma première compagne. Je l'ai élevé avec elle pendant plusieurs années, jusqu'à ce qu'on se sépare. » Au moment où il me parlait, il était avec sa deuxième conjointe, avec laquelle il a continué à élever cet enfant. Il m'a dit : « Récemment, il a complété ses études universitaires et nous a invités à sa graduation. Nous avons entrepris un voyage de cinq heures pour nous y rendre, mais au bout d'une heure, la voiture est tombée en panne. Elle a été remorquée chez un garagiste mais la réparation demandait du temps car elle avait

323

un problème de capteur d'oxygène. Nous avons dû nous rendre à l'évidence que nous n'arriverions pas à temps pour la graduation. J'ai alors appelé mon fils qui était bien sûr très déçu, d'autant que sa première mère adoptive ne pouvait y assister compte tenu du fait qu'au moment où la date de l'évènement lui a été communiquée, elle avait déjà prévu un voyage avec son nouveau conjoint. Donc, aucun membre de la famille n'a pu assister à la graduation et notre fils a trouvé cela très difficile. »

Cet homme nous a demandé :

— Mais qu'est-ce que j'ai à comprendre de tout cela ?

— Est-ce que tu t'es senti dérangé par cette situation ? lui ai-je demandé.

— Pas vraiment, j'ai pu accepter que la voiture soit tombée en panne.

— Moi, pas du tout, a renchéri sa conjointe, on ne pouvait rien faire de plus, c'était évident.

— Alors, si on revient à votre fils adoptif, leur ai-je dit, c'est certain qu'il avait des choses à comprendre de cette situation car il n'y a pas de hasard. Malgré votre bonne volonté, c'est un concours de circonstances qui a induit le fait que personne n'ait pu être là à cette occasion. On peut comprendre qu'il se soit senti abandonné d'autant plus qu'il est orphelin de naissance et qu'aucun de ses parents adoptifs n'ait été présent cette journée-là. Si on pouvait voir dans son inconscient, on décèlerait certainement des forces destructrices qui sabotent sa relation avec la famille et qui proviennent de mémoires d'autres vies, où le plan familial ne faisait pas partie de ses priorités.

Pour décoder un signe reçu dans le quotidien, on analyse l'événement de la même manière que les rêves. L'université symbolise les Hautes Études, c'est-à-dire l'étude de la Conscience. D'autre part, la graduation représente l'application du savoir, car en général elle donne accès à des postes de responsabilités qui offrent la possibilité de concrétiser ce que l'on a appris. Donc, la graduation du fils symbolisait pour lui la mise en application de l'apprentissage reçu au cours de ses études afin de trouver un emploi. Le fait qu'aucun membre de sa famille n'ait été présent lors de l'événement révèle un manque de reconnaissance mais aussi que, dans une autre vie, le travail comptait pour lui davantage que sa vie familiale. Dans sa vie présente, l'expérience de l'orphelinat et de l'adoption a été prévue dans son programme pour lui permettre d'enregistrer de nouvelles mémoires évolutives. Ainsi, l'émotion ressentie par l'absence de sa famille lors de cet évènement majeur de sa vie contribuera à renforcer l'importance du sens de la famille chez lui et l'incitera à agir autrement en tant que père et mari. Ce jeune homme abrite aussi des mémoires qui l'empêchent d'être reconnu, qui sabotent la reconnaissance de soi. Dans d'autres vies, il l'a expérimentée de manière distorsionnée : il peut l'avoir connue et en avoir abusé et/ou avoir refusé de prêter attention aux autres. Le manque de reconnaissance qu'il expérimente dans sa vie présente en est une conséquence. C'est lui-même qui est à l'origine de tout cela.

Ce père adoptif chemine depuis plusieurs années et il applique l'Enseignement de l'Angéologie Traditionnelle. Je lui ai dit : « Tu connais la Loi de la résonance. Ton dérangement n'était pas aussi intense que celui de ton fils, mais tu en ressentais un quand même, n'est-ce pas ? Tu peux analyser ce qui vous est arrivé comme si c'était un rêve. La voiture nous permet d'avancer, d'aller vers les autres ; elle symbolise donc notre comportement social. Et ton fils représente tes œuvres, la manière dont tu matérialises. Donc, quand tu avances vers la reconnaissance des Hautes Études, il y a des parties en toi qui bloquent, qui entravent ton avancement. Tu peux aussi parfois être trop centré sur toi et ne pas accorder assez de temps à ton enfant, même si tu l'aimes de tout ton cœur.

Et à quoi sert un capteur d'oxygène ? Si une pièce de notre véhicule fonctionne mal et qu'on ne connaît rien à la mécanique, on se demande à quoi sert le morceau défectueux. Comme son nom l'indique, il sert à capter l'oxygène, il est donc relié à l'élément air et, symboliquement, au monde des pensées. Cela signifie qu'il y a en toi des pensées qui bloquent ton avancement, ta capacité à ressentir tes émotions, ton sens de la famille ; c'est là que se situent tes résonances avec ton fils adoptif. »

En se grattant légèrement la tête, il s'est exclamé : « Ah, c'est bien vrai ! » Cet homme occupe un poste très reconnu socialement. Il m'a confié : « Avant de commencer à travailler avec cet Enseignement, j'ai arrêté tous les sports de compétition. Autrefois, je jouais au hockey et je pratiquais d'autres sports, mais à un moment donné, je me suis rendu compte que je le faisais uniquement par esprit de compétition et que j'étais trop centré sur moi. Je voulais montrer que j'étais le meilleur. En même temps, je ne me sentais jamais assez bon. » Cet homme s'est rendu compte que pour arriver à se sentir à la hauteur, il devait battre les autres, remporter la victoire ; et à cause de cela, il était davantage centré sur lui que sur ceux qu'ils aiment. La compétition est une forme de comparaison et elle se situe bien loin des valeurs altruistes et familiales.

Il a ajouté : « C'est vrai… même dans mon emploi, au début, je ne me sentais pas à la hauteur, à un point tel que je ne disais même pas aux gens que j'étais médecin. Je leur disais que j'étais infirmier.» D'une certaine manière, cet homme ne s'accordait pas la reconnaissance. Considérée à la lumière du langage symbolique, cette attitude montre que certaines parties de son être avaient bel et bien des résonances avec son fils adoptif, bien plus qu'il ne pensait. Je lui ai suggéré : « Tu peux méditer sur cet événement en faisant un retour sur toi et en invoquant un Ange pour transformer tes parties intérieures qui bloquent et détruisent. Ce sont elles qui te font rechercher des événements extérieurs pour être reconnu et aimé, mais ce ne sera jamais assez. Voilà pourquoi il est important de les transformer car elles sabotent ton sentiment d'expansion et ta reconnaissance intérieure.»

Quant à sa conjointe, elle m'a avoué : « En réalité, j'étais contente de ne pas assister à sa graduation. » Puis elle m'a expliqué, en baissant les yeux par embarras : « Il y a quelques temps, ma fille préparait une petite fête pour nous et elle a demandé au fils adoptif de mon mari s'il voulait se joindre à elle pour nous offrir un cadeau. Il lui a répondu : 'Non, ils n'en valent pas la peine.' Quand ma fille m'a rapporté cela, j'étais choquée et triste. Ces mots me tournent tout le temps dans la tête et me brassent le cœur. »

Cet exemple montre bien comment agissent les parties saboteuses dans ce fils adopté. Avec seulement quelques mots, il a détruit tout ce qui avait été bâti dans leur relation. Ce père adoptif et sa conjointe ne sont pas parfaits, mais ce sont de bonnes personnes.

En étant adopté, cet enfant a bénéficié d'une seconde chance. Or sa remarque montre qu'il est dans *l'ingratitude*, laquelle figure parmi les distorsions humaines de l'Énergie Angélique SITAEL. Certaines parties ingrates et insatisfaites de son être détruisent. Une telle attitude écarte les autres et, bien sûr, elle ne favorise pas la création d'une belle vie. Cependant, il ne faut pas oublier que si l'on vit de l'ingratitude de la part d'une autre personne, cela signifie qu'on l'a déjà soi-même manifestée envers autrui. La vie est un jardin, dans lequel on récolte toujours ce que l'on sème.

Cette femme a ajouté :

— Je sais que j'ai des choses à comprendre et que je ne devrais pas lui en vouloir. Pendant les quelques années qu'on a passées ensemble, ma relation avec ce garçon n'a pas été facile. Je faisais des efforts mais ce n'était pas facile, parce que moi aussi j'ai des résonances avec le sentiment d'abandon. Quand j'étais petite, ma mère a été paralysée pendant deux ans et je me suis sentie abandonnée. Donc, je sais que j'ai quelque chose à comprendre.

— Oui, toi aussi tu as des résonances avec ce garçon. On a voulu te montrer qu'il y a en toi une force destructrice qui a contribué à la panne ce jour-là. Cet incident montre à quel point la matière nous enseigne…

Si on pense d'une manière divisée, sans vision globale, on peut se dire : « C'est par sa faute que la voiture est tombée en panne », car on sait que la pensée est créatrice. Or on doit aller plus loin et adopter une perspective plus vaste. On se rend alors compte que dans cet exemple, le manque de reconnaissance de soi et les forces de sabotage constituent une thématique familiale, pas seulement individuelle. Si le jeune n'avait pas eu à vivre cela, même si cette femme n'avait pas le goût d'y aller, la panne ne se serait pas produite. En effet, chaque membre de la famille impliqué dans cet événement avait quelque chose à comprendre ; chacun avait des résonances avec ce qui s'est passé et celles-ci correspondaient à son niveau d'évolution. C'était une panne parfaite qui offrait un enseignement sur mesure à chacun d'eux.

Donc, on voit l'importance de comprendre le rôle éducationnel de la matière afin de pouvoir reconnaître les résonances qui relient les membres d'une cellule familiale. Un jour, on doit arriver à discerner nos résonances avec tous les membres de notre famille et à transcender les distorsions que nous avons en commun avec eux. Cela vaut également pour les associations d'affaires ou tout autre type de relation.

Lorsqu'on comprend en profondeur la nature de la trame qui unit les êtres, on accepte tout comme un enseignement. On se dit : « Je vis tel inconvénient. Ça ne fait pas mon affaire, mais je sais que tout cela a été organisé par En Haut. » Le jour où l'on comprend qu'on est sur Terre uniquement pour développer les Qualités et les Vertus Divines, et que tout ce que l'on vit est organisé par l'Intelligence Cosmique pour nous faire grandir, la vie devient tellement plus facile ! On cesse de se rebeller et on se dit : « Je sais que je peux changer, que je peux tout transformer – les résonances que j'ai avec mes parents, ma famille, mes amis, mes collègues, etc. Les qualités, je les garde, mais les distorsions, je vais toutes les transcender. » Un jour, il n'existe plus de différence entre une personne que l'on rencontre pendant quelques minutes dans un magasin et nos propres parents. Voilà ce qu'est l'Amour Universel. La famille au sein de laquelle on s'incarne ou se retrouve par adoption représente le gros du travail à réaliser de notre vie présente. Dès qu'on a transcendé les résonances qu'on a avec elle, le reste devient plus facile.

⊙

Nous avons vu avec l'exemple précédent comment certaines parties de notre être peuvent saboter l'expansion et la reconnaissance de soi. Voici maintenant un rêve qui révèle une déstructuration causée par des parties qui ruinent l'optimisme et l'enthousiasme.

Une femme a demandé à mon époux l'interprétation d'un rêve qu'avait reçu son père. *Il voyait des personnes qui jetaient son petit-fils dans un feu de foyer. Les jambes pendaient à l'extérieur du foyer et le reste du corps brûlait.* Bien sûr, ce rêve a angoissé cet homme qui portait un stimulateur cardiaque. À cause de son état de santé, il envisageait même de déménager pour se rapprocher de l'hôpital.

Par ce rêve, On a voulu dire à cet homme : « Regarde, il y a des parties de toi qui détruisent ton enfant intérieur, ce que tu as de plus beau en toi, cette partie qui est en apprentissage. » Mon mari a expliqué à cette femme : « Tous les éléments contenus dans ce rêve représentent des parties de ton père. On a voulu lui montrer qu'il est en train de vieillir en termes de conscience, de perdre sa joie de vivre. Le feu était destructeur – il indique dans ce cas que ton père utilise son énergie vitale de manière négative, via des attitudes excessives, et qu'il y a de la colère en lui. Seulement les jambes échappaient à l'action du feu et elles étaient pendantes. Or les jambes représentent l'action, la capacité d'avancer. Les jambes pendantes à l'extérieur signifient que ton père est encore un peu dans l'action, mais son feu intérieur négatif le consume. Il est en train de dégénérer, de vieillir en termes de conscience, parce que certaines parties de son être détruisent ce qu'il y a de plus beau en lui : sa jeunesse, l'espoir, la joie de vivre. »

Il est possible de vieillir en beauté et avec un esprit jeune. Évidemment, cette perspective est bien loin de celle que l'on fait miroiter aux aînés dans notre société. Le rêve de cet homme montre pourquoi très souvent les aînés dégénèrent. Quand un être a bâti sa vie en mettant la matière à la première place, une fois arrivé l'âge de la retraite, tout autour de lui s'écroule, car soudainement, il se sent inutile. Dans notre société, beaucoup d'entre eux se sentent inutiles et ce sentiment draine leur joie de vivre et peut les amener à croire que leur vie n'a plus de sens. Tandis qu'un être qui a vécu et qui a agi dans la matière avec une conscience spirituelle, vivra sa retraite comme une des plus belles phases de sa vie : il rayonnera la sagesse, le calme, le bonheur, il aura une vie équilibrée et continuera à se consacrer à des activités évolutives, sans se sentir inutile et sans le besoin de s'imposer aux autres. Les jeunes, ses enfants et petits-enfants viendront le voir pour lui demander des conseils et les aînés seront heureux de les leur donner, de pouvoir les aider ! N'est-ce pas une merveilleuse fin de vie que de devenir un guide, un sage pour les autres ? La vie ne doit pas se terminer comme on le voit souvent, c'est-à-dire dans le malheur, la tristesse et l'amertume. C'est vraiment une question d'état de conscience.

⊙

Le prochain exemple touche à la déstructuration et au Pouvoir Divin. Nous avons vu que par son lieu de résidence dans l'Arbre de Vie, l'Ange SITAEL est reliée de très près au Pouvoir Divin.

Une femme m'a demandé l'interprétation d'un rêve qu'elle avait reçu : *Elle voyait une sorcière qui lui ressemblait comme deux gouttes d'eau. Celle-ci lui a dit : « J'ai des dons et pour que je les perde, il faut que ta fille meure. » La rêveuse ne voulait pas que sa fille meure et prenant ses jambes à son cou, elle a couru se réfugier chez elle, alors que la sorcière, très agressive, la poursuivait. En fermant la porte, elle a coincé les doigts de la sorcière dans l'encadrement de celle-ci. Ensuite, elle a entendu une voix venant d'En Haut qui disait : « Tu vas mourir. » Puis elle a été propulsée dos au mur, un éclatement s'est produit et une lumière très puissante a jailli de tout son être. À ce moment, la voix a dit : « C'est ta lumière qui va te sauver. »*

Tous les éléments de ce rêve représentaient des parties de cette femme. On lui annonçait qu'elle allait vivre une grande déstructuration afin de pouvoir reconstruire son être sur de nouvelles bases. La sorcière est un symbole de pouvoir spirituel mal utilisé. De ce fait, la déstructuration annoncée allait toucher à des mémoires en lien avec la manière dont cette femme utilisait le pouvoir spirituel. Dans le concret, elle n'a pas de fille. Dans le rêve, le symbole de la fille représentait une partie en développement de la rêveuse. Et puisque les 3 personnages – la rêveuse, la fille et la sorcière – étaient des femmes, le rêve indiquait que le processus de déstructuration et de restructuration allait se passer dans son monde intérieur.

La sorcière symbolise l'utilisation des pouvoirs spirituels pour la satisfaction de besoins personnels qui peuvent être bien masqués, occultés, ou se manifester sous forme de méchanceté, de désir de vengeance, une tendance à accuser les autres, etc. En effet, au plan conscient, on peut avoir l'intention d'aider autrui, de se dévouer à un projet, à une œuvre, mais en même temps, on peut ressentir du mécontentement parce qu'on s'attend à quelque chose en retour. Cela s'applique également au travail de thérapeute, de médium et d'enseignant qui peuvent parfois agir comme des sorciers/ sorcières sans s'en rendre compte. En pensant trop à l'argent ou à la reconnaissance qu'ils veulent retirer de leur travail, celui-ci devient distorsionné. Évidemment, cela vaut aussi pour toute autre situation où le pouvoir spirituel et la capacité d'aider sont utilisés avec des intentions dissimulées, souvent inconscientes, qui incitent l'être à prendre le pouvoir des autres, à abuser de leur confiance, etc. Chez bon nombre de personnes, derrière leur souhait d'aider autrui se cachent bien des manques et des besoins : insécurité matérielle, besoin d'argent, manque d'amour, de reconnaissance, etc. On pourrait envoyer ce genre de rêve à beaucoup de personnes. Or, on ne doit pas s'en outrer si l'on en reçoit, mais s'en servir pour rectifier ses mémoires de sorcier/sorcière ou d'autres semblables qui nous révèlent qu'on n'utilise pas toujours bien les pouvoirs spirituels, que nos véritables intentions sont encore loin d'être désintéressées et altruistes.

Dans le rêve, la sorcière a dit que pour qu'elle-même perde ses dons, il fallait que la fille de la rêveuse meure. Une fille symbolise une œuvre en développement dans le monde intérieur de l'être, tandis qu'un garçon représente une œuvre en train de se réaliser dans le monde extérieur. Dans ce rêve, la fille représentait un état d'esprit que la rêveuse entretenait à l'intérieur d'elle-même et celui-ci devait mourir, c'est-à-dire être transformé. Or on voit que la rêveuse ne veut pas changer d'attitude : elle se sauvait. Dans la suite du rêve, On lui a montré : « Regarde, cela ne donne rien de te sauver, car ces intentions te poursuivent même dans ta maison, dans ton habitat intérieur. Un programme a été mis en route et c'est absolu, certaines choses vont changer. » Aussi, le fait que la sorcière veuille la mort de la fille n'est pas un bon signe. On ne devrait jamais écouter une sorcière en rêve, car le sens de ses mots est inversé ; ce qu'elle nous dit ne correspond pas à la vérité, elle est toujours prête à mentir et à agir avec méchanceté pour sauver sa peau. Donc cette femme pense encore que les problèmes viennent des autres, elle ne revient pas assez à elle et ne se remet pas en question. Elle se sauve et ne réfléchit pas comment elle pourrait aider sa fille, elle pense seulement à elle-même.

Puis la rêveuse a été propulsée dos au mur. Le dos représente le passé, donc, nécessairement, tout ce qui concerne son passé sera touché. Le mur fait partie de la structure d'une maison et au plan symbolique, il dénote la structure de notre habitat intérieur. Les anciennes structures de cette âme, celles qui prévalaient dans son passé, seront déconstruites. Par cet aspect du rêve, On a annoncé à cette femme un changement drastique et très profond.

Par la dernière scène, On lui a signifié : « Regarde ce qui émanera de toi, une fois que tu auras traversé cette grande déstructuration : une lumière si intense que tu peux à peine l'imaginer. En comparaison à celle-ci, les petits pouvoirs que tu as en ce moment ne sont rien. »

Lorsqu'un être est rendu aux initiations, s'il résiste à changer et qu'il fuit les mutations – comme cette femme dans son rêve –, l'Intelligence Cosmique est obligée de lui faire vivre des chocs parfois. C'est pour cette raison qu'au début et pendant un certain temps, les initiations sont si douloureuses, car de nombreuses parties de l'être refusent ces déstructurations et cela crée un écartèlement. En Haut, même s'Ils doivent imposer des chocs à une personne, Ils savent qu'elle en ressortira grandie. C'est donc très utile de voir en rêve, nos tendances à résister et à fuir, puisque cela nous permet de travailler sur elles pour les transformer au lieu d'avoir à vivre des chocs dans le concret.

Avec le temps, on arrive à comprendre la méthode utilisée par l'Intelligence Cosmique, et un jour, lorsqu'on reçoit des rêves qui annoncent des déstructurations, on est capable de les accepter tout simplement. C'est comme si On nous disait : « Tiens, prends cet objet » et on le prend. On s'habitue à traverser des phases de déstructuration et on considère le processus comme normale et naturel. On accepte aussi de vivre continuellement des initiations parce que l'exploration se poursuit à l'infini : une fois qu'on a visité les diverses couches de l'inconscient personnel et familial, il nous reste toutes les zones de l'inconscient collectif à explorer. On apprend sans fin et on ne résiste d'aucune manière. Une fois qu'on s'est créé une maison confortable avec des fondations solides dans son monde intérieur, les vents et les marées ne nous atteignent plus. Les initiations peuvent se succéder et on demeure solide et stable. De plus, tout notre être est orienté dans le même sens. Plus aucune force ne contrecarre le mouvement de transformation. Si l'Intelligence Cosmique annonce un programme, on sait qu'il est juste et parfait. On se dit : « J'y vais, je me soumets. » Avec une telle attitude, tout devient tellement plus facile ! Mais avant d'en arriver là, on doit vivre bien des inondations et des raz-de-marée intérieurs. Ces bouleversements sont puissants et c'est normal.

Cette femme qui venait pour la première fois aux conférences m'a dit : « Ce rêve m'a tellement marquée ! Dans le concret, je suis masseuse en shiatsu. » Le shiatsu est semblable à l'acupuncture, mais au lieu d'utiliser des aiguilles, on fait des pressions digitales. C'est une forme de massage lors duquel on cherche à rééquilibrer la circulation de l'énergie vitale le long des méridiens par des pressions précises et bien dosées sur des points d'acupuncture. Elle m'a confié : « Je sais que j'ai certains pouvoirs – on sentait qu'elle avait un certain charisme –, mais je ne sais pas quoi faire avec. » Quand on entend ce genre de propos, on voit tout de suite que l'âme sait qu'elle n'utilise pas toujours le pouvoir spirituel de manière juste.

Cette personne pratique le shiatsu comme gagne-pain, et, bien sûr, c'est difficile de recevoir l'annonce de déstructurations aussi importantes. Alors je l'ai avertie : « Tu vois, tu as reçu ce rêve, mais tu ne sais pas ce qui s'en vient pour toi. On t'a montré le résultat : cette magnifique lumière qui sortira de toi, mais avant, tu dois visiter tes mémoires de pouvoir spirituel mal utilisé. En ce moment, tu visites des zones qui ne sont pas trop difficiles – il y a de belles choses en toi – mais tu devras aussi visiter des parties difficiles. »

Quand On nous fait visiter des mémoires difficiles, on se sent fatigué, vidé de son énergie. Cette femme pourra traverser des phases où elle n'aura pas assez d'énergie pour continuer à avancer, ni même pour s'occuper d'elle-même. En se déconnectant de son ancienne personnalité égotique, qui la boostait, qui pensait trop à l'argent, qui séduisait subtilement ses clients pour qu'ils soient satisfaits – celle représentée par la sorcière –, elle se déconnecte aussi de la force et la confiance en elle-même que cette personnalité lui procurait.

Par conséquent, il est possible qu'elle ne puisse plus donner de massages pendant un certain temps, ou qu'elle continue tout en se transformant. Certes, elle devra gagner sa vie, assurer sa subsistance. Qu'est-ce que cela pourrait entraîner ? Je me permets de vous donner diverses possibilités qui doivent être envisagés, car j'ai analysé le cas de nombreuses personnes qui avaient reçu des rêves comme celui-là. Il se peut que cette femme soit obligée d'accepter un travail qui ne fasse pas trop son affaire, par exemple un emploi pas vraiment gratifiant à ses yeux, dans lequel elle ne se sente pas reconnue, ou que sa clientèle diminue parce que l'accès à la rue où se situe sa clinique est bloqué à cause de travaux, ou pour toutes sortes d'autres raisons. Elle devra alors réorganiser son travail, développer l'humilité et d'autres qualités. Après un rêve comme celui-ci, qui annonce de grandes déstructurations, la personne entre souvent dans une dynamique de fuite car elle ne veut pas perdre son *standing* et son niveau de vie matériel. Or il y a un prix à payer pour atteindre les plus hauts sommets de la conscience : c'est la somme des bouleversements qu'entraîne la purification des mémoires distorsionnées. Le fait d'être thérapeute ne signifie pas qu'on n'aura plus d'initiations à vivre. Seuls les rêves peuvent nous renseigner de manière fiable sur les étapes que l'on a parcourues dans notre cheminement.

⊙

Analysons maintenant deux exemples qui touchent à la construction, impliquant cette fois-ci le symbolisme de formes géométriques. Voici le premier.

Une femme avait reçu le rêve suivant qu'elle a raconté à mon époux : *Elle voyait un cercle à l'intérieur duquel se trouvaient neuf demi-lunes et On lui a dit qu'il s'agissait d'un symbole universel.*

Suite à ce rêve, elle s'est mise à utiliser ce symbole. Elle a dit à mon époux : « Quand je voulais aider les autres, je les imaginais à l'intérieur de ce symbole pour qu'ils aient la protection universelle. »

Mon mari lui a expliqué le sens de ce rêve : « Une forme géométrique représente une structure, un concept, et tu as reçu ce symbole d'abord et avant tout pour ton usage personnel, non pour faire des pratiques de magie. En plus, ce concept n'en n'est qu'à une étape embryonnaire chez toi. Il n'est pas encore descendu dans ton plan conscient ; tu ne sais pas vraiment ce que ce symbole veut dire et tu l'utilises déjà pour intervenir dans la vie des autres. Une forme géométrique réfère symboliquement au début de quelque chose, un concept qui commence à se mettre en place sur le plan mental. Ensuite, il doit passer par le plan des émotions avant de pouvoir être utilisé sur le plan de l'action concrète. Ce processus doit se faire par étapes et cela demande un certain temps avant de pouvoir *devenir* le symbole, l'incarner. Ce rêve annonce le début d'une nouvelle structure en toi, une nouvelle façon d'être ; il ne touche en rien le sujet de l'aide aux autres. Tu souhaites trop aider les autres avant d'avoir travaillé sur toi et tu veux aussi avoir des pouvoirs magiques pour impressionner les gens. C'est là que réside le problème et bien des personnes agissent ainsi : elles utilisent la spiritualité comme des enfants et c'est pour cela qu'elle se retrouve galvaudée tout comme la crédibilité des rêves et des signes. »

Pour comprendre cette idée, imaginons qu'un programmeur ait installé dans la structure fonctionnelle d'un ordinateur un nouveau programme qui modifie l'application de tous les autres logiciels, et, par le fait même, le traitement de tous les dossiers. Une fois le programme installé, cela requiert un certain temps avant que l'ordinateur puisse l'intégrer. Parfois il faut même le fermer pendant quelques heures quand un logiciel majeur de la structure de l'ordinateur est touché. De la même manière, quand on reçoit un nouveau concept ou un symbole géométrique en rêve, de nombreuses rectifications et ajustements sont à réaliser dans notre ordinateur intérieur avant que le symbole n'imprègne ou ne restructure toutes les mémoires de notre être, toutes nos anciennes façons de fonctionner. Lorsque les enfants commencent leur apprentissage scolaire, on leur enseigne les formes géométriques. Il en va de même pour l'initié : il commence par recevoir de nouvelles structures de pensées – en accord avec les grandes Structures Cosmiques –, lesquelles descendent graduellement à tous les niveaux de son être.

Analysons donc le symbole qu'a reçu cette femme. Le cercle représente la matière, la densité, la concentration, mais aussi l'univers particulier de l'être. La Lune pour sa part, symbolise la réceptivité, la nuit, le monde intérieur. Dans le cercle se trouvaient neuf demi-lunes, à l'instar des neuf mois de gestation d'un enfant. Celles-ci représentaient des étapes, un cycle de temps pendant lequel cette femme aura des changements à vivre. On peut également dire qu'elle devait développer la réceptivité sur les neuf plans, c'est-à-dire au niveau des neuf chakras. L'Angéologie Traditionnelle tient compte de neuf chakras, lesquels sont associés aux Séphiroth de l'Arbre de Vie, à l'exception de la dixième Séphira, Malkouth, qui symbolise le plan de la matérialité et qui est représentée dans l'univers physique par la planète Terre, la manifestation de la vie comme nous la connaissons. Si la rêveuse travaille avec les Énergies Angéliques, elle peut également associer le nombre neuf à l'Ange 9 HAZIEL, l'Ange de l'Amour Universel et de la Miséricorde Divine.

Par ce rêve, On a voulu dire à cette femme : « Quelque chose s'en vient pour toi. Tes initiations n'en sont qu'à l'étape embryonnaire, tu vivras bon nombre d'événements et de situations qui t'amèneront à t'intérioriser davantage, à devenir profondément réceptive, entre autres à l'Amour Universel. »

Et qu'est-ce qui protège mieux que l'Amour Universel ? Quand on est dans cet Amour, on bénéficie de la plus haute protection, la Protection Divine. On ne ressent alors plus le besoin de mettre les autres dans un symbole pour les protéger, comme le faisait cette femme. Ce concept de protection où l'on utilise toutes sortes de méthodes et de formules pour éviter qu'il arrive quelque chose à autrui est erroné. La personne qui procède ainsi n'est pas consciente qu'en voulant enfermer l'autre dans une soi-disant bulle ou structure protectrice, elle l'empêche aussi d'évoluer, de se transformer, d'expérimenter.

Un jour on cesse de vouloir protéger les autres énergétiquement : on prend conscience qu'ils sont constamment protégés, que des milliards de guides s'en occupent. Et avant d'intervenir dans la vie d'autres personnes par des gestes ou des paroles – car parfois cela peut être nécessaire –, on demande si c'est juste de le faire, ou on intervient parce que cela est logique et en accord avec notre fonction dans une situation donnée. Il est important de comprendre qu'en intervenant dans des programmes qui ont été mis en place par l'Intelligence Cosmique via les guides – et bien sûr, ces programmes peuvent inclure des accidents, des maladies ou d'autres épreuves –, on intervient dans le Plan Divin. En agissant de la sorte, on empêche les autres d'évoluer. Parfois, il n'y a rien de mieux qu'une épreuve pour faire évoluer un être : c'est elle qui fera jaillir la lumière qu'il porte dans ses profondeurs. De plus, il faut se rappeler que c'est la personne elle-même qui a généré ses épreuves, c'est son âme qui les demande en quelque sorte, afin de pouvoir réparer des karmas, rectifier des erreurs, passer à une autre étape d'évolution. Sans elles, la purification des mémoires et les changements nécessaires ne se feraient pas. Un jour on comprend que peu importe ce qu'un être doit vivre, il est toujours protégé et accompagné. La Protection Divine est sans cesse active. C'est absolu !

Comment pouvons-nous contribuer au travail de protection que les guides réalisent ? En travaillant sur nous-mêmes pour transformer nos distorsions. Lorsque nous n'aurons plus de résonances négatives, nous serons en mesure de côtoyer tant sur Terre que dans les mondes parallèles toutes sortes d'énergies négatives. Celles-ci ne pourront pas nous atteindre puisque nous n'aurons plus de résonances avec elles. Nous serons même capables de *discuter* avec elles. Chacun fera son travail et jouira d'une grande protection. Dès qu'on a compris cela, on se sent immédiatement protégé. Et s'il nous arrive quelque chose de difficile, on revient à soi et on se dit : « On me fait travailler sur une distorsion. Je vais la transcender et ça ira beaucoup mieux après. »

Voici maintenant le deuxième exemple touchant à la construction et aux symboles.

Une femme m'a raconté un rêve qu'elle avait reçu. *Elle se trouvait dans la maison familiale où elle avait vécu pendant son enfance. Elle y voyait deux couples qui avaient l'air heureux : l'un formé d'une de ses amies et de son mari, et l'autre, de sa fille et de son mari. Ces deux couples ont traversé un encadrement de porte muni d'une voûte, comme on les construisait à l'époque médiévale* (dans le concret, il n'y avait pas de telle voûte dans la maison familiale). *Puis, quand les deux couples eurent traversé le seuil, On a remis à la rêveuse une pyramide rouge qu'elle a prise dans ses mains.*

Tous les éléments de ce rêve représentaient des parties de la rêveuse. Je lui ai demandé ce que symbolisaient pour elle ces deux couples. Elle m'a répondu : « Ces deux femmes, autant ma fille que mon amie, sont veuves. Les deux ont perdu leur mari à la suite d'une maladie et les deux en ont été fortement affectées ; d'ailleurs, elles le sont encore. Ma fille a des enfants en bas âge et cette perte est très pénible pour elle. Quant à mon amie, après la mort de son mari, elle a eu toutes sortes de maladies, dont le diabète. C'est difficile pour elle et je l'accompagne souvent. Quant à moi, j'ai un conjoint très malade qui ne veut rien entendre de la spiritualité. Je me demande fréquemment si ça vaut la peine de continuer à faire des efforts pour rester avec lui ou si je dois le quitter pour aller vivre chez ma fille afin de l'aider à élever ses enfants. »

Je lui ai dit : « Dans ce rêve, On t'a annoncé quelque chose de nouveau. Puisque tu te trouvais dans la maison de ton enfance, ça veut dire que ton rêve a rapport à ton origine dans cette vie mais aussi à tes vies antérieures. » Quand on se voit en rêve dans la maison familiale, la symbolique de celle-ci ne se limite pas à notre enfance, mais elle est comme un portail vers des mémoires plus lointaines. En Haut, plutôt que de nous montrer : « Regarde, tu as vécu telle vie, à telle époque… » – ce qui nous amènerait à analyser les caractéristiques des époques montrées –, On nous fait toucher à l'essentiel de notre vécu, en nous signalant simplement : « Ce qu'On te montre là, dans ta maison familiale, ne concerne pas uniquement cette vie, cela touche également tes vies antérieures. »

Dans le rêve, ces deux couples – qui représentaient pour la rêveuse la maladie, la séparation et les difficultés subséquentes – étaient beaux, souriants et heureux. On lui a donc annoncé que ces parties d'elle, c'est-à-dire ses propres résonances avec l'abandon, la maladie et la séparation, allaient effectuer un passage, un changement très important.

Si on analyse le symbole de la voûte, on constate tout d'abord qu'il s'agit d'une construction bien particulière et assez difficile à réussir. C'est un assemblage de pierres spécialement taillées qui peut supporter de très lourdes charges. Comment ces pierres tiennent-elles ensemble ? Et comment peuvent-elles soutenir de si grandes masses ? Leur forme trapézoïde assure la répartition du poids, mais la pièce centrale qu'on appelle la clé de voûte est la plus importante, car c'est elle qui équilibre les forces. La voûte et *la clé de voûte* sont relativement hautes. Elles symbolisent donc le monde de l'air, des pensées, mais aussi le monde de l'action concrète puisqu'il s'agit de pierres. On annonçait donc à la rêveuse que ces parties d'elle feraient un passage réussi, qu'elle pourrait supporter des tensions intenses, des charges karmiques importantes. Cette femme qui cheminait depuis plusieurs années avait déjà effectué tout un travail sur elle.

Comme dans l'exemple précédent, On a montré à la rêveuse un symbole géométrique, celui de la pyramide. Le fait qu'On la lui ait remise est symboliquement plus important que si elle avait vu l'une des pyramides d'Égypte. Par ce symbole, On lui a signifié un concept qu'elle devait parvenir à incarner. La pyramide était rouge, couleur qui correspond au premier chakra, celui de la matérialisation et de l'action dans la réalité concrète, il lui faudra donc un certain temps avant d'incarner et de devenir ce que ce symbole représente, mais elle y arrivera. Pour le moment, par son intense travail, elle guérit des parties malades d'elle-même qui sont la résultante de difficultés affectives qu'elle a vécues suite à des séparations ou d'autres épreuves.

La pyramide évoque les constructions égyptiennes et le pouvoir spirituel qu'avait cette civilisation, une certaine connaissance qui lui a permis de bâtir, de matérialiser ces œuvres gigantesques. Elle disposait en effet de connaissances mathématiques avancées ainsi que d'un savoir initiatique reçu à travers les rêves et les signes, auxquels elle accordait une grande importance et qu'elle vénérait comme source de guidance divine. La pyramide crée une forte concentration d'énergie en son centre. Sa structure favorise également la réceptivité et la régénération. C'est un rêve très encourageant par lequel On a annoncé à cette femme un renouveau de son être. En même temps, On lui faisait savoir qu'elle aurait la force de traverser les étapes nécessaires et que les difficultés qu'elle rencontrerait contribueraient à construire son *leadership*, sa capacité de concrétisation. La pyramide est aussi un symbole de mort car c'est un tombeau, mais dans ce rêve, ce n'est pas la dimension négative de la mort qui est évoquée ; mais celle de la régénérescence, de l'évolution, de la transformation et de la construction d'une nouvelle étape de guérison pour l'âme. Voilà pour le symbolisme de la pyramide.

À propos de la civilisation égyptienne, il faut noter que malgré toute la connaissance à laquelle elle a eu accès, du temps des pharaons elle a passablement dérapé ; elle s'est fait happer par l'aspect matériel de l'abondance, la folie des grandeurs, la mégalomanie et l'abus de pouvoir. Il suffit entre autres, de penser à l'esclavage que les dirigeants ont utilisé pour réaliser de telles œuvres. Or ce fonctionnement non juste ne se limite pas à l'ancienne Égypte, on a pu l'observer également dans la Grèce et la Rome antiques ainsi que dans maintes autres cultures anciennes. On peut retrouver une mentalité d'esclavage aussi dans certaines relations interpersonnelles ; par exemple, dans la manière dont une personne malade traite ceux qui s'occupent d'elle. Puisque sa propre capacité d'agir et de matérialiser est limitée, le malade essaie de compenser en poussant les êtres de son entourage à exaucer ses moindres désirs, envies ou caprices. Si cette personne est habituée à exercer le pouvoir de manière négative et égoïste, elle peut perdre toute notion de mesure et si on ne lui pose pas de limites, il développera ce qu'on appelle *la maladie de la pyramide*. Tant qu'un être ne dispose pas de ressources, il lui est plus facile de se retenir, se contrôler, car il n'a pas vraiment besoin d'être vigilant. Mais dès qu'il vit une certaine expansion et qu'il reçoit des marques de reconnaissance, si son inconscient abrite encore trop de distorsions, il tentera d'accaparer le pouvoir et se complaira dans l'ingratitude. Donc, la pyramide rouge dans le rêve de cette femme peut aussi représenter la vigilance dont elle aura besoin pour ne pas perdre les rails.

Voici une histoire vécue où il est question de la recherche d'un état de conscience très similaire à celui que procure le travail avec l'Ange Sitael. Tout à l'heure, je vous ai parlé des visionnaires, de ces êtres qui reçoivent des visions souvent grandioses et des ressources pour les réaliser. C'est toute une réalité ! Lorsqu'on travaille avec l'Angéologie Traditionnelle, on devient habitué à être guidé dans nos matérialisations, à anticiper les étapes et les évènements, à les percevoir comme des visions lesquelles sont en réalité des programmes conçus par l'Intelligence Cosmique. Même si cela demande un certain temps avant d'arriver à les comprendre, un jour, on constate que nos visions se réalisent en termes d'essences, de programmes d'évolution. Une activité qui ressemble beaucoup à cet état de conscience dans laquelle la personne poursuit infatigablement une vision, un but, sauf que ce dernier est basé sur l'illusion, c'est le *gambling*.

Quand un être s'adonne au jeu de manière compulsive, il a momentanément une vision intérieure – illusoire, je le répète – qui lui fait miroiter la richesse et lui procure un sentiment d'expansion et de pouvoir. En d'autres mots, quand le joueur est dans l'action, il se trouve dans le Champ de Conscience de l'Ange Sitael, mais sa recherche est distorsionnée : il espère pouvoir prendre des raccourcis. Il veut parvenir à la richesse en gagnant rapidement, sans efforts et sans avoir nettoyé ses distorsions. En réalité, les gens qui s'adonnent au jeu de manière compulsive ou pathologique sont obsédés par la recherche de pouvoir et la volonté de contrôler leur destin.

Comme pour l'histoire de la graduation de tout à l'heure, l'exemple qui suit touche à la construction de l'âme et illustre comment, En Haut, Ils organisent des programmes collectifs pour les êtres qui ont des résonances similaires. Dans le cas que nous allons voir, les *affinités* – ces aspects inconscients qui peuvent se manifester à la fois chez l'enfant, le père, la mère et les amis – sont encore plus marquées car elles touchent des extrêmes.

Une femme nous a fait part de ses difficultés avec son père qui était joueur compulsif. Cet homme frivole était un père abusif et violent. Il battait sa femme quand il était sous l'emprise de l'alcool. Ses dépendances ont causé de grandes souffrances à toute la famille.

À propose de sa mère, cette femme m'a dit : « Ma mère était l'extrême opposé : elle était rigide, dure, avait des concepts spirituels, religieux non justes et était plus catholique que le pape. J'avais beaucoup de problèmes avec elle. Entre autres, elle disait : 'Quand on croit en Dieu, il faut souffrir.' Moi, toute petite, je répliquais : 'Maman, moi je t'aime, je ne veux pas que tu souffres. Le bon Dieu, s'Il nous aime tant, pourquoi voudrait-Il qu'on souffre ?' »

Le concept de sa mère la mélangeait et elle a fini par avoir peur de Dieu tout autant que du diable. Donc, elle a mis toute cette question de côté. Elle m'a dit : « Comme je ne pouvais pas m'abandonner à mon père, ni à ma mère, ni à Dieu, j'ai fini par croire uniquement en moi. Donc, j'ai appris à ne compter que sur moi-même en contrôlant absolument tout. Je l'ai fait avec une telle intensité que j'arrivais à m'en faire perdre connaissance lorsque c'était trop difficile. Je n'en n'ai pris conscience que plus tard. Revenue dans mon corps, je savais que j'étais allée quelque part sans savoir vraiment où. Après mon retour, je planais, j'en avais pour une semaine à me stabiliser. Alors je recherchais à nouveau ces états. J'ai fait cela jusqu'à l'âge de 17 ans, quand j'ai rencontré un médecin qui avait une ouverture aux capacités de l'esprit et qui m'a fait comprendre que je déclenchais moi-même ces pertes de connaissance. Après avoir compris que j'essayais ainsi de contrôler mon monde parce que j'avais tellement besoin de sortir de ma vie de souffrance, cela s'est terminé, je n'ai plus été capable de le faire. »

Cette femme est très ouverte. Elle a poursuivi son partage : « Peu de temps après avoir rencontré mon premier amoureux, je me suis rendu compte qu'il était tout le portrait de mon père. Alors j'ai rompu la relation. Je ne voulais surtout pas de quelqu'un comme mon père ! Ce premier amoureux avait un ami que nous fréquentions tous les deux. Je me suis tournée vers lui et deux ans plus tard, nous nous sommes mariés. Cet homme avait toutes les qualités des défauts de mon père. » Ils ont eu quatre enfants et, vue de l'extérieur, leur vie de famille paraissait plutôt correcte car elle s'est assez bien déroulée.

Cet homme était policier et ses parents étaient tous les deux des joueurs compulsifs. Ils ont jadis possédé une fortune qu'ils ont dilapidée au jeu, pour finir leur vie dans la misère. Le fils – le mari de cette femme – a réagi à cela en se disant : « Moi, je n'irai jamais jouer. » Il avait tellement peur des casinos qu'il ne voulait pas y mettre les pieds. Quant à cette femme, elle m'a confié : « Je sais que j'ai moi aussi la fibre du joueur compulsif. J'y vais, mais je ne me permets pas de trop dépenser. Je me fixe seulement un petit montant à jouer et je ne le dépasse jamais. »

Si on analyse les résonances de cette femme avec son entourage proche, on constate qu'il n'y a pas de hasard : toutes ces personnes représentaient des parties d'elle, à différents degrés et pourcentages. Cela nous donne aussi un aperçu du programme qui a été mis en place pour elle.

Cette femme a le côté expansif de son père. Cet aspect s'exprime d'une manière distorsionnée autant chez elle que chez lui, et elle doit apprendre à le rectifier. Nous avons vu que cet homme buvait et qu'il s'adonnait à toutes sortes d'abus. Elle doit également apprendre à mieux gérer ses émotions car c'est ce que représente l'alcoolisme.

Sa mère aussi représente une partie d'elle-même, une partie de son monde intérieur. En Haut, Ils ont créé un programme de rigidité pour la fille afin d'empêcher ses parties compulsives de détruire, du moins sur le plan physique. Voilà pourquoi sa mère abordait la religion avec des concepts aussi rigides et erronés qui ne laissaient aucune place à l'amour. L'âme de sa fille avait besoin de cette rigidité pour tenir en laisse son côté compulsif et destructeur qu'elle avait en commun avec son père.

Dès sa première relation amoureuse, cette femme a été choquée par la similitude entre son père et l'homme qu'elle avait attiré – sans toutefois être consciente de ses propres résonances avec ces deux êtres. On pourrait dire : « Oui, mais c'est normal : son père était comme ça. » On doit toujours aller plus loin et voir au-delà de la vie présente. Les parents correspondent toujours à des mémoires d'autres vies. Dès que cette femme s'est aperçue de cette similitude, son côté rigide est tout de suite ressorti : « Non, je ne veux pas de ça, stop ! » Et du jour au lendemain elle a rompu la relation. Bien sûr, on reconnaît là ses résonances avec sa mère.

Son programme renfermait une décision de l'âme : « Je ne veux pas recommencer ça. Je ne veux pas être frivole et abusive. » Elle s'est alors dirigée vers un homme qui lui semblait être l'opposé de son père, mais qui, en réalité, avait les qualités des défauts de son père, ce qu'elle n'a conscientisé que plus tard. Or, cet homme décrit comme quelqu'un de calme, pondéré et sérieux – tout le contraire du côté frivole de son père –, qui était un très bon mari, gentil, dévoué…, eh bien, il n'a pas été policier par hasard. Le métier que l'on fait correspond toujours à notre programme. Celui de cette femme prévoyait une mère rigide, qui n'allait pas laisser le côté destructeur et compulsif de sa fille s'exprimer, et voici que son mari est policier ! Dans d'autres vies, cet homme a développé et nourri des parties délinquantes, et dans cette vie-ci, il veut les arrêter. Tout comme sa femme, il ne voulait pas continuer à répéter les anciens schémas. Il a reçu un programme où il devait apprendre à appliquer et à faire respecter l'ordre, ce qui est très positif. Donc, on constate que le mari avait dans son inconscient la même problématique que celle des parents.

Cette femme m'a dit : « Je me suis vraiment fait avoir ! Je t'ai dit que mon mari avait toutes les qualités des défauts de mon père, mais après des années, je me suis rendu compte qu'en réalité il avait tous les défauts de ma mère. » On ne doit pas s'en étonner, car c'est ainsi qu'on fonctionne : tant qu'on n'a pas transcendé une distorsion donnée, on a des attitudes et des comportements contraires – mais tout aussi distorsionnés – qui servent à compenser la distorsion du départ. Dans un cas comme celui de cette femme, la rigidité a sa place, du moins dans un premier temps, car elle limite les dégâts. La résonance cependant demeure. Avec le temps, les qualités que cette femme admirait chez son mari se sont avérées distorsionnées : c'étaient des résonances de rigidité. Avec tout son côté expansif et habituée à rechercher des sensations, elle n'a pas été longue à trouver sa vie sans saveur. Mais tout cela provenait de mémoires qu'elle abritait dans son inconscient.

Pour aller plus en profondeur dans l'analyse des résonances familiales de cette femme, nous allons examiner quel genre d'enfants elle a eu et ce qu'elle a fait. Elle a élevé ses quatre enfants, et quand elle a eu 40 ans, alors que les plus jeunes étaient encore en bas âge, elle a décidé de retourner étudier et a complété une maîtrise en psychologie. Elle est très dynamique et a toute une envergure. Elle m'a dit : « D'abord et avant tout, cette maîtrise en psychologie, je l'ai faite pour moi. » Elle avait suivi toutes sortes d'ateliers de développement personnel car elle ressentait un grand mal-être et voulait en comprendre la cause.

Elle a ajouté : « Le fait que je retourne aux études a exigé de toute la famille des sacrifices. Entre autres, mon mari a dû m'aider financièrement, mais avec sa gentillesse, il ne s'est pas opposé. J'ai obtenu ma maîtrise, mais quand j'ai commencé à exercer comme psychologue, je n'étais pas à l'aise. Je n'étais pas convaincue de la valeur de ce que j'avais appris car je me sentais toujours aussi mal. En plus, cela avait fait remonter toutes sortes de blessures. À l'époque, on ne pouvait pas parler ouvertement de spiritualité et encore moins de réincarnation, maintenant les choses ont commencé à changer. La psychologie que j'avais apprise n'avait aucun sens pour moi. Elle réveillait des problèmes mais n'amenait aucune solution. Vu le peu de résultats qu'elle a eu sur moi et le peu d'ouverture face à la spiritualité, j'ai eu peur de nuire aux gens plus que de les aider. Je ne pouvais pas continuer. » Cette femme a donc arrêté d'exercer. Ce qui est plutôt rare ! Elle a fait preuve d'une grande intégrité ! Elle aurait pu continuer et adapter sa méthode de travail, mais dans ces temps-là, les psychologues n'étaient pas aussi ouverts qu'ils le sont d'aujourd'hui, au moins certains d'entre eux. Tout était plus rigide, plus fermé, et les connaissances plus limitées que maintenant.

Le fait que des parents soient amenés à travailler ou non sur leurs distorsions est inscrit dans le programme de leurs enfants, le moment même en est prévu. Les pas faits par les parents alors que les enfants sont encore jeunes ont une influence plus grande sur ces derniers que ceux accomplis lorsqu'ils sont plus âgés. Jusqu'à 18 ou 21 ans, le programme des enfants est en général intimement lié à celui de leurs parents. Si le père et/ou la mère commencent à travailler avec l'Angéologie Traditionnelle et à vivre des initiations, cela est également en accord avec le programme des enfants. Et si cela se produit alors qu'ils sont encore jeunes, ils évolueront au même rythme que leurs parents. Autrement, l'évolution se fera mais par des voies différentes.

Lorsque les parents ne travaillent sur eux-mêmes qu'après que leurs enfants aient atteint l'âge adulte, ils ont tendance à projeter sur eux tout ce qu'ils ont eux-mêmes réprimé. Voyons comment ce transfert s'est exprimé dans la vie de cette femme. L'exemple est très intéressant car il montre comment on peut faire de la généalogie initiatique.

La première fille de cette femme a eu deux beaux enfants et elle a épousé un homme qui est entré dans l'armée. On ne peut pas s'empêcher de remarquer la similitude entre ce métier et celui de policier. Travailler dans l'armée peut être très positif : on y développe la discipline et l'ordre. Or toutes les personnes qui s'engagent dans l'armée le font dans le but – généralement inconscient – de régler des conflits à l'intérieur d'elles-mêmes. Si elles vont combattre au front dans le concret, cela indique qu'elles vivent des guerres dans leur monde intérieur dont elles devraient s'occuper. Un jour, l'humanité n'aura plus besoin de vivre des guerres à l'extérieur, mais au stade d'évolution qui est la sienne actuellement, celles-ci ont encore leur utilité, car la vie sur cette planète est loin d'être angélique. Le métier qu'une personne exerce correspond toujours à son programme intérieur et celui-ci est conçu en fonction des mémoires de ses vies antérieures.

Cet homme – le gendre de cette femme – a eu un père alcoolique et une mère dépressive, ce qui a généré chez lui d'importants problèmes de communication ; il ne parle pas beaucoup. Il pratique l'un des métiers les plus difficiles de l'armée : celui de poser et désamorcer des mines. C'est tout un métier que de travailler avec des explosifs !

À propos de son gendre, cette femme a dit qu'il a des bombes dans son inconscient et qu'il en est lui-même une à retardement. Mais en disant cela, elle parlait également d'elle-même. Parce que, comme je le rappelle souvent, quand on parle des autres, c'est de soi-même qu'on parle – à moins, bien sûr, d'avoir complètement transcendé toutes les distorsions relatives à la question ; et dans ce cas, la vibration et la façon dont on parle de l'autre ou de la situation est bien différente.

Très proche de sa fille, cette femme a été fortement affectée par la décision de son gendre de se séparer de son épouse, d'autant plus que leurs enfants étaient encore très jeunes. Il lui a dit qu'il ne l'aimait pas vraiment. Cette femme m'a dit : « Comment veux-tu qu'ils s'aiment, alors que lui ne s'est jamais vraiment aimé lui-même. » Le fait qu'elle ait été si affectée par cette séparation démontre qu'elle a de fortes résonances avec cet homme. Elle aussi, a encore de petites bombes dans son monde intérieur, des forces distorsionnées explosives datant d'autres vies dont elle devra s'occuper et qu'elle devra désamorcer. Bien qu'elle ait suivi toutes sortes de formations en spiritualité et en psychologie, elle n'a pas encore réellement plongé dans son inconscient. Le faire n'est pas chose facile, car cela provoque la remontée de toutes sortes de mémoires qui bousculent. On parle là de grandes initiations.

Sa deuxième fille aussi s'est engagée dans l'armée. De nouveau, on voit le côté discipline de son père policier et le besoin d'éviter de devenir ce que les grands-parents ont été. À propos de cette fille, la femme m'a dit : « Une fois dans l'armée, elle n'a pas pu devenir pilote d'avion comme elle le souhaitait, car elle avait un problème aux yeux. Elle a quitté l'armée, s'est faite opérer et a ensuite fait une formation pour devenir pilote d'hélicoptère dans le civil. Ce métier n'est pratiquement exercé que par des hommes parce qu'il demande beaucoup de force. Je comprends maintenant qu'elle soit obligée d'en passer par là, c'est parce qu'elle a quelque chose à travailler au niveau de sa polarité masculine. »

Sa fille passe donc toutes ses journées de travail uniquement avec des hommes. Toute une femme de pouvoir ! La mère m'a dit : « C'est une très belle jeune femme et elle est attirée par les hommes de pouvoir. Tout ce que moi, je ne me suis pas permis de faire, comme par exemple être dans la séduction, elle le fait. » Cette femme est très honnête, c'était vraiment beau de l'entendre. Cet exemple illustre bien que les tendances qu'un être retient ou réprime ressortent très souvent chez ses enfants. Elles peuvent aussi se manifester seulement à la deuxième génération, c'est-à-dire chez les petits-enfants.

À propos de son fils cadet, cette femme m'a dit : « Lui, tout petit, j'ai su qu'il allait être un joueur pathologique. Il avait le *gambling* dans l'âme. Dès qu'il a été en âge de savoir jouer aux cartes, il s'est mis à le faire avec de l'argent. Puis, à 17 ans, il a pris la carte de crédit de son grand frère pour aller jouer au casino, et il a gagné. Alors j'ai su qu'il avait ça dans l'âme. » Elle savait aussi reconnaître que cette tendance venait d'elle-même, de son père et des parents de son mari.

Elle m'a dit : « Quand il a atteint l'âge de 18 ans, j'ai lu une offre d'emploi dans le journal. On demandait un croupier et je lui ai suggéré de candidater pour ce poste, mais il n'était pas intéressé. Je l'ai alors poussé à le faire et il l'a eu. C'est maintenant l'un des meilleurs croupiers. » Cette femme retirait une certaine fierté de la position de son fils.

Comme je ne connaissais rien aux casinos et à ce métier et que j'aime bien comprendre, je lui ai demandé :

— Que fait un croupier ?

— Un croupier joue tout le temps, mais il joue pour le casino. Et il fait monter les enchères.

— Je vois, mais tu ne crains pas que cela augmente sa dépendance au jeu ?

— Ah ! s'est-elle exclamée, de toute façon il l'avait déjà. Au moins, il est du bon bord : il ne peut pas perdre d'argent.

Je n'ai pas insisté car cela ne donne rien lorsque l'être ne comprend pas. En réalité, cette femme a mis son fils dans une situation comparable à celle d'un alcoolique à qui on offre de l'alcool gratuitement. Généralement, un joueur compulsif vit presque immédiatement les conséquences de ses gestes. Tôt ou tard, il n'a plus de ressources, perd tout et il est forcé d'arrêter. Or son fils peut jouer autant qu'il veut, ce n'est pas lui qui perd mais le casino. Imaginez ce que ce jeune homme était en train d'enregistrer ! Mais c'est ce qu'il avait à vivre. Cette femme ne doit pas se sentir coupable. Peu importe les distorsions que l'on crée ou nourrit – même les pires –, ce n'est pas grave. Reste cependant le fait qu'un jour ou l'autre, les distorsions que l'on n'a pas nettoyées, que l'on a refoulées et qu'on s'est interdit de refaire, ressortiront sous un autre visage – et cet exemple l'illustre de manière éloquente. Voir son fils travailler dans un casino nourrit cette femme ; elle s'est même rapprochée de lui depuis ce temps. Et tout ce qu'elle ne s'est pas permis de vivre depuis des années, elle le vit par son intermédiaire.

Quant à son autre fils, elle en parlait un peu moins. Il est professeur d'éducation physique et elle a mentionné à son sujet : « Il ne l'a pas demandé mais il enseigne aussi le catéchisme et il aime beaucoup ça. » Donc, on note chez lui tant une recherche de bien-être physique, quoiqu'avec une notion de compétition, qu'un intérêt pour la spiritualité. Ce fils, qui semble être le plus équilibré de ses quatre enfants, représente une autre partie de cette femme, celle qui évolue en expérimentant l'action physique et la recherche de valeurs spirituelles.

Cette histoire familiale illustre très bien le fait que les membres d'une famille partagent les mêmes résonances. Vous pouvez pratiquer la généalogie initiatique sur votre propre famille et vous serez étonnés de découvrir à quel point les mémoires sont puissantes et interconnectées. Cette histoire montre aussi l'effet de compensation, caractérisée par la rigidité que certains de ses membres ont développée pour contenir la compulsion, deux attitudes en apparence contradictoires mais qui, en réalité, sont complémentaires. Chacun peut se reconnaître dans cet exemple – appliqué à divers thèmes, bien sûr – s'il analyse sa famille, ses relations, ses attirances et ses dérangements.

Pour revenir au vécu de cette femme, ce n'est pas par hasard si son premier amoureux était ami avec l'homme qui est devenu son époux. Tous trois partageaient des résonances, notamment celle du joueur compulsif, qu'elle-même partageait avec ses propres parents.

Cet exemple est intéressant parce que dans cette amitié, des extrêmes s'attiraient : le policier, comme sa mère, et son ami, le *portrait du père*, image frivole et abusive. Un jour, on acquiert une perspective *aérienne*, une vue d'ensemble sur nos relations familiales et autres, ce qui nous permet de discerner la programmation orchestrée d'En Haut. Alors on cesse de se révolter parce qu'on prend conscience que tout est à sa place. De plus, on sait que l'on peut tout transcender. La découverte des résonances qu'on partage avec les autres, peut nous servir de précieux indicateurs pour comprendre ce que l'on doit transformer en soi. Elles nous révèlent nos aspects cachés et refoulés dans notre inconscient. C'est fort intéressant.

Cette belle personne commence à s'ouvrir à l'Angéologie Traditionnelle et, avec beaucoup de sincérité, elle m'a dit : « Je sais que le jour où j'aurai réussi à m'abandonner à cette grande Intelligence Cosmique, je pourrai être réellement heureuse. » – Rappelez-vous que lorsqu'elle était jeune, elle n'avait confiance en rien ni en personne et qu'elle tentait de tout contrôler. Certes, derrière l'expression *s'abandonner*, tout un travail se profile ; ce sont d'innombrables mémoires accumulées au fil des vies que l'on doit nettoyer. Bien entendu, tout ce qui a été dit au sujet du *gambling* vaut également pour les autres formes de dépendance : alcool, drogues, dépendance affective, etc.

Pour terminer cet exemple, voici un bref partage au sujet de l'abandon. Un jour, un couple nous a présenté son bébé et en le voyant, une jeune femme qui était avec nous s'est mise à pleurer. C'est une femme très sensible qui a une belle ouverture et qui a vécu de grandes initiations. Pourquoi pleurait-elle à la vue du bébé ? Plus tard elle m'a dit : « Ce qui me touchait, c'était sa capacité de s'abandonner totalement. » Elle percevait chez cet être, même au-delà de sa dimension corporelle, la totalité de son abandon, de sa confiance en la vie ; ce qu'elle-même n'arrivait pas à faire, s'abandonner et faire confiance était très difficile pour elle !

Avec la Connaissance, on devient progressivement conscient qu'il est possible de s'abandonner, et on retrouve alors nos ailes. Bien sûr, pendant les initiations, on traverse des phases de colère, de rage, de tristesse et bien d'autres états d'âme difficiles et distorsionnés qui les abiment, mais on avance tout de même car nous sommes bien équipés avec la Récitation Angélique. Puis, un jour, on constate que les difficultés se dissipent et on n'éprouve plus de souffrance.

⊙

Pour continuer avec le thème du jeu, plus particulièrement des sensations qu'y recherchent certaines personnes, j'aimerais vous parler maintenant d'un jeu en apparence anodin et qui existe depuis de nombreuses années – j'y jouais moi-aussi quand j'étais petite. Il s'agit du *Monopoly*. Si on n'y prend pas garde, on peut en jouant nourrir toutes sortes d'états de conscience. Les joueurs y retrouvent le même genre de sensations que dans le *gambling*, mais dans un autre domaine, celui des affaires, des échanges. En effet, dans ce jeu, on est sans arrêt en train d'acheter des terrains, des maisons, des hôtels, et on entre dans un état de conscience comparable à celui que l'on a quand on est impliqué dans le marché de l'immobilier. Or, si on n'est pas suffisamment vigilant avec les enfants lorsqu'ils jouent à ce jeu, on les laisse nourrir leurs mémoires à la Donald Trump, mémoires d'avidité, d'ambition et de recherche de pouvoir à tout prix. On les laisse construire leur conscience dans cette direction, et parfois même on les y encourage. Les enfants n'ont pas la capacité de discerner le côté distorsionné de leurs sensations. On doit donc être vigilant avec tous les jeux qui ont le potentiel d'alimenter chez eux ces distorsions. Bien entendu, cela vaut tout autant pour les adultes lorsqu'ils jouent avec les enfants ou entre eux.

La même mise en garde vaut pour les jeux de cartes. Le roi et la reine sont des symboles de pouvoir que l'on peut voir dans nos rêves. Quant à l'as, il représente l'esprit, le A de l'Ange en quelque sorte. Quand les gens jouent aux cartes, ils peuvent vivre les mêmes sensations que celles que procure le *gambling* : vouloir le plus merveilleux des destins. Si on attend la carte qui arrive en se demandant : « Est-ce que je vais gagner ? Est-ce que je vais perdre ? », c'est comme si pendant quelques instants, notre vie elle même devenait l'enjeu, comme si elle dépendait de la carte que l'on va recevoir. On est dans le même état de conscience que l'être qui tente de contrôler son destin, qui se demande : « Est-ce que je vais gagner ? Qu'est-ce qui s'en vient ? » Cet état d'esprit est aussi celui de la personne qui va consulter un médium en espérant se faire prédire des événements heureux et agréables, mais sans avoir la moindre intention de se transformer intérieurement.

Avec le temps, on n'a plus besoin de médiums : en travaillant avec l'Angéologie Traditionnelle et le langage symbolique, on devient soi-même le médium et on reçoit directement les informations du Ciel. Chaque fois qu'On nous envoie un rêve, c'est comme si on recevait une carte, comme si On nous disait : « Tiens, voilà une carte. Elle n'est pas très belle, ton jeu ne sera pas facile cette fois-ci. » La différence, avec les rêves, c'est qu'on peut travailler sur la carte pour la changer. Et un jour, symboliquement, on reçoit les quatre as ; notre vie devient tout ce qu'il y a de plus beau : Angélique. Grâce aux rêves, on peut anticiper, on peut se préparer et se réparer. Cela fait partie intégrante de la construction de l'âme.

Le travail avec l'Énergie Angélique Sitael nous procure les mêmes états de conscience que ceux que le joueur compulsif, par ignorance, recherche à l'extérieur de lui-même. Mais avec l'Ange, on vit ces états sous leur forme la plus pure, la plus élevée.

Analysons maintenant un fait vécu qui montre combien la vie devient facile quand on sait reconnaître pourquoi l'Intelligence Cosmique freine parfois nos projets et notre expansion.

Un jour, lors d'une de nos conférences, après la méditation guidée, trois femmes sont venues me parler. La méditation comportait une visualisation visant à identifier – grâce aux images que les gens allaient recevoir de l'intérieur – ce qui empêchait la réalisation de leurs projets et les étapes qu'ils devaient franchir pour les concrétiser. L'une des trois femmes m'a fait part de ce qu'elle avait reçu pendant la méditation. Elle m'a dit : « Nous sommes là, toutes les trois, parce que la question que j'ai posée concerne une compagnie que nous avons en commun. »

Voici ce que cette femme avait vu pendant l'exercice de visualisation : *elle voyait sur un bureau de travail un porte-documents de cuir brun sur lequel était gravé un trèfle à quatre feuilles. Il ressemblait un peu à un accordéon en ce sens qu'il avait des plis sur les côtés qui permettaient de l'ouvrir plus amplement et de le refermer à sa taille normale ; et ce porte-documents était vide.*

J'ai dit à cette femme : « Puisque tu es surprise de l'image que tu as obtenue, cela démontre que ce n'est pas ton mental qui l'a forgée ; c'est vraiment une réponse de l'Intelligence Cosmique. Par rapport à votre projet – elle ne m'avait pas encore décrit la nature de leur entreprise commune –, il suffit d'analyser la symbolique du porte-documents. À quoi sert-il ? Eh bien, comme son nom le dit, à porter, à accueillir des documents. Or, quand on rédige un document, on pense, on sent et on écrit : c'est une matérialisation, un engagement, un contrat. Par cette image, On t'a montré ce qui soutient tes matérialisations, c'est-à-dire ce que tu penses et ce que tu sens quand tu vas de l'avant dans ce projet. Le fait que le porte-documents soit en cuir montre que c'est encore trop instinctif, trop personnel, trop animal en quelque sorte. »

Elle m'a demandé ce que je voulais dire par là. C'était la première fois que ces femmes venaient aux conférences ; alors je leur ai expliqué que puisque le cuir vient de l'animal, il est symboliquement relié au côté instinctuel de notre être. Celui-ci peut générer un mode de fonctionnement où l'on est prêt à tout pour manger, avoir du succès. Le cuir provient d'un animal mort, tué par l'être humain pour en profiter ; c'est donc un fonctionnement où l'on n'hésite pas à utiliser, voire à abuser des autres pour obtenir ce que l'on veut. M'adressant plus particulièrement à la femme qui avait reçu cette image, j'ai continué: «Ce qui soutient tes matérialisations est trop personnel et instinctuel, un peu comme chez un animal qui ne cherche qu'à satisfaire ses besoins instinctuels, primaires. Le symbole du trèfle à quatre feuilles montre que tu recherches le bonheur dans des aspects trop instinctuels et un peu comme une chance qui se présente par hasard – puisque le trèfle à quatre feuilles est généralement considéré comme un porte-bonheur. »

Spontanément, une autre des trois femmes s'est exclamée :

— C'est donc vrai ! Peut-être que notre projet est effectivement un peu trop instinctif. En fait, nous souhaitons créer une agence de rencontres.

— Si ces rencontres organisées sont principalement axées sur le côté physique, c'est sûr que c'est trop instinctif, à vous de voir. Une agence de rencontre peut être tout à fait juste, mais vous devez vous poser la question : Pourquoi ai-je choisi de faire cela ? Est-ce pour aider des gens à se rencontrer ou uniquement pour faire de l'argent ? Vous n'êtes pas venues à une conférence comme celle-ci par hasard. Vous avez une certaine ouverture spirituelle et cette information reçue en méditation – l'image du porte-documents vide – vous indique que, présentement, il n'y a rien pour vous dans ce projet, vos intentions à la base sont vides de sens. Maintenant, à vous de décider ce que vous devez faire pour améliorer votre projet, votre façon de procéder.

Inutile de vous dire qu'elles me regardaient avec de grands yeux. Une compréhension s'installait dans leur esprit. J'ai ajouté : « Vous percevez peut-être cela comme un frein – quelquefois, quand on a des projets qui ne fonctionnent pas, on n'est pas content –, mais si vous saviez à quel point vous pouvez vous éviter des karmas en faisant marche arrière ou en changeant votre façon de mettre votre projet en place. Car, si vous ne faites pas les choses avec une intention juste, bien des couples se formeront par l'intermédiaire de votre agence, mais ce ne sera pas positif. Beaucoup de problèmes émergeront si vous faites cela uniquement pour l'argent et non pour aider, conseiller et guider les gens avec une intention sincère et une compréhension profonde de tous les paramètres impliqués. Par une entreprise telle qu'une agence de rencontre, on influence bien des personnes et la force du karma se multiplie si on n'agit pas de manière juste. Aider les gens à former des unions, des couples, va de pair avec une très grande responsabilité. C'est le travail des guides spirituels que vous cherchez à faire. En tant qu'être humain, il nous est parfois possible d'aider deux personnes à se rencontrer et cela peut créer une union heureuse à condition que ce soit prévu dans leur programme et qu'elles travaillent sur elles pour évoluer tout en faisant évoluer leur couple. Mais en faire une entreprise commerciale juste pour gagner de l'argent et en espérant avoir la chance de réussir, c'est une autre histoire. Vous contribuerez ainsi à la formation de couples basés sur des instincts, n'ayant aucune démarche spirituelle, et vous porterez la responsabilité de les avoir unis et de tout ce que cela peut entraîner, y compris leur divorce potentiel. Donc, par l'image reçue dans cette méditation, On vous a donné un avertissement très précieux dans le but aussi de vous protéger. »

Dans toute entreprise et dans tout projet, l'essentiel demeure toujours l'intention de base. Je leur ai donné un exemple : « Imaginons qu'un couple propriétaire d'une maison fasse passer une annonce dans le journal pour y louer un appartement. S'ils écrivent *Couple spirituel recherche locataire*, derrière le mot *spirituel* se profile toute une intention, n'est-ce pas ? L'âme de la personne qui lira l'annonce captera l'intention du couple. Et si elle n'a pas de résonance, elle ne se présentera pas. » Donc, vous voyez comment, un jour, en connaissant et en libellant bien nos intentions, inévitablement on attirera les bonnes personnes pour nos matérialisations. Et cela vaut aussi pour la publicité de votre agence, bien entendu.

Quand ces trois femmes sont reparties, quelque chose avait changé en elles. Imaginez à quel carrefour cette image peut les avoir menées ! Je ne savais pas ce qu'elles allaient décider, mais le seul fait d'avoir compris cette image reçue durant la méditation pouvait changer leur vie et leur éviter d'importants karmas.

⊙

Nous avons vu qu'en travaillant avec l'Ange SITAEL, on intègre plus facilement *le sens des responsabilités*. Or, celui-ci ne s'applique pas seulement aux projets extérieurs. En effet, il est important de comprendre que notre responsabilité première est celle que l'on a envers soi-même et envers les mémoires que notre inconscient abrite. Celles-ci correspondent aux parties cachées de notre être, à toutes les personnalités voilées qui dirigent, très souvent à notre insu, la construction de notre âme et qui génèrent également des ravages que l'on aimerait bien éviter.

Une femme m'a demandé l'interprétation du rêve suivant : *Elle se trouvait avec le mari d'une de ses amies et il lui a demandé de garder sa fille de trois ans. –* Dans le concret, cette fille n'a pas trois ans. *– La rêveuse a accepté, mais c'était très difficile de garder cette enfant car elle ne lui obéissait pas. Elle avait tellement de difficulté à exercer son autorité qu'elle s'est mise à pincer le bras de la petite. Le soir, quand le père est venu chercher sa fille, celle-ci lui a raconté ce qui s'était passé. Alors, tout mécontent, il est venu lui parler. Dans sa tête, la rêveuse s'est dit : « Il pense peut-être que j'ai commis l'inceste sur l'enfant, mais ce n'est pas vrai. » Puis elle s'est mise à bouder. Un peu plus tard, le* *père est revenu avec sa fille et la lui a confiée à nouveau. Cette fois-là, tout allait bien, mais à un moment donné, la petite fille est sortie. La rêveuse a réfléchi : « Oui, elle sort toute seule… » puis elle s'est dit : « Ah, elle en est capable, elle est assez grande. » Elle l'a donc laissée sortir sans plus s'en préoccuper. Quelques instants plus tard, elle-même est sortie et a vu trois chevaux attelés à une calèche qui transportait des femmes. L'une des femmes lui a laissé sa place, et soudain, elle a vu dans le même véhicule la petite fille qui s'était transformée en adulte, qui en réalité était l'un de ses oncles* – un homme qui dans la réalité concrète avait abusé d'elle lorsqu'elle était petite.

Tous les éléments de ce rêve représentaient des parties de la rêveuse. Je lui ai demandé ce que symbolisait pour elle l'homme qui lui a confié la garde de sa fille ? Pour elle, il constituait un symbole très positif. Elle m'a dit : « C'est un homme qui sait s'affirmer, qui sait dire les choses sans chercher à plaire aux autres. » On lui a donc montré une partie positive d'elle-même, une partie qui sait s'affirmer et qui a créé des œuvres à l'intérieur d'elle-même. La petite fille avait trois ans. Or le chiffre 3 n'est pas là par hasard. Quand On nous spécifie un âge en rêve, on peut tenter de se rappeler ce qu'on a vécu à cet âge-là. Dans cet exemple, le chiffre 3 peut également référer à l'Ange Sitael et signaler que le rêve traite de la *construction de l'âme* ; en l'occurrence la construction de cette partie intérieure symbolisée par l'enfant et liée symboliquement aux deux principes, féminin et masculin, représentés par les parents. Les chevaux aussi étaient au nombre de trois.

Le problème d'autorité avec la petite fille indiquait que la rêveuse n'était pas encore capable de gérer les fruits de cette partie d'elle-même qui a appris à s'affirmer. En effet, elle est devenue impatiente et l'a maltraitée. Un rêve comme celui-ci peut également dévoiler que la personne a tendance, inconsciemment, à *pincer* les autres au niveau énergétique, elle les amène à se sentir mal, elle réagit instinctivement, comme si elle les mordait pour obtenir ce qu'elle veut. Ils ne savent pas pourquoi ils se sentent inconfortables ; la raison leur échappe car elle n'est pas visible. On voit à quel point les rêves sont révélateurs et peuvent nous être utiles. En voyant en rêve ce que l'on fait, il nous est plus facile de reconnaître le moment où, soudainement, par l'énergie que l'on dégage, on *pince* pour obtenir ce que l'on veut. Bien sûr, un tel comportement finira par éloigner les autres.

J'ai dit à cette femme : « Observe à quel moment cela se produit en toi et dans quels contextes tu *pinces* les autres. Ton rêve montre aussi que dès que cette dynamique s'active en toi, tu penses à l'inceste. Ce sont des mémoires qui remontent. Ensuite tu te mets à bouder : cela veut dire que tu ne comprends pas la Loi de la résonance. Or, il est tellement important de bien intégrer ce concept, et ce, même dans le pire des scénarios. Cela nous permet de franchir de grandes étapes au plan de la conscience et de la compréhension du monde. Sinon, même si on essaie de pardonner on n'y parvient pas, du moins pas en profondeur. Alors il vaut mieux se dire : 'Parfait, je vis cela parce que l'Intelligence Cosmique l'a voulu. Son but est de m'amener à reconnaître que moi aussi je l'ai déjà fait à autrui et cela s'est inscrit dans mes mémoires.' Bien sûr, cela ne veut pas dire qu'il n'est pas nécessaire d'arrêter l'agresseur ou de recourir à la justice. Mais au lieu de se sentir victime, on comprend pourquoi on a dû vivre l'expérience.

Et ce n'est pas grave, rien ne l'est. Un jour, on est capable de voir toutes les distorsions à l'intérieur de soi sans éprouver de répulsion ou de sentiment de vengeance. On se dit simplement : « Je l'ai fait dans une autre vie » et on plonge dans ses mémoires pour les nettoyer. Bien sûr, quand on y va, ce n'est pas toujours facile : de grandes tensions nous tenaillent et souvent on ressent beaucoup d'agression, mais on est équipé : on connaît l'Angelica Mantra, cet outil qui nous permet de transformer, d'alchimiser le mal à la source et de cesser de traîner les mêmes vieilles mémoires. Avec le temps, on cesse de bouder ; on ne peut plus le faire car on sait pertinemment que le problème ne vient pas des autres, qu'il est là pour nous permettre de comprendre certaines choses.

Ensuite, On a montré à la rêveuse une autre facette d'elle-même, une partie qui n'assume pas ses responsabilités : elle ne s'occupait plus de la petite fille – qui représentait son enfant intérieur –, elle la laissait aller vers l'inconnu sans la guider ni la surveiller. On abrite dans notre inconscient toutes sortes de mémoires qui nous dirigent parfois vers des problèmes, et à un moment donné, ils se manifestent. Évidemment, dans certains cas, cela peut avoir des conséquences graves.

Les trois chevaux. Le cheval symbolise l'énergie vitale et sexuelle. Puisqu'ils étaient au nombre de trois, cette scène traitait de la construction de l'énergie vitale. On a montré à la rêveuse que lorsqu'elle laisse aller cette partie d'elle-même représentée par la petite fille, son énergie vitale est intensifiée, multipliée : il y n'avait pas seulement un cheval, mais trois chevaux. Voilà pourquoi l'Intelligence Cosmique doit parfois limiter un être : si son énergie vitale s'intensifie, elle peut devenir tellement puissante, qu'il n'arrive plus à la gérer et il devient *dysfonctionnel*. En Haut, Ils font continuellement des ajustements dans notre programme et nous donnent constamment des secondes chances. L'Intelligence Cosmique procède graduellement. Elle nous fait visiter des états de conscience que nous sommes aptes à gérer. Tout cela est organisé avec tellement de précision !

Quand on sait cela, on n'est pas dépassé par l'intensité de l'énergie qui nous habite et on est à l'abri de tendances qui, autrement, pourraient nous amener à détruire notre famille et tout ce qui nous entoure. Voilà pour cet exemple très intéressant qui nous aide à comprendre le processus par lequel l'âme se construit.

⊙

Le prochain exemple illustre bien que lorsque l'expansion est accordée à l'être, il peut parfois la gaspiller.

Une femme a demandé à mon époux l'interprétation du rêve suivant : *Elle retirait de l'argent à un guichet automatique et l'argent sortait sans arrêt ; le guichet ne cessait pas de lui livrer des billets. Derrière elle, une femme qu'elle ne connaissait pas attendait son tour pour retirer de l'argent. Celle-ci lui a demandé : « Est-ce que je pourrais en prendre, moi aussi ? » Et elle lui a répondu : « Non, cet argent ne m'appartient pas. On ne peut pas le prendre. »*

Que signifie ce rêve ? L'argent symbolise l'énergie que tous les êtres reçoivent et qui se densifie sous une forme ou une autre. L'*hémorragie* d'argent dans ce rêve indiquait que cette femme a la capacité de recevoir beaucoup d'énergie, mais qu'elle ne la maîtrise pas, qu'elle ne gère pas bien cette abondance. À l'époque où elle a reçu ce rêve, elle était très amoureuse de quelqu'un. Par ce rêve, On lui a montré : « Regarde, On te donne de l'énergie, des possibilités, mais tu ne les saisis pas. » Les rêves sont tellement précis ! Cette femme a confirmé cette interprétation en disant :

« C'est l'histoire de ma vie. Effectivement, j'ai tellement de projets, je suis tellement intense et débordante de sensations que je fais peur aux hommes que j'aime. » Vous imaginez pareil potentiel ! Si cette femme travaille sur la maîtrise de son potentiel, elle apportera à l'homme de sa vie et à sa famille une grande abondance, et ce sur tous les plans.

⊙

Voici maintenant un exemple qui touche à la gratitude. Nous avons vu qu'avec l'Ange SITAEL, on peut recevoir beaucoup de ressources. Or, il est vraiment important de développer et d'exprimer notre gratitude pour tout ce que l'on reçoit, entre autres pour nos rêves.

Un couple dans la soixantaine, qui assistait aux conférences pour la première fois, m'a demandé l'interprétation d'une série de rêves que l'homme avait reçu. Il rêvait beaucoup, tandis que sa femme n'arrivait pas à se rappeler ses rêves. Toute désolée, elle m'a dit : « Moi, je ne me souviens d'aucun rêve, ni d'aucune petite partie de rêve. Quand je me réveille, je ne sais même pas si j'ai rêvé. J'entends parfois dire que tout le monde rêve, mais moi, en tous cas, je ne me souviens de rien. De toute ma vie, je ne me souviens d'aucun rêve. Qu'est-ce que je peux faire ? »

Je lui ai donc expliqué comment on peut activer nos rêves. Je lui ai dit : « Si vous faites la Récitation Angélique, c'est absolu, en quelques semaines normalement, les rêves vont arriver. En Haut, Ils vont déclencher vos rêves car l'Angéologie Traditionnelle c'est l'enseignement des rêves, des signes et du langage symbolique. » Je lui ai aussi conseillé de garder un cahier de rêves et un crayon à portée de main, à côté du lit, de boire un verre d'eau avant d'aller se coucher, car en devant se lever la nuit pour aller aux toilettes, il était parfois plus facile d'attraper le souvenir d'un rêve qu'on venait de faire. Je lui ai également suggéré de méditer, de développer sa réceptivité, son écoute intérieure, de dormir suffisamment, au moins 8 heures par nuit. Je lui ai donné ces conseils de base, mais en insistant sur la pratique de la Récitation Angélique, car l'activation des rêves est une conséquence directe du travail avec les Anges. Les rêves et les signes sont l'essence même de la communication spirituelle et multidimensionnelle.

Quand nous sommes retournés dans cette ville lors d'une autre tournée de conférences, ce couple était de nouveau présent et la femme est venue me voir. Elle tenait dans sa main un petit papier carré où elle avait écrit son rêve. Très contente, elle m'a dit : « La nuit après la première conférence, j'ai reçu un rêve ! » Nous sommes habitués que ce phénomène se produise après nos conférences. La personne se concentre, s'intériorise et commence à communiquer avec l'Intelligence Cosmique, et celle-ci lui ouvre les portes de l'Univers.

Voici donc son rêve : *Elle s'est retournée et elle a vu des petites filles qui jouaient au ballon. Alors elle est allée jouer avec elles.* Dans ce rêve, On lui a fait toucher à l'innocence, à l'enthousiasme de l'enfant et au plaisir des jeux d'enfance. Elle m'a dit : « Je l'ai tout bien écrit, là, pour vous le montrer. Je ne voulais surtout pas oublier un mot. » Cette femme bichonnait son rêve. Elle n'en avait pas reçu d'autre depuis, probablement parce qu'elle n'avait pas réellement débuté son travail avec la Récitation Angélique. Mais ce premier rêve, elle le chérissait comme un trésor, comme un cadeau précieux. J'ai mentionné cette histoire principalement pour souligner que, quelque soit le contenu des rêves reçus – même les pires cauchemars –, ce sont d'importants cadeaux que Dieu nous envoie. Ce sont des révélations sur des aspects cachés de nous qu'il est temps de nettoyer, des parties endormies mais qui nous limitent. Le travail avec les rêves, c'est aussi une façon d'étudier l'Univers, les dimensions métaphysiques de l'existence. Lorsqu'on comprend le langage symbolique, on découvre à quel point les rêves sont des cadeaux. On comprend aussi que la véritable spiritualité consiste à être continuellement conscient, de jour comme de nuit.

Même si on ne se souvient pas de ses rêves, le portail vers les multidimensions peut tout de même s'ouvrir. Il peut aussi se refermer si on n'utilise pas ce potentiel ou si on devient trop concentré sur la matière. Les personnes qui reçoivent des rêves et qui n'y attachent aucune importance – qui négligent de s'en servir pour rectifier leurs attitudes et leurs comportements erronés – verront le *portail des étoiles* se refermer. Il peut rester fermé pour très longtemps, surtout si elles ont eu accès à cette richesse et qu'elles n'en ont pas fait bon usage. On doit considérer les messages que l'on reçoit en rêve comme les informations les plus importantes qui soient ; sinon, ces ressources, cette guidance évolutive nous seront retirées et nous devrons à nouveau deviner ce que la vie essaie de nous dire, comme un enfant qui ne voit qu'un angle d'une situation. Si on a fait l'expérience du manque de rêves, dès qu'on en recevra une miette… on la savourera. Et lorsqu'on retrouvera la possibilité de vivre dans l'abondance spirituelle – parfois, après avoir erré dans la matière avec une conscience ordinaire pendant plusieurs vies –, on conservera toute notre gratitude et on ne prendra jamais plus rien pour acquis, surtout Dieu. On vivra notre vie comme un rêve, comme un ange.

⊙

Voici la suite d'une histoire mentionnée dans le cours sur l'Ange 7 ACHAIAH, celle de la femme qui, en rêve, était à la recherche d'un capitaine (*voir page 262*). La suite est fort intéressante. Même si, dans le cadre d'une conférence ou d'un cours portant sur un thème précis je fais ressortir les Qualités d'une Énergie Angélique particulière, on peut y retrouver des Qualités liées à d'autres Énergies Angéliques. Nous verrons que cette histoire et sa suite concernent certaines Qualités des Anges 3 SITAEL et 13 IEZALEL. La Qualité principale de ce dernier est la fidélité. Puisque tous les Anges sont interconnectés, on comprend qu'on ne peut pas incarner les Qualités d'un Ange en particulier sans travailler également sur celles des autres.

Cette femme a assisté à la conférence sur l'Ange ACHAIAH et elle m'a entendu partager l'histoire qu'elle m'avait racontée deux mois plus tôt. Il est certain qu'entendre parler de notre histoire par autrui peut nous donner plus de recul. C'était son cas, et cela a créé dans son esprit une grande ouverture ; elle entrevoyait de nouveaux horizons. Pendant la pause, elle est venue me voir. Il était évident qu'elle était très touchée.

Elle m'a dit : « Il y a une suite ! », puis elle m'a raconté l'un des rêves qui ont suivi et dont elle souhaitait l'interprétation. Le voici : « *J'étais chez ce collègue et je le voyais en train de discuter avec son épouse. Sa petite fille aussi était là. Mon collègue a dit à sa conjointe qu'il ne voulait pas porter de vêtements rouges. Ensuite, je me suis retrouvée dans la cuisine de la même maison et je préparais de très beaux légumes. À un moment donné, mon collègue, sa petite fille et moi sommes sortis à l'extérieur. Puis je me suis retrouvée assise sur un banc. Soudain, des adolescents en patins à roulettes sont arrivés et m'ont roulé dessus. Ce n'était pas agréable. Je me sentais dérangée et je me suis levée pour quitter cet endroit. Ensuite, j'ai rencontré à nouveau mon collègue et j'étais très impressionnée par le feu d'artifice qui sortait de son ventre. Dans une autre séquence, le visage d'une femme m'est apparu, un visage tout abîmé, et elle m'a dit que j'avais le choix entre passer 13 jours avec lui ou devoir attendre trois ans. Dans la séquence suivante, j'ai vu un gladiateur du Moyen Âge qui était poursuivi par un immense dragon rouge. Le gladiateur était effrayé. Il s'est enfui et s'est réfugié dans une maison. Puis j'ai constaté que malgré sa taille énorme, le dragon était très gentil. Il voulait simplement entrer dans la maison où se trouvait le gladiateur et il frappait à la porte.*

Ce rêve est fort intéressant. Dans la première partie – comme dans les rêves que cette femme m'avait racontés deux mois plus tôt –, On lui a permis de visiter l'âme de son collègue. On lui a montré quelles résonances elle avait avec lui. Ce rêve a constitué un carrefour karmique pour elle car à ce moment-là de sa vie, elle devait prendre des décisions importantes.

Puisque dans la première scène elle a vu son collègue dans une maison, On a voulu montrer à la rêveuse quelle attitude intérieure il entretenait. De la même manière, la petite fille représentait une œuvre intérieure de ce collègue. Celui-ci a dit à son épouse qu'il ne voulait pas porter de vêtements rouges. Les vêtements représentent l'aura, ce que l'on dégage tant du côté des qualités que de celui des distorsions, et le rouge est relié au premier chakra, lequel concerne la matérialisation, l'action concrète. Le fait que cet homme ne veuille pas porter de vêtements rouges révèle qu'il a de la difficulté à se manifester, à matérialiser. En analysant plus en profondeur, cela indiquait aussi qu'il ne serait pas infidèle sur le plan physique. Or nous avons vu que même si deux êtres ne passent pas concrètement à l'acte, toutes sortes d'échanges énergétiques peuvent avoir lieu entre eux sur les plans métaphysiques sans même qu'ils en soient conscients.

Des millions de personnes pourraient recevoir des rêves comme celui-là. La séduction œuvre à leur insu : elles ne sont pas conscientes de ce qu'elles dégagent. On peut voir de telles interactions métaphysiques dans nos rêves, et un jour, on n'a même plus besoin de rêves pour en prendre conscience : on les perçoit, on reçoit des visions, des révélations en temps réel, comme des rêves éveillés. On voit passer des symboles entre les deux personnes, et si on a travaillé sur soi, cela ne nous dérange pas ; on fait comme si de rien n'était, on reste discret comme des agents secrets du Ciel. Mais on est conscient de ce qui se passe et cela nous permet de comprendre ou, le cas échéant, de prendre les décisions nécessaires.

Ensuite, la rêveuse s'est retrouvée dans la cuisine. Celle-ci est un symbole de préparation car on y prépare de la nourriture. Nous avons vu dans ce cours que la construction de l'âme nécessite une longue préparation. Ici il s'agit plus particulièrement de la nourriture métaphysique qu'on fournit à l'âme pour favoriser sa construction. Ce qu'on ingère sur le plan énergétique, informatif, – et dont on nourrit aussi les autres – nécessite toute une préparation. Cela fait partie de la construction de l'âme, des influences qui créent ce qu'on devient avec le temps. Dans ce rêve, la rêveuse préparait de beaux légumes ; cela signifie symboliquement qu'elle dispose de belles ressources énergétiques. Mais puisqu'à ce moment-là, le collègue et sa petite fille sortaient, cela révèle que cet homme n'était pas réceptif à de telles ressources.

Puis, elle aussi est sortie de la maison, ce qui indique de quelle manière elle s'extériorise vis-à-vis de cet homme. Tout d'abord, elle s'est retrouvée assise sur un banc dont le symbolisme positif est la réceptivité, le repos, la détente. Mais elle a été dérangée par des adolescents représentant des états de conscience d'ado qui existaient en elle. Même si l'on a 70 ans, on peut quand même entretenir des états de conscience d'apprentissage et de recherche de qui l'on est et vivre des besoins intenses, des mutations, des conflits d'ego : tout un ensemble d'états qui témoignent du fait qu'on n'a pas encore intégré une conscience *adulte*. Puisque ces ados la dérangeaient, cela montre qu'elle aussi avait encore des parties adolescentes. Et ce sont elles qui l'amènent à se sentir attirée par son collègue et à ne pas tenir compte du fait qu'il soit marié. Dans son aspect distorsionné, l'adolescence est synonyme d'égoïsme ; l'être ne pense qu'à satisfaire ses besoins personnels. Donc, cette femme ne se préoccupait pas de ce que sa liaison avec cet homme marié pourrait briser dans la vie de son épouse et de son enfant, ni des karmas que cela engendrerait.

Quand elle a de nouveau rencontré son collègue dans le rêve, elle a vu un feu d'artifice sortir de son ventre. Qu'est-ce que cela signifie ? Le deuxième chakra – de couleur orange – et la zone qui l'entoure sont reliés aux besoins, mais aussi à la sexualité et aux plaisirs des sens. Ils touchent également à l'expansion, à l'expression jaillissante de l'énergie vitale. Je lui ai dit : « Tu n'as pas utilisé par hasard le terme *feu d'artifice*. Or dans cette expression il y a le mot *artifice*, artificiel. Un feu d'artifice est très éphémère, il ne dure que quelques secondes, au plus quelques minutes. Par cette image, On a voulu te dire : 'Observe ce que tu ressens. Cet homme t'en met plein la vue et tu es impressionnée, cela t'attire, mais ce n'est qu'un feu d'artifice. Ton admiration ne durera pas, tu es dans une illusion romantique.' »

Ensuite, par le visage abîmé de la femme, On lui a transmis de manière plus directe encore le message qu'elle devait recevoir. Ce visage aussi représentait une partie de la rêveuse, des mémoires d'expérimentations passées comportant le même type d'erreurs. Comme il était abîmé, cela montre pourquoi cette femme manquait tellement de discernement : parce qu'elle abritait des parties malades dans son intérieur, et la suite du rêve lui révélait de quelles sortes de parties il s'agissait. On lui a dit qu'elle avait le choix – l'être humain dispose du libre arbitre – entre passer 13 jours avec lui ou devoir attendre trois ans. On a utilisé le terme *jours* pour signifier une courte période de temps de romance superficielle et le terme *ans* pour signifier une période de temps relativement longue durant laquelle elle devait se préparer afin de pouvoir vivre une véritable relation amoureuse. On a utilisé les chiffres 13 et 3 pour représenter respectivement les Énergies Angéliques Iezalel et Sitael, car cette femme travaille avec l'Angéologie Traditionnelle et elle connaît la signification des nombres kabbalistiques reliés aux Anges. C'est comme si On lui disait : « Va donc lire les Qualités de ces Anges et les distorsions humaines correspondantes. » L'Ange Iezalel étant l'Ange de la fidélité, On a voulu l'avertir : « Tu as le choix de vivre l'infidélité dans une relation de courte durée, ou bien d'attendre trois ans. » On ne lui a pas dit trois jours ni trois semaines ni trois mois. On lui a dit trois ans. Cela ne voulait pas dire trois ans exactement : On l'avertissait que la période de travail avec l'Ange Sitael serait relativement longue ; autrement dit, qu'une longue période de préparation s'annonçait lors de laquelle elle devrait reconstruire son homme intérieur, nettoyer ses mémoires de séduction artificielle, tout ce qui faisait qu'elle entretenait des attitudes éphémères et non justes. Cette femme se trouvait vraiment à un carrefour karmique et parce qu'elle travaille avec les Anges, elle a pu être avertie en rêve.

Dans la séquence suivante, le dragon représentait une puissante énergie vitale et des aspects instinctuels qui émergeaient de son inconscient. Le fait qu'il soit rouge et immense montre que le premier chakra – les besoins primaires – était concerné et que cette force était très demanderesse, très quémandeuse. Cette femme était à la recherche d'un homme, mais elle avait tendance à se laisser aveugler par le pouvoir et attirer par un amour infidèle.

Le gladiateur représentait une autre partie de la rêveuse. Quand un élément dans un rêve se rapporte à un thème historique, pour savoir s'il concerne une vie antérieure, on doit analyser son symbolisme. Les gladiateurs – qui se rapportent à l'époque romaine – menaient des combats cruels et inhumains dans le but de se glorifier, pour s'acquitter de leurs dettes, ou, dans le cas de prisonniers de guerre ou d'esclaves, pour sauver leur peau. Les combats étaient d'une extrême violence, ils avaient lieu dans des arènes et servaient de spectacles pour distraire les riches et la plèbe. En général, les gladiateurs combattaient entre eux, mais parfois ils devaient se battre contre des animaux sauvages affamés. De nos jours, on retrouve l'équivalent avec les combats de boxe, de lutte, et surtout les combats dits extrêmes.

La civilisation romaine a beaucoup bâti mais elle a vécu dans l'opulence et s'est aussi investie dans la conquête de contrées éloignées en se servant de l'esclavage pour développer une culture focalisée sur les plaisirs. Tout comme la civilisation égyptienne, après avoir connu son apogée, elle s'est terminée dans la décadence. Les Romains ont pillé les peuples conquis afin de s'enrichir et se sont conduits comme des barbares. De plus, du côté négatif – car il y a eu, bien entendu, aussi des aspects positifs – quand on pense aux orgies romaines, on voit à quel point cette civilisation se livrait sans maîtrise aux plaisirs des sens et des instincts. Vous voyez tout le symbolisme qui est inscrit derrière la simple image du gladiateur. La relation que cette femme avait avec son collègue de travail réactivait chez elle de très vieilles mémoires restées jusque-là endormies, des parties d'elle-même prêtes à tout pour survivre ou pour satisfaire ses envies et besoins instinctifs.

Quels comportements distorsionnés le symbole du gladiateur dévoilait-t-il plus précisément ? Face au dragon, le gladiateur s'enfuyait plutôt que de livrer combat, il était donc peureux. Cela signifie que cette femme craignait ses forces instinctuelles représentées par le dragon, mais en même temps, elle souhaitait les conquérir. Transposé au comportement de cet homme – et en tenant aussi compte de l'autre rêve de cette femme analysé dans le chapitre de l'Ange Achaiah –, on voit qu'en plus de ce petit côté macho dans le style d'Elvis Presley, il affichait aussi un côté très viril dans le style d'un gladiateur, mais en même temps, il ne voulait ni se manifester ni s'engager. En outre, sa situation d'homme marié empêchait tout engagement. Le fait que cet homme soit difficile d'accès et pas libre a activé chez cette femme l'envie de le conquérir pour prendre la place de son épouse au détriment de sa vie familiale. Or, lorsqu'on désire conquérir, automatiquement on prend quelque chose à l'autre, on lui vole son énergie ; les événements ne se déroulent pas de manière naturelle et harmonieuse. Donc, face à de tels rêves, la meilleure chose à faire est de se dire : « C'est tellement important que je nettoie ces aspects en moi pour pouvoir rencontrer un jour le vrai amour ! Sinon, je vais m'attirer des situations éphémères et difficiles dans lesquelles je ne me sentirai pas heureuse. Cela me mènera tout droit à la ruine et à la désolation, car je serai toujours à la deuxième place en train d'attendre que l'homme que j'aime vienne me voir en cachette. » Est-ce que c'est cela l'amour ? Je ne pense pas. Bien des gens vivent dans des illusions d'amour. Mais ils apprennent en expérimentant et ils ont droit à l'erreur. C'est la science de la vie qui nous amène à chercher, même si un long parcours est nécessaire pour nous tous. On ne doit pas juger, bien sûr, mais il vaut mieux savoir plutôt que de tourner en rond. L'évolution, ça passe par la Connaissance à tous points de vue et non par la décadence qui est une involution (même si pour certains, elle peut être une étape nécessaire pour reconnaître ce qui est juste et ce qui ne l'est pas).

Dans ce rêve, On n'a pas spécifié si cette femme va réussir à maîtriser ses instincts ou, au contraire, succomber à l'attraction. Cela dépendra de sa manière d'utiliser son libre arbitre. Si elle succombe, bien sûr, ce sera une expérimentation, mais elle s'éloignera du dharma, de la vie heureuse et harmonieuse. Elle vivra de fortes sensations qui dureront quelques jours, comme l'a dit la femme au visage abîmé. C'est cela, la passion qui dérange. On dit que l'amour rend aveugle, mais c'est l'amour passionné, illusoire, qui rend aveugle. Le dragon rouge de cette femme est tellement demandeur et intense ! Il est donc difficile de savoir si elle versera dans la passion aveugle ou si elle conservera sa maîtrise. On ne connaît pas la suite pour le moment, mais En Haut, Ils la connaissent déjà.

Cette femme se trouve à un carrefour de son destin, et, somme toute, elle est très bien équipée. Quand on connaît les Lois Divines et l'Angelica Mantra, il est plus facile de faire face à ces forces qui remontent de très loin. Par exemple, cette femme peut se dire : « Je connais les Lois, mais j'ai tellement le goût… ça m'allume quand je vois cet homme. Oui, mais je sais où ça va me mener. » Et plutôt que de refouler ses pulsions, elle fera la Récitation Angélique. À chaque fois qu'elle pensera à cet homme, elle invoquera un Ange sans arrêt et ce jusqu'à ce que l'attraction se dissipe. Ce n'est qu'avec cette discipline qu'elle parviendra à nettoyer à l'intérieur d'elle-même cette force non juste.

On prend conscience à quel point la patience est nécessaire dans une telle dynamique. Il est impossible de bien construire notre âme si l'on n'a pas intégré l'Ange de la patience, car avant d'obtenir des résultats concrets, on doit se préparer, et cette préparation peut être longue. La compréhension de la fidélité aussi est nécessaire à la construction de l'âme. Généralement, quand on pense à la fidélité, on pense à l'engagement que se vouent mutuellement un homme et une femme. Mais au-delà de cette application, la fidélité se réfère essentiellement au respect continu des Lois et des Principes Divins, au souhait constant d'être juste en tout temps.

L'exemple suivant touche à une autre Qualité de l'Énergie Angélique Sitael : *confère le pouvoir d'expansion.*

C'est le partage d'une femme qui assistait à l'un des ateliers d'interprétation de rêves que mon mari a donnés en Suisse. Elle lui a dit : « Avant de m'endormir, j'ai posé une question pour savoir si c'était juste pour moi de devenir une thérapeute. Au cours de la nuit, j'ai reçu le rêve suivant : *Je voyageais dans une voiture argentée en compagnie de mon mari. Les paysages qui défilaient étaient d'une grande beauté. À un moment donné, nous sommes arrivés près d'une bâtisse qui abritait les locaux d'une entreprise. Cette construction était très belle, lumineuse et couverte de miroirs transparents. Devant le bâtiment, j'ai vu certains de mes anciens collègues, tous souriants. Aucun d'eux ni mon mari n'entraient dans l'entreprise ; ils restaient à l'extérieur de cette belle bâtisse. Puis l'image d'un arbre m'est apparue, c'était un érable.* » À propos des ex-collègues qu'elle a vus dans ce rêve, cette femme a dit qu'elle avait travaillé avec eux six ou sept ans auparavant, avant de prendre des années sabbatiques pour élever ses enfants.

Tous les éléments contenus dans ce rêve représentaient des parties de la rêveuse. On ne lui a pas répondu : « Oui, tu peux être thérapeute » ni « Non, tu ne peux pas être thérapeute. » On lui a simplement montré ce que contenait son programme. C'est un beau rêve. La voiture symbolise la façon dont on se comporte avec les autres, comment on avance dans le social vers nos objectifs. Le fait qu'elle voyage avec son conjoint signifie que le rêve traitait de ses attitudes tant intérieures qu'extérieures, et que cela concernait aussi son couple, ses choix dans sa vie intime, familiale, et pas uniquement sociale. La voiture était argentée. À chaque fois qu'apparaît cette couleur, symboliquement reliée à la Lune, il est question de réceptivité. Or, on sait qu'une grande réceptivité engendre la médiumnité, la perception subtile, l'ouverture aux autres dimensions. Cette femme a beaucoup travaillé sur elle, si bien qu'elle pouvait recevoir ce genre de rêve lui montrant sa capacité à bien matérialiser.

Le fait qu'On lui ait montré une bâtisse d'entreprise couverte de miroirs transparents indiquait que cette femme se dirigeait professionnellement vers des activités transparentes, authentiques et fondamentalement justes. C'est ce que font les êtres spirituels : ils souhaitent s'impliquer dans des activités justes au regard des Lois Divines tout comme des lois humaines. Certains de ses anciens collègues étaient là, souriants, ils avaient l'air de bien aller, mais ne sont pas entrés à l'intérieur de cette entreprise. Son mari – qui symbolise une partie de sa polarité masculine en lien avec l'action et la manifestation – n'entrait pas non plus. Cela signifiait que ce n'était pas encore le temps pour cette femme d'exercer le métier de thérapeute, même si cela se préparait de façon favorable. Pour le moment, elle n'était pas tout à fait prête à passer à la matérialisation.

À la fin du rêve, On lui a montré un arbre, un érable. Cette femme est Suissesse et pour les Européens l'érable est typiquement canadien. Bien sûr, on en trouve aussi en Europe, mais pas autant qu'au Canada et quand on parle de l'érable, on l'associe généralement à ce pays. Or, pour les Européens, le Canada évoque les grands espaces, de vastes contrées restées à l'état naturel. Mais ce pays a une signification symbolique plus profonde : il représente un égrégore qui inspire la liberté, un côté très naturel, la générosité et une belle ouverture d'esprit et de cœur, tous des aspects qui attirent fortement les Européens, entre autres. Ceux parmi eux qui y ont déjà travaillé, trouvent généralement l'administration publique canadienne beaucoup plus simple que celle de leur pays. Les procédures administratives en Europe sont parfois tellement compliquées ! Mais bien sûr, on trouve aussi en Europe des qualités magnifiques ; chaque pays a ses *plus* et ses *moins*, incluant le Canada. Je le souligne, car lorsqu'on parle en symboles, on doit toujours considérer tous les angles d'une situation, même si dans un rêve ou un contexte donné, c'est davantage le côté négatif qui ressort.

L'arbre représente également la construction, autant du fait qu'il sert concrètement de matériau pour bâtir, que du fait qu'il symbolise le lien entre le Ciel et Terre et évoque en tant que tel la Sagesse et la Connaissance inhérentes au processus de croissance suivant des étapes et des cycles naturels. Les branches sont comparables au cerveau, aux neurones qui se développent, évoluent, génèrent des fruits, des idées, etc. Il tient donc lieu de parfait symbole pour la construction de l'âme. Et quand on pense à l'érable, on pense au sirop d'érable, ce fameux produit de la sève qui monte... Quand monte-t-elle ? À la toute fin de l'hiver et aux premières semaines du printemps. Ceci confirme qu'à l'époque où elle a reçu ce rêve, cette femme n'était pas tout à fait mûre, pas tout à fait prête pour matérialiser. Quelque chose était sur le point de se concrétiser, mais cela devait être de la plus grande authenticité, de la plus grande transparence.

Mon mari, qui animait l'atelier, a dit : « C'est sûr qu'un être spirituel, quand il s'apprête à matérialiser, il va dans des activités qui sont justes. Mais il ne doit pas toujours attendre la perfection, parce que si on attend que tout soit parfait, on ne fait rien. On attend le bon moment pour commencer, pour être dans la synchronicité, afin que le Ciel nous appuie réellement, nous guide aussi. Quand on reçoit un rêve qui nous signale qu'on n'est pas encore prêt, alors il vaut mieux patienter, attendre le feu vert. Mais on continue à se préparer, et parfois, lorsqu'on est obligé de prendre une décision à court terme parce qu'on a besoin d'un emploi, on fait le meilleur choix possible. Par exemple, un être spirituel n'ira pas travailler pour Philip Morris. Pour ceux qui ne connaissent pas la compagnie Philip Morris, c'est un groupe international qui fabrique des cigarettes. »

À ce moment-là, la femme qui avait partagé ce rêve, a levé la main devant la centaine de personnes qui étaient présentes, et, stupéfaite, elle a dit : « Les collègues de mon rêve… l'entreprise que j'ai quittée, est la compagnie Philip Morris. Comment pouviez-vous le savoir ? » Soudain, le silence a envahi la salle. C'est comme cela quand on fusionne. Mon mari n'avait pas entendu une grosse voix lui dire : « Dis Philip Morris ! Dis Philip Morris ! » Comme il était connecté au plan métaphysique, il a fusionné avec la situation, en sorte qu'intuitivement, il a pu nommer cette compagnie. Voilà ce qu'est la médiumnité Angélique qu'on vit à chaque instant grâce à la puissance des mantras.

Certaines âmes – dont celles qui ont vécu de nombreuses vies dans les pays orientaux – ont beaucoup développé l'intériorisation et le détachement de la matière. Ces âmes ont aussi développé une grande réceptivité, qui leur demeure acquise. Cette femme répondait à ce *profil spirituel* de l'Inde, de l'Orient. Elle a beaucoup travaillé sur sa réceptivité. Elle a aussi élevé ses enfants avec de belles valeurs spirituelles, profondes. Au cours des dernières années, elle a aussi travaillé à se détacher de toute forme de pouvoir extérieur.

Or, chez ces êtres – dont une grande proportion sont d'anciens moines – qui durant plusieurs vies ont acquis un immense potentiel spirituel, quand vient le moment de se manifester, toutes sortes de craintes peuvent surgir et c'est très difficile pour eux. Ils peuvent atteindre de hauts niveaux de conscience lorsqu'ils méditent les yeux fermés. Cependant, quand vient le temps de matérialiser et de prendre des responsabilités, des mémoires profondes se réveillent et ce qui en ressort n'est pas toujours très beau, car dans d'autres vies, ils ont focalisé toute leur attention sur leur monde intérieur et ont dû refouler beaucoup d'impulsions, de besoins, de décalages.

La vie monastique est une belle et importante étape quand elle est bien vécue, mais l'être n'y apprend pas à transcender les aspects relatifs à l'amour, au couple, à la sexualité, l'implication sociale, familiale, la capacité à élever des enfants de la bonne façon ; ceux-ci doivent alors faire l'objet d'expérimentations ultérieures afin qu'il puisse continuer à évoluer. Les êtres qui, dans d'autres vies, ont pratiqué le détachement de la matière via le retrait du monde extérieur et une intériorisation intensive doivent à un moment donné apprendre à *extérioriser* ce qu'ils ont acquis dans leur monde intérieur ; ils doivent expérimenter la rencontre avec l'homme – ou la femme – la vie familiale, la procréation et l'éducation des enfants, la matérialisation de projets dont ils seront responsables, etc. Certains peuvent chercher à fuir en devenant moine, ou nonne, parce qu'ils trouvent cela trop dur, trop lourd à porter, et même souffrant. Méditer sur le sommet d'une montagne en toute quiétude peut être extraordinaire, mais arriver à maintenir un état méditatif dans l'environnement de la vie moderne est beaucoup plus exigeant et une étape beaucoup plus avancée.

Notre environnement extérieur est en interaction constante avec notre monde intérieur. Et l'objectif de toute âme est d'arriver à créer une fusion des mondes métaphysique et physique, de vivre en totale harmonie avec son environnement. Or cela ne devient possible que lorsqu'on acquiert la plus haute Sagesse, c'est-à-dire la Connaissance du bien et du mal. Parvenir à conserver son harmonie intérieure alors que l'on a autour de soi deux ou trois enfants hyperactifs – ces nouveaux enfants dont l'esprit est des milliers de fois plus puissant que celui des enfants des générations précédentes – demande beaucoup plus de sagesse que le fait de vivre en retrait du monde et de méditer plusieurs heures par jour. Quand un être a développé cette capacité et a vécu de nombreuses autres expériences initiatiques, la Sagesse et l'Amour inconditionnel émanent de lui. Il n'a plus besoin de se faire moine ni de vivre seul, car il est parvenu à une autre étape : celle de créer à la ressemblance de Dieu, comme l'Intelligence Cosmique le fait à tout instant, tant dans le concret que sur le plan métaphysique.

Puisque l'objectif de cette femme était d'arriver à agir constamment de manière juste, à être authentique et transparente – et cela, on le percevait dans son rayonnement –, son rêve s'est avéré très important pour elle.

☉

Pour continuer sur le thème de l'expansion, voici un autre rêve fort intéressant qu'une femme nous a partagé : *Elle était dans une université où ne se trouvaient que des femmes, sauf un homme, qui lui, était le responsable. L'une des femmes avait été nommée pour réaliser un projet et celui-ci était symbolisé par un carré de bois. La rêveuse voyait ce carré, et en le regardant, elle se sentait déçue de ne pas avoir été choisie pour réaliser ce projet. Alors elle s'est accrochée au carré, et quand le responsable lui a dit: «Non, ce n'est pas toi qui a été choisie. », elle n'était pas contente et s'est sentie encore plus frustrée. Ensuite, dans une autre scène du rêve, On lui a donné une grande maison luxueuse où prédominaient les teintes de brun. On lui a aussi donné une grande quantité de vêtements et un collier de pierres précieuses. Ces pierres étaient tellement précieuses que chacune était enveloppée. En les développant l'une après l'autre, la rêveuse s'est rendu compte que c'étaient de beaux rubis rouge vif et cela lui donnait des sensations qu'elle n'aimait pas : elle sentait le désir sexuel monter en elle et elle ne se trouvait pas belle.*

L'aspect qui rend ce rêve particulièrement intéressant est qu'il fait ressortir le contraste entre les beaux objectifs de la rêveuse et les limitations qu'elle rencontre. Tout d'abord, elle était dans une université qui symbolise les Hautes Études de la conscience. Quant au carré, il représente la structure, la matérialisation, la mise en application des concepts, des idées et des idéologies que l'on a intégrés. Puisque le matériau choisi pour le projet était le bois, le rêve concernait la construction de la matérialisation, la manière dont la rêveuse matérialise.

Le rêve a dévoilé que lorsque cette femme n'est pas choisie pour mener à bien un projet, elle se met à envier les autres. Elle souhaite l'expansion et lorsque les occasions ne se présentent pas, elle se sent frustrée, mécontente. Cette attitude est très courante chez les personnes qui n'ont pas suffisamment nettoyé leurs mémoires. Elles envient les autres, elles entrent dans un esprit de compétition – « Pourquoi l'autre et pas moi ? » – et elles se rendent malheureuses. Elles ne savent pas que chaque être a un programme de vie qui lui est propre et elles ne sont pas conscientes de tous les paramètres reliés à leurs vies antérieures qui ont créé leur situation du moment, ni du niveau d'évolution qu'elles doivent atteindre. Elles gaspillent énormément d'énergie à se rebeller, à se comparer et à digérer leurs frustrations. Voilà pourquoi certaines personnes se sentent parfois si fatiguées, ou pourquoi elles développent une attitude hautaine. Autrement, elles pourraient travailler sept jours sur sept et se sentir toujours très bien. Le rêve a mis en évidence les aspects que cette femme devait rectifier.

Dans la partie du rêve où elle a reçu une grande maison, On lui a montré : « Regarde comment tu utilises l'expansion quand On te la donne. » Une grande maison se rapporte à une certaine expansion. Les teintes de brun représentaient l'élément terre, le domaine du matériel. L'abondance de vêtements symbolisait beaucoup de possibilités pour la personnalité, au niveau de l'aura, beaucoup de manières de se manifester personnellement. Quant aux pierres précieuses, elles évoquent la richesse et les possessions matérielles. Elles appartiennent au règne minéral qui symbolise les mémoires les plus anciennes présentes dans l'inconscient de notre être. En effet, en termes de conscience, les règnes se succèdent dans l'ordre suivant : au plus haut niveau, se trouvent les Énergies Angéliques, puis l'être humain, après lequel suivent les règnes animal, végétal et minéral, ce dernier étant le plus inconscient des règnes. Lorsqu'on voit en rêve un objet qui appartient au règne minéral, cela signifie que l'on est en train de visiter des mémoires logées très profondément dans l'inconscient. Et quand il s'agit de pierres précieuses dans un contexte positif, on sait qu'on a réussi à transmuter les mémoires qui y sont reliées. C'est à cause de ce symbolisme que les pierres précieuses sont si importantes pour les êtres humains. Le mot *précieux* qualifie ce qui a une grande valeur, et on l'utilise souvent pour dire qu'une chose ou une qualité est rare ou qu'elle est coûteuse parce que de grandes ressources ou un grand travail sont nécessaires pour l'obtenir. La conscience aussi a ses *pierres précieuses*. Dans le rêve de cette femme, le fait qu'elle ait eu des sensations négatives en voyant les rubis révèle qu'elle n'avait pas encore transcendé ses mémoires profondes, et la suite du rêve lui montrait pourquoi.

Le rouge des rubis est la couleur du premier chakra, celui de la matérialisation. Par ce symbole et par les sensations qu'elle a éprouvées en découvrant les rubis, On a voulu lui dire : « C'est voilé, caché. Mais quand On te dévoile cette partie de ton être, quand On te donne accès à cette énergie, regarde ce que cela provoque en toi. » Cette femme est suffisamment évoluée pour avoir conscience de l'effet que provoque sur elle l'accès à l'abondance. On lui a fait ressentir son énergie sexuelle d'une manière désagréable, combinée avec une impression de ne pas être belle. Il est évident qu'il s'agissait d'une distorsion de son énergie de matérialisation, en l'occurrence, l'avidité et la soif de pouvoir. Car l'énergie sexuelle est en réalité l'énergie vitale qui est à l'origine de toute manifestation et qui procure un potentiel infini d'expansion. Lorsque l'énergie vitale est distorsionnée, elle crée chez l'être toutes sortes de besoins, lesquels doivent un jour être éduqués et manifestés de manière juste. Cette même énergie est aussi utilisée par le couple pour engendrer un enfant, réaliser des projets, des tâches et des acquisitions au quotidien, etc. Dans ce rêve, On a voulu montrer à la rêveuse que le pouvoir de la matière la stimulait, qu'il éveillait chez elle des besoins malsains et qu'elle réagissait de manière trop instinctive, égoïste. On lui a signalé : « Regarde, tu n'es pas encore prête à recevoir ces ressources, tu ne les utiliserais pas bien. »

Un peu plus tard, cette femme nous a raconté un autre rêve similaire : *Elle se trouvait dans un magasin qui vendait de très beaux vêtements. Ils étaient de couleur blanche* – celle du neuvième chakra, qui représente la lumière, la spiritualité, le Pouvoir Divin et la pureté – *et de couleur orange* – celle du deuxième chakra, celui de l'expansion, de la sexualité et des plaisirs. *Ces vêtements portaient la marque 'Aux grandes âmes'. L'une des blouses qu'elle souhaitait acheter était trop chère pour elle. Elle coûtait 200 dollars. La rêveuse s'est dit : « C'est beaucoup pour moi, mais je vais quand même parvenir à la payer. » Arrivée à la caisse, la vendeuse lui a fait remarquer que le prix n'était pas 200, mais 2 000 dollars. Elle avait donc encore moins les moyens d'acheter ce vêtement. Tout de suite après, elle s'est retrouvée assise sur un trône et cela a fait monter en elle des sensations* – les mêmes qu'elle avait ressenties en développant les rubis dans l'autre rêve, le même désir de pouvoir personnel. Beaucoup de personnes éprouvent ce genre de stimulation face au pouvoir. Leur énergie vitale est fortement mobilisée parce que la perspective de pouvoir éveille chez elles des mémoires distorsionnées. Il faut beaucoup de pureté pour éviter cela.

Quand des vêtements coûteux figurent de manière positive dans un rêve, ils représentent une belle aura. Tout se paye. Et comment arrive-t-on à payer une belle aura ? En travaillant sur soi pour développer les Qualités et les Vertus. Par ce rêve, On a voulu dire à cette femme : « Tu n'as pas encore accès à cette belle aura, continue à travailler sur toi. La raison pour laquelle tu n'y as pas accès, est que dès le moment où tu frôles le pouvoir – représenté par le trône –, cela fait ressortir des choses pas belles. » L'usage du trône n'est pas vraiment juste. L'être qui développe une belle humilité n'en a plus besoin. Il reçoit ses pouvoirs du monde invisible, dans une belle simplicité. Les images de roi et de reine, encore présentes même à notre époque, représentent un faux idéal en ce qui a trait à la spiritualité, et c'est une étape qui doit être transcendée.

Par ces deux rêves, On a voulu dire à cette femme : « Fais attention ! Dès qu'On te donne un peu de pouvoir, tu dérapes. » C'est tellement beau de voir comment on peut être averti par des rêves et comment nous sommes toujours guidés dans notre travail intérieur. Grâce à ceux que cette femme avait reçus, lorsque son énergie vitale sera à nouveau mobilisée par la perspective de pouvoir personnel, elle pourra s'en rendre compte ; elle reconnaîtra les sensations dont elle a fait l'expérience en rêve. Elle possède désormais des clés, dont la Récitation Angélique. En se concentrant sur le ou les symboles vus en rêve pendant qu'elle invoque le Nom d'un Ange, elle nettoiera toutes les parties de son être qui sont encore attachées au pouvoir personnel et qui, par conséquent, ne sont pas prêtes à recevoir le pouvoir spirituel.

Passons à l'étude d'une autre histoire vécue qui touche également à la construction. Une femme qui assistait pour la première fois à nos conférences, m'a raconté un rêve qu'elle recevait de façon récurrente depuis plusieurs années. Dans ce rêve répétitif, *elle voyait des maisons blanches emboîtées les unes dans les autres, un peu comme des poupées russes.*

Pendant la nuit qui a précédé la conférence, elle avait reçu un rêve différent. *Elle voyait des maisons dont l'une lui appartenait. C'étaient de très vieilles maisons qui avaient beaucoup de grandes fenêtres, beaucoup de grandes ouvertures, et elle se sentait effrayée.* Pourtant, il n'y avait aucun élément effrayant. Donc, que signifie ce rêve ?

Tout d'abord, quand on fait un rêve répétitif, il est important d'en tenir compte, car On nous envoie toujours le même message : « Attention… il faut rectifier ! » Pour quelle raison une personne reçoit-elle des rêves répétitifs ? Parce que l'Intelligence Cosmique insiste, en quelque sorte. Chaque personne a un plan de vie dont les grandes lignes sont établies avant sa naissance. Ce plan prévoit aussi où l'on en devrait être arrivé à la fin de notre vie. Nous évoluons dans chacune de nos vies avec des objectifs d'apprentissage comme à l'école, mais certains d'entre nous le font surtout à travers les distorsions, ou en *zigzag*, alors que d'autres progressent en développant plus directement les qualités et passent à l'étape ou classe suivante avec un beau diplôme et de magnifiques possibilités. Par un rêve répétitif, On veut nous signifier : « Il y a des choses que tu dois changer, car cela fait partie de ton programme. Si tu ne les changes pas, tu ne pourras pas avoir accès à la prochaine étape prévue pour toi. On devra modifier ton programme en conséquence et te faire repasser des examens. » En général, les êtres suivent leurs programmes d'apprentissage selon l'échéancier prévu, mais ce dernier peut être modifié en tout temps par l'Intelligence Cosmique. Le programme sera échelonné sur plusieurs vies si la personne ne travaille pas sur elle-même, et il sera accéléré, si elle travaille très fort.

À cause du symbole des maisons, le rêve répétitif de cette femme servait à attirer son attention sur la manière dont elle se construit. Et puisque les maisons étaient blanches, il était plus particulièrement question de la manière dont elle se construit spirituellement dans son intérieur, son intimité. Le fait que les maisons soient emboîtées les unes dans les autres suggère un excès en ce qui a trait à la protection. On a voulu lui dire : « Tu te surprotèges au niveau spirituel, tu mets trop d'emphase sur ta personne, sur ton intimité. » Que signifie la surprotection spirituelle ? Quand une personne ne comprend pas le mal, elle a tendance à se surprotéger, à entretenir des concepts erronés à propos de la protection et à avoir une multitude de besoins qui s'empilent ; à l'instar d'une personne qui aurait plusieurs maisons dans lesquelles elle ne séjourne que temporairement, sans jamais les habiter réellement. Cela crée une intimité superficielle dans laquelle la personne ne se sentira pas vraiment chez elle, dans un foyer rassurant et réconfortant. Mais c'est une étape pour certains êtres qui ne savent pas comment gérer leur *petite* fortune.

Le but du cheminement spirituel est d'évoluer dans toutes les sphères de la vie. Un jour, on y parvient car on s'évalue soi-même. Et on prend conscience qu'on est constamment protégé.

Quand un être spirituel commence à s'ouvrir, il devient plus sensible, plus médiumnique ; il ressent avec beaucoup plus de profondeur l'inconscient des autres. Il peut alors ressentir un grand besoin de s'occuper de lui ou rejeter les autres et la société en affichant un comportement rebelle ou anarchique. Mais il a encore passablement de résonances avec les distorsions de ceux qu'il rejette. C'est cela qui rend cette période de mutation adolescente au plan spirituel tellement difficile. Les êtres qui n'ont pas intégré ce concept peuvent avoir tendance à se surprotéger, à vouloir être moines ou à se centrer sur eux, sur leurs besoins personnels car dans d'autres vies, ils ont accumulé certains manques en lien avec des aspects de base de la vie tels qu'avoir un toit, de la nourriture, du sommeil, de l'amour, de la sexualité, de l'argent, etc.

L'orgueil spirituel peut jouer un rôle justificatif dans ce phénomène de manque via la surprotection. En effet, l'être peut se blinder et devenir très émissif dans ses besoins en pensant : « Eux, ils ne sont pas justes, mais bon… on les aime quand même et moi, je fais mon affaire. » La personne a l'impression d'être dans la compassion, mais en fait, elle est dans le puritanisme et dans l'égo. Et elle juge : « Moi, je suis correct, je fais tout beau, tout est blanc, lumineux, j'ai une belle vie, tout va bien. Eux, ils ne sont pas corrects. » En mettant les autres à part, son orgueil est satisfait et elle croit qu'il est juste de se créer des couches de protection et des besoins personnels complexes. Voilà ce que sont les maisons qui s'emboîtent, c'est-à-dire un masque par-dessus un autre masque.

Certains êtres qui assument un rôle de pouvoir spirituel – que l'on retrouve en grande proportion dans les métiers de thérapeute et d'enseignant spirituel – se construisent de cette manière, en entretenant un petit confort lumineux avec leur trône régional et les clients qu'ils aident. Dans des vies antérieures, ils peuvent avoir fait partie du clergé ou de l'Inquisition, ou avoir tenu un autre rôle de pouvoir spirituel. Ils peuvent avoir rapporté des mémoires de fanatisme et d'orgueil, et continuer de vivre avec la même attitude distorsionnée car ils n'ont pas appris à revenir à eux-mêmes. Tout être qui assume un rôle de pouvoir spirituel et qui ne revient pas à lui-même lorsqu'il se sent dérangé, développe l'orgueil et se blinde.

Si on voyait dans l'inconscient de ces personnes, on remarquerait beaucoup de négativisme et de symboles cachés, inversés, voire de petits démons qui se camouflent dans les placards. Ce n'est pas par hasard si les membres du clergé des époques anciennes disaient : « Il ne faut surtout pas croire aux rêves : ce sont des tentations envoyées par le diable. » Eux-mêmes recevaient toutes sortes de rêves pas beaux qui leur révélaient leur attachement au pouvoir. Et puisqu'ils ne revenaient pas à eux-mêmes, ils projetaient leurs expériences sur les autres et qualifiaient tous les rêves de tentations. Quand on leur disait : « Oui, mais regardez dans la Bible, on voit qu'il y a de beaux rêves », ils répondaient : « De temps en temps, Dieu leur envoyait une vision. » Oui, mais il faut être consistant. Si les rêves visionnaires sont importants, alors les autres rêves, ou les cauchemars, doivent l'être aussi, tout logiquement, n'est-ce pas ? C'est généralement avec de telles façons de penser qu'un être se construit un rôle : l'orgueil, le fanatisme, la surprotection, les petits besoins raffinés. Il s'y sentira bien. Il sera très émissif, il manquera de réceptivité, d'humilité, et les essences qui représentent la véritable spiritualité lui feront défaut.

Vous voyez tout le contenu qui peut se dissimuler derrière une simple image qui, à chaque fois, n'a duré qu'une fraction de seconde. Par la suite, dans le rêve que cette femme a reçu juste avant de venir à la conférence, On lui a annoncé qu'elle serait exposée à un nouveau concept – car en Angéologie Traditionnelle, on apprend à revenir à soi-même. On comprend maintenant pourquoi cette femme s'est sentie effrayée : son rêve n'était plus le même. C'était la première fois qu'elle rêvait de vieilles maisons défraîchies, ce qui signifie qu'elle s'apprêtait à visiter des parties d'elle-même au plan intime, personnel, qui n'étaient pas belles, des constructions intérieures peu reluisantes. Elles comportaient de nombreuses fenêtres. Or à travers celles-ci on peut voir à l'extérieur, mais les autres peuvent aussi voir ce qui se trouve dans notre habitat intérieur. Si la maison n'est pas en ordre parce qu'on s'est contenté de jouer un rôle et que, soudainement, les autres peuvent voir ce qu'il en est vraiment – voir qu'on ne ressemble pas du tout au rôle qu'on joue – cela nous fait tomber de notre trône, n'est-ce pas ? Pendant des années – voire des vies –, on s'est blindé, rigidifié, et voilà qu'on doit se déstructurer en profondeur et qu'on vit de grandes ouvertures de l'inconscient qui changent notre façon de voir et de se voir ; nos sens sont ainsi bousculés. Sans spiritualité, sans la Connaissance initiatique et la compréhension multidimensionnelle, bien des personnes qui vivent l'ouverture de leur inconscient se retrouvent en psychiatrie. Ce n'est pas facile, si on ne comprend pas que ces bouleversements viennent de notre âme, des mémoires que nous y avons enregistrées au fil des vies.

C'est justement cette mise à nu qui a effrayé cette femme, car de vieilles maisons avec de grandes fenêtres n'ont rien d'effrayant en soi. On voit la richesse et la quantité d'enseignements que l'on peut tirer de ce rêve.

Voici maintenant un autre exemple qui touche à la construction. Une femme avait reçu le rêve suivant : *Elle était sur un chantier et y voyait une maison en construction près de laquelle se trouvait une grande quantité de planches. C'était une maison qu'elle aurait aimé acheter. Mais On lui disait qu'une fois terminée, cette maison coûterait 200 000 dollars. Dans son rêve, elle n'avait pas les moyens de se payer cette maison et elle en était déçue.*

Par ce rêve, On a voulu dire à la rêveuse : « Il y a des parties en toi qui sont en construction, mais tu vises trop haut. Tu as des objectifs qui ne sont pas sages : tu en veux trop. » C'est ce genre d'attitude qui amène une personne à se sentir frustrée ; elle voudrait être plus et avoir plus que ses ressources ne lui permettent, plus que ce qui a été décidé dans son plan de vie. Grâce à ce rêve, cette femme pouvait prendre conscience de ses limitations et les accepter plus facilement.

Elle m'a demandé : « Est-ce que ce rêve s'applique à ce que je vis en ce moment ? », puis elle m'a expliqué sa situation : « Je suis serveuse dans un restaurant, je gagne bien ma vie mais j'aimerais partir pour faire autre chose. C'est difficile pour moi de faire autre chose. » Je lui ai répondu : « Oui, ce que tu vis présentement correspond à l'une des facettes du rêve – parce qu'un rêve touche à de nombreuses facettes de notre être et à beaucoup de matérialisations ! On t'a montré que tu aspires à autre chose, mais que ce que tu cherches n'existe pas encore en toi. Ce rêve ne te dit pas si tu dois rester à ton travail ou si tu dois partir. Il traite principalement du travail intérieur que tu dois faire pour changer d'état d'âme et ainsi accumuler des mérites et des ressources qui, un jour, transformeront ta vie. »

Quand elle a dit : « Je gagne bien ma vie », j'ai pensé aux pourboires que les serveuses reçoivent dans les restaurants. Mais ce pourboire, dans quel esprit le gagne-t-on ? Comment agit-on dans un restaurant quand on sert les clients ? Cette femme a peut-être un stage à terminer dans ce restaurant. Peut-être a-t-elle encore des leçons à intégrer concernant le service, pour que ce ne soit pas seulement la rémunération qui motive ses bons services, sa politesse et ses beaux sourires. La restauration est un secteur d'apprentissage extraordinaire. Il s'y joue tellement de jeux de pouvoir ! C'est facile pour un client de restaurant d'abuser de la position du serveur ou de la serveuse. Si cette femme se sent dérangée par quelqu'un qui abuse de sa position, c'est qu'il représente une partie d'elle-même qui a abusé. Ainsi, ce métier est très propice pour apprendre le service inconditionnel, si on le pratique d'une manière évolutive. Par ce rêve, On a voulu dire à la rêveuse : « Accepte ton plan de vie, et d'autres occasions se présenteront plus tard. Si tu n'as pas les économies pour arrêter ton métier, fais-le par étapes ou trouve un autre emploi en faisant des postulations, en regardant où tu pourrais travailler avec tes compétences du moment et pour un salaire raisonnable. Oui, on peut changer dans la vie, ça c'est sûr, mais on le planifie. On ne le fait pas de façon extrême ou radicale, à moins qu'un grave problème ne se présente, qu'on travaille pour une organisation douteuse, voire criminelle, pour une entreprise qui fabrique des produits malsains ou nuisibles, etc. »

☉

Regardons maintenant à la lumière de la symbolique un fait vécu qui touche à une autre distorsion humaine de l'Énergie Angélique Sitael : *les promesses non tenues.*

Une femme m'a confié qu'elle avait d'importants troubles de santé. Elle avait des problèmes à la vessie, son taux de sucre sanguin était trop élevé et elle souffrait d'allergies alimentaires. Elle avait fait un lien entre ces difficultés et certaines habitudes prises dans son enfance. Quand elle était petite, sa mère la forçait à manger les gâteaux qu'elle préparait. Bien souvent, elle aurait préféré manger des fruits, mais sa mère insistait en disant : « Un enfant, ça mange des gâteaux, donc tu vas manger des gâteaux. » Alors, bien contre son gré, elle les mangeait. Or ces gâteaux étaient très sucrés et pas bons pour la santé ; ils n'étaient pas préparés avec des ingrédients biologiques et des sucres naturels comme on en trouve maintenant.

Elle m'a aussi raconté un incident survenu pendant un événement familial alors qu'elle avait sept ans. Sa mère avait organisé un jeu pour cet événement et elle avait promis à sa petite fille qu'elle pourrait débuter le jeu. Or, quand est venu le moment de commencer, la mère n'a pas tenu sa promesse : elle a donné le signal à son fils, le frère de cette femme. Alors, furieuse, elle s'est mise à hurler à tue-tête. Elle se trouvait juste à côté de sa mère, tout près de son oreille, et elle a hurlé tellement fort que sa mère a eu un bourdonnement persistant à l'oreille et a dû aller consulter un orthophoniste. Quand elle a reçu les résultats des tests, on lui a dit : « Vous n'entendrez plus comme avant. Vous avez une surdité qui s'est installée à cause de cet incident. » Arrivée à la maison, cette femme a regardé sa petite fille et lui a dit, droit dans les yeux : « Toi, je ne veux plus jamais t'entendre. Tu n'as plus le droit de dire un mot. » Et, effectivement, sa mère l'a toujours empêchée de parler.

Cette femme m'a confié : « C'était tellement difficile pour moi ! Quand je parlais à Dieu, je Lui disais : 'Je veux mourir. Emmène-moi. Fais-moi mourir ou rends-moi malade.' Eh bien, on dirait qu'Il a décidé de me rendre malade. »

Souvent, les enfants qui ne sont pas bien traités tombent malades parce que, inconsciemment, ils savent que la mère devra s'occuper d'eux, qu'ils feront l'objet d'attentions particulières. L'enfant va donc chercher de l'amour en étant malade. C'est bien important de comprendre cela. Une autre raison pour laquelle les enfants maltraités tombent malades est qu'ils n'arrivent plus à transformer toute l'énergie négative à laquelle ils sont exposés ; ils en ont trop à traiter. Avec le temps, si l'on n'inverse pas le processus éducatif néfaste et l'énergie négative dégagée par les mots, les émotions et les gestes, ces maladies peuvent devenir incurables. La maladie ne vient pas juste de la nourriture, elle vient aussi des mécanismes de fonctionnement internes de l'être. Trop de pression, trop d'agressivité (y compris celle propagée dans des jeux vidéo violents) créent un impact, tout comme des virus peuvent le faire dans notre vie. Inutile de mentionner que cela vaut autant pour les adultes.

Quand notre fille Kasara avait quelque chose qui n'allait pas, tout de suite, nous l'incitions à faire le retour sur elle-même. Voici un exemple. Un matin, alors qu'elle se nettoyait les oreilles avec un coton-tige, elle a dit :

— C'est drôle parce que quand je nettoie mon oreille gauche, ça me fait un peu mal. Mais j'ai souvent eu ça.

— Oui, lui a dit son père, mais l'oreille gauche, qu'est-ce que ça veut dire ?

— C'est l'intérieur, lui a-t-elle répondu. Il y a des choses que je ne veux pas bien entendre à l'intérieur.

On doit toujours ramener l'enfant à ce qu'il vit à l'intérieur de lui-même et l'aider à comprendre que la maladie provient toujours du monde intérieur. Bien sûr, quand il a un problème, on s'occupe de lui, mais à partir du moment où il connaît un peu la symbolique, on lui dit : « Regarde, là, il y a quelque chose que tu ne veux pas bien entendre, ou voir, ou sentir… » En procédant ainsi, il ne développera pas le réflexe de se créer une maladie pour attirer l'attention, car un autre concept lui est proposé. Il comprend ce qu'il vit et cela est précieux pour lui. On lui dit : « Oui, on va s'occuper de toi, mais reviens à toi. Il y a des aspects à travailler en toi et c'est la même chose pour nous, les adultes. » Nous parlions toujours de cette manière à notre fille pour qu'elle comprenne bien qu'elle est créatrice de sa vie. Mais la situation de cette enfant que la mère empêchait de parler était évidemment bien différente, assez intense et extrême.

Cette femme faisait le lien entre ses maladies et la relation qu'elle a eue avec sa mère, mais pour vraiment guérir, on doit aller plus loin. Si on ne le fait pas, on entre dans le rôle de la victime. On s'attend à ce que les autres se disent : « Oh, la pauvre ! » et on se dit à soi-même : « Pauvre de moi ! » C'est certain que si la petite fille a crié de rage comme elle l'a fait, c'est parce que sa mère avait déjà dû manquer à sa parole à d'autres occasions. Mais ce n'est qu'en considérant également nos vies antérieures qu'on peut vraiment se guérir en profondeur. Sinon, la compréhension n'est pas assez profonde et ne permet pas un réel pardon. Il est essentiel de développer le réflexe de remonter aux autres vies. Dès qu'un problème se présente, on en cible la cause fondamentale, on ne se contente pas de le traiter en surface. Par exemple, cette femme peut désormais se dire : « La mère symbolise l'intérieur. Si j'ai reçu une telle mère, ça veut dire que dans d'autres vies, moi aussi, j'ai eu des comportements semblables. J'ai forcé mon enfant à faire certaines choses, je me suis imposée autant au niveau physique que psychique, et cela s'est inscrit en moi. Alors il fallait que je le vive à mon tour pour comprendre ce que cela fait, pour me rendre compte du tort que le non-respect des promesses peut causer. Et maintenant, je peux m'en libérer, je fais la Récitation Angélique pour nettoyer ces mémoires et accomplir un grand travail intérieur. »

Voici un dernier rêve bien intéressant qui touche à la construction de l'âme et qui m'a été partagé par une femme :

*Je me trouvais quelque part entre le XII^e et le XIV^e siècle et je voyais des gens en train de construire un bateau. Mais au lieu de construire le bateau sur la terre ferme comme on le fait normalement, ils le construisaient dans l'eau. À la moindre vague suffisamment forte, la construction était emportée et s'échouait plus loin. Ils n'arrivaient donc pas à le construire. Ensuite, toujours à la même époque, je me voyais en tant que petite fille âgée de quatre ans et j'ai rencontré un Ange. Il était une énergie jaune et verte tellement belle et je me suis sentie très bien avec lui. Les autres personnes présentent ne comprenaient pas. Alors je me suis dit qu'ils ne savaient pas ce qu'est un Ange et je suis partie avec lui. Je suis montée en haut d'une tour et, arrivée au sommet, j'ai joué à cache-cache avec l'Ange. Pendant qu'on jouait, une des personnes – un homme – est montée et a réussi à nous découvrir. Il avait une carabine et il a tué l'Ange. Et là, j'ai décidé de donner ma vie pour l'Ange. Subitement, je me suis retrouvée dans une autre dimension, comme dans le ciel. Je survolais une ferme et j'ai vu qu'il y avait de la boue tout autour de celle-ci. Puis, je me suis sentie parachutée – c'était comme si j'entrais dans une autre vie – et je suis tombée dans la boue. Mais j'étais heureuse, car je savais que j'allais retrouver mon Ange, mon Ange qui était devenu humain.*

Ce rêve est fort intéressant mais avant de l'analyser, j'aimerais ouvrir une parenthèse sur le jeu de cache-cache. Malgré la grande variété de jeux qui existe aujourd'hui, les enfants n'ont jamais délaissé le cache-cache. En effet, ils sont nombreux à y jouer et ils en retirent un très grand plaisir. Comment s'expliquer cela ? C'est relié au fait que beaucoup de choses nous sont cachées. Le voile de l'inconscient cache d'innombrables mémoires ; on a toujours des parties inconscientes à découvrir, et c'est pour cela que le goût de chercher encore et encore est si profondément ancré dans notre programme. La recherche est stimulante et nous rend plus conscients. Dès son plus jeune âge, l'enfant est animé par le souhait de découvrir, de voir ce qu'il y a derrière les choses, à l'intérieur des objets, ce qui se passe dans les endroits nouveaux, inconnus, etc. Il se demande : « Est-ce que ça va être bon ? Est-ce que ça va être difficile ? » C'est un peu la même dynamique que dans les jeux au casino, où le joueur se demande : « Est-ce que je vais gagner ? Est-ce que je vais perdre ? » Le souhait de découvrir ce qui est voilé et inconnu est le moteur même de notre programme. Il nous sert à rechercher et retrouver notre Origine Céleste, à comprendre le monde dans lequel nous vivons, à nous faire redécouvrir le bonheur.

Je ferme la parenthèse et je reviens au rêve. Tous les éléments contenus, y compris l'Ange, représentaient des parties de la rêveuse. On lui a montré comment elle se construisait au niveau émotionnel. Un bateau représente la stabilité émotionnelle car il est en équilibre sur l'eau, laquelle symbolise le monde des émotions et des sentiments. On a montré à la rêveuse qu'elle était en train de visiter d'anciennes mémoires, des parties d'elle-même qui avaient été construites sur une base instable. Puis elle s'est retrouvée à l'âge de quatre ans et a rencontré un Ange. Cela veut dire que son enfant intérieur savait se connecter aux hauts Niveaux de Conscience représentés par les Énergies Angéliques. L'Ange était jaune et vert. Or, le jaune représente le rayonnement et la confiance, et le vert symbolise l'Amour. Une partie de cette femme – son enfant intérieur – avait trouvé cette connexion, mais dans le rêve, les personnes qui se trouvaient autour d'elle ne comprenaient pas. Ces personnes représentaient d'autres parties de la rêveuse qui doutaient, qui n'étaient pas connectées au Ciel. Alors la partie éveillée, rayonnante et confiante s'est séparée de ces autres parties pour monter sur une tour. Cela signifie que cette femme réussissait à s'élever par une recherche spirituelle ardente mais qu'elle n'avait pas encore intégré la Connaissance. Et cela créait un décalage entre sa philosophie spirituelle et la manière dont elle se manifestait. Ce problème est d'ailleurs très répandu dans les religions établies et dans les mouvements sectaires.

L'homme à la carabine représentait une autre partie de cette femme, marquée par l'agressivité et qui tentait de la déconnecter – en tuant l'Ange – de ces hauts Niveaux de Conscience. Le fait que cette scène particulière se déroule en hauteur, c'est-à-dire dans le monde des causes, indique que cette femme touchait parfois à des mémoires qui lui faisaient douter de tout. Elle perdait alors sa connexion et se demandait : « À quoi bon tout ça ? Qu'est-ce que je fais ici, sur Terre ? » Elle vivait de grands doutes existentiels et spirituels. Donc, ce sont ces mémoires-là qu'elle visitait.

Mais par sa consécration à l'Ange, On lui a montré que dans d'autres vies – et même dans les mondes parallèles, où nous vivons tous avant de nous incarner sur Terre –, elle avait déjà fait un travail préparatoire pour retrouver son Origine Angélique, Divine.

Puis elle a été parachutée et elle est arrivée au sol, comme si elle arrivait dans une nouvelle vie. Elle arrivait sur une ferme. Que rappelle la ferme ? Elle évoque entre autres les animaux domestiques, qui représentent la domestication des instincts. Cette femme devait donc apprendre à maîtriser ses instincts, à bien gérer ses forces animales, trop terre-à-terre. La ferme sert aussi à cultiver la terre. En cela, elle rappelle la Loi du karma qui veut qu'*on récolte ce que l'on sème*. Le fait de cultiver la terre implique aussi toute une période de préparation. Mais l'aspect le plus intéressant du rêve est que la rêveuse était consciente que sa chute dans la boue lui permettrait de retrouver son Ange. Et cela lui procurait une grande joie. Autrement dit, cette femme était consciente que la recherche des plus hauts Niveaux de Conscience ne s'effectue pas seulement dans les autres mondes, mais aussi dans le concret ; et que peu importe les épreuves qu'elle aura sur son parcours, elle ne perdra pas sa foi, sa connexion Angélique.

C'est d'ailleurs ce que permet le travail avec l'Angéologie Traditionnelle au fur et à mesure que l'on fait l'Angelica Mantra régulièrement et avec une intention profonde. On pense souvent : « Les Anges, ce sont de belles énergies, ce sont des Êtres de Lumière, c'est l'Amour ! » Dans un premier temps – lors des premières ouvertures de l'inconscient –, On peut nous faire ressentir des états très agréables, et ce par toutes sortes de moyens. On peut nous montrer en rêve des images très belles, dont des Êtres de Lumière, et on est *flyé*, emporté. Or cela n'est qu'une préparation. Puis, un jour, ce sont les *vraies affaires* qui commencent. Quand on travaille avec les Énergies Angéliques, On nous montre : « D'accord, tu veux retrouver ces 72 États de Conscience – les plus hauts Niveaux de Conscience –, alors regarde ce qui se passe quand tu travailles avec un Ange... »

Pendant la période où l'on invoque une Énergie Angélique, on peut très vite se retrouver dans de grandes distorsions. Soudainement, on se sent mal, on se met à douter et on se demande : « Qu'est-ce que je fais ici ? » On n'a plus le goût de rien, on ne sent plus rien, aucun amour, aucune joie… Or, si on comprend ce qui se passe, on se raisonne : « Je veux goûter à l'expansion, je veux être tout le temps dans l'enthousiasme, l'optimisme et toutes les autres Qualités Angéliques, alors On me montre ce que j'ai dans mon inconscient, On me révèle les mémoires que j'ai à nettoyer pour y arriver. Je me trouve présentement dans ces mémoires, ce sont elles qui me bloquent, qui m'empêchent de ressentir la joie, l'amour, l'enthousiasme, l'expansion... » En se raisonnant ainsi, on cesse de se sentir désorganisé et désespéré. On ne projette pas non plus notre mal-être sur les autres et on arrête de chercher à l'extérieur ce qui, croit-on, nous procurera un sentiment d'expansion. Un jour, on comprend le processus. On se dit : « En ce moment, je suis dans ces mémoires distorsionnées. Je l'accepte et je fais la Récitation Angélique, je pratique l'Angelica Mantra pour les transformer, pour évoluer, m'améliorer, me reprogrammer avec les Qualités Divines. Même si parfois je ne sens rien, je sais qu'il y a quelque chose qui se passe. Je continue, je continue, je continue… jusqu'à ce que l'énergie distorsionnée soit complètement alchimisée et que mes rêves et mes sens multidimensionnels s'activent. »

Rechercher l'Ange dans l'humain – comme l'a fait cette femme – signifie accepter de vivre les expérimentations les plus intenses et les plus difficiles pour évoluer sur tous les plans. On voit donc qu'un Ange n'est pas seulement un État de Conscience d'Amour. C'est aussi la Justice et la Vérité, ces grands émissaires des Lois Divines. Si on pose certains gestes à partir d'états de conscience distorsionnés, on devra visiter et nettoyer les mémoires correspondantes, ou en vivre les conséquences au travers de situations concrètes. Un jour, on n'a plus vraiment besoin de vivre de grosses épreuves dans le monde extérieur, car on fait le travail pendant la nuit, dans nos rêves et on accélère ainsi notre évolution. On devient même capable de visiter et de transformer des mémoires dans des égrégores de l'inconscient collectif, ce qui peut donner lieu à des cauchemars intenses, mais ceux-ci nous servent d'apprentissages profonds pour progressivement intégrer la conscience universelle.

Trouver l'Ange dans l'humain, c'est arriver à transcender les côtés les plus sombres de l'humanité pour enfin redevenir cette Énergie Divine et retrouver nos Pouvoirs spirituels. C'est ainsi qu'on atteint les plus hauts niveaux d'évolution. Bien sûr, quand on a compris cela, la souffrance prend une toute autre signification : on est heureux de ce que l'on vit parce qu'on sait qu'on se prépare à une évolution sans pareille.

Pourquoi une personne se révolte-t-elle contre les épreuves qu'elle rencontre dans sa vie – se comparant aux autres et se disant : « Pourquoi moi ? » –, alors qu'une autre vit exactement les mêmes épreuves et les accepte de bon cœur ? C'est parce que la dernière a déjà accompli dans d'autres vies un travail impliquant l'acceptation et la consécration. C'était le cas de cette femme et la dernière partie de son rêve en témoigne clairement. Voilà pourquoi les épreuves sont plus faciles pour certaines personnes, et surtout pourquoi on ne doit jamais se comparer.

Je vais terminer ce cours avec un rêve dont la signification se marie bien à celle du précédent et qu'un homme a raconté à mon époux. *Il voyait un tableau noir, un de ces anciens tableaux d'ardoise que l'on utilisait autrefois dans les écoles. Il y était inscrit d'une très belle écriture : « Trois gouttes de sueur suffisent. »*

Le tableau représente l'apprentissage, le noir la matière, et le blanc de la craie la spiritualité. La sueur symbolise les émotions, mais aussi tout ce que suggère l'expression *travailler à la sueur de son front*. L'inscription au tableau noir, et en particulier la référence au chiffre 3 – qui se rapporte à l'Ange SITAEL –, signifiaient au rêveur : « Si tu veux apprendre et si tu veux te construire, tu dois faire des efforts. On n'a rien pour rien. »

# ANGE 14 MEBAHEL
## La prison de l'âme

Dans ce cours, nous allons voir comment nous pouvons nous libérer de tout ce qui emprisonne notre âme, tout ce qui nous opprime à l'intérieur de nous-même, les forces et les mémoires qui nous garde en captivité, à différents degrés. Une des 72 Énergies Angéliques définies dans l'Angéologie Traditionnelle peut nous y aider plus particulièrement. C'est l'Ange Mebahel, qui porte la vibration du numéro 14 et dont la Qualité principale est *l'engagement*. En effet, cette Énergie Angélique nous fait toucher de très hauts niveaux d'amour, cet amour inconditionnel qui nous amène à poser des actes de générosité sans attente d'être reconnu ou d'être aimé. C'est la dimension de l'Amour Divin qui nous engage vraiment sur la voie de l'altruisme.

Ces hauts niveaux d'amour sont étroitement reliés aux notions : *Vérité, Liberté, Justice*. On ne peut pas être libre si on n'est pas dans la vérité. De la même manière, on ne peut pas être libre ni dans la vérité si on n'est pas juste. Ces trois Qualités sont interconnectées. Vous pensez peut-être : « Mais c'est tellement vaste, la Vérité, la Liberté et la Justice ! » C'est vrai. Mais avec la vibration de l'Ange Mebahel, on arrive, pas après pas, à les intégrer dans notre quotidien, dans chacun de nos actes.

Dans l'aide-mémoire pour cet Ange (voir la liste des Qualités et des distorsions dans le chapitre sur l'Angéologie Traditionnelle), on trouve également : *Libère les opprimés et les prisonniers*. Cela ne se rapporte pas seulement à la libération concrète des prisonniers qui se sont repentis, mais également à la libération des parties de notre âme qui vivent en captivité.

En travaillant avec cette Énergie Angélique, on recevra des rêves dont les sujets correspondront au Rayon de cet Ange. Par exemple, on pourrait voir une image qui nous signale, symboliquement, une façon de penser qui retarde notre avancement ; ou on pourrait voir un être dans une cage qui représenterait une partie de nous ; ou encore percevoir des images, des symboles qui nous révèlent que nous sommes prisonniers de nos insécurités financières et matérielles. Dans toute une série de rêves, On pourrait nous montrer que bien des parties de notre être se trouvent en état de captivité à différents niveaux et degrés, sans même que nous soyons conscients de ces prisons intérieures.

Mebahel nous fait également comprendre le phénomène de *l'exorcisme* et la distorsion qui lui correspond, *les forces démoniaques*. Dans ce cours, nous allons voir une histoire vécue qui nous aidera à mieux comprendre ces phénomènes généralement mal compris. Les très hauts niveaux d'Amour que cet Ange et les Anges qui lui sont apparentés, nous permettent d'atteindre, constituent la Protection Divine. Face à une telle Protection, les forces démoniaques ne peuvent rien. De plus, puisque leur rôle est essentiellement éducationnel, dès qu'on se trouve dans l'Amour, elles n'ont plus de raison d'être : elles disparaissent.

Parmi les Qualités de cet Ange figure aussi *l'aide humanitaire*. Il n'est pas nécessaire d'aller travailler en Afrique ou dans un autre pays pour être dans ce champ de conscience qui touche à l'aide humanitaire. La manière dont on parle à un enfant, avec un amour sans conditions, la façon de tenir une porte pour quelqu'un dans un magasin en le regardant avec amour, c'est aussi de l'aide humanitaire. Même si elle se pratique au quotidien, elle est tout aussi importante que les grands projets humanitaires. La qualité associée à ces gestes bienveillants s'inscrit en nous et se dégage de tout notre être. On oublie souvent cette dimension. C'est donc un travail de chaque instant. En pratiquant les Angelica Mantras, il nous est plus facile de rayonner une énergie avec un haut niveau vibratoire. Un jour, on n'oublie plus la valeur de ces grandes Qualités.

Du côté des distorsions, on trouve le *désengagement*, donc le contraire de l'engagement. On y trouve aussi la *lutte intérieure*.

Lorsqu'on abrite à l'intérieur de soi des parties opprimées, cela crée de grandes luttes. On a le sentiment d'être mal aimé ou rejeté. Mais quand on se sent rejeté, c'est que soi-même on rejette à un certain niveau et d'une manière plus ou moins évidente, ou le rejet peut être inscrit dans nos mémoires inconscientes. Il est alors nécessaire de conscientiser toutes ces parties de soi pour les transformer.

Nous étudierons également un exemple de ces autres distorsions que sont *les procès et la calomnie*. Nous nous attarderons aussi, au moyen d'histoires vécues, au phénomène du *tyran* et des raisons pour lesquelles on peut se sentir tyrannisé.

Quand je prépare les conférences et les cours, je fais la Récitation Angélique et j'attends les exemples qu'On m'envoie. Ils me parviennent par mes rêves et par des personnes qui me partagent les situations qu'elles vivent et certains rêves qu'elles ont reçus. C'est ce qui se passe lorsqu'on travaille avec les Anges. On peut observer la synchronisation des petits événements du quotidien, des signes qui se multiplient et qui sont en rapport direct avec l'Ange invoqué.

Un jour, alors que j'étais en train de répéter intérieurement le Nom de l'Ange, j'ai reçu un appel téléphonique d'une femme dont je n'avais pas eu de nouvelles depuis plusieurs années. Elle m'a dit : « J'ai vraiment des problèmes. Ça fait trois fois que je vis le même type de problèmes, sur plusieurs années et à des endroits différents. » Vous allez voir que son vécu touche à plusieurs distorsions humaines de l'Énergie MEBAHEL, dont *le mensonge, le faux témoignage, la calomnie, l'oppression et même les procès.*

Voici, en résumé, son histoire. À son lieu de travail, cette femme a vu l'un des employés de l'entreprise en train de voler, et celui-ci s'en est aperçu. Comme elle était le seul témoin, elle savait qu'elle ne pourrait rien prouver ; par conséquent, elle n'a rien dit. Mais cet employé a tout fait pour la faire licencier. Il occupait un poste un peu plus élevé que le sien et, par son influence et l'usage de la calomnie, il est arrivé à ses fins : cette femme a été congédiée. Elle en était passablement révoltée.

Plus tard, elle a travaillé dans une autre entreprise et, encore une fois, sur son lieu de travail, elle a été traitée injustement. Mais cette fois, c'est elle qui a décidé de partir. Puis elle est allée vivre aux

États-Unis et elle s'est mariée. À ce propos, elle m'a dit : « Depuis quelque temps, je vis une situation semblable, mais en pire. Cette fois-ci, c'est avec un voisin. Mon mari a aidé ce voisin à installer tout son système informatique, et moi aussi, je l'ai aidé. Puis, soudainement, pour toutes sortes de raisons qu'il serait trop long de te raconter, il nous a intenté un procès. Il nous a attaqués. On n'en revenait pas. Je n'en reviens toujours pas ! Je reste bouche bée, tellement je suis surprise, tellement c'est injuste. »

Par trois fois, cette femme a vécu des situations touchant à des formes distorsionnées du Champ de Conscience représenté par Mebahel. Autre pays, autres personnes, mais le type de distorsions était le même. Alors, chez cette femme, la petite graine s'est mise à germer ; la Loi de la résonance a commencé à signifier quelque chose pour elle. Elle s'est dit : « J'ai vraiment quelque chose à comprendre avec ces évènements répétitifs. »

Comment interpréter le vécu de cette femme ? Et comment peut-elle parvenir à ne pas se révolter ? L'illustration qui montre la constitution de la conscience (*voir* Figure *1* dans le chapitre sur l'Angéologie Traditionnelle) nous aide à comprendre ce qui se passe sur le plan causal pour cette femme. Elle est consciente de certains aspects de son être – certains de ses pensées, émotions et gestes –, mais le voile de l'inconscient lui dissimule le contenu de ses nombreuses vies.

Je lui ai expliqué que pour arriver à comprendre les expériences qu'elle m'avait partagées, elle devait tenir compte également de ses autres vies. On sait généralement reconnaître ce qu'on appelle *l'effet miroir* – comme lorsqu'on dit : « Je me reconnais dans ce que m'a fait telle personne ». Mais dans un cas comme celui de cette femme, c'est difficile pour la personne de se reconnaître. En plus, elle a aidé ce voisin. Comment se faisait-il que le sort s'acharnait contre elle ? Lui rappelant la Loi du karma, je lui ai dit : « Dans d'autres vies, tu as probablement agi de la même façon. Et ce n'est pas grave. » Un jour, on est capable de dédramatiser nos erreurs. On cesse de se voir comme un monstre : on comprend qu'on a fait des erreurs parce qu'on expérimentait. Et on y arrive plus facilement si on parvient à voir notre existence sur plusieurs vies, sachant qu'on aura beaucoup d'occasions de réparer nos fautes. Sinon, si on n'entrevoit qu'une seule vie, c'est catastrophique : avec tout ce qui peut se passer sur Terre, on finit par considérer la vie comme une accumulation, un enchaînement d'injustices. Si c'était le cas, Dieu n'existerait pas.

Je lui ai dit : « Tu as dû commettre les mêmes offenses dans d'autres vies. Tu as ces mémoires dans ton inconscient et ça fait partie de ton programme de les nettoyer. C'est pour cela que tu les attires à l'extérieur. En fait, ce que tu vis est un cadeau. Tu ne pouvais pas voir ces parties de toi, mais elles t'opprimaient quand même. Ces parties qui calomnient, tu les as à l'intérieur de toi, et ce sont elles qui t'empêchent de te sentir bien, qui te privent du sentiment d'expansion. Tu ne peux pas être dans l'Amour quand tu abrites encore de telles mémoires. En Haut, Ils sont très gentils : Ils t'ont mis une personne à l'extérieur pour te le montrer, puis une autre, et encore une autre. Alors, concernant ton procès, ce que je te conseille de faire, c'est d'agir de manière juste sur le plan matériel et de laisser le Destin faire le reste. La décision ne t'appartient pas. Le juge sera influencé par En Haut quand il réfléchira au verdict. Que tu perdes ou que tu gagnes ce procès, accepte ce qui viendra. Tu es en train de payer un karma. En plus, tu es chanceuse : ce karma, tu le payes, on peut dire, en étant confortablement installée sur une chaise longue. Tu viens de te marier et ton mari est dans l'abondance matérielle. Tu as aussi l'abondance affective : ton mari t'aime et il est très gentil. Et en plus, tu as l'abondance spirituelle car tu as accès à la Connaissance. N'est-ce pas payer un karma sur une chaise longue ? »

Là, tout a changé pour cette femme et elle m'a dit : « J'avais tellement besoin d'entendre ça ! » Son âme se sentait plus libre. Quand on dispose de la Connaissance, on a déjà tellement plus de liberté ! Au départ, l'acceptation procure une paix intérieure, puis, en faisant la Récitation Angélique avec l'Ange Mebahel, la personne peut faire tout un travail sur elle, sans aucune attente quant aux résultats, simplement dans le but de nettoyer ses mémoires négatives qui se sont matérialisées.

Voici maintenant une histoire vécue qui montre comment on peut décoder l'inconscient en se servant de nos rêves et des signes que l'on reçoit. Cet exemple montre aussi ce qui se passe au quotidien quand on travaille avec un État de Conscience Angélique.

Pendant la période où j'invoquais cet Ange, plusieurs personnes m'ont parlé de problèmes respiratoires dont elles souffraient. J'ai même été étonnée par la quantité de témoignages qui me parvenaient sur ce sujet. Alors que nous étions en route pour aller donner une conférence dans une autre ville, j'invoquais intensément l'Ange MEBAHEL et je méditais sur *la prison de l'âme*. Il me venait alors à l'esprit des idées comme celles-ci : quand on étouffe certaines émotions et certaines pensées, cela peut se cristalliser dans le corps physique, se localiser dans cette zone centrale où se trouvent le cœur et les poumons. La personne ressent alors une forme d'étouffement dans cette zone. Le cœur et les poumons sont liés au sang et à l'échange entre l'air et le sang. Symboliquement, cette zone est donc un lieu de convergence de nos émotions et de nos pensées. Ainsi, quand on active en soi un État de Conscience Angélique – comme celui de l'Ange MEBAHEL qui dégage un très haut niveau d'Amour –, les problèmes que l'on a étouffés remontent à la surface et peuvent se manifester dans cette partie du corps.

Je méditais aussi sur un rêve qu'une femme m'avait raconté la veille. Dans son rêve, *elle voyait son chien qui portait un harnais que sa mère lui avait donné. Le harnais était trop petit. Quand le chien essayait d'avancer, le harnais l'étouffait, si bien qu'il ne pouvait pas vraiment avancer.* Dans le concret, cette femme a un gros chien qu'elle aime beaucoup et elle n'utilise pas de harnais pour lui.

Tous les éléments de ce rêve représentaient des parties de la rêveuse. En tant qu'animal, le chien représente des aspects de l'énergie vitale en lien avec les besoins instinctifs et primaires. Et puisque la femme et son chien entretiennent un rapport affectif, ce symbole touchait aussi à ses émotions. On a donc montré à cette femme qu'une partie d'elle-même qui est liée à son énergie vitale a de la difficulté à avancer parce qu'elle l'étouffe dans l'expression de son affection, de sa spontanéité, de sa fidélité – tous des aspects reliés à la symbolique du chien. C'est aussi en lien avec la dépendance émotionnelle, car le chien peut avoir un comportement très attachant et débordant au plan affectif, ou manifester le contraire, la crainte et la soumission excessive comme dans le cas d'un chien battu. Dans le rêve, c'était la mère de la rêveuse qui lui avait offert le harnais pour le chien, et la mère représente le monde intérieur en lien avec l'origine.

Donc, On a voulu dire à la rêveuse : « À cause de certaines mémoires liées à ce que tu as vécu intérieurement dans le passé, ta force vitale et tes instincts affectifs sont étouffés. » Elle m'a regardée avec de grands yeux et elle m'a dit : « Il y a trois ans, j'ai fait une embolie pulmonaire. J'en ai encore des séquelles. Je suis restée faible au niveau des poumons. » Par ce rêve, On lui a montré que ce n'était pas fini, que la cause de ces problèmes était encore présente. Cette femme devait continuer à nettoyer ses mémoires. Les étouffements et les refoulements se manifestaient chez elle aussi par l'obésité.

Une fois arrivés à destination, la bénévole qui nous accompagnait dans cette tournée m'a dit : « À un moment donné, quand nous étions dans la fourgonnette, j'ai ressenti des étouffements, des spasmes. C'était tellement puissant et étrange, car habituellement, je n'ai pas ce genre de problème. Je ne sais pas ce qui se passait. » Le lendemain matin, nous nous sommes retrouvés avec d'autres personnes à table et cette bénévole nous a partagé ce qu'elle avait vécu : « Hier soir, avant de m'endormir, j'ai demandé qu'On m'envoie un rêve pour m'expliquer pourquoi j'avais eu ces spasmes et ces étouffements hier dans l'après-midi. On m'a envoyé juste un tout petit rêve. Et je ne le comprends pas. » Elle ne savait pas que j'invoquais cet Ange en réfléchissant et en méditant sur les mémoires qui peuvent provoquer l'étouffement.

Dans son rêve, *elle avait mal au dos. Elle a demandé à une personne qui était présente dans le rêve de regarder ce qu'elle avait dans son dos, afin de savoir pourquoi elle avait mal. Cette personne était l'acteur Val Kilmer.*

Je lui ai demandé :

— Qu'est-ce qu'il représente pour toi, Val Kilmer ?

— Il a joué le rôle du personnage principal dans le film *Le Saint*, la nouvelle version. En plus, dernièrement, je l'ai vu dans une entrevue à la télévision. On le considère comme quelqu'un d'extrêmement exigeant envers lui-même et envers toute l'équipe de travail. Il a cette attitude parce qu'il ne veut pas simplement jouer un rôle, mais il veut vraiment incarner le personnage.

Donc, ce symbole dénote une certaine distorsion. Car ce n'est pas naturel de vouloir aussi intensément être ce que l'on n'est pas ; et ce même si c'est dans le but de jouer le rôle au top niveau pour son travail. Qu'est-ce que cette attitude implique ? De la rigidité, du volontarisme, un excès de devoir.

Dans ce rêve, cette femme n'a pas visité l'âme de Val Kilmer. Elle a posé une question et On lui a répondu par ce rêve. Val Kilmer représentait une partie d'elle-même. Sa question était précise et On lui a donné une réponse précise. Elle voulait savoir pourquoi elle avait eu des spasmes et des étouffements ; alors On lui a expliqué pourquoi. Ainsi va notre esprit : il voyage. Notre inconscient est tellement vaste ! Il contient une multitude de mémoires et de personnalités. Suivant une ambiance, un événement, un geste ou une parole, notre esprit plonge soudainement dans une mémoire et il *devient* cette mémoire à ce moment-là. En plus, cette femme est entrée en résonance avec le travail spirituel que je faisais pour préparer la conférence. Quand on invoque un Ange, plein de choses et de situations se passent autour de nous pour nous enseigner et pour aider les autres aussi ; et ce, sans même qu'on le demande. C'est tellement puissant le travail avec les Anges ! Et tant qu'on n'a pas nettoyé tout notre inconscient, on va d'une mémoire à l'autre sans s'en apercevoir ; on résonne continuellement avec notre environnement. Certaines personnes changent sans cesse de caractère parce que, inconsciemment, elles s'identifient avec leurs multiples personnalités et leurs environnements de vie.

On a voulu donner un enseignement à cette femme, lui montrer que lorsqu'elle se trouvait dans ces mémoires teintées de rigidité et de volonté excessive pour devenir parfaite, dans un excès de devoir – mémoires représentées par Val Kilmer –, leur énergie pouvait se manifester jusque dans son corps physique et l'étouffer.

Maintenant, quel est le côté positif de ce symbole ? Cette femme a un grand objectif nourri par une volonté intense : celui de devenir une sainte, c'est-à-dire d'atteindre de hauts niveaux de dévotion, d'amour et d'entraide. Dans ce rêve, On lui a dit : « Tu n'es pas encore une sainte. » Ensuite, On lui a montré pourquoi. Le dos représente ce qui est derrière soi : le passé. On lui a dit : « À cause de certaines mémoires du passé en lien avec des gestes, des pensées et des émotions qui n'étaient pas justes, tu ne peux pas être une sainte et être juste tout de suite. Mais cette partie-là – ton Val Kilmer intérieur – voudrait que tu sois une sainte tout de suite. Alors elle met de la pression. C'est ce qui t'étouffe. » Telle une personne qui veut trop bien faire : elle manque de réceptivité et elle a trop de volonté, ce qui la rend rigide.

Cette femme a bénéficié d'un grand enseignement et elle était tellement reconnaissante. Nombreux sont les êtres qui atteignent momentanément des états de sainteté. Quand une personne en aide une autre sans avoir d'attentes, par exemple quand elle aide un enfant, si on pouvait mesurer son taux vibratoire, on constaterait qu'elle atteint un état de sainteté pendant quelques secondes. Le problème est qu'on n'arrive pas à maintenir ces états de conscience élevés. On ne parvient pas à les stabiliser à cause de nos nombreuses pensées et émotions intrusives. Il peut y avoir une grande intensité dans l'entraide, mais ce n'est pas 24 heures sur 24, ce n'est pas 365 jours par année. Le but de chaque être est d'arriver à stabiliser ces niveaux de conscience très élevés. Or, pour atteindre un jour ce but, on doit accepter de visiter nos mémoires distorsionnées. En Haut, Ils font goûter de hauts niveaux de lumière et d'amour aux personnes qui cheminent, mais après y avoir goûté, elles ne veulent plus aller dans leurs mémoires distorsionnées parce qu'elles ne s'y sentent pas bien. Elles voudraient continuer de baigner dans la lumière.

Quand on comprend l'Enseignement de l'Angéologie Traditionnelle, on est tellement heureux d'aller dans les zones difficiles car on voit les étapes de libération, de changement dans notre conscience et dans notre vie. Chaque fois qu'on atteint une nouvelle étape, on respire beaucoup mieux et on se sent plus libre. On a ensuite plus de force, plus de courage, pour visiter et nettoyer les autres mémoires.

Nous avons continué la tournée et, à un moment donné, cette femme m'a dit, avec ses beaux yeux brillants : « Je le surveille, mon Val Kilmer ! » Les rêves sont tellement utiles ! Surtout dans un cas comme celui-là, où la personne a une bonne volonté et n'est pas consciente de certains aspects distorsionnés de son attitude intérieure. Du fait que le rêve s'inscrit dans toutes nos cellules on devient capable de discerner son énergie spécifique lorsqu'elle se manifeste. On peut la distinguer de l'ensemble des autres énergies que l'on dégage, et ainsi, il est plus facile de la surveiller. Si, un jour, on veut visiter les tréfonds de notre inconscient et purifier les moindres recoins de notre être, on a besoin de cette précision que seul les rêves peuvent nous apporter, car On nous y montre vraiment qui l'on est et ce qui se passe en nous.

Parlant de surveillance, cette femme ne fait pas n'importe quel métier : elle est surveillante dans un centre de détention pour enfants. Vous voyez, on ne pratique jamais un métier par hasard. Même si pour certains le travail n'est qu'un gagne-pain, il n'en demeure pas moins qu'il correspond toujours à un programme intérieur. Ce métier lui offre l'occasion de mettre en application les qualités reliées à la justice. Cette femme sait fort bien que lorsqu'elle surveille ces enfants – qui sont des cas très difficiles, impliquant parfois même des meurtres – elle surveille des parties d'elle-même. Une telle approche demande beaucoup d'humilité. Cette femme est très intègre, elle a une vie bien rangée et c'est une bonne personne. Elle semble ne rien avoir en commun avec le côté délinquant de ces enfants. Mais justement, quand les initiations sont prévues dans notre programme, On nous montre nos parties cachées. Le degré et l'intensité des distorsions qu'on abrite ne sont pas nécessairement les mêmes que celles que l'on voit en rêve ou dans la réalité. On ne doit pas interpréter le rêve à la lettre. Cette femme a pu, dans d'autres vies, avoir commis certains gestes de violence et avoir abusé des êtres qui se trouvaient près d'elle. Maintenant, elle sait qu'elle nettoie, qu'elle répare, qu'elle paie des karmas en transformant les pourcentages qu'On lui révèle dans ses rêves. Son métier comporte aussi une dimension d'aide humanitaire qui l'amène à faire un profond travail sur soi.

Nous avons continué notre tournée et en passant dans l'une des villes du Québec, nous avons rendu visite à ses parents. Le numéro de porte de leur maison était le 1449. Moi, j'invoquais l'Ange 14 MEBAHEL, et elle m'a dit : « Mon père est né le 27 mai ; MEBAHEL est l'un de ses Anges Gardiens. » Là, je me suis dit : « Des enseignements s'en viennent ! » En plus, l'Ange Gardien de cette femme sur le plan physique est l'Ange 49 Vehuel. Et ces deux Anges sont complémentaires en ce sens qu'ils ont tous les deux les caractéristiques reliées aux Séphiroth Hochmah et Netzach : Mebahel a pour domicile la Séphira Hochmah, et comme lieu d'expression la Séphira Netzach, et pour Vehuel c'est l'inverse : son domicile se trouve en Netzach et son lieu d'expression est Hochmah. Avec le temps, on apprend à tout *scanner,* absolument tout. Chaque détail compte car il peut être l'indice d'un signe. Quand on arrive chez une personne, on n'est pas là, à se demander : « Bon, qu'est-ce que je vais lui dire ? » ou à penser à n'importe quoi. On vit au moment présent, on écoute en profondeur la vie, on lit les signes. Cette fois-là, le numéro de porte et les autres informations que m'avait données cette bénévole m'en disaient beaucoup. Un jour, on reconnaît la synchronicité lorsqu'elle est à l'œuvre et on cesse de vivre avec une conscience ordinaire ou comme un zombie. On demeure connecté aux mondes parallèles, qui nous fournissent sans relâche toutes sortes d'informations pertinentes.

Pourquoi accorder autant d'importance à de si infimes détails ? Un esprit logique pourrait dire : « C'est assez ! Là, tu exagères avec ton 1449 ! » Quand on a intégré l'image de Dieu comme étant un immense Ordinateur Vivant dans lequel nous vivons, on comprend en profondeur à quel point la réalité est précise. Tout est mathématique ; ce sont des mathématiques de conscience, qui sont d'une précision infaillible. Lorsqu'on voit les choses de cette manière, on est comme un enfant : on voit la magie partout. On demeure connecté et on perçoit l'extraordinaire travail qu'effectuent les guides dans les mondes parallèles. On perçoit la trame de la vie et notre vision du monde n'est plus fragmentée ; tout se tient, tout est cohérent, consistant. Même si les distorsions font partie de la trame, celle-ci demeure juste. Un jour, on *lit* continuellement la trame de vie des êtres qui nous entourent, et, bien sûr, on doit commencer par la nôtre.

Donc, nous avons rendu visite aux parents de cette bénévole, dont le père a l'Ange Mebahel parmi ses Anges d'incarnation. Chez cet homme, *l'engagement* est une qualité bien évidente. Entre autres, il s'était engagé dans l'armée canadienne et il a fait partie des casques bleus à plusieurs reprises. Le travail des casques bleus n'est pas ce qu'il y a de mieux en matière d'aide humanitaire – du moins pour l'instant –, car beaucoup de dirigeants politiques sont parfois malhonnêtes et prennent des décisions injustes d'un point de vue humain. Toutefois, l'aide humanitaire prodiguée par les forces armées demeure nécessaire et elle constitue un apprentissage pour la personne qui s'y engage. On développe de grandes qualités quand on travaille dans l'armée : l'engagement, la persévérance, l'ordre, la discipline, etc., mais bien sûr, par la suite, on doit aussi épurer bon nombre de concepts erronés qu'on nous aura inculqués.

Quand une personne s'engage dans l'armée, cela signifie qu'elle a un programme qui doit l'amener à faire cesser les luttes, et ce tant dans son monde intérieur que dans sa vie extérieure. Elle doit mettre tout en œuvre pour libérer ses prisonniers intérieurs, les parties de son être qui sont gardées en captivité, loin de leur pays d'origine. Chez cette personne, la force de l'Amour doit finir par l'emporter. Un jour, on se met à analyser avec cette profondeur.

La trame de notre vie est tissée à même celle de nos parents, du moins jusqu'à un certain degré, Ainsi, l'analyse symbolique des métiers qu'ils ont exercés, ou qu'ils exercent encore, nous aide à mieux nous connaître nous-mêmes. Dans notre analyse, nous devons, bien sûr, laisser de côté les critères de réussite sociale. Qu'une activité soit gratifiante ou non au plan social, n'a aucune importance lorsqu'on analyse à la verticale. Si notre mère a été femme de ménage, cela signifie qu'elle – et donc nous aussi – a tout un programme de nettoyage intérieur. Celui-ci prévoit la purification et la rectification de toutes les parties intérieures qui ne sont pas justes. C'est un beau programme ! Une autre façon de découvrir la trame qu'on a en commun avec ses parents est d'étudier leurs Anges Gardiens. Puisque nous avons tellement de résonances avec nos parents, connaître leur programme de vie nous permet d'identifier avec une certaine précision les distorsions que nous devons transcender et les Qualités que nous devons continuer de cultiver.

Le père de cette femme a 83 ans et il est en phase terminale. Il a des problèmes pulmonaires. Sa capacité pulmonaire est réduite à 25 % et il a besoin d'un appareil pour faciliter sa respiration. Nous avons écouté cet homme qui manifestait une belle douceur – mais il n'a pas toujours été doux par le passé. Soudain, il a commencé à parler de ce qui lui était arrivé 30 ans auparavant. Il nous a partagé que l'un de ses confrères de travail devait conduire le bus scolaire des enfants des militaires et que cela l'avait rendu très inquiet. Il avait observé ce confrère, et chaque fois que ce dernier conduisait ce bus, cet homme avait des sueurs froides à le voir faire. Lui-même avait peur de conduire l'autobus, mais il ne disait rien à personne. Pendant que nous étions ensemble, il a tourné autour de ce sujet pendant un certain temps. Quand nous sommes repartis, j'ai dit à sa fille : « Il ne nous a pas parlé de ça par hasard. »

Quand quelqu'un parle d'une autre personne, tant qu'il n'a pas complètement transcendé ses propres résonances avec cette personne, c'est de lui-même qu'il parle. Cet homme nous avait parlé d'une partie de lui-même et nous l'avons écouté comme s'il nous avait raconté un rêve, avec la même profondeur symbolique. Quand une personne s'exprime, son esprit voyage dans un certain champ de conscience et il *scanne* tout ce qui s'y trouve. Puis, soudain, un événement ou un souvenir surgit. L'esprit de la personne s'y connecte et cela génère en elle un état d'âme qui correspond au souvenir ou à l'évènement touché. Elle peut alors commencer à parler de quelqu'un d'autre qui reflète, en termes d'essences, d'énergies, l'état d'âme qu'elle ressent.

Donc, quel message nous a livré l'âme de cet homme en parlant de son confrère conducteur de bus ? On a voulu nous montrer que cet homme avait peur. Or, un homme ne dit généralement pas qu'il a peur, surtout pas un homme qui a passé autant d'années dans l'armée. Il n'osait pas nous dire qu'il avait peur. Si on n'a pas la compréhension multidimensionnelle que confère un long travail sur soi, on écoute d'une oreille et on ne saisit pas ce que l'âme de l'autre veut nous dire. À travers ce fait vécu tout simple, en apparence tellement banal, cet homme nous a livré un important message.

Revenons au souvenir de cet homme. Le chauffeur du bus scolaire symbolisait une partie de lui qui devait apprendre à s'occuper des autres, à les conduire vers leurs apprentissages de façon sécuritaire et bienveillante. Or, en voyant comment ce chauffeur conduisait, cet homme avait vraiment peur ! Pourquoi ? Parce que lui-même avait beaucoup de choses à comprendre et à apprendre pour savoir être gentil, attentionné. Quand on doit s'occuper d'enfants, cela peut faire ressortir chez certains leur force brute qu'ils doivent contrôler pour ne pas abuser d'eux ou les maltraiter. Cette bénévole nous avait partagé que cela n'avait pas été facile pour elle, son frère et leur mère. Son père avait été hyper impulsif, parfois violent. Il devait donc apprendre à gérer sa violence et ses conflits intérieurs et il n'avait pas encore la force requise pour visiter ses mémoires ; autrement dit, pour entreprendre un cheminement initiatique. Il n'était pas prêt à s'engager spirituellement. Donc, en mentionnant le chauffeur du bus scolaire, dont la conduite lui inspirait la peur, il nous révélait en langage symbolique ce qui n'allait pas bien en lui.

En tout temps, notre être aspire à matérialiser, à créer, car la création fait partie des fonctions de Dieu, de notre âme. De plus, en créant, on a tendance à oublier notre mal-être et à se sentir mieux ; même si des parties en nous ne sont pas au point. Quand on est immobilisé par la maladie comme dans le cas de cet homme, on n'a plus les moyens de se manifester, de matérialiser ; on n'a pas d'autre choix que de s'intérioriser. Alors on médite, généralement sans même le savoir. Et quand on fait cette introspection, l'esprit visite toutes sortes de mémoires étouffées, reléguées dans l'inconscient. Parmi les mémoires refoulées dans son inconscient, cet homme abritait aussi des contenus teintés d'agressivité, qui n'avaient pas été nettoyés. Son esprit voyageait dans ces secteurs et cela l'étouffait. Son âme était en captivité et il n'avait pas la Connaissance qui aurait pu l'aider à la libérer. Il n'était pas encore rendu à cette étape.

Quand on se trouve en compagnie de personnes comme cet homme, même si on ne dit rien – parce que la personne n'est pas prête à entendre un discours plus avancé sur la spiritualité –, l'âme, elle, reçoit un message. Elle est en contact direct avec la nôtre et on peut l'aider. Un travail très profond et puissant, peut se faire parce qu'on accompagne la personne dans sa peur de la spiritualité. On l'accepte comme elle est. Et cela, son âme le ressent.

Quelque temps plus tard, cette bénévole, donc la fille de cet homme, m'a partagé : « Mon père m'a dit que je suis allée lui rendre visite plusieurs fois ces derniers mois pendant la nuit, et que lorsque je suis là, je lui parle. Et moi, je lui ai répondu : 'Non, non, papa, ce n'est pas moi qui te rends visite.' Quand je lui dis ça, il insiste sur un ton autoritaire : 'Si, si, c'est toi. C'est bien toi. D'ailleurs, tu viens trop souvent : quelquefois, je te dis de t'en aller.' »

Je lui ai conseillé de ne pas essayer de le dissuader. Je lui ai dit : « Il parle en symboles ; tu es un symbole de lui-même. Bien entendu, tu ne dois pas non plus lui dire que c'est toi qui lui rends visite, même si c'était le cas et qu'en rêve tu l'avais visité. Qu'est-ce qui se passe, en réalité en lui ? Il a une ouverture de l'inconscient en ce moment ; le voile commence à s'enlever parce qu'il vieillit, se prépare à partir de ce monde. Et là, il touche d'autres mondes parallèles en lui, dans son ordinateur personnel, au-delà de la forme. Alors l'Intelligence Cosmique utilise ton timbre de voix pour le préparer, car il sait que tu travailles avec les Anges et que tu t'intéresses à tous ces sujets spirituels. Cela a du sens pour lui et le rassure parce qu'il te connaît bien ; tu es un beau symbole pour lui. Si c'était une voix inconnue qui lui parlait, il aurait encore plus peur et il se sentirait encore plus mal. Il a suffisamment peur comme ça ! Voilà pourquoi, au moment de la mort, les guides accueillent la personne en faisant parfois de la transfiguration, comme dans le film *Au-delà de nos rêves*. »

En Haut, Ils souhaitent tant nous aider à évoluer ; ils font tout pour cela, même si on n'est pas juste ! Comme un docteur ou une infirmière, qui soigne et s'occupe de tout le monde, sans mettre de côté ceux qui ne sont pas justes, en disant qu'ils ne le méritent pas. Chacun apprend et avance comme il peut sur le chemin de son destin, qui peut être dur pour certains, parce qu'ils sont dans un programme karmique où ils doivent récolter ce qu'ils ont semé dans d'autres vies. Comme les guides qui aident cet homme à préparer son passage vers l'au-delà, l'essentiel pour nous est de toujours faire preuve de compassion et de bienveillance.

Quelques jours plus tard, j'ai revu cette bénévole et j'ai remarqué que quelque chose avait changé dans son regard. Elle avait reçu tout un rêve ! Dans son rêve, *elle se trouvait dans une église, dans un lieu sacré. Elle ne pouvait pas vraiment discerner grand-chose — c'était la nuit —, mais elle sentait des forces positives. Soudainement, une porte s'est ouverte et des forces négatives sont entrées. Puis elle s'est fait soulever, s'est fait projeter à gauche, à droite et dans tous les sens par ces forces négatives, mais son corps ne touchait pas les murs.*

*Alors elle s'est mise à prier et à répéter : « L'amour l'emporte sur le faible. »* Elle s'est réveillée en criant cette prière.

Pourquoi lui a-t-On envoyé ce rêve ? Puisque la scène du début se déroulait dans une église, elle signifiait que dans sa spiritualité, la rêveuse allait à la rencontre de certaines forces négatives qui veulent trop contrôler les autres ; donc elle se fait contrôler dans le rêve pour savoir ce que c'est. Et on voit qu'elle a eu une belle réaction, celle de prier. Au lieu de répondre par l'agressivité, elle a répondu par un appel aux forces spirituelles.

Ce rêve – qu'On pourrait envoyer à bien des personnes dont l'inconscient n'est pas nécessairement aussi ouvert que celui de cette femme – est intéressant car il montre comment un être agit et réagit. Une personne peut abriter et extérioriser tant les forces du bien que celles du mal. Ces dernières – les forces négatives – se manifestent quand les mémoires de contrôle, d'ambition, d'avidité, d'envie et toutes sortes d'autres distorsions sont activées. Elles soulèvent l'être et le projettent dans tous les sens, dans toutes sortes de comportements distorsionnés. Voilà pourquoi certaines personnes ont tellement de *drive*. On les voit aller – elles sont agressives, elles ne sont pas gentilles – et on se demande : « Mais où vont-elles puiser toute cette force, toute cette énergie ? » Ce sont leurs forces négatives qui leur donnent une énergie puissante, littéralement capable de les soulever.

Voilà pourquoi, un jour, on se dit : « C'est assez ! Je ne ferai plus cela : c'est trop contrôlant, égoïste, ambitieux. » Alors, comme on n'est pas en mesure de tout purifier en même temps, on commence à nettoyer un petit morceau après l'autre. Mais, à chaque fois qu'une zone est nettoyée, certaines des forces négatives qui nous faisaient avancer s'en vont car elles ont fini leur travail. Cela produit alors la sensation d'un ballon qui se dégonfle. Avec un cheminement systématique, on arrive vraiment à rectifier toutes les zones de notre inconscient. Et un jour, on ne laisse absolument plus rien passer.

Dans ce processus, certaines personnes peuvent vivre de grandes fatigues – ce qu'on a appelé la fatigue chronique comme le père de cette bénévole qui était hyper contrôlant. C'est dû au fait que les forces négatives ne sont plus là pour leur fournir la *drive* à laquelle elles étaient habituées et les forces positives ne sont pas encore intégrées. Ce sont ces phases de transition que l'on appelle les initiations et qui correspondent à l'ouverture de l'inconscient.

De plus, comme mentionné plus haut, les forces négatives ne se délogent pas d'un seul coup. Elles sont souvent connectées à d'autres mémoires plus profondes. Alors, quand on travaille sur soi, certaines parties se rebellent et se manifestent de manière plus véhémente que jamais. On ressent alors plus d'agressivité et cela crée de réels déchirements. On ne se reconnaît plus, et ce que l'on voit n'est pas tellement beau. C'est normal. Il est important de bien comprendre ce processus car, évidemment, lorsqu'on chemine spirituellement, on veut émaner la bonté, la beauté et la lumière. Or, avant de stabiliser le nouveau réseau de forces, il faut prendre le temps d'effectuer un bon nettoyage.

⊙

L'exemple suivant montre comment on peut être gardé en captivité au plan affectif. Il touche le sujet de la *tyrannie*, qui est l'une des distorsions humaines de l'Énergie de Mebahel. C'est l'histoire d'une femme qui, comme l'homme de l'histoire précédente, est née le 27 mai et a donc Mebahel comme Ange Gardien sur le plan physique. Elle nous a expliqué qu'à partir de l'âge de trois ans, lorsqu'elle se promenait avec sa mère dans sa ville natale, elle s'arrêtait près d'un portail qui donnait accès à une maison tout à fait ordinaire. Il n'y avait là rien de spécial à regarder, et pourtant, elle s'arrêtait toujours devant ce portail sans savoir pourquoi elle le faisait. Elle s'arrêtait, puis elle repartait. Elle a fait cela jusqu'à l'adolescence. Dans la vingtaine, elle s'est mariée, a quitté sa ville natale et a eu trois enfants. Quand, de temps à autre, elle y retournait, elle allait promener ses enfants près de cette maison, pour ensuite repartir, toujours sans savoir ce qui l'y attirait.

Cette femme est restée mariée 15 ans avec un homme dominateur. « 15 ans de tyrannie, m'a-t-elle confié, où j'ai rampé comme un ver de terre. J'étais son esclave, jusqu'à ce que je décide de divorcer. » À partir de ce moment, elle a connu une grande ouverture. Elle a amorcé une quête spirituelle et a beaucoup cheminé. Elle nous a raconté : « J'ai continué à élever seule mes trois enfants. Pendant six ans, je n'ai eu aucun homme dans ma vie. Puis, un jour, j'ai eu un problème avec ma ligne téléphonique et j'ai appelé la compagnie de téléphone pour qu'ils m'envoient un réparateur. Quand le réparateur est venu, je l'ai trouvé fort sympathique, à tel point que nous nous sommes revus à plusieurs reprises. Et au bout d'un certain temps, eh bien, il m'a avoué son amour pour moi. Il m'a même avoué que lorsqu'il avait entre 15 et 17 ans, il m'observait en secret. »

Cette femme avait à peu près le même âge que lui, et à cette époque, elle travaillait dans une épicerie pour arriver à payer ses études. Lui, l'admirait en secret et il était déjà amoureux d'elle. Mais elle, ne l'avait jamais remarqué. Or, quand il lui a montré la maison où il avait habité avec ses parents jusqu'à l'âge de 25 ans, quelle n'a pas été sa surprise ! C'était la maison où elle s'arrêtait depuis l'âge de trois ans. Cette belle histoire nous montre comment l'âme fonctionne. Elle sait bien des choses ! Imaginez comme on peut se sentir triste, parfois, quand notre âme pressent le bonheur qui nous attend mais sait également les moments très difficiles que l'on devra vivre avant de le goûter.

Après avoir entendu cette histoire, mon mari a reçu un rêve dans lequel On lui a fait comprendre ce qu'avait vécu cette femme. *On lui a expliqué que nous allons parfois dans les mondes parallèles pendant notre sommeil. Et que si nous sommes très ouverts, nous savons où nous allons, mais qu'autrement, nous l'ignorons.* Certaines personnes ne savent pas du tout à quel endroit elles vont pendant la nuit. On rencontre d'autres âmes dans les mondes parallèles sur la base de nos résonances avec elles, tout comme dans la vie concrète en méditation ou via les signes. Deux âmes qui, physiquement, se situent à l'autre bout du monde l'une par rapport à l'autre, peuvent très bien se rencontrer dans les mondes parallèles. Elles peuvent communiquer entre elles sur les plans spirituel, intellectuel et émotionnel.

Ces deux âmes – la femme qui s'arrêtait devant la maison et son admirateur secret – se sont rencontrées pendant des années, mais On avait mis un voile sur leur expérience, si bien que sur le plan conscient ils l'ignoraient. Cette femme a une certaine médiumnité et elle était attirée par la maison au portail sans savoir pourquoi.

On ne lui donnait pas d'informations là-dessus. C'était voilé car autrement, elle Leur aurait parlé, En Haut et elle Leur aurait dit : « Ces 15 ans de tyrannie, je pense que je peux m'en passer. Donnez-moi tout de suite un autre programme. » Elle n'aurait pas voulu purger ces 15 ans, ou elle se serait dit : « Bon, eh bien, puisqu'il y a une date déterminée, je vais rester chez moi bien tranquille sur une chaise longue. Ça ne me donne rien de vivre 15 ans de grandes difficultés. » Cette femme vit depuis maintenant 20 ans avec cet homme de la maison au portail et, main dans la main, ils avancent ensemble sur le chemin de la libération de l'âme.

Pourquoi met-On un voile sur l'expérience des âmes ? Cette femme connaît la réponse maintenant ; elle sait pourquoi elle a dû vivre 15 ans de tyrannie. Grâce à l'Angéologie Traditionnelle, elle a compris la Loi de la résonance et elle a découvert ses petits tyrans intérieurs. On lui a montré qu'elle-même avait été tyrannique dans d'autres vies. Quand quelque chose est inscrit dans nos mémoires, on l'attire à l'extérieur, et c'est un cadeau. Quel autre moyen aurait une âme de prendre conscience qu'elle abrite des petits tyrans et de se débarrasser de leur influence ? Quand on est soi-même tyrannisé et qu'on se rend compte à quel point c'est douloureux, alors on se met à réfléchir et à éviter ce genre de comportement. Donc, je le répète, c'est un grand cadeau.

Cette femme a mis six ans à débroussailler cette zone de son inconscient et à se préparer à commencer sa nouvelle vie. Alors, vous voyez, autant les âmes de ces deux êtres étaient connectées dans les mondes parallèles, autant, le moment venu, elles ont été réunies dans la vie concrète. Le téléphone a été réparé.

⊙

Étudions maintenant la position de l'Ange MEBAHEL dans l'Arbre de Vie, ce schéma ancien qui montre à la fois la structure de la Conscience Universelle et de notre conscience individuelle, humaine. Le lieu de résidence ou domicile de MEBAHEL est la Séphira Hochmah qui représente les hauts niveaux de la Sagesse et de l'Amour Divins. On ne peut pas atteindre les hauts niveaux de conscience sans l'Amour et la Sagesse. En réalité, peu de personnes arrivent à les stabiliser. La Séphira Hochmah est symboliquement associée à la fraternité, l'évolution et l'altruisme. Sachant que l'Ange Mebahel réside dans la Sphère de l'altruisme, on comprend mieux que l'engagement soit l'une de ses Qualités. D'ailleurs, tous les Anges domiciliés dans cette Séphira concernent le profond engagement dans l'altruisme.

Mebahel se distingue des autres Anges de cette Séphira par son lieu d'expression, qui est la Sphère Netzach, laquelle est symboliquement associée à la planète Vénus. La position de Netzach dans l'Arbre de Vie, passablement proche du plan de la concrétisation, fait en sorte qu'avec l'Ange Mebahel on est porté à poser des actes d'aide humanitaire. La grande bonté uranienne se manifeste dans la relation avec les autres. Quand on saisit la nature de ces deux Sphères – particulièrement la puissance de l'Amour inhérente à la Séphira Hochmah, puissance qui dissout tout mal –, on peut mieux comprendre l'effet de l'exorcisme.

À chaque fois qu'agit une influence de Hochmah, l'accès aux biens de ce monde est facilité. C'est la chance, le bonheur, l'oasis de bien-être… bref, la vie à laquelle tout être aspire : celle où tout va bien, où notre jardin est en ordre. Pourquoi n'a-t-on pas toujours accès à une telle vie ? Parce qu'on a certaines choses à comprendre et qu'on ne sait pas réellement ce qui est bien et juste pour nous ; alors on expérimente, on cherche.

L'exemple suivant illustre comment l'insécurité financière et matérielle peut nous retenir en captivité. C'est l'histoire d'une femme qui reçoit beaucoup sur les plans subtils – par ses rêves, des signes et son intuition – et qui atteint parfois de hauts niveaux d'amour, des états de conscience très élevés. Voici un exemple du genre de rêves qu'elle reçoit : *Elle se trouvait dans une église ou un autre lieu sacré, et du plafond descendaient des colonnes de brocolis vivants qui marchaient.*

Les brocolis – comme tous les légumes, d'ailleurs – sont de beaux symboles. Les plantes représentent les sentiments, et ici on a un symbole de *beaux sentiments verts*, la couleur de l'amour. Un tel rêve témoigne que cette femme a la capacité de faire descendre, du monde spirituel jusque dans le concret, de beaux sentiments très vivants qui la nourrissent. Mais elle n'a pas encore nettoyé tout son inconscient et elle le sait ; et parfois c'est trop. Or, le trop de brocolis montre qu'elle a tendance à vouloir nourrir les autres ; mais cela est trop intense, comme une maman italienne qui nous force à manger pour lui faire plaisir parce qu'elle a des peurs et des manques en elle – je peux vous le confirmer car ma mère est italienne et elle est intense avec la nourriture. Dans d'autres vies, cette femme a connu des manques au niveau des ressources matérielles, et quelquefois cela ressort dans son attitude. Elle peut toucher de hauts niveaux de conscience et avoir un comportement très altruiste, mais quand son insécurité matérielle refait surface, elle devient une autre personne. Confrontée à cette insécurité, son attitude altruiste s'estompe.

Cette femme et son mari ont une petite entreprise et, comme dans toute entreprise de cette taille, les courbes de revenus connaissent des hauts et des bas. Par un rêve, l'Intelligence Cosmique a averti son mari de ce qui s'en venait. Dans son rêve, *il portait une chemise sur laquelle était inscrit le nom de leur entreprise. Soudain, un homme qu'il connaît dans le concret est arrivé pour lui offrir son aide.*

Le fait qu'il portait une chemise sur laquelle le nom de leur entreprise était inscrit, signalait que le rêve concernait cette dernière. J'ai demandé au rêveur ce que représentait pour lui l'homme qui lui a offert son aide. Il m'a répondu : « Quand j'étais tout jeune, mon grand-père a apporté son aide à un itinérant. Mon grand-père n'était pas riche mais il était généreux. Il a accueilli l'itinérant, l'a nourri, et après quelque temps, cet homme a fait fortune et il n'a jamais oublié l'aide qu'il avait reçue. Or, quelques années plus tard, je me suis retrouvé dans une situation quelque peu difficile et j'ai demandé un prêt à la banque. À la dernière minute, le banquier a refusé de m'accorder le prêt. J'ai alors appelé cet homme – l'ancien itinérant qui avait fait fortune et qui était devenu l'ami de la famille – pour lui parler de ma situation. Il a appelé le gérant de la banque et lui a demandé de me faire un chèque – d'un gros montant. Il lui a dit : 'Si vous ne voulez pas lui faire ce chèque, allez chercher l'argent directement dans mon compte.' Alors le banquier a cédé. »

Par ce rêve, On a averti le rêveur qu'il devait s'attendre à rencontrer des imprévus avec son entreprise, qu'il pouvait même se retrouver dans une situation *in extremis*, mais qu'il ne devait pas s'inquiéter. On lui a signifié que la Providence allait se manifester par une aide concrète – concrète parce que c'était un homme qui offrait son aide dans le rêve. Si le personnage avait été une femme, On aurait annoncé une aide intérieure telle que la motivation ou l'espoir.

Les mois se sont écoulés et, en effet, à un moment donné l'équilibre financier est devenu précaire à cause d'imprévus et d'importantes factures à payer. Et là, cette femme a senti resurgir ses mémoires de brocolis qui n'étaient pas encore nettoyées. Elle a versé dans l'inquiétude et elle est devenue captive de son insécurité. Si on avait pu voir l'énergie que cette femme dégageait alors, on aurait vu un être apeuré derrière des barreaux, une énergie totalement différente de celle qu'elle dégage en d'autres temps, quand les brocolis sont en profusion.

En Haut, Ils l'aiment beaucoup, Ils la surveillent – comme Ils le font avec tout le monde, d'ailleurs – et Ils lui ont envoyé un rêve. Dans son rêve, *elle voyait mon époux qui sanglotait, qui pleurait à chaudes larmes. Elle s'est approchée de lui et lui a dit : « Mais Kaya, pourquoi pleures-tu comme ça ? » Il s'est arrêté de pleurer, il l'a regardée et lui a dit : « En Haut, Ils m'ont dit que je pleurais comme ça seulement quand j'avais une tête de mule en face de moi. »* Quand elle s'est levée, elle avait compris que mon mari représentait une partie d'elle-même, qu'il avait été utilisé par l'Intelligence Cosmique comme symbole spirituel. On a voulu lui dire : « C'est assez ! Tu as donc la tête dure ! Avec tout ce que tu sais, tu oublies encore que tu expérimentes dans la matière, et tu te mets dans des états pareils pour de la matière ! »

Cela l'a remise d'aplomb – se faire dire par l'Intelligence Cosmique qu'on a une tête de mule, ça nous secoue, n'est-ce pas ? Parce que les messages reçus en rêve pénètrent directement dans nos cellules. C'est très puissant. Alors cette femme a fait la Récitation Angélique et, quelques semaines plus tard, les commandes se sont multipliées et de nouveaux clients se sont manifestés. Des journalistes d'un quotidien à grand tirage ont même écrit un article sur le produit – assez spécial – qu'offre leur entreprise. C'était la première fois que ce produit recevait autant de visibilité. Son mari n'en revenait pas. Il a dit : « Ça ne se peut pas, tellement c'est beau, je suis dépassé par tout ce qui arrive ! » Son rêve se matérialisait. Par ce rêve, On leur avait dit : « N'oubliez pas que tout vient toujours d'En Haut. » Car autant on peut être captif quand on a des insécurités financières et matérielles, autant, pour certaines personnes, l'abondance elle-même peut les tenir captives. La différence entre les deux sortes de captivité est que dans le deuxième cas, la cage est dorée.

⊙

Dans l'exemple qui suit, nous allons voir comment les systèmes de pensées peuvent nous maintenir en captivité.

Une femme qui était venue aux conférences pour la première fois m'a demandé une interprétation de rêve. Dans son rêve, *elle voyait un beau tapis qui portait une inscription en caractères hébraïques comme ceux de la Bible ancienne. Elle n'arrivait pas à décoder cette inscription. Son frère et sa sœur se trouvaient là, dans la même pièce qu'elle. Soudain, elle a vu descendre une cage du plafond. Dans cette cage se trouvait un homme qui était retardé mentalement. Elle a glissé sa main entre les barreaux de la cage et elle lui a passé la main dans les cheveux. Alors l'homme s'est mis à pleurer longuement. Au bout d'un moment, la cage est remontée et l'homme – qui s'y trouvait toujours – l'a implorée : « Tu reviendras me voir, n'est-ce pas ? » Elle lui a répondu : « Oui, je reviendrai te voir. »*

Tous les éléments contenus dans ce rêve représentaient des parties de la rêveuse : le tapis, le frère, la sœur, la cage, etc. Un rêve est comme une phrase : pour le comprendre, on commence par le début. En premier lieu, On a présenté le thème du rêve : le tapis. Alors on analyse avec une grande logique et on se pose la question : « À quoi sert un tapis dans le concret ? » Tout d'abord, il repose sur le plancher. Le plancher représente la stabilité, un fondement solide sur lequel on se déplace, et quand il n'y en a pas, on n'est pas stable. Il fait également référence aux pieds, qui sont un symbole d'action. Le tapis évoque aussi le confort, la chaleur ; il touche donc au côté affectif. Par conséquent, ce symbole représente la stabilité affective lorsqu'on est dans l'action.

Puis la rêveuse a vu des caractères d'écriture qui ressemblaient à l'ancien hébreu de la Bible. Or la Bible touche à la connaissance spirituelle. Le fait qu'elle n'arrive pas à décoder l'inscription indique qu'elle n'avait pas accès à la Connaissance, à cette Connaissance qui procure une grande stabilité affective. Quand on intègre de hauts niveaux de conscience comme celui que nous confère l'Ange Mebahel, on acquiert une très solide stabilité affective. Peu importe ce qui se passe à l'extérieur, on demeure stable.

Ensuite On lui a montré pourquoi elle n'avait pas accès à la Connaissance. C'est en lien avec les trois personnages qui se trouvaient là : le frère, la sœur et l'homme en cage. Je lui ai demandé : « Qu'est-ce que ton frère représente pour toi ? » Elle m'a répondu : « Il est épileptique. » Pourquoi un être fait-il des crises d'épilepsie ? Quelle est la signification essentielle de cette maladie ? Une personne qui fait des crises d'épilepsie vit un écartèlement entre certaines parties de son être ayant une énergie spirituelle très puissante qui ne réussit pas à passer au niveau concret et d'autres aspects très instinctifs, voire des forces animales inconscientes, qui bloquent l'énergie. L'être vit un décalage entre l'esprit et la matière. Cette femme – la rêveuse – n'est pas épileptique, mais On lui a montré que certaines parties d'elle avaient ce problème. Et comme le frère est un homme, ce décalage intervient au niveau de son action, de sa manifestation.

Je lui ai posé la même question pour sa sœur, et elle m'a répondu : « Ma sœur représente pour moi la spiritualité, c'est elle qui m'a amenée ici, elle est vraiment très spirituelle. » On voit le contraste entre le symbolisme du frère et celui de la sœur. Dans son intérieur, cette femme a une grande aspiration spirituelle, mais à l'extérieur, ses actions témoignent justement de ce décalage. Ensuite, par le symbole de la cage qui descendait du plafond, On lui a montré la cause de cet écartèlement. Ce qui vient d'en haut appartient – symboliquement – au monde des causes.

Lorsqu'un jour on a accès au monde des causes, on peut participer consciemment à notre évolution parce qu'on peut libérer toutes ces parties opprimées, captives. Par ce rêve, On a permis à cette femme d'accéder au monde des causes. On lui a montré : « Regarde pourquoi tu es limitée sur le plan physique, pourquoi tu te sens opprimée, comme en captivité. C'est parce qu'il y a cette partie-là. » On lui a présenté l'homme en cage et elle ne l'a pas rejeté. Au contraire, elle l'a caressé lui montrant ainsi qu'elle l'aimait. On doit agir de la même façon avec nos distorsions, en reconnaissant le potentiel qui est derrière elles. On se comporte un peu comme avec un enfant qui fait une petite crise et qu'on aime quand même. C'est seulement à ces conditions qu'on a le pouvoir de créer des changements en soi et chez les autres. Si on les rejette, elles demeurent là, recroquevillées dans un coin de notre inconscient et elles se manifestent dans notre vie quotidienne sous forme d'attitudes et de comportements distorsionnés. Bien sûr, aimer implique parfois aussi la nécessité de prendre des décisions rigoureuses, comme dans l'application de la justice quand celle-ci doit intervenir pour limiter un être, ou comme on le ferait avec notre enfant quand on le confine dans sa chambre pour qu'il réfléchisse un certain temps sur un comportement non juste qu'il a eu.

Ensuite, on a vu l'effet de l'amour que cette femme a manifesté à l'égard de l'homme dans la cage. Cela a fait ressortir de la tristesse car l'être captif a commencé à pleurer. À la fin du rêve, On a montré à cette femme que cette partie de son être n'était pas encore libérée, qu'elle devait continuer son travail sur elle pour pouvoir la libérer.

Bien des personnes ont de telles parties captives à l'intérieur d'elles, mais On ne les leur montre pas nécessairement, ou seulement par bribes. Bien entendu, chacun abrite aussi des parties joyeuses et libres, mais les parties captives affectent et limitent l'intégralité de l'être. Elles rendent la personne triste, ou alors il suffit d'un petit événement pour qu'elles envahissent sa conscience et lui donne l'impression d'être entièrement opprimée.

J'ai dit à cette femme : « Que devrais-tu faire avec un tel rêve ? Tu devrais méditer en Leur demandant de te montrer quand tu as des pensées qui te retardent, qui t'handicapent. » Cette femme n'a pas de problèmes mentaux au plan concret. Au contraire, elle est très fonctionnelle, intelligente. Par ce rêve, On a voulu lui montrer que certaines pensées l'empêchent d'avoir accès à la Connaissance, laquelle procure une grande liberté et la stabilité affective. Travailler véritablement sur soi, c'est maintenir la vigilance en tout temps. Ainsi, lorsqu'un certain type de pensées surgit, on s'en aperçoit. Par exemple, l'image de la cage pourrait soudainement revenir à l'esprit de cette femme, elle se dira alors : « C'est cette sorte de pensées qui me retarde, m'handicape. » Sans la vigilance et l'étude de soi, il est difficile d'intercepter certaines pensées.

En Haut, Ils ont plusieurs façons de nous montrer que notre âme se libère. Pendant la période où nous préparions cette conférence, plusieurs personnes sont venues me raconter des rêves de libération. En voici un que m'a partagé une femme qui était venue pour la première fois aux conférences.

Elle m'a dit : « Dans mon rêve, *je voyais ma mère très souffrante qui se trouvait par terre* – dans le concret, sa mère était déjà partie dans l'au-delà et la rêveuse l'avait accompagnée en phase terminale. *Ma sœur aussi était là. J'ai dit à ma mère que j'allais lui chercher de l'eau, et à ma sœur de rester auprès d'elle. Mais ma sœur a refusé de rester, elle voulait m'accompagner. Nous sommes donc allées ensemble chercher de l'eau. Quand je suis revenue, c'était épouvantable, ce que j'ai vu. Ma mère gisait dans une eau sale. Elle avait tellement vomi qu'elle était dedans, et il y avait un homme qui pelletait. C'était vraiment un rêve difficile.* »

Lorsqu'on se réveille avec un tel rêve, c'est très puissant. Bien sûr, ce n'est pas un rêve facile à vivre, mais normalement, quand On nous montre en rêve un personnage qui vomit, cela signale qu'une libération s'opère au niveau de l'âme du rêveur. Or, lors de ce processus, on peut ressentir des états de grande fatigue physique et psychique. Cependant, pour que la scène ait une signification positive, elle doit se dérouler dans de bonnes conditions. Par exemple, la personne doit être dans une position normale, se trouver dans un cabinet de toilette propre, etc., tout comme dans le concret. Dans le pire des scénarios, un rêve de ce genre peut annoncer une maladie qui débute ou signaler qu'elle se renforce.

Quand on a mangé quelque chose de malsain ou d'avarié, on peut se retrouver dans un état dysfonctionnel et incapable de penser clairement. Mais après avoir régurgité, on se sent tellement mieux ; ça c'est le côté positif de ce genre de rêve ! C'est la même chose pour l'âme. Elle peut avoir *avalé* toutes sortes de pensées et d'émotions indigestes. On avale aussi toutes sortes de choses sur les plans subtils de notre être, la plupart du temps inconsciemment. Puis arrive le jour où l'âme n'en peut plus, elle est tellement surchargée qu'elle n'arrive plus à digérer. Ce genre de situation peut facilement se produire quand on invoque un Ange, et dans nos rêves, On peut alors nous montrer : « Regarde, ton âme se libère. »

Tous les éléments de ce rêve représentaient des parties de la rêveuse. Sa mère symbolisait son monde intérieur. Avant que cette femme ne vienne aux cours, En Haut, Ils avaient commencé à ouvrir son inconscient, à soulever le voile, et elle a eu accès à certaines mémoires distorsionnées. À la pause, une bénévole lui avait donné les Noms de ses trois Anges Gardiens, puis cette femme a regardé *Les Cartes des Anges* – les cartes aide-mémoire qui listent les Qualités Angéliques et les distorsions humaines. Ensuite, elle s'est avancée vers moi en pleurant à chaudes larmes. Elle m'a dit : « Je me reconnais seulement dans les distorsions. » C'était son rêve qui se manifestait. Bien entendu, cette femme n'avait pas uniquement des distorsions, elle avait aussi de très belles qualités, mais à ce moment-là, elle était aux prises avec des mémoires distorsionnées qui l'amenaient à se sentir très mal.

En plus, sa mère gisait sur le sol, étalée dans le vomi. Quand on reçoit un tel rêve, on peut ne pas se sentir bien le lendemain. Mais un jour, on est habitué à ce processus et on demeure stable et content. On sait que chaque fois qu'On nous montre une partie de nous qui n'est ni belle, ni juste, une fois nettoyée, l'âme respirera mieux et on sera en mesure de mieux aimer, y compris soi-même.

Quand, dans un rêve, on va aux toilettes, là aussi il est question de libération. Souvent, les personnes qui cheminent s'attendent à voir des êtres de lumière et toutes sortes d'autres belles images dans leurs rêves. Oui, on en voit, mais on reçoit aussi beaucoup de rêves de libération avec des scènes semblables à celles qu'on vient d'étudier.

Généralement, les gens me disent à propos de tels rêves : « Je n'osais pas venir vous raconter ça : c'est tellement laid ! » Ensuite, une fois qu'ils me les ont partagés, ils sont contents de l'avoir fait parce qu'ils se rendent compte que ces rêves sont des cadeaux. Au début de notre cheminement, mon conjoint et moi avons fait tellement de cauchemars ! Mais c'est comme pour un médecin qui devient avec le temps, spécialiste des maladies. Aujourd'hui, nous pouvons aider les autres, leur montrer la voie qui leur permet de transformer leur vie. Lorsqu'en rêve, on a accès à l'inconscient des personnes de la planète qui ne cheminent pas ou qui sont dans une conscience ordinaire – par exemple en voyant des statistiques qui mettent en lumière le fonctionnement des gens à grandes échelles – on verra qu'un grand nombre est aux prises avec la constipation et d'autres problèmes digestifs sévères, symboliquement parlant. Quand on s'ouvre, on sent énormément de choses et on doit alors faire preuve de beaucoup d'amour et de compassion.

⊙

L'histoire vécue suivante touche au sujet de *l'exorcisme*, qui, comme nous l'avons vu, fait partie des Qualités de l'Ange Mebahel. Mais voyons d'abord, en quoi consistent les forces démoniaques et comment elles se manifestent. Pour simplifier et faciliter la compréhension, on peut dire qu'il existe deux types de situations où ces forces peuvent se présenter : l'une, lorsqu'une personne est possédée et l'autre, lorsqu'elle est en initiation. Il y a une grande différence entre les deux.

Chaque être abrite des forces positives et des forces négatives ; l'Univers, la Conscience Universelle existe en chacun de nous. Chez une personne possédée, les forces négatives ont pris presque toute la place dans sa conscience et elles la poussent à commettre des actes violents, voire criminels. Si on analysait les rêves d'une personne criminelle juste avant qu'elle ne commette son méfait, on pourrait discerner les forces démoniaques qui sont sur le point de se manifester. Cela étant dit, une personne possédée peut toujours s'en sortir grâce à la Récitation Angélique intensive et à la prise de conscience des Lois Cosmiques.

Je vous donne un exemple de ce genre de personne : Robin des Bois. Ce personnage et ses acolytes disaient : « Nous, nous voulons voler les riches. Ils ont mal gagné leur argent, et de toute façon, ils en ont trop. » De tels systèmes de pensées sont inversés. Les criminels ont ceci en commun avec eux, qu'ils commettent leurs délits de sang-froid, car eux aussi ont intégré un système de pensées inversé. S'ils changeaient leur façon de penser, les forces démoniaques qui les habitent et qui mélangent leur perception du bien et du mal, ne pourraient plus les influencer ; elles auraient terminé leur travail.

Toutes les forces intérieures – tant les négatives que les positives – ont une fonction éducationnelle. Elles sont là pour aider l'être à évoluer. Ainsi, on ne sera pas surpris de voir une personne, ayant déjà été possédée et s'en étant libérée, devenir tout aussi intense dans le positif qu'elle l'était dans le négatif. Elle peut faire alors beaucoup de bien.

L'autre type de situation où les forces démoniaques peuvent intervenir, c'est chez les personnes en initiation. Dans ces cas, les forces positives en l'être sont plus fortes que chez les personnes possédées et les criminels. À un moment donné, l'Intelligence Cosmique peut déclencher une initiation en rêve où la personne rencontrera des démons qui sont tout simplement des forces concentrées de mal, d'ordre personnel et/ou collectif, qui émergent de son inconscient pour l'amener à confronter ses choix. Leur fonction est d'aider l'être à grandir, de lui apprendre la maîtrise du bien et du mal. À partir du moment où il parvient à voir les choses de cette façon, il peut répondre aux démons par les forces de l'Amour et de la Sagesse. À ce sujet, je vous recommande de tout cœur la lecture du livre de mon mari, *Devenir un ange, Le chemin de l'illumination*. Il y partage ouvertement ce qu'il a vécu avec les démons et c'est tellement intéressant et concret ; du jamais vu dans un livre, et ce livre aide, inspire tellement de gens maintenant à traverser les initiations angéliques.

Étudions maintenant le symbole du démon. Si on pouvait voir le rêve d'une personne qui est sur le point de poser un geste de violence ou criminel, on pourrait apercevoir, par exemple, un ours méchant ou une panthère agressive ; une force instinctive très puissante qui veut obtenir la satisfaction d'un besoin personnel. Ces images représentent un certain degré de mal, de négatif. Mais si on allait beaucoup plus loin dans l'inconscient, derrière ce symbole, on trouverait une force démoniaque. Il est important de comprendre que tous les symboles négatifs, toutes les énergies maléfiques découlent de la force démoniaque qui incite à penser à soi avant de penser à l'autre ; c'est donc un problème d'égo. Avec l'ours et la panthère agressifs, la violence est moindre qu'avec un démon. Quand on fait face aux démons, c'est tellement puissant ! Là encore, ce sont Eux, En Haut, qui décident du degré de violence que l'être devra affronter à un moment précis de son cheminement. Un jour, on ne combat plus : on répond par les forces de l'Amour et de la Sagesse. Évidemment, cela demande de l'entraînement. Chaque fois qu'une personne est agressive à notre égard et qu'on réussit à maîtriser notre réaction – même au niveau des pensées, par exemple par l'Angelica Mantra –, on fait de l'entraînement. Un jour, on peut faire face aux forces négatives les plus puissantes et conserver notre maîtrise. Les grands initiés doivent passer par de tels entraînements, cela fait partie des étapes qui mènent aux plus hauts niveaux de conscience.

Alors voici l'histoire vécue que je vous ai annoncée. C'est celle d'un homme qui a traversé toute une initiation. Dans l'un de ses rêves, *il voyait plusieurs démons. Il sentait qu'il n'avait pas la maîtrise. Il se sentait plutôt agressif et avait des pulsions de colère.*

Le lendemain, dans le concret, cet homme devait collecter un montant chez un locataire qui n'avait pas payé son loyer. Il a frappé à la porte et le locataire n'était pas très gentil avec lui. De plus, il ne voulait pas payer. À ce moment-là, cet homme a senti l'agressivité monter en lui. Il avait des pulsions de colère très puissantes, mais il a réussi à éviter toute altercation. En sortant de l'immeuble, il s'est dit : « Mon rêve… j'ai eu les mêmes sensations que dans mon rêve ! » Il avait évité l'affrontement sur le plan physique, mais il a tout de même dégagé une certaine énergie agressive. Il a senti cette énergie durant toute la journée, mais il a fait la Récitation Angélique sans relâche. Et les pensées négatives ont fini par se dissiper. Voilà ce que sont les initiations : des tests. C'est très puissant, très concentré ; et surtout avec les démons. On doit se rappeler de ne jamais répondre par l'agressivité à qui ou à quoi que ce soit, même dans les cas extrêmes. Si nécessaire, on compte sur les forces policières et les lois humaines pour immobiliser la personne et redresser la situation. C'est cela, le chemin de la maîtrise.

⊙

L'exemple suivant illustre comment réagir face aux adolescents. Tout le monde sait que pour nombre d'entre eux cette période n'est pas facile. Quand ils nous racontent leurs rêves, on peut mieux comprendre leur programme et possiblement, les aider.

Lors d'un de nos voyages en France, une femme a demandé à mon époux l'interprétation d'un rêve que son fils de 13 ans avait reçu.

*Dans son rêve, le garçon voyait deux armées, une armée qui était positive, gentille, et une autre armée – l'armée chinoise – qui était négative et injuste. Il n'était pas content de lui-même parce qu'il allait combattre dans les rangs de l'armée chinoise. Il savait que ce n'était pas juste, mais il y allait quand même.*

Au début de l'adolescence, le voile de l'inconscient commence à se lever et les jeunes sont amenés à visiter dans leurs rêves des mémoires de vies passées. S'ils portent dans leur âme de lourds karmas, ils sentent ceux-ci leur coller à la peau. Or, s'ils profitent de ces rêves pour travailler sur eux et nettoyer leurs mémoires alors qu'ils sont encore jeunes, le reste de leur vie sera plus facile.

Ce rêve révèle qu'un programme avait été activé chez ce garçon, un programme qui allait éveiller en lui certaines forces négatives. Analysons le symbolisme de la Chine. Considéré en tant que symbole, chaque pays revêt une signification positive et une autre négative, comme d'ailleurs tous les symboles. Le côté positif de la Chine est, entre autres, sa sagesse ancestrale et une capacité considérable à matérialiser de grands projets. Du côté négatif, on peut déceler une certaine avidité, une trop grande emphase mise sur la matière, un côté froid, égoïste sur le plan humain – du moins actuellement. Puisque le sentiment du garçon dans son rêve était plutôt négatif, c'est l'aspect négatif du symbolisme de la Chine que l'on doit considérer dans l'interprétation. Le programme qui était lancé chez ce jeune se caractérisait donc par une avidité matérielle qui allait générer des conflits. Quand la mère du garçon a écouté cette interprétation de mon époux, elle a réagi en lui disant : « Je le reconnais. Il est déjà dans ce programme, il a tellement changé dernièrement… il combat pour acheter, pour avoir pleins de choses. C'est tellement intense, froid, égoïste, il ne pense qu'à lui ! »

Si on sait qu'un programme négatif est mis en marche chez un être, on ne peut pas l'empêcher de le vivre. À moins d'être très évolué et d'agir à la manière d'un guide, c'est impossible. Cependant, on peut mieux l'accompagner. On sait ce qu'il vit intérieurement et on n'est pas surpris par son comportement. Et s'il nous raconte ses rêves, on peut l'aider à prendre conscience de certains tournants. Par exemple, lorsque ce garçon devient agressif, sa mère peut, avec beaucoup d'amour et de pédagogie, lui dire : « On dirait que tu es dans le conflit armé de ton rêve », et l'ado peut se reprendre. Ce n'est ni papa ni maman qui s'immiscent dans sa vie, c'est lui-même qui a reçu ce rêve. Il est important alors de pouvoir en discuter avec lui, sans lui faire la morale. Les adolescents sont très touchés par la symbolique, et c'est justement de symboles que sont constitués les rêves. De plus, ceux-ci s'adressent directement à l'âme. Ainsi, un simple rappel parvient à les toucher.

Voyons maintenant un autre exemple de programme annoncé en rêve. Il s'agit à nouveau d'un rêve reçu par un adolescent. Dans son rêve, *il voyait une grande maison où se trouvaient plusieurs piscines. Dans ces piscines, il y avait des dauphins. Lui, devait s'assurer que les dauphins ne manquent jamais de nourriture. Puis il a vu un jeune homme dans la vingtaine. En le regardant, il s'est rendu compte que c'était lui-même à l'âge adulte.*

Ce rêve annonçait tout un beau programme pour ce garçon. Les piscines représentaient le monde des émotions à cause de l'eau. La piscine a aussi un caractère collectif – par contraste avec une baignoire qu'on utilise de façon individuelle. Les dauphins représentaient certains aspects instinctuels du rêveur en lien avec son plan émotionnel, puisqu'ils vivent dans l'eau. Le dauphin est aussi un beau symbole de non-violence, de service et d'entraide ; il a la réputation d'aider parfois les humains qui sont en péril.

Le rêveur devait s'assurer que les dauphins soient toujours bien nourris, et il se voyait dans ces mêmes lieux dans la vingtaine. Par ces faits, On lui annonçait que, rendu à l'âge adulte, il allait continuer sur le plan émotionnel de son être, à nourrir ces beaux aspects – à savoir, l'entraide, le service, l'altruisme et la non-violence. Bien sûr, quand On nous montre un programme – celui de notre propre vie ou celui d'une autre personne –, qu'il soit beau comme celui avec les dauphins, ou moins reluisant comme celui avec l'armée chinoise, pour l'Intelligence Cosmique, cela ne fait pas de différence. Un jour, on est capable de se dire : « C'est ce que mon enfant doit vivre » et on l'accompagne de notre mieux. Ou bien : « C'est ce que je dois vivre. Je m'aime avec ce programme, c'est celui qui me fera le plus grandir. C'est ce dont j'ai besoin. »

Nous allons conclure ce cours avec une dernière histoire vécue qui touche à l'ultime engagement et l'ultime libération de l'âme.

Une femme très courageuse m'a demandé comment elle pouvait le mieux se préparer à ce que son fils allait vivre. Elle m'a dit qu'elle sentait que son fils allait bientôt mourir, que ce moment était tout proche. Quand son fils avait cinq ans, les médecins lui ont diagnostiqué une maladie incurable, disant qu'il n'en avait plus que pour quelques années.

Cette femme m'a dit :

— Je sais qu'On lui a prolongé la vie : il est maintenant dans la vingtaine, et je suis consciente que sa fin est proche. Il a des tuyaux dans la gorge et l'estomac. Cet enfant a été un grand maître pour moi. Il m'a enseigné l'acceptation, la patience et l'amour. Ça fait 20 ans que je l'accompagne. J'aimerais tellement être présente quand il va partir dans l'au-delà !

— Il vaut mieux que tu ne nourrisses pas d'attentes, lui ai-je conseillé. Quand tu t'adresses à Dieu, dis-Lui : « Que Ta Volonté s'accomplisse. » En désirant être présente quand il partira, d'une certaine manière, tu retiens son âme.

Dans mon expérience d'accompagnement de personnes en phase terminale, j'ai pu observer que souvent, dans les derniers moments, les proches demeurent près de la personne jour et nuit. Dans les cas où celle-ci sent trop de pression, elle choisit de partir au moment où le proche prend une pause ou s'éloigne.

Puis cette femme m'a un peu parlé de sa vie. C'était très touchant. Elle m'a raconté que lorsque son fils avait 10 ans, ils avaient regardé ensemble une émission de télévision où l'on parlait des secrets de famille. Après l'émission, il lui avait demandé :

— Est-ce que nous aussi, nous avons un secret de famille ?

— Oui, et je vais te le dire maintenant, lui a-t-elle répondu. Lorsque j'avais 17 ans, j'ai été enceinte. J'ai eu un petit garçon, mais mes parents avaient honte de moi et je n'ai pas pu le garder. J'ai dû l'abandonner, je n'avais pas le choix, et ça m'a causé beaucoup, beaucoup de tristesse.

— Mais pourquoi tu ne vas pas le chercher ? lui a demandé son fils. Vas-le chercher maintenant. Amène-le ici, à la maison.

— Non, par amour je n'irai pas le chercher parce qu'il a des parents adoptifs, un père, une mère… Je ne veux pas déranger sa vie.

Quelques mois après cette conversation, cette femme a reçu un appel téléphonique d'une thérapeute. Celle-ci lui a dit : « Madame, j'ai votre fils en face de moi. Il aimerait vous voir, vous rencontrer. » C'était son premier fils, celui qu'elle avait dû abandonner, et qui était rendu à l'âge de 20 ans.

Elle a ajouté :

— Cela a été une rencontre tellement belle ! Mais il y a eu des hauts et des bas. En fait, il y a plus de bas que de hauts parce qu'il m'en voulait de l'avoir abandonné.

Je lui ai dit :

— Quand vous m'avez parlé de vos propres parents, même si vous m'avez dit que vous leur aviez pardonné, au-delà de ces mots, j'ai senti que vous aviez encore un peu d'amertume envers eux. Donc, on voit un lien avec l'attitude de votre fils. La meilleure manière de pardonner, de libérer votre âme de ce sentiment d'injustice, c'est de considérer votre père et votre mère comme des parties de vous. Dans votre programme, le désengagement était inscrit. Si On vous avait choisi d'autres parents, vous auriez vécu la même chose avec eux. Dans votre programme était inscrit également ce qui allait se passer avec vos deux fils. Avec le premier, il y a eu un désengagement, ce qui vous a amené à vous consacrer avec un engagement total – avec tant de courage et d'amour – à votre deuxième enfant. C'était ça, votre programme. Vous n'auriez sans doute pas vécu un tel engagement si vous n'aviez pas dû abandonner votre premier enfant. Cet engagement vous a fait beaucoup évoluer !

Elle m'a regardé un moment, puis elle s'est exclamée :

— Justement ! Il y a quelques jours, j'ai reçu un enseignement dans un rêve. *Je voyais mon fils, celui qui est malade. Je lui ai enlevé le tuyau de la gorge et j'ai longuement versé de l'eau dans sa gorge. Mais soudainement, je me suis dit : « Non, non, il faut que j'arrête. Si je continue à verser de l'eau, je vais le faire mourir. » Alors j'ai arrêté. Ensuite, une voix m'a dit : « Ton fils est une partie de toi. »*

Cette femme a vraiment reçu un enseignement de haut niveau dans ce rêve. Elle aurait pu avoir visité l'âme de son fils, mais On lui a bien précisé que celui-ci était une partie d'elle, une partie de son être qui se trouvait en phase terminale. On a voulu lui dire qu'avec tout ce qu'elle avait fait pour lui depuis si longtemps, elle lui avait déversé beaucoup d'amour. L'eau, c'est la purification, mais c'est aussi l'amour. »

Je lui ai dit : « Dans le rêve, tu as enlevé le tuyau qui le gardait artificiellement en vie, mais à un moment donné, tu as pris conscience qu'il pourrait en mourir et tu ne voulais pas qu'il meure. Cela signifie que tu ne veux pas que cette partie de toi qui est en phase terminale meure pour renaître à un autre état de conscience. Tu es venue me parler pour savoir comment tu pouvais le mieux accompagner ton fils dans ses derniers moments. Mais On t'a déjà donné la réponse directement, à l'intérieur de toi. On t'a montré que ce que tu fais avec cette partie de toi, tu le fais également avec ton fils. Même si tu dis : 'Je sais qu'il serait mieux dans les autres mondes, avec tout ce qu'il a souffert', tu le retiens encore – et c'est cela qu'On t'a montré. L'ultime cadeau que tu peux faire à ton fils, c'est de libérer cette partie à l'intérieur de toi-même. Parce que le programme de ton fils est intimement lié au tien. C'est vraiment le plus grand cadeau que tu pourrais lui faire ; et par la suite, son départ, son heure, ce sera le Ciel qui en décidera. »

De la même manière, le plus grand engagement que l'on puisse offrir à nos enfants, nos actions et toutes nos œuvres, c'est d'abord et avant tout de se dire : « J'ai fait de mon mieux. Et maintenant mon Dieu, que Ta Volonté s'accomplisse. »

# ANGE 6 LELAHEL
## La beauté de l'âme

Comment peut-on retrouver la beauté de l'âme ? Simplement en se répétant intérieurement le Nom de l'Ange LELAHEL. Une intense lumière est alors dégagée, une lumière d'Amour et de guérison. On peut ainsi devenir un modèle Angélique qui inspire par la beauté intérieure. Trop simple pour être vrai, diront certains esprits cartésiens.

Dernièrement, nous avons pris connaissance des résultats d'une étude réalisée par un médecin japonais qui prouvent, hors de tout doute, que les vibrations des pensées influencent fortement la structure de l'eau. Or, quand on considère que l'eau est contenue dans la nourriture, les plantes, les animaux, le corps humain – environ 70 % de notre corps physique et de la surface de la Terre sont constitués d'eau –, on mesure l'importance de ce phénomène. On mesure aussi à quel point il est important d'en avoir conscience. Quand j'ai lu le livre qui rapporte ces découvertes, mon âme s'est réjouie, car ces résultats valident ce que les sages savent depuis la nuit des temps : les pensées, les émotions et les actions influencent la mémoire cellulaire.

L'auteur de ces recherches est le docteur Masaru Emoto*. Avec son équipe, il a étudié l'eau pendant des années. La méthode qu'il a utilisée est très simple : il a d'abord congelé l'eau et ensuite il en a photographié les cristaux. Dans un premier temps, il a étudié l'eau des lacs, des sources et des rivières. Il s'est aperçu que lorsque

---

* Voir *Messages de l'eau, Tome 1* – Premières photos au monde des cristaux, de Masaru Emoto, I.H.M. Research Institute, traduction française de *Messages from Water, Vol.1* (en anglais et japonais), Hado Publishing, Japon, 2001. Site : www.hado.com

l'eau était pure, elle montrait à l'état gelé de beaux cristaux, et que plus elle était polluée, plus les cristaux perdaient leur structure et s'enlaidissaient.

Il en a déduit un facteur ou un critère de beauté : *la pureté*. Ensuite, il a poursuivi ses recherches en étudiant l'influence des sons et de la musique sur l'eau. De la même manière, il a découvert que lorsque l'eau avait été exposée à de la musique harmonieuse, les cristaux affichaient de très belles formes. Et que plus la musique était disharmonieuse, plus ils avaient une allure laide et déformée. Il a déduit de ces observations un deuxième facteur ou critère de beauté : *l'harmonie.*

Masaru Emoto a par la suite poussé ses études plus loin ; il a examiné l'influence des pensées, des émotions, voire de l'écriture, sur la structure de l'eau. Lui et son équipe ont écrit à la main une grande variété de mots qui ont ensuite été scannés et imprimés sur des étiquettes. Ils ont écrit par exemple les mots *amour, merci* et *idiot* en japonais et en anglais. Les étiquettes étaient ensuite collées sur des flacons de verre remplis d'eau distillée. Ils laissaient l'eau reposer pendant toute une nuit en la congelant. Puis ils en photographiaient les cristaux. Les photos ont révélé que l'eau des contenants sur lesquels on avait accolé des mots dépeignant des aspects positifs affichait de beaux cristaux, alors que ceux qui portaient des mots négatifs montraient une structure difforme et laide. Ils en ont conclu un troisième facteur ou critère de beauté : *la qualité* de la pensée et de l'émotion. Bien que chaque cristal fût unique, les tendances quant à la structure laminaire de cristallisation demeuraient les mêmes sous des conditions similaires.

Nous avons inclus dans ce livre quelques exemples qui parlent par eux-mêmes : la photo d'un cristal d'eau tiré du flacon sur lequel était affiché le mot *idiot* (*voir photo 3*) et la photo d'un cristal provenant d'une eau qui a été exposée au mot *merci* (*voir photo 4*). La photo montrant l'effet de la vibration du mot *idiot* est grisâtre et on n'y discerne aucune structure particulière. Ce n'est pas du tout inspirant, n'est-ce pas ? Cela ressemble à un trou qui nous aspire dans le vide. Alors que le cristal représentant la vibration du mot *merci* est de toute beauté ! Il est structuré, précis, ordonné et brillant. Tous les critères de beauté y sont inscrits ; tout le monde peut reconnaître la beauté de ce cristal.

Cependant, ce qui a surtout impressionné ce scientifique, c'est qu'au-delà du mot lui-même, ce qui jouait le plus était l'intention. Le docteur Emoto a donc conclu que *l'intention* était le facteur le plus déterminant de la structure.

Cela nous amène à réfléchir aux étiquettes qui sont accolées aux produits commerciaux. Si l'intention est aussi déterminante, le nom de l'entreprise, de même que l'intention des fabricants s'imprègnent nécessairement dans le produit. Les fabricants visent-ils uniquement la maximisation des profits, ou bien ont-ils une attitude humaniste, altruiste ? Si on photographiait les cristaux des produits, on serait quelquefois très surpris.

Les cristaux de l'eau qui avait été exposée au mot *sale* ou *laid* semblent n'avoir aucune structure et les images montrent beaucoup de taches. Elles ne sont vraiment pas inspirantes. Ces données nous amènent à réfléchir sur la conscience. Quand on a enregistré des pensées, des émotions ou des actions distorsionnées, quand on a eu des comportements erronés par lesquels on a transgressé les Lois Cosmiques, on fonctionne avec des paramètres de beauté inversés, négatifs. Une personne peut se sentir sale ou laide au niveau de sa conscience. Un événement, une parole suffisent pour que des mémoires parfois cachées bien profondément dans son inconscient se réveillent, se réactivent. Et ces mémoires ne proviennent pas seulement de cette vie : elles proviennent aussi de vies antérieures.

Lorsque l'ouverture de l'inconscient est prévue dans notre programme, le même phénomène se produit. Au moindre élément déclencheur, notre esprit se met à visiter certaines mémoires. Si ces mémoires portent sur des pensées, des émotions ou des gestes distorsionnés, non justes, soudainement, on se sent sale. Et si on ne dispose pas de clés, si on n'a pas la Connaissance, que fait-on ? On cherche à compenser à l'extérieur, par exemple en développant une obsession de la propreté sur le plan physique. On s'expose alors à beaucoup de frustrations car, pour nous, l'environnement ne sera jamais assez propre. Ou alors, si on est surtout affecté par l'aspect laideur, on développera une obsession de la beauté physique. Là encore, ce ne sera qu'un effet de compensation. Ainsi, une personne peut se focaliser de manière exagérée sur le maquillage, les vêtements ou la chirurgie esthétique, et elle ne sera jamais contente. Pourquoi ? Parce que sa recherche compensatoire exagérée accentuera le décalage avec ce que vit son âme – décalage entre ce que l'être ressent profondément et ce qu'il obtient comme résultat extérieur. L'âme dira : « Non, ce n'est pas ça que je veux. Je ne me sens pas belle, et même si tu en rajoutes, ça ne change rien. Transforme plutôt tes pensées, tes émotions, à l'intérieur. C'est comme ça que tu peux m'embellir. » On voit donc l'importance d'aller jusqu'à la source de ces sentiments de laideur et de saleté.

Quand le docteur Emoto et ses collaborateurs ont photographié les cristaux de l'eau qui avait été exposée au mot *beau*, ils ont remarqué une grande similarité avec ceux de l'eau qui avait été exposée au mot *merci*. En effet, les cristaux étaient bien structurés et brillants, et l'ensemble de la figure bien ordonné. Ici, on ne parle plus uniquement de phénomènes énergétiques subtils : ces observations sont bien concrètes et elles peuvent être reproduites. Étant donné que 70 % de notre corps physique sont constitués d'eau, nos attitudes et intentions se reflètent nécessairement dans cette eau comme dans un miroir. Et c'est cela que l'on dégage. Imaginez ! Aucune influence connue sur le corps physique n'arrive à la hauteur de celle-là ! C'est très puissant.

Avec le mot *démon*, les chercheurs ont obtenu des photos montrant une grande intensité et beaucoup de taches, mais aucune structure, une image semblable à celle produite par le mot *idiot*. Par contre, l'eau qui a été exposée au mot *amour* – ou *appréciation*, ce qui est le même mot en japonais –, présentait des cristaux semblables à celui de la photo du mot *merci*, soit une belle structure, une belle forme géométrique.

Cela révèle que la structure est déterminante dans les facteurs ou critères de beauté. La structure de notre être est fondamentale car c'est avec elle que nous bâtissons notre vie.

Quand On veut nous parler de notre structure dans nos rêves, On peut nous montrer des symboles touchant aux dents ou aux os, au squelette. Or les dents et les os sont durs ; cela signifie – symboliquement – que toutes nos matérialisations sont imprégnées de notre structure de pensée. On comprend maintenant pourquoi il peut être si difficile de changer ; pourquoi on peut se sentir

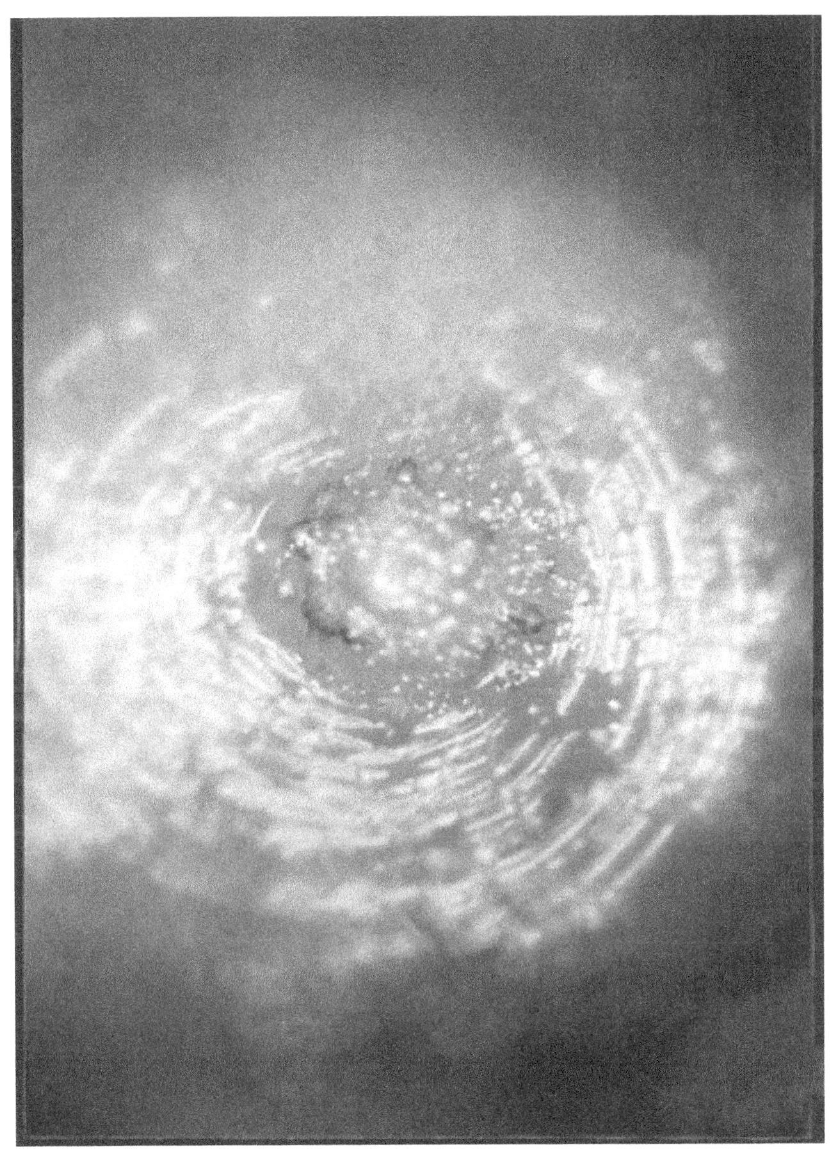

**Photo 3 : Le mot idiot**

**Photo 4 : Le mot merci**

si bouleversé quand on reçoit certaines données que l'on sait véridiques – parce qu'elles nous touchent au plus profond de notre âme – et que celles-ci ébranlent nos systèmes de pensées établis. On prend conscience que ce que l'on a fait dans le passé en se basant sur certains concepts et la manière dont nous avons matérialisé ne tiennent plus, et cela nous bouleverse, nous déstabilise. On sait qu'on ne peut plus penser ni agir comme auparavant, car ces informations, ces données, on les a reçues de l'intérieur. La structure d'une maison est constituée de la fondation et des murs, sans eux rien ne tient. Il en va de même avec la structure de notre être : lorsqu'elle est remise en cause, c'est comme si toutes les bases sur lesquelles on avait construit notre vie s'écroulaient. C'est comme si on devait tout recommencer à zéro. Alors on ne doit pas s'étonner de voir bien des personnes garder leur masque, s'accrocher au paraître. Se restructurer est très difficile, mais avec le travail Angélique, on a de véritables clés pour entreprendre ce processus, pour le comprendre et le mener à son terme.

Comme je l'ai mentionné tout à l'heure, l'équipe du docteur Emoto a étudié aussi l'influence de la musique sur l'eau. Comment ont-ils procédé ? Ils plaçaient un contenant d'eau distillée entre deux haut-parleurs et ils faisaient jouer un seul morceau de musique. Ensuite ils congelaient l'eau, et enfin, ils en photographiaient les cristaux. Je vais vous donner deux exemples de leurs résultats. Les photos de l'eau qui avait été exposée à de la musique *heavy metal* montrent une image grisâtre qui ressemble à un trou, semblable à celle du mot *idiot*. Et les cristaux de l'eau qui avait été exposée à de la musique composée à des fins thérapeutiques affichent une belle structure ordonnée et brillante, comme sur les photos associées aux mots *merci* et *beau*.

Ces données nous permettent d'approfondir notre réflexion sur la conscience. À quoi sert la musique ? À créer une ambiance. Mais au-delà de la musique perceptible par les cinq sens, chaque être émet sa propre *musique*. On crée des ambiances avec ce que l'on est, avec ce que l'on dégage. Or, on ne sait pas toujours quelle *musique* on joue, car on porte dans notre inconscient toutes sortes d'essences. Cette musique intérieure on se la joue d'abord à soi-même et ensuite aux autres. Alors comment prendre conscience de ce que l'on *joue* ? En analysant nos rêves. En effet, dans nos rêves, l'Intelligence Cosmique utilise le chant et la musique pour nous donner des indices sur le type de *musique* qui se joue dans notre inconscient.

Deux personnes peuvent être en parfait silence, ne rien dire, et l'une d'elles n'est pas contente, boude et se sent frustrée. Intérieurement, elle se dit : « Je n'ai pas ce que je veux, je n'ai pas le travail que je veux. » C'est ce qu'elle dégage ; c'est la *musique* qu'elle joue. Si on photographiait ses cristaux, on pourrait voir des images semblables à celles obtenues par la musique *heavy metal*. Un jour, lorsqu'on a fait un grand travail sur soi, on dégage de belles formes – symboliquement parlant –, comme celles des cristaux associés à l'amour et à la gratitude. Pour en arriver là, on doit intégrer la Connaissance du bien et du mal, ce qui est un très long travail. Quand une personne a intégré ces dimensions, elle peut – sans même avoir une intention de thérapie ou de guérison – s'approcher d'une autre et émettre subtilement une *musique thérapeutique*. Celle-ci se dira : « Mais c'est tellement simple, la vie ! Pourquoi je me la complique autant ? » et elle repartira plus légère. Seulement l'énergie aura agi. Il en va de même avec la gratitude : on peut dire merci à une personne parce qu'elle nous a rendu un service ou parce qu'elle nous a donné quelque chose, mais un jour, on incarne le mot *merci*, on vit dans un perpétuel état de gratitude.

Quand j'ai pris connaissance de ces découvertes, j'étais très touchée de voir que la science commence à fusionner avec la philosophie spirituelle. Depuis des années, j'observe les effets puissants de la Récitation Angélique tant sur moi-même que chez des milliers de personnes. Ce que l'on pense, sent ou fait, on le devient. Quand on sait que 70 % de notre corps physique sont constitués d'eau, et que cette eau exposée à un morceau de musique ou à un mot se transforme jusqu'au niveau structurel, imaginez ce qui se passe lorsqu'on invoque les Anges, qui représentent les Qualités, les Vertus et les Pouvoirs à l'état pur du Créateur. L'invocation crée un écho vibratoire, et avec cette pratique, au fil des ans, tout notre être se modifie, et ce jusqu'au niveau de notre mémoire cellulaire. Cela montre la puissance de cette pratique. La beauté de l'âme peut alors se refléter dans l'eau de notre corps comme dans un miroir et laisser entrevoir l'Esprit Divin.

En travaillant avec l'Ange Lelahel, notre esprit reçoit l'intense *Lumière d'Amour qui guérit tout et qui nous fait découvrir la beauté de l'âme.*

Lorsqu'on parle de beauté, on pense en général à l'aspect esthétique, par exemple à une belle coupe de cheveux, à de beaux vêtements ou à de beaux rideaux. Mais la vraie beauté dépasse largement ces aspects. Elle est la densification des Qualités et des Vertus des 72 Anges. Ce sont ces Qualités et Vertus qui nous rendent beaux. Quelqu'un de courageux est tellement beau ! Quand on a peur, on n'est pas beau, ne serait-ce que physiquement ; notre bouche se crispe, notre posture se déforme, notre rayonnement se rétrécit, jusqu'à s'éteindre. Il en va de même avec toutes les autres qualités : la patience, la rigueur, l'ordre, la précision, etc. Ce sont des états de conscience qui structurent notre être, et – comme nous l'avons vu – sans une belle structure, la beauté fait défaut.

C'est en intégrant les Qualités Angéliques dans tout notre être qu'un jour, on les dégage. Et alors tout ce qu'on fera, bâtira, réalisera, en sera imprégné. On produira de belles matérialisations.

Dans l'aide-mémoire – comme nous appelons habituellement la liste des Qualités Angéliques et des distorsions humaines correspondantes (*voir le chapitre* Les 72 Anges) –, on trouve pour l'Ange Lelahel : *la renommée, le bonheur, la fortune, la beauté* ; vraiment, tout y est ! C'est comme si l'Intelligence Cosmique nous offrait tous les biens de ce monde. Quand ceux-ci – dont la beauté physique, l'argent et la renommée – sont utilisés par notre partie Divine, il en résulte une grande beauté. On rayonne ces belles Qualités. Mais lorsqu'ils sont utilisés par l'égo, on s'enfonce dans de nombreuses illusions. En effet, leur mauvaise utilisation a un effet multiplicateur de karmas. Elle peut générer de nombreuses vies de grandes limitations, y compris la perte de la beauté. Mais cela demeure une expérimentation.

En faisant régulièrement la Récitation Angélique avec le Nom d'un Ange, on demeure concentré sur son Rayon ou Champ de Conscience et il nous est alors plus facile de surveiller nos intentions. Nous avons vu plus haut que ce sont nos intentions qui font toute la différence. Or, parfois, notre intention consciente est très belle – on veut bien faire – mais nos mémoires inconscientes agissent en sourdine. Des émergences et des impulsions échappent à notre conscient et on n'arrive pas vraiment à décoder la totalité de notre intention. Les contenus de nos mémoires inconscientes nous influencent de manière subtile et certaines forces qu'elles abritent agissent parfois de façon pernicieuse. Si on photographiait nos cristaux à ces instants là, on verrait à quel point ils peuvent être déformés.

Vous me direz : « Oui, mais moi, je n'ai pas de laboratoire. Je ne peux pas photographier mon eau, mes cristaux. Je ne peux pas voir comment cela se passe. » Tout le monde dispose d'un laboratoire personnel pendant la nuit : c'est notre capacité de rêver. C'est comme si, En Haut, Ils nous envoyaient des photos de nos cristaux pour nous montrer : « Regarde comment tu es en train de matérialiser, regarde quelles sont tes intentions véritables. » Les images que l'on reçoit en rêve dépeignent exactement nos intentions inconscientes.

Par exemple, pendant qu'on travaille avec l'Ange Lelahel, On pourrait nous montrer : « Regarde, là, tu n'es pas encore dans l'Amour qui guérit. Tu n'es pas encore un modèle Angélique. Tu es encore dans la séduction. Tu veux encore plaire et ça donne des cristaux tout déformés. »

⊙

Voici maintenant une anecdote qui illustre bien comment fonctionne ce laboratoire personnel.

Pendant la tournée de conférences en Europe sur le sujet de cet Ange, notre fille Kasara qui avait alors neuf ans, nous accompagnait et elle aussi invoquait l'Ange Lelahel. Elle faisait très souvent la Récitation Angélique dans la voiture, parfois en chantant à haute voix le Nom de l'Ange. Un beau matin, elle nous a partagé ce rêve. *Elle était avec l'une de ses tantes qui est directrice d'école. Toutes les deux, elles se trouvaient au rez-de-chaussée, près d'un ascenseur, et sa tante avait des souliers roses à talons hauts.*

Son père lui a dit : « Tu vois, tu as travaillé avec l'Ange Lelahel et dans ton rêve, On te montre ce que tu as à corriger. Tu es dans une des distorsions de cette Énergie Angélique. » Pourtant Kasara n'avait pas lu la carte de cet Ange – sur laquelle sont listées ses Qualités et les distorsions humaines correspondantes. Nous lui avions seulement décrit les grandes lignes ; nous lui avions dit : « C'est un Ange qui nous aide à développer et à incarner l'Amour à l'état pur. C'est aussi l'Ange qui inspire la vraie beauté intérieure. Et du côté des distorsions, on trouve des comportements comme faire quelque chose pour plaire, pour être aimé. Ce rêve explique que tu es dans la distorsion dû à un *sentiment de supériorité.* »

Voilà un bel exemple de la précision que l'on rencontre quand on travaille avec l'Angéologie Traditionnelle. Nos rêves se déclenchent et les enseignements que l'on y reçoit sont en rapport avec l'Ange invoqué. Cela facilite également l'interprétation des rêves.

Pourquoi Kasara touchait-elle le sentiment ou complexe de supériorité ? Dans ce rêve, elle n'avait pas visité l'âme de sa tante ; celle-ci représentait une partie d'elle-même. Puisque sa tante est une femme, le rêve concernait le monde intérieur de Kasara. Le symbole de l'ascenseur au rez-de-chaussée indique qu'On lui montrait comment elle s'élevait. Et puisque sa tante est directrice d'école, On lui montrait aussi comment cette partie enseignait, quel exemple elle donnait aux autres. Son père lui a expliqué plus en détails : « Quand une personne porte des chaussures à talons hauts, elle s'élève à une hauteur qu'elle n'a pas en réalité. Elle risque même de se tordre les chevilles. C'est cet aspect qui fait le lien avec le sentiment de supériorité dans ton rêve. Le rose, c'est la couleur de la féminité, de l'amour. On l'obtient en mélangeant le blanc, qui symbolise la spiritualité, avec le rouge, qui symbolise la vitalité. Par ce rêve, On veut te dire que, parfois, pour obtenir de l'amour, tu veux montrer que tu es habile et que tu sais bien des choses. »

Elle écoutait avec de grands yeux. Dans la journée, à un moment donné, elle est montée en équilibre sur une poutre et elle a fait quelques postures. Elle a interpellé l'une des personnes qui nous accompagnaient : « Regarde ! » Alors son père lui a dit gentiment : « Kasara, attention à tes talons hauts ! » Elle s'est tout de suite replacée dans son énergie. Puis, quand elle est descendue, il lui a expliqué : « Dans ce que tu as dit et dans ce que tu as fait, il n'y avait rien à changer. Dans la forme, c'était juste. C'est dans ton énergie – dans ton intention – que j'ai senti tes talons hauts. J'ai senti ce sentiment de supériorité, ce besoin de montrer que tu étais bonne dans ce que tu faisais. »

Voilà la beauté d'un rêve ! C'est comme si On nous montrait nos cristaux. Et puis, dans la journée, on se rend compte que dans notre énergie, des distorsions se manifestent – même si dans la forme tout est juste. Ce sont des émergences de l'inconscient que l'on ne sent pas toujours venir.

Quand l'enfant – et cela vaut pour tout le monde – a pu décoder un rêve qu'il a reçu, il se dit : « Ce rêve, c'est ça qu'il veut me dire. Je vais m'en apercevoir, quand il va se manifester. Je vais sentir dans mon énergie quand un sentiment de supériorité ou une autre distorsion veulent sortir. » On l'aperçoit parce que, soudainement, il y a une note discordante dans notre vibration ; c'est comme une fausse note. Et la fois suivante, on peut plus facilement reconnaître l'aspect métaphysique de la distorsion. Les jeunes enfants ont tout naturellement la capacité de se connecter au plan métaphysique, car ils ne sont pas encore alourdis par trop de responsabilités concrètes. Ainsi, ils arrivent plus facilement à rectifier leur énergie avant qu'elle ne se manifeste sous forme de comportement distorsionné. Le travail avec l'Angéologie Traditionnelle nous permet de modifier nos états de conscience avec une grande rapidité et précision, et en plus, il nous aide à développer une belle autonomie spirituelle.

Après avoir écouté les mots de son père, Kasara m'a regardée et m'a dit : « Ce n'est pas facile d'être un modèle Angélique ! »

Cet exemple fait ressortir un élément central de toute bonne pédagogie. Et avec l'Ange Lelahel, la pédagogie consiste à inspirer les autres par l'Amour, c'est-à-dire en dégageant cet Amour rempli de Lumière et de compréhension qui va les inspirer et les amener à l'adopter comme modèle. Pour être un bon modèle, empli d'Amour, comment ai-je procédé avec Kasara afin qu'elle ne se sente pas écrasée après avoir reçu des enseignements comme celui-là. Je lui ai dit : « Moi aussi, j'en ai reçu des rêves dans lesquels On me montrait que parfois je me pensais supérieure. C'est normal. Un modèle ne devrait pas se mettre sur un piédestal, sinon les autres vont trouver qu'il est inaccessible. Ils auront soit trop le goût d'être près de lui, ou pas du tout. Tandis que s'il est simple, les autres vont se sentir bien ; une autre forme de reconnaissance, plus vraie, émerge alors : celle de la Sagesse et de l'Amour véritable. »

Kasara a continué à travailler intensément avec l'Ange Lelahel pour devenir un modèle Angélique, et le lendemain matin, *elle est arrivée avec un autre rêve. Dans celui-ci, elle voyait une petite fille de sa classe pour qui elle avait construit une petite maison en coquilles d'œufs.*

Son père lui a demandé :

— Qu'est-ce que cette petite fille représente pour toi ?

— Ah, elle est très petite, trop petite pour son âge. C'est la plus petite de la classe. D'ailleurs, un jour, j'ai voulu essayer sa bague, mais c'était impossible, elle était trop petite !

Alors il lui a expliqué : « Tu vois, hier On t'a montré pourquoi tu as parfois un sentiment de supériorité. Et dans ce rêve, avec l'image de la petite fille, On t'a montré que tu as parfois aussi un sentiment d'infériorité, c'est-à-dire que tu te sens parfois trop petite. » Le symbole de la petite fille représentait cet aspect psychologique. Le fait que dans le rêve Kasara ait construit pour cette petite fille une maison en coquilles d'œufs démontrait que dans son habitat, quand elle touchait à ces mémoires, elle se sentait fragile, vulnérable, et cela lui donnait un sentiment d'infériorité. Sachant cela, au cours de la journée, elle a été en mesure de reconnaître cet état de conscience.

Avant de trouver l'équilibre, il est bien normal d'osciller entre le sentiment de supériorité et le sentiment d'infériorité. C'est un phénomène très complexe, voilà pourquoi on nomme ces aspects aussi complexes d'infériorité et de supériorité. À une personne qui a tendance à se sentir inférieure, il suffirait que l'Intelligence Cosmique accorde de plus grandes ressources, un poste prestigieux ou une situation qui promet la reconnaissance, la célébrité, etc., pour qu'automatiquement elle tombe dans la distorsion compensatrice : le sentiment de supériorité. C'est absolu, à moins de nettoyer, par un réel travail spirituel, ses mémoires distorsionnées logées dans ce rayon.

Voilà pourquoi l'Intelligence Cosmique n'accorde pas l'accès à des ressources supplémentaires dans certains programmes ; sinon l'être accumulerait des karmas encore plus lourds. Alors, lorsqu'on est en initiation – c'est-à-dire lorsque le voile se lève –, On nous fait visiter de telles mémoires. Moi aussi, combien de fois j'ai pu toucher à ce sentiment d'infériorité ! Quand on se réveille après un rêve de ce genre, on se sent tellement fragile, tellement vulnérable ! On va dans un magasin, on se retrouve devant une vendeuse et c'est comme si on ne savait plus rien. Alors on fait notre Angelica Mantra et, soudain, on passe à autre chose. On retrouve une belle confiance, mais celle-là n'est pas teintée d'un complexe de supériorité. Puis vient un jour où des ressources nous sont redonnées. Pendant la nuit, En Haut, Ils nous nourrissent et créent pour nous de nouvelles possibilités. Ainsi, progressivement, on atteint le juste équilibre. Mais c'est tout un parcours.

⊙

L'histoire vécue suivante illustre que parfois on peut rechercher la beauté sur le plan physique pour compenser le sentiment de n'être pas beau – ou belle – au niveau de la conscience.

Une femme m'a raconté son aventure. Elle m'a dit : « Il y a un certain temps déjà, j'ai voulu changer l'esthétique de mes dents ; mes dents de devant ne me plaisaient plus. Donc, j'ai gardé mes vraies dents et je les ai fait recouvrir. Quand je suis ressortie de chez le dentiste, j'étais très contente. Elles étaient un petit peu plus longues, un petit peu plus larges, un peu plus blanches, un peu plus brillantes. J'étais contente du travail. Et le dentiste aussi. Mais j'ai très vite déchanté, parce qu'au fur et à mesure des semaines, j'ai reçu toutes sortes de commentaires. Au bout d'un moment, j'en avais assez. À tel point qu'à chaque fois qu'on me parlait de mes dents, ça me faisait remonter de grosses colères, jusqu'au moment où il y a eu la goutte qui a fait déborder le vase. Un représentant est arrivé dans l'entreprise – je ne le connaissais pas – et lors de notre conversation, le rustre m'a dit : 'Vous avez changé de dentier ?' Là, j'étais outrée. Je lui ai répondu : 'Non, ce sont mes dents.' J'étais fâchée. Alors j'ai pris le téléphone et j'ai appelé mon dentiste pour prendre rendez-vous. Une fois chez le dentiste, je lui ai expliqué ce qui s'était passé. Il a réussi à me convaincre. Il m'a dit : 'Mais non, elles sont belles. Vous étiez très contente. Ne vous laissez pas influencer par les autres.' Ça avait du bon sens. Alors j'ai laissé les choses comme ça. »

Quelques jours plus tard, sa sœur lui a rendu visite. Cette femme a vraiment confiance en sa sœur, et au fil de leur échange, celle-ci lui a dit : « Écoute, il faut que je te dise quelque chose : tes dents, ça ne va vraiment pas. Elles sont démesurées. C'est disproportionné par rapport à ton visage. Ça ne te va pas bien du tout. » Cette fois, c'était dit avec douceur et elle savait que c'était juste. Alors elle a pris de nouveau un rendez-vous chez le dentiste. Elle m'a dit : « Quatre consultations pour refaire encore mes dents ! Et quand je suis ressortie de chez le dentiste, je n'étais pas contente, je n'étais pas bien. Puis ça a duré. »

Pourtant – je le voyais – c'était beau et naturel. Elle a poursuivi : « Mais une nuit, j'ai reçu un rêve dans lequel *j'avais les dents de devant toutes cariées. Je me regardais dans un miroir et je me disais : 'Oui, elles sont bel et bien cariées. Il faut que je fasse quelque chose.'* »

Dans son rêve, On lui a montré la vraie cause de son problème, pourquoi elle avait vécu tout cela. Les dents cariées ont servi de symbole, parce que dans le concret, ses dents n'étaient pas cariées. Alors que signifiait ce rêve ? Comme je l'ai déjà dit, quand on rêve de nos dents, il est question de notre structure. On a vu que la structure et la manifestation de nos besoins instinctifs sont importantes, qu'elles représentent les fondations de notre façon de se nourrir et les piliers de notre être. Nos os et nos dents représentent les concepts fondamentaux sur lesquels nous bâtissons notre vie, nos relations et nos entreprises. La carie est une maladie infectieuse qui détruit la partie la plus dure des dents, et le miroir symbolise le reflet de l'âme. On a donc voulu lui dire qu'au niveau de son âme, sa structure relative à ses besoins est malade, qu'elle a une partie structurelle d'elle-même à rectifier.

Les dents se trouvent dans la bouche, et celle-ci est symboliquement reliée à l'expression de l'Amour et de la Sagesse. Mais sous leur aspect négatif, distorsionné, les dents représentent – comme les crocs d'animaux – tout le côté animal ou instinctuel. On a donc voulu lui montrer qu'elle devait rectifier ces parties de son être.

Je lui ai dit : « Madame, je vous suggère de travailler avec l'Ange LELAHEL. Puisque vous avez tout d'abord recherché le côté esthétique, On vous montrera comment vous pouvez retrouver la beauté de l'âme en vous guérissant. L'Ange LELAHEL c'est la Lumière d'Amour qui guérit l'âme en premier, et le corps physique en un second temps. Donc, invoquez cet Ange le plus souvent possible et demandez-Leur, En Haut, quel type de pensées et d'émotions inconscientes affecte la santé de votre structure au niveau de l'Amour et de la Sagesse. Demandez-Leur de vous montrer ce que vous devez changer. »

Cette femme ne pouvait plus nier ce problème parce qu'il s'était manifesté à un niveau conscient, dans son corps physique. Certaines personnes ont des dents pas tout à fait parfaites en ce qui a trait à l'esthétique et elles ne s'en font pas pour autant. Pourquoi cette femme a-t-elle voulu changer l'apparence de ses dents ? Elle a eu ses dents naturelles pendant des années et elle ne se sentait pas dérangée par leur apparence. Alors pourquoi soudainement a-t-elle eu cette réaction de vouloir leur donner une autre apparence ? Qu'est-ce qui s'est passé ?

Puisque cette femme chemine spirituellement, le voile s'est ouvert sans qu'elle s'en rende compte dans sa recherche d'amélioration extérieure. Son esprit a visité certaines mémoires de son inconscient, des mémoires qui touchent plus particulièrement à sa structure et qui sont atteintes par la carie, symboliquement parlant. C'est pour cette raison qu'elle a voulu tout de suite compenser. Son désir de changer l'apparence de ses dents est donc une conséquence.

Elle a fait exécuter des travaux sur ses dents, et par la suite, On lui a fait vivre toutes sortes de revirements pour l'inciter à remonter vraiment à la racine, au cœur du problème. Elle n'a pas attiré ce dentiste par hasard, et ce n'est pas non plus par hasard qu'il lui a fait des dents un peu démesurées. À cause de son programme, son esprit voulait tellement rectifier ces mémoires ! Mais au début, elle résistait à rencontrer ses mémoires inconscientes. Alors une exagération s'est marquée sur le plan physique.

Le dentiste aussi avait une résonance avec ce genre de compensation. Un dentiste n'est pas dentiste par hasard. Chaque métier a une signification symbolique et celle-ci révèle le programme intérieur de l'être. Toutes les personnes qui travaillent avec les dents – les orthodontistes et les dentistes – ont un programme intensif de travail sur la structure des besoins et des instincts, du paraître aussi. Elles doivent changer certaines structures fondamentales de leur être en lien avec ces dynamiques profondes. C'est pour cela que la santé et la qualité de l'alimentation deviennent importants pour elles et qu'elles donnent des conseils à ce niveau.

Cette femme avait aussi des résonances avec toutes les personnes qui lui ont fait des commentaires qu'elle n'a pas aimés. C'est absolu : chaque fois qu'on se sent dérangé, cela nous indique qu'on a des résonances. Cette femme doit se demander : « Qu'est-ce qui m'a dérangée chez cette personne rustre ? Peut-être que moi, je ne suis pas rustre, mais au niveau de ma conscience, il se peut que je manque encore de subtilité. » Face à la personne qui l'a offusquée par ses critiques, elle doit se dire : « Alors moi aussi, je critique les autres à cause de leur apparence. » Et elle doit réfléchir de la même manière à la personne qui l'a dérangée par son humour sarcastique. Ces êtres ont tous joué le rôle de haut-parleurs dans cette histoire, et ce tant pour eux-mêmes que pour cette femme.

Le dentiste avait raison d'une certaine façon, quand il lui a conseillé de ne pas se laisser influencer par les commentaires des autres – un jour, on ne se préoccupe plus du regard de l'autre. Oui, mais si leurs commentaires nous dérangent ? Alors on profite de ces occasions pour se dire : « Je reviens à moi, je fais la Récitation Angélique et je nettoie cette partie de mon être qui est dérangée. Et tous ces aspects – la rusticité, la critique, le sarcasme, le paraître –, ce sont eux qui carient, qui minent ma structure et qui font que mon rayonnement n'est pas beau. » Nous avons vu tout à l'heure, en parlant des cristaux, que la structure joue un rôle primordial dans ce que nous appelons la beauté. Or cela vaut aussi pour l'âme.

Pour chaque partie de notre corps que l'on n'aime pas, on doit en analyser son symbolisme. Cela nous permet d'identifier le secteur de notre être qui est à rectifier. Certaines personnes disent : « Je n'aime pas mon nez. » Or celui-ci représente symboliquement le mental inférieur, la façon dont on sent et ressent les êtres et les choses ; c'est donc sur ces aspects que ces personnes doivent travailler. D'autres disent : « Je n'aime pas mes mains ; elles sont un peu tordues. » D'autres encore : « Je n'aime pas mes jambes. » On doit toujours chercher le symbolisme de la partie du corps qui nous préoccupe, et ce, comme si on était dans un rêve; car tout est symbolique à la base, tout est mathématique de conscience. En général, le travail spirituel à effectuer est tellement vaste comparativement à la banalité du problème physique ! Parce que l'aspect physique qui dérange n'est que la pointe de l'iceberg, la partie visible d'une grande accumulation de mémoires distorsionnées.

Bien sûr, une fois manifestés sur le plan physique, une fois densifiés, le défaut ou la malformation peuvent être difficiles – voire impossibles – à éliminer. Mais, imaginez, lorsqu'on rectifiera les mémoires qui sous-tendent ces défauts, nos vibrations changeront automatiquement, et, avec elles, la substance même de notre être. Car au moins 70 % de notre corps physique rayonnera alors la confiance et la beauté. Si on pense qu'on est gros et qu'on se voit ainsi, alors tout le monde nous considérera comme gros. Si on accepte son corps et qu'on apprend à s'améliorer intérieurement en priorité, les autres n'apercevront plus l'aspect grosseur. Et même si certains défauts peuvent demeurer dans le corps physique, cela n'aura plus d'importance : on dégagera la beauté à l'état pur, car l'esprit est bien plus puissant que la forme.

Donc, il est important d'utiliser tout ce que l'on n'aime pas et tout qui nous dérange dans notre apparence. On se dit : « Attends une minute. Plutôt que d'exagérer avec ce petit défaut physique, je vais voir ce que j'ai dans mon inconscient. » On fait l'Angelica Mantra et on Leur demande, En Haut : « S'il vous plaît, montrez-moi à quoi cela correspond. » Et avec le langage symbolique, on pourra décoder ce qu'On nous montre.

Voyons maintenant un exemple qui touche plus particulièrement aux Qualités : *Lumière Divine qui guérit tout (Lumière d'Amour) et clarté de compréhension.*

C'est l'histoire d'une jeune femme qui souhaitait profondément réussir sa vie familiale. Cela lui tenait réellement à cœur. Elle avait trois enfants, dont deux sont issus d'une première union de son conjoint. La relation avec ces deux enfants devenus adolescents, était difficile pour elle et elle faisait de gros efforts pour y aménager une certaine harmonie.

L'adolescence est une grande période de mutation ; toute la sexualité s'éveille, les hormones sont très actives, et l'être cherche à définir son identité. Donc, déjà à cause de cela ce n'était pas facile, mais en plus, ces deux ados n'acceptaient pas le divorce de leur père et ils projetaient sur cette jeune femme le cliché négatif de la belle-mère. Puisque cette femme avait de belles intentions et qu'elle travaillait sur elle-même, On lui a envoyé un rêve pour l'aider à comprendre ce qu'elle devait corriger, transformer à l'intérieur d'elle pour harmoniser sa relation avec ses deux enfants.

Dans son rêve, son garçon – l'un des deux ados qu'elle considère comme son fils – *avait des poux dans les cheveux et elle les lui enlevait méticuleusement, pou après pou. Quand elle eut terminé, elle s'est rendu compte qu'elle-même avait attrapé des poux. Ensuite, elle se trouvait dans une classe et on lui faisait un nettoyage complet de la tête avec un shampoing au miel. Soudainement, un homme qui avait des problèmes de dents est arrivé. Il devait se faire enlever des dents de sagesse, mais cela coûtait très cher et cet homme n'avait pas les moyens de payer l'opération. Elle lui a dit : « Tiens, va chez ce dentiste que je connais. Il va peut-être pouvoir t'aider, te faire un prix. »*

Tous les éléments de ce rêve représentaient des parties de cette femme. Que signifiait l'ado qui avait des poux ? Quel aspect psychologique représentait-t-il ? Quand une personne a des poux, elle se sent plutôt dérangée, n'est-ce pas ? Et puisque les poux se trouvent au niveau de la tête, ils représentent des pensées perturbatrices, parasitaires. D'ailleurs, les ados ont souvent les pensées perturbées car ils se mélangent trop avec les autres et adoptent toutes sortes de concepts pas encore approfondis. Le fait que cette femme ait enlevé méticuleusement les poux témoigne qu'elle a de belles intentions.

Puis elle s'est rendu compte, qu'elle-même avait attrapé les poux. Que signifie ce phénomène de transfert ou de contagion ? Cela concerne la Loi de la résonance. On a voulu lui montrer : « Regarde, quand l'ado n'est pas juste, quand il est de mauvaise humeur et un peu frustré, toi aussi, tu perds ta bonne humeur. Tu deviens frustrée comme lui parce que tu as des résonances avec lui. Cela veut dire que dans tes mémoires inconscientes, tu as encore des attitudes d'ado, des parties en mutation qui ne savent pas encore ce qu'elles veulent vraiment, ni ce qui est juste ou ne l'est pas, et cela génère toutes sortes de troubles. Cet ado n'est pas dans ta vie par hasard. Il fait monter dans ton conscient des aspects qui sont généralement cachés. Certaines de tes mémoires sont puissamment réactivées par sa présence. Il est un cadeau du Ciel pour toi. »

Bien sûr, on ne peut pas tout rectifier d'un seul coup. Cette femme se sentira encore dérangée pendant un certain temps par son fils. Alors que peut-elle faire ? Il serait facile pour elle d'utiliser l'ado comme bouc émissaire, surtout qu'il se comporte souvent d'une manière distorsionnée ; elle pourrait grogner, bougonner. Mais dans un cas comme celui-là, on revient à soi et on se dit : « J'ai cet ado en moi. Je fais la Récitation Angélique et je nettoie ces mémoires distorsionnées. Moi aussi, j'ai des poux, et je m'en libère. J'utilise le mal pour grandir, pour rectifier certains aspects de moi-même. » Bien sûr, cela n'exclut pas de parler aussi à l'ado.

Dans l'autre séquence du rêve, On a signifié à cette femme qu'un programme était mis en route dans son âme : elle s'est retrouvée dans une classe. Une classe symbolise toujours l'apprentissage. Qu'apprendra cette femme ? On lui a montré qu'elle apprendra à nourrir des pensées plus douces, car dans le rêve, elle a reçu un shampoing au miel. Par cet élément, On a voulu lui dire : « Il est nécessaire que tu deviennes plus douce, que tu purifies tes pensées avec plus de douceur, c'est ce que tu as à travailler – pense aux abeilles qui travaillent fort pour créer le miel. Tu es trop tranchante. » Même si un ado manifeste parfois des comportements non justes, il y a une manière de lui parler. Si on se sent dérangé, notre ton devient facilement trop tranchant ; il ne sera pas juste.

Dans la dernière partie du rêve, par l'homme qui avait mal aux dents, On lui montrait une dimension plus profonde du travail qu'elle devait réaliser. L'homme symbolise l'action. On a signifié à la rêveuse que ses actions sont parfois distorsionnées à cause de problèmes au niveau de sa structure, plus particulièrement la structure de sa sagesse en lien avec ses besoins instinctifs – puisque le symbole des dents a été utilisé. De plus, dans le rêve, c'étaient carrément les dents de sagesse qui étaient en cause. On lui a montré qu'elle devait défaire une vieille structure erronée, pour en refaire une nouvelle, et que cette structure concernait la sagesse dont elle se nourrissait dans sa vie.

Quant aux soins dentaires, ils sont un symbole de restructuration. Dans ce rêve, ils coûtaient très cher et l'homme n'en avait pas les moyens. Que signifie *avoir les moyens* ? Cela signifie être riche. Mais en termes de conscience, cela signifie être riche de Qualités et de Vertus. Ce sont elles qui nous permettent de retrouver la véritable sagesse et de créer l'abondance sur tous les plans. Oui, mais atteindre la sagesse et l'abondance véritables peut prendre de nombreuses vies. C'est vrai. Cela nécessite un grand travail spirituel sur soi. Par cette dernière séquence du rêve, On a voulu dire à cette femme : « Tu n'es pas encore rendue. Il faut que tu continues à travailler sur toi. »

Mais elle aimerait être rendue tout de suite. Ici, on touche à deux des distorsions de cette Énergie Angélique : *vit au-dessus de ses moyens* et *arrivisme*. Or, ces formulations ne doivent pas être prises au pied de la lettre, car lorsqu'il est question des Qualités des Anges et des distorsions, on parle d'abord et avant tout en termes d'états de conscience. Dans le rêve, cette femme a suggéré à l'homme d'aller trouver de l'aide chez un dentiste qu'elle connaît. Je lui ai demandé ce que représente ce dentiste pour elle. Du fait que cet homme aime plaire, il est pour elle, une image de séduction. On lui a donc montré qu'au niveau de sa polarité masculine, une partie d'elle-même – représentée par cet homme – n'hésite pas à utiliser la séduction pour arriver à ses fins. Elle essaie de plaire.

J'aime beaucoup cet exemple car il illustre bien ce que l'être humain est prêt à faire pour compenser lorsqu'il a des mémoires marquées par le rejet, l'abandon et le manque d'amour. Il tente de plaire aux autres dans l'espoir d'être aimé. Parce que le manque d'amour est insupportable. L'amour, c'est la nourriture de l'âme ; on se sent très mal quand on n'est pas aimé. On a montré à cette femme qu'elle fait toutes sortes de choses pour que l'ado soit content, pour lui plaire. Par le fait que l'homme à la fin du rêve manque de ressources, On a également voulu lui dire : « Arrête de faire cela. Ce n'est pas juste. Tu voudrais que la relation soit harmonieuse tout de suite, mais ce n'est pas possible – c'est cela, vivre au-dessus de ses moyens. Cet ado est sur ta route pour t'amener à travailler sur toi. C'est très positif. »

Quand on a la Sagesse, on sait que cela peut prendre des années pour harmoniser une relation jusqu'au niveau concret. On voit, comme dans le cas de cette femme, que cela exige beaucoup de patience. Beaucoup d'ados – et je ne parle pas seulement des jeunes car certains ados ont plus de 60 ans – peuvent avoir toutes sortes d'attitudes distorsionnées par lesquelles ils jouent avec les sentiments, la patience et l'indulgence des autres, essayant de les manipuler ou de les provoquer.

Lorsqu'on a intégré la Sagesse Angélique, on a une grande patience. On l'acquiert en travaillant sans relâche sur ses distorsions car on rencontre continuellement des personnes qui sont dans les distorsions. Puis, quand on n'a plus besoin d'être reconnu, aimé, notre attitude envers les autres est juste. C'est cela, la Sagesse. Dans nos relations, on avance et on se retire selon le bon *timing* – toujours au moment qui est juste –, mais on n'a plus cette maladie de toujours vouloir plaire. C'est tellement fatiguant de vivre ainsi.

Les gens vont souvent trop faire pour l'autre quand ils ont besoin d'être aimés et reconnus, et ce sujet m'amène à commenter certaines phrases très classiques, que l'on entend tellement souvent : *J'en ai trop fait. J'ai trop donné. Il faut que je pense à moi.* Le jour où l'on comprend le sens véritable de ces phrases, elles n'effleurent même plus notre esprit. Ce n'est plus possible. Pourquoi ? Que se passe-t-il pour qu'on en arrive là ? Quand on est prêt, une nuit, l'Intelligence Cosmique lève le voile. C'est comme si toute l'équipe des guides nous montrait des photographies de nos cristaux sous forme de rêves et nous disait : « Regarde, tu penses que tu en as trop fait. Eh bien, On va te montrer. »

Et le message est incontournable : on se voit soi-même poser des gestes. On nous montre : « Regarde, tu as donné seulement pour être reconnu, parce que tu as tellement besoin d'être aimé. Tu as donné égoïstement. Il n'y avait aucun esprit de service dans ton geste. » Le matin, quand on se réveille après un tel rêve, on a chaud. On nous a dévoilé la vérité de façon bien claire et on peut la ressentir comme tranchante, certes, mais c'est très évolutif. Bien sûr, quand on donne, on peut le faire par générosité, mais si certaines de nos motivations sont égoïstes, la sensation produite par notre geste généreux ne durera qu'un temps. Notre inconscient abrite toutes sortes de mémoires ! Et lorsqu'On nous montre dans nos rêves nos véritables intentions, on n'a plus d'échappatoire. On est face à la vérité. Et quand le sentiment décrit par ces phrases revient, on se dit plutôt : « Je ne me sens pas bien parce que j'ai donné égoïstement. » Mais il faut être avancé pour se le dire !

⊙

Voici quelques mots sur la position de l'Ange LELAHEL dans l'Arbre de Vie. LELAHEL réside tout en haut, dans la Sphère Kéther. Chaque fois qu'il est question d'un Ange résidant dans cette Séphira, on sait qu'il est porteur de la Puissance du Feu Primordial, de la Volonté Créatrice Originelle. Cette Sphère symbolise également le Souffle de la Liberté. C'est très puissant.

La spécificité ou le lieu d'expression de cet Ange est la Séphira Netzach qui inspire la Beauté et qui symbolise la matérialisation de l'Amour, le bonheur, la tranquillité, le bien-être. Dans l'univers physique cette Sphère est représentée par la planète Vénus. Vues les caractéristiques de Netzach, on comprend mieux pourquoi l'Ange LELAHEL nous aide à recevoir tous les biens de ce monde : *renommée, célébrité, bonheur, fortune, beauté naturelle.* Or l'Intelligence Cosmique sait très bien comment l'être disposera de tous ces biens – si c'est sa nature Divine qui décidera de leur utilisation, si c'est son égo qui s'en emparera, ou s'il y aura un mélange des deux. Et même dans le cas où l'égo s'approprie tous les biens, cela demeure une expérimentation ; l'être apprend dans une certaine mesure via les distorsions et en générant des karmas.

Parlant de renommée et de célébrité, voici une histoire vécue qui touche à ces notions.

Une femme a rêvé une nuit *qu'elle visitait la maison d'un célèbre joueur de hockey. Elle y voyait des pupitres tassés dans un coin et une grande bibliothèque qui était pratiquement vide – il n'y avait que quelques livres. Elle trouvait cela très beau et en était impressionnée.*

Quelques jours plus tard, elle a vu dans un journal un article sur ce joueur de hockey dans lequel il présentait son chalet qui vaut plusieurs millions de dollars.

Dans le rêve de cette femme, le joueur de hockey ne figurait pas uniquement en tant que symbole d'une partie de la rêveuse : elle y a également visité son âme. Et ce n'est pas sa maison concrète qu'elle avait vue, mais l'habitat intérieur de cet homme. Pourquoi lui a-t-On permis cette visite ? En Haut, Ils ne laissent pas ces portes s'ouvrir pour satisfaire notre curiosité. C'était pour lui donner un enseignement important. On a voulu lui dire : « Regarde, tu es encore impressionnée par la richesse, la célébrité, la forme. » Cette femme ne s'intéresse pas du tout au hockey, et En Haut, Ils ont fait exprès de choisir ce personnage. Dans la maison qu'elle a vue, il y avait des pupitres tassés dans un coin et une bibliothèque presque vide. Cela signifie que cet homme ne s'intéresse pas à la Connaissance, à l'évolution de sa conscience.

Un jour, On nous ouvre ces portes pour nous permettre de développer l'amour pour tous les êtres. Mais l'admiration, c'est autre chose ! Cette femme admire les personnes célèbres et riches, elle est impressionnée par la forme et l'apparence. Elle manque de discernement et c'est ce qu'On a voulu lui montrer : « Tu admires cet homme non pas pour ses qualités et ses vertus, mais pour des raisons douteuses. » Il est important de transcender l'attachement à la forme et de se laisser plutôt toucher par les Qualités, les Vertus, les Pouvoirs à l'état pur.

Et que se passe-t-il, un jour, quand on est prêt ? Dans nos rêves, On nous emmène dans les mondes parallèles et On nous révèle par divers exemples comment les guides fonctionnent. Parfois On nous montre : « Regarde, cette personne a beaucoup de pouvoir terrestre à cause de sa célébrité et sa richesse. Vois quels ingrédients, quelles essences On a mis dans son programme pour qu'elle les acquière. » Et d'autres fois On nous montre : « Regarde, là, il y a telle distorsion ; ça touche à tel aspect, à telle résonance. » On peut aussi nous montrer : « Tu vois, pour cet être, il suffit d'enlever tel ingrédient et tout se dégonfle. Il n'a plus ni célébrité ni richesse. »

Ces programmes qu'On nous permet d'entrevoir lorsque nous y sommes prêts sont en réalité des stages d'expérimentation. Dieu est un immense Ordinateur Vivant dans lequel nous vivons et expérimentons tous, et il est très facile pour les guides d'installer et d'activer des programmes.

Pourquoi existe-t-il des célébrités ? La richesse et la renommée font partie des mondes parallèles – ce sont des Qualités qui, on l'a vu, caractérisent certaines Énergies Angéliques, dont l'Ange Lelahel. Elles font partie de notre nature Divine. Quand on comprend comment ces mondes fonctionnent, lorsqu'on accède à la richesse et à la renommée, on ne peut faire autrement que de conserver une grande simplicité. On utilise notre renommée et nos ressources pour aider les autres. On s'offre comme modèle pour les inspirer à s'élever. Sinon – si l'égo s'empare de ces ressources –, on accumule d'importants karmas, on sera limité au niveau des ressources, et dans certains cas, pendant plusieurs vies. La Loi du karma est rigoureuse mais elle est éducationnelle.

Parmi les personnes qui vivent sur cette planète, beaucoup ont déjà eu dans d'autres vies des programmes de célébrité et de richesse comme celui de ce joueur de hockey. Elles peuvent avoir été riches et célèbres en tant qu'artiste, homme politique, scientifique, etc. – les domaines sont nombreux. Ce n'est pas quelque chose d'extraordinaire. Pour En Haut, c'est un programme comme un autre ; mais il est difficile parce qu'il a un effet multiplicateur.

Or, si l'être n'utilise pas bien le pouvoir que lui confère la célébrité et la richesse, il se retrouvera tôt ou tard, dans cette vie ou dans une vie future, privé de ressources et il en souffrira. Car ses mémoires de richesse et de célébrité le pousseront inlassablement à retrouver ces conditions. Je vous rappelle que cette recherche est normale puisque la célébrité est une Qualité Angélique. Mais un jour, on recherchera la véritable *célébrité*, sans la vouloir à tout prix. On saura qu'elle viendra naturellement à nous grâce au travail intérieur qu'on aura réalisé, et alors, au lieu d'en abuser, on l'utilisera pour aider les autres, pour être un symbole positif, inspirant. Le mot *célébrité* vient du latin *celebritas* qui veut dire *célébration, fête solennelle*. Le but ultime de la célébrité consiste à célébrer notre divinité, notre dimension angélique, et alors on se sentira célébré par tout le Ciel. Tant qu'on n'aura pas retrouvé notre célébrité Divine, on ne pourra pas goûter un sentiment aussi exquis que celui que l'on ressent lorsque chaque partie de notre être célèbre notre unité avec la Création, notre appartenance au Grand Tout. C'est tellement puissant ! Et tout le monde recherche cet État de Conscience.

Avant d'en arriver à vivre et à stabiliser cet État de Conscience supérieur, que font les êtres ? Ils se nourrissent avidement de la célébrité des autres. C'est pour cette raison que les magazines et autres médias qui relatent les détails de la vie des personnes connues connaissent tellement de succès. C'est pour cette raison également que parfois les personnes qui côtoient des gens célèbres les adulent, les envient, et très souvent leur donnent leur pouvoir. Ainsi elles ramassent les miettes et se nourrissent sans conscience de la lumière de l'autre, juste pour se sentir quelque peu important. Donc, on voit à quel point il est essentiel de reconnaître ces aspects lorsqu'on a tendance à se laisser impressionner par une personne célèbre ou que l'on remarque cette tendance chez autrui. Dans ces situations, le travail avec l'Ange LELAHEL est très aidant. Un jour, l'Intelligence Cosmique nous montre en rêve ce qui se passe dans l'inconscient de certains êtres célèbres et on se rend alors compte que dans bien des cas il n'y a pas vraiment de quoi être impressionné ; leur vie est souvent vide de sens et remplie d'objets matériels et de faux amis. Bien sûr, certains d'entre eux sont équilibrés et n'abusent pas de leur renommée et de leur pouvoir, mais c'est plutôt rare.

⊙

Nous allons maintenant voir à l'aide d'une histoire vécue comment le concept de célébrité se prépare déjà quand on est tout jeune, au sein même de la famille. Le petit enfant, de qui recherche-t-il l'admiration et la reconnaissance ? De son père et de sa mère. En effet, la relation avec les parents constitue le premier terrain d'expérimentation de la célébrité et de la renommée. Certains programmes qui ont trait à ce Champ de Conscience peuvent être activés du fait que l'enfant doit partager l'attention de ses parents avec ses frères et sœurs. Et ils peuvent faire ressortir chez lui autant des qualités que des distorsions.

Alors voici ce témoignage profond et plein d'enseignements. Une femme nous a dit que l'une de ses trois sœurs a la même date anniversaire que leur mère, soit le 5 octobre, et qu'à chaque anniversaire elle n'était pas contente parce qu'elle devait partager l'attention des autres avec sa mère. Cette sœur disait à sa mère : « Ce n'est pas juste. Mes sœurs sont célébrées juste pour elles. Moi, je dois toujours partager avec toi. » La mère lui répondait : « Moi aussi, je dois partager avec toi, mais je suis contente de célébrer avec toi et tes amis. » Cependant, cela n'amenait pas sa fille à changer d'attitude.

Cette femme a ajouté : « À l'âge adulte, ma sœur a rencontré un homme, qui est d'ailleurs devenu son mari, et sa date de naissance est également le 5 octobre. Cette fois, la sœur a admis que c'était une leçon qu'elle ne pouvait ignorer, c'était trop évident. Depuis ce jour, elle ne s'est plus jamais plainte. »

Quand on a un frère jumeau ou une sœur jumelle, la question de la renommée et le phénomène de comparaison sont encore plus pointus, plus aigus. En effet, aux enfants qui se comparent l'un l'autre, les parents peuvent toujours répliquer : « Oui, mais lui, c'est un garçon » ou bien « Ta sœur est plus âgée. Elle, elle peut faire ça. » et cela désamorce dans une certaine mesure leur tendance à se comparer. Mais dans le cas de jumeaux – surtout de même sexe – la comparaison est omniprésente et encore plus forte lorsqu'ils sont identiques. Dès les tout premiers moments de leur vie, les jumeaux doivent partager l'attention de leurs parents. Ces êtres ont vraiment un programme de partage.

Pour illustrer ce phénomène, voici une petite anecdote que m'ont racontée deux sœurs jumelles qui sont venues à l'une de nos conférences. Présentement à la retraite, ces deux femmes ont eu un parcours professionnel quasi identique. Toutes deux ont enseigné dans des écoles, et parfois dans la même école. L'une d'elles m'a dit : « Quand j'avais 12 ans, mon père disait souvent à propos de ma sœur jumelle : 'Elle, elle va réussir dans la vie', et moi, je me demandais : 'Mais pourquoi ne dit-il pas que moi aussi, je vais réussir ? Pourquoi seulement elle ?' »

Cela la rendait triste et elle s'est demandé ce qu'elle pourrait faire pour que son père lui dise qu'elle aussi réussirait sa vie. On voit dans cet exemple à quel point l'effet des mots prononcés par les parents peut être puissant. Elle m'a dit : « Un jour j'ai pensé avoir trouvé la solution. Ma sœur était plus avancée avec les garçons, alors que moi, j'étais plutôt timide.

Alors je me suis dit : 'Ça doit être pour ça que mon père dit qu'elle va réussir dans la vie : parce qu'elle est plus débrouillarde avec les garçons. Je vais sortir et au premier garçon que je rencontre, je vais dire Bonjour !' C'est ce que j'ai fait. Un garçon est arrivé à bicyclette, je l'ai regardé et je lui ai dit Bonjour ! Cela l'a tellement surpris qu'il est tombé de sa bicyclette. Je me suis alors dit que ce n'était pas la bonne solution.' » En Haut, Ils ne voulaient pas qu'elle s'engage dans cette voie et c'est pour cela qu'Ils ont orchestré cet évènement.

Cette anecdote montre à quel point la comparaison peut être puissante chez les enfants, et encore plus chez les jumeaux. Si on a eu des carences affectives dans notre enfance, ce n'est pas grave ; on travaillera avec l'Ange Lelahel. On pourra alors visiter et transformer nos mémoires marquées de manques d'amour et de reconnaissance. Ainsi on activera une dynamique de vie plus saine et bénéfique, car tant qu'on ne se reconnaît pas soi-même, on est toujours en train de compenser, d'essayer d'attirer l'attention des autres.

⊙

Je continue avec le sujet de la célébrité, impliquant cette fois-ci les masques.

Une femme a demandé à mon époux une interprétation de rêve. Elle lui a dit qu'elle était allée consulter son médecin plusieurs fois et, qu'avant de lui prescrire des somnifères, celui-ci l'avait avertie : « Madame, si vous continuez comme ça, vous allez faire une dépression. » Elle avait pris les somnifères pendant un certain temps, mais au bout d'un moment, elle a reconnu que ce n'était pas sensé et elle a arrêté d'en prendre.

Une nuit, elle a reçu le rêve suivant : *Elle se voyait à l'âge de quatre ans en présence d'une actrice très connue. Face à un miroir, elle coiffait l'actrice et constatait que celle-ci avait l'air très déprimée. Ensuite, elle est sortie et s'est retrouvée dans une autre scène. Elle était au téléphone et entendait une voix de femme dans le récepteur. Mais elle ne comprenait pas ce que la voix disait. Ce qu'elle entendait*

Que signifie ce rêve ? Cette femme vivait une certaine déprime. On a voulu lui dire : « Ce n'est pas le temps de t'endormir, de prendre des somnifères. Au contraire, tu dois travailler sur toi, nettoyer tes mémoires. On t'a fait descendre dans ton inconscient. Tu touches certaines mémoires puissantes qui te déstabilisent. Ce n'est pas le temps de dormir. » Dans ce rêve, tous les éléments – l'enfant, l'actrice, la voix, etc. – représentaient des parties de la rêveuse et une dynamique intérieure, puisque c'étaient des femmes. Que représentaient l'enfant et l'actrice ? Les acteurs jouent des rôles, n'est-ce pas ? Considéré du point de vue de la conscience, ce duo enfant-actrice symbolise une difficulté à se renouveler, à retrouver le goût de vivre. L'enfant dénote la joie de vivre, l'espoir, une magnifique force de renouvellement, d'apprentissage, de découverte. L'enfant dans ce rêve représentait l'enfant intérieur de l'actrice et il coiffait cette dernière, c'est-à-dire il continuait à renforcer les pensées de cette actrice déprimée. Par le personnage de l'actrice, On a voulu dire à la rêveuse : « Tu joues depuis très longtemps des rôles pour être reconnue et aimée, c'est pour ça que tu déprimes. Tu ne peux pas être dans les qualités quand tu joues des rôles. Il faut que tu nettoies ces comportements pour que ton enfant intérieur soit libéré de cet envoûtement qui te limite tant. »

Le miroir dans un rêve représente le miroir de l'âme, qui, dans ce cas-ci révélait à la rêveuse ses parties déprimées. Quand on coiffe, symboliquement on remet de l'ordre dans les pensées, puisque les cheveux se situent au niveau de la tête. La rêveuse remettait donc de l'ordre dans ses parties déprimées mais perdait sa jeunesse, sa vitalité. L'actrice en elle est usée, cela signale que son inconscient est surchargé et que le temps est venu d'entreprendre le travail sur elle.

Ensuite, le fait d'entendre une voix de femme au téléphone signifie qu'elle entrait en communication avec une partie intérieure logée dans ses mémoires, ses autres pays de conscience. Mais elle ne comprenait pas son langage, donc elle n'arrivait pas à la comprendre, sauf à partir du moment où le mot *mort* a été prononcé. Qu'est-ce que cela signifiait ? On a voulu lui dire : « Désormais, tu n'as plus de pays où tu peux jouer des rôles. Tu peux aller en vacances n'importe où dans le monde et tu te sentiras seule. Quand tu seras capable de mourir à tous tes masques, au paraître, à tous les rôles que tu as joués, à ce moment-là tu pourras comprendre la langue de l'inconscient, retrouver ta jeunesse éternelle qui t'ouvrira toutes les frontières et toutes les portes de l'Univers. »

Combien de personnes viennent nous voir et nous disent : « Mais comment faire pour mieux interpréter les rêves ? Comment m'y prendre pour arriver à interpréter les signes du quotidien ? » Un jour, il n'y a plus de différence entre les rêves et les événements ou signes du quotidien. À ces personnes, nous répondons : « Commence à nettoyer tes distorsions. En les nettoyant, tu apprendras simultanément le décodage des rêves et des signes. Au début, on ne sait pas tout décoder, mais nos dérangements, eux, on les sent. Alors on fait le lien entre ce qu'on ressent, ce qu'on vit et ce à quoi on rêve. C'est la même chose avec les signes. En s'entraînant ainsi, à un moment donné, on s'aperçoit que certaines choses se sont débloquées, que l'on comprend mieux les corrélations et que parfois, on reçoit de réels éclairs de Connaissance. À force de chercher, méditer et prier, on accède à une plus grande compréhension. C'est ainsi que l'on intègre l'apprentissage du décodage et de l'interprétation. »

Puisqu'il est question de masques, voici une petite anecdote à ce sujet. Un jour, pendant que j'invoquais l'Ange LELAHEL, je me suis retrouvée à la fête des masques : Halloween. Mon époux et moi-même n'appelons plus cette fête Halloween ; nous l'appelons *la fête de l'inconscient*. Un jour, on comprend ce que font les gens lors de cette fête. Chaque masque, chaque déguisement est une émergence de l'inconscient. Il est le reflet, la manifestation de l'une de nos multiples personnalités. C'est absolu ; il n'y a pas de hasard. Ce qui est normalement caché sort au grand jour. Imaginez tous les enseignements que l'on peut recevoir en analysant les déguisements qu'on a choisi de porter et ceux que choisissent nos enfants ! Ce sont des parties de nous qui s'expriment. On peut vraiment en tirer de grands enseignements.

Ce jour de l'Halloween – la fête de l'inconscient –, je suis allée dans un magasin d'aliments naturels. Tout le personnel était déguisé pour l'occasion, y compris la propriétaire. L'une des vendeuses était déguisée en gâteau rose, ce rose chimique, du genre très sucré. Elle avait ce gâteau sur la tête avec des bougies et des pompons tout autour. Cela créait une ambiance très hollywoodienne dans ce magasin d'alimentation naturelle.

Que révélait ce déguisement ? Quand on commence à lire la réalité avec le langage symbolique, on doit le faire avec beaucoup d'amour et beaucoup de respect aussi ; c'est très important. Avec la pratique, cela devient naturel. Ce déguisement montrait que cette femme vend de bons produits dans le concret mais qu'elle se nourrit de pensées – puisque le gâteau se trouvait sur sa tête – qui ne sont pas tout à fait saines. Elle sera le genre de personnes à tout faire correctement au plan alimentaire, mais en le faisant par devoir, pour bien paraître aux yeux de ses amis et de la société. Le rose symbolise l'amour et la douceur affective, mais comme dans ce cas il avait un aspect artificiel, chimique, cela indiquait que cette femme avait encore besoin d'être reconnue, aimée ; et aussi qu'elle peut être superficielle au niveau affectif, trop 'rose bonbon', et ne pas vraiment savoir comment exprimer des sentiments de qualité. Le fait que ce soit un gâteau d'anniversaire soulignait le besoin de reconnaissance, et le côté trop sucré révélait qu'elle avait également des dépendances affectives. Tout cela était dévoilé par son déguisement.

La deuxième vendeuse était déguisée en femme amérindienne. Cela symbolisait le côté Terre Mère, mais il y avait un aspect très marquant dans ce déguisement : la bouche était démesurée, plus grande que la moitié du visage, et de couleur rouge avec un contour vert. Que révélait ce déguisement ? Cette personne avait une certaine tendance à la déprime, à la tristesse – c'est cela que je sentais parfois chez elle. Mais étant en contact avec les gens, vu qu'elle travaillait dans un commerce, elle se sentait obligée d'afficher un certain sourire. C'étaient cette tristesse et cette obligation de sourire qui se révélaient par la démesure de sa bouche peinte en sourire. Le rouge représente la matérialisation, et le vert l'amour. Cette femme en mettait trop. Ce déguisement montrait qu'elle se forçait pour sourire. Son côté amérindien, quant à lui, indiquait qu'elle avait un grand besoin de revenir à ses origines, à un mode de vie plus simple, proche de la nature. La vie très mouvementée et diversifiée en ville pouvait l'étourdir car elle avait dans son inconscient trop de mémoires qui résonnaient à cela. Ce n'est pas parce qu'on travaille dans un magasin d'aliments naturels qu'on est soi-même top naturel et certifié bio. Il y a bien des gens qui mènent une vie soi-disant saine, qui font tout correctement dans leur alimentation physique, mais qui ne sont pas certifiés par le Ciel en termes de gentillesse, de respect, de non-jugement, etc. Parfois ces gens sont hautains, trop revendicateurs, militants, rebelles à bien des niveaux, ou marginaux. Tout cela est causé par leurs mémoires d'abus et d'excès. C'est la même chose en spiritualité.

Vous voyez à quel point ce décodage est profond et intéressant; on peut absolument tout décoder avec le langage symbolique. On analyse le déguisement exactement comme si on était dans un rêve, avec la même symbolique, et cela nous permet de détecter – tant chez soi que chez les autres – les personnalités qui auraient avantage à être rectifiées. Dans les rêves, tout est possible. À Halloween aussi, tout est possible, et cela permet à des contenus inconscients ou plus ou moins conscients d'émerger.

L'exemple suivant traite de la privation de la beauté physique. Quand une personne a un handicap physique, celui-ci marque son apparence et ses capacités corporelles, et elle n'a d'autre choix que de se tourner vers l'intérieur pour retrouver la beauté, celle de l'âme. Sinon, elle souffre.

Pendant une de nos tournées de conférences, tant au Canada qu'en Europe, plusieurs parents d'enfants handicapés sont venus nous parler de ce qu'ils vivaient. Quand nous recevons plusieurs témoignages qui portent sur le même thème, nous savons que c'est un signe – une consigne d'En Haut – que nous devons en parler. Dans ces cas, nous savons – car nous avons pu le vérifier maintes fois – que certaines des personnes qui viendront aux conférences seront en train de vivre des événements reliés à ce thème.

Pendant cette tournée, une femme qui assistait à la conférence nous a partagé que lorsque son petit-fils est né – le fils de sa fille –, elle a reçu tout un choc. Elle nous a dit : « Il est né avec tout le côté droit du visage déformé. Il y avait des bouts qui pendaient. C'était quasi monstrueux. Il avait aussi de gros problèmes de reins. Je ne m'en suis par encore remise. C'est tellement difficile quand je vois cet enfant ! »

Cette femme avait rêvé de cet enfant quelques années auparavant, mais elle n'y avait accordé aucune importance. Elle nous a dit : « Depuis que cet enfant est arrivé, je ne veux plus rien savoir des rêves. Mais ma fille m'impressionne. Elle a ressenti le même choc à la naissance de son fils, mais elle est tellement dans un état d'acceptation ! C'est extraordinaire de la voir. Elle a reçu deux rêves qui l'aident à passer à travers cette épreuve. Deux semaines avant d'accoucher, *elle a rêvé qu'elle était dans une pouponnière et il n'y avait que des bébés très poilus. Puis elle est allée vers son bébé et il lui a dit : 'J'ai été frappé par un éclair blanc.'* »

Ce qui aide le plus cette mère quand elle se sent morose à la vue de son enfant, c'est l'autre rêve qu'elle avait reçu deux ans avant l'accouchement. Dans celui-ci, *elle se trouvait devant un immense buisson ardent, un feu intense. Et de ce buisson ardent sortaient deux mains qui lui tendaient un livre. À ses côtés se trouvait un Ange qui lui mettait une main sur l'épaule et qui la regardait avec beaucoup de compassion. L'Ange lui a dit : « Je vais rester avec toi. »*

Ce rêve annonçait une grande initiation ! Le buisson ardent représentait le feu de l'esprit, la communication et la manifestation spirituelle – comme dans la Bible où Moïse reçoit le signe de la présence divine à travers le buisson ardent. Les deux mains symbolisaient la manifestation concrète. Pour sa part, le livre représentait la Connaissance. On lui annonçait la mise en route d'un programme qui lui permettrait d'avoir accès à la Connaissance. Mais dans ce rêve, On ne lui a pas montré par où elle devrait passer. Et c'est pour cette raison qu'il y avait un Ange.

Cet Ange était un guide qui faisait de la transfiguration – comme les guides savent si bien le faire. Il a utilisé le symbole de l'Ange pour montrer à la rêveuse que l'intégration des plus hauts niveaux de conscience lui permettrait de passer à travers cette épreuve. En fait ce n'était pas qu'un seul guide – les guides agissent de manière impersonnelle et plusieurs veillent ensemble sur notre âme, comme des fonctionnaires d'un gouvernement. Ils mettent en route des programmes qui sont autant de cadeaux et d'initiations. Et ils savent où ces derniers nous conduiront.

Puisque cette femme a une ouverture spirituelle, elle a pu comprendre le message de son rêve et cela lui a permis d'accepter totalement son enfant. C'est ce que permet l'ouverture spirituelle quand on traverse des épreuves. Même si la grand-mère a reçu des rêves, elle n'a pas cette compréhension. C'est la raison pour laquelle, elle rencontre cette difficulté et rejette encore l'enfant, tandis que sa fille, avec beaucoup d'amour est capable d'accepter son programme et de chercher à comprendre ce qu'elle vit.

Que signifie le rêve qu'elle a reçu avant d'accoucher, celui de la pouponnière et des bébés poilus ? Dans ce rêve, elle a visité l'âme de son enfant et de ce qu'elle allait vivre. Pourquoi avait-On mis des bébés poilus ? Premièrement, il y en avait plusieurs. Cela indique une accumulation de mémoires de ce type. Le poil représente le côté instinctuel animal. Associé à l'être humain, il dénote un excès d'animalité, de besoins instinctuels. Et pourquoi l'enfant lui disait-il : « J'ai été frappé par un éclair blanc » ? Qu'est-ce que cela signifiait ? Avec l'éclair, on retrouve de nouveau le symbolisme du feu de l'esprit. Ce n'est pas par punition qu'il a été frappé ; cette idée de punition est un vieux concept erroné. L'éclair signifie que l'énergie des mémoires frappait l'âme de cet enfant et de sa famille pour qu'il arrive à briser des attitudes anciennes, trop instinctives, trop axées sur des besoins bruts, non raffinés.

Encore une fois, on doit se rappeler de ne jamais comparer les êtres. À la vue d'un être touché par le handicap, certaines personnes croyant en la réincarnation ont tendance à se dire : « Mon Dieu, mais qu'est-ce qu'il a dû faire dans d'autres vies ? Ça a dû être un monstre, pour avoir à vivre ça maintenant. » On ne doit pas penser de cette manière. Ce rêve des bébés poilus, On pourrait le montrer à beaucoup de personnes. Tous les êtres qui ont une conscience ordinaire sont prisonniers de leurs instincts, de leur animalité. La jalousie, la possessivité – pour ne nommer que ces distorsions – découlent des instincts non maîtrisés, non transcendés.

Cette âme venait s'incarner dans cette famille parce qu'elle partageait avec elle certaines résonances et distorsions. Quand un enfant handicapé arrive, cela crée nécessairement un intense programme qui touche tous les membres de la famille.

Lorsqu'une personne handicapée vit son programme de manière positive – en l'acceptant – elle peut régler beaucoup de karmas rapidement en une seule vie. Cela vaut également pour la famille proche. Ce programme très intense et concentré est souhaité par son âme mais aussi par l'âme de chacune des personnes touchées. Un handicap incite l'être à s'intérioriser et à développer de nouvelles valeurs, sinon il sombre et recule dans son évolution. Ce programme le prépare aussi à devenir un initié, une initiée, parce que les initiés doivent vivre certaines épreuves et humiliations – soit en rêve, soit dans la vie concrète, ou les deux – pour apprendre à transcender leurs besoins et à ne plus être influencés par le regard, la critique ou l'agressivité des autres. Ils ne doivent plus se nourrir de flatteries ni avoir besoin de compliments pour être heureux ; ils sont à l'avant-garde par rapport à la masse qui vit dans une conscience ordinaire. S'ils dépendaient de l'appréciation et de l'opinion des autres, ils devraient moduler leurs attitudes et leurs comportements et il leur serait alors impossible de suivre la guidance d'En Haut, d'incarner la Volonté Divine. Voilà la raison d'être des grandes épreuves et humiliations. Si on sait les accueillir sans révolte, on évolue à la vitesse 'grand V' tout en réglant nos karmas.

Quand une personne handicapée se présente devant les autres, souvent les regards se détournent ou se baissent. Les gens éprouvent de la gêne et de la pitié. Ils peuvent même ressentir de la peur, une peur inconsciente. Pourquoi ? Parce qu'au niveau de leur âme, ils savent que, eux aussi, ont transgressé les Lois sous différentes formes au fil de leurs vies, et que cela est source de handicaps. Au cours des initiations, on peut rêver de personnages handicapés qui, en réalité, représentent des parties de soi. Ces mémoires correspondent à certains types de pensées et d'émotions qui ne sont – ou n'étaient – pas justes. On nous montre : « Regarde, cela engendre un handicap, une limitation. » Donc, les gens savent qu'ils pourraient un jour se retrouver limités eux aussi, et c'est pour cette raison que la vue d'un être handicapé soulève chez eux des peurs et toutes sortes d'autres sensations. C'est pour cela aussi que les relations sociales avec les personnes handicapées ne sont pas aisées.

Les êtres affectés par un handicap doivent vraiment aller dans leur monde intérieur – tout comme leurs proches – pour y chercher d'autres valeurs et ne plus être touchés par ce que les autres pensent ou disent à leur sujet, ce qui requiert un travail très intensif sur soi. Les membres de la famille ont le choix d'entrer ou non dans ce processus d'acceptation, et, s'ils y entrent, leur âme évolue grandement. C'est phénoménal. Autrement, ils traînent avec eux le rejet et la honte.

Lors d'une conférence que nous avons donnée en France, se trouvaient dans l'audience un père, une mère et, placé entre les deux, leur fils d'une quinzaine d'années qui était affecté d'un handicap mental. Bien sûr, l'enfant bougeait et, à quelques reprises, il répétait à haute voix certains mots que je disais, mais pas n'importe lesquels. Vous allez voir que tout est important.

Quand on comprend la symbolique, on peut entrer en contact avec l'intelligence de l'âme, et même si l'enfant est handicapé au plan mental, il peut nous communiquer son état de conscience. Ainsi, il est essentiel pour tous les thérapeutes qui travaillent avec les personnes atteintes d'un handicap de comprendre la symbolique.

Pendant la conférence, je parlais du symbolisme de plusieurs éléments et je montrais, au moyen d'un projecteur, des photos imprimées sur acétate. À un moment donné, j'ai montré la photo d'un avion et j'ai dit que ce symbole concerne le monde des pensées. Et sur une autre image que j'ai projetée, on voyait une petite bombe qui explosait pour illustrer que l'on peut parfois détruire avec nos pensées. Or, quand je disais le mot *avion*, le garçon s'écriait : « Avion ! » On voyait qu'il était touché, que son âme réagissait.

J'ai également expliqué la symbolique du couguar disant que cet animal fait partie de nos animaux intérieurs, qu'il représente des aspects de notre énergie vitale et de nos instincts et que si on ne transcende pas ses caractéristiques négatives, celles-ci peuvent s'exprimer sous forme d'agressivité destructrice. Là aussi, chaque fois que je prononçais le mot *couguar*, l'enfant s'exclamait : « Couguar ! On voyait que cela faisait écho en lui. À chaque fois qu'il s'exprimait ainsi, l'un des parents se tournait vers lui et, avec beaucoup d'amour, sans aucune impatience ni honte, il disait gentiment : « Chut ! » C'était tellement beau ! Ces deux êtres ont été les enseignants de la soirée.

Avec l'Ange LELAHEL, on parle de modèle Angélique. Eh bien, ces parents étaient de vrais modèles très inspirants. Quand j'ai dirigé la méditation guidée, le garçon n'a rien dit ; il était tout calme. Puis, une fois la méditation terminée – c'était la conférence sur l'Ange Cahetel –, il s'est exclamé : « Cahetel ! Cahetel ! Cahetel ! Son âme était heureuse ! Et dans son état d'exaltation, il était tellement beau ! Quand on est capable d'aller au-delà de la forme, on voit la beauté de l'âme ; elle est là, toujours là, parfois cachée au cœur d'une souffrance.

Ces parents étaient très beaux physiquement et au niveau de leur âme aussi. Le père avait vécu un accident à l'âge de 20 ans. On l'avait cru mort – cliniquement, il était mort – et il était revenu. Cette expérience au seuil de la mort a déclenché chez lui de profondes initiations ; il a un programme très intense. La mère aussi vivait d'intenses initiations, qui dans son cas étaient précipitées par la condition de son fils. Elle était tellement reconnaissante ! On voyait qu'elle aimait beaucoup son enfant. Elle m'a dit : « Nous l'emmenons partout. À tous les ateliers spirituels où nous allons, il nous accompagne. Je ne serais jamais rendue où je suis maintenant s'il n'avait pas été là. Quand j'étais enceinte, j'ai rêvé de lui. *Je voyais un bel enfant avec des cheveux tout blonds et il m'a dit : 'Il faut que tu me détruises.'* »

Dans ce rêve, cette femme a visité l'âme de l'enfant qu'elle portait. Pourquoi le lui-a-t-On montré avec des cheveux blonds ? Car il n'est pas blond en réalité. L'aspect blond est en lien avec la couleur or, la réussite, le rayonnement, l'aspect solaire et la dimension spirituelle.

Quand l'enfant a dit : « Il faut que tu me détruises », cela indiquait qu'il arrivait sur Terre avec un programme de destruction ; lui-même avait détruit et il devait apprendre à réparer. Lorsqu'on entend cela, on ne doit pas prendre peur et se dire : « Mon Dieu ! La destruction ! » Quand on visite notre inconscient, on rencontre beaucoup de mémoires de destruction, beaucoup de parties destructrices. C'est très fréquent, même si cela ne prend pas toujours une forme physique, concrète.

Cet enfant est venu sur Terre pour transformer ses concepts destructeurs, ses attitudes trop instinctives et ses mémoires de faux succès. C'est pour cette raison que les mots *avion, bombe* et *couguar* le faisaient réagir. Le langage symbolique est très puissant ! Quand on le comprend, on n'est plus démuni face aux êtres handicapés mentalement, autistes, etc. – car on sait communiquer avec eux en touchant directement l'intelligence de leur âme.

Lors de cette même tournée, une autre femme est venue me voir et m'a montré une photo de son enfant âgé de trois ou quatre ans. L'enfant ne pouvait ni parler ni même bouger. Contrairement à l'exemple précédent, cette femme n'avait pas encore accepté le grand handicap de son enfant.

Elle m'a dit :

— Le pire, c'est quand il pleure et que je ne sais pas ce qu'il a. C'est tellement difficile pour moi ! Je me sens bouleversée quand il est comme ça. Pourtant, quand je le vois en rêve, il est tellement beau ! Il chante, il court, il me parle.

— Par ces rêves, On veut t'encourager, lui ai-je dit. Même s'il a un programme de grandes limitations, au-delà de la forme son esprit n'est pas limité. Cet enfant vient t'apprendre à transcender la forme. Un jour, tu n'auras plus de limites à l'égard de l'esprit et des mondes parallèles. C'est cela qu'il est venu t'enseigner. Le rêve annonce ce qui se passera en toi quand tu auras grandi avec cette situation.

D'ailleurs, dans une des langues humaines, le nom de cet enfant signifie *Don de Dieu*. Quand on comprend ce qu'il peut apporter à sa famille, on se rend compte qu'il est effectivement un Don de Dieu ! Cette femme et l'autre mère dont je vous ai parlé tantôt portent un message d'espoir pour tous les êtres handicapés, pour toutes les familles dont l'un des membres est handicapé et pour toutes les personnes qui en côtoient. Leurs expériences – entre autres avec les rêves – témoignent du fait que ces programmes peuvent être très évolutifs pour l'âme.

⊙

L'exemple suivant touche également la Qualité principale de l'Ange LELAHEL : *la Lumière Divine qui guérit tout (Lumière d'Amour)*.

C'est l'histoire d'une femme qui avait une chienne à laquelle elle était très attachée affectivement ; elle la considérait un peu comme son enfant. Un jour, la chienne a attrapé un virus et elle en est morte. Cette femme en a été très affectée. Un mois avant sa mort, la chienne s'était fait asperger par un putois. Inutile de vous dire que toute l'expérience a été nauséabonde. Puis, un mois après la mort de sa chienne, cette femme a reçu ce rêve : *Elle se trouvait dans sa chambre à coucher, et de sa fenêtre, elle voyait sa chienne à l'extérieur, dans la cour arrière. Elle a vu un putois qui s'approchait de la chienne et elle a rapidement appelé son mari : « Va vite chercher la chienne ! Il y a un putois dehors ! » Mais il n'a pas eu le temps de sortir. Puis elle a vu la chienne et le putois tout illuminés, ils baignaient tous les deux dans une lumière intense. C'était très beau !*

Tous les éléments de ce rêve représentaient des parties de la rêveuse. Elle se trouvait dans sa maison, laquelle symbolisait son habitat intérieur. La chambre à coucher représente toujours l'intimité, ces parties de soi que l'on ne montre pas à tout le monde et qui, à un certain degré, sont cachées. La chienne et le putois représentaient pour leur part des aspects psychologiques de cette femme en lien avec son côté instinctuel et affectif, des aspects qui devaient être transcendés. On a voulu lui montrer que parfois elle réagissait un peu comme un putois, lequel projette son liquide malodorant – symboliquement, de la critique, de la médisance – lorsqu'il a peur. Dans une situation normale, il ne le fait pas. Comme le liquide est symboliquement associé aux émotions et aux sentiments, On a voulu lui signifier : « Dans ton intimité, quand tu as peur, tu dégages des émotions de médisance que tu projettes sur les autres. Ceux-ci peuvent les percevoir au plan énergétique, car cela ne sent pas bon. » Quelles émotions sentent mauvais, symboliquement parlant ? C'est surtout l'agressivité émotionnelle qui bouillonne et asperge les autres, et l'agressivité va de pair avec les pensées critiques.

Cette femme critique à l'intérieur d'elle-même – elle ne verbalise pas ses émotions teintées d'agressivité –, mais son conjoint, lui, ne se gêne pas pour le faire. Or ce dernier représente une partie de l'homme intérieur de sa conjointe. Dans ce rêve, On a voulu montrer à cette femme qu'un programme était mis en route pour que ces parties d'elle-même s'illuminent, pour que la Lumière d'Amour qui guérit tout mette fin à ses pensées critiques et ses émotions nauséabondes.

Et pourquoi l'arrière-cour ? L'arrière-cour représente les aspects intimes de notre vie sociale ; ce qu'on fait en catimini sans que les autres le voient. Elle représente aussi des aspects inconscients de cette intimité sociale. On lui annonçait qu'une forme d'illumination allait se produire dans son inconscient par rapport à des forces et des comportements instinctuels symbolisés par le chien et le putois ; plus particulièrement par rapport à son intense attachement affectif vis-à-vis de son chien et l'aspect affectif nauséabond du putois. Un programme était lancé qui visait l'illumination de son chien et son putois intérieurs, du mélange des énergies qui les reliaient. On ne lui a pas dit comment le programme allait se dérouler. Il en est souvent ainsi ; On ne nous dit pas par quelles étapes on doit passer pour atteindre l'objectif du programme. Et parfois, cela vaut mieux car on ne serait pas prêt à l'entendre. Or un rêve de ce genre indique soit qu'on a passé le cap et qu'on a terminé d'asperger les autres de nos émotions malodorantes ; soit qu'on va devoir travailler intensivement sur ces aspects, et dans ce cas bien des choses peuvent arriver au cours des semaines, des mois, voire des années à venir.

Donc qu'est-ce qui s'est passé pour cette femme par la suite ? Deux mois après avoir reçu ce rêve, cette femme est allée à l'hôpital pour faire faire un test parce qu'elle avait des problèmes de circulation aux jambes. Mais ils l'ont gardée et elle a été opérée en urgence, parce qu'un caillot de sang était monté dans son ventre et que cela avait provoqué une thrombose. Lors de l'opération, il y a eu des complications et elle a failli passer dans le monde de l'au-delà. Toute cette expérience a été très difficile pour elle, mais elle s'est complètement rétablie. Elle m'a confié : « J'ai tellement appris à l'hôpital. Avec tout ce que j'ai vécu là, je ne pouvais plus me plaindre et critiquer. »

Cette femme a beaucoup changé. Elle est devenue plus authentique, plus véridique ! Auparavant, elle ne disait rien, elle gardait tout à l'intérieur, mais au niveau énergétique, ce qu'elle émettait très souvent ne sentait pas bon. Maintenant, elle parle beaucoup plus. Bien sûr, vu qu'elle émet plus, les distorsions sont plus évidentes, mais elle est tellement plus fraîche, plus spontanée ! Elle dégage de la légèreté. On peut déjà sentir le début de l'illumination de son putois. Donc, tout un processus est commencé chez elle et elle ne peut pas passer à côté. Elle m'a confié : « Il fallait que je passe par là pour pouvoir vivre ces changements. Mon putois intérieur avait tellement la tête dure ! » Elle était bien consciente de ce qui se passait dans son âme.

⊙

Pour terminer ce cours, voici une dernière histoire vécue. Pendant sa grossesse, une femme a intensément invoqué l'Ange LELAHEL. Elle aime beaucoup cet Ange ; elle *vibre* à cette Énergie. Or sa fille est née à 1 h 49 du matin, pendant la période de régence de LELAHEL sur le plan intellectuel – ce qui signifie que cette enfant a LELAHEL comme Ange Gardien au niveau de la tête. Physiquement, cette petite fille rayonne la beauté. Mais au niveau de son âme aussi, elle est très belle ; c'est une grande âme.

Lors du repas de son deuxième anniversaire, quand ses parents lui ont tendu son assiette de nourriture, elle l'a repoussée – pourtant, cette petite fille aime beaucoup manger. Elle a regardé ses parents et a dit : « Prière. » Elle a demandé la prière à deux ans seulement. Ses parents disaient le bénédicité de temps en temps, mais pas de façon régulière.

Alors son père a dit le bénédicité. Elle l'avait tellement bien demandé, avec ses grands yeux et sa petite voix douce : « Prière. » Imaginez ! Quel modèle inspirant était cette enfant de deux ans ! Ses parents n'en revenaient pas ! Elle a dû prier souvent dans d'autres vies pour que cela remonte d'une manière aussi spontanée. Et le frère adolescent, pour lui, pas question de prier. Mais quand il a vu sa petite sœur demander : « Prière », il était très touché et il a prié avec elle et le reste de la famille.

Un jour, un des grands-pères est allé manger chez eux, et lui, ne veut pas du tout prier. Quand la petite fille a demandé la prière, son père a expliqué : « On doit faire la prière » et il a commencé à dire le bénédicité. Tout à coup, il a entendu sa fille dire avec insistance : « Prière, prière, prière… » Il a ouvert les yeux et s'est aperçu que le grand-père faisait semblant. C'est pour cette raison que la petite répétait le mot *prière*. Le père a dit au grand-père : « Tu sais, c'est important pour elle, elle aime la prière. » Alors ce dernier s'est mis à prier lui aussi.

Cette enfant était encore trop jeune pour comprendre certaines choses. Bien sûr, à un enfant plus âgé, on peut expliquer que lorsqu'on mange avec des personnes qui ne prient pas, on prie à l'intérieur, on ne s'impose pas. De la même manière, quand on mange au restaurant, on ne ferme pas les yeux pour que tout le monde nous regarde et nous envoie leur putois ; on dit simplement le bénédicité à l'intérieur. Un modèle n'impose jamais rien aux autres et il devient un diplomate angélique lorsque cela est nécessaire. Chez un petit enfant, le geste de la prière n'est pas perçu comme imposant, il est simplement beau. Dans l'éducation de nos enfants, il est important de faire valoir cette dimension de la méditation, de la prière, et de leur enseigner par l'exemple, sans insister à les faire prier. Ils nous voient faire l'Angelica Mantra régulièrement pour nous-mêmes, faire une courte prière avant de manger et demander de le faire avec la famille. Cela ne dure que quelques secondes, puis on les félicite : « Bravo ! Que tu étais beau/belle et lumineux/lumineuse ! » L'enfant en bas âge ne comprend pas encore tout ce qu'implique la prière. Pour lui, c'est un moment de calme et il voit ses parents tout contents. Il ressent déjà des vibrations, les intentions, mais sans comprendre. Et il les voit aussi écrire leurs rêves. Parfois, on lui explique en mots simples sur quoi on travaille spirituellement en termes de Qualités, avec quel Ange. On lui raconte aussi des histoires magnifiques avec les Anges qui nous viennent en aide. Ainsi, jour après jour, on lui enseigne le langage symbolique que l'enfant finira par parler couramment.

Voilà ce qu'est un modèle angélique, un initié, un pédagogue de la conscience : c'est un exemple vivant. Souvenez-vous que si on veut réellement aider les autres, la meilleure manière n'est pas de se lancer dans de grands discours moralisateurs, ni de chercher aux quatre coins du monde, mais de s'offrir en exemple, de parler de soi, de ses hauts et de ses bas, d'être un modèle de recherche d'Amour et de Sagesse. Être un réel exemple est ce qui inspire le mieux les autres.

# ANGE 12 HAHAIAH
## Le refuge

Une femme qui avait œuvré pendant 32 ans dans le domaine communautaire en tant que psychothérapeute s'est retrouvée au chômage pour des raisons de santé. Puis elle a dû faire appel à l'assistance sociale. La vie l'a amenée au bout de ses ressources physiques afin qu'elle reprenne contact avec son être profond. Cette femme a raconté à Kaya – avec une grande joie d'ailleurs – les changements qui sont survenus dans sa vie depuis qu'elle travaille avec l'Angéologie Traditionnelle.

Entre autres, elle lui a dit que peu de temps auparavant, elle avait été contrainte de quitter son logement et qu'elle était partie à la recherche d'un autre logement. Vu qu'elle ne disposait que de peu de ressources financières, elle avait conscience de commencer cette recherche avec un gros handicap. Mais elle ne s'est pas sentie découragée. Elle a d'abord commencé ses recherches par des méditations. Elle a médité pendant de nombreuses journées avec son Ange Gardien, l'Ange 42 Mikael. Elle lui a demandé de la guider au bon endroit. Au fil des jours, elle a reçu des images de l'endroit idéal où aller vivre : elle voyait un petit jardin, une porte spécifique et une salle de bains toute propre. On lui a même indiqué le prix qu'elle devrait payer – qui était d'ailleurs le maximum dont elle pouvait disposer pour un loyer. Par la suite, elle est partie concrètement à la recherche de son logement.

Après bon nombre de visites, elle a commencé à se décourager parce que ce qu'elle voyait dans le concret ne correspondait pas aux images qu'elle avait reçues. Mais son découragement n'a pas duré trop longtemps : très vite, elle s'est recentrée en recommençant sa méditation avec l'Ange MIKAEL. Dès le lendemain matin, elle a ouvert un journal et une annonce classée a immédiatement attiré son attention. Quand elle y a lu le mot *jardin*, elle savait que c'était un mot-clé. Elle savait – ses impressions étaient claires et précises – que c'était ce logement qui l'attendait. Alors elle a appelé au numéro indiqué et elle a laissé un message sur le répondeur. Bien sûr, elle était fébrile en attendant le retour d'appel ; elle se demandait si ses images intérieures allaient bel et bien se matérialiser.

Un petit peu plus tard, un homme l'a rappelée pour fixer un rendez-vous. Lorsqu'elle est arrivée sur place, elle a été saisie par la beauté de ce petit coin de paradis. Tout était là, exactement comme dans sa méditation ; elle n'en revenait pas. Elle a été encore plus impressionnée lorsque le propriétaire s'est présenté. Il lui a dit : « Je m'appelle MIKAEL. » Imaginez-vous ! Elle avait invoqué pendant des jours et des jours l'Ange MIKAEL, et voilà qu'il se présentait sous les traits du propriétaire MIKAEL.

Elle n'était pas au bout de ses surprises. Après lui avoir confié qu'il s'intéressait beaucoup à l'astrologie et qu'il croyait aux cartes du ciel, ils ont échangé leurs dates de naissance et se sont aperçus qu'ils étaient nés le même jour. Elle savait donc que cet homme avait également l'Ange MIKAEL en incarnation. Elle était vraiment impressionnée et n'a pas pu s'empêcher de lui dire : « C'est extraordinaire que vous m'ayez rappelée, alors que vous avez reçu plus d'une trentaine d'appels. »

Elle est retournée chez elle vraiment exaltée mais tout de même anxieuse dans l'attente de la décision du propriétaire. Celui-ci l'a rappelée et il lui a simplement demandé d'avoir un cosignataire pour garantir les paiements du loyer. Tout s'est arrangé et il lui a accordé le logement. Elle était très heureuse ! Depuis ce jour-là, elle vit une véritable transformation dans ce lieu propice à la méditation, à l'harmonisation intérieure et à la reconsidération de soi et qui lui a permis de commencer une nouvelle vie.

L'Ange HAHAIAH nous aide à trouver de beaux endroits propices à la méditation, mais il fait plus encore. Il nous aide à découvrir de telles conditions idéales dans notre propre habitat intérieur. Peu importe ce qui se passe à l'extérieur – que ce soient des tempêtes physiques, des bouleversements émotionnels ou n'importe quelle autre sorte de troubles –, l'ambiance de calme et de sérénité continue de baigner notre temple intérieur. Notre être devient un refuge idéal. Voilà tout un objectif !

En regardant la liste des Qualités de cet Ange, on constate que bon nombre d'entre elles touchent les notions de *refuge, méditation, intériorisation.*

Or, qu'est-ce que l'intériorisation ? L'intériorisation consiste à aller à l'intérieur de soi. Bien sûr, en y allant, on s'expose à vivre toutes sortes de sensations. Quand nos rêves sont déclenchés, quand on commence à réfléchir sur nos propres attitudes et comportements, on fait de l'intériorisation, de la reconsidération de soi.

Nous verrons que certaines conditions sont nécessaires – ou du moins favorables – à cette intériorisation. Généralement, les événements extérieurs et les considérations matérielles attirent continuellement notre attention à l'extérieur. On demeure empêtré dans l'aspect extérieur des choses. Notre vision se limite à ce que l'on perçoit avec nos cinq sens et on n'est pas conscient des autres dimensions. Par contraste, le travail avec les Énergies Angéliques – ce grand travail de purification – nous amène un jour à créer et agir en étant continuellement en contact avec les autres dimensions, avec le monde des causes. Un jour, cela devient une manière de vivre. Mais en arriver là demande tout un entraînement.

Toutes sortes de forces négatives présentes à l'intérieur de soi, des forces qui sont associées à des mémoires de vies passées et de cette vie-ci, nous empêchent d'effectuer cette intériorisation. Elles nous empêchent de réfléchir de cette manière : « Tiens, il m'est arrivé tel événement, j'ai été dérangé par telle chose. Là, je suis assis dans ma voiture où je suis tranquille, j'essaie de méditer, et il y a toujours une pensée qui me revient, celle de tel événement extérieur. » Avec le travail Angélique, on apprend à utiliser ces dérangements et à revenir à soi. Parce qu'on *habille* de toutes sortes d'événements extérieurs ce qui, en réalité, n'est que sensations intérieures. On doit toujours ramener à soi ce qui nous arrive. C'est cela, s'intérioriser.

Faire face à toutes ces mémoires demande évidemment beaucoup de courage. Or l'Ange HAHAIAH nous procure justement le courage, la force et la vigueur nécessaires pour méditer, s'intérioriser. Les personnes qui sont dans une conscience ordinaire se projettent toujours à l'extérieur : ce qui semble important pour elles est de faire sans arrêt quelque chose, et elles agissent sans vraiment avoir la conscience de ce qu'elles font et sont. Elles dissimulent leur mal-être afin de moins le sentir, mais cela ne fonctionne que momentanément. En effet, quand ces êtres se retrouvent à ne rien faire – par exemple dans un moment d'attente ou avant de s'endormir –, tout à coup, ils se sentent mal. Ils éprouvent un besoin de bouger, de faire quelque chose. Cela est dû au fait qu'ils n'ont pas de lieu calme et paisible à l'intérieur d'eux où se réfugier.

Voilà pourquoi nous encourageons la méditation active et plus particulièrement l'Angelica Mantra. Le but de la démarche Angéologique est d'arriver à marier l'esprit et la matière, c'est-à-dire à être dans l'action tout en demeurant connecté aux mondes parallèles, au monde des causes. Utilisée de manière régulière et la plus constante possible, les mantras avec les Anges nous permettent justement de commencer le travail de reconsidération de soi. On se dit : « Là, je me sens dérangé. C'est une partie de moi. J'ai cela en moi. C'est pour ça que je me sens dérangé » et on inspire le Nom de l'Ange. On peut le faire les yeux ouverts ou fermés.

En général, le travail avec les Énergies Angéliques facilite l'intériorisation, mais l'Ange HAHAIAH – et quelques autres – active plus particulièrement la capacité de s'intérioriser, de méditer. On trouve dans la liste Qualités de cette Énergie Angélique également : *dissolution de l'agressivité*. La Puissance de cet Ange aide à neutraliser ou à isoler momentanément les énergies négatives, facilitant ainsi l'intériorisation. C'est comme si on avait tout autour de soi des guerriers de lumière qui nous protégeaient et nous permettaient d'élever notre taux vibratoire. Cet effet est bien utile, car si on veut commencer à méditer, on doit se sentir suffisamment bien au départ. Sinon, si on est trop pris par les émotions – dont l'agressivité, la peur et l'angoisse –, on en est incapable.

Pour utiliser une autre image, c'est comme si avec l'Ange HAHAIAH, On nous accordait un pays neutre, un pays sans guerre, avant d'atteindre les plus hauts sommets d'Illumination. Les autres pays font aussi partie de notre conscience, mais on dispose d'un champ de conscience précis qui favorise l'intériorisation. On se parle : « Attends une minute. Plutôt que de briser ta vie par ton impulsivité, réfléchis et médite sur ce qui t'es arrivé. Essaie de comprendre ce que cela veut dire ? » C'est cela, l'intériorisation. En procédant ainsi, on arrive à changer nos concepts et nos manières de penser erronées. C'est le début de la remise en question, de la reconsidération de soi.

☉

Afin de mieux comprendre pourquoi l'Ange Hahaiah nous aide à atteindre des états de béatitude et de contemplation par l'intériorisation, ainsi que beaucoup de force et de vigueur, analysons sa position dans l'Arbre de Vie. Cette Essence Angélique est domiciliée dans la Séphira Hochmah qui est le siège de l'Amour et de la Sagesse suprêmes. Ainsi, quand on se trouve dans les états de conscience qui lui sont associés, on se sent vraiment bien ; on accède à la paix et à l'harmonie. La Séphira Hochmah est symboliquement reliée à l'altruisme, la fraternité et l'évolution.

Le lieu d'expression ou la spécificité qui distingue Hahaiah des autres Anges domiciliés dans la Sphère Hochmah est la Séphira Guébourah. Ce sont les caractéristiques de cette dernière qui confère la puissance pour dissoudre l'agressivité et isoler, bloquer les parties négatives qui peuvent encore subsister à l'intérieur de soi. La Séphira Guébourah, qui dans l'Univers physique est symbolisée par la planète Mars, est l'endroit où se réalise la chirurgie Céleste. C'est à ce niveau qu'interviennent les opérations qui coupent ce qui n'est pas juste à l'intérieur de soi.

Dans la tradition biblique, on utilise souvent le symbole de la mer Rouge pour représenter ce vaste Champ de Conscience qu'est la Séphira Guébourah. La mer représente les profondeurs de l'eau, c'est-à-dire le monde des émotions inconscientes. Et les émotions constituent un puissant moteur, une grande force de motivation. Pour sa part, la couleur rouge est associée au premier chakra, celui de la matérialisation. L'image de la mer Rouge illustre le fait que nos émotions nous poussent à créer et à agir sans relâche. Reste qu'on agit parfois d'une belle manière et d'autres fois dans la distorsion.

Le côté positif est la vigueur, le courage et la force, et nous avons besoin de ces qualités pour faire face aux mémoires de nos vies antérieures. Ainsi, par sa spécificité, Hahaiah nous procure l'énergie et la motivation nécessaires pour faire le travail initiatique. Du côté négatif, l'agressivité et l'impulsivité sont les principales distorsions de cette Sphère de Conscience.

Or les peurs sont les plus grandes agressions que l'on puisse subir et elles sont également les principales sources d'impulsivité. Il en va de même avec les phobies. Avec l'Ange Hahaiah, on est équipé pour faire face aux angoisses profondes et aux phobies qui nous habitent tant et aussi longtemps que l'on n'a pas complété le travail de purification de la conscience.

Comme je l'ai suggéré tout à l'heure, quand on travaille avec l'Énergie Angélique Hahaiah, c'est comme si on était entouré de guerriers de lumière qui nous protègent, nous procurent un lieu de paix, à l'abri de forces agressives, pour nous permettre de commencer à changer nos concepts erronés. Or en changeant ces concepts, on arrive à neutraliser et à transformer les forces agressives ; car c'est en s'habituant à la paix qu'on devient la paix.

Étudions brièvement la symbolique du nombre associé à cet Ange. Le symbole du nombre 12 est très important car il représente entre autres la complétude du cycle. Il y a 12 mois dans une année, ainsi que 12 signes dans le zodiaque. Dans un thème astral – la carte du ciel en astrologie –, on retrouve les 12 maisons, dont la dernière, la douzième, représente les épreuves, les souffrances et les initiations.

Un jour, on ne parle plus d'épreuves ni de souffrances. On comprend qu'on achève un cycle. Le nombre 12 a été utilisé dans diverses traditions pour symboliser la complétude d'un cycle. Dans la mythologie grecque, on parle des 12 travaux d'Hercule, dont le dernier consiste, pour le protagoniste Hercule, à aller en enfer pour libérer Thésée, son amoureuse. Bien sûr, cette histoire est symbolique. Que signifie-t-elle ? La polarité féminine, présente tant chez l'homme que chez la femme, symbolise la matière, la réceptivité, la forme créatrice. Ce mythe signifie donc que l'on doit *libérer*, transcender les matérialisations que l'on a produites et qui ne sont pas justes. Pour y parvenir, on doit – symboliquement – aller en enfer, c'est-à-dire visiter les parties distorsionnées de notre inconscient et accepter les épreuves et souffrances qui leur sont inhérentes. On doit se libérer de ces mémoires afin de devenir complet et retrouver l'harmonie à l'intérieur et autour de soi.

On parle aussi des 12 disciples de Jésus et des 12 fils de Jacob. Le nombre 12 a également sa composante physique avec les 12 paires de ganglions du système nerveux sympathique situés le long de la colonne vertébrale. Et quand on sait que l'énergie vitale, la kundalini, doit un jour s'éveiller et monter le long de la colonne vertébrale pour éclairer et nourrir les centres supérieurs de notre être – c'est d'ailleurs l'un des buts de la méditation –, on imagine l'influence de cet éveil sur notre corps physique. Par association, le 12 symbolise cet éveil. Cela nous aide à comprendre pourquoi, lors des initiations, notre corps est parfois chahuté. La complétude passe entre autres par le corps physique.

Le nombre 12 revient aussi souvent dans l'Apocalypse, le dernier livre du Nouveau Testament. Le terme *apocalypse* vient du grec *apocalypsis*, qui signifie révélation. Ce livre traite vraiment des initiations. Le terme *apocalypse* a souvent été utilisé à tort pour désigner la fin du monde. En fait, il signifie la fin d'un monde qui se situe à l'intérieur de soi et qui amène une renaissance, un renouveau initiatique et spirituel complet. L'apocalypse est l'étape des Révélations, de l'ouverture de l'inconscient personnel et collectif de l'être humain.

Plusieurs passages dans l'Apocalypse font mention du nombre 12, dont les 12 perles qui représentent les 12 portes, les 12 accès à la Cité Céleste, laquelle représente les Champs de Conscience très évolués dans lesquels nous sommes tous appelés à vivre un jour.

Pour analyser un symbole, on médite sur lui et on se demande en quoi il consiste et à quoi il sert dans le concret. À quoi sert la perle ? Comment est-elle fabriquée ? D'où vient-elle ? La perle est fabriquée par l'huître perlière. Lorsqu'un corps étranger – un parasite ou un grain de sable – pénètre à l'intérieur de l'huître, plutôt que de le chasser, dans un mouvement qui l'amènerait à se vider de son liquide, l'huître procède autrement. Symboliquement, l'huître est une grande alchimiste, une grande philosophe. Elle réagit en sécrétant un liquide qui va enrober le corps étranger. C'est ainsi qu'elle crée, à partir d'un élément indésirable, quelque chose de très beau qu'elle peut ensuite offrir au monde.

L'huître appartient au monde animal. Un jour, on doit transcender cette partie animale ; on doit élever notre taux vibratoire en nous reliant à notre nature Divine et en développant des actions et réactions Divines. L'huître appartient aussi au monde de l'eau ; elle vit généralement dans les profondeurs de la mer, symbole de l'inconscient. Le liquide qu'elle sécrète symbolise donc nos émotions inconscientes. Ceci nous ramène aux émotions que nous *sécrétons* lorsque nous sommes pénétrés – symboliquement – par un corps étranger, c'est-à-dire lorsque nous sommes confrontés à quelque chose que l'on ne connaît pas. Souvent, notre réaction face à l'inconnu est la peur. Or la seule manière d'arriver à ne plus avoir peur de quoi que ce soit est d'acquérir la Connaissance.

Comment arriver à faire comme l'huître perlière, c'est-à-dire à intégrer ce qui nous dérange et nous fait peur, et à en faire quelque chose de beau plutôt que de l'expulser ? Si on se sent dérangé par une personne ou une situation, c'est qu'elle représente une partie de soi distorsionnée, parfois à un degré différent, mais participant du même rayon, du même type de contenu. C'est la Loi du dérangement, corollaire de la Loi de la résonance dont nous parlons dans toutes les conférences. Pour s'en servir, on se dit : « Cette personne n'est pas juste. Je me sens dérangé. Elle représente une partie de moi, j'ai ça en moi. Alors je vais transformer cette partie. »

Cependant, parvenir à se dire : « C'est une partie de moi, j'ai ça en moi », c'est parfois tellement difficile ; cela peut même sembler contraire à notre nature, mais c'est ce qui compte en réalité ! Car plus on s'ouvre – ou plus On ouvre notre inconscient –, plus on a les nerfs à vif car on doit traiter beaucoup de données, beaucoup d'informations. On devient très sensible parce que ces contenus intérieurs qui nous irritent étaient auparavant camouflés, voilés, et on ne les sentait pas. Voilà pourquoi le cheminement spirituel est si difficile. Il arrive tellement souvent qu'on sente la colère monter en soi et on se demande : « Comment se fait-il que je me sente comme cela ? » Dans ces moments, si on invoque l'Ange Hahaiah, les forces négatives avec lesquelles on résonne sont en quelque sorte neutralisées. Elles perdent le pouvoir de nous déranger, ce qui nous permet de nous intérioriser et de se dire : « J'arrête ça sinon je vais me créer un autre karma. Cette personne représente une partie de moi. Je reviens à moi et je transforme mon dérangement en une perle, comme l'huître. J'accepte ce que l'autre me révèle au lieu de l'expulser de ma vie et de me vider de mon énergie. »

Imaginez ce qui adviendrait de l'huître si elle se vidait de son liquide à chaque fois qu'un petit grain de sable la pénètre. Or c'est exactement cela qui se produit lorsqu'on se sent dérangé. On se vide, et d'ailleurs on le sent. La perle est vraiment un très grand symbole de perfection Angélique, non pas donnée, mais acquise par un phénomène de transformation, d'alchimie. Chacun de nous doit un jour arriver à intégrer ce processus.

Les initiés ne passent pas leur temps à se prélasser sur une chaise longue. Au contraire, ils subissent régulièrement toutes sortes d'agressions intérieures, des dérangements liés à leur sensibilité et ils s'en servent. Ils utilisent le mal pour en faire des perles. Et ils deviennent très riches en termes de Qualités. C'est pour cette raison qu'ensuite ils peuvent partager leurs richesses avec les autres ; ils peuvent manifester la générosité, la gentillesse, la tolérance, la compréhension, etc. On pourrait méditer sur la perle pendant des jours, tellement ce symbole est riche d'enseignements. Notre conscience est constamment attirée par la profondeur des symboles que l'on rencontre dans nos rêves et dans notre vie de tous les jours.

En rapport avec la perle, voici une histoire vécue. Alors que je préparais cette conférence, un homme avec qui j'avais échangé plusieurs fois m'a raconté ce qu'il avait vécu. J'ai déjà parlé de cet homme dans le cours sur l'Ange NELKHAEL qui est également contenu dans ce livre. Il s'agit de l'homme qui allait aux courses de chevaux et qui pariait… J'avais terminé son histoire avec ce que Kaya lui avait dit : « Quand tu seras capable d'utiliser l'argent que tu dépenses présentement aux courses pour aider une personne à devenir meilleure, tu toucheras de hautes sensations. L'altruisme, c'est incomparable ! Il n'y a aucune sensation qui arrive à la hauteur de celles que procure l'altruisme. »

Ce que nous lui avons dit alors a fait son de chemin dans sa conscience, et le mois d'après, il m'a raconté ce qui lui était arrivé.

Il m'a dit : « Je suis allé jouer et j'ai encore gagné. Puis, quand je suis sorti, j'ai vu un homme que je connaissais un peu, un homme très pauvre qui était presque un itinérant. Alors j'ai décidé de partager ce que j'avais gagné en l'invitant à manger. Nous sommes allés dans un bon restaurant et nous avons commandé un très, très bon repas. Après avoir mangé, je lui ai demandé : 'Alors, est-ce que tu as aimé ton repas ?' Il m'a répondu : 'Pas vraiment.' J'étais vraiment choqué ! »

Il a continué : « Ma femme et moi, nous avons commencé à vendre des produits naturels et j'en ai offert à ma mère. Je lui ai dit que ça lui ferait du bien. Quelque temps plus tard, quand je suis allé la voir, j'ai remarqué qu'elle ne les avait même pas touchés ! Ils étaient toujours là, sur la tablette. Là encore, j'étais choqué. »

Je lui ai dit : « À travers ces deux exemples, On a voulu te donner des enseignements. On a voulu t'apprendre à bien donner, à ne pas donner des perles aux pourceaux. Quand on connaît la Loi du karma et la Loi de la réincarnation, on sait qu'une personne n'est pas pauvre par hasard : elle a des choses à comprendre. L'Intelligence Cosmique est généreuse. Dieu est la générosité à l'état pur. Il ne laisserait pas un être dans la pauvreté sans raison. C'est toujours pour l'aider à évoluer. L'être a lui-même engendré sa condition et il est sevré pour avoir l'occasion d'apprendre la valeur des choses, pour ne plus gaspiller et pour vraiment bien utiliser les ressources qui lui sont données. Donc, On a voulu te montrer que ce n'était pas le temps pour cet homme de vivre l'abondance. Tu as vu la réaction d'ingratitude qu'il a eue… tu dois ramener cela à toi. Puisque tu as été dérangé par sa réaction, ça veut dire que toi aussi, quelque part, tu nourris des parties qui ne devraient plus être nourries, qui devraient être sevrées. »

Comment arrive-t-on à cesser de donner des perles aux pourceaux ? C'est très simple, mais c'est un long parcours : on doit reconnaître et purifier les parties de soi qui, en quelque sorte, sont des petits pourceaux. On expérimente, on observe comment et à qui on a tendance à donner, et on note leurs réactions. Puis on revient à soi-même et on identifie les attitudes que l'on devrait changer. À cet homme On a voulu donner un petit signe ; On a voulu lui dire : « Tu continues à parier aux courses ; tu continues de nourrir certaines parties de toi-même que tu ne devrais pas nourrir. Tu donnes des perles aux pourceaux à l'intérieur de toi. Tu gaspilles ton temps, ton énergie et ton argent au lieu d'aider l'humanité à devenir meilleure. »

Concernant l'autre exemple, je lui ai dit : « Tu as donné à ta mère, mais tu avais des attentes. D'une certaine manière, tu lui imposais quelque chose ; tu n'as pas vraiment donné généreusement. On ne vit pas l'altruisme quand on donne de cette manière. »

Son épouse – qui écoutait notre conversation – m'a dit : « C'est spécial que tu parles de perles et que tu dises qu'il ne faut pas donner des perles aux pourceaux, parce que moi, tout dernièrement, j'ai rêvé à des perles. » Alors elle m'a raconté son rêve.

*J'étais sur un lit dans ma chambre à coucher. De là, je voyais sous mon lit une petite fille aux cheveux blonds qui jouait avec des jouets. Et de l'autre côté du lit, je voyais un homme agressif et menaçant, et j'en avais peur. Après, je tenais dans mes mains des perles assemblées en bracelets et en colliers et j'avais tellement peur qu'il vienne me les voler ! Je les ai alors cachées dans ma bouche. Puis, très rapidement, je me suis rendu compte que ce n'était pas une bonne place, que je risquais de les avaler. Je les ai sorties et je les ai mises dans ma chaussure, au niveau du talon. Soudainement, une scène m'est apparue. Je voyais une sorte d'église et au bord du toit, il y avait des gargouilles qui devenaient vivantes. J'avais tellement peur ! C'était vraiment la panique. À un moment donné, je me suis retrouvée au-dessus des gargouilles et là je n'avais plus peur. Ensuite, je me suis retrouvée de nouveau par terre et, prise par la panique, j'ai commencé à courir. Puis, j'ai entendu une voix qui disait : « Les gargouilles, ça peut entrer par la bouche et plus particulièrement par la salive. »*

Au début du rêve, On lui a indiqué le thème qui allait être traité. À chaque fois qu'on voit une maison dans un rêve, on sait qu'il est question de certaines facettes de notre refuge intérieur, parce que lorsqu'on entre dans une maison, on peut s'y intérioriser. À plus forte raison s'il s'agit de la chambre à coucher. La chambre a un caractère intime – en contraste par exemple au salon, où l'on reçoit des gens. En général, on y va pour se coucher et dormir, visiter son monde intérieur, les mondes parallèles. C'est donc un lieu très propice à l'intériorisation. En plus, la rêveuse se trouvait sur un lit, qui lui aussi représente l'intimité. Ce rêve concernait donc l'intimité du refuge, et dans le reste du rêve, On lui a montré pourquoi elle avait de la difficulté à s'intérioriser.

Sous le lit de la rêveuse se trouvait une petite fille blonde entourée de jouets. L'espace sous le lit représente l'aspect inconscient de l'intimité. D'autre part, une fille symbolise le monde intérieur, et la couleur blonde représente l'aspect solaire de l'être. Et à quoi servent les jouets, dans le concret ? Ils servent à apprendre. Quand une petite fille joue à la poupée, elle apprend à devenir une maman. Fondamentalement, les jouets ont un rôle éducationnel. Cela signifie que la rêveuse était en train d'apprendre quelque chose – on verra quoi.

Puis On lui a montré un homme menaçant. Ce personnage représentait une partie d'elle-même dans l'action, des mémoires d'agressivité logées dans son inconscient qui empêchent son apprentissage, et elle en avait peur. Puis elle tenait des perles dans ses mains. Les mains symbolisent la manifestation – on pense, on sent et on se manifeste. Elle avait peur de les perdre. Or quand on a peur de perdre quelque chose, c'est qu'on ne la possède pas vraiment, qu'on ne l'a pas encore intégrée. Nous avons vu que la perle est un grand symbole du processus de purification, de transformation. Un jour, la pureté s'installe dans tout notre être, et dès lors, on n'a plus peur qu'On nous prenne quoi que ce soit. Cette femme est dans un processus d'apprentissage : avec les jouets, elle apprenait, elle expérimentait. Mais elle n'en n'est encore qu'au début. Pour l'instant, elle est comme un petit enfant qui apprend, qui expérimente son intimité mais à un niveau encore inconscient. C'est parce qu'elle n'a pas encore intégré la pureté dans son être, qu'elle avait peur qu'on lui vole les perles. On lui a montré – comme nous l'avons vu – ce qui empêche cet apprentissage : des parties d'elle-même qui sont agressives et menaçantes.

Alors qu'a-t-elle fait ? Elle a caché les perles dans sa bouche. Quand on reçoit un rêve, on doit toujours chercher à voir comment il se matérialisera. Ce rêve-ci aura des implications sur des centaines de matérialisations. Comment se matérialisera-t-il ? Quand cette personne parlera, ses mots seront comme des perles ; elle prononcera de belles paroles, elle parlera de belles choses – par exemple de spiritualité – et tout sera beau dans la forme. Mais derrière, on sentira de la négativité, de l'agressivité. C'est pour cette raison que plus loin dans le rêve, On lui a dit que les gargouilles – l'aspect négatif – entraient par la bouche et plus particulièrement par la salive. Celle-ci, étant liquide, évoque le côté émotionnel. Ainsi, quand cette femme parlera, elle dira de belles paroles, mais derrière on sentira de l'agressivité. Et bien sûr, plus on travaille sur soi, plus ces émotions nous deviennent perceptibles. Imaginez à quel point il est important, un jour, de faire le Travail. Les mêmes mots prennent une nouvelle portée, une nouvelle dimension. Ils endossent une profondeur qui touche l'âme par sa beauté, par sa splendeur.

Puis la rêveuse a déplacé les perles ; elle les a mises dans le talon de sa chaussure. La chaussure symbolise l'action et les comportements dans la vie sociale. Et le talon de la chaussure, un sentiment d'élévation. Ainsi, de la même manière qu'avec les paroles, cette femme posera des gestes qui donneront une impression de beauté, de pureté et d'élévation, mais derrière le geste on percevra l'agressivité qui s'est formée en elle – agressivité, rappelons-le, montrée plus tôt sous la forme de l'homme menaçant et agressif. De plus, ses parties agressives attireront la même chose dans sa vie concrète : elle se sentira agressée ou le sera dans les faits. Voilà pourquoi On a continué à lui présenter symboliquement l'agressivité ; au départ, c'était l'homme menaçant, et ensuite, les gargouilles.

Les gargouilles constituent un symbole très intéressant. Historiquement, ces sculptures remontent à l'Antiquité romaine, mais la mode des gargouilles a connu son heure de gloire au Moyen Âge. À cette époque, on a fabriqué un très grand nombre de gargouilles, qu'on installait sur les édifices tant civils que religieux. Mais à l'origine, ces figures mi-humaines, mi-animales étaient reliées aux édifices religieux. Si on en voit en rêve, on sait qu'elles concernent notre spiritualité.

À quoi servaient les gargouilles ? Côté mythologique, elles avaient pour fonction d'effrayer les mauvais esprits pour les éloigner – c'est ce que voulait la croyance. Et côté pratique, elles jouaient à peu près le même rôle que les gouttières de notre époque. Elles se trouvaient en général sur le rebord des toits et elles collectaient l'eau de pluie pour l'empêcher de ruisseler sur l'édifice et ainsi d'endommager la façade et les fondations. Voilà pourquoi, à l'origine, elles vomissaient l'eau. Dans la plupart des cas, ces représentations d'êtres à la fois animaux et humains ont une apparence difforme. Elles symbolisent donc les distorsions de nos facettes tant animales qu'humaines. Certaines ont même l'apparence de petits démons. On a vu en interprétant certains rêves que lorsqu'un personnage vomit, cela signifie que l'être n'ingère plus le mal. Le mal, c'est toutes sortes de pensées et d'émotions qui ne sont pas justes.

Au fil du temps, une certaine confusion s'est installée quant à la signification des gargouilles ; la superstition s'est mise de la partie. Quand on perd de vue l'essence d'une signification, il suffit de quelques générations pour qu'on se méprenne sur le sens d'un objet ou d'un phénomène ; voilà ce qu'est la superstition. Vous avez pu remarquer que lorsqu'on analyse une superstition, quelle qu'elle soit, on y trouve invariablement une petite partie de la Connaissance. Au fil du temps, comme on en arrive à ne plus tenir compte que de la forme du phénomène – puisqu'on a perdu contact avec l'essence –, sa signification réelle s'estompe pour ne laisser que le résidu de la superstition. C'est pour cette raison que les esprits cartésiens ou scientifiques disent que les superstitions n'ont aucun sens. Et ils continueront de le dire tant qu'ils ne retourneront pas à l'essence, tant qu'ils n'admettront pas que tout ce qui existe est d'abord et avant tout symbolique.

Examinons en détail le symbolisme des gargouilles en retournant à l'essence, à l'origine même de ces sculptures. Puisqu'elles étaient généralement installées au bord du toit des cathédrales et des églises, elles concernent les pensées qui ont trait à la spiritualité. Quand, tout à coup, on a certaines pensées qui concernent la spiritualité et qui ne sont pas justes, nos émotions se mettent de la partie et elles prennent le dessus… et il y a débordement ! On en perd tout discernement. On doit alors évacuer cette *eau négative*, ce trop-plein d'émotions. Voilà ce qu'est le mal. On voit ici tout le côté de l'Énergie Angélique HAHAIAH qui transforme le négatif. C'est à cela que sert le mal : à briser ce qui n'est pas juste afin qu'il soit évacué, modifié, amélioré, transformé. Il a toute sa place.

La compréhension du symbolisme des gargouilles nous aide à saisir l'utilité du mal. Lorsqu'on pense, ressent et agit de manière juste, on n'engendre pas de distorsions. Ainsi, notre âme n'a pas besoin de faire appel à une force de destruction pour contrer les effets de ces distorsions. Les forces engendrées auront, au contraire, un effet bénéfique : elles procureront à l'être une vigueur qui sera utilisée de manière constructive et positive. Elles lui donneront de la force et du courage. Voilà pourquoi je disais qu'un jour, lorsqu'on comprend le bien et le mal, on n'a plus peur du mal. On est au-dessus du bien et du mal car on a transcendé ce dernier.

L'église est un symbole de spiritualité. Or il existe toutes sortes d'étapes dans l'évolution spirituelle de l'être. On pourrait même dire qu'il existe différentes spiritualités, de façons de se voir et de se concevoir dans le monde de l'esprit. Chez un être qui n'a pas intégré la Connaissance, qui n'a pas parcouru les étapes initiatiques, l'appartenance à une religion signale le début du cheminement, et, en ce sens, l'église constitue un symbole positif. En tant que bâtiment, elle représente pour cet être la maison de la spiritualité. Mais plus on évolue et plus on intègre la Connaissance, plus l'église nous apparaît comme un symbole d'une ancienne spiritualité, de celle qui prévalait avant l'ouverture de la conscience que connaît notre époque. Aussi, plus les rêves seront compris, plus les multidimensions seront accessibles à la science, plus une autre étape se confirmera pour l'humanité qui cherche à retrouver la foi. Par conséquent, lorsqu'une église apparaît dans un rêve, elle peut symboliser autant le côté positif que le côté négatif du symbole ; tout dépend du contexte ou de ce que le rêve met en scène.

Donc, l'église peut être un rappel symbolique de ce qu'a fait l'Église en termes de pouvoir sociétaire et religieux par le passé, lorsqu'elle a perdu contact avec le message de Jésus et des grands initiés. Il suffit de penser aux atrocités qu'elle a commises et qui étaient motivées par la lutte pour le pouvoir terrestre ; les papes ont été pendant des siècles et des siècles des guerriers sanguinaires. L'histoire de l'Église est remplie de facettes cachées, d'orgies, de trahisons, de massacres. Jésus aurait-il été d'accord avec l'Église d'aujourd'hui ? En y pensant, on peut comprendre que certaines personnes puissent avoir froid dans le dos et de la difficulté à se remettre en question à ce propos. Au cours des siècles, de nombreux initiés ont été persécutés et torturés lorsqu'ils parlaient des rêves et du langage symbolique. Il est vraiment merveilleux de voir la mutation actuelle des consciences : la spiritualité devient de plus en plus celle des initiés – même si parfois, on constate plus de dérives que de vrais cheminements. Dans la spiritualité réelle et profonde, les êtres deviennent autonomes sur tous les plans. Ils en reconnaissent l'expression dans leur quotidien et ils entrevoient l'évolution de leur âme sur plusieurs vies et pas seulement sur une seule. Ils intègrent la notion de vie éternelle car le concept de la réincarnation existait dans la religion catholique jusqu'au 2e concile de Constantinople, en 553 après JC. C'est alors que l'Église a réécrit les récits initiatiques de Jésus par rapport à la réincarnation.

Lorsqu'on visite les bâtiments religieux construits lors de ces époques de noirceur, on ressent beaucoup plus l'avidité de pouvoir terrestre que l'Amour Universel et la Sagesse de Dieu, de Jésus ; peu importe le Nom qu'on donne à cette grande Force Universelle. C'est cette même avidité qui aura mené l'Église à sa perte. Sa sombre histoire, de plus en plus connue, la fait apparaître comme une institution qui a volontairement occulté l'Enseignement de Jésus et d'autres initiés pour arriver à établir et maintenir son pouvoir. La partie la plus centrale de l'Enseignement occulté concerne d'ailleurs la Loi de la réincarnation. Cela étant dit, il n'en reste pas moins que l'Église a sa place. Symboliquement, les gens y vont comme on va à la maternelle : elle est utile pour les êtres qui ne sont pas encore prêts à retrouver Jésus à l'intérieur d'eux-mêmes, c'est-à-dire à intégrer la Connaissance initiatique. Elle est un premier pas pour ceux qui ont encore besoin de limites.

Revenons au rêve. Dans celui-ci, On a utilisé le symbole des gargouilles pour dire à la rêveuse : « Voici pourquoi, quelquefois, tu as peur : parce que tu as des résonances avec cette ancienne spiritualité, cette ancienne façon de concevoir le mal, celle selon laquelle l'être doit lutter contre le mal. »

Quand la peur est irraisonnée et prend un caractère démesuré par rapport à la situation vécue, on l'appelle une phobie. HAHAIAH est l'Ange idéal pour travailler sur soi lorsqu'on souffre de phobies. À la lumière des Lois de la réincarnation et de la résonance, on peut facilement comprendre l'origine des phobies. Nous verrons dans ce cours plusieurs exemples concrets pour illustrer ce phénomène. D'abord, il est important de comprendre qu'on ne doit pas associer une phobie au degré d'évolution d'une personne. Autrement dit, un être peut souffrir d'une importante phobie alors qu'un autre n'en n'aura pas du tout. Cela ne signifie en aucune manière que le premier est moins évolué que le deuxième. La différence entre eux est qu'un processus initiatique a été déclenché chez la personne qui a une phobie. L'inconscient chez elle est ouvert et elle visite certaines mémoires. Des événements extérieurs du même type peuvent jouer un rôle déclencheur et la plonger dans des mémoires marquées par une crainte excessive qui se manifeste sous forme de phobie.

Voici un premier exemple. Alors que nous préparions cette conférence sur l'Ange Hahaiah, mon époux a eu une conversation téléphonique avec une femme qui est bénévole pour l'organisme en Europe. Cette femme lui a fait part d'un problème personnel avec lequel elle était aux prises : elle souffrait de claustrophobie.

Il existe plusieurs types de phobies, n'est-ce pas ? Et la liste est plutôt longue. Pour ne donner que quelques exemples parmi les plus communs, la claustrophobie est la peur des lieux fermés ; quand la personne est enfermée, elle se sent très angoissée. L'agoraphobie est l'autre extrême, c'est-à-dire la peur des lieux ouverts. Pour sa part, la xénophobie est la peur et l'hostilité envers ce qui est étranger.

D'une certaine manière, avant d'atteindre les hauts degrés d'Illumination, nous sommes tous xénophobes à un certain degré. Cette attitude est à l'opposé de celle des huîtres perlières qui, au lieu d'expulser les corps étrangers, les transforment. Quand la position de rejet de l'étranger est descendue jusque dans le corps physique, l'être est littéralement xénophobe. Il rejette tout ce qu'il ne connaît pas et tout ce qu'il ne comprend pas. Donc, lorsqu'on n'a pas appris à transcender nos dérangements, on est à un certain degré de matérialisation de la xénophobie.

Pour revenir à l'histoire de cette femme, elle a dit à mon époux qu'elle travaillait avec des handicapés, et que lorsqu'elle devait prendre des ascenseurs, elle vivait des angoisses épouvantables. Quand un être est en proie à sa phobie, il en a des sueurs ; il est très angoissé et il vit cela comme une réelle agression. Il en va de même avec toutes les grandes peurs. Elle lui a dit : « Je ne sais plus quoi faire. J'en suis même venue à me dire que je devrais quitter mon emploi à cause des ascenseurs. Mais je sais très bien que si je le faisais, ce serait une fuite : je ne ferais pas face à mes peurs. En plus, je reçois des rêves répétitifs à ce sujet. L'un d'entre eux revient sans cesse : *Je suis dans ma chambre à coucher, au lit avec mon époux, en train de dormir. Puis, dans mon rêve, je me réveille et j'étouffe ; c'est insoutenable.* Et là, je me réveille dans le concret. J'en ai pour deux jours à me remettre, et pendant ce temps, ma claustrophobie augmente. »

La chambre à coucher symbolise le monde intérieur et l'intimité. Ce rêve répétitif révèle donc à cette femme ce qui se trouve dans son intimité. Il est intéressant de remarquer que dans le rêve, elle ne suffoque pas quand elle dort. Elle étouffe uniquement lorsqu'elle se réveille. Quand dans un rêve à tendance négative, une personne dort, cela peut signifier que sa conscience n'est pas éveillée. Par conséquent, puisque l'impression de suffocation survient au réveil, elle correspond à un éveil de la conscience avec de la résistance, des refoulements incontrôlables. Voilà pourquoi je vous disais tout à l'heure qu'il ne fallait pas comparer les êtres souffrant de phobies avec ceux qui n'en ont pas. À partir du moment où leur inconscient s'ouvrera, ces derniers pourront vivre la même problématique.

Lorsque la conscience de cette femme s'éveille, elle plonge dans certaines mémoires caractérisées par l'étouffement. Celles-ci correspondent à des non-dits. Tout ce qui était enfermé et voilé dans l'inconscient pendant que l'être expérimentait autre chose – et ne souffrait pas de phobie – tout à coup se révèle. L'être visite des mémoires liées à de la peur, des agressions et à toutes sortes d'autres comportements distorsionnés qui étaient jusque-là enfermés. Il touche l'énergie même de l'enfermement, de l'étouffement. C'est justement ce en quoi consiste l'ouverture de l'inconscient : les mémoires qui auparavant étaient inconscientes deviennent conscientes.

Ainsi, quand la personne qui visite ces mémoires – mémoires restées jusque-là enfermées – se retrouve dans un lieu clos et restreint comme un ascenseur, les difficultés liées à son état de conscience se trouvent amplifiées. Sa sensation d'étouffement est exacerbée. Voilà ce qu'est la claustrophobie dans son essence.

Après avoir donné cette explication à la femme en question, mon époux a ajouté : « Je te suggère d'invoquer l'Ange HAHAIAH, qui est vraiment l'Ange idéal pour les phobies. Mais tu ne dois pas t'attendre à ce que ta phobie disparaisse tout de suite. Parce que l'Angelica Mantra fera remonter ces mémoires que tu avais enfermées. » Avec le travail, on peut ressentir toutes sortes d'états d'âme difficiles et on ne se sent vraiment pas beau. Cela demande du courage d'aller à l'intérieur, n'est-ce pas ? Voilà pourquoi bien des personnes s'y refusent. Mais à partir du moment où, En Haut, Ils décident que le temps est venu pour l'être de plonger dans ses mémoires inconscientes, celui-ci n'a pas d'autre choix que d'accepter : il y va, même malgré lui.

On voit à quel point, quand on a une phobie, il est important d'aller à l'essence – c'est-à-dire dans le monde des causes – et visiter les mémoires qui en sont à l'origine. Mais rien n'empêche de travailler aussi dans le monde des conséquences. Par exemple, cette femme peut, tout en faisant la Récitation Angélique, se servir des ascenseurs pour éliminer graduellement sa claustrophobie. Elle peut adopter la méthode dite homéopathique. Celle-ci consiste à injecter une infime dose du mal pour que le système immunitaire travaille – pour qu'il s'habitue, se renforce et développe ses propres défenses. Là est le grand secret de la méthode que l'Intelligence Cosmique utilise pour nous amener à évoluer. En effet, quand on entreprend le travail initiatique, nos cauchemars et nos problèmes sont en quelque sorte des petites doses de mal que l'on nous injecte à chaque fois. Puis, au fur et à mesure du travail, on est soumis à des doses de plus en plus importantes, et ce jusqu'à ce qu'on ait transcendé toutes nos distorsions et qu'on n'ait plus aucune résonance avec le mal ; ainsi on est fort, on devient un réel leader. À partir de ce moment-là, on passe vraiment à une autre étape.

Mon époux a suggéré à cette femme de procéder très graduellement. Tout d'abord, d'entrer dans l'ascenseur – cela représente déjà un très gros effort pour les claustrophobes –, de tenir le bouton en mode porte ouverte, de rester quelques secondes et de ressortir. Puis de recommencer. En une deuxième étape, de fermer la porte, et ensuite, lorsqu'elle se sentirait prête, de monter et de descendre un seul étage. Ceci pour s'apprivoiser avec l'enfermement. Par cette méthode combinée avec l'Angelica Mantra, la personne peut agir à la fois au niveau des causes et au niveau des conséquences.

Il existe toutes sortes de techniques – la plupart axées sur le conditionnement – qui visent à réduire les phobies. Mais dans bien des cas, l'approche manque de profondeur. Si on se conditionne par exemple par la visualisation, en se disant : « Je n'ai plus peur des ascenseurs » et en s'imaginant à l'aise dans ce petit lieu fermé, on peut, bien sûr, arriver à ne plus avoir peur des ascenseurs ou espérer y arriver. Mais si on n'a pas nettoyé les mémoires distorsionnées qui sont à l'origine de la phobie, on n'agit que sur la conséquence, la surface du problème. Et la cause demeure. On utilise un exutoire extérieur. Or ce mal-être qu'est la phobie sert d'avertisseur intérieur. Il réapparaîtra nécessairement sous une autre forme, par exemple sous forme de maladie ou d'une autre phobie. Il est donc bien important d'aller à la cause, à l'essence du problème. Voilà pour ce cas vécu.

L'exemple suivant touche le sujet de la zoophobie, plus précisément la phobie des araignées.

Une femme a partagé à mon époux qu'elle rêvait très souvent d'araignées et qu'elle en avait très peur dans le plan concret.

Elle lui a dit :

— Quand je fais un rêve, plus l'araignée est foncée, plus mes migraines sont insoutenables, le lendemain. Qu'est-ce que je peux faire avec cette phobie ?

— Il faut que tu analyses le symbolisme de l'araignée, lui a dit mon époux. Comment se comporte cet insecte ? Bien entendu, pour tout insecte – comme pour toute chose, d'ailleurs –, il y a toujours le positif et le négatif. Là, on va chercher le symbolisme négatif. L'araignée est possessive et dominante, et elle prémédite ses coups, n'est-ce pas ? Elle tend des pièges. Elle tisse sa toile en des lieux bien spécifiques. Parfois, elle la tisse proche d'une lumière parce qu'elle sait que les insectes sont attirés par la lumière, puis elle attend qu'ils soient pris au piège. Donc, il y a tout ce côté traquenard. Et plus l'araignée est foncée, plus le côté sombre est représenté.

On avait ouvert l'inconscient de cette dame et elle visitait certaines mémoires. Quel type de mémoires ? Mon époux lui a dit : « Dans d'autres vies, tu as pu détenir beaucoup de pouvoir et l'utiliser uniquement pour satisfaire tes besoins personnels, pour contrôler, posséder, liquéfier les autres. Et là, tu es en train de visiter ce genre de mémoires. » Bien sûr, si on n'a pas agi de façon juste, lorsqu'on visite ces mémoires, on ressent l'angoisse et le vide à l'intérieur de soi. C'est seulement de cela qu'il s'agit. Il suffit donc de les rectifier.

Il a ajouté :

— Ce n'est pas seulement dans d'autres vies, mais dans cette vie-ci aussi.

— T'as bien raison, même dans cette vie-ci, je l'ai fait. J'ai toujours eu ce que je voulais. Je voulais un millionnaire… je l'ai eu. Mais il m'a dominée. Puis, un jour, il m'a mise à la porte. Je me suis retrouvée à la rue. Par la suite, j'ai toujours eu des problèmes avec mes conjoints. Le dernier était alcoolique. D'ailleurs, je viens d'une famille d'alcooliques. Des fois, c'est tellement difficile que je pourrais être internée.

Un jour, En Haut, Ils peuvent soulager cette femme de sa phobie des araignées avant même qu'elle ait transcendé toutes ses mémoires de pouvoir mal utilisé. Mais si, dans ce cas, elle ne s'applique pas à changer ses comportements distorsionnés qui ont trait au pouvoir, sa phobie reviendra ; la peur des araignées recommencera à la hanter. Cela l'incitera de nouveau à mieux utiliser son pouvoir et elle finira par comprendre qu'elle doit transcender toutes les distorsions situées sur ce rayon, si elle veut réellement en être libérée.

⊙

Voici une dernière histoire vécue en lien avec les phobies qui nous permet d'en traiter un aspect bien intéressant.

Une enseignante à la retraite m'a raconté l'un de ses rêves. Dans son rêve, *elle se rendait à une fête de Noël et c'est son cousin qui conduisait la voiture. Puis elle a vu une petite fille tomber dans un abîme. Ensuite elle a vu des enfants rebelles qui mettaient le désordre. Puis elle s'est retrouvée avec une poule qui était collée à son corps, et, prise par la peur, elle a voulu hurler mais aucun son ne sortait de sa bouche.*

Que signifie ce rêve ? Commençons par le début qui annonce le thème abordé. La rêveuse se rendait à une fête de Noël, laquelle représente la générosité, le goût d'aider, d'être en famille ainsi que la célébration de la naissance de l'esprit christique. Elle symbolise entre autres la capacité d'expérimenter la générosité et de recevoir des cadeaux, qui peuvent être de beaux états de conscience. Donc, cette femme se dirige vers tout cela, vers une nouvelle naissance spirituelle. Dans le reste du rêve, On lui a montré le chemin qui lui reste à parcourir pour arriver à stabiliser ces états et à recevoir le Divin en elle.

Puisqu'elle était conduite par son cousin, je lui ai demandé :

— Que représente ton cousin pour toi ?

— Quand il était petit, c'était un enfant turbulent. Mais là, depuis qu'il est adulte, il a beaucoup changé. Il est vraiment devenu très gentil.

— On t'a montré que dans ton action manifeste, dans tes comportements sociaux, tu avances avec des parties de toi-même qui se sont améliorées. Tu as bien travaillé, et ces parties-là te permettent d'avancer. Mais On a aussi voulu te montrer que d'autres parties de toi – intérieures parce que représentées par une petite fille – te font chuter dans l'abîme.

L'abîme représente le vide. Qu'est-ce qui crée le vide ? Ce sont des mémoires distorsionnées, des mémoires de déconnexion avec le Divin. À chaque fois que l'on n'a pas respecté une Loi, c'est comme si on s'était déconnecté du Divin, et dès lors, lorsque vient le moment de visiter ces mémoires, on se retrouve face à un vide, à une région de la conscience qui n'a aucun principe spirituel. Et bien sûr, cela fait peur et c'est très puissant.

Dans la scène suivante, On lui a montré qu'elle a encore des parties rebelles qui mettent le désordre, et qu'elle doit les nettoyer, les rectifier, avant de se rendre à la célébration de Noël.

Puisque dans le rêve elle avait une peur démesurée de la poule qui était collée contre elle, je lui ai demandé ce que représentait la poule pour elle. Elle m'a répondu : « J'ai tellement peur des oiseaux ! C'en est une phobie. Ça fait des années que j'essaie de m'en débarrasser mais je n'y suis pas encore parvenue. Mais c'est sûr que j'ai fait tout un travail pour essayer de comprendre. Ça remonte à mon enfance. Quand j'avais quatre ans, j'ai entendu ma mère, juste après le suicide de son frère, dire : 'C'est la faute de cet oiseau de malheur qui est venu se projeter sur la fenêtre, la veille.' Ça m'a marquée. Puis, à l'âge de sept ans, je suis entrée dans un poulailler où il y avait des poules pondeuses et le coq m'a agressée. »

Revenons à ce que cette femme a vécu à l'âge de quatre ans, soit à l'association qu'elle a faite entre ce que sa mère a appelé *oiseau de malheur* et le suicide de son oncle. On entend souvent des gens des générations passées dire : « Quand un oiseau vient se cogner à la fenêtre, c'est un signe de mort. » Ici encore – comme dans le cas des gargouilles –, on a affaire à une superstition. Les gens ont perdu la Connaissance et n'ont gardé que la forme. Alors, si à l'âge de quatre ans, cette petite fille a été en contact avec le suicide d'une personne proche, ce n'est pas un hasard. Il était voulu par En Haut que l'expression *oiseau de malheur* la marque si profondément. Dans d'autres vies – parce qu'à cet âge, elle n'avait accumulé que peu de bagages de sa vie présente –, elle a été reliée au suicide. Elle-même a pu s'être suicidée ou avoir vécu certaines situations malheureuses en rapport avec le suicide. Et par les paroles de sa mère, l'image de l'oiseau s'est greffée dans ces mémoires. Je lui ai expliqué : « L'oiseau est en lien avec l'élément air. Donc, c'est certain que ta phobie des oiseaux est là pour t'aider à changer ta façon de penser. »

Si une âme est reliée au suicide, cela signifie qu'il fut un temps où tous ses horizons étaient bouchés. Et si cela s'est produit, c'est qu'auparavant elle avait posé des gestes ou engendré des matérialisations sur la base d'un non-respect des Lois. C'étaient des expérimentations, mais cela a obstrué les horizons de son être. Celui-ci n'était plus connecté – en fait on est toujours connecté, mais l'être ne sentait plus sa connexion. C'est cette condition qui pousse au suicide. Alors je lui ai dit : « D'une certaine manière, oui, l'oiseau de malheur est un symbole approprié, en ce sens que si tu penses d'une certaine manière, cela va amener le malheur dans ta vie. Ça va nécessairement t'amener des troubles. C'est absolu. » On voit que cette femme devait vraiment changer quelque chose au niveau de ses pensées.

Puisque le coq est un oiseau, lui aussi, symboliquement, touche au monde des pensées. Mais il ne vole pas très haut, n'est-ce pas ? Il symbolise donc des pensées qui n'amènent pas vraiment l'être à s'élever. D'autre part, dans la Bible, il figure en tant que symbole de vigilance : il surveille le poulailler. Quant à son symbolisme négatif, cet oiseau a la réputation d'être possessif, du genre : « Là, ne touchez pas à mes poules ! » Il a aussi un tempérament belliqueux qui l'amène à être souvent agressif. Il représente également le côté polygame, infidèle car il a plusieurs poules.

Après lui avoir expliqué ce symbolisme, j'ai dit à cette femme : « Tu sais, on ne se fait pas agresser par hasard. Il y a toujours une raison. Tu avais des résonances avec le côté négatif du coq. Combien de personnes entrent dans des poulaillers sans pour autant se faire agresser ? Comment se fait-il que cela te soit arrivé ? » Cette femme avait quelque chose à comprendre en rapport avec les pensées agressives et les attitudes concernant la polygamie.

J'ai continué : « Ce coq représentait une partie de ton homme intérieur. Tu as des mémoires inconscientes… » Cette femme bien sérieuse réfléchissait en m'écoutant, et, tout à coup, avec un certain humour, elle a exclamé : « C'est vrai ! Si je pense à mon ex, c'était tout un coq ! » Elle venait de trouver une piste qui allait l'aider à retrouver les parties d'elle-même qui avaient des résonances avec le côté négatif du coq.

⊙

L'exemple qui suit touche le sujet de l'agressivité et il illustre bien comment les sentiments qui y sont rattachés nous empêchent parfois de nous intérioriser, de méditer, de bien penser.

Un médecin généraliste, qui travaille intensément avec les Anges depuis un certain temps, a reçu un rêve dans lequel On lui a montré où il était rendu dans son cheminement et sur quoi il devait travailler plus particulièrement.

Cet homme m'a dit : « Dans mon rêve, *je rencontrais un homme âgé de plus de 70 ans qui me faisait des avances sexuelles – c'était un homosexuel. J'ai refusé catégoriquement et il est devenu très agressif, très menaçant. Alors je suis allé chez moi chercher un fusil pour le tuer. Quand je suis entré à la maison, j'ai vu ma femme comme elle est d'habitude, mais en beaucoup plus petit ; elle était toute petite. Ensuite, je me suis retrouvé dans une boucherie devant un grand étalage de viandes rouges et le boucher m'a demandé si je voulais de la viande. Très gentiment, j'ai refusé en lui disant : 'Non merci, je suis végétarien.'* »

Lorsque l'inconscient s'ouvre et que les initiations sont déclenchées, le thème de l'homosexualité peut se présenter dans nos rêves, et ce même si on n'a aucune préoccupation consciente concernant l'homosexualité, ni aucune activité homosexuelle. Que signifiait ce rêve ? Il signalait que l'être – pas l'être au complet, bien sûr, mais certaines parties de lui – s'identifiait trop à la matière. Normalement, on cherche à intégrer les deux principes : le masculin et le féminin. On le sait, les deux sont nécessaires pour créer un enfant. Le symbole de l'homosexualité en rêve montre que la personne a mis sa propre personne, sa polarité, à la première place ; elle leur accorde trop d'importance. Si les homosexuels sont des hommes, c'est l'homme qui s'aime trop lui-même, dans la manifestation, dans l'action, c'est pour cela que ce déplacement des priorités se manifeste. Si ce sont des lesbiennes, c'est pareil, l'être s'aime trop soi-même, donc la femme recherche davantage les qualités de la femme, car elle en a besoin, elle a une carence à ce niveau, donc elle augmente, déséquilibre ses polarités pour avoir plus de féminin que de masculin. Donc, dans le rêve, l'homme qui faisait des avances sexuelles au rêveur représentait une partie de lui-même qui matérialise avec un tel état d'esprit.

Quand le rêveur a refusé les avances de l'homme, celui-ci est devenu agressif, menaçant. Ce passage illustre bien pourquoi, lorsqu'on débute un cheminement, les nouvelles orientations – plus spirituelles – peuvent être difficiles à adopter. Or l'Ange Hahaiah peut vraiment nous être d'une grande aide dans ce passage pour nettoyer les résistances qui nous empêchent d'aller à l'intérieur visiter notre polarité.

Les parties distorsionnées de soi que l'on a nourries – parfois pendant des vies entières – sont tout à coup sevrées quand on travaille sur soi. Alors elles se fâchent et c'est normal. C'est comme si on avait des fauves intérieurs et que par certaines attitudes – certaines pensées, certaines émotions et certains comportements – on les nourrissait. Quand ils ont le ventre bien plein, ils sont relativement gentils ; ils ne sont pas trop agressifs. Mais lorsqu'on leur dit : « Non, je ne vous nourris plus, là, de façon artificielle, c'est assez ! J'ai compris de l'intérieur ce que je devais faire. Je cesse tel comportement », ces parties deviennent tout à coup très agressives. Voilà pourquoi on sent alors s'éveiller des mémoires d'agressivité. On devient soi-même agressif et on se demande : « Comment ça se fait ? D'accord, avant, je n'étais pas parfait, mais là, ce qui remonte n'est vraiment pas beau. » Il s'agit du processus initiatique qui est enclenché.

Dans ces moments où on ressent subitement de l'agressivité et toutes sortes d'autres pulsions pas très belles, on peut invoquer l'Énergie Angélique Hahaiah. Cela permet d'isoler, de bloquer le mouvement de ces parties qui peuvent faire des ravages, saccager notre vie. On a bâti une vie, morceau après morceau, et un seul mot, une seule parole, peut anéantir tout notre travail. Cela peut briser nos relations et avoir des conséquences quasi irrémédiables sur notre emploi ou sur notre vie de couple. Lorsqu'on laisse ces forces se manifester, elles peuvent facilement saboter notre vie. Tandis qu'avec l'Ange Hahaiah, on les empêche de s'extérioriser et on travaille sur elles. C'est vraiment l'Ange idéal pour ce genre de situations.

Ce qui est particulièrement intéressant dans ce rêve, c'est qu'On a montré au rêveur où il en était rendu. Il a voulu tuer cette partie agressive et menaçante. Or tuer n'est pas juste. Mais c'est une étape. Un jour, on ne cherche plus à tuer le mal : on le transcende. On fait comme l'huître perlière. On se dit : « Ça, c'est une partie de moi. Et avec la méditation, l'intériorisation et l'application des Lois, je vais parvenir à faire une perle de ce mal-être que je ressens à l'intérieur de moi. Je vais le transcender. »

Le fait de tuer dans un rêve signifie que le rêveur ne comprend pas le mal. Et s'il tente de le tuer, il doit s'attendre à ce qu'il rebondisse : On le lui resservira sous une forme ou sur une autre. Car le problème n'aura pas été réglé. Le rêve de cet homme révèle qu'il est très centré sur lui, qu'il a des essences à tendance homosexuelle et qu'il pourrait même devenir homophobe, prétendant qu'il n'aime pas les homosexuels, mais en fin de compte, il parlerait de lui-même. Tous les homosexuels qui refoulent leur état, qui s'empêchent de vivre leur homosexualité pourraient recevoir des rêves de ce genre : des rêves dans lesquels ils cherchent à tuer l'autre polarité.

L'épouse du rêveur représentait sa femme intérieure. Mais elle était plus petite que dans la réalité concrète. Qu'a-t-On voulu montrer par-là ? On a voulu signaler au rêveur qu'il avait un complexe de supériorité très important. Et comment ce complexe agit-il ? Certaines parties de lui-même n'ont aucune considération pour les femmes. Il les croit inférieures, les voit comme des enfants, des bébés, parce que sa femme intérieure est diminuée à ses yeux, plus petite. Cet exemple illustre bien à quel point il est important qu'On nous montre les caractéristiques de notre pôle caché. Cet homme pourrait penser que la vie homosexuelle est la voie et ainsi entrer dans ce mode de vie sans savoir que sa polarité féminine est diminuée. Il agira aussi en ce sens, et ce, même dans une relation homosexuelle. Ce débalancement n'affecte pas juste son manque d'intérêt pour une femme. C'est beaucoup plus que cela. Il est égoïste de nature et le sera avec tout le monde avec un rêve de ce genre. Dans nos rêves, On nous décrit toutes sortes de personnages qui sont autant de parties de soi. Il est bien important de les *rencontrer*, car on les projette à l'extérieur – automatiquement et sans le savoir – avec tous leurs aspects distorsionnés.

Voilà pourquoi, avec l'évolution et la purification de l'âme, un jour On nous montre nos deux pôles qui sont unis. Et ce jour-là, on comprend vraiment la complémentarité de l'homme et de la femme. On comprend que l'homme et la femme ont chacun leur place, et que lorsque chacun trouve sa place – lorsque chacun comprend son rôle d'homme ou de femme – il en résulte une fusion. Cette fusion doit d'abord prendre place à l'intérieur de soi, et c'est pourquoi, dans l'Enseignement, on dit souvent aux femmes : « Ce que tu fais à ton conjoint, c'est comme si tu le faisais à ton homme intérieur. » Et vice-versa – pour les hommes et leur femme intérieure. Il est bien utile de comprendre cela, car alors on est plus amplement motivé à mettre fin à certaines attitudes.

Voici maintenant une histoire vécue que m'a racontée une femme pendant la période où je méditais sur les divers aspects du refuge. Cette femme est professeur de Qi Gong – une pratique de plus en plus connue qui fait partie des arts martiaux. Elle était revenue depuis peu de Chine, où elle était allée parfaire son art. Elle avait essayé de comprendre certains événements qu'elle avait vécus, et elle est venue pendant la pause me poser quelques questions. Elle m'a dit : « Je comprends que tous les élèves qui viennent à mes cours représentent des parties de moi. Mais je dois avoir des résonances plus particulièrement avec l'un de mes élèves, parce que je passe beaucoup de temps avec lui. Cet homme a des gros problèmes cardiaques. Dernièrement, il m'a invitée à aller sur son île – il possède une île. Quand j'y suis allée, j'ai vu certaines choses et j'ai établi certains liens. J'ai eu des signes et j'aimerais les comprendre un peu mieux. Sur l'île, j'ai vu un nid où se trouvaient 12 œufs de canard. Je me suis demandé ce que signifiaient ces œufs, pourquoi je voyais ça ? Qu'est-ce que cela signifiait pour moi ? Peu de temps après, j'ai vu quelque chose qui était enveloppé dans du tissu et qui avait échoué sur la plage. J'ai déroulé le tissu ; c'était un chat noyé. On voyait qu'il avait été emballé et qu'il avait été jeté à l'eau. Et cet homme – mon élève – avait peur ; il ne voulait pas voir ça. Il était vraiment très dérangé par cette découverte. Alors, ce soir-là, avant de m'endormir, j'ai médité sur ce qui s'était passé dans la journée.

Dans la nuit, j'ai reçu ce rêve : *J'étais dans une chambre à coucher et je voyais une commode. J'ai ouvert le premier tiroir et j'y ai vu un nid avec 12 œufs de canard – le même symbole que dans le concret, sur l'île –, mais là le contraste blanc-noir était plus marqué. Puis, quand j'ai ouvert le deuxième tiroir, j'ai vu la même chose, sauf que les œufs étaient éclos et que les oiseaux étaient partis. Ensuite, j'ai vu quelque chose d'emballé* – exactement comme c'était arrivé dans le concret –, *mais cette fois-ci, c'était vivant. Ça bougeait sous le tissu. C'était un perroquet très, très coloré, tout flamboyant, vraiment un beau perroquet. Mais il s'est agrippé à mes mains avec ses serres et il est devenu très agressif. Il ne me laissait plus partir.* Qu'est-ce que ce rêve veut me dire ? »

On voit qu'à maints égards, En Haut, Ils ont fait correspondre l'expérience vécue dans le concret avec celle vécue dans le rêve.

Cela n'est pas rare ; souvent, nos rêves ressemblent à ce que l'on a vécu la veille. Dans ces cas, si on ne comprend pas les rêves, on a tendance à se dire : « C'est normal, j'ai vu ça hier ! Et là, j'en ai rêvé, même si ce n'était pas tout à fait pareil. » Or, quand on comprend les rêves, on sait que ce n'est pas une explication valable. En Haut, Ils utilisent les mêmes symboles – que ce soit ceux d'une situation vécue dans la journée, ou ceux aperçus en rêve durant la nuit. Dans les deux cas, les symboles représentent des parties de nous-même.

Commençons par examiner le métier de cette femme. La pratique des arts martiaux est très bonne, très positive, car on y travaille beaucoup l'attitude guerrière que l'on doit un jour nettoyer – toutes les forces agressives qui nous empêchent de stabiliser l'état méditatif. Au-delà de leurs différences, tous les arts martiaux se ressemblent en ce sens qu'on y marie l'état méditatif et l'expression de la force. Que cette femme enseigne un art martial n'est pas le fruit du hasard. Après avoir entendu l'interprétation que j'ai faite de son rêve, elle m'a avoué : « Oui, je sais que j'ai quelque chose à comprendre, parce que mon père était agressif verbalement et mon conjoint aussi. Donc, je sais que j'ai des résonances. Je sais que j'ai quelque chose à comprendre avec cette agressivité pour qu'un jour, elle devienne de la force et de la vigueur, et que j'arrive à des états méditatifs élevés. »

Qu'est-ce qui peut nous mettre sur la piste quand on veut savoir si on a des résonances avec une personne ? Si on se sent dérangé ou attiré par elle, c'est qu'on a des résonances. Cette femme a de fortes résonances avec son élève, et On le lui a clairement indiqué dans son rêve. Cet homme – qui représente, entre autres, la partie d'elle-même intéressée par les arts martiaux – souffre de problèmes de cœur. Si ce problème est manifeste, s'il est descendu jusque dans le plan physique, c'est que l'être a trop forcé dans ses comportements. Or, quand on force, il n'y a aucune place pour la douceur, n'est-ce pas ? D'une certaine manière, c'est de l'agressivité. À chaque fois qu'on force, la vigueur se manifeste sous forme d'agression. Dans le cas de cet homme, ce forcement a atteint le cœur.

J'ai dit à cette femme : « Tu vois, On a vraiment voulu te diriger vers le travail avec l'Ange 12 Hahaiah. Suite à un tel rêve, je te suggère d'invoquer cet Ange pendant que tu pratiques ton Qi Gong. »

Avec le symbole de l'île, On a voulu toucher à l'aspect refuge émotionnel. On a voulu montrer à la rêveuse quelles attitudes émotionnelles l'empêchent de trouver un vrai refuge à l'intérieur d'elle-même.

Alors je lui ai dit :

— Cet homme est propriétaire d'une île, mais il peut s'en servir pour fuir certaines situations auxquelles il devrait au contraire faire face.

— Oui, c'est vrai que d'une certaine manière il fuit ses responsabilités. Cette île, c'est une fuite pour lui.

— On ne t'a pas amenée là par hasard, lui ai-je dit. On a voulu te montrer certains aspects de fuite. Au lieu que ce soit une méditation, une intériorisation positive, c'est une fuite.

Cette situation n'est pas rare : certains êtres spirituels fuient les responsabilités matérielles parce qu'ils trouvent cela trop agressant, trop difficile, ou étouffant s'ils ont beaucoup d'abondance à gérer.

Les œufs de canard. Analysons un peu le comportement du canard. Les canards se mettent à plusieurs et ils vont – pour reprendre le terme assez puissant utilisé dans un article que j'ai lu sur ce sujet – *violer la canne*. Ce n'est pas très digne, n'est-ce pas ? En groupe, les mâles prennent une femelle à part pour la violer. C'est tout un spectacle de barbarie. On note donc chez les canards des comportements plutôt grossiers. Comme c'est un oiseau, il touche symboliquement aux pensées. Et il vit entre autres sur l'eau, laquelle représente le monde des émotions. Donc, dans le symbolisme de cet oiseau, les deux dimensions sont concernées : les pensées et les émotions.

Le canard symbolise aussi le commérage, l'habitude de cancaner. On a donc montré à la rêveuse que dans ses tentatives d'introversion, certaines mémoires interviennent et l'empêchent de trouver refuge. Sans même qu'elle soit consciente de ce lien, les pensées et les émotions qui la dérangent dans son introversion sont liées à des mémoires où l'être a comméré, a fait des cancans. Nettoyer ces mémoires représente tout un travail. C'est comme dans le rêve des perles que nous avons vu tout à l'heure : la femme disait de belles paroles, mais derrière elles, se trouvait de l'agressivité.

On a le droit d'évaluer les autres. Cela fait partie du pouvoir de discernement. Alors où se situe la limite entre le bien et le mal, quand on parle de quelqu'un ? Qu'est-ce qui fait qu'on verse dans le commérage ? Si deux personnes parlent d'une troisième personne, l'une peut être dans la qualité, c'est-à-dire dans l'évaluation, tandis que l'autre est dans la distorsion. Là justement est le but de tout le travail. Sans amour, la connaissance – dans ce cas-ci, la connaissance des détails de la vie des autres – sans amour, donc, la connaissance est un poison. L'un des buts du travail est d'arriver à se purifier suffisamment pour qu'un jour les mêmes paroles soient prononcées avec amour. Or c'est justement la capacité d'évaluer qui nous permet d'intégrer la compréhension du bien et du mal. On doit donc évaluer. L'interprétation des rêves nous y oblige, elle aussi. Au début, quand on demande aux gens qui viennent pour des interprétations de rêves : « Pour toi, que représente cette personne qui était dans ton rêve ? », certains ne savent pas du tout quoi répondre. Ils éprouvent de la difficulté à évaluer même le côté négatif lorsqu'il est présent. On doit s'habituer à évaluer.

Revenons à l'histoire de la femme qui a vu 12 œufs de canard tant sur la plage que dans le tiroir. Ce nombre n'était pas là par hasard. Puisque cette femme travaille avec l'Angéologie Traditionnelle, On a utilisé ce nombre pour lui suggérer de travailler avec l'Ange 12 HAHAIAH, ceci pour l'amener à visiter certaines parties cachées, bien planquées dans son inconscient et qui ont un lien avec le symbolisme des canards. On a aussi utilisé le blanc et le noir sur la coquille des œufs pour lui signaler qu'elle devait étudier ses comportements en rapport avec le bien et le mal, de même que la priorité accordée à la spiritualité versus celle accordée à la matérialité. On a donc voulu lui dire : « Attention ! Sois vigilante. »

Ensuite, la femme a trouvé sur la plage un chat noyé enveloppé dans un tissu. Ce symbole est très important ; le chat revient souvent dans les rêves de très nombreuses personnes. Autant cet animal a été vénéré dans certaines civilisations, dont celle des Égyptiens, autant il a été craint dans d'autres. On l'associe d'ailleurs souvent aux sorcières. Le chat aime se placer sur les croisements des lignes telluriques, vous savez ces lignes de forces électromagnétiques organisées en réseau quadrillé qui se trouvent à la surface de la

Terre. Aux croisements se trouvent des zones dont le taux vibratoire est beaucoup plus bas qu'ailleurs. Le chat aime se placer en ces zones précises, comme s'il se nourrissait de ces basses fréquences, du mal en quelque sorte. Bien sûr, s'il y a un sofa ou un coussin, le confort peut l'emporter, mais généralement, il choisira un endroit de basse fréquence.

Mais sa capacité à se nourrir des vibrations négatives va jusqu'à un certain point seulement. Voilà pourquoi, si on ne comprend pas ce phénomène, on trouve parfois le chat bien capricieux ; il vient se faire caresser, et soudainement, il part. Et si on tente de le rattraper, il peut nous griffer. C'est qu'il a eu sa dose.

Le chat porte d'autres significations symboliques. En tant que symbole, il est relié au pôle féminin et à la réceptivité. Et sous son jour négatif, il représente l'hypocrisie, le manque de réceptivité, l'agressivité et l'individualisme. Aussi, de façon générale et comme tous les autres animaux, il représente les besoins instinctifs.

Par le fait que le chat ait été noyé, On a voulu montrer à cette femme qu'au niveau émotionnel, elle noyait certaines parties d'elle-même – celles représentées par le chat ; elle préférait ne pas les voir. Et on voit que ce contenu refait surface. Pour sa part, son élève, qui lui aussi représentait une partie d'elle-même – la tendance à fuir et à forcer –, ne voulait pas voir le chat noyé. Il rejetait cette partie de lui-même. On voit donc qu'un programme est mis en route chez cette femme pour l'amener à faire face à certaines mémoires. Quand on commence à visiter nos mémoires, le contrôle ne tient plus. Cette femme avait l'air d'avoir une certaine maîtrise, mais en fait c'était l'attitude de contrôle qui lui permettait de garder sous le voile certaines mémoires refoulées. Bien des choses peuvent maintenant se produire chez cette femme puisqu'elle commence à retrouver l'accès à ces mémoires.

Puisqu'elle a posé des questions au Ciel pour comprendre ce qu'elle avait vécu sur l'île, On lui a envoyé un rêve qui reprenait les mêmes symbolismes que ceux des événements de la journée. Au début du rêve, elle était dans une chambre à coucher, symbole – on l'a vu – de l'intimité. Alors que trouve-t-on dans son intimité ? Tout d'abord, elle a vu une commode. À quoi sert une commode ? En général, on y met des vêtements et on ne l'ouvre que de temps à autre. Les vêtements représentent l'aura. Donc, ce que contient cette commode indique ce que dégage cette femme.

Ensuite, On lui a remontré les œufs de canard. Par cette image, On a voulu lui dire : « Regarde ce qui se trouve dans ton aura. C'est cette énergie qui émane de ton être. » On lui a ainsi révélé la nature de ce qui devrait être rectifié : elle devait éviter de commérer et de nourrir les autres attitudes représentées par les œufs de canard. Puis On lui a montré un nid d'œufs déjà éclos ; les cannetons étaient déjà partis. Par ce symbole, On n'a pas annoncé un envol à cette femme. On lui a plutôt signifié : « Des actes ont déjà été posés, des karmas sont déjà inscrits. Il faut que tu cesses de commérer quand tu parles avec les autres. »

Puis, On a continué à lui montrer ses résonances avec des comportements caractéristiques du monde animal, mais cette fois-ci par le symbole du perroquet. Comme le canard, le perroquet est un oiseau, et par conséquent, il symbolise le monde des pensées. Mais il n'est pas capable de voler très haut. Et que fait le perroquet ? Il répète. On a donc voulu dire à cette femme qu'elle répétait simplement ce que les autres disaient, qu'elle ne soumettait pas leurs dires à sa vérité intérieure. Un jour, on écoute ce que les gens racontent et professent, mais on se questionne : « Attends une minute. Ces personnes – mes parents ou la société – disent telle chose, mais à la lumière des Lois Divines, est-ce que c'est juste ? » Ainsi, quand on exprimera la même idée ou quand on adoptera le comportement en question, on ne sera pas seulement en train de répéter. On aura reçu la Connaissance de l'intérieur et cela se manifestera d'une manière ou d'une autre.

Même en tant qu'enseignante de Qi Gong, la façon qu'avait cette femme de répéter ce qu'elle avait appris, sans le soumettre à sa vérité intérieure, la brimait dans sa manifestation. Alors je lui ai dit : «Il faut que tu apprennes à t'intérioriser, à cesser de répéter.» Puis, arborant une attitude sérieuse et ferme, elle s'est dit tout haut : « Il faut que je sois plus authentique, il faut que je sois plus authentique. » Son âme savait qu'elle répétait, qu'elle ne l'était pas toujours, et que cela affectait sa manière d'enseigner.

Or, dans le passé, c'était un maître qui transmettait l'enseignement des arts martiaux et qui donnait à l'élève l'autorisation d'enseigner ce qu'il lui avait appris. Maintenant, ce n'est plus le cas. Cette femme enseigne ce qui lui a été transmis, et En Haut, On lui a dit : « Tu répètes. » De plus, à partir de ses rêves et de ses comportements, on voit que cette femme a passablement d'agressivité refoulée. Or le but des arts martiaux est justement de maîtriser l'expression de la force. Un jour, l'être n'a plus d'agressivité. Et quand il est prêt à enseigner, il reçoit le message qu'il est temps de commencer à le faire. Comment ? Par ses rêves, où On lui dit : « Oui, maintenant, tu es prêt à te manifester. »

Souvent, les gens reçoivent quelque chose et veulent le manifester tout de suite, plutôt que de s'intérioriser, d'effectuer la purification nécessaire et d'attendre qu'On leur donne le feu vert. Mais le côté perroquet, on le retrouve aussi chez les gens qui répètent ce qu'ils voient dans les médias, non seulement côté mode, mais aussi ce qui concerne les idées et les comportements. Ils ne laissent pas la Connaissance reçue de l'intérieur, filtrer les impuretés de l'inconscient collectif.

⊙

L'histoire qui suit illustre un autre aspect intéressant du refuge.

Une femme qui faisait un rêve répétitif en a demandé l'interprétation à mon époux. Quand les gens racontent leurs rêves, on sent parfois subtilement qu'ils n'ont pas vraiment envie de connaître la solution ou l'interprétation, parce que cela les confronterait à l'obligation de changer de comportement. C'était le cas pour cette femme. Alors, pendant qu'il l'écoutait, mon époux se demandait comment il allait s'y prendre pour lui répondre.

Elle lui a dit : « Dans mon rêve répétitif, *je me retrouve dans une maison*. C'est toujours la même d'un rêve à l'autre. C'est une maison dans laquelle j'ai vécu concrètement pendant cinq ans, au tout début de mon mariage. Elle se trouvait en pleine nature, elle était vieille et il y avait souvent des dégâts d'eau. Il fallait souvent faire des réparations. Et moi, je n'aimais pas cette maison pour plusieurs raisons. Tout d'abord, j'ai été élevée et j'ai toujours vécu en milieu urbain, et je n'aimais pas vivre en pleine nature. En plus, elle était vieille et pas agréable. Quant à mon mari, il l'appréciait beaucoup parce que c'est un homme de forêt. Lui, avec un simple sac de couchage, il peut dormir n'importe où dans la nature, mais moi, il me faut du confort. Si je n'en ai pas suffisamment, je ne suis pas bien. Et si je ne dors pas dans mon lit, je ne dors pas bien. Qu'est-ce que je peux faire, là ? Je ne veux plus la voir, cette maison… même pas dans mes rêves. »

Puis elle a expliqué à mon époux qu'après avoir vécu cinq ans dans cette maison, elle a réussi à convaincre – elle a utilisé le mot *forcer* – son mari à déménager en ville. Dans un entretien que j'ai eu avec elle, elle m'a confié : « Il y a un événement qui a terni ce déménagement : c'est que mon fils est tombé malade. Et quelque temps plus tard, il en est mort. Mais je suis quand même bien en ville. » Elle persistait à rejeter la vie à la campagne.

Alors, quand mon époux a parlé avec elle, il lui a dit :

— Madame, ce que vous vivez, ça s'appelle *le syndrome de la princesse.*

— C'est quoi, le syndrome de la princesse ? lui a-t-elle demandé.

— Dans vos rêves, On vous montre des parties de vous, de votre propre habitat intérieur, et vous n'en voulez pas. C'est pour ça que le rêve revient souvent. Vous ne voulez pas visiter ce type de mémoires, parce que lorsqu'On vous y amène, ce n'est pas confortable pour vous. Mais le confort vient toujours de l'intérieur. Il n'y a pas de mal à être dans le confort, ce n'est pas une distorsion. Mais si vous vous sentez mal à l'aise dès que le confort extérieur fait défaut, là, c'est une distorsion. En vous envoyant ce rêve répétitif, On veut vraiment vous inviter à purifier les parties de votre être où il y a des dégâts d'eau, où tout est vieux et laid. C'est symbolique ; ça représente des mémoires que vous devez nettoyer et que vous essayez de fuir.

La ville comporte un symbolisme positif et un symbolisme négatif. Côté positif, elle représente beaucoup d'activités et un certain sentiment d'expansion. Côté négatif, cette même abondance d'activités attire l'être vers l'extérieur ; elle lui évite la nécessité de s'intérioriser – c'est-à-dire de penser à sa vie, à ses actes, à sa raison d'être, au sens de sa vie. Mon époux a dit à cette femme : « Quand vous étiez en pleine nature, vous auriez pu en profiter pour vous intérioriser. Mais vous aimiez mieux être entourée de l'activité de la ville. Cette fois-là, On vous a permis de fuir. Mais si vous ne faites pas le travail dans cette vie-ci, c'est absolu, dans une autre vie vous pourriez vous retrouver dans une région vraiment éloignée des centres, sans confort, même sans eau courante. Et là, On vous ferait travailler. Mais de la part d'En Haut, ça ne serait pas un acte punitif. Ils font toujours cela avec une grande compréhension et beaucoup d'amour. »

Pourquoi peut-On nous enlever des ressources de manière aussi drastique, aussi extrême ? Quel en est le but ? Voici quelques exemples qui illustrent ce principe. Quand j'étais en Europe, il m'arrivait de faire des randonnées de groupe pendant plusieurs heures dans les très hautes montagnes. Et parfois les conditions climatiques étaient très difficiles. Or, quand nous arrivions à un refuge, quel bonheur ! La nuit, nous étions une vingtaine ou une trentaine de personnes à dormir dans le même dortoir. Souvent les couvertures étaient rugueuses – elles irritaient la peau – ou ne sentaient pas bon, pour ne mentionner que ces inconvénients. Je peux vous dire que personne n'aurait songé à se plaindre. Peut-être qu'en temps normal j'aurais dit : « Ça ne sent pas bon, là, ça pique, puis il y a des gens qui ronflent… » – il y a toutes sortes d'inconvénients quand on dort avec beaucoup de monde. Mais c'était un paradis ! C'était tellement bon de manger un bol de soupe chaude et d'avoir un refuge pour dormir. Nous l'apprécions, car pendant toute la journée nous avions connu des conditions extrêmes.

Quand On nous enlève des ressources et qu'On nous fait connaître des conditions extrêmes, c'est pour nous faire apprécier les choses. Plus tard, quand on retrouve le confort et les ressources, on se rend compte que ces moments difficiles étaient en fait des cadeaux, car on est en mesure de vraiment apprécier ce qu'auparavant on aurait rejeté. On dit merci au lieu d'être mécontent et désagréable.

Pour vous donner un autre exemple, un homme qui est dans l'armée m'a dit qu'un jour, lors d'un grand entraînement, il avait dû dormir dans une tranchée pleine de boue. Je lui ai demandé :

— Tu avais bien dormi ?

— Vraiment bien ! m'a-t-il répondu, j'étais tellement épuisé !

Imaginez-vous, dans la boue ! Depuis cette expérience, cet homme peut dormir partout. Même chose pour moi. Quand j'ai commencé à pratiquer le yoga, il y a bien des années de cela, il me fallait la petite musique d'ambiance, il me fallait l'encens… Si j'entendais du bruit, je réagissais : « Attendez, là, faites pas de bruit : je fais mon yoga. » J'avais besoin de certaines conditions extérieures pour pouvoir m'intérioriser. À l'époque, je n'avais pas encore compris que si des éléments externes pouvaient me déranger, c'était parce qu'il y avait du vacarme à l'intérieur de moi. Et depuis que j'ai fait le travail intense avec les Anges, cela a bien changé.

Dans la plupart des cas, avant de faire une conférence, je suis dans un petit recoin ou une pièce à l'arrière de l'hôtel. Et à l'arrière des hôtels, vous savez, ce n'est pas toujours très propre. Souvent, il y a des poubelles et toutes sortes d'odeurs, et des gens entrent et sortent ; les murs sont parfois brisés, pas très harmonieux, car uniquement basés sur le côté pratique et fonctionnel du travail. Moi, je m'installe par terre, j'ai un petit tapis de sol dont l'intérieur demeure propre et l'extérieur peut être lavé ; alors peu importe les conditions – je peux être vraiment à l'étroit –, j'ouvre mon tapis et je médite. Je suis tellement bien, là ! Je me suis habituée à pouvoir méditer dans toutes les conditions. Je m'intériorise, je fais mes postures d'Angelica yoga et je me sens vraiment bien. J'ai dû faire un grand travail de purification pour en arriver là, c'est vrai, car, comme je vous l'ai dit, j'ai déjà été plus pointilleuse et *trop* Suisse.

Parfois on se demande : « Oui, mais pourquoi ces initiations ? Je vis des souffrances, je vis des cauchemars, et le lendemain, je me sens mal dans ma peau. Puis en plus, il faut que j'essaie de ne pas projeter. » Quand on comprend que tout cela sert à nous libérer, on est heureux d'être en initiation. Si on ne se sent pas bien quand on n'a pas notre lit, imaginez comment, En Haut, Ils peuvent recevoir nos requêtes quand on Leur demande : « Faites-moi voyager dans l'Univers, dans les mondes parallèles. » On peut imaginer leur réponse : « Oui, mais si tu n'es pas bien quand tu n'as pas ton lit, comment penses-tu pouvoir voyager dans les mondes parallèles, dans l'Univers ? Sais-tu que dans les mondes parallèles, il y a autant de noirceur que de Lumière, de mal que de bien, d'âmes en santé que d'âmes malades ? Travaille d'abord sur tes inconforts et tes dérangements si tu veux réellement devenir une missionnaire angélique et aider spirituellement les autres. Après On t'ouvrira d'autres portes pour aller plus loin dans la découverte de la Conscience Universelle et sa Sagesse. » Souvent on veut tout avoir tout de suite, sans prendre le temps de travailler, de se préparer. On entend parler des autres dimensions et on se dit : « Oui ! Moi aussi, j'aimerais ça. » Et on oublie que c'est grâce aux petits et gros dérangements – c'est-à-dire grâce au travail au quotidien sur les résonances qui, sur le moment, n'est pas tellement gratifiant – qu'un jour on pourra traverser les frontières de ce monde et devenir angélique, vivre avec nos pouvoirs spirituels. Ces dérangements ne sont que la pointe de l'iceberg, mais ils nous emmènent au cœur de l'Univers.

Certaines personnes aspirent à une situation contraire à celle que recherchait la femme qui voulait aller vivre en ville. Elles aspirent à un endroit isolé car le moindre bruit les dérange. Mais si ces personnes ont du vacarme à l'intérieur, elles entendront le son d'une scie mécanique ou même le chant d'un grillon et elles se sentiront dérangées. Ou si un voisin met de la musique, la personne se sentira agressée, prétextant que c'est un son artificiel. Le calme règne à l'extérieur, mais le moindre petit bruit résonne à leur oreille comme un vacarme. Pourquoi ? Parce que ce bruit résonne avec le vacarme qui subsiste à l'intérieur. Donc, à chaque fois qu'on est dérangé par le bruit des voisins, l'agitation des enfants ou tout autre élément externe qui nous irrite, on doit revenir à soi-même. Un jour, quand le refuge intérieur est calme, peu importe ce qui se passe à l'extérieur, on se sent bien. Et le travail qui nous permet d'atteindre ce calme intérieur peut être effectué en pleine conscience avec l'Énergie Angélique Hahaiah.

Voyons maintenant un autre fait vécu qui touche à l'intériorisation.

Une belle femme d'environ 80 ans qui assiste régulièrement aux conférences a demandé à mon époux l'interprétation du rêve suivant : *Elle voyait sa mère qui allait au sous-sol pour ranger de grosses boîtes. Elle l'a vue commencer à descendre les marches d'escalier, et soudainement, elle l'a entendue tomber.* Dans la réalité concrète, la mère de cette femme n'est plus de ce monde.

Mon époux lui a expliqué :

—Tous les éléments de ce rêve représentent des parties de toi. Ta mère symbolise ton monde intérieur, et le sous-sol ton subconscient. Le fait que ta mère soit tombée dans les escaliers en voulant ranger des boîtes montre que l'Intelligence Cosmique est en train de te dire qu'il est temps de cesser de surcharger ton inconscient avec toutes sortes de souvenirs. Il est temps de te détacher de tes souvenirs de jeunesse et des événements que tu as vécus. C'est plutôt le temps de faire du ménage.

— C'est donc vrai que les personnes âgées vivent de leurs souvenirs ! lui a-t-elle dit avec une belle spontanéité. Moi aussi, je le fais. Il faut que ça change. À partir d'aujourd'hui, ça va changer. Il n'y a pas d'âge pour changer – Imaginez ! Cette femme avait 80 ans !

— Tout à fait. Il vaut mieux vivre au temps présent et préparer consciemment notre prochaine vie, bien entendu, sans mettre de côté notre passé qui est une source de vécus riches en sagesse et en expériences, lui a dit mon époux.

Cette problématique concerne surtout les personnes âgées, mais – vous vous en doutez – on la retrouve chez les êtres de tout âge. Comment peut-on s'intérioriser en se servant de ses souvenirs ? Ici, il importe de faire une distinction. On peut revenir à certains souvenirs et se dire : « À cette époque, quand j'étais avec telle personne et que je faisais telle chose… c'était bon », et se laisser bercer par une vague de nostalgie et de bien-être doucereux. On se replie dans une espèce de cocon et on nourrit certaines mémoires. Mais cela n'est pas une bonne intériorisation ; c'est une intériorisation qui nous fait fuir le moment présent. Dans le passé, on a goûté à un certain bien-être, mais puisqu'on n'a jamais connu de bien-être nettement supérieur – ici, je parle des hauts états de conscience –, lorsqu'on est dans la stagnation, on se nourrit de nos souvenirs. On se dit : « Quand j'avais ma compagnie… » ou « Quand je vivais avec telle personne… » Mais pendant ce temps, le travail ne se fait pas.

Quand on travaille avec les Anges, inévitablement, il nous arrive d'ouvrir le passé et de penser aux êtres que l'on a connus, mais on le fait d'une autre manière. On fait de la reconsidération de soi. On médite. On se dit : « Quand j'étais là... » et, tout à coup, on ressent certaines émotions. Cela fait remonter certaines sensations et on se demande : « Qu'est-ce qui se passait à ce moment-là ? Avec la Loi de la résonance, qu'est-ce que j'ai à comprendre là-dedans ? » Et on profite de ce moment d'introspection pour nettoyer nos mémoires distorsionnées. Ainsi, on vit au temps présent. Toutes nos mémoires de notre vie présente font partie de notre bibliothèque, et si on doit en ressortir un événement, bien sûr, il n'est pas tabou – on a le droit d'y penser et d'en parler. Mais avec la reconsidération de soi, on ne ressent aucune nostalgie car on ne regrette rien du passé. La nostalgie crée pour sa part l'isolement ; elle n'a rien en commun avec l'universalité et l'altruisme. En se contentant du caractère doucereux de nos souvenirs, en s'en berçant, on languit ni plus ni moins dans des Champs de Conscience artificiels qui, croit-on, peuvent nous procurer un certain bien-être.

Voici un rêve bien intéressant qui illustre l'une des Qualités de l'Ange Hahaiah : *donne accès aux mystères occultes.* La femme qui l'a reçu suit les conférences depuis de nombreuses années. Dans son rêve, *elle se trouvait dans sa maison, c'était le soir et elle s'apprêtait à aller dormir. Elle est allée voir son fils de 11 ans qui dormait, et tout à coup, elle a vu arriver par la fenêtre une ombre un peu négative. Puis elle s'est rendu compte que c'était l'ombre de son fils quand il avait trois ou quatre ans. Ensuite, elle a survolé l'ombre et l'a bénie. Après, elle sentait que le caractère négatif de l'ombre avait disparu.*

Dans ce rêve, cette femme a visité l'âme de son fils. On lui a montré ce qu'il vivait réellement afin qu'elle puisse mieux l'accompagner. Son fils entre présentement dans la période de l'adolescence, laquelle constitue un programme de mutation important où l'être visite certaines énergies négatives et active les forces et mémoires d'essences venant d'autres vies. On a voulu signaler à la rêveuse : « Regarde, il y a une énergie négative qui s'en vient pour lui. Il va expérimenter certaines choses. » Le fait que l'ombre était celle d'un enfant signifie qu'elle n'était pas tellement négative. Si la rêveuse avait aperçu l'ombre d'un géant ou celle d'un adulte tenant un poignard, cela aurait annoncé – le symbolisme aurait été sans équivoque – une situation très négative. Au lendemain du rêve, cette femme aurait pu remarquer que son fils était de mauvaise humeur et qu'il traversait un moment vraiment difficile. On voit pourquoi les rêves sont si importants. Ils nous permettent de voir ce qui s'en vient et de mieux anticiper le futur proche. C'est tellement plus facile d'élever nos enfants quand on peut suivre le mouvement de leur âme.

L'histoire suivante touche elle aussi à l'accès aux mystères occultes, mais en même temps aux notions de force, vigueur et agressivité. Elle concerne un homme de 83 ans dont j'ai parlé dans le cours sur l'Ange 14 Mebahel. Nous lui avions rendu visite lors d'une tournée en compagnie de sa fille – une femme qui aide UCM en tant que bénévole. Nous avions eu un bel échange avec lui et, par la suite, cette femme nous a partagé que son père recevait des rêves dans lesquels il entendait la voix de sa fille qui lui parlait. J'avais expliqué dans ce cours que c'était en fait un guide qui faisait de la transfiguration en utilisant la voix de sa fille, car elle représente pour cette homme la spiritualité et parce qu'une voix familière risquait moins de l'effrayer qu'une voix inconnue.

Depuis notre rencontre, cet homme a connu une réelle ouverture concernant ses rêves. Une merveilleuse communication s'est établie entre lui et sa fille. Ils vivent dans des villes différentes, mais il l'appelle souvent pour lui raconter ses rêves et lui faire part de ses réflexions. Sa fille est très impressionnée par la vivacité des souvenirs qu'il lui raconte – la mémoire est tellement vive lorsqu'elle est éveillée par les rêves ! Elle a été particulièrement touchée par un de ses rêves. Nous allons voir pourquoi il reçoit ce genre de rêves. Bien sûr, cet homme approche de la fin de sa vie présente. Les ouvertures de conscience qu'il vit sont des graines semées pour sa prochaine vie. Elles servent aussi à montrer à ses proches qu'il évolue, qu'il médite à sa façon. En même temps, cela les touche et les encourage dans leur propre cheminement. Dans ce rêve plutôt élaboré, On a montré à cet homme ce qui se passait au moment de la mort.

Dans son rêve, *il savait qu'il était mort et il cherchait partout saint Pierre. Mais il n'arrivait pas à le trouver. Soudain, un Ange lui est apparu sous la forme d'un nuage et il lui a parlé d'une voix plutôt autoritaire. Il lui a dit : « Je vais te faire visiter les ciels. » L'Ange a emmené l'homme au troisième ciel. Il y avait là un jardin extraordinaire. Des fleurs colorées et une lumière qu'on ne retrouve pas sur Terre...*

Par rapport à cette partie du rêve, cet homme a dit à sa fille : « C'était tellement beau ! Ici sur Terre, on n'a qu'un pâle reflet de ce que j'y ai vu. Les fleurs, la lumière étaient tellement belles ! » Cet homme qui a de gros problèmes de vision – il est devenu presque aveugle et ne peut voir que de côté – lui décrivait ces belles images.

*Puis l'Ange lui a dit : « Continuons la visite, mais tu dois lire les écriteaux avec beaucoup d'attention. » Ils sont descendus dans un ciel inférieur, dans le ciel des hot-dogs. Il y avait au menu des hot-dogs, de la poutine et des frites. Le rêveur a demandé à l'Ange :*

*— Est-ce que je peux manger ?*

*— Oui, lui a répondu l'Ange.*

*— Est-ce que je peux en prendre plus ? lui a demandé l'homme car il n'avait eu qu'un petit bout de hot-dog, trois ou quatre frites et un tout petit peu de poutine.*

*— Non, lui a répondu l'Ange.*

*Ils ont continué la visite et l'Ange l'a emmené dans un ciel encore plus bas. C'était le ciel des batteurs de femmes.* À propos de cette séquence, l'homme a dit à sa fille : « Ce n'était vraiment pas beau à voir. Ils se battaient entre eux... ». Sentant que cet épisode renfermait beaucoup de contenu, sa fille lui a demandé des détails. « Non, non, je te passe les détails », lui a-t-il répondu et il a continué son récit.

*Ensuite, l'Ange l'a emmené encore plus bas, cette fois dans le ciel des violeurs. Il y avait des hommes auxquels on avait coupé le pénis ; leur pénis était tout petit. Le ciel suivant était encore plus bas, c'était celui des tueurs. Là se trouvait un homme qui disait à un autre : « Tu as tué deux hommes. » L'Ange est intervenu et a dit : « Non, non, non, tu n'en as pas tué deux, tu en as tué quatre », et au même moment, le rêveur a vu les quatre hommes pendus par les pieds. Il a dit à sa fille : « Ce n'était vraiment pas beau. »*

*Puis l'Ange l'a ramené au troisième ciel, celui où se trouvait le beau jardin de fleurs. Sauf que maintenant, tout y était fané. Surpris, le rêveur a demandé à l'Ange :*

*— Mais qu'est-ce qui s'est passé ?*

*— C'est arrivé parce que tu n'as pas lu les écriteaux, lui a répondu l'Ange. Au ciel des hot-dogs était écrit qu'il ne fallait pas manger, mais tu as mangé. Tu as mangé, mais tu n'as pas vraiment mangé. Il va falloir que tu travailles très fort pour ramener ton jardin à la beauté qu'il avait. Et tu sais, il y a des personnes qui prient fort pour toi, sur Terre.*

*— Oui, oui, s'est écrié le rêveur, je vais travailler très fort pour le remettre en place, mon jardin.*

*Alors, instantanément, le jardin a repris vie et couleurs ; il est redevenu aussi beau qu'il l'était à la première visite. Le rêveur a tenté de s'approcher de l'Ange et de le toucher. À ce moment, il a vu mon visage dans le nuage de l'Ange. Ensuite, l'Ange lui a dit : « Là-Haut, c'est le septième ciel. » Alors, levant les yeux vers ce ciel, le rêveur a vu le visage de sa mère toute lumineuse qui portait une couronne et qui était plus belle qu'il ne l'avait jamais vue. De là-haut, sa mère lui a dit : « Toi aussi, un jour, tu pourras venir au septième ciel. Tout ce que tu as à faire, c'est de prier très fort et de travailler ta spiritualité. Tu y parviendras. » Puis il s'est réveillé. Tout un rêve !*

Il est bien évident que ce n'est pas tout le monde qui reçoit des rêves aussi révélateurs avant de quitter la Terre. Les symboles étaient parfaitement adaptés à cet homme. On lui a présenté ce qui se passe au moment où l'on quitte notre corps physique. Dans la Bible, il est écrit : *Tu iras où tu as vécu avec ton cœur.* Cela signifie qu'au moment de la mort, on se retrouve dans les états de conscience que l'on a intégrés. Dans ce rêve, On a montré à cet homme certains états de conscience dans lesquels il a vécu et auxquels il est relié par résonance. Un tel rêve amène l'être nécessairement à reconsidérer ce qu'il a appris, à changer totalement certains concepts qu'on lui a inculqués.

Tout d'abord, le rêveur cherchait saint Pierre. Puisqu'il n'y avait pas de saint Pierre, cet homme s'est rendu compte que les choses ne se passaient pas tout à fait comme on le lui avait enseigné à l'église. À la place, il a vu un Ange ayant une apparence de nuage. En Haut, Ils ont utilisé ce symbole parce que cet homme avait entendu parler des Anges. Mais qu'est-ce qui se trouvait en réalité derrière ce nuage ? C'était un guide qui faisait de la transfiguration. Même vers la fin, quand le rêveur a vu mon visage, ce n'était pas moi : c'était un symbole qu'On a utilisé parce que cet homme me connaît et qu'il m'associe aux Anges. Cela servait à lui inspirer confiance. Il est vrai que parfois On me donne des rêves où je vais aider les autres, mais dans ce cas-là, je sais que ce n'était pas moi, parce que je n'avais pas reçu de rêves sur cet homme à cette époque. C'était un guide qui l'aidait en parlant en symboles.

Dans son rêve, sous la direction de l'Ange, cet homme a vécu une visite guidée et hyper-protégée. Dans nos rêves, On peut nous faire visiter différents niveaux de champs de conscience.

À un moment du rêve, l'Ange a dit au rêveur : « Tu as mangé, mais tu n'as pas vraiment mangé. » Cela signifie qu'On lui avait montré des espaces de sa propre conscience, mais qu'il en était d'une certaine manière protégé, comme s'il avait pu observer la scène derrière une vitrine protectrice. S'il avait vraiment goûté à ces états de conscience, il aurait éclaté. En effet, si on était amené trop rapidement et trop profondément dans des champs de conscience négatifs, cela nous serait insupportable. Voilà pourquoi dans nos initiations On nous donne des doses homéopathiques de mal et On nous ouvre le voile graduellement. Puis, un jour, on est prêt à plonger dans des zones de notre inconscient qui contiennent des concentrés de distorsions et on arrive à les transcender. Or, puisque cet homme n'était pas prêt à affronter directement autant de distorsions, On lui a fait faire une visite protégée. D'ailleurs, cette visite devait servir davantage à ses proches qu'à lui-même, car elle ne l'a pas motivé à commencer la pratique de la méditation active.

Analysons la visite guidée. Tout d'abord, parmi les ciels visités, seulement le troisième et le septième ont été nommés par des chiffres. Ces chiffres représentaient des chakras. Les cieux étaient en réalité des champs de conscience. On a utilisé le troisième ciel, celui où se trouvait le jardin, pour montrer au rêveur le contraste entre l'aspect pur et l'aspect distorsionné d'un champ de conscience : dans un cas, le jardin était merveilleux, dans l'autre fané et sans vie. C'est exactement ce que l'on vit lorsqu'on travaille avec une Énergie Angélique : on visite autant des états qui nous donnent l'impression d'être dans un beau jardin que d'autres où l'on ne ressent que sécheresse et stérilité. Tous les autres cieux que cet homme a visités représentaient des états de conscience distorsionnés, inférieurs, auxquels il est relié.

On a emmené le rêveur dans un ciel inférieur, le ciel des hot-dogs. C'est sûr que si cet homme avait été un Européen, On n'aurait pas utilisé le symbole de la poutine – cela est un plat typique du Québec qui est composé de frites avec une sauce brune et du fromage en grains. Comme on ne connaît pas la poutine en Europe, On aurait utilisé un autre symbole de nourriture très ordinaire. Plus tard, quand l'Ange a ramené le rêveur dans le jardin alors fané, il lui a expliqué que celui-ci était dans cet état parce qu'il avait ignoré les consignes des écriteaux. L'Ange lui a dit : « Tu n'as pas lu les écriteaux. Tu n'aurais pas dû manger. » Vous me direz : « Oui, mais pourquoi, lorsqu'il a demandé la permission la première fois, l'Ange la lui a accordée ? » Ceci témoigne du fait que les êtres conservent leur libre arbitre. Mais quand le rêveur en a redemandé, l'Ange ne lui a pas permis d'en manger davantage. Pourquoi ? Parce que cela aurait pu trop le décaler et activer ses besoins. Quand on se voit manger dans un rêve, cela signifie que l'énergie descend jusque dans le corps physique. L'effet de la nourriture ingéré dans un rêve est très puissant. Voilà pourquoi On n'a donné au rêveur qu'un tout petit peu de cette nourriture dont la qualité est plutôt ordinaire.

On a montré à cet homme de quel type de nourriture il s'alimentait normalement. Certes, on peut manger des frites ou de la poutine, mais pas tous les jours, n'est-ce pas ? Ces aliments ne sont ni très nourrissants ni très vitaminés. Quant aux hot-dogs, ils sont généralement de provenance animale – donc un symbole de nourriture instinctive – et leur forme allongée représente l'émissivité, tout comme les frites ; de ce fait il renvoie à l'archétype du sexe masculin. Les hot-dogs – du moins ceux qui ne sont pas végétariens – ne constituent pas non plus un aliment nourrissant et on y trouve des restes d'abattage peu recommandables provenant du porc et d'autres animaux. Par ces symboles, On a montré à cet homme que ce dont il se nourrissait favorisait une conscience très ordinaire et éveillait les instincts, la dimension animale de son être, y compris l'agressivité. Donc, déjà à ce niveau de ciel, on peut constater un non-respect de certaines Lois Divines.

Ensuite s'est poursuivie la descente vers des ciels de plus en plus bas. Par sa visite dans le ciel des batteurs de femmes, On a montré au rêveur qu'il était relié à ce type d'énergie. Bien sûr, il existe divers degrés. Mais si on voyait l'inconscient des êtres, on noterait dans bien des cas toutes sortes de mémoires où la violence est fermement inscrite. Même si l'être ne bat pas sa femme au sens littéral, il peut le faire au niveau de l'énergie. Combien de fois On peut nous dire dans un rêve : « Regarde la situation que tu as vécue hier », et On nous montre qu'on a giflé la personne ou même qu'on l'a battue. On n'a rien fait, on n'a rien dit, mais on a entretenu des pensées négatives, qui comportaient une certaine dose d'agressivité. On nous montre comment, énergétiquement, on a affecté l'autre.

À chaque fois qu'on se comporte de cette manière, on est relié aux batteurs de femmes et donc à tout un égrégore négatif. Voilà pourquoi il est tellement important de se purifier. Quand on a rectifié les mémoires touchant à ce rayon, même si on voit de l'agressivité, on ne se sent pas dérangé car on n'a plus de lien avec cette énergie, même pas au niveau de nos pensées. Avant que cette purification ne soit complétée, même si on croit être une gentille personne, il peut suffire de voir une personne devenir agressive pour se reconnecter automatiquement à cet égrégore et devenir soi-même agressif.

Ensuite, dans le ciel des violeurs, le rêveur a vu que le pénis des violeurs avait été coupé. Le pénis représente l'émissivité. On a voulu montrer à cet homme qu'il a une sorte de blocage dans son émissivité et dans sa sexualité, et qu'il se sent frustré de cela. Il ne pose plus certains gestes parce qu'il en est empêché, sa force est arrêtée. L'énergie n'est pas transcendée. Là, de nouveau – comme dans le cas des batteurs de femmes –, quand un être reçoit ce type de rêve, cela ne signifie pas nécessairement qu'il viole au sens littéral. Violer, c'est forcer une autre personne à faire quelque chose. Donc, chaque fois qu'on force un enfant ou toute autre personne à faire quelque chose en essayant de l'intimider ou par un autre moyen, ne serait-ce que sur le plan énergétique, ce que l'on fait est du viol. Alors, d'une certaine manière ou à un certain degré, on est relié à l'égrégore du viol.

J'ai mentionné que le rêve de cet homme devait contribuer à déclencher une ouverture chez ses proches. Son gendre en a été affecté, mais surtout sa fille ; elle a vraiment connu une ouverture spirituelle encore plus importante après que son père lui eut raconté son rêve. Quelque temps plus tard, alors que je travaillais avec l'Ange Hahaiah pour préparer cette conférence, elle a reçu tout un rêve en rapport avec cet Ange. Dans ce rêve, qui portait entre autres sur le nombre 12, On lui a révélé d'importants contenus cachés dans son subconscient et le travail qu'elle allait amorcer. Pour qu'On nous fasse de telles révélations, on doit avoir atteint un certain degré de Sagesse et d'Amour. Sinon, on est démoli, et par ailleurs, on peut en vouloir à certaines personnes. Elle a raconté ce rêve à mon époux.

Dans son rêve, *elle se voyait petite fille. Elle était sur son lit et elle a vu une porte s'ouvrir. Ses parents sont entrés et son père l'a pointée du doigt en disant : « Je la veux. »* Quand elle a raconté ce rêve, il était évident qu'elle se sentait désemparée. Elle a demandé à mon époux : « Mais qu'est-ce que je fais avec ce rêve ? » Parce qu'elle n'a absolument aucun souvenir d'avoir été abusée sexuellement par son père. Elle a ajouté : « C'est vrai que quand j'étais plus petite, mon père buvait et il était parfois agressif. Il pouvait devenir très autoritaire et nous pointer du doigt ; alors, j'avais tellement peur ! »

Peu importe quel a été le degré de l'agression et sur quel plan elle a eu lieu – si elle a été énergétique, verbale ou physique –, On l'a révélée à cette femme parce qu'elle allait continuer à avoir le même amour pour son père. Mon époux lui a dit : « Si tu as été agressée par ton père – il n'y a pas de hasard –, c'est que tu l'avais en toi. » Voir les choses de cette manière est la seule façon de ne pas projeter sur les autres, de ne pas leur en vouloir éternellement. On se dit simplement : « Si j'ai subi cela, c'est parce que moi aussi, j'ai agressé dans d'autres vies ; j'ai attiré ce père, cette mère qui fermait les yeux et se bouchait les oreilles. Et je dois nettoyer ces mémoires en moi. Merci à mes parents de m'avoir aidé à comprendre cela. »

C'était la première fois, qu'On lui avait montré ce rayon de son inconscient, parce qu'elle était désormais prête à nettoyer ses mémoires. Quand on réussit à faire face à ses mémoires tout en restant dans l'amour et la gratitude pour l'autre personne – qui nous a aidé à prendre conscience de nos résonances –, on parcourt de grandes étapes dans notre cheminement.

Bien entendu, cela ne veut pas dire que dans les cas confirmés d'abus sexuel, la justice humaine n'ait aucun rôle à jouer, aucune leçon à donner. Mais dans ces cas, avant de mettre en route les procédures judiciaires, il faut demander à l'Intelligence Cosmique si cela fait partie de sa Volonté.

Puis, quand le rêveur s'est retrouvé dans le ciel des tueurs, un homme en a accusé un autre d'avoir tué deux hommes, ce à quoi l'Ange a répliqué : « Non ! Tu en as tué quatre. » Cette séquence montrait que l'Ange parle un langage de Vérité, que lorsque l'on s'élève dans une autre dimension, on ne peut plus rien cacher ; tout est mis au grand jour. Le 4 symbolise, du côté positif, le carré, la structure, le pouvoir, et du côté négatif, l'abus de pouvoir, des structures, des règles, la transgression des frontières intimes et personnelles, etc. On peut tuer les émotions, les idées des autres parfois, pas juste leurs corps physiques. Tantôt, nous avons analysé un rêve dans lequel la personne voulait tuer. Nous avons vu que lorsqu'on rejette le mal parce qu'on ne le comprend pas, on a peur et on devient agressif. Donc, si dans un de nos rêves un personnage tente de tuer, cela signifie qu'à un certain degré on est relié à un égrégore d'agression ; et cela peut être relié à plusieurs aspects d'une personne ou d'une situation que l'on cherche à éliminer, à refouler, à tuer. Le travail sert entre autres à défaire de tels liens qui peuvent être très profonds dans nos mémoires et dater de plusieurs vies où on a répété les mêmes fonctionnements et attitudes.

Quand le rêveur s'est retrouvé à nouveau dans le jardin, On lui a montré : « Regarde, quand tu es dans ces états de conscience – de batteur de femmes, de violeur ou de tueur –, ton jardin devient tout fané, tu n'as plus de beaux sentiments. Tout se flétrit dans ton être car il n'y a plus d'amour pour nourrir la vie. »

L'Ange lui a dit : « Il va falloir que tu travailles fort. » C'est exactement cela que fait le contact avec les Énergies Angéliques : il fait ressortir nos distorsions, et alors on se rend compte qu'on a un grand travail à faire. Ce qui est intéressant – et dont la scène suivante témoignait –, c'est que la simple intention de travailler parvient, à elle seule, à modifier l'état de conscience. Soudain, le rêveur a retrouvé un beau jardin, de beaux sentiments. Il en va ainsi dans les mondes parallèles – c'est tellement beau – : tout peut changer en un millième de seconde. Cela illustre bien le fait que lorsqu'on fait un pas dans la bonne direction, l'Intelligence Divine nous octroie momentanément une Grâce. L'Intelligence Cosmique crée pour nous des réalités qui sont artificielles en un premier temps, en ce sens que ce ne sont que des scénarios, mais Elle le fait pour des raisons éducationnelles. Un être n'a pas que des côtés négatifs : il a aussi des aspects positifs à vivre et à expérimenter. De plus, dès qu'il parvient à transcender ses parties négatives, elles deviennent des aspects positifs qui, eux, vont demeurer en nous.

Enfin, l'Ange a attiré le regard du rêveur vers le septième ciel, là où sa mère est apparue. Ce n'était pas vraiment sa mère : celle-ci a été utilisée comme symbole pour représenter son monde intérieur. On lui a montré cette image pour lui indiquer ce qu'il vivra un jour à l'intérieur de lui-même. La mère était lumineuse et elle portait une couronne. Cette dernière représente le chakra coronal, dont l'ouverture correspond à l'établissement d'un lien permanent entre le Ciel et la Terre. Par cette image, On a voulu dire au rêveur : « Le jour où tu auras nettoyé tout ton intérieur, tu pourras atteindre le septième ciel, tu pourras retrouver ton Origine Royale, ton Origine Céleste. » C'était un message d'espoir au plan symbolique et archétypal ; mais bien réel. En bref, après avoir visité des parties très distorsionnées de lui-même, le rêveur a reçu tout un message d'espoir. Or ceci vaut pour tout le monde. On lui a dit : « Il suffit de prier et de beaucoup travailler sur toi-même, de travailler sur ta spiritualité. »

Un tel rêve nous amène à de grandes réflexions. Il nous fait prendre conscience à quel point nous sommes privilégiés d'avoir accès à un enseignement qui nous permet – à travers nos rêves et signes – d'avoir accès à nos mémoires. Cet homme a 83 ans. Par les prises de conscience qu'il a faites récemment, de petites graines ont été semées dans son âme. Mais on voit qu'il lui reste un grand travail à faire et plusieurs vies à vivre où il devra réparer. Nettoyer un seul des ciels négatifs qu'il a visités peut exiger une ou plusieurs vies d'expériences très difficiles. C'est quelque chose, quand on y pense !

Certaines personnes qui entrent dans le processus d'initiation nous disent parfois : « C'est des cauchemars et des choses difficiles que je vois chaque nuit. Et ça fait des années que ça dure... » À ces commentaires, je réponds : « Oui, mais des années de nettoyage karmique, c'est bien peu comparé à des vies et des vies d'actes manqués. Et si tu ne travailles pas sur l'agressivité et toutes les autres distorsions qu'On te montre dans tes rêves, tu auras besoin d'un scénario physique, concret : tu auras un père qui te battra ou qui abusera de toi, et tu traverseras toutes sortes d'autres expériences difficiles ; au lieu de ne les vivre qu'en rêve, tu devras les vivre dans ton corps physique. »

En appliquant l'Enseignement de l'Angéologie Traditionnelle, on peut nettoyer les mémoires de nombreuses vies en une seule vie, à condition de travailler réellement en conscience et de façon disciplinée. Bien sûr, ce n'est pas toujours facile, mais on dispose d'une clé essentielle : HAHAIAH, un Ange qui nous aide vraiment à passer à travers ces étapes et à comprendre que nous sommes ici, sur Terre, uniquement pour retrouver à l'intérieur de soi les Qualités, les Vertus et les Pouvoirs à l'état pur et les États de Conscience Divins qu'ils représentent.

Nous sommes tous capable d'atteindre ces États de Conscience Angéliques qui conduisent à l'Illumination. Cet Enseignement nous amène à assumer notre responsabilité dans notre façon de matérialiser – de ne pas la fuir –, et surtout, il nous enseigne à spiritualiser la matière... à matérialiser divinement.

# ANGE 1 VEHUIAH
## Un nouveau départ

Une nuit, une femme qui suit l'Enseignement de l'Angéologie Traditionnelle a reçu un rêve qui lui a révélé la cause de la violence verbale et de la manipulation qu'elle a subies pendant toute son enfance et même, plus tard, de la part de son mari. Grâce à son travail avec les Énergies Angéliques, elle savait déjà que certaines parties d'elle-même pouvaient parfois tenter de contrôler. Or, ce rêve l'a mise directement en contact avec ces parties.

Dans son rêve, *elle voyait une immense pieuvre extraterrestre qui envahissait la Terre et qui était démasquée. On lui a indiqué que cette pieuvre avait toujours été là, et que c'était en entrant dans l'énergie des humains qu'elle arrivait à les contrôler.*

Suite à ce rêve, cette femme a pris conscience que cette pieuvre faisait partie d'elle-même. Les tentacules de cet animal symbolisent un caractère étouffant qui tente de contrôler l'autre et de l'avoir uniquement pour lui, sans aucune dimension altruiste. Et puisque la pieuvre vit dans l'eau, elle indique que ce comportement possessif touche plus particulièrement le plan émotionnel. C'était une pieuvre extraterrestre, ce qui signifiait que dans les mondes parallèles, cette femme est connectée à des énergies négatives parce qu'elle les a à l'intérieur d'elle-même depuis très longtemps.

Grâce à ce rêve et à de nombreux autres qui suivirent, cette femme a commencé à mieux reconnaître et à démasquer ce type de comportement lorsqu'il se manifeste concrètement ou au niveau énergétique chez elle. Avec une grande volonté, elle a intensifié son travail intérieur en redoublant de vigilance ; chaque fois qu'elle ressentait l'énergie de la pieuvre, elle faisait la Récitation Angélique avec beaucoup de concentration.

Voici ce que nous a dit cette femme : « Un jour, nous étions en train de rénover la maison, mon mari et moi, et ça ne fonctionnait pas comme il le souhaitait. Alors j'ai essayé de lui donner des conseils, mais il est devenu un peu agressif. Dans le passé, avant de connaître la Loi de la résonance, quand des situations comme celle-là se produisaient, je devenais agressive à mon tour. Mais cette fois-là, je me suis intériorisée et j'ai invoqué un Ange sans arrêt. Et de temps à autre, je me parlais à moi-même. Je me disais : 'Si tu es dérangée par ses agissements, ça veut dire que tu les as en toi quelque part. C'est une partie de ton homme intérieur.' J'étais alors capable de revenir totalement à moi-même. Et grâce à ce processus, j'ai pu stopper toute projection à l'extérieur et toute émissivité, tout en continuant à travailler sur mes mémoires. Après un certain temps, mon mari s'est calmé et à un moment donné, il m'a dit : 'Viens dans mes bras. Je m'excuse.' Quel changement ! » Le travail intérieur de cette femme avait apaisé les turbulences dans leur relation.

Quelques mois plus tard, elle a proposé à son mari de l'accompagner à une conférence sur l'Angéologie Traditionnelle, mais il a refusé par manque d'intérêt. Il lui a dit : « En plus, je ne rêve pas. Ça ne me donnerait rien d'y aller. » Cette femme nous a confié qu'elle avait alors fait un pari avec son mari, même si elle savait que ce n'était pas juste de parier. Elle l'a fait parce qu'elle savait que c'était ce langage-là qu'il comprenait pour l'instant.

Elle a dit à son époux :

— Je te parie que si tu invoques un Ange pendant cinq jours, tu vas rêver. Si tu reçois un rêve pendant ces cinq jours, tu m'accompagnes à la conférence.

— OK, marché conclu, lui a-t-il répondu.

Alors son mari a invoqué régulièrement l'un des 72 Anges pendant cinq jours. Mais au bout des cinq jours, il n'avait toujours pas reçu de rêve. Elle avait donc perdu son pari… et il n'est pas venu à la conférence. Mais, imaginez, le lendemain – c'est-à-dire le sixième jour –, il a reçu son premier rêve. En Haut, Ils ont voulu faire comprendre à cette femme qu'Ils ne cautionnaient pas ce pari, qu'Ils n'encourageaient pas ce genre de pratique, même pas pour qu'une personne aille aux conférences. Simultanément, Ils lui ont ainsi signalé qu'elle ne devait pas imposer sa volonté aux autres. L'Intelligence Cosmique a aussi utilisé cette situation pour déclencher les rêves du mari. C'est cela, la compréhension du bien et du mal. À partir de ce jour-là, cet homme s'est mis à rêver régulièrement. Et cela donne lieu à de beaux échanges spirituels dans le couple.

Cet homme est camionneur de profession. Maintenant, il aime tellement les rêves que parfois il arrête son camion en bordure de la route pour faire une sieste, dans l'espoir de recevoir un rêve. Ces rêves l'aident à comprendre sa vie. Après une quinzaine d'années de vie conjugale parfois difficile, ce couple est en train de sortir de la confusion et de l'impasse. Ils vivent un nouveau départ.

Nous allons étudier dans ce cours plusieurs des Qualités de l'Ange Vehuiah ainsi que les distorsions humaines correspondantes. Même les gens qui ne connaissent pas le Nom de cet Ange utilisent son Énergie, son Essence. Car elle fait partie de chaque être. Sauf que, lorsqu'on expérimente, parfois on la distorsionne, et dans ces cas, au lieu d'appliquer la Volonté Divine, on impose notre propre volonté, et cela amène des difficultés dans notre vie.

Comment savoir si nos orientations et nos gestes reflètent la Volonté Divine ou si, au contraire, ils ne sont pas justes ? C'est très simple : à chaque fois qu'on applique les Lois Universelles, on applique la Volonté Divine. Vous me direz : « Mais où sont-elles écrites, ces Lois, que je puisse les apprendre ? » Il existe une façon simple et certaine de reconnaître les Lois Universelles. À chaque fois qu'on vit une distorsion des Énergies Angéliques parce qu'on est dans l'ignorance, cela implique qu'à un certain degré, on transgresse une ou plusieurs Lois Divines. Donc, au fur et à mesure de nos expérimentations et de notre travail spirituel, on nettoiera, les unes après les autres, absolument toutes nos distorsions. Et un jour, on pourra puiser dans ces grandes Forces à l'état pur que sont les 72 Anges.

Sachant que l'Énergie Angélique Vehuiah porte la vibration du nombre 1, on peut facilement comprendre que lorsqu'on se connecte à cette Essence Divine, on peut vivre de nouveaux départs. Cet Ange nous permet en effet de sortir du marasme. Il nous sort de toute impasse et de toute confusion, afin que nous puissions recommencer avec une puissance renouvelée.

Dans la liste des Qualités de cet Ange on trouve : *apporte le Feu Créateur primordial.* Or nous verrons par maints exemples que lorsque cette Énergie Angélique est distorsionnée, ce même Feu Créateur peut devenir destructeur. Lorsque cela se produit dans notre vie, On peut nous montrer dans nos rêves pourquoi il en est ainsi et comment rectifier la situation. Vehuiah nous donne la fibre, l'étoffe du *leader*, du meneur ; un *leader* utilise beaucoup cette Essence. Chez un meneur, on retrouve généralement de belles qualités – le courage, la bravoure et une grande volonté –, mais comme on le voit dans la liste des distorsions, le meneur peut aussi être *têtu, acharné, autoritaire et imposant.*

L'Ange Vehuiah *guide vers un travail inédit et dans un domaine d'avant-garde.* Il concerne tout ce qui est nouveau. Par exemple, dans une entreprise, lorsqu'on s'adapte à une nouvelle méthode de travail, à une nouvelle technologie ou à un nouveau produit, on utilise cette Essence sans le savoir. Or nous avons tous pu constater à quel point il est parfois difficile de s'adapter. Certaines personnes qui résistent au changement freinent l'application de la nouveauté en créant toutes sortes d'obstructions – parfois même de manière très subtile et dissimulée. Cela est difficile tant pour elles que pour les *leaders.* La même idée s'applique au monde intérieur : on peut avoir beaucoup de difficulté à s'adapter à de nouveaux concepts. Alors il est bien utile de faire appel à cette Énergie Angélique qui nous aide à transcender les mémoires qui freinent les nouveaux départs.

Bien sûr, quand on travaille avec une Énergie Angélique, on éveille des forces inconscientes qui s'expriment de manière distorsionnée. C'est normal : quand la conscience rencontre des obstructions, cela provoque un freinage et beaucoup de turbulences ; cela fait sortir toutes sortes de choses. Mais avec le travail, on sait ce qui se passe, et alors tout le processus est plus facile à maîtriser. Sans l'apport de cette Énergie, ces forces inconscientes sortent à n'importe quel moment et peuvent détruire notre vie, notre entourage. Tandis qu'avec cet Ange, on leur fait face et on les rééduque.

Lorsque cette grande Puissance touche nos sentiments, nos émotions, on se sent *aimé comme si c'était la première fois*. La distorsion de cette Qualité – et que recherchent bien des personnes – est la passion. Avec la passion, on a de fortes sensations, mais très vite elles laissent place aux problèmes – la plupart du temps à beaucoup de problèmes ; parce que la passion est toujours reliée à quelque chose d'excessif. Tandis qu'avec Vehuiah, une telle puissance se dégage de notre cœur qu'on aime la vie et que l'on se sent aimé comme si c'était la première fois. On a cette intensité, mais sans les problèmes de hauts et de bas qui vont avec la passion et qui déséquilibrent la relation.

Puisqu'Il guide vers un travail inédit et dans un domaine d'avant-garde, cet Ange touche à toutes les philosophies qui sont nouvelles. Dans plusieurs rêves qu'a reçus mon époux, On l'avertissait : « Tu t'es donné comme but de devenir une meilleure âme. Tu mets à la première place le développement des Qualités et des Vertus et ce jusque dans tes matérialisations – en faisant du mieux que tu peux, bien sûr. Mais garde continuellement à l'esprit que cette manière de vivre est avant-gardiste. C'est comme si tu vivais déjà en l'an 4010. » Comprendre cela nous aide à ne pas imposer notre philosophie aux autres, à respecter leur rythme d'apprentissage. C'est bien important, parce que lorsqu'on a une forte volonté spirituelle, on peut imposer notre philosophie aux autres – on croit qu'ils n'avancent pas assez vite –, et cela constitue une distorsion.

Je reviens à l'histoire du début, celle de la femme qui a reçu le rêve de la pieuvre. Avant d'avoir intégré cet Enseignement, cette femme ne comprenait pas ce qui se passait quand son mari se mettait en colère : elle avait été gentille, elle n'avait rien dit qui ait pu le mettre dans cet état. Alors cela la fâchait de le voir piquer des crises. Elle se disait : « Ça n'a pas de bon sens ! Pourquoi se fâche-t-il comme ça ? » Or, à travers plusieurs rêves – dont celui de la pieuvre –, quand elle a compris ce qui se passait dans son inconscient, elle s'est rendu compte qu'elle-même, d'une certaine manière, provoquait ces effusions de colère. Elle semblait n'y être pour rien car elle ne disait pas un mot. Mais son influence était réelle : à cause de sa condition émotionnelle et intérieure, et parfois la pieuvre sortait avec ses tentacules. Elle influençait son mari sur le plan énergétique. Mais son mari, lui, n'avait pas l'intention de se laisser étouffer et contrôler. Bien sûr, puisqu'il se fâchait dans ces cas – c'est absolu –, c'est qu'il avait des résonances : lui aussi avait tendance à vouloir contrôler. Il n'y a pas de hasard.

Dans une telle situation, si, au lieu de se fâcher, la personne se laisse étouffer et contrôler, elle refoulera et elle perdra son dynamisme. Elle aura laissé l'autre l'écraser et la dominer. Au fil du temps, l'être accumulera, et un jour, il explosera car son inconscient sera surchargé. Ou bien il vivra une maladie ou bien il se retrouvera aux prises avec un autre genre de problème. C'est inévitable car l'être doit changer. Je vous rappelle que si la personne se laisse étouffer, écraser, c'est qu'elle-même a eu une attitude dominatrice dans d'autres vies.

Des rêves portant le même message que celui de la pieuvre pourraient être envoyés à des millions d'êtres. Alors pourquoi tous ces gens n'en reçoivent-ils pas ? Parce que ce n'est pas le temps. Parce que les rêves correspondent à une ouverture de l'inconscient et que de nombreuses personnes n'en sont pas encore là. Reste que ce genre d'énergie est très répandu. Or, pour ces personnes, il est possible de n'être ni dans l'énergie de la pieuvre ni dans celle de la personne qui – enfouissant sa colère – se laisse contrôler. Quand on a la Connaissance, on se dit : « Je me sens dérangé. Alors je tâche de décoder ce qui se passe. Je reviens à moi-même et je fais un travail intérieur », comme cette femme l'a si bien fait.

Quand on veut retrouver l'harmonie dans la relation mais qu'on n'a pas encore intégré la Connaissance, on peut se dire : « Il est en colère. Alors je vais lui envoyer de l'amour. » On visualise qu'on transfère de l'énergie d'amour à l'autre personne. Et c'est une première étape que l'Intelligence Cosmique peut encourager. Mais on peut aller beaucoup plus loin. Un jour, on revient à soi. Parce que la personne qui tente d'envoyer de l'amour à l'autre pour qu'il se calme pourrait recevoir un rêve dans lequel On lui montre une pieuvre qui sert un verre de jus à l'autre tout en l'étouffant avec son autre tentacule. C'est qu'au travers du geste se glissent des aspects inconscients qui sont distorsionnés. L'amour que la personne dans une conscience ordinaire envoie n'est pas tout à fait pur.

Donc, un jour, on apprend à revenir à soi-même, à faire le travail. Et on peut observer des résultats concrets – sans les attendre, bien sûr. D'une manière ou d'une autre, la grande Intelligence nous en montrera les effets pour nous encourager à continuer. Un jour, on n'a plus besoin d'envoyer de l'amour : on dégage continuellement l'amour. On cesse de l'imposer aux autres par notre volonté ; l'autre peut n'être pas prêt à recevoir cet amour. Alors il reçoit ce qu'il est apte à recevoir. Quand on commence à travailler sur l'aspect de la pieuvre à l'intérieur de soi, nos rêves peuvent se modifier : au lieu de se voir agresser les autres, on se voit attaqué par eux. Il n'en reste pas moins que chaque personnage du rêve représente une partie de soi. Par de tels rêves, On veut nous montrer que cette force que l'on a cessé de projeter à l'extérieur est en train de se retourner contre soi pour être transcendée. Mais on est équipé pour la changer, pour la rééduquer, car on sait ce qui se passe.

Éventuellement, après avoir beaucoup travaillé sur soi, même si on se retrouve face à ce type d'énergie – celui de la pieuvre qui tente de contrôler et qui étouffe –, on n'a plus de résonance avec elle et on ne se sent pas dérangé. On devient comme un parfait miroir *à la verticale*, retournant à la personne une parfaite réflexion d'elle-même. Chez l'autre, se voir ainsi peut même augmenter sa colère. Ou encore, cela peut la calmer. Peu importe les résultats, ce qui compte, c'est de n'être plus dérangé. On comprend ce qui se passe et cela procure une grande liberté.

Voici maintenant un exemple qui illustre l'une des distorsions de l'Énergie Angélique Vehuiah : *destruction de l'entourage*. C'est l'histoire d'une femme qui a fait un beau témoignage lors d'un atelier sur les rêves que mon époux a donné en France. Cette femme a une fille de 25 ans qui est paralysée du côté droit suite à une embolie au cerveau gauche. Elle nous a dit que sa relation avec sa fille était de plus en plus difficile, que celle-ci était devenue agressive et vindicative. Elle était devenue tellement agressive qu'elle avait fini par faire partir le conjoint de sa mère.

Cette femme nous a dit : « Ça dégénère. Elle fume de plus en plus, elle boit beaucoup de bière et elle a des tendances suicidaires. Je ne sais plus comment gérer cette situation, tellement c'est difficile. » Cette femme voulait comprendre un rêve qu'avait reçu sa fille.

*Celle-ci voyait une fouine de couleur noire qui était perchée sur son épaule et qui ne cessait de grignoter, de rechercher de la nourriture. À un moment donné, la fouine a voulu grignoter un fil électrique. Et quand la rêveuse a essayé de l'en empêcher, la fouine s'est retournée très agressivement vers elle et lui a sectionné le majeur de la main gauche.*

Tous les éléments de ce rêve représentent des parties de cette jeune femme. Il servait entre autres à aider la mère à changer sa façon de communiquer avec sa fille, à mieux comprendre comment elle fonctionne. Nous verrons que derrière cette fouine se profile toute une force d'agression. Tout d'abord, cette fouine était noire. Le noir représente au plan négatif – car le positif existe aussi bien sûr – la force négative, le manque de lumière, la matière sans conscience et l'aspect où l'on cache des choses comme le mensonge, la fraude, le vol, etc. Sous son côté le moins positif, cette couleur représente le négativisme en général, et c'est ce symbolisme qui s'appliquait dans ce rêve. La fouine se trouvait sur l'épaule de la rêveuse. Or l'épaule est le point de départ du bras, lequel mène à la main, et celle-ci représente la manifestation, la créativité, et la capacité de recevoir et de donner.

Par cette image, On a voulu montrer que chez cette jeune femme, dès l'amorce de l'action, dès l'impulsion première, se trouvait une énergie instinctuelle négative, l'animal représentant toujours nos instincts. Il peut avoir un symbolisme positif, mais dans ce rêve, il était négatif car la fouine était agressive.

Il est important de saisir que l'énergie instinctuelle n'est pas négative en soi. Cette force intérieure généralement représentée par les animaux est une puissante énergie intégrée dans notre énergie vitale. Chez l'être humain, il est impossible de dissocier l'énergie instinctuelle de l'énergie vitale et de la volonté. Le grand travail consiste à éduquer et à rendre intelligente cette énergie instinctuelle ou animale à l'intérieur de soi.

Analysons le symbolisme de la fouine. Comment se comporte cet animal dans le concret ? Le nom *fouine* a été associé à un certain type de personne, et avec raison. On appelle fouine une personne qui est trop curieuse et rusée. La fouine furète partout pour assouvir ses besoins. D'ailleurs, cela était évident dans le rêve : elle grignotait sans arrêt. Mais elle a même voulu grignoter un fil électrique. Dans la symbolique, l'électricité représente l'aspect physique de l'énergie. Donc, la force qui se trouve derrière ce comportement de la fouine a la capacité de couper l'être de sa source d'énergie vitale, de son fonctionnement concret tellement elle est intense dans ses besoins et sa curiosité malsaine.

Si on analyse le rêve plus en profondeur, on peut comprendre pourquoi cette jeune fille est paralysée. Petit à petit, cette force de la fouine a coupé la circulation de son énergie vitale, de sa motricité. Dans le rêve, lorsque la jeune fille a essayé d'arrêter cette force – car elle sait très bien qu'elle n'est pas juste –, elle n'y est pas parvenue. Au contraire, la force s'est retournée contre elle : elle lui a sectionné un doigt de la main gauche. La main représente l'action du donner et du recevoir, et le côté gauche du corps symbolise le monde intérieur. Donc, l'action intérieure a été coupée. Chaque doigt porte un symbolisme. Le majeur représente la rigueur, la discipline, la structure fondamentale, l'autorité et le mode d'emploi des Lois Divines. Donc, on voit que cette force amène la jeune fille à refuser toute forme d'autorité, à se rebeller contre l'autorité.

Depuis qu'elle a compris ce rêve, cette femme est plus en mesure d'aider sa fille. Tout d'abord, elle pourra le lui expliquer – c'est un rêve qui est facile à comprendre. Et lorsque la jeune fille sera agressive, sa mère pourra lui faire remarquer : « Regarde, c'est ta fouine qui agit, là. Tes besoins sont trop intenses. » En général, il est facile pour l'être – même pour les enfants – de comprendre le sens de son rêve, car il l'a reçu de l'intérieur ; son âme en est toute imprégnée. Donc, cette femme peut aider sa fille en lui rappelant : « Tu vois, c'est ce type de comportement de trop de besoins curieux, cachés, qui fait que ton énergie se déconnecte, que tu n'as plus d'énergie dans ton corps. »

Elle pourra aussi lui expliquer que son handicap est une conséquence karmique, tout en lui rappelant que cela n'a rien de punitif. Bien sûr, cela vient d'autres vies où cette âme a expérimenté, mais le handicap qui en résulte constitue un tremplin pour qu'elle évolue, développe d'autres qualités. Le handicap sert aussi à ouvrir la conscience de l'être à la spiritualité. N'ayant plus l'usage de ses deux jambes, la personne n'a plus la possibilité de s'extérioriser. Elle n'a d'autre choix que de s'intérioriser, de se reprogrammer positivement, de revenir à elle-même et de développer de belles valeurs. Et si la personne handicapée nous fait remarquer : « Oui, je suis bien d'accord avec l'idée de la réincarnation. Mais regarde-le aller, lui. Il a ses jambes et il les utilise seulement pour satisfaire ses besoins personnels. Ce n'est pas juste… », on peut lui répondre : « C'est vrai, tu as raison. Mais cette personne expérimente. Et si elle ne rectifie pas son attitude, elle pourrait se retrouver handicapée dans une prochaine vie, comme tu l'es aujourd'hui. »

On pense qu'il est dur de dire cela a un handicapé. Mais avec ces explications, l'handicapé trouve un sens à sa condition ; tout se tient, il y a une logique. Il peut ainsi commencer à réellement évoluer; sinon, il en veut à tout le monde. Parce qu'il y trouve un sens, il peut y voir l'œuvre de la Justice Divine et cela peut l'amener à accepter plus facilement son handicap. Quand un être handicapé accepte sa condition, il devient une véritable source d'inspiration pour les autres ! Il devient tout un modèle et sa vraie guérison est en route à ce moment-là.

Si ces explications ne suffisent pas, alors les parents doivent user d'autorité. Mais c'est toujours en dernier recours. Par exemple, si cette jeune fille continue d'être agressive quand elle veut et qu'elle demande quelque chose, sa mère peut lui parler avec plus d'autorité. Cette jeune fille a une belle nature Divine, mais elle abrite aussi une force agressive, négative – nous l'avons vue interagir et faire des crises. Quand la mère parlera à sa fille, elle imaginera qu'elle s'adresse à cette force agressive. Elle lui parlera avec rigueur, avec autorité. Lui parler de cette manière est un grand acte d'amour. On oublie parfois qu'il est nécessaire de s'affirmer pour enclencher des changements. Si on laisse faire, l'ambiance, les dynamiques s'enveniment.

De plus, il est important de ne pas se connecter à la pitié ni à la culpabilité quand on s'affirme avec un principe d'autorité. Cela n'est pas évident à faire car, déjà, au départ, user d'autorité envers les enfants ou toute autre personne n'est pas toujours facile. Donc quand il s'agit d'un handicapé, cela l'est encore moins. On peut ressentir très facilement de la pitié envers lui. Or les handicapés ne veulent pas de la pitié des autres. De plus, celle-ci est une distorsion qui affaiblit le plan décisionnel. Donc, si on arrive à parler à l'être de cette manière, et même, s'il le faut, à être capable de lui dire : « Regarde, si tu continues à tout détruire comme tu le fais, je serai obligé de te placer dans un centre spécialisé », son âme percevra cela comme un grand acte d'amour. La force destructrice de la fouine pas gentille et agressive avec sa mère pourra alors être saisie et se tenir un peu plus tranquille parce qu'elle saura qu'autrement, elle aura moins de nourriture à grignoter. Alors la nature Divine de l'être pourra prendre plus de place – éventuellement, toute la place. La force pourra se rééduquer, et dans ce mouvement, l'être pourra faire un examen de conscience qui l'amènera à réellement accepter sa condition.

Si cela fait partie de son plan de vie, un handicapé peut atteindre les plus hauts niveaux spirituels et se voir ouvrir les portes de sa conscience et des mondes parallèles. Il peut alors voyager – en termes de conscience – plus encore qu'une personne qui a l'usage de tous ses membres et qui est dans une conscience ordinaire. C'est la grande Intelligence Cosmique qui en décide. Faire des voyages intérieurs et des voyages astraux peut être tellement magnifique ! On voit qu'à partir d'un simple rêve, toute une pédagogie peut être changée, et que cela peut déclencher un nouveau départ pour la famille d'une personne handicapée.

Étudions maintenant la position de l'Ange Vehuiah dans l'Arbre de Vie. Vehuiah réside tout en haut, dans la Séphira Kéther. Les huit Anges qui sont domiciliés dans cette Sphère sont tous reliés au Pouvoir Divin. Ils sont donc très puissants. Entre autres, ce Pouvoir touche à l'autorité et à la faculté de décision. C'est le Souffle Primordial, le début de la Vie, de la manifestation, la Volonté Divine. La spécificité de l'Ange Vehuiah – ce qui le distingue des sept autres Anges de cette Sphère – est la Séphira Hochmah, symboliquement reliée à la planète Uranus. Celle-ci représente un jaillissement d'énergie pure ; on peut y puiser de très hauts niveaux d'énergie. La Séphira Hochmah symbolise la Sagesse et l'Amour Divin ainsi que la Bonté à l'état pur. C'est un taux vibratoire tellement élevé qu'il dissout et absout tout négativisme. On voit donc comment, lorsqu'elles sont conjuguées, ces deux forces – le Souffle Primordial et le jaillissement d'énergie pure – permettent de nouveaux départs. Cette Énergie Angélique est très puissante.

L'histoire qui suit touche à ce Feu Primordial, à ce Feu Créateur qui caractérise tellement bien l'Ange Vehuiah. Cet exemple offre des repères pour savoir si notre *feu* est vraiment créateur ou s'il est destructeur – autrement dit, si on est inspiré par la Volonté Divine ou si on utilise notre propre volonté distorsionnée.

Un homme qui travaille intensément avec l'Angéologie Traditionnelle nous a raconté un rêve qu'il a reçu. Dans son rêve, *il se trouvait entouré d'un très grand nombre de personnes, dont la moitié d'entre elles étaient lumineuses et l'autre moitié sombres. Sur le sol était répandu un liquide bleuté qui ressemblait à du kérosène, et le rêveur tenait une boîte d'allumettes qui ne contenait qu'une seule allumette. Il s'est adressé au Créateur en disant : « À travers cette allumette, que Ta Volonté s'accomplisse. Lorsque je vais la frotter, si elle s'allume, ça voudra dire que c'était Ta Volonté. » Puis le rêveur a frotté l'allumette. Elle s'est allumée et il l'a jetée au sol. Alors le feu s'est vite répandu et toutes les personnes ont brûlées – tant celles qui étaient lumineuses que celles qui étaient sombres –, y compris lui-même. Puis il s'est retrouvé dans un lit en compagnie de son épouse et il ressentait un certain bien-être.*

Dans ce rêve, tous les éléments représentaient des parties du rêveur. On a montré à cet homme l'état de conscience dans lequel il se trouvait parfois. Le carburant était du liquide ; l'état dans lequel il se trouvait était donc fortement teinté par les émotions. On lui a dit : « Regarde, ton esprit est destructeur. Il met le feu à tes émotions. » Le carburant était bleuté, couleur du chakra de la gorge. On a donc voulu lui dire : « Avec ton verbe, dans ta communication, ton esprit peut enflammer tes émotions, et cela détruit tant le lumineux que le sombre. Fais attention : en ce moment, tu pourrais dire des paroles qui détruiraient ton entourage ; tu as des tendances extrémistes. »

Bien sûr, au départ, détruire ce qui est lumineux n'est pas juste. Pour ce qui est du sombre, vous me direz : « Tant mieux ! Bon débarras ! » Or, quand on a la Connaissance, on ne peut plus penser de cette manière. Dans un rêve comme dans le concret, si on se trouve face au négativisme ou au mal – même dans leur expression la plus forte – on ne doit jamais tenter de le détruire. On ne doit jamais l'agresser. Parce que derrière cette force se trouve toute une logique et toute une organisation. On doit se rappeler que le mal est éducationnel et qu'en ce sens, il est au service du bien et qu'il faut le transformer et non le détruire. Il est là pour nous aider à grandir, à évoluer, à comprendre les contrastes de la vie. Ce que l'on doit faire est de rééduquer ces parties, non les détruire. On se rend compte que le geste du rêveur n'était pas juste.

On a voulu montrer à cet homme : « Regarde, tu entretiens des concepts erronés. Tu penses que tu agis selon la Volonté Divine… » Cet homme pensait qu'il agissait de manière juste parce que, pour un moment, il se sentait un peu mieux. Voilà pourquoi, à la fin du rêve il se sentait bien, sur le lit, en compagnie de son épouse. Le lit représentait son intimité, et la femme symbolisait son monde intérieur.

Faisons une analogie pour mieux comprendre ce qu'a vécu cet homme. Si, dans une classe de 30 élèves, se trouvent deux agitateurs, le désordre peut envahir toute la classe à cause de ces deux-là. Il en va de même à l'intérieur de soi. Et c'est voulu : En Haut, Ils veulent que l'on s'occupe de ces forces négatives et qu'on les transcende. À cet homme, On a voulu montrer que lorsqu'il touchait ces forces, cela devenait tellement difficile qu'il voulait les détruire. Il réagissait en disant : « C'est assez, ces forces négatives ! Je n'en veux plus. » On a voulu lui dire : « Tu détruis le négatif, mais en même temps tu détruis le positif, le lumineux. »

Puis On lui a montré : « Regarde, tu as des sensations de bien-être, mais c'est momentané. Tu penses que c'est un nouveau départ, que tu as raison – parce que, bien sûr, avec une telle destruction, l'être pouvait avoir une impression de nouveau départ –, mais tu n'as rien réglé. Le négatif reviendra davantage parce que certains aspects n'auront pas été rectifiés. »

On voit donc que détruire le mal n'est pas la solution. Or de nombreux êtres spirituels ont une telle attitude. Leur inconscient abrite souvent des parties quelque peu extrémistes, puritaines et caractérisées par la rigidité. Tant qu'on n'a pas compris la Loi

de la résonance – avec son corollaire, la Loi du dérangement –
et tant qu'on n'a pas nettoyé ces parties, elles sont à l'œuvre et
l'être a tendance à rejeter le mal avec un certain fanatisme. Alors
ce rêve a indiqué au rêveur qu'il devait nettoyer ces parties de
son inconscient.

De tels rêves sont très utiles lorsqu'on est en cheminement. Mais
encore faut-il savoir les interpréter et les associer à notre vécu.
Concernant cette attitude de rigidité ou de fanatisme, un élément
est important et facile à détecter dans nos rêves, c'est celui où l'on
voit une agression destructrice. Cela signale que notre attitude n'est
pas juste et qu'on doit nécessairement revenir à soi.

Le désormais célèbre Ben Laden a reçu un rêve avant le 11
septembre ; il l'a raconté à son proche entourage et un journaliste
l'a rapporté dans les médias. Dans son rêve, *une armée attaquait les
États-Unis*. Ben Laden a interprété ce rêve comme une autorisation,
un signe qu'Allah donnait son accord à ses opérations. S'il avait
eu la Connaissance, il aurait compris que tous les éléments de son
rêve représentaient des parties de lui-même. Ce rêve avait certes
un caractère collectif à première vue – comme le rêve que je vous
ai raconté au début, où la pieuvre agissait sur toute la Terre, mais
où tant la pieuvre que la Terre représentaient des parties de la
rêveuse –, mais il concernait personnellement Ben Laden. Il aurait
dû comprendre qu'Allah – ou Dieu, peu importe le nom qu'on lui
donne – voulait lui dire : « Regarde, tu as des parties très agressives
en toi qui attaquent ce que représentent pour toi les États-Unis. »
Quand on n'a pas la bonne connaissance pour interpréter les rêves,
ça peut aller dans tous les sens. On peut se perdre aussi.

Si on allait dans l'inconscient de Ben Laden, on pourrait y voir tout
ce que lui-même reproche aux États-Unis. Vous me direz : « Mais
alors pourquoi n'ont-Ils pas donné la Connaissance à Ben Laden ? »
Parce que ces événements devaient arriver ; le monde entier, pas
juste les États-Unis, était lié à cet évènement. Les évènements du
11 septembre 2001 ont signalé et révélé de nombreuses injustices
et frustrations de millions de personnes qui ont explosé au
visage de l'humanité. Autant ce n'est pas juste et rien ne justifie
la violence, à tous points de vue, autant on peut comprendre que
les pays riches, les élites financières mondiales, abusent depuis le

début des temps des pays plus pauvres, entretiennent des dictatures, des gouvernements corrompus, des guerres, des divisions, de l'appauvrissement, et ce dans l'unique but de soutirer des privilèges économiques. Le terrorisme est né de ces injustices. Il grandit, recrute des personnes qui veulent que les choses changent, pas toujours pour le mieux bien sûr, mais c'est ce qu'ils veulent en quelque sorte. Tant qu'il y aura sur la Terre des compagnies et des gouvernements corrompus, des personnes qui entretiennent une attitude extrémiste, puritaine et rigide, des êtres qui ont une volonté spirituelle de changer mais qui sont prêts à détruire parce qu'ils ne comprennent pas le mal, de tels actes de violence sur le plan physique se reproduiront. Les événements du 11 septembre faisaient partie du programme collectif, pas juste pour les États-Unis. C'était une tragédie mondiale, mais aussi le début de déstabilisations qui ne sont pas encore réglées aujourd'hui. Un initié doit continuellement se rappeler que lorsqu'il se sent dérangé par ce qu'il voit – même si l'humanité entière avait tort –, c'est qu'il abrite des parties similaires à l'intérieur de lui-même, parfois bien planquées dans son inconscient. Pour représenter la paix sur tous les plans de son existence, il doit avec humilité revenir à lui-même et faire le travail nécessaire pour transcender ces aspects et ne jamais entretenir la violence.

Voici une autre histoire vécue qui touche à ce thème. Tout à l'heure, nous avons vu que l'Ange VEHUIAH confère l'étoffe d'un *leader*, avec tous ses beaux côtés comme la bravoure que ses aspects distorsionnés comme l'attitude imposante, acharnée et trop autoritaire. Lors de l'un des ateliers tenus par mon époux, en répondant à une question qui lui avait été posée, il a expliqué qu'il existe des frontières métaphysiques entre les pays, et qu'il est impossible qu'une pensée, une émotion ou une énergie puisse traverser ces frontières sans un laissez-passer d'En Haut. Or la même idée s'applique à tout être : aucune pensée – qu'elle soit positive ou négative – ne peut entrer dans le champ d'énergie d'une personne si cela ne fait pas partie de son programme. C'est très facile pour l'Intelligence Cosmique de mettre cela en application. À l'intérieur de l'immense Ordinateur Vivant dans lequel nous vivons tous, seules les pensées qui *détiennent le code d'accès* – pour reprendre l'analogie avec l'ordinateur – peuvent traverser la zone d'influence. Et la codification, par l'Intelligence Cosmique, de cette capacité d'accès dépend du programme de l'être.

Puis mon époux a pris l'exemple du président des États-Unis, Georges Bush – au pouvoir de 2001 à 2009. Si cet homme n'avait pas eu de telles frontières métaphysiques, la quantité inimaginable de projections qu'il recevait quotidiennement l'aurait rendu gravement malade. Voilà pourquoi les frontières métaphysiques existent. Et – je le répète – cette protection dépend toujours du programme de l'être et de son rôle au plan social. Dans le cas d'un dirigeant de pays, pendant toute la durée de son mandat, son programme est intimement lié à celui de la nation, et ce tant dans les aspects distorsionnés que dans les aspects justes. Si l'Intelligence Cosmique en décidait ainsi, parce que cela fait partie d'un programme à l'échelle collective, n'importe quel président ou premier ministre pourrait être déstabilisé ; ses frontières métaphysiques pourraient s'ouvrir et il pourrait, par exemple, être atteint d'une grave maladie.

Mon mari a utilisé cet exemple pour répondre à une question qu'une femme avait posée et qui traitait des soins énergétiques. Il a expliqué que ces frontières peuvent bloquer des influences de toutes sortes. Il a pris un autre exemple, celui d'une personne qui aurait un programme de sept ans de maladie. Ce programme serait voué à lui permettre d'évoluer très rapidement, car sans la captivité induite par la maladie – captivité qui la pousserait à changer –, cette personne resterait dans les mêmes vieilles attitudes distorsionnées.

Donc, ces frontières métaphysiques sont fermées à certaines influences et sont ouvertes à d'autres. Un jour, On nous montre ces frontières, et, dès lors, on sait comment le système de protection fonctionne.

Cette nuit-là, sans même que j'aie posé de question à propos du président Bush, j'ai reçu un rêve. Dans mon rêve, *j'étais en compagnie du président Bush, de notre fille Kasara et de très nombreuses autres personnes. Le président nous a invitées, Kasara et moi, à lui tenir compagnie. Alors nous nous sommes retrouvés tous les trois ensembles et là, je le voyais manger. Il avait près de lui une grosse caisse de nourriture. C'étaient des cubes et des rectangles de gélatine de toutes les couleurs. Il a mangé un gros rectangle rouge dont la texture ressemblait à de la viande crue, avec un bord déchiqueté par la bouchée. Ensuite, il a mangé un petit carré vert. À ce moment-là, j'avais conscience que dans la pièce d'à côté se trouvaient des guides qui surveillaient et supervisaient absolument tout ce qui se passait dans notre pièce. Tout à coup, une femme guide est entrée dans la pièce où nous nous trouvions et je savais qu'elle surveillait chacune des paroles du président. Mais celui-ci n'avait pas conscience que cette femme était une guide. Il pensait qu'elle était simplement une employée de la Maison-Blanche. Puis, toujours dans le rêve, quand je me suis retrouvée seule avec Kasara, je lui ai dit : « Tu vois, Kasara, quelqu'un qui aurait été dans une conscience ordinaire aurait pu être impressionné d'être en compagnie du président Bush. Et lui, il a vu dans nos yeux que nous n'étions pas impressionnées et que nous ne le jugions pas. Il a perçu que nous avions de l'amour et la neutralité. Et il se sentait bien avec nous. »*

Par ce rêve, l'Intelligence Cosmique m'a permis de visiter l'âme du Président Bush durant l'époque où il exerçait comme président. Pourquoi ? Pour me donner un enseignement. Suite aux explications que mon époux avait données sur les frontières métaphysiques, On m'a montré que celles-ci pouvaient être ouvertes et quelles en étaient les conditions. On m'a montré que pour qu'elles s'ouvrent, la personne ne doit pas être impressionnée, qu'elle ne doit surtout pas avoir de curiosité ni de besoin de pouvoir, et qu'elle ne doit pas faire de projections négatives ou vouloir changer quelque chose si rien n'est voulu par l'Intelligence Cosmique. La neutralité est vraiment une condition essentielle et ce afin que l'âme ne soit pas dérangée si elle ne doit pas l'être.

Puis l'Intelligence Cosmique m'a montré comment Elle nourrissait le président Bush. Pourquoi mangeait-il des carrés et des rectangles ? Parce qu'On voulait me montrer comment On le structurait – le carré et le rectangle symbolisent la structure – pour qu'il soit capable de gérer l'État qu'il gouverne. La nourriture était composée de gélatine. Or celle-ci est faite à partir du collagène de produits animaux, entre autres de la couenne des bovins. Si On avait voulu me montrer de quoi se nourrit un sage, On aurait utilisé un autre symbole – par exemple des livres de sagesse, des fruits et des légumes.

Il est facile de voir le rapport entre ce que mangeait le président Bush dans mon rêve et ses attitudes dans la réalité concrète : sa façon de gérer son pays démontrait à l'époque que son énergie vitale était souvent exprimée et utilisée en mode instinctif plutôt que d'une manière spirituelle. Par le symbole de la gélatine, On a voulu me montrer que l'Intelligence Cosmique nourrit les animaux intérieurs de cet homme pour qu'ils demeurent gentils – qu'ils ne deviennent pas trop agressifs – et pour que le président conserve en même temps sa forte volonté de réalisation, volonté nécessaire à tout président d'État.

C'est pour cette raison qu'il a mangé un gros rectangle rouge. Puisque le rouge est la couleur du premier chakra, celui de la force vitale, On a voulu me dire qu'On lui donnait vraiment beaucoup d'énergie, de l'énergie pour le soutenir dans sa tâche – celle, toujours, assignée tant par son propre programme que par celui des États-Unis. Parfois, quand on voit ces hommes d'État qui travaillent 16 heures par jour et qui font des voyages, on se demande : « Mais comment font-ils ? » Ils sont soutenus oui par des médecins, des diététiciens, mais principalement par En Haut. Reste que si cela fait partie du Plan Divin, ils peuvent être déstabilisés à tout moment car les vraies et les grandes décisions proviennent toujours de l'Intelligence Cosmique, de Dieu, peu importe le Nom qu'on lui donne.

Ensuite il a mangé un petit carré vert. Le vert est lié au chakra du cœur, celui de l'amour. Par ce symbole, On m'a montré qu'On le nourrissait aussi de cette vibration. C'est cette énergie qui donne le charisme et qui fait en sorte qu'un chef d'État peut se pencher sur les affaires sociales.

La présence des hommes guides dans la pièce voisine et le fait que le président considérait la femme guide comme une simple employée de la Maison-Blanche, montre qu'il n'a pas conscience que ce grand pouvoir terrestre qu'il reçoit lui vient d'En Haut. Ni que tout est supervisé par Dieu. Pourquoi est-ce une femme guide que j'ai vue ? La femme symbolise l'intérieur. On a voulu me montrer là que le président est supervisé de l'intérieur ; il est inspiré, mais c'est ni plus ni moins qu'une supervision venant de l'intérieur. Et une chose demeure certaine : aucune phrase susceptible de mettre le feu aux poudres – déclencher une guerre – ne peut sortir de la bouche du président si la guerre n'a pas lieu d'être, si elle n'est pas prévue dans le Plan Cosmique. Rien ne peut se produire sans la permission des Anges, de l'Univers tout entier. Tout est bien planifié et parfaitement géré. Même sur Terre, les présidents ont des conseillers. Or ces personnes et celles qui préparent ses discours sont elles aussi influencées par En Haut.

Un jour, quand on a compris ce processus, on se voit dans ce grand Tout non pas comme une marionnette mais comme un maillon de la chaîne. Et face aux êtres qui ont beaucoup de pouvoir terrestre, on ne se sent pas impressionné. De la même manière, si on reçoit du pouvoir, on n'oublie pas que l'on fait partie du Grand Tout ; on sait que ce pouvoir est le fruit des actions de millions de guides qui travaillent dans les mondes parallèles. Intégrer la Connaissance de ce processus amène vraiment beaucoup de simplicité et de légèreté.

Dans mon rêve, notre fille Kasara représentait une partie de mon enfant intérieur qui apprenait à spiritualiser la matière. Sa présence visait aussi à me rappeler la venue des nouveaux enfants qui auront comme moi, et comme bien d'autres initiés, des accès aux grands de ce monde et au plan d'action de cette planète. Ceux-ci pourront visiter l'âme des autres, et le choix de leurs dirigeants sera basé un jour sur des critères spirituels. Ils ne seront pas leurrés – comme les générations qui les ont précédés – par les discours prometteurs ou illusoires, mais ils s'appuieront sur ce qui se trouve derrière le voile, via les rêves qu'ils recevront pour prendre leurs décisions.

⊙

Voici maintenant une autre histoire vécue qui m'a également beaucoup inspirée Elle concerne un couple auquel On a annoncé un nouveau départ tant spirituel qu'affectif. Ce couple a participé à une rencontre de plusieurs jours que mon époux et moi-même avions animée. Ces deux êtres avaient les yeux *allumés*, et les questions qu'ils ont posées sur la spiritualité avaient beaucoup de profondeur. Nous allons voir par cette histoire que l'homme a développé une grande volonté spirituelle mais qu'il a encore un côté un peu extrémiste et rigide à transcender.

Cet homme a débuté sa quête spirituelle dès l'âge de 19 ans, suite à un rêve qu'il avait reçu. Dans son rêve, *il se trouvait au rez-de-chaussée d'une maison blanche. À l'étage, il y avait une princesse blessée dont le sang coulait le long de l'escalier. Il se trouvait avec le diable, et celui-ci l'avait jeté par terre et l'y maintenait en l'écrasant. Alors cet homme a commencé à répéter : « Je suis le chemin de Jésus. Je suis le chemin de Jésus... », mais le diable continuait à l'écraser. Rien n'y faisait. Soudain, il s'est entendu prononcer le nom Melchizédech et à ce moment-là, le diable est parti.*

Ce rêve, dont tous les éléments représentaient des parties du rêveur, est un exemple de l'usage, par l'Intelligence Cosmique, de forces négatives très concentrées. C'est vraiment un rêve initiatique ; On lui annonçait de grandes initiations. La maison représentait l'habitat intérieur, et puisqu'elle était blanche, le rêve concernait la demeure spirituelle du rêveur. Une princesse blessée se trouvait à l'étage. Celui-ci symbolisait le monde des causes, là où se préparaient les événements qui devaient descendre dans le plan physique. La princesse étant une femme, On a montré au rêveur une partie intérieure de lui-même qui était blessée. Le titre princier symbolisait les aspects négatifs liés à l'égo, la mauvaise utilisation de la richesse, la mégalomanie – car le diable peut uniquement attaquer nos faiblesses, nos défauts, mais pas nos qualités. Donc sa princesse intérieure, son égo dans la matière était touché. Le sang qui coulait représentait une perte d'énergie vitale, une difficulté à rayonner; c'est d'ailleurs ce qui se passe quand on est atteint par les démons lors de grandes initiations. Celles-ci sont les plus puissantes qu'il nous soit donné de rencontrer ou vivre.

Le rêveur était écrasé par le diable. Celui-ci représentait des forces négatives extrêmement concentrées au plan personnel et collectif. Cet homme se sentait donc écrasé par l'intensité du mal qui brisait ses forces de manifestation et de confiance. Un jour, on n'a plus peur du diable ni des démons ; on comprend leur raison d'être et on sait comment les traiter. Une fois cette étape accomplie, les démons ne viennent plus nous détruire. Leur travail a été fait, les initiations sont réussies et ils ne peuvent plus nous faire de mal.

Le diable est le négociateur en nous, le responsable en chef des choix négatifs, du mal. Il vient seulement quand on résonne avec lui, ou lorsque l'on ne veut plus servir le mal – consciemment ou inconsciemment. Alors il réagit en force pour tester l'être afin de savoir si cela est vrai, s'il est réellement prêt à devenir angélique, s'il a fini de nettoyer ses mémoires. C'est le principe qu'on retrouve dans les entraînements très rigoureux que vivent les soldats à l'armée. Étant donné qu'ils auront des armes, beaucoup de pouvoir, on doit s'assurer que même si on les insulte, ou les provoque, ils n'agiront pas sous l'emprise de la colère ou de l'impulsion pour appliquer la justice. Donc généralement, dans nos rêves, On peut nous montrer des parties distorsionnées, négatives, de soi. Mais ce sont des parties relativement petites, et même dans ces cas-là, il est parfois bien difficile de leur faire face. Il arrive aussi que l'Intelligence Cosmique concentre ces forces, en fasse un cumul et nous les présente sous la forme d'un démon ou d'un autre symbole de grande puissance négative. À ce moment-là, on ne doit jamais combattre ces forces – cela est très important. On doit plutôt les transformer avec la sagesse et demeurer dans la Lumière en tout temps, ne jamais se fâcher. Comment ? En prenant garde de ne pas chuter dans la colère et l'agressivité, la médisance, la vengeance, la critique, dans les distorsions que ces mêmes forces représentent.

On voit que le rêveur avait déjà cette attitude : plutôt que de se démener contre le diable, il a répété : « Je suis le chemin de Jésus », ce qui signifiait *Je veux devenir comme Jésus*. Mais alors pourquoi cette force continuait-elle à l'écraser ? Parce qu'il n'avait pas encore incarné l'esprit de Jésus. Il voulait devenir un initié, mais il n'en n'était pas encore un. Et pourquoi a-t-il dit le mot *Melchizédech* ? En plus, il ne savait pas ce que signifiait ce nom. C'était la première fois qu'il l'entendait. Alors il a fait une petite recherche sur internet. Dans la Bible, il est écrit que Jésus était de l'ordre de Melchizédech. Dans le rêve, il s'agissait d'un symbole. Que symbolise Melchizédech ? C'est l'enseignant des enseignants. Il est l'enseignant des initiés. C'est celui vers qui l'on va, symboliquement, pour intégrer la compréhension du bien et du mal. On ne peut pas atteindre les hauts niveaux de conscience spirituelle si on n'a pas intégré la compréhension du mal ; tous les grands Initiés le rencontrent un jour en rêve. Cet être ne se révèle pas, c'est l'agent secret des agents secrets, le chef de la police. Et bien sûr, atteindre ces niveaux initiatiques pour pouvoir rejoindre l'ordre de Melchizédech implique un long travail de plusieurs vies. On reçoit ce symbole uniquement via les rêves. Aucun être humain ne peut décerner ce titre. Ce serait de l'égo spirituel à un stade très avancé. Certaines phases ou degrés initiatiques sont très mystérieux, très secrets, et doivent le rester.

Cet homme est jeune – il n'a pas encore 30 ans – et il est déjà engagé dans toute une quête spirituelle. Il a développé beaucoup de volonté spirituelle, mais, comme je l'ai dit tantôt, il a des côtés rigides, un peu extrémistes. Au début de sa relation avec sa conjointe, il s'est senti déchiré ; il avait l'impression d'avoir chuté. Ensemble, ils ont conçu un enfant, mais au départ, cette conception ne faisait pas vraiment partie de leurs intentions – sa conjointe avait déjà deux enfants d'unions précédentes. Il s'est senti déchiré parce qu'il avait un concept monastique de la vie spirituelle – pour lui, la solitude monastique était l'ultime étape d'évolution sur Terre – et que la paternité venait bousculer ce concept. En Angéologie Traditionnelle, on considère que les étapes monastiques sont très belles – car on y développe les qualités spirituelles et on s'y détache de la matière –, mais on apprend que l'on doit un jour faire descendre ces qualités jusque dans la matière, que l'on doit spiritualiser la matière. Cet homme n'avait pas intégré cette vision de la spiritualité, et, à ses propres yeux, il avait chuté – on peut comprendre son mélange de bien et de mal, sa princesse intérieure, sa fausse affirmation disant qu'il est de l'ordre de Melchizédech. C'est tout cela que le diable faisait ressortir de lui : son égo spirituel.

De plus, il avait beaucoup de difficulté avec le petit garçon de sa conjointe. Il nous a dit : « C'était plus fort que moi, j'avais de l'agressivité qui sortait. Ce n'était tellement pas ça que je voulais ! Je voulais être bon et généreux. Je voulais aider et puis je sentais toute cette agressivité sortir. C'était épouvantable. Je me disais : 'Tant qu'à être agressif, autant l'être envers moi-même.' Parfois, j'avais des idées suicidaires. À tel point qu'une nuit, je me sentais tellement déchiré, tellement dans la confusion et dans l'impasse, que je suis sorti regarder les étoiles et là, j'ai prié, j'ai supplié le Ciel de m'aider à sortir de cette confusion, de ce déchirement. Et le lendemain matin, je me suis retrouvé dans une librairie et j'ai trouvé *Le Livre des Anges*. Quand j'ai lu ce livre, c'était comme si je savais déjà tout ça ; c'était une confirmation après l'autre. Ça m'a beaucoup aidé à remettre ma vie en place, à mieux la comprendre. »

Il a ajouté : « Ma conjointe aussi a lu le livre. Auparavant, elle était plutôt réticente à lire mes livres spirituels – parce que lui, bien sûr, il lui donnait une image plutôt rigide, puritaine, de la spiritualité –, mais elle l'a lu, et après, ses rêves, ses initiations, se sont déclenchés. »

C'est ainsi que ce couple a décidé de venir à une conférence et, plus tard, à un camp d'été UCM. Ils nous ont raconté certains de leurs rêves. Vraiment toute une ouverture !

Dans l'un des rêves qu'a reçus cet homme, On a voulu lui montrer pour quelle raison il était parfois submergé par l'agressivité. C'est cela qui se passe quand le voile se lève. Dans son rêve, *il se trouvait dans une église avec sept ou huit hommes agressifs qui essayaient de le battre. Il a reconnu l'un de ces hommes : c'était l'un de ses anciens camarades avec qui il prenait des brosses quand il était adolescent.* Moi, je ne savais pas ce qu'était prendre une brosse ; alors on m'a expliqué que c'est une expression québécoise qui signifie boire beaucoup d'alcool.

Puisque la scène se déroulait dans une église, On a voulu dire au rêveur : « Regarde, dans ta spiritualité, il y a encore des parties très agressives, des parties ado. » Tout le monde sait que l'adolescence est une période de mutation qui amène généralement beaucoup de conflits et de dualité. Bien sûr, quand cet homme rencontre ce type d'énergie à l'extérieur, cela fait *vibrer* – par résonance – ces parties, et il devient lui-même agressif. Ce sont de telles résonances qui amènent un être spirituel – quand il ne connaît pas la Loi du dérangement – à fuir, à condamner ou à dénoncer les autres. Il veut détruire le mal.

Cet homme a reçu deux autres rêves dont le premier l'a amené à reconnaître le fils de sa conjointe, et l'autre, à reconnaître que sa conjointe était une femme spirituelle, une initiée. Cette femme est toute simple et elle a une grande authenticité. Elle n'a pas appris la spiritualité dans les livres, mais elle a toute une ouverture ! De par sa réceptivité, son amour et une certaine naïveté, il était évident qu'elle avait déjà expérimenté. Donc, on ne doit jamais se fier aux apparences. Les rêves qu'elle nous a racontés témoignent qu'elle a déjà eu des vies antérieures spirituelles.

Dans le premier rêve que cet homme a reçu pendant un camp d'été d'UCM, *il était avec le petit garçon de sa conjointe et il l'a jeté à l'eau, mais pas pour qu'il se noie : il le surveillait. Tout à coup, il l'a vu sortir de l'eau et ouvrir les bras pour l'embrasser.*

Par ce rêve, On lui a annoncé un nouveau départ dans sa relation avec ce petit garçon. Celui-ci représente son enfant intérieur. Puisqu'il l'a jeté à l'eau, On a voulu lui dire : « Regarde comment tu le rejettes émotionnellement », et par la scène suivante, On lui annonçait une ouverture au niveau de l'amour.

Après avoir interprété son rêve, mon époux a dit à cet homme : « La première fois que je t'ai vu, j'ai senti certaines de tes mémoires de vieux prêtre frustré. » Alors cet homme se sentait tellement ému qu'il a pleuré. Tellement d'émotions refaisaient surface qu'il riait et pleurait en alternance. Il lui a dit : « C'est donc vrai que je suis comme un vieux prêtre frustré ! Comment ai-je pu bousculer ce petit garçon ? »

Dans le deuxième rêve, *il se trouvait à l'auberge à laquelle il logeait pour le camp d'été, et il voyait sa conjointe qui dansait gracieusement, habillée d'une robe semblable à celle que portait le principal personnage du film 'La Mélodie du Bonheur' – une religieuse.*

Par ce rêve, On lui a permis de visiter l'âme de sa conjointe. L'auberge où avait lieu le camp d'été UCM était un symbole spirituel ; son rêve traitait donc de sa spiritualité. Cet homme n'avait jamais vu le film *La Mélodie du Bonheur*, mais il avait déjà vu la pochette de la cassette vidéo. Ainsi, En Haut, Ils ont pu utiliser ce symbole. Mon mari lui a dit : « Je te conseille de voir ce film. Tu vas voir, tu vas te reconnaître dans le capitaine Von Trapp. »

Voici un bref résumé de ce beau film. *C'est l'histoire d'une religieuse très joyeuse et très sensible qui, de temps à autre, enlevait son voile et sortait de son couvent pour aller danser dans les montagnes. Un jour, elle a été assignée pour aller s'occuper des sept enfants du capitaine Von Trapp, un veuf qui avait perdu son épouse à la suite d'une maladie et qui, dans son veuvage, était devenu très rigide. La religieuse a amené*

*la joie, la douceur, le chant, l'amour et la légèreté dans cette famille.*
Et pour ne pas diminuer l'intérêt de ceux qui n'ont pas vu le film,
je vous dirai simplement qu'il se termine bien.

On a donc voulu dire au rêveur : « Regarde ce que cette femme
apporte dans ta vie : elle te fait sortir de ta rigidité, de ton
puritanisme. » Et bien sûr, cette femme a des résonances : ce n'est
pas par hasard si elle vit avec cet homme. Cela, elle pouvait le
comprendre, car, dans le passé, elle avait eu plusieurs hommes de
ce type dans sa vie – un peu extrémistes, un peu rigides –, dont
son frère. Son conjoint représente donc une partie de son homme
intérieur. Tous les êtres qui forment cette famille ont été réunis
pour s'entraider à guérir. Les prises de conscience qu'a réalisées
ce couple ont vraiment marqué un nouveau départ. Dès lors, ils
ont pu tourner la page, sachant très bien que ce qu'ils avaient vécu
devait être. Ce couple a entamé une nouvelle étape, où chacun
pouvait désormais marier deux aspects autrefois séparés, leur
spiritualité et leur vie affective. Cela n'a pas été facile; il y a encore des
hauts et des bas, mais ils continuent encore aujourd'hui à travailler
ensemble, du mieux qu'ils peuvent, à unifier l'esprit et la matière
au plan spirituel.

⊙

L'exemple suivant concerne le sport et l'Énergie Angélique Vehuiah.
Ces deux sujets se touchent beaucoup, car sans cet Ange, le sport
ne pourrait même pas exister. En effet, dans les sports en général
on utilise et on développe beaucoup la volonté. Si on analyse la
contribution du sport à l'évolution de l'être, on trouve – comme
dans toute chose – tant des aspects positifs que des aspects négatifs.
Côté positif, les sports permettent à l'être de beaucoup développer
la volonté, la concentration, la santé et la précision. Et les sports
d'équipe développent l'esprit d'équipe. Mais côté négatif, les
sports favorisent le développement de l'esprit de compétition, du
besoin de gagner, de la surconfiance et de l'égo. L'intention de battre
l'autre simplement pour gagner et être reconnu encourage aussi
des forces d'agressivité et nuit au bon développement de l'âme.

Les sports d'équipe développent aussi l'esprit de clan. En effet,
l'être se dépense beaucoup pour son équipe, mais il considère

l'équipe adverse comme un ennemi. Un peu comme dans une famille où l'être est prêt à tout faire pour sa famille mais considère les autres comme des dangers, des obstacles, des étrangers qui viennent prendre nos ressources et nos biens; et cela renforce le côté guerrier, le besoin de se défendre et d'attaquer. Bien entendu, avoir une famille implique des responsabilités, de la bienveillance, de la vigilance, mais, au niveau de l'Amour Divin, il n'existe aucune différence entre notre famille de chair et les personnes qui n'en font pas partie. Le comportement clan est très répandu dans le monde animal et aussi chez les êtres humains qui n'ont pas encore transcendé cette étape de fonctionnement. Mais l'esprit de clan dans les sports permet aussi à la personne d'expérimenter et d'apprendre à l'intérieur d'un environnement que le joueur considère idéal, mais qui est loin de l'être, et surtout, qui est illusoire si on ne le pratique pas en conscience.

Donc, cette histoire est celle d'un petit garçon qui pratique le football en tant que gardien de but. Il a demandé une interprétation de rêve à mon époux. Dans son rêve, *il jouait avec trois de ses amis coéquipiers dans l'arrière-cour de son école – l'école Saint-Esprit. À un moment donné, l'un de ses amis a fait tomber un joueur de l'équipe adverse. Alors l'arbitre a sorti son carton jaune d'avertissement. Ensuite, le rêveur a changé ses gants de gardien de but qui étaient abîmés et il a bu de l'eau. L'arbitre a alors sorti son carton rouge, un carton d'expulsion. Le rêveur était expulsé parce que, selon l'arbitre, il n'avait pas le droit de boire de l'eau. Ensuite, il a vu sa sœur et son père à la bordure du terrain qui, déçus, baissaient la tête.*

Tous les éléments de ce rêve représentaient des parties du petit garçon et de grandes difficultés pour lui dans la gestion du stress que le sport lui crée. Quelqu'un dans une conscience ordinaire pourrait dire : « Normal qu'il rêve de football : il joue au football. » Bien sûr, il a reçu ce rêve parce qu'il doit changer ses comportements sur le terrain de jeu – cesser d'être agressif, trop compétitif, trop dur avec lui et de vouloir trop plaire aux autres –, mais la signification du rêve est beaucoup plus profonde. Ce garçon a ce genre de comportements dans toutes sortes d'autres situations – pas seulement sur le terrain de foot. Et, bien sûr, il ne pratique pas ce sport par hasard. On ne pratique jamais un sport par hasard : il correspond toujours à un programme intérieur. Quand le programme intérieur change, l'être se désintéresse de son sport – ou le pratique différemment, avec plus de conscience – et il est attiré par une autre activité. Pourquoi ? Parce que le sport qui autrefois l'attirait tant n'a plus de résonance avec le programme intérieur. Il est bien important de comprendre que les affinités avec un sport ou tout autre type d'activités sont toujours en lien avec ce qu'on doit apprendre.

Dans son rêve, On a montré au petit garçon que certaines parties de lui-même voulaient trop gagner et que cela le rendait agressif envers les autres ; c'est pour cela qu'au début du rêve on voit l'un de ses amis faire tomber un autre joueur : cet ami était une partie de lui, pas quelqu'un d'autre. Mais il a un arbitre intérieur ; il dispose d'une force de justice qui applique les règlements lorsque ses parties agressives se manifestent ; car l'arbitre fait partie de sa conscience également. Dans le rêve, l'arbitre était un homme que ce petit garçon connaît dans le concret, un chiropraticien qui le traite de temps à autre. Ce chiropraticien représentait la partie spirituelle du rêveur – il suit l'Enseignement de l'Angéologie Traditionnelle et ce petit garçon le sait. Le symbolisme du métier de chiropraticien est à considérer. Que fait un chiropraticien ? Il remet les os en place. Or les os symbolisent la structure. Ce chiropraticien – l'arbitre – représentait donc une partie de ce petit garçon qui assure la restructuration, ce jusqu'au niveau spirituel.

Mais cette partie n'est pas toujours juste : quand l'arbitre du rêve a voulu punir le garçon parce qu'il buvait de l'eau, ce n'était pas juste, n'est-ce pas ? Dans le concret, les joueurs ont le droit de boire de l'eau. L'eau représentait le côté émotionnel, régénérant, essentiel à la vie. Elle représente aussi l'amour, les émotions qui nourrissent. Cela signifie que lorsqu'il est confronté à la question de la réussite ou de l'échec, le garçon est trop dur avec lui-même et il se coupe de l'amour. Il se tape sur la tête. Il devient sec. Quand la terre manque d'eau, elle devient sèche, n'est-ce pas ? On retrouve souvent ce genre d'attitude chez les sportifs d'élite. Ils développent énormément leur volonté – cette essence est très utilisée –, mais d'une manière compensatrice. Ils deviennent extrêmement exigeants et durs envers eux-mêmes car ils veulent atteindre les hauts niveaux.

Que provoque cette attitude ? Elle force l'esprit et elle force le corps. Elle provoque même des accidents. Quand on force avec notre volonté, notre esprit s'éloigne des grandes qualités que sont l'Amour et la Sagesse. Il n'est pas nécessaire d'être dans les sports d'élite pour que notre vie ressemble à un marathon. Chez certaines personnes, des forces présentes dans l'inconscient poussent et forcent sans arrêt. Leur mouvement ne coule pas de source. Leur vie est difficile. Certains sports sont propices à la méditation active ; ils permettent de faire la Récitation Angélique tout en s'entraînant. Mais dans d'autres sports, comme par exemple la boxe, cela est impossible – même si l'on peut noter un aspect positif important de la boxe, celui de devoir se retenir de ne pas tuer son adversaire une fois qu'il capitule par fatigue ou manque de force. La pratique de tout sport est une expérimentation positive et/ou négative ; la personne apprend à partir de là où elle est rendue, selon son programme.

Que symbolise le rôle de gardien de but ? Le gardien de but stoppe le ballon pour protéger l'espace qu'il garde. Côté positif, ce rôle symbolise la capacité de maîtriser les influences extérieures, et côté négatif, il représente la tendance de l'être à empêcher les autres de gagner. Le rêveur se trouvait dans l'arrière-cour de son école. L'école symbolise l'apprentissage, et l'arrière-cour l'inconscient. De plus, son école – tant dans le concret que dans le rêve – s'appelle *Saint-Esprit*. Donc, ce garçon fait des études au niveau de l'esprit ou sur le plan de la conscience. On voit à quelle profondeur de compréhension un rêve peut nous amener. Celle-ci nous permet d'adapter notre pédagogie aux besoins du programme spirituel de l'enfant.

L'histoire vécue suivante illustre une autre Qualité de l'Ange Vehuiah : *permet de sortir de l'impasse*. Parfois, l'Intelligence Cosmique nous met dans une impasse. Celle-ci sert à nous faire bouger sur le plan de la conscience ; sans elle, on n'avancerait pas. Par exemple, un jour, une femme m'a dit :

— Je vis tout un choc ! Ça faisait 32 ans que j'occupais le même poste et il a été supprimé.

— C'est sûr qu'il y a autre chose qui t'attend, lui ai-je dit. Il y a d'autres stages qui t'attendent pour te faire avancer en termes de conscience, parce que toutes les occupations que le Ciel nous donne sont des stages qui nous amènent à mieux se connaître. Dis-moi, est-ce que tu serais passée à autre chose si ton poste n'avait pas été supprimé ?

— Non, m'a-t-elle répondu, je n'aurais pas été capable.

— Tu vois, c'est pour ça qu'En Haut, Ils ont dû te pousser. Ils t'ont mise dans une impasse pour que tu actives de nouvelles qualités.

Un jour, on est tellement à l'écoute de nos rêves et des signes du quotidien qu'il nous est facile d'anticiper et de comprendre pourquoi on vit différentes situations. En Haut, Ils n'ont plus besoin de nous mettre dans une impasse sur le plan concret pour nous pousser à avancer, pour nous pousser à éliminer les forces inconscientes qui bloquent notre évolution. Bien sûr, cela crée des turbulences, mais n'ayant d'autre choix, on passe à une nouvelle occupation, à de nouvelles expérimentations ; on accepte paisiblement les étapes de notre destin.

Voici donc une histoire vécue, celle d'un homme qui vivait une ouverture de l'inconscient et qui, selon ses dires, se sentait en quelque sorte dans un cul-de-sac en termes de conscience – une drôle d'expression quand on y pense. Pendant cette période, il a rêvé *qu'il marchait seul sur un sentier qui longeait une rivière. Et il voyait une barque sur la rivière. Il ne voyait pas les gens qui se trouvaient dans la barque, mais il savait que c'était la Famille Sainte – Joseph, Marie et l'enfant Jésus. Puis, en regardant la barque, il a subitement senti monter en lui un intense désir : il souhaitait ardemment faire partie de cette famille. Tout à coup, Joseph est apparu à proximité de lui et le rêveur a fait de la télépathie avec lui ; il savait ce que Joseph pensait. Joseph était en train de penser : « Tu veux faire partie de la Famille Sainte ? On va voir jusqu'à quel point tu es prêt à t'engager. Il va falloir que tu travailles très fort. » Puis, soudainement, Joseph a poussé le rêveur à l'eau. Dans sa chute, ce dernier est devenu aveugle. Il s'est agrippé à Joseph et il l'a entraîné avec lui. Le rêveur a été pris de panique ; il avait peur de se noyer. Puis Joseph a disparu et le rêveur s'est dit : « Je ne veux pas mourir. » Il a réussi à remonter sur le sentier, mais il avait terriblement peur que Joseph ne revienne à la charge.* Il nous a dit : « Quand je me suis réveillé, j'avais les mêmes sensations que lorsque j'étais en Inde » – un an auparavant, cet homme avait fait un voyage initiatique en Inde.

Tous les éléments de ce rêve représentaient des parties du rêveur. Tout d'abord, l'eau symbolise les émotions, et la barque, l'avancement émotionnel. Que représente la Famille Sainte ? Elle représente le pardon, la compassion, de hauts niveaux d'amour, la dévotion et le service. Mais elle représente aussi les grandes initiations et difficultés. En effet, quand Jésus était enfant, il n'avait pas encore vécu les initiations et les grandes souffrances qui devaient l'amener aux niveaux de conscience qu'il a connus. Il manque des pages dans la Bible pour nous expliquer comment Joseph et Marie ont vécu la mort de leur fils sur la croix. Cela a dû être une épreuve immense pour eux, à plusieurs niveaux. Donc, quand le rêveur a touché ces puissantes forces d'incarnation spirituelle, il a ressenti un grand désir. Il s'est dit : « J'aimerais bien faire partie de la Famille Sainte », c'est-à-dire « J'aimerais bien stabiliser ces sentiments, ces états de conscience en moi. »

C'est à ce moment-là que Joseph est apparu près de lui. Or Joseph est le père de Jésus, et dans un rêve, le père représente l'autorité, l'éducation, l'action et la manifestation. Donc, à travers ce symbole, On a voulu lui dire : « On va voir jusqu'à quel point tu es prêt à t'engager dans l'action, dans la manifestation spirituelle. » Puis le père spirituel l'a jeté à l'eau. Ce passage est initiatique et très symbolique. En Haut, parfois Ils nous jettent à l'eau, symboliquement parlant. Ils nous mettent dans l'impasse pour nous obliger à évoluer. On est obligé de faire face aux vraies choses ; même si son Joseph intérieur n'était pas juste d'agir ainsi. La chute dans l'eau symbolisait la chute, les difficultés, le plongeon dans les émotions inconscientes ; On a fait toucher au rêveur certaines de ses mémoires à forte teneur émotionnelle et spirituelle comme pour lui dire : « Tu veux être dans la famille spirituelle, mais es-tu prêt à transcender les humiliations, les médisances, les rejets; serais-tu capable de continuer à aimer, à pardonner, à dire: *Mon Dieu, que Ta Volonté soit faite !* – comme son fils Jésus l'a fait sur la croix ? » C'était profond ce rêve ! On pense qu'être un leader spirituel c'est facile. Imagine quand tu as un petit conflit avec ton beau-frère car il est jaloux de toi, il t'envie… Quand tu es un leader spirituel, multiplie cela par centaines de milliers, par millions, et tu peux commencer à t'approcher à la force des projections autant positives que négatives qu'un grand initié comme Jésus, Bouddha et d'autres ont pu vivre.

Parfois, alors qu'on se sent bien – qu'on touche de beaux niveaux de conscience –, tout à coup, il suffit qu'On nous ouvre le voile pour qu'on se trouve plongé dans certaines mémoires et qu'on se sente complètement déstabilisé. On a l'impression de perdre notre discernement, de tout oublier, de ne plus rien savoir. C'est ce processus qui est symboliquement décrit dans le rêve : quand le rêveur a chuté dans l'eau, il est devenu aveugle ; il ne voyait plus rien. Et alors il a pris peur : il ne voulait pas mourir. Or mourir dans un rêve signifie mourir à d'anciens niveaux de conscience afin de renaître à de nouveaux – c'est-à-dire mourir aux forces qui nous empêchent d'atteindre de hauts états de conscience ; car finalement – même si on ne doit jamais souhaiter ou vouloir mourir – un jour on comprend que la mort n'existe pas et alors, même en rêve, nos attitudes changent quand on cherche à nous tuer ou à nous nuire. On reste dans les Qualités, l'Amour, la Sagesse, peu importe ce qui se produit.

Cet homme est né un 22 mars. Il a donc l'Ange Vehuiah comme Ange Gardien sur le plan physique. Il a une très grande volonté. Mais comme on l'a vu plus tôt, cette qualité peut devenir un grand défaut lorsque l'énergie est distorsionnée. Puisque le rêveur ne voulait pas mourir, on voit qu'il refusait de s'engager dans le processus initiatique, qu'il avait perdu sa volonté spirituelle face à l'effort que demande le travail initiatique. Il voulait être dans la famille Sainte, mais il voulait juste les bravos, les regards approbateurs. Il ne comprenait pas encore ce qu'était la véritable responsabilité d'être un symbole pour les autres. Un thérapeute, un guérisseur, n'a pas uniquement que des compliments de ses patients. Quand le patient est parti, parfois le thérapeute en a pour des heures à méditer pour transformer ce qu'il a absorbé. Dans le livre autobiographique de mon époux Kaya – *Devenir un ange, Le chemin de l'Illumination* – il partage sur ce sujet de façon très instructive. Je vous suggère de tout cœur d'approfondir ce livre. Il est une réelle inspiration pour la traversée des grandes initiations que l'on peut vivre et jusqu'où cela peut nous amener.

Dans son rêve, cet homme a éprouvé les mêmes sensations d'impasse qu'il avait ressenties lorsqu'il était en Inde. Qu'est-ce qui s'est passé lors de son voyage ? Son séjour dans ce pays correspondait vraiment à un programme initiatique : il y a vécu une grande ouverture de conscience. Tout d'abord, il a eu un réel choc de conscience quand il a vu dans ce pays toute la magnifique emphase mise sur l'évolution spirituelle et, en même temps, à quel point la matière est délaissée, désorganisée et sale. Bien sûr, cela s'améliore de plus en plus dans ce pays. Cependant, à cause de cette culture très focalisée sur la spiritualité, dans certaines régions de l'Inde, l'esprit des habitants a tendance à se sentir complètement détaché et déresponsabilisé. C'est pourquoi on ne s'occupe pas tellement de la matière et des déchets, qui pour eux reviennent tout simplement à la terre. Un jour on comprend que la matière structure, et s'en occuper implique d'assumer certaines responsabilités. Pour certaines personnes, cela peut sembler lourd et inutile, alors on la fuit ou on la rejette, sous prétexte d'être à la recherche du nirvana, de l'absolu, du plus important. Mais la matière est toujours un reflet de l'esprit, des autres mondes de conscience. La désorganisation qui existe en Inde – ou dans certains pays – représente vraiment un extrême de l'attitude que l'on peut avoir vis-à-vis de la matière. En Occident, on a visiblement adopté l'extrême inverse : la majorité des gens est trop préoccupée par les questions d'ordre matériel ; et c'est souvent plus à l'intérieur des êtres que c'est sale, abandonné, laissé de côté. Même si l'apparence y est belle et même si cette attitude fait miroiter la promesse d'une belle vie, reste que si on va en profondeur, on découvre que cette image et cette promesse sont parfois bien illusoires. On y retrouve parfois tellement d'individualisme que cela devient hyper-égoïste, hyper-matérialiste, la culture du chacun pour soi. Un jour – et c'est le but de l'Angéologie Traditionnelle –, on marie l'esprit et la matière, l'Orient et l'Occident, le Nord et le Sud, pour faire un tout harmonieux, qui s'entraide et qui s'aime.

Cet homme est allé en Inde pour faire une retraite spirituelle et il avait certaines attentes. Entre autres, il n'avait pas prévu une telle ouverture de conscience. Alors que s'est-il produit ? Quand son inconscient s'est ouvert, cela a ravivé certaines mémoires de vies antérieures et il s'est retrouvé plongé dans l'angoisse et dans toutes sortes d'agressivités. Il se sentait pris dans une impasse car son séjour avait été planifié en fonction d'un certain temps passé dans ce pays, et cela exacerbait son sentiment d'impuissance. Il se sentait tellement agressif, que parfois il allait sur la plage pour faire sortir son agressivité, pour hurler sa colère. Il avait vécu des vies passées en Inde où il avait pu être extrêmement pauvre, où il avait donné sa vie à la spiritualité mais de façon abstraite, et cela l'avait entraîné dans des cycles de détachement extrême, malsain, déstabilisant. Il avait pu être un moine, un sâdhu, faire d'immenses efforts, se priver de femme, de famille, d'amour, de nourriture, mais n'avoir réellement rien trouvé de totalement juste par cette voie. Il sentait tout cela en lui, comme si tout s'était réveillé en un bloc.

Il nous a dit : « Heureusement, là, je pouvais me permettre d'être *dysfonctionnel*. Si j'avais été ici au Canada, ça aurait été tout un problème ! En même temps, j'avais l'impression que tout cela était un scénario – que tout avait été organisé – et que c'était une illusion ; je frisais la folie tellement c'était puissant. Je me sentais épié de l'intérieur. C'était comme si j'entendais tout le temps une voix de femme à l'intérieur de moi qui disait aux autres ce que je pensais, ce que je sentais, ce que je faisais et ce qui s'en venait pour l'avenir. Je ne contrôlais plus ma tête. C'était épouvantable ! »

Ce rêve dénotait un profond décalage entre les beaux aspects de cet homme – ses belles qualités – et ses aspects négatifs au plan spirituel. À cause de l'ouverture de conscience qu'il vivait, il entendait ses parties négatives, tandis qu'auparavant – comme c'est le cas chez les êtres qui n'ont pas cette ouverture – même si elles se manifestaient à l'occasion, il ne les sentait pas la plupart du temps. Et là on peut comprendre pourquoi quand son Joseph de la Famille Sainte l'avait poussé à l'eau, il était devenu aveugle et s'était senti complètement perdu. Vous voyez, on ne doit pas s'attacher à une seule culture quand on reçoit des rêves. La culture chrétienne était utilisée avec Joseph, Marie, Jésus, car dans cette vie il est né dans une famille chrétienne. Mais dans une autre vie, il était fort probablement en Inde, dans la culture hindoue, bouddhiste, ou autre. Là il était en plein délire inconscient et quand il entendait la voix de parties distorsionnées – d'autres personnes peuvent les voir plutôt que de les entendre –, c'était vraiment épuisant pour lui, il en perdait toute sa tête. Quand cet homme est revenu de l'Inde, il s'est stabilisé, mais pendant son séjour, On lui a rappelé que tout n'était pas réglé dans sa conscience, qu'il abritait encore des forces négatives qu'il devait transcender et qui l'empêchaient d'avoir accès aux niveaux de conscience élevés auxquels il aspire.

Depuis qu'il est revenu, cet homme a reçu d'autres rêves très évolutifs qui l'aident à avancer sur le chemin de l'autonomie spirituelle. Il essaie de faire de son mieux, d'accomplir la Volonté Divine et il travaille maintenant très fort avec les Anges. Son expérience de l'Inde, qui, au départ, se voulait une belle retraite spirituelle, a été cette ouverture de conscience douloureuse qui a fait émerger son agressivité spirituelle. Personnellement, mon expérience de ce magnifique pays a été facile et extraordinaire. Je me sens tellement bien en Inde. Nous avons la Fondation UCM India maintenant qui aide à grande échelle dans ce pays, et je suis tellement heureuse de pouvoir y aller régulièrement pour servir et enseigner. Mon premier séjour en 1988 a ravivé certaines mémoires de vies passées que j'ai eues là-bas, mais c'était tellement beau pour moi ! Et bien sûr, il n'est pas nécessaire de séjourner dans un autre pays pour réactiver ses mémoires. Par exemple, il y a quelques années, mon mari s'est souvent retrouvé en rêve au Tibet et dans les montagnes de l'Himalaya en Inde. Il réactivait des mémoires de vies antérieures chez les moines et les sages d'époques plus anciennes, mais cela se passait à travers ses rêves. L'expérience de l'être dépend vraiment de son programme.

Pour terminer ce cours, j'aimerais vous partager une histoire vécue, celle de l'annonce d'un nouveau départ pour notre fille Kasara qui avait alors neuf ans. Un jour, alors qu'il pleuvait à verse, Kasara se trouvait à la maison avec beaucoup de ses amis et amies. Et les enfants avaient le goût de se construire une cabane. Nous les avons donc autorisés à construire leur cabane dans notre chambre à coucher. Or, quand la soirée est arrivée, les amis devaient partir pour aller retrouver leurs parents. Alors j'ai demandé à Kasara de défaire la cabane.

Elle m'a répondu :

— J'aimerais bien la garder.

— Mais, tu as vu comme elle est grande, la cabane – elle occupait les trois quarts de la chambre à coucher et nous avions à peine accès à notre lit. Tu sais, Kasara, je ne pense pas que ça sera possible de la garder.

— Bien justement, elle est grande, a-t-elle répliqué en faisant une petite moue. Ça nous a pris tellement de temps à la construire ! Si on pouvait la garder, les amis pourraient revenir jouer demain. Ce serait tellement agréable !

Alors je lui ai donné une autre explication. Je lui ai dit : « Kasara, tu te souviens, la semaine dernière, tu as vu un film. » C'était le film *Kundun*, la biographie du Dalaï Lama. Elle avait regardé ce film avec une telle intensité ! Nous ne l'avions jamais vue aussi absorbée. Depuis qu'elle est toute petite, nous avons observé chez Kasara beaucoup de signes, d'indices qu'elle a vécu avec les moines bouddhistes lors de vies antérieures. Alors je lui ai dit : « Tu as vu dans le film comment les moines tibétains construisent leurs mandalas ? Ils les créent avec du sable et des petits cailloux de couleur. Ça peut leur prendre des années à créer un mandala, mais pendant qu'ils le fabriquent, ils savent que lorsqu'il sera terminé, il y aura un enseignant qui viendra le défaire. En quelques secondes, le mandala sera défait. Ça sert à leur enseigner que *la matière est temporelle et éducationnelle*. Et pendant qu'ils créent le mandala, ils développent des Qualités. »

Je lui ai dit : « Tu sais, Kasara, les êtres humains aiment beaucoup, beaucoup créer, mais en général, ils s'attachent à leurs œuvres. Et cet attachement est souvent une source de souffrance car il nourrit leur orgueil et leur besoin de posséder. » Elle m'écoutait avec de grands yeux. J'ai ajouté : « Tu sais, j'ai déjà observé que quand vous construisez des cabanes – ce n'était pas la première fois qu'ils construisaient une cabane chez nous –, il y a de la joie, il y a de l'ardeur, il y a de l'enthousiasme. Vous avez une belle énergie. Mais quand il s'agit de la défaire, là, ça traîne la patte. L'énergie n'est pas aussi belle. »

À ce moment-là, elle s'est levée. Ses yeux étaient vraiment *allumés*. Quelque chose avait été réactivé, qui se situait au-delà de la préoccupation concernant la cabane. C'étaient des principes provenant de mémoires de vies antérieures qui avaient été réactivés. Elle s'est levée et elle a entraîné tous ses amis – qui avaient entendu la conversation. Ils ont défait la cabane avec le même type d'énergie – la même joie et la même ardeur – que lorsqu'ils l'avaient construite.

Au cours de la nuit, Kasara a reçu un rêve. Dans son rêve, *elle voyait des moines tibétains, son père et moi-même. Nous étions tous ensemble. On lui a annoncé qu'il y aurait une dernière méditation, et qu'ensuite elle devrait se mettre en route pour l'étape qui l'attendait. Avant de faire la méditation avec les moines tibétains, elle est allée deux fois aux toilettes. Moi aussi, deux fois, et son père, une fois. Ensuite nous avons tous fait la méditation avec les moines tibétains. C'était vraiment beau, vraiment sacré. Une grande ambiance de respect régnait pendant cette méditation. Ensuite, une fois la méditation terminée, son père a apporté les bagages. Nous partions – elle, son père et moi – pour une nouvelle étape.*

Tous les éléments de ce rêve représentaient des parties de notre fille Kasara. Les événements de la veille avaient réactivé des mémoires de vies antérieures avec les moines tibétains. Par ce rêve, On lui a annoncé un nouveau départ ; On lui a annoncé qu'une nouvelle étape de son plan de vie s'amorçait. Les toilettes sont toujours un symbole de purification. Puisque tant son père que moi-même sommes allés aux toilettes, On lui a signifié qu'elle devait se purifier pour se préparer à une nouvelle étape spirituelle.

Dans la vie monastique, on développe beaucoup les valeurs de l'esprit. Entre autres, on travaille beaucoup sur le détachement de la matière. Mais un jour on doit amener toutes ces qualités dans le monde. Voilà ce qu'On lui annonçait comme nouvelle étape de vie. Elle devait rectifier, purifier certaines mémoires afin de pouvoir un jour fonder une famille, avoir des enfants et leur enseigner à vivre selon des principes spirituels.

S'il est une chose que nous devons enseigner à nos enfants et aux générations qui les suivront, c'est que la Terre est une école spirituelle, l'une des plus belles écoles de l'Univers.

# LES PRINCIPALES LOIS DIVINES

⊙ Dieu est un Ordinateur Vivant

⊙ La Justice Divine est absolue

⊙ La Loi de la multidimensionnalité

⊙ La Loi de la réincarnation

⊙ La Loi de la synchronicité

⊙ La Loi de la résonance

⊙ La Loi du karma

⊙ Le mal est éducationnel

⊙ Le mal n'est pas dramatique

⊙ La matière est temporelle
et éducationnelle

⊙ L'illusion est éducationnelle

⊙ Le rêve est une réalité

⊙ Tout est état de conscience

⊙ Tout est symbole

⊙ L'Esprit est éternel

⊙ La Loi de l'expérimentation

# LES PRINCIPALES LOIS DIVINES

Les Lois Divines sont les grands Principes Cosmiques qui régissent le fonctionnement de l'Univers ; elles constituent la base de toute la Création. Par conséquent, elles régissent également le fonctionnement de la conscience humaine et motivent nos expérimentations. Lorsque nous connaissons ces Lois et que nous les appliquons, nous sommes réceptifs au Créateur et à la dimension spirituelle, divine de notre être. Nous évoluons alors consciemment et dès lors, tous les mystères de l'Univers peuvent nous être révélés. Ces Lois sont nombreuses. Toutefois, nous en soulignons seize dont la connaissance est d'une grande aide lorsqu'on est engagé dans un cheminement spirituel.

## 1) Dieu est un Ordinateur Vivant

Dieu peut être considéré comme un immense Ordinateur Vivant qui orchestre tous les événements de l'Univers. Cet Ordinateur gère la vie de tous les êtres, entre autres leurs décisions et leurs actes. Tout ce que nous pensons, ressentons et faisons y est enregistré. Selon le principe du libre arbitre, cet Ordinateur permet à chaque être d'expérimenter, tout en gérant globalement l'Univers pour le bien de tous. Dans ce grand Ordinateur Cosmique, chaque être humain a son propre programme dont les paramètres d'expérimentation sont établis par des guides spirituels et dont les diverses étapes sont déclenchées à des moments programmés à l'avance. Comme le disait Einstein : « Dieu ne jouait certainement pas aux dés lorsqu'Il a créé l'Univers. »

## 2) La Justice Divine est absolue

Dans l'Univers, tout est juste en ce sens que tous les événements surviennent selon un calcul d'une infinie précision. Lorsque certaines situations que nous vivons nous semblent être des injustices, c'est qu'il y a dans notre inconscient des mémoires de pensées, d'émotions et d'actions injustes que nous avons générées dans notre vie présente ou dans nos vies passées. Nous êtres humains, nous ne sommes pas parfaits et lors de nos nombreuses incarnations, nous commettons des actes manqués. Or, puisque l'Esprit est éternel et que notre conscience évolue constamment, nos actes manqués doivent être rectifiés. Le travail de rectification s'échelonne généralement sur plusieurs vies. Du point de vue de l'évolution de l'âme ce qui nous arrive est toujours juste. Ainsi, dans une perspective verticale et globale, ce qui dans une perspective horizontale nous semble injuste, ne l'est pas. L'âme existe dans le seul but d'évoluer et de s'améliorer. Lorsque nous échouons, consciemment ou inconsciemment à cette mission, nous engendrons des karmas que nous devrons nécessairement régler un jour ou l'autre. Quand on comprend cette Loi, c'est plus facile de revenir à soi dans les situations où l'on éprouve un sentiment d'injustice. On est alors également en mesure de comprendre que les agissements des autres sont le parcours qu'ils empruntent, les expérimentations qu'ils choisissent et qui servent à leur évolution. Cette compréhension nous permet d'avoir de la compassion pour eux.

## 3) La Loi de la multidimensionnalité

*Tout ce qui est En Haut est comme ce qui est en bas, et tout ce qui est en bas est comme ce qui est En Haut.* La vie est multidimensionnelle et nous vivons sur plusieurs plans simultanément, les plans physique, émotionnel et intellectuel n'étant que les plus denses. Or, tous les plans se ressemblent, non dans leur fonction, mais dans leur Structure et dans leurs Lois. Ainsi, l'observation du monde concret nous permet de comprendre les autres mondes et dimensions. L'initié sait que tout ce qu'il vit dans le monde extérieur reflète parfaitement ce qu'il vit à l'intérieur de lui-même. C'est pour cette raison que l'étude du langage symbolique est tellement importante.

## 4) La Loi de la réincarnation

Nous mourons et renaissons dans l'unique but de devenir une meilleure âme. Les différentes vies nous servent de lieu d'apprentissage, de terrain d'expérimentation. À partir du moment où nous avons atteint des niveaux de conscience suffisamment élevés, les limitations qui font partie de la vie sur le plan physique disparaissent. Nous n'avons alors plus besoin de nous réincarner pour régler des karmas. Nous pouvons dès lors développer de grands pouvoirs métaphysiques qui nous permettent de créer des univers de vies et de rêves par lesquels nous aiderons les autres. Ainsi nous participerons à l'évolution de l'humanité. Un jour, nous comprendrons que la seule raison d'être de notre existence est de développer et de manifester les Qualités, les Vertus et les Pouvoirs Divins.

## 5) La Loi de la synchronicité

La synchronicité est le Principe universel selon lequel toute situation, qu'elle soit positive ou négative, est planifiée et synchronisée de façon parfaite par l'Intelligence Cosmique. C'est ce qui fait que le hasard n'existe pas. Pour être capable de reconnaître la synchronicité en tout temps et en toutes circonstances, on doit s'être purifié profondément. On ne doit plus avoir d'attentes, ni de doutes, ni de peurs. On vit alors dans un état de grâce qui se manifeste jusque dans la matière et qui est appelé le *dharma*.

## 6) La Loi de la résonance

Nous attirons ce que nous sommes et nous résonnons à ce que nous sommes. Cette Loi trouve son équivalent le plus concret dans le phénomène de la résonance mécanique, qui s'énonce comme suit : *Tout objet possède une fréquence vibratoire propre et naturelle. Si un objet d'une fréquence vibratoire déterminée se met à vibrer, il fait vibrer tout autre objet qui a la même fréquence vibratoire.* De la même manière, un être peut vibrer à un autre être, à ce qu'il est dans le positif comme dans le négatif, même à ses mémoires les plus inconscientes. Ainsi, la Loi de la résonance veut que, lorsqu'on se sent attiré ou dérangé par une autre personne, cela indique qu'on a des résonances avec elle parce qu'on abrite des mémoires semblables aux siennes. La Loi de la résonance est la Loi avec laquelle l'initié travaille le plus souvent au quotidien, car utilisée de façon consciente, elle permet d'atteindre les plus hauts niveaux de conscience.

## 7) La Loi du karma

On récolte toujours ce que l'on sème. Si on sème dans le jardin de notre vie les graines Angéliques que sont les Qualités, les Vertus et les Pouvoirs à l'état pur, et si on respecte les Lois Divines, alors l'abondance se présentera et on récoltera la stabilité à de hauts niveaux de bonheur. Par contre, si on sème de mauvaises graines, tant par nos pensées que par nos émotions et nos actions, alors on récoltera épreuves et pauvreté.

## 8) Le mal est éducationnel

Le mal est un chemin qui mène au bien. Il est le parcours par lequel l'Intelligence Cosmique nous amène à prendre conscience du fait que les actions négatives et les actes manqués engendrent nécessairement dans notre parcours évolutif, tôt ou tard, des cycles d'épreuves et de réparations. Dans cette perspective, les épreuves et la souffrance sont pour l'âme des situations d'apprentissage. Expérimenter des épreuves nous enseigne qu'il est impossible de connaître la Lumière sans connaître également la noirceur. Or, accepter nos propres forces obscures nous permet d'accepter ces mêmes forces chez les autres. Et les transcender nous permet d'étudier les autres avec amour et compassion. Nous pouvons alors mieux comprendre et aider nos semblables, et ce tant dans la vie quotidienne que dans la réalité des rêves. Un jour, cette réalité sera devenue quelque chose de très concret. Une âme évoluée est une âme qui renonce consciemment à faire le mal, parce qu'elle sait que le mal engendre le mal.

## 9) Le mal n'est pas dramatique

Du point de vue de l'évolution de l'âme, la souffrance et la douleur importent peu. Elles représentent des outils d'apprentissage et n'exercent pas d'effets néfastes sur l'âme. Les aspects négatifs des choses et des événements existent pour nous inciter à développer plus profondément les aspects positifs. Dans ce sens, le mal n'est pas dramatique. En réalité, lorsque nous dramatisons le mal, nous nous coupons du bien qui nous habite et nous perdons de vue la raison d'être de nos expérimentations. Car en dramatisant on amplifie le négatif. Si nous parvenons à ne pas dramatiser lorsque nous nous retrouvons au milieu de situations pénibles et dans des états d'âme difficiles, nous franchissons de grands sommets et nous nous ouvrons à de nouvelles perceptions. L'épreuve, la douleur, la peur et l'angoisse existent donc uniquement dans le but d'éduquer l'âme.

## 10) La matière est temporelle et éducationnelle

La réalité matérielle est l'habillement, la forme que prend l'Esprit, le temps d'un cycle de vies terrestres afin de fournir à l'âme l'occasion d'apprendre. En ce sens, elle est temporelle et éducationnelle. Par conséquent, c'est une illusion de croire que le monde matériel a un sens et une finalité en soi. La matière sert uniquement à nous faire développer les Qualités, les Vertus et les Pouvoirs Divins.

## 11) L'illusion est éducationnelle

Les situations qui se succèdent dans notre vie correspondent à notre programme, à ce que nous sommes et à ce que nous devons vivre. Elles sont des illusions dont la nature évolue selon notre capacité à intégrer de nouveaux concepts. Une personne avec une conscience ordinaire peut percevoir positivement une situation qu'elle vit, alors qu'une personne qui a intégré la Connaissance et qui est capable d'apercevoir toutes les facettes de la situation, la verra comme négative. C'est parce que la première n'a pas conscience de la signification profonde de ce qu'elle vit : elle évolue dans l'illusion. Cette réalité illusoire existe à des fins éducationnelles. L'être y trouve un terrain où il expérimente les distorsions, jusqu'au jour où il aura développé le discernement nécessaire pour pouvoir distinguer le bien du mal. Dans cet apprentissage, chacun évolue à son propre rythme. L'initié qui comprend cette Loi respecte la réalité illusoire des autres ainsi que leur rythme d'apprentissage.

## 12) Le rêve est une réalité

Le rêve est le moyen qui nous permet le mieux de connaître la réalité des choses et des êtres. Par lui se dévoile le sens profond de nos actions et des résonances que nous avons avec les autres. Il ne trompe jamais, car il n'est pas déformé par le niveau de conscience ordinaire. Quand nous comprenons nos rêves, nous savons où nous sommes rendus dans notre évolution. En ce sens, ils constituent les balises les plus fiables. L'initié sait que le rêve est aussi réel que la réalité matérielle, qu'il est une manifestation de la vie et une porte d'accès aux autres mondes et dimensions de l'existence. Un jour, nous comprendrons que les plans physique et métaphysique ne font qu'un et que la vie est multidimensionnelle.

## 13) Tout est état de conscience

Nous passons constamment d'un état de conscience à un autre, même quand nous dormons. À tout moment, nous nous trouvons soit dans des états de conscience purs et lumineux, soit dans des états de conscience distorsionnés et sombres. L'Univers entier repose sur une Structure et sur des Lois permettant l'expérimentation de ces états de conscience. Lorsque nous réalisons ce fait, nous devenons capables de comprendre la Vie et d'acquérir la Connaissance.

## 14) Tout est symbole

L'Univers physique et métaphysique est mathématique dans sa conception originelle. Tout ce que nous percevons sur le plan physique est porteur de significations qui proviennent du plan métaphysique, aussi bien au niveau du microcosme qu'au niveau du macrocosme, et au niveau de notre monde intérieur qu'au niveau du monde extérieur. Tout est symbole.

## 15) L'Esprit est éternel

Pour l'Intelligence Cosmique, le temps n'est qu'un outil pédagogique. Il sert de cadre pour l'apprentissage. Comme l'Esprit n'existe que pour évoluer et que son évolution et son expansion se poursuivent à l'infini, l'esprit humain – c'est-à-dire l'étincelle de l'Esprit Divin qui nous habite – est éternel lui aussi.

## 16) La Loi de l'expérimentation

Les êtres humains existent pour évoluer. En existant ensemble, ils ont l'opportunité d'apprendre, d'étudier pour devenir progressivement capables de comprendre et d'exprimer l'Amour et la Sagesse. En faisant des choix, des expériences individuelles, relationnelles et collectives, et en travaillant quotidiennement en interaction les uns avec les autres, ils peuvent développer et manifester toutes les qualités, car lorsqu'on pense, ressent et agit avec une conscience divine, on devient juste, bienveillant, gentil, rigoureux, patient, tolérant, clément, sage et aimant.

Grâce à l'expérimentation, les êtres humains acquièrent au fil du temps de plus en plus d'expériences ; et ce, non seulement en ce qui concerne l'habileté dans leurs diverses activités, mais aussi relativement à leur faculté de vivre leur vie en manifestant les qualités dans tout ce qu'ils entreprennent.

# L'ANGÉOLOGIE TRADITIONNELLE

Depuis la nuit des temps, on entend parler des Anges comme de Messagers Célestes, mais sans trop savoir ce qu'ils sont réellement ni quel genre de *messages* ils nous apportent. En réalité, les Anges sont la représentation des Qualités, Vertus et Pouvoirs Divins à l'état pur; ils symbolisent également l'être humain qui active ses facultés spirituelles, sa capacité de rêver, de méditer et de voyager dans les multidimensions de l'Univers et de la conscience.

On retrouve leur origine dans la Kabbale ancienne et plus précisément dans l'Enseignement de l'Angéologie Traditionnelle qui parle des 72 Anges, les 72 facettes du Créateur que notre conscience humaine doit progressivement développer pour devenir angélique et manifester notre nature divine. Lorsqu'on parvient à intégrer les Essences Angéliques, on atteint les plus hauts niveaux d'évolution, de connaissance, de bonheur et de béatitude. Il s'agit d'un long parcours qui nous amène à devenir des anges et à vivre avec les véritables Pouvoirs Spirituels, mettant ainsi en route la prochaine étape d'évolution de l'humanité sur Terre.

Il est essentiel de comprendre que les Anges sont des Énergies pures qui existent également dans tous les êtres humains, que l'on connaisse ou non ces Essences. Cependant, ignorant généralement sa propre divinité et son potentiel angélique, l'être humain a tendance à en faire mauvais usage, générant ainsi, via ses multiples expérimentations, les *distorsions*, c'est-à-dire les faiblesses et défauts humains.

Lorsqu'on prononce le Nom sacré d'un Ange à voix haute ou à l'intérieur de soi, il provoque un écho vibratoire qui agit directement sur la mémoire cellulaire et active notre connexion avec la Conscience Universelle. Avec le temps, cette pratique nous donne accès aux Pouvoirs Divins, déclenche ou intensifie nos rêves et nous aide à reconnaître les signes par lesquels l'Intelligence Cosmique communique avec nous en permanence.

De plus, le fait que chaque Ange soit associé à un nombre, qui le situe dans la Hiérarchie Céleste, nous permet de découvrir que la structure de l'Univers et les Lois qui le régissent sont mathématiques.

L'Angéologie Traditionnelle, qui représente les Enseignements en lien avec l'origine des Anges, est un savoir et un héritage extraordinaires, le leg d'une recherche évolutive entreprise par l'être humain pour atteindre les plus hauts niveaux d'évolution. L'objectif ultime de cette tradition ancestrale est de nous guider dans les nombreuses initiations qui nous permettent de redécouvrir notre Origine Céleste et, de ce fait même, nos pleins Pouvoirs et Capacités.

## LA KABBALE

Le mot Kabbale, qui signifie *la Sagesse cachée et la Parole reçue*, désigne un enseignement transmis de bouche à oreille. Cette Science Initiatique permet à tout être d'atteindre les plus hauts niveaux spirituels par l'étude approfondie de sa propre conscience. Considéré dans son essence, cet Enseignement nous apporte la connaissance acquise par l'expérimentation physique et métaphysique. L'étude de ses principes de base plonge l'être humain dans une intense introspection qui atteint son apogée au moment où il découvre la nature profonde de l'Homme, de la Femme, de l'Ange, de l'Œuvre Divine et du Créateur par le mariage parfait de l'Esprit et de la matière.

La Kabbale réunit un ensemble de méthodes qui nous permettent de véritablement comprendre la Création et le fonctionnement de l'Univers. Il est difficile de retracer avec précision l'origine historique de la Kabbale car, tout comme l'Enseignement des Anges, elle remonte à la plus haute Antiquité. Selon les données disponibles, elle proviendrait des civilisations égyptienne, phénicienne, babylonienne et indienne, et aurait été consignée pour la première fois par écrit par les scribes en captivité à Babylone aux environs de l'an 450 avant notre ère.

La Kabbale a été et demeure le grand mystère caché – ésotérique – de l'humanité qui a influencé l'ensemble des religions et traditions de ce monde. C'est la raison pour laquelle les Anges sont mentionnés sous une forme ou une autre dans les textes sacrés de toutes les religions et cultures. Le travail avec les États de Conscience Angéliques est une philosophie universelle compatible avec tous les concepts religieux et philosophiques.

Parmi les Enseignements de la Kabbale, ce sont ceux qui concernent les aspects reliés aux Pouvoirs Divins – soit l'Angéologie – qui ont été gardés secrets le plus longtemps. Les états de conscience auxquels mène l'étude des Énergies Angéliques confèrent tellement de force et de puissance à l'être qu'on a eu tendance à occulter cette science, même dans les milieux initiés. Plusieurs grands êtres ont reçu cet Enseignement du Haut-Savoir qui n'était transmis qu'oralement et uniquement à des personnes qui y étaient prédestinées.

L'étude philosophique de la Kabbale – c'est-à-dire l'étude intellectuelle des grands Principes de l'Univers – est utile, mais elle ne saura pas remplacer le travail de fond que chaque être doit faire pour redécouvrir son Origine Angélique et pour acquérir la Connaissance, clé de la paix et du bonheur. En effet, l'aspect le plus important de la démarche consiste à découvrir ces secrets directement, à l'intérieur de soi-même, par le biais de l'étude approfondie des États de Conscience Angéliques, ce qu'on appelle communément l'Angéologie ou la Kabbale pratique.

## LA KABBALE PRATIQUE

Le Kahal est la première école à avoir transmis l'Enseignement des Anges dont nous avons des preuves documentées, bien que l'on sache que cet Enseignement originel remonte aux époques phénicienne et babylonienne. Il vit le jour en l'an 1160 de notre ère, à Gérone, une petite ville de la région catalane dans le Nord-Est de l'Espagne, à l'instigation d'Isaac el Cec. Les étudiants de cette école élaborèrent une façon d'appliquer la Connaissance Angéologique dans la vie de tous les jours. Le Kahal s'épanouit de 1200 à 1475, période au cours de laquelle furent consignées la structure détaillée de l'Arbre de Vie ainsi que la liste des Qualités des Anges et des distorsions correspondantes.

En 1492, dans le cadre de l'Inquisition, les Juifs et initiés angéliques de Gérone furent forcés de choisir entre la conversion au catholicisme ou l'exil sans pouvoir emporter autre chose que leurs effets personnels. Le Kahal fut fermé sous l'ordre des inquisiteurs, et l'ancien quartier juif de Gérone fut complètement emmuré. Mais les descendants des Juifs qui s'étaient convertis au catholicisme et qui étaient restés autour de leur quartier ancestral à Gérone continuèrent de transmettre en secret leur tradition orale. Or, en 1975, certains d'entre eux ouvrirent le quartier emmuré et découvrirent les textes d'Angéologie que leurs ancêtres avaient caché et scellés dans un bâtiment aujourd'hui devenu un site historique que l'on peut visiter.

## QU'EST-CE QU'UN ANGE ?

Comme mentionné précédemment, un Ange représente des Qualités, des Vertus et des Pouvoirs Divins à l'état pur. Dans la Kabbale, on parle de 72 Anges, les 72 facettes du Créateur. Lorsque, par un travail spirituel intense, on parvient à les retrouver, à réintégrer ces Essences, on atteint des états de grande conscience, de bonheur et de béatitude. Il s'agit d'un long parcours, mais nous sommes ici sur Terre uniquement pour cette raison.

L'Ange est une Énergie pure, mais l'être humain qui ne comprend pas bien les Énergies Angéliques, a tendance à en faire mauvais usage. Ainsi il distorsionne les aspects essentiels du Créateur, ce qui donne les faiblesses et défauts humains. Reste que chaque être humain a les Essences Angéliques à l'intérieur de lui-même, qu'il connaisse ou pas les Noms des Anges.

Tel que défini dans l'Angéologie Traditionnelle, à chaque Essence et Vibration Angéliques est attribué un nom hébreu. Lorsqu'on prononce le Nom sacré d'un Ange tout haut ou à l'intérieur de soi, Il provoque un écho vibratoire qui agit directement sur la mémoire cellulaire. On se connecte ainsi à l'immense Champ de Conscience qu'Il représente. Avec le temps, les hauts niveaux de conscience que l'on atteint nous redonnent des ailes. À chaque Ange est également associé un nombre qui Le situe dans la Hiérarchie Céleste.

## LES AVANTAGES DE L'ANGÉOLOGIE TRADITIONNELLE

On peut se demander pourquoi prier les Anges, plutôt que le Créateur directement. La raison réside dans le fait que le travail avec les Anges nous procure des balises et une structure de fonctionnement pour intégrer progressivement la Conscience Universelle. En effet, quand on récite le Nom sacré d'un Ange, un travail profond s'effectue dans notre être. Cette pratique déclenche des rêves et des signes et permet simultanément la purification de nos mémoires et des données personnelles qui sont inscrites dans notre ordinateur intérieur.

L'Angéologie Traditionnelle a ceci de particulier qu'elle nous permet d'identifier avec précision ce que l'on doit rectifier. Elle

La Pratique Récitatoire avec les Noms des Anges a pour effet de faire progressivement disparaître le voile qui sépare le conscient du subconscient et des différentes couches de l'inconscient.

**Figure 1 : Illustration de la constitution de la conscience**

nous donne les moyens de faire le travail de transformation et de mesurer l'ampleur des changements qui s'opèrent dans notre inconscient au fur et à mesure que notre conscience s'ouvre.

Lorsqu'on invoque un Ange en particulier, les autres Anges continuent d'exister à l'intérieur de nous, mais on focalise sur un rayon spécifique de la grande Intelligence Cosmique. D'ailleurs, les 72 Énergies Angéliques sont interconnectées.

## LE TRAVAIL AVEC LES ANGES

Le travail avec les Anges – ou travail angélique – consiste essentiellement à reprogrammer les mémoires inconscientes. Il s'agit d'un travail de purification : les mémoires qui sont teintées de distorsions sont rectifiées les unes après les autres par la puissance de l'Ange et celle de notre intention. En invoquant les États de Conscience Angéliques, on focalise notre volonté sur la pureté. On apprend ainsi à se centrer et à devenir très intense. Dans ce travail, l'intensité de notre intention est un aspect très important. Une intensification de la concentration et de la focalisation se produit chez tous ceux qui découvrent que la spiritualité n'est pas un passe-temps, mais bien un intense processus de transformation qui nous amène à traverser de multiples initiations, lesquelles sont autant d'étapes sur le chemin de la désintoxication de la conscience.

Lors de notre apprentissage sur Terre, au cours de nos diverses incarnations, nous enregistrons toutes nos expériences dans notre âme, exactement comme un ordinateur enregistre des données. Toutes les peurs, toutes les souffrances, toutes les limitations ainsi que l'ensemble des qualités et des potentialités sont enregistrées dans le subconscient et les différentes couches de l'inconscient. La Figure 1 (*voir page 565*) représente la constitution de la conscience et montre les différentes strates qui la composent. Un voile, appelé le voile de l'inconscient, sépare la partie de notre être dont nous sommes conscients de la partie de notre être que nous ignorons et qui est représentée par les mémoires cachées dans notre subconscient ainsi que dans l'inconscient personnel, familial, ethnique, collectif et biologique.

Le travail avec les États de Conscience Angéliques fait disparaître ce voile. Autrement dit, par le travail avec les Anges, on crée un passage entre le plan conscient, le subconscient et les différentes couches de l'inconscient, on rejoint les mémoires distorsionnées et on réactive à l'intérieur de soi les États de Conscience Angéliques. Ce travail vise à purifier notre âme et à en acquérir une conscience totale afin que nous puissions retrouver la Connaissance qui y est inscrite.

La pratique des Mantras Angéliques a pour effet de faire progressivement disparaître le voile qui sépare le conscient du subconscient et des différentes couches de l'inconscient, nous offrant ainsi l'accès aux mémoires inscrites dans notre âme.

## L'ANGELICA MANTRA OU RÉCITATION ANGÉLIQUE

Plusieurs traditions préconisent la répétition de formules sacrées appelées *mantras*. Au cœur du travail avec les Anges se trouve la *Récitation Angélique* également appelée *Pratique Récitatoire* ou *Angelica Mantra*.

Cette pratique est très simple. En position debout, assis ou couché, on respire naturellement en répétant continuellement le Nom d'un Ange. On le fait le plus longtemps possible, à son propre rythme, en silence, à voix basse ou à voix haute. On peut aussi utiliser l'une des méthodes suivantes :

### 1) INVOQUER SUR L'INSPIRATION

Cette méthode consiste à inspirer profondément par le nez en prononçant intérieurement une ou plusieurs fois le Nom de l'Ange. Par exemple : *MIKAEL, MIKAEL, MIKAEL…* après quoi on retient le souffle pendant quelques instants, puis on expire lentement et progressivement par le nez. Lorsque le calme s'est établi, on respire librement – sans retenir le souffle – en continuant à répéter intérieurement le Nom de l'Ange sur l'inspiration.

### 2) INVOQUER SUR L'EXPIRATION

Cette méthode consiste à inspirer profondément par le nez et à prononcer à l'expiration à voix haute ou basse, ou intérieurement – c'est-à-dire en silence – le Nom de l'Ange. Par exemple : *VEHUIAH, VEHUIAH, VEHUIAH…* On inspire à nouveau profondément et on refait le même processus plusieurs fois.

## 3) INVOQUER EN CONTINU ET EN RESPIRATION PROFONDE

Cette troisième méthode consiste à répéter continuellement le Nom de l'Ange en silence, en inspirant à pleine capacité et en expirant complètement.

La respiration profonde peut occasionner, chez les personnes qui n'en ont pas l'habitude, de légers étourdissements. Si l'on se sent incommodé, on ralentit le rythme de la respiration ou on alterne avec une autre méthode d'invocation. Il est important de respecter son propre rythme.

## 4) INVOQUER AVEC UNE INTENTION

Cette méthode consiste à répéter le Nom de l'Ange en silence ou à voix basse, selon l'une des trois méthodes décrites ci-dessus, en insérant dans l'invocation un message à l'Ange. Dans ce message, on Lui fait part de notre intention de développer une qualité ou une faculté particulière, ou encore de rectifier ou de transcender une distorsion. Par exemple : *Ange HARIEL, purifie mon âme, guide-moi vers la pureté, HARIEL, HARIEL, HARIEL… aide-moi à devenir pur et à intégrer la Sagesse, HARIEL, HARIEL, HARIEL… purifie-moi, enseigne-moi ce que j'ai à comprendre, HARIEL, HARIEL, HARIEL… purifie mon âme, HARIEL, HARIEL, HARIEL…*

## 5) INVOQUER AVEC UNE QUESTION

Cette méthode nous aide à trouver la réponse à une question. On formule d'abord clairement la question, et ensuite on invoque selon l'une des trois premières méthodes énumérées ci-dessus en y incluant la question et la demande d'être éclairé et guidé vers la réponse. Par exemple : *Ange JELIEL, est-ce qu'il est juste pour moi d'épouser cette personne ? JELIEL, JELIEL, JELIEL… aide-moi à ressentir si elle est la bonne personne pour mon évolution, JELIEL, JELIEL, JELIEL… éclaire-moi, JELIEL, JELIEL, JELIEL… je veux suivre la Volonté Divine, JELIEL, JELIEL, JELIEL… est-ce qu'il est juste de me marier avec cette personne ? JELIEL, JELIEL, JELIEL…*

Lorsqu'on fait la Pratique Récitatoire avec une question, il est conseillé d'invoquer le même Ange pendant au moins cinq jours ou jusqu'à l'obtention d'une réponse. En focalisant ainsi sur la question, on accède au programme que l'Intelligence Cosmique a prévu pour nous. Cela déclenchera des rêves et des signes qui répondront à la question. De la même manière, lorsqu'on fait la Récitation Angélique avec une demande, on invoque le même Ange pendant au moins cinq jours, afin que puisse se manifester la transformation souhaitée.

Peu importe la méthode choisie, la Récitation Angélique demeure un exercice simple qui peut être pratiqué dans tous les contextes et toutes les situations de vie : en marchant, en faisant du sport ou des travaux ménagers, en conduisant, en méditant, pendant les moments de repos ou de relaxation ; avant de s'endormir ou au réveil ; dans les moments difficiles comme dans les moments de bonheur. On doit cependant se rappeler qu'il est important de respecter son propre rythme et d'invoquer avec un sens du sacré.

L'énergie intensifiée durant la période de travail avec un Ange se manifeste *via* les intuitions, les rêves, les signes et coïncidences rencontrés au quotidien. Il est fascinant de voir les correspondances entre les Qualités de l'Ange et ce qui nous est montré en rêve et dans la vie de tous les jours, tant sous leurs formes pures que sous forme de distorsions. La Récitation Angélique met en route ou intensifie le processus initiatique, et en ce sens, le Nom de l'Ange sert de *formule magique*. Le travail angélique est une aventure initiatique qui nous plonge dans la contemplation de multiples réalités.

Une merveilleuse façon d'optimiser la Récitation Angélique est de la pratiquer en faisant les exercices d'Angelica Yoga. Ces exercices font l'objet d'autres publications des Éditions Univers/Cité Mikaël (pour plus d'informations nous vous invitons à visiter le site : www.ucm.center).

## COMMENT CHOISIR UN ANGE

Pour le choix de l'Ange à invoquer, il est suggéré de suivre le Calendrier Angélique n° 1 que l'on nomme aussi Calendrier Angélique annuel. L'utilisation de ce calendrier a l'avantage de nous faire visiter les 72 États de Conscience Angéliques au cours de l'année, nous procurant ainsi une structure de travail et permettant à l'Intelligence Cosmique de planifier à l'avance et avec précision les diverses étapes de notre apprentissage.

Même si l'utilisation du Calendrier Angélique n° 1 constitue une méthode de travail extraordinaire, le choix de l'Ange demeure une question personnelle et peut très bien être déterminé en fonction d'une situation particulière. En effet, on peut choisir n'importe quel Ange selon son affinité avec une situation vécue et ce que l'on souhaite comprendre ou résoudre. Cependant, il est conseillé d'utiliser une seule Énergie Angélique à la fois pendant une période d'au moins cinq jours afin de bien activer le Champ de Conscience correspondant.

Bien entendu, cinq jours ne suffisent pas à intégrer l'ensemble des Qualités et Vertus d'un Ange, mais, au fil des années, en travaillant avec l'ensemble des Anges, on visite tous les rayons de notre conscience et on avance de façon méthodique sur le chemin qui mène à l'Illumination.

On peut aussi travailler plus de cinq jours avec le même Ange si on souhaite approfondir un Champ de Conscience particulier, mais il est préférable de changer régulièrement, car notre conscience doit visiter toutes les Essences du Créateur pour arriver un jour à les manifester intégralement.

## LES EFFETS À COURT TERME

Évidemment, lorsqu'on fait du ménage, on doit s'attendre à trouver des objets perdus et de la poussière. Si par exemple on fait la Récitation Angélique avec l'Ange 7 ACHAIAH, dont la Qualité principale est la patience, on peut soudainement devenir encore plus impatient que d'habitude. Cela est dû au fait que l'Ange ouvre la porte de l'inconscient et libère les mémoires liées à l'impatience. Celles-ci peuvent mettre quelques minutes, quelques heures, voire plusieurs jours, à se libérer. En n'ayant aucune attente, soudainement, comme par magie, on retrouve un bien-être renouvelé, car certaines mémoires distorsionnées en rapport avec l'impatience auront été nettoyées. Au cours de cette période d'ajustement, on aura aussi tendance à rencontrer des gens impatients et à vivre des situations qui mettent notre patience à l'épreuve. Cela témoigne du fait qu'on est en étroit contact avec le Champ de Conscience de l'Ange choisi. Il s'agit alors de se servir de ces situations comme occasions pour mieux se connaître et pour s'améliorer.

Imaginez qu'un jour vous découvriez une nouvelle pièce dans votre maison, une pièce que vous n'avez jamais visitée auparavant. En ouvrant la porte, vous vous apercevez qu'elle est remplie de poussière, de toiles d'araignée, de souris, de rats, etc. Le seul fait d'avoir ouvert la porte de cette pièce vous obligera à faire le ménage dans toute la maison, car la poussière et autres se seront déplacés jusque dans les autres pièces. Avec le travail angélique, c'est comme si vous choisissiez de ne pas refermer la porte, mais d'agrandir votre maison. Alors vous nettoyez jusqu'à ce que toute la maison s'unifie dans la propreté. Mais il ne faut pas oublier qu'en faisant le ménage de la nouvelle pièce, vous découvrirez aussi des trésors et des livres – qui représentent des connaissances – que vous déciderez sans doute d'intégrer à votre bibliothèque.

Pendant les périodes de nettoyage intense, on passe en alternance d'un état d'âme extrême à un autre. Lorsqu'on a reçu un rêve important ou un cauchemar, ou lorsqu'un événement déclenche une ouverture de l'inconscient, tout notre être s'en trouve perturbé. C'est pour cette raison qu'il faut être averti et prévenir nos proches que des états d'âme inhabituels peuvent survenir. En réalité, on active en soi les Qualités de l'Énergie Angélique, et cela nous fait vivre des états de béatitude, mais puisqu'on doit nettoyer les mémoires distorsionnées, on plonge peu de temps après dans des états d'âme difficiles, et de grandes angoisses peuvent faire surface. Lorsqu'on comprend le processus, on s'y habitue, et une grande stabilité s'installe graduellement. On retrouve nos ailes d'Ange et on se sent toujours bien. Mais cela peut demander des années de travail.

Durant tout ce temps, on est amené à rêver et à percevoir des signes qui se présentent dans notre environnement avec une fréquence inégalée. L'étude symbolique des rêves et des signes est complémentaire au travail angélique, car les symboles constituent le vocabulaire du langage de l'inconscient et de l'âme. En apprenant à lire notre vie quotidienne dans le langage symbolique, on réalise que le hasard n'existe pas.

## LES CONSÉQUENCES DU TRAVAIL AVEC LES ANGES

Lorsqu'il est effectué sur une base quotidienne, le travail angélique crée dans l'être une ouverture graduelle du subconscient et de l'inconscient qui se manifeste de plusieurs façons :

– Dans un premier temps, nos états d'âme passent d'un extrême à l'autre, par exemple d'un grand bien-être à de profondes angoisses ;

– L'acuité de nos sens (vue, ouïe, odorat, toucher et goût) augmente de façon considérable, et cela nous amène à développer la clairvoyance, la clairaudience et la clairsentience ;

– Il se produit une augmentation graduelle de la fréquence et de l'intensité des rêves, et on peut mieux les interpréter ;

– L'interprétation des rêves et la lecture des signes du quotidien engendrent des expériences mystiques profondes ;

– On acquiert une grande autonomie spirituelle, car en étudiant les rêves et les signes, on est instruit des différentes étapes de notre parcours initiatique ;

– L'âme acquiert la capacité de sortir du corps et de visiter les différents mondes et dimensions, découvrant ainsi progressivement les secrets de l'Univers.

Le travail avec les Énergies Angéliques nous amène bien au-delà du temps et de l'espace : les Anges nous font voyager à travers les mondes parallèles et les multiples réalités de l'Univers.

## LES ANGES GARDIENS

À sa naissance, l'être humain reçoit trois Anges Gardiens. Leurs Qualités et les distorsions humaines correspondantes indiquent les forces et les faiblesses qu'il devra travailler dans cette vie.

**Le premier Ange Gardien** correspond au corps physique, il guide le monde des actions et on l'identifie grâce au Calendrier Angélique n° 1, à partir de la date de naissance.

**Le deuxième Ange Gardien** correspond aux émotions et aux sentiments. Il indique le potentiel et les vertus que l'on doit travailler sur le plan affectif. On trouve son Nom dans le Calendrier Angélique n° 2, à partir du jour de la naissance.

**Le troisième Ange Gardien** correspond à l'intellect et touche au monde des pensées. On l'identifie grâce au Calendrier Angélique n° 3, au moyen de l'heure de naissance.

Toutefois, l'objectif du travail avec les États de Conscience Angéliques consiste à intégrer non seulement le potentiel de nos trois Anges Gardiens, mais la Connaissance totale que représentent les 72 Anges de cette Tradition millénaire.

# LES CALENDRIERS ANGÉLIQUES

Les pages qui suivent comprennent les trois Calendriers Angéliques, qui permettent à toute personne d'identifier facilement ses Anges Gardiens. Le premier calendrier concerne le plan physique, le deuxième, le plan émotionnel et le troisième, le plan intellectuel.

Le Calendrier Angélique n° 1 est particulièrement utile au travail avec l'Angéologie Traditionnelle. En effet, il fournit un itinéraire de travail en allouant à chaque période de cinq jours dans l'année un Ange particulier.

Pendant des siècles, cet itinéraire a servi à structurer le mouvement naturel de transformation et de mutation de la conscience, mouvement qui guide l'être humain de la conscience ordinaire à la Conscience Angélique.

# CALENDRIER ANGÉLIQUE N° 1
## Plan physique

| | | | | |
|---|---|---|---|---|
| 21 mars | au | 25 mars | 1 | VEHUIAH |
| 26 mars | au | 30 mars | 2 | JELIEL |
| 31 mars | au | 04 avril | 3 | SITAEL |
| 05 avril | au | 09 avril | 4 | ELEMIAH |
| 10 avril | au | 14 avril | 5 | MAHASIAH |
| 15 avril | au | 20 avril | 6 | LELAHEL |
| 21 avril | au | 25 avril | 7 | ACHAIAH |
| 26 avril | au | 30 avril | 8 | CAHETEL |
| 01 mai | au | 05 mai | 9 | HAZIEL |
| 06 mai | au | 10 mai | 10 | ALADIAH |
| 11 mai | au | 15 mai | 11 | LAUVIAH |
| 16 mai | au | 20 mai | 12 | HAHAIAH |
| 21 mai | au | 25 mai | 13 | IEZALEL |
| 26 mai | au | 31 mai | 14 | MEBAHEL |
| 01 juin | au | 05 juin | 15 | HARIEL |
| 06 juin | au | 10 juin | 16 | HEKAMIAH |
| 11 juin | au | 15 juin | 17 | LAUVIAH |
| 16 juin | au | 21 juin | 18 | CALIEL |
| 22 juin | au | 26 juin | 19 | LEUVIAH |
| 27 juin | au | 01 juillet | 20 | PAHALIAH |
| 02 juillet | au | 06 juillet | 21 | NELKHAEL |
| 07 juillet | au | 11 juillet | 22 | YEIAYEL |
| 12 juillet | au | 16 juillet | 23 | MELAHEL |
| 17 juillet | au | 22 juillet | 24 | HAHEUIAH |
| 23 juillet | au | 27 juillet | 25 | NITH-HAIAH |
| 28 juillet | au | 01 août | 26 | HAAIAH |
| 02 août | au | 06 août | 27 | YERATHEL |
| 07 août | au | 12 août | 28 | SEHEIAH |
| 13 août | au | 17 août | 29 | REIYEL |
| 18 août | au | 22 août | 30 | OMAEL |
| 23 août | au | 28 août | 31 | LECABEL |
| 29 août | au | 02 septembre | 32 | VASARIAH |
| 03 septembre | au | 07 septembre | 33 | YEHUIAH |
| 08 septembre | au | 12 septembre | 34 | LEHAHIAH |
| 13 septembre | au | 17 septembre | 35 | CHAVAKHIAH |
| 18 septembre | au | 23 septembre | 36 | MENADEL |

# CALENDRIER ANGÉLIQUE N° 1 (suite)
## Plan physique

| | | | | |
|---|---|---|---|---|
| 24 septembre | au | 28 septembre | 37 | Aniel |
| 29 septembre | au | 03 octobre | 38 | Haamiah |
| 04 octobre | au | 08 octobre | 39 | Rehael |
| 09 octobre | au | 13 octobre | 40 | Ieiazel |
| 14 octobre | au | 18 octobre | 41 | Hahahel |
| 19 octobre | au | 23 octobre | 42 | Mikael |
| 24 octobre | au | 28 octobre | 43 | Veuliah |
| 29 octobre | au | 02 novembre | 44 | Yelahiah |
| 03 novembre | au | 07 novembre | 45 | Sealiah |
| 08 novembre | au | 12 novembre | 46 | Ariel |
| 13 novembre | au | 17 novembre | 47 | Asaliah |
| 18 novembre | au | 22 novembre | 48 | Mihael |
| 23 novembre | au | 27 novembre | 49 | Vehuel |
| 28 novembre | au | 02 décembre | 50 | Daniel |
| 03 décembre | au | 07 décembre | 51 | Hahasiah |
| 08 décembre | au | 12 décembre | 52 | Imamiah |
| 13 décembre | au | 16 décembre | 53 | Nanael |
| 17 décembre | au | 21 décembre | 54 | Nithael |
| 22 décembre | au | 26 décembre | 55 | Mebahiah |
| 27 décembre | au | 31 décembre | 56 | Poyel |
| 01 janvier | au | 05 janvier | 57 | Nemamiah |
| 06 janvier | au | 10 janvier | 58 | Yeialel |
| 11 janvier | au | 15 janvier | 59 | Harahel |
| 16 janvier | au | 20 janvier | 60 | Mitzrael |
| 21 janvier | au | 25 janvier | 61 | Umabel |
| 26 janvier | au | 30 janvier | 62 | Iahhel |
| 31 janvier | au | 04 février | 63 | Anauel |
| 05 février | au | 09 février | 64 | Mehiel |
| 10 février | au | 14 février | 65 | Damabiah |
| 15 février | au | 19 février | 66 | Manakel |
| 20 février | au | 24 février | 67 | Eyael |
| 25 février | au | 29 février | 68 | Habuhiah |
| 01 mars | au | 05 mars | 69 | Rochel |
| 06 mars | au | 10 mars | 70 | Jabamiah |
| 11 mars | au | 15 mars | 71 | Haiaiel |
| 16 mars | au | 20 mars | 72 | Mumiah |

# CALENDRIER ANGÉLIQUE N° 2
## Plan émotionnel

| JANVIER | FÉVRIER | MARS |
|---|---|---|
| 1: #65 DAMABIAH | 1: #25 NITH-HAIAH | 1: #53 NANAEL |
| 2: #66 MANAKEL | 2: #26 HAAIAH | 2: #54 NITHAEL |
| 3: #67 EYAEL | 3: #27 YERATHEL | 3: #55 MEBAHIAH |
| 4: #68 HABUHIAH | 4: #28 SEHEIAH | 4: #56 POYEL |
| 5: #69 ROCHEL | 5: #29 REIYEL | 5: #57 NEMAMIAH |
| 6: #70 JABAMIAH | 6: #30 OMAEL | 6: #58 YEIALEL |
| 7: #71 HAIAIEL | 7: #31 LECABEL | 7: #59 HARAHEL |
| 8: #72 MUMIAH | 8: #32 VASARIAH | 8: #60 MITZRAEL |
| 9: #1 VEHUIAH | 9: #33 YEHUIAH | 9: #61 UMABEL |
| 10: #2 JELIEL | 10: #34 LEHAHIAH | 10: #62 IAHHEL |
| 11: #3 SITAEL | 11: #35 CHAVAKHIAH | 11: #63 ANAUEL |
| 12: #4 ELEMIAH | 12: #36 MENADEL | 12: #64 MEHIEL |
| 13: #5 MAHASIAH | 13: #37 ANIEL | 13: #65 DAMABIAH |
| 14: #6 LELAHEL | 14: #38 HAAMIAH | 14: #66 MANAKEL |
| 15: #7 ACHAIAH | 15: #39 REHAEL | 15: #67 EYAEL |
| 16: #8 CAHETEL | 16: #40 IEIAZEL | 16: #68 HABUHIAH |
| 17: #9 HAZIEL | 17: #41 HAHAHEL | 17: #69 ROCHEL |
| 18: #10 ALADIAH | 18: #42 MIKAEL | 18: #70 JABAMIAH |
| 19: #11 LAUVIAH | 19: #43 VEULIAH | 19: #71 HAIAIEL |
| 20: #12 HAHAIAH | 20: #44 YELAHIAH | 20: #72 MUMIAH |
| 21: #13 IEZALEL | 21: #45 SEALIAH | 21: #1 VEHUIAH |
| 22: #14 MEBAHEL | 22: #46 ARIEL | 22: #2 JELIEL |
| 23: #15 HARIEL | 23: #47 ASALIAH | 23: #3 SITAEL |
| 24: #16 HEKAMIAH<br>#17 LAUVIAH | 24: #48 MIHAEL | 24: #4 ELEMIAH |
| | 25: #49 VEHUEL | 25: #5 MAHASIAH |
| 25: #18 CALIEL | 26: #50 DANIEL | 26: #6 LELAHEL |
| 26: #19 LEUVIAH | 27: #51 HAHASIAH | 27: #7 ACHAIAH |
| 27: #20 PAHALIAH | 28: #52 IMAMIAH | 28: #8 CAHETEL |
| 28: #21 NELKHAEL | 29: #52 IMAMIAH | 29: #9 HAZIEL |
| 29: #22 YEIAYEL | | 30: #10 ALADIAH |
| 30: #23 MELAHEL | | 31: #11 LAUVIAH |
| 31: #24 HAHEUIAH | | |

**Comment trouver son Ange Gardien du plan émotionnel**

Dans le Calendrier Angélique n° 2, les chiffres de la première colonne indiquent les jours du mois, et ceux de la deuxième colonne les nombres associés aux Anges. Par conséquent, votre Ange Gardien du plan émotionnel est celui qui est situé à droite de votre jour de naissance. Par exemple, si vous êtes né le 5 mai, votre Ange du plan émotionnel est le #45 SEALIAH. **Particularités:** 1) L'astérisque (*) qui apparaît à la droite de sept dates de ce Calendrier indique que de minuit

# CALENDRIER ANGÉLIQUE N° 2 (suite)
## Plan émotionnel

| AVRIL | MAI | JUIN |
|---|---|---|
| 1: #12 Hahaiah | 1: #41 Hahahel | 1: #71 Haiaiel |
| 2: #13 Iezalel | 2: #42 Mikael | 2: #72 Mumiah |
| 3: #14 Mebahel | 3: #43 Veuliah | 3: #1 Vehuiah |
| 4: #15 Hariel | 4: #44 Yelahiah | 4: #2 Jeliel |
| 5: #16 Hekamiah | 5: #45 Sealiah | 5: #3 Sitael |
| 6: #17 Lauviah | 6: #46 Ariel | 6: #4 Elemiah |
| 7: #18 Caliel | 7: #47 Asaliah | 7: #5 Mahasiah |
| 8: #19 Leuviah | 8: #48 Mihael | 8: #6 Lelahel |
| 9: #20 Pahaliah | 9: #49 Vehuel | 9: #7 Achaiah |
| 10: #21 Nelkhael | 10: #50 Daniel | 10: #8 Cahetel |
| 11: #22 Yeiayel | 11: #51 Hahasiah | 11: #9 Haziel |
| 12: #23 Melahel | 12: #52 Imamiah | 12: #10 Aladiah |
| 13: #24 Haheuiah | 13: #53 Nanael | 13: * |
| 14: #25 Nith-Haiah | 14: #54 Nithael | 14: #11 Lauviah |
| 15: #26 Haaiah | 15: #55 Mebahiah | 15: #12 Hahaiah |
| 16: #27 Yerathel | 16: #56 Poyel | 16: #13 Iezalel |
| 17: * | 17: #57 Nemamiah | 17: #14 Mebahel |
| 18: #28 Seheiah | 18: #58 Yeialel | 18: #15 Hariel |
| 19: #29 Reiyel | 19: #59 Harahel | 19: #16 Hekamiah |
| 20: #30 Omael | 20: * | 20: #17 Lauviah |
| 21: #31 Lecabel | 21: #60 Mitzrael | 21: #18 Caliel |
| 22: #32 Vasariah | 22: #61 Umabel | 22: #19 Leuviah |
| 23: #33 Yehuiah | 23: #62 Iahhel | 23: #20 Pahaliah |
| 24: #34 Lehahiah | 24: #63 Anauel | 24: #21 Nelkhael |
| 25: #35 Chavakhiah | 25: #64 Mehiel | 25: #22 Yeiayel |
| 26: #36 Menadel | 26: #65 Damabiah | 26: #23 Melahel |
| 27: #37 Aniel | 27: #66 Manakel | 27: #24 Haheuiah |
| 28: #38 Haamiah | 28: #67 Eyael | 28: #25 Nith-Haiah |
| 29: #39 Rehael | 29: #68 Habuhiah | 29: #26 Haaiah |
| 30: #40 Ieiazel | 30: #69 Rochel | 30: #27 Yerathel |
|  | 31: #70 Jabamiah |  |

à midi ces journées-là, c'est l'Ange de la journée précédente qui gouverne, et que de midi à minuit, c'est l'Ange de la journée suivante qui gouverne. Par exemple, l'Ange 27 Yerathel gouverne le 16 avril et le 17 avril jusqu'à midi, et l'Ange 28 Seheiah le 17 avril de midi à minuit ainsi que le 18 avril. **2)** Dans les cas où la date réfère à deux Anges – soit le 24 janvier et le 27 décembre – le premier Ange gouverne de minuit à 18 h 00 et le deuxième de 18 h 00 à minuit.

# CALENDRIER ANGÉLIQUE N° 2 (suite)
## Plan émotionnel

| JUILLET | AOÛT | SEPTEMBRE |
|---|---|---|
| 1: #28 Seheiah | 1: #57 Nemamiah | 1: #15 Hariel |
| 2: #29 Reiyel | 2: #58 Yeialel | 2: #16 Hekamiah |
| 3: #30 Omael | 3: #59 Harahel | 3: #17 Lauviah |
| 4: #31 Lecabel | 4: #60 Mitzrael | 4: #18 Caliel |
| 5: * | 5: #61 Umabel | 5: #19 Leuviah |
| 6: #32 Vasariah | 6: #62 Iahhel | 6: #20 Dahaliah |
| 7: #33 Yehuiah | 7: #63 Anauel | 7: #21 Nelkhael |
| 8: #34 Lehahiah | 8: #64 Mehiel | 8: #22 Yeiayel |
| 9: #35 Chavakhiah | 9: #65 Damabiah | 9: #23 Melahel |
| 10: #36 Menadel | 10: #66 Manakel | 10: #24 Haheuiah |
| 11: #37 Aniel | 11: #67 Eyael | 11: #25 Nith-Haiah |
| 12: #38 Haamiah | 12: #68 Habuhiah | 12: #26 Haaiah |
| 13: #39 Rehael | 13: #69 Rochel | 13: #27 Yerathel |
| 14: #40 Ieiazel | 14: #70 Jabamiah | 14: #28 Seheiah |
| 15: #41 Hahahel | 15: #71 Haiaiel | 15: #29 Reiyel |
| 16: #42 Mikael | 16: #72 Mumiah | 16: #30 Omael |
| 17: #43 Veuliah | 17: #1 Vehuiah | 17: #31 Lecabel |
| 18: #44 Yelahiah | 18: #2 Jeliel | 18: #32 Vasariah |
| 19: #45 Sealiah | 19: * | 19: #33 Yehuiah |
| 20: #46 Ariel | 20: #3 Sitael | 20: #34 Lehahiah |
| 21: #47 Asaliah | 21: #4 Elemiah | 21: * |
| 22: #48 Mihael | 22: #5 Mahasiah | 22: #35 Chavakhiah |
| 23: #49 Vehuel | 23: #6 Lelahel | 23: #36 Menadel |
| 24: #50 Daniel | 24: #7 Achaiah | 24: #37 Aniel |
| 25: #51 Hahasiah | 25: #8 Cahetel | 25: #38 Haamiah |
| 26: * | 26: #9 Haziel | 26: #39 Rehael |
| 27: #52 Imamiah | 27: #10 Aladiah | 27: #40 Ieiazel |
| 28: #53 Nanael | 28: #11 Lauviah | 28: #41 Hahahel |
| 29: #54 Nithael | 29: #12 Hahaiah | 29: #42 Mikael |
| 30: #55 Mebahiah | 30: #13 Iezalel | 30: #43 Veuliah |
| 31: #56 Poyel | 31: #14 Mebahel |  |

**Comment trouver son Ange Gardien du plan émotionnel**

Dans le Calendrier Angélique n° 2, les chiffres de la première colonne indiquent les jours du mois, et ceux de la deuxième colonne les nombres associés aux Anges. Par conséquent, votre Ange Gardien du plan émotionnel est celui qui est situé à droite de votre jour de naissance. Par exemple, si vous êtes né le 5 mai, votre Ange du plan émotionnel est le #45 Sealiah. **Particularités:** 1) L'astérisque (*) qui apparaît à la droite de sept dates de ce Calendrier indique que de minuit

# CALENDRIER ANGÉLIQUE N° 2 (suite)
## Plan émotionnel

| OCTOBRE | NOVEMBRE | DÉCEMBRE |
|---|---|---|
| 1: #44 YELAHIAH | 1: #3 SITAEL | 1: #33 YEHUIAH |
| 2: #45 SEALIAH | 2: #4 ELEMIAH | 2: #34 LEHAHIAH |
| 3: #46 ARIEL | 3: #5 MAHASIAH | 3: #35 CHAVAKHIAH |
| 4: #47 ASALIAH | 4: #6 LELAHEL | 4: #36 MENADEL |
| 5: #48 MIHAEL | 5: #7 ACHAIAH | 5: #37 ANIEL |
| 6: #49 VEHUEL | 6: #8 CAHETEL | 6: #38 HAAMIAH |
| 7: #50 DANIEL | 7: #9 HAZIEL | 7: #39 REHAEL |
| 8: #51 HAHASIAH | 8: #10 ALADIAH | 8: #40 IEIAZEL |
| 9: #52 IMAMIAH | 9: #11 LAUVIAH | 9: #41 HAHAHEL |
| 10: #53 NANAEL | 10: #12 HAHAIAH | 10: #42 MIKAEL |
| 11: #54 NITHAEL | 11: #13 IEZALEL | 11: #43 VEULIAH |
| 12: #55 MEBAHIAH | 12: #14 MEBAHEL | 12: #44 YELAHIAH |
| 13: #56 POYEL | 13: #15 HARIEL | 13: #45 SEALIAH |
| 14: #57 NEMAMIAH | 14: #16 HEKAMIAH | 14: #46 ARIEL |
| 15: #58 YEIALEL | 15: #17 LAUVIAH | 15: #47 ASALIAH |
| 16: #59 HARAHEL | 16: #18 CALIEL | 16: #48 MIHAEL |
| 17: #60 MITZRAEL | 17: #19 LEUVIAH | 17: #49 VEHUEL |
| 18: #61 UMABEL | 18: #20 PAHALIAH | 18: #50 DANIEL |
| 19: #62 IAHHEL | 19: #21 NELKHAEL | 19: #51 HAHASIAH |
| 20: #63 ANAUEL | 20: #22 YEIAYEL | 20: #52 IMAMIAH |
| 21: #64 MEHIEL | 21: #23 MELAHEL | 21: #53 NANAEL |
| 22: #65 DAMABIAH | 22: #24 HAHEUIAH | 22: #54 NITHAEL |
| 23: #66 MANAKEL | 23: #25 NITH-HAIAH | 23: #55 MEBAHIAH |
| 24: #67 EYAEL | 24: #26 HAAIAH | 24: #56 POYEL |
| 25: #68 HABUHIAH | 25: #27 YERATHEL | 25: #57 NEMAMIAH |
| 26: #69 ROCHEL | 26: #28 SEHEIAH | 26: #58 YEIALEL |
| 27: #70 JABAMIAH | 27: #29 REIYEL | 27: #59 HARAHEL |
| 28: #71 HAIAIEL | 28: #30 OMAEL | #60 MITZRAEL |
| 29: #72 MUMIAH | 29: #31 LECABEL | 28: #61 UMABEL |
| 30: #1 VEHUIAH | 30: #32 VASARIAH | 29: #62 IAHHEL |
| 31: #2 JELIEL | | 30: #63 ANAUEL |
| | | 31: #64 MEHIEL |

à midi ces journées-là, c'est l'Ange de la journée précédente qui gouverne, et que de midi à minuit, c'est l'Ange de la journée suivante qui gouverne. Par exemple, l'Ange 27 YERATHEL gouverne le 16 avril et le 17 avril jusqu'à midi, et l'Ange 28 SEHEIAH le 17 avril de midi à minuit ainsi que le 18 avril. **2)** Dans les cas où la date réfère à deux Anges – soit le 24 janvier et le 27 décembre – le premier Ange gouverne de minuit à 18 h 00 et le deuxième de 18 h 00 à minuit.

# CALENDRIER ANGÉLIQUE N° 3
## Plan intellectuel

| | | | | |
|---|---|---|---|---|
| 0 h 00 | à | 0 h 19 | 1 | VEHUIAH |
| 0 h 20 | à | 0 h 39 | 2 | JELIEL |
| 0 h 40 | à | 0 h 59 | 3 | SITAEL |
| 1 h 00 | à | 1 h 19 | 4 | ELEMIAH |
| 1 h 20 | à | 1 h 39 | 5 | MAHASIAH |
| 1 h 40 | à | 1 h 59 | 6 | LELAHEL |
| 2 h 00 | à | 2 h 19 | 7 | ACHAIAH |
| 2 h 20 | à | 2 h 39 | 8 | CAHETEL |
| 2 h 40 | à | 2 h 59 | 9 | HAZIEL |
| 3 h 00 | à | 3 h 19 | 10 | ALADIAH |
| 3 h 20 | à | 3 h 39 | 11 | LAUVIAH |
| 3 h 40 | à | 3 h 59 | 12 | HAHAIAH |
| 4 h 00 | à | 4 h 19 | 13 | IEZALEL |
| 4 h 20 | à | 4 h 39 | 14 | MEBAHEL |
| 4 h 40 | à | 4 h 59 | 15 | HARIEL |
| 5 h 00 | à | 5 h 19 | 16 | HEKAMIAH |
| 5 h 20 | à | 5 h 39 | 17 | LAUVIAH |
| 5 h 40 | à | 5 h 59 | 18 | CALIEL |
| 6 h 00 | à | 6 h 19 | 19 | LEUVIAH |
| 6 h 20 | à | 6 h 39 | 20 | PAHALIAH |
| 6 h 40 | à | 6 h 59 | 21 | NELKHAEL |
| 7 h 00 | à | 7 h 19 | 22 | YEIAYEL |
| 7 h 20 | à | 7 h 39 | 23 | MELAHEL |
| 7 h 40 | à | 7 h 59 | 24 | HAHEUIAH |
| 8 h 00 | à | 8 h 19 | 25 | NITH-HAIAH |
| 8 h 20 | à | 8 h 39 | 26 | HAAIAH |
| 8 h 40 | à | 8 h 59 | 27 | YERATHEL |
| 9 h 00 | à | 9 h 19 | 28 | SEHEIAH |
| 9 h 20 | à | 9 h 39 | 29 | REIYEL |
| 9 h 40 | à | 9 h 59 | 30 | OMAEL |
| 10 h 00 | à | 10 h 19 | 31 | LECABEL |
| 10 h 20 | à | 10 h 39 | 32 | VASARIAH |
| 10 h 40 | à | 10 h 59 | 33 | YEHUIAH |
| 11 h 00 | à | 11 h 19 | 34 | LEHAHIAH |
| 11 h 20 | à | 11 h 39 | 35 | CHAVAKHIAH |
| 11 h 40 | à | 11 h 59 | 36 | MENADEL |

## Plan intellectuel

| | | | | |
|---|---|---|---|---|
| 12 h 00 | à | 12 h 19 | 37 | ANIEL |
| 12 h 20 | à | 12 h 39 | 38 | HAAMIAH |
| 12 h 40 | à | 12 h 59 | 39 | REHAEL |
| 13 h 00 | à | 13 h 19 | 40 | IEIAZEL |
| 13 h 20 | à | 13 h 39 | 41 | HAHAHEL |
| 13 h 40 | à | 13 h 59 | 42 | MIKAEL |
| 14 h 00 | à | 14 h 19 | 43 | VEULIAH |
| 14 h 20 | à | 14 h 39 | 44 | YELAHIAH |
| 14 h 40 | à | 14 h 59 | 45 | SEALIAH |
| 15 h 00 | à | 15 h 19 | 46 | ARIEL |
| 15 h 20 | à | 15 h 39 | 47 | ASALIAH |
| 15 h 40 | à | 15 h 59 | 48 | MIHAEL |
| 16 h 00 | à | 16 h 19 | 49 | VEHUEL |
| 16 h 20 | à | 16 h 39 | 50 | DANIEL |
| 16 h 40 | à | 16 h 59 | 51 | HAHASIAH |
| 17 h 00 | à | 17 h 19 | 52 | IMAMIAH |
| 17 h 20 | à | 17 h 39 | 53 | NANAEL |
| 17 h 40 | à | 17 h 59 | 54 | NITHAEL |
| 18 h 00 | à | 18 h 19 | 55 | MEBAHIAH |
| 18 h 20 | à | 18 h 39 | 56 | POYEL |
| 18 h 40 | à | 18 h 59 | 57 | NEMAMIAH |
| 19 h 00 | à | 19 h 19 | 58 | YEIALEL |
| 19 h 20 | à | 19 h 39 | 59 | HARAHEL |
| 19 h 40 | à | 19 h 59 | 60 | MITZRAEL |
| 20 h 00 | à | 20 h 19 | 61 | UMABEL |
| 20 h 20 | à | 20 h 39 | 62 | IAHHEL |
| 20 h 40 | à | 20 h 59 | 63 | ANAUEL |
| 21 h 00 | à | 21 h 19 | 64 | MEHIEL |
| 21 h 20 | à | 21 h 39 | 65 | DAMABIAH |
| 21 h 40 | à | 21 h 59 | 66 | MANAKEL |
| 22 h 00 | à | 22 h 19 | 67 | EYAEL |
| 22 h 20 | à | 22 h 39 | 68 | HABUHIAH |
| 22 h 40 | à | 22 h 59 | 69 | ROCHEL |
| 23 h 00 | à | 23 h 19 | 70 | JABAMIAH |
| 23 h 20 | à | 23 h 39 | 71 | HAIAIEL |
| 23 h 40 | à | 23 h 59 | 72 | MUMIAH |

# L'ARBRE DE VIE

Dieu peut être considéré comme un immense Ordinateur Cosmique dans lequel nous vivons. Cet Ordinateur Cosmique Vivant détient l'Amour, la Sagesse Suprême, la Perfection et le Pouvoir absolu sur toute la Création et il nous est possible d'en connaître la structure et le fonctionnement. Figure centrale dans l'Enseignement de l'Angéologie Traditionnelle, l'Arbre de Vie (*voir page 587*) illustre la configuration de la conscience universelle et humaine, et constitue donc une clé qui nous permet de déchiffrer les mystères de la Création. L'Arbre de Vie représente les sphères causales, et au fur et à mesure que l'on descend dans l'Arbre, les énergies se densifient de plus en plus pour donner lieu à la matérialisation.

Dans l'Angéologie Traditionnelle, l'Univers est représenté au moyen de dix régions distinctes et interreliées correspondant aux dix premiers nombres, à partir desquels toutes les combinaisons numériques sont possibles. Ces régions sont représentées dans l'Arbre de Vie par des cercles qu'on appelle *Séphira – Sséphiroth* au pluriel. Le terme *Séphira* signifie numération. Il existe une onzième Séphira qui est cachée et qui se situe juste en-dessous de la Séphira Kéther, entre Binah et Hochmah ; elle se nomme Daath et représente la grande Bibliothèque Universelle dans laquelle toutes les informations de l'Univers sont cachées et enregistrées.

En Angéologie, chaque Séphira est identifiée par un Archange et par une correspondance planétaire. Les Séphiroth sont reliées entre elles par des voies de communication appelées *sentiers*, qui correspondent aux 22 lettres de l'alphabet hébreu.

Les Séphiroth peuvent aussi être considérées comme des Mémoires Cosmiques régies par le Créateur et au moyen desquelles Il communique avec nous.

Les Anciens utilisaient l'image de l'arbre pour exprimer le lien, voire l'unité, entre le Ciel et la Terre : les racines enfouies dans le sol, le tronc, les branches, les feuilles et les fruits sont tous solidaires les uns des autres et forment un tout. Aujourd'hui, en ajoutant à ce symbole la notion que Dieu est un Ordinateur Vivant, on peut encore mieux réaliser l'immensité et la puissance de l'Organisation Cosmique. Pour exprimer ces réalités qui dépassent l'entendement humain, il y a dans l'Arbre de Vie – ou l'Ordinateur de Cosmique –, au-dessus de la Séphira Kéther, une région dénommée *Aïn Soph Aour*, qui signifie *Lumière sans fin*.

Les Séphiroth sont positionnées sur trois piliers : celui de droite représente la Clémence, la Puissance masculine, et il comprend les Séphiroth Hochmah, Hésed et Netzach. Le pilier de gauche symbolise la Rigueur, la Puissance féminine, et il comprend les Séphiroth Binah, Guébourah et Hod. Le pilier central représente l'Équilibre, et il comprend les Séphiroth Kéther, (Daath), Tiphereth, Yésod et Malkouth.

L'harmonisation des piliers de droite et de gauche, représentée par le pilier central, signifie l'équilibre des polarités masculine et féminine, équilibre que tout être humain doit atteindre un jour.

## LA CONFIGURATION ANGÉLIQUE DE L'ARBRE DE VIE

Mis à part les Séphiroth Daath et Malkouth, chaque Séphira de l'Arbre de Vie est le domicile d'un groupe de huit Anges qui sont sous la gouverne d'un Archange. La Figure 2 (*voir page 585*) liste la signification des Noms des Séphiroth et des Archanges.

Nous avons donc neuf Séphiroth qui abritent chacune huit Anges, ce qui fait 72 Énergies Angéliques. La Figure 3 (*voir pages 589-590*) montre comment les Anges sont répartis dans les Séphiroth et la signification de leurs Noms.

La représentation de Dieu par le symbole de l'Arbre de Vie est un sujet de méditation permanente. Il en va de même pour le concept de Dieu comme Ordinateur Cosmique. Le contenu de ces symboles est inépuisable en termes de Connaissance.

**Note** : Il est essentiel de comprendre que les Anges ne sont pas moins importants que les Archanges. En effet, ils constituent ensemble la Hiérarchie Divine qui se situe au-delà du bien et du mal, au-delà du concept humain de hiérarchie, et représentent les Qualités et les Pouvoirs du Créateur et de la Conscience Cosmique.

# SIGNIFICATION DES NOMS
# DES SÉPHIROTH ET DES ARCHANGES

## Figure 2

| Séphira | Signification | Archange | Signification |
|---|---|---|---|
| 1 Kéther | la Couronne | Métatron | Qui participe au Trône |
| 2 Hochmah | la Sagesse | Raziel | Secret de Dieu |
| (Daath) | la Bibliothèque Universelle | | |
| 3 Binah | les Lois | Tsaphkiel | Lois de Dieu |
| 4 Hésed | la Clémence | Tsadkiel | Richesse de Dieu |
| 5 Guébourah | la Rigueur | Kamaël | Force de Dieu |
| 6 Tiphereth | la Conscience | Mikaël | À la ressemblance de Dieu |
| 7 Netzach | la Beauté | Haniel | Grâce de Dieu |
| 8 Hod | l'Intelligence | Raphaël | Guérison de Dieu |
| 9 Yésod | le Fondement | Gabriel | Pureté de Dieu |
| 10 Malkouth | le Royaume | Sandalfon | Dieu est ma Lumière (la Force qui unit l'Esprit et la matière) |

# ARBRE DE VIE OU ORDINATEUR COSMIQUE

L'Arbre de Vie est un schéma de la structure de l'Univers d'un point de vue macrocosmique et de l'être humain d'un point de vue microcosmique.

La Hiérarchie Angélique se présente par groupes de huit Anges. Les huit Anges de chacun des groupes sont représentés par un Archange. Il y a neuf groupes de huit Anges, ce qui fait 72 Anges. La 10ᵉ Séphira, appelée Malkouth, représente la Terre.

1. Les Anges 1 à 8 habitent Kéther;
Archange MÉTATRON

2. Les Anges 9 à 16 habitent Hochmah;
Archange RAZIEL

   Daath, la grande Bibliothèque Universelle

3. Les Anges 17 à 24 habitent Binah;
Archange TSAPHKIEL

4. Les Anges 25 à 32 habitent Hésed;
Archange TSADKIEL

5. Les Anges 33 à 40 habitent Guébourah;
Archange KAMAËL

6. Les Anges 41 à 48 habitent Tiphereth;
Archange MIKAËL

7. Les Anges 49 à 56 habitent Netzach;
Archange HANIEL

8. Les Anges 57 à 64 habitent Hod;
Archange RAPHAËL

9. Les Anges 65 à 72 habitent Yésod;
Archange GABRIEL

10. Malkouth; Archange SANDALFON

AÏN SOPH AOUR

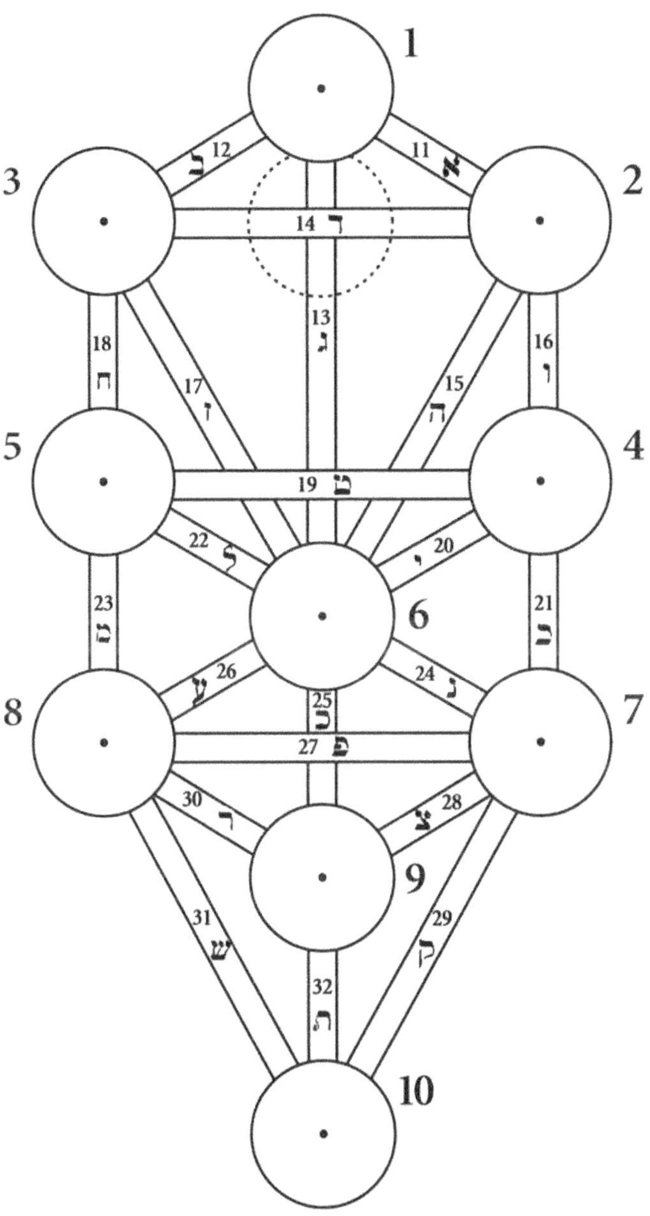

1
2
3
4
5
6
7
8
9
10
11
12
13
14
15
16
17
18
19
20
21
22
23
24
25
26
27
28
29
30
31
32

# SIGNIFICATION DES NOMS DES ANGES

## Figure 3

| Séphira | Archange | Ange | Signification du Nom de l'Ange |
|---|---|---|---|
| 1 Kéther | MÉTATRON | 1 VEHUIAH | Dieu Élevé et Exalté au-dessus de toute chose |
| | | 2 JELIEL | Dieu Conciliateur |
| | | 3 SITAEL | Dieu qui érige l'Univers |
| | | 4 ELEMIAH | Dieu Caché |
| | | 5 MAHASIAH | Dieu Rectificateur |
| | | 6 LELAHEL | Dieu de Beauté |
| | | 7 ACHAIAH | Dieu Bon et Patient |
| | | 8 CAHETEL | Dieu de Bénédiction |
| 2 Hochmah | RAZIEL | 9 HAZIEL | Dieu de Miséricorde |
| | | 10 ALADIAH | Dieu de Grâce Divine |
| | | 11 LAUVIAH | Dieu Loué et Exalté |
| | | 12 HAHAIAH | Dieu Refuge |
| | | 13 IEZALEL | Dieu Fidèle |
| | | 14 MEBAHEL | Dieu qui tient ses promesses |
| | | 15 HARIEL | Dieu Purificateur |
| | | 16 HEKAMIAH | Dieu Loyal |
| 3 Binah | TSAPHKIEL | 17 LAUVIAH | Dieu qui révèle |
| | | 18 CALIEL | Dieu de Justice |
| | | 19 LEUVIAH | Dieu qui se souvient |
| | | 20 PAHALIAH | Dieu de Délivrance |
| | | 21 NELKHAEL | Dieu de la Connaissance |
| | | 22 YEIAYEL | La droite de Dieu |
| | | 23 MELAHEL | Dieu qui délivre des maux |
| | | 24 HAHEUIAH | Dieu Protecteur |
| 4 Hésed | TSADKIEL | 25 NITH-HAIAH | Dieu qui donne la Sagesse |
| | | 26 HAAIAH | Dieu qui harmonise |
| | | 27 YERATHEL | Dieu de la Confiance |
| | | 28 SEHEIAH | Dieu de la Vie Éternelle |
| | | 29 REIYEL | Dieu Libérateur |
| | | 30 OMAEL | Dieu qui multiplie |
| | | 31 LECABEL | Dieu qui inspire |
| | | 32 VASARIAH | Dieu Clément |

| Séphira | Archange | Ange | Signification du Nom de l'Ange |
|---|---|---|---|
| 5 Guébourah | Kamaël | 33 Yehuiah<br>34 Lehahiah<br>35 Chavakhiah<br>36 Menadel<br>37 Aniel<br>38 Haamiah<br>39 Rehael<br>40 Ieiazel | Dieu Initiateur<br>Dieu de l'Obéissance<br>Dieu qui réconcilie<br>Dieu du Travail<br>Dieu des Changements<br>Offrande à Dieu<br>Réceptivité à Dieu<br>Dieu de Réconfort |
| 6 Tiphereth | Mikaël | 41 Hahahel<br>42 Mikael<br>43 Veuliah<br>44 Yelahiah<br>45 Sealiah<br>46 Ariel<br>47 Asaliah<br>48 Mihael | Dieu, Berger des âmes<br>Semblable à Dieu<br>Dieu d'Abondance<br>Serviteur de Dieu<br>Moteur de toutes choses<br>Dieu qui perçoit<br>Dieu qui indique la Vérité<br>Dieu de Fécondité |
| 7 Netzach | Haniel | 49 Vehuel<br>50 Daniel<br>51 Hahasiah<br>52 Imamiah<br>53 Nanael<br>54 Nithael<br>55 Mebahiah<br>56 Poyel | Dieu Grand et Élevé<br>Verbe de Dieu<br>Dieu de la Médecine<br>Dieu Réparateur<br>Communication avec Dieu<br>Dieu de l'Éternelle Jeunesse<br>Dieu qui voit tout<br>Dieu qui soutient l'Univers |
| 8 Hod | Raphaël | 57 Nemamiah<br>58 Yeialel<br>59 Harahel<br>60 Mitzrael<br>61 Umabel<br>62 Iahhel<br>63 Anauel<br>64 Mehiel | Dieu de Discernement<br>Dieu de la Pensée Créatrice<br>Dieu qui connaît toutes choses<br>Dieu qui soulage les opprimés<br>Rencontre de Dieu<br>Être Suprême<br>Dieu Universel<br>Dieu qui vivifie toutes choses |
| 9 Yésod | Gabriel | 65 Damabiah<br>66 Manakel<br>67 Eyael<br>68 Habuhiah<br>69 Rochel<br>70 Jabamiah<br>71 Haiaiel<br>72 Mumiah | Dieu Fontaine de Sagesse<br>Dieu au-dessus du bien et du mal<br>Dieu Sublime<br>Dieu Guérisseur<br>Dieu qui redonne<br>Dieu Accompagnateur<br>Dieu Maître de l'Univers<br>Dieu de Renaissance |

# DESCRIPTION DES SÉPHIROTH

Les Séphiroth sont des Centres de Vie, des transformateurs énergétiques de l'Énergie du Créateur. Dans cette section, nous examinerons brièvement les caractéristiques spécifiques des Séphiroth et leurs correspondances planétaires.

1. SÉPHIRA KÉTHER

   La Séphira Kéther représente le Souffle Primordial qui crée notre Univers, la Volonté Créatrice et la Source d'où provient toute volonté. Elle symbolise le Feu Primordial. Ce Centre de Vie se manifeste symboliquement à travers la planète Neptune, laquelle représente l'inspiration du Dessein Divin.

2. SÉPHIRA HOCHMAH

   Fontaine de Lumière, jaillissement d'Énergie Cosmique à l'état pur, point d'Amour Suprême et de Sagesse, la Séphira Hochmah se manifeste symboliquement à travers la planète Uranus. La Bonté caractéristique de l'énergie uranienne étant étrangère au mal, elle le dissoudra. La planète Uranus représente aussi la fraternité, l'altruisme et l'évolution.

3. SÉPHIRA BINAH

   La Séphira Binah est celle qui délimite les formes. Elle est responsable de toutes les cristallisations, lesquelles permettent à l'Esprit de disposer d'un véhicule physique pour faire ses expériences. Elle représente la Puissance féminine de l'Univers, la Matrice Originelle. En quelque sorte, la Séphira Binah contient le mode d'emploi des Règles et des Lois Cosmiques. Elle se manifeste symboliquement à travers la planète Saturne, qui représente entre autres le sens du devoir, la persévérance, la concentration et la stabilité.

4. SÉPHIRA HÉSED

   Centre de Vie porteur d'abondance, d'organisation, de concrétisation, de pouvoir et d'autonomie, la Séphira Hésed a un caractère paradisiaque. Elle est associée symboliquement à la planète Jupiter, qui représente entre autres l'application des Lois, la sociabilité, l'optimisme et l'expansion en général.

5. SÉPHIRA GUÉBOURAH

   Ce Centre de Vie est la demeure du Chirurgien Céleste, qui *opère* dans les cas où les Lois Cosmiques n'ont pas été respectées. La Séphira Guébourah procure la force et la vigueur, et elle concerne le travail. Elle est associée symboliquement à la planète Mars, qui représente entre autres la franchise, l'activité, le dynamisme et le courage.

6.  SÉPHIRA TIPHERETH

Ce Centre de Vie est celui qui établit la conscience chez l'être humain. Il agit comme lieu de transmission entre les plans de l'Esprit et ceux de la forme. La Séphira Tiphereth constitue la synthèse de toutes les Séphiroth. Elle est symboliquement associée au Soleil, qui représente entre autres la créativité, l'autorité, la synthèse et le rayonnement.

7.  SÉPHIRA NETZACH

Ce Centre de Vie inspire la Beauté. C'est l'aspect de notre divinité intérieure qui nous offre des cadeaux et des solutions heureuses ; c'est la matérialisation de l'Amour. La Séphira Netzach procure le bonheur. Oasis, zone de tranquillité et de bien-être, elle se manifeste symboliquement à travers la planète Vénus, qui représente entre autres les événements heureux, la douceur, le raffinement et l'amour du beau.

8.  SÉPHIRA HOD

Stade final de l'élaboration du plan de vie, la Séphira Hod applique les Lois de la Séphira Binah à un niveau de matérialisation relativement proche du monde physique. Dans l'univers matériel, cette Séphira se manifeste symboliquement par la planète Mercure, qui représente entre autres l'intelligence pratique, la faculté d'analyse, la science des analogies et la capacité de l'intellect humain à discerner le vrai du faux.

9.  SÉPHIRA YÉSOD

Centre producteur d'images, cette Séphira projette la Conscience Supérieure – représentée par la Séphira Tiphereth – vers le bas, donnant lieu à l'acte physique. Ce faisant, elle recueille la synthèse des commandes des autres Séphiroth pour la transmettre à la matérialité. À l'inverse, elle canalise vers le haut l'information provenant de la Séphira Malkouth – c'est-à-dire l'ensemble des connaissances acquises par nos actions dans le plan physique –, la transmettant à la Conscience Supérieure. Dans le plan physique, cette Séphira se manifeste symboliquement par la Lune, qui représente entre autres la réceptivité, la polarité féminine, l'imagination et la fécondité. Sa qualité de neutralité lui permet de transmettre, de densifier et de cristalliser les élans reçus sans les altérer.

10. SÉPHIRA MALKOUTH

Ce Centre de Vie représente le moi physique et il est associé à la planète Terre. Il concerne donc la matérialité.

## CHEMINS ALLER, RETOUR ET DOUBLES

Nous avons vu que les Anges sont répartis en neuf groupes de huit Anges qui partagent une coloration particulière, celle de la Séphira où Ils résident. Or, parmi les huit Anges d'un même groupe, chacun s'exprime dans une autre Séphira que celle de son domicile, à l'exception d'un par groupe qui s'exprime dans la même Séphira. Chaque Ange se distingue donc des Autres de son groupe par sa manière de s'exprimer, qu'on appelle sa spécificité.

Pour comprendre cette idée, faisons une analogie : comparons les séphiroth à des pays qui ont chacun sa culture propre. Si un être du nom de A est né en France et qu'il émigre en Italie, il conservera sa culture d'origine, sauf qu'il devra s'adapter à la mentalité de son pays d'adoption et parler la langue du pays. Ce mouvement décrit ce que l'on appelle un chemin de la France à l'Italie. Le chemin inverse, celui de l'Italie à la France, sera défini, on l'aura deviné, par un être du nom de B qui est né en Italie et qui, parce qu'il émigre en France, devra s'adapter à la culture et s'exprimer dans la langue de son pays d'accueil. Dans cet exemple, les êtres A et B sont vus comme complémentaires.

En gardant la même idée, considérons l'exemple de deux Anges qui sont complémentaires : l'Ange 22 Yeiayel, qui réside dans la sphère Binah et qui trouve sa spécificité ou son expression dans la sphère Netzach, et l'Ange 50 Daniel, qui, à l'inverse, réside dans la séphira Netzach et trouve son expression dans la sphère Binah. Ces deux Anges sont dits complémentaires parce qu'Ils décrivent des chemins qui relient les mêmes Séphiroth, mais en sens inverse l'un par rapport à l'autre. Bien sûr, les Anges qui s'expriment dans la même Séphira que celle où Ils sont domiciliés sont comparables à des êtres qui resteraient toute leur vie dans leur pays d'origine.

Dans l'Arbre de Vie, la Séphira Binah se trouve au-dessus de la Séphira Netzach, si l'on tient compte de l'ordre numérique des Séphiroth. Pour cette raison, l'Ange 22 Yeiayel décrit ce qu'on appelle un *chemin aller*. À l'inverse, l'Ange 50 Daniel décrit un *chemin retour*, car son mouvement est ascendant. Les Anges ont donc été classés par paires d'Anges complémentaires qui définissent dans l'Arbre de Vie des *chemins aller-retour*. La Figure 4 (*voir page 594*) illustre ce concept. Dans ce tableau, on trouve sous le nombre de

# CHEMINS ALLER, RETOUR ET DOUBLES

## Figure 4

| 1 KÉTHER | | |
|---|---|---|
| 1 VEHUIAH | Hochmah | A |
| 2 JELIEL | Binah | A |
| 3 SITAEL | Hésed | A |
| 4 ELEMIAH | Guébourah | A |
| 5 MAHASIAH | Tiphereth | A |
| 6 LELAHEL | Netzach | A |
| 7 ACHAIAH | Hod | A |
| 8 CAHETEL | Yésod | |
| A | | |

| 2 HOCHMAH | | |
|---|---|---|
| 9 HAZIEL | Hochmah | D |
| 10 ALADIAH | Binah | A |
| 17 | | R |
| 11 LAUVIAH | Hésed | A |
| 25 | | R |
| 12 HAHAIAH | Guébourah | A |
| 33 | | R |
| 13 IEZALEL | Tiphereth | A |
| 41 | | R |
| 14 MEBAHEL | Netzach | A |
| 49 | | R |
| 15 HARIEL | Hod | A |
| 57 | | R |
| 16 HEKAMIAH | Yésod | A |
| 65 | | R |

| 3 BINAH | | |
|---|---|---|
| 17 LAUVIAH | Hochmah | R |
| 10 | | A |
| 18 CALIEL | Binah | D |
| 19 LEUVIAH | Hésed | A |
| 26 | | R |
| 20 PAHALIAH | Guébourah | A |
| 34 | | R |
| 21 NELKHAEL | Tiphereth | A |
| 42 | | R |
| 22 YEIAYEL | Netzach | A |
| 50 | | R |
| 23 MELAHEL | Hod | A |
| 58 | | R |
| 24 HAHEUIAH | Yésod | A |
| 66 | | R |

| 4 HÉSED | | |
|---|---|---|
| 25 NITH-HAIAH | Hochmah | R |
| 11 | | A |
| 26 HAAIAH | Binah | R |
| 19 | | A |
| 27 YERATHEL | Hésed | D |
| 28 SEHEIAH | Guébourah | A |
| 35 | | R |
| 29 REIYEL | Tiphereth | A |
| 43 | | R |
| 30 OMAEL | Netzach | A |
| 51 | | R |
| 31 LECABEL | Hod | A |
| 59 | | R |
| 32 VASARIAH | Yésod | A |
| 67 | | R |

| 5 GUÉBOURAH | | |
|---|---|---|
| 33 YEHUIAH | Hochmah | R |
| 12 | | A |
| 34 LEHAHIAH | Binah | R |
| 20 | | A |
| 35 CHAVAKHIAH | Hésed | R |
| 28 | | A |
| 36 MENADEL | Guébourah | D |
| 37 ANIEL | Tiphereth | A |
| 44 | | R |
| 38 HAAMIAH | Netzach | A |
| 52 | | R |
| 39 REHAEL | Hod | A |
| 60 | | R |
| 40 IEIAZEL | Yésod | A |
| 68 | | R |

| 6 TIPHERETH | | |
|---|---|---|
| 41 HAHAHEL | Hochmah | R |
| 13 | | A |
| 42 MIKAEL | Binah | R |
| 21 | | A |
| 43 VEULIAH | Hésed | R |
| 29 | | A |
| 44 YELAHIAH | Guébourah | R |
| 37 | | A |
| 45 SEALIAH | Tiphereth | D |
| 46 ARIEL | Netzach | A |
| 53 | | R |
| 47 ASALIAH | Hod | A |
| 61 | | R |
| 48 MIHAEL | Yésod | A |
| 69 | | R |

| 7 NETZACH | | |
|---|---|---|
| 49 VEHUEL | Hochmah | R |
| 14 | | A |
| 50 DANIEL | Binah | R |
| 22 | | A |
| 51 HAHASIAH | Hésed | R |
| 30 | | A |
| 52 IMAMIAH | Guébourah | R |
| 38 | | A |
| 53 NANAEL | Tiphereth | R |
| 46 | | A |
| 54 NITHAEL | Netzach | D |
| 55 MEBAHIAH | Hod | A |
| 62 | | R |
| 56 POYEL | Yésod | A |
| 70 | | R |

| 8 HOD | | |
|---|---|---|
| 57 NEMAMIAH | Hochmah | R |
| 15 | | A |
| 58 YEIALEL | Binah | R |
| 23 | | A |
| 59 HARAHEL | Hésed | R |
| 31 | | A |
| 60 MITZRAEL | Guébourah | R |
| 39 | | A |
| 61 UMABEL | Tiphereth | R |
| 47 | | A |
| 62 IAHHEL | Netzach | R |
| 55 | | A |
| 63 ANAUEL | Hod | D |
| 64 MEHIEL | Yésod | A |
| 71 | | R |

| 9 YÉSOD | | |
|---|---|---|
| 65 DAMABIAH | Hochmah | R |
| 16 | | A |
| 66 MANAKEL | Binah | R |
| 24 | | A |
| 67 EYAEL | Hésed | R |
| 32 | | A |
| 68 HABUHIAH | Guébourah | R |
| 40 | | A |
| 69 ROCHEL | Tiphereth | R |
| 48 | | A |
| 70 JABAMIAH | Netzach | R |
| 56 | | A |
| 71 HAIAIEL | Hod | R |
| 64 | | A |
| 72 MUMIAH | Yésod | D |

chaque Ange celui de son complément; les chemins aller sont signalés par un **A** et les chemins retour par un **R**.

Quant aux Anges qui trouvent leur expression – ou spécificité – dans la même Séphira que celle où Ils sont domiciliés, soit les Anges 9 Haziel, 18 Caliel, 27 Yerathel, 36 Menadel, 45 Sealiah, 54 Nithael, 63 Anauel et 72 Mumiah, Ils sont dits doubles car leur lieu d'arrivée est le même que leur lieu de départ. Les Anges doubles sont signalés dans le tableau par la lettre **D**.

Il n'existe aucun chemin retour à la Séphira Kéther. Cela s'explique par le fait que cette Séphira symbolise la Volonté Divine.

# TABLEAU DES CORRESPONDANCES ZODIACALES

## Figure 5

| 1 KÉTHER | | 2 HOCHMAH | | 3 BINAH | |
|---|---|---|---|---|---|
| 1 Vehuiah | Bélier | 9 Haziel | Taureau | 17 Lauviah | Gémeaux |
| 2 Jeliel | Bélier | 10 Aladiah | Taureau | 18 Caliel | Gémeaux |
| 3 Sitael | Bélier | 11 Lauviah | Taureau | 19 Leuviah | Cancer |
| 4 Elemiah | Bélier | 12 Hahaiah | Taureau | 20 Pahaliah | Cancer |
| 5 Mahasiah | Bélier | 13 Iezalel | Gémeaux | 21 Nelkhael | Cancer |
| 6 Lelahel | Bélier | 14 Mebahel | Gémeaux | 22 Yeiayel | Cancer |
| 7 Achaiah | Taureau | 15 Hariel | Gémeaux | 23 Melahel | Cancer |
| 8 Cahetel | Taureau | 16 Hekamiah | Gémeaux | 24 Haheuiah | Cancer |

| 4 HÉSED | | 5 GUÉBOURAH | | 6 TIPHERETH | |
|---|---|---|---|---|---|
| 25 Nith-Haiah | Lion | 33 Yehuiah | Vierge | 41 Hahahel | Balance |
| 26 Haaiah | Lion | 34 Lehahiah | Vierge | 42 Mikael | Balance |
| 27 Yerathel | Lion | 35 Chavakhiah | Vierge | 43 Veuliah | Scorpion |
| 28 Seheiah | Lion | 36 Menadel | Vierge | 44 Yelahiah | Scorpion |
| 29 Reiyel | Lion | 37 Aniel | Balance | 45 Sealiah | Scorpion |
| 30 Omael | Lion | 38 Haamiah | Balance | 46 Ariel | Scorpion |
| 31 Lecabel | Vierge | 39 Rehael | Balance | 47 Asaliah | Scorpion |
| 32 Vasariah | Vierge | 40 Ieiazel | Balance | 48 Mihael | Scorpion |

| 7 NETZACH | | 8 HOD | | 9 YÉSOD | |
|---|---|---|---|---|---|
| 49 Vehuel | Sagittaire | 57 Nemamiah | Capricorne | 65 Damabiah | Verseau |
| 50 Daniel | Sagittaire | 58 Yeialel | Capricorne | 66 Manakel | Verseau |
| 51 Hahasiah | Sagittaire | 59 Harahel | Capricorne | 67 Eyael | Poissons |
| 52 Imamiah | Sagittaire | 60 Mitzrael | Capricorne | 68 Habuhiah | Poissons |
| 53 Nanael | Sagittaire | 61 Umabel | Verseau | 69 Rochel | Poissons |
| 54 Nithael | Sagittaire | 62 Iahhel | Verseau | 70 Jabamiah | Poissons |
| 55 Mebahiah | Capricorne | 63 Anauel | Verseau | 71 Haiaiel | Poissons |
| 56 Poyel | Capricorne | 64 Mehiel | Verseau | 72 Mumiah | Poissons |

# LES 72 ANGES
# ANGÉOLOGIE TRADITIONNELLE

Quand on voyage en pays inconnu, les cartes géographiques nous sont bien utiles, voire indispensables. Il en va de même lorsqu'on explore la Conscience. Celle-ci est tellement vaste que lorsqu'on veut y travailler, on a besoin de repères pour éviter de s'y perdre. Chaque rayon de la Conscience est particulier, et l'Angéologie Traditionnelle nous fournit la liste des Qualités de chaque Ange ainsi que celle des distorsions pour nous permettre de les différencier les uns des autres. C'est ce que nous retrouvons dans ce chapitre. La consultation régulière de ces listes comme aide-mémoire nous permet de nous familiariser avec chacun des 72 Anges et de structurer notre travail.

Très anciennes, ces listes sont le produit de siècles de recherche rigoureuse et de travail sur la conscience. Telles que présentées ici, elles ont été adaptées à l'ère contemporaine et en vue d'un usage universel.

Comment utiliser ces listes? Si on invoque un Ange pendant au moins cinq jours, on focalise sur le rayon ou la facette spécifique de notre conscience qu'Il représente. On a alors la possibilité d'observer la manifestation de l'Ange invoqué. Tout dépendant du contenu des mémoires situées sur le rayon touché, l'Ange se manifeste d'une façon pure ou bien fait ressortir nos distorsions. Mais Il se manifeste, c'est absolu. Ainsi on rencontrera dans nos rêves et dans les situations du quotidien exactement les caractéristiques de l'Ange invoqué. En portant attention à nos rêves et aux situations que l'on vit, on peut en reconnaître le contenu dans les listes présentées. Cela nous permet de participer consciemment au travail que l'Ange effectue.

**Note:** Il est important d'interpréter les Qualités et les distorsions d'abord et avant tout en termes de conscience, autrement dit de ne pas les prendre au pied de la lettre.

598

# 1 VEHUIAH

**Qualités:** Volonté Divine • Apporte le Feu Créateur Primordial • Capacité d'entreprendre, de commencer • Succès pour toute nouvelle création • Guide vers un travail inédit et dans un domaine d'avant-garde • Donne l'exemple, sert de modèle, est un leader • Aide à sortir de la confusion et de l'impasse • Regain d'énergie qui permet de guérir la maladie, le mal-être et la dépression • Abondance d'énergie, courage, audace, bravoure • Aime comme si c'était la première fois • Compréhension de sa propre valeur et de la valeur de l'autre, ainsi que de l'importance de l'individualité et de l'intimité • Faculté de concentration, de focalisation sur un objectif • Aide à comprendre le succès et le leadership véritables

*Distorsions: Impose sa volonté, tendance à forcer, contrecarrer ou défier le Destin – Têtu, acharné, autoritaire, imposant – Déclenche la colère, la turbulence – Intervient dans des affaires qui finiront mal – Fonce sans réfléchir, passion dangereuse – Réactions excessives, impétuosité, situations violentes, destruction de l'entourage – Manque de dynamisme et de volonté – Incapacité à déterminer son orientation ou la direction à prendre*

**Physique:** 21 mars au 25 mars **Émotionnel:** 9 janvier, 21 mars, 3 juin, 17 août, 30 octobre **Intellectuel:** 0 h 00 à 0 h 19 **Domicile:** Kéther / **Spécificité:** Hochmah

# 2 JELIEL

**Qualités:** Amour, Sagesse • Touche la vie de couple et la relation à l'autre • Capacité de concrétiser et de consolider n'importe quelle réalité • Association providentielle • Accorde solidité, tranquillité et fécondité • Accorde la fidélité du conjoint • Règle tout litige et tout conflit • Altruiste, cherche à manifester l'amour partout • Médiateur, conciliateur • Unifie les principes masculin et féminin • Convivialité, vie harmonieuse • Verbe puissant qui inspire le calme • Aide à calmer les révolutions intérieures • Capacité de persuasion, lucidité dans l'analyse théorique

*Distorsions: Manque d'amour, absence de sagesse – Difficultés dans la vie de couple et dans la relation avec les autres – Mœurs et comportements pervers, corruption – Mauvaises associations – Conflit perpétuel, querelle, oppression, tyrannie – Désaccord, séparation, divorce – Problèmes avec la sexualité et la relation intime – Célibat égoïste, rejette les enfants par égoisme – Difficulté à rencontrer un conjoint*

**Physique:** 26 mars au 30 mars **Émotionnel:** 10 janvier, 22 mars, 4 juin, 18 août et 19 août de minuit à midi, 31 octobre **Intellectuel:** 0 h 20 à 0 h 39 **Domicile:** Kéther / **Spécificité:** Binah

# 3 SITAEL

**QUALITÉS :** Construction • Maître bâtisseur tant à l'intérieur qu'à l'extérieur • Haute Science • Confère le pouvoir d'expansion, la capacité de tout faire fructifier • Planificateur, grand stratège, doué d'un sens pratique • Administrateur honnête et intègre • Soutien qui permet de vaincre toute difficulté, toute adversité • Capacité de concevoir un enfant, un projet • Aide à prendre conscience de nos erreurs et à transformer nos karmas • Noblesse, magnanimité, générosité, clémence • Fidèle à la parole donnée, pacificateur • Emploi avec d'importantes responsabilités • Architecte et ingénieur au service du Divin • Don pour négocier, enthousiasme • Notoriété sociale et politique

*Distorsions : Destruction, écroulement des structures, période défavorable, ruine – Avidité, excès, stratégie démoniaque – Erreur de préparation, de planification et d'appréciation – Difficulté à concevoir un enfant, un projet – Agressivité, ingratitude, vantardise – Hypocrisie, emphase mise sur la façade, manque d'authenticité – Personne qui ne tient pas ses promesses ou qui n'est pas fidèle à sa parole*

**Physique :** 31 mars au 4 avril **Émotionnel :** 11 janvier, 23 mars, 5 juin, 19 août de midi à minuit et 20 août, 1ᵉʳ novembre **Intellectuel :** 0 h 40 à 0 h 59 **Domicile :** Kéther / **Spécificité :** Hésed

# 4 ELEMIAH

**QUALITÉS :** Pouvoir Divin • Haute Science • Autorité juste, équitable, impartiale • Redressement, découverte d'un nouveau chemin • Force qui aide à passer à l'action, capacité de décision • Participation à la création du Destin • Étude et révélation du plan de vie • Découverte de l'orientation professionnelle • Initiative, entreprise, engagement • Optimisme, fin d'une période difficile • Disparition de l'agitation et des tourments • Permet d'identifier ceux qui nous ont trahis pour faire la paix avec eux

*Distorsions : Pouvoir diabolique orienté vers la satisfaction des besoins personnels – Inertie, tendances destructrices – Échec professionnel, faillite, revers, période de destruction – Pessimisme, tourments, découvertes dangereuses – Trahison, existence de traîtres intérieurs – Avidité et abus de pouvoir – Domination par les autres – Épuisement, à bout de ressources – Complexes de supériorité et d'infériorité*

**Physique :** 5 avril au 9 avril **Émotionnel :** 12 janvier, 24 mars, 6 juin, 21 août, 2 novembre **Intellectuel :** 1 h 00 à 1 h 19 **Domicile :** Kéther / **Spécificité :** Guébourah

# 5 MAHASIAH

**Qualités :** Rectification des erreurs • Réforme, rétablit l'Ordre Divin • Redresse ce qui pousse de travers avant la matérialisation • Facilite l'apprentissage • Capacité de vivre en paix et de jouir des choses simples et naturelles • Réussite des examens • Entrée dans une école initiatique • Analyse des rêves, étude du langage symbolique • Décodage des signes reçus dans la vie quotidienne • Aptitudes pour la Science Initiatique • Amélioration du caractère, existence belle et heureuse • Facilité dans l'apprentissage des langues

*Distorsions : Difficulté à rectifier, réparer, reconnaître et regretter ses erreurs ou à pardonner les erreurs commises par autrui – Tendance à vouloir se venger, rancune, préjugés, arrogance – Malfaisant, pernicieux – Ignorance – Libertinage, abus sexuels – Dénégation de ses propres erreurs, mauvais caractère, difficile à vivre – Difficulté à apprendre, mauvais choix, autoritarisme – Adhésion à un mouvement spirituel pour fuir la réalité – Santé précaire*

**Physique :** 10 avril au 14 avril **Émotionnel :** 13 janvier, 25 mars, 7 juin, 22 août, 3 novembre **Intellectuel :** 1 h 20 à 1 h 39 **Domicile :** Kéther / **Spécificité :** Tiphereth

# 6 LELAHEL

**Qualités :** Lumière Divine qui guérit tout (Lumière d'Amour) • Lucidité, clarté de compréhension • Renommée, bonheur, fortune • Embellissement, beauté naturelle • Miroir de l'âme • Art de bien s'exprimer dans la société • Célébrité par le talent et les réalisations • Artiste

*Distorsions : Manque d'amour empêchant la guérison et la compréhension – Ambition – Porte des masques, personnalités multiples – Beauté extérieure seulement – Se pense indispensable – Complexes de supériorité et d'infériorité – Dépenses inutiles, gaspillage – Tendance à tout prendre pour acquis – Fortune acquise illicitement (argent sale) – Arrivisme, orgueil – Axé uniquement sur l'aspect matériel des choses et des êtres – Utilise son charme à des fins personnelles et égoïstes – Vit au-dessus de ses moyens – Situation instablee*

**Physique :** 15 avril au 20 avril **Émotionnel :** 14 janvier, 26 mars, 8 juin, 23 août, 4 novembre **Intellectuel :** 1 h 40 à 1 h 59 **Domicile :** Kéther / **Spécificité :** Netzach

# 7 ACHAIAH

QUALITÉS : Patience • Découverte du rôle de la patience dans le processus de Création de l'Univers • Exploration des dimensions intérieures, aide à découvrir la Vérité • Bonne utilisation des périodes d'attente • Facilité dans l'exécution de travaux difficiles • Force bénéfique à l'utilisation des ordinateurs et à la programmation • Faculté d'introspection et discernement permettant de découvrir les aspects cachés, occultés • Propagateur de la Lumière (de la Connaissance) • Facilite la diffusion médiatique par les ordinateurs, la télévision, la radio, la presse et l'édition • Soutien pour réussir les examens et résoudre les problèmes difficiles, donne le goût de s'instruire • Aide à découvrir les secrets cachés, à trouver des solutions inédites

*Distorsions : Impatience, révolte, résignation – Paresse, négligence, insouciance, ignorance – N'a aucune envie d'apprendre, n'étudie pas – Échec aux examens, désarroi face aux situations nouvelles – Paralysie face à l'adversité – Problèmes avec les ordinateurs et la programmation – Écarté des postes de commande – Manipulation médiatique, recherche de gloire personnelle – Incompréhension – Ne tient pas ses promesses*

**Physique :** 21 avril au 25 avril **Émotionnel :** 15 janvier, 27 mars, 9 juin, 24 août, 5 novembre
**Intellectuel :** 2 h 00 à 2 h 19 **Domicile :** Kéther / **Spécificité :** Hod

# 8 CAHETEL

QUALITÉS : Bénédiction Divine • Gratitude • Matérialise la Volonté Divine • Enfantement, accouchement • Réussite facile, progrès, aide à changer de mode de vie • Grande capacité de travail, vie active • Richesse matérielle • Terres fertiles, récoltes abondantes, nourriture pour l'âme • Harmonie avec les Lois Cosmiques • Patron des quatre éléments : feu, air, eau, terre • Libère des mauvais esprits

*Distorsions : Manque de gratitude – Personne excessivement centrée sur elle-même, qui ne suit que ses propres intérêts, comportement prédateur – Échec matériel, ruine – Agit contre le Destin, se rebelle contre son plan de vie et contre le Programme Cosmique, Divin – Activités inutiles et stériles – Volontarisme excessif, rigidité – Despotisme, orgueil, mauvais caractère, blasphème – Fortune utilisée uniquement à des fins matérielles – Pluies torrentielles, inondations, eaux polluées – Climat catastrophique, incendies – Sentiments troubles, agression, transgression – Agit à l'encontre des lois, corruption, écrase les autres*

**Physique :** 26 avril au 30 avril **Émotionnel :** 16 janvier, 28 mars, 10 juin, 25 août, 6 novembre
**Intellectuel :** 2 h 20 à 2 h 39 **Domicile :** Kéther / **Spécificité :** Yésod

# 9 HAZIEL

**Qualités :** Amour Universel • Miséricorde Divine • Don du pardon, réconciliation • Bonne foi • Confiance, sincérité • Bonté qui absout tout mal • Énergie puissante qui transforme tout négativisme • Appui, soutien, amitié, grâce, faveur des puissants • Promesse, engagement • Altruisme, désintéressement • Pureté de l'enfance

*Distorsions : Difficulté à aimer et à être aimé et/ou absence d'amour – Possessivité, jalousie, passion, peur d'aimer et d'être aimé – Haine, guerre, non-réconciliation – Hypocrite, trompe les autres – Manipule pour obtenir la faveur des puissants – Rancœur, malveillance, hostilité*

**Physique :** 1ᵉʳ mai au 5 mai **Émotionnel :** 17 janvier, 29 mars, 11 juin, 26 août, 7 novembre
**Intellectuel :** 2 h 40 à 2 h 59 **Domicile :** Hochmah / **Spécificité :** Hochmah


# 10 ALADIAH

**Qualités :** Grâce Divine qui absout et pardonne toute faute • Dissout tout karma • Abondance spirituelle et matérielle • Innocence • Réinsertion dans la société • Grand pouvoir de guérison • Régénération, santé florissante • Aide les défavorisés • Nouveau départ, seconde chance

*Distorsions : Attitudes et comportements générant des problèmes et des difficultés karmiques – Répétition des erreurs et des actes manqués – Spiritualité dangereuse, faux gourou – Gaspillage – Promesses non tenues – Crimes cachés – Déchéance morale – Négligence – Nonchalance, indifférence, mollesse – Mauvaise santé, karma difficile – Boulimie, excès sexuels, luxure – Malfaiteur, personne qui enfreint la loi, prisonnier*

**Physique :** 6 mai au 10 mai **Émotionnel :** 18 janvier, 30 mars, 12 juin et 13 juin de minuit à midi, 27 août, 8 novembre **Intellectuel :** 3 h 00 à 3 h 19 **Domicile :** Hochmah / **Spécificité :** Binah

# 11 LAUVIAH

**QUALITÉS :** Victoire • Renommée, célébrité, réussite • Expertise • Vie de dévouement • Altruisme, bonté, gentillesse • Reçoit la Lumière de Dieu • Confiance, enthousiasme, joie • Réussite des initiations • Amour exalté pour l'Œuvre Divine • Entreprises utiles et profitables pour l'humanité • Peut tout obtenir des grands de ce monde • Organisation Cosmique

*Distorsions : Difficulté à réussir, à avoir du succès, échec – Joue des rôles pour plaire, manque d'authenticité, hyper positivisme – Focalisation excessive sur la renommée, la célébrité, la notoriété, ou tendance à les rejeter et à se contenter d'une vie médiocre – Vise trop haut ou trop bas – Envie, jalousie, orgueil, calomnie, utilise la ruse pour réussir – Extravagance, ambition, avidité de pouvoir – Matérialisme excessif, veut jouir uniquement des ressources physiques – Débordements émotionnels, dépendance affective – Manque de confiance et/ou difficulté à avoir confiance en autrui – Œuvres perverses – Foudre, réprimande de l'Intelligence Cosmique*

**Physique :** 11 mai au 15 mai **Émotionnel :** 19 janvier, 31 mars, 13 juin de midi à minuit et 14 juin, 28 août, 9 novembre **Intellectuel :** 3 h 20 à 3 h 39 **Domicile :** Hochmah / **Spécificité :** Hésed

# 12 HAHAIAH

**QUALITÉS :** Refuge, période de calme, de repos • Méditation, intériorisation, amour de la solitude • Favorise le sommeil, aide à se ressourcer, à renouveler son énergie et à rétablir l'équilibre entre la vie intime et la vie sociale • Inspire à prendre soin autant de notre monde intérieur que de notre maison, notre foyer • Appréciation de la propreté et de l'ordre • Harmonisation intérieure par la remise en question de soi • Transforme les attitudes destructrices • Isole les tendances négatives dans un cercle énergétique • Examen de la vie personnell • Dissolution de l'agressivité • Facilite l'interprétation des rêves, donne accès aux mystères occultes • Accorde la paix, protège • Accroît la médiumnité • Attitude positive, discrétion

*Distorsions : Tendance à se retirer, à s'isoler, à s'évader, à fuir ou à refuser de faire face à ses responsabilités ; ou comportement hyperactif par lequel l'être cherche à camoufler ses problèmes, ses soucis et insécurités, ses blessures ou difficultés émotionnelles – Indépendance excessive, attitude d'ermite – Période de stress et d'agitation, manque de temps pour soi, difficulté à s'intérioriser et à méditer – Excès ou manque de vie sociale – Comportement asocial – Tendance à entretenir, nourrir, ruminer des problèmes émotionnels ou à refuser de leur faire face, ou à bouder, à faire la tête – Impulsivité, agressivité – Dépendances – Négativisme, indiscrétion – Mensonge, abus de confiance, trahison, amertume, ressentiment, résignation, rancune – Hallucinations – Supercherie et élucubrations de médiums déséquilibrés – Confusion entre les rêves et la réalité – Phobies : agoraphobie, claustrophobie, etc.*

**Physique :** 16 mai au 20 mai **Émotionnel :** 20 janvier, 1ᵉʳ avril, 15 juin, 29 août, 10 novembre **Intellectuel :** 3 h 40 à 3 h 59 **Domicile :** Hochmah / **Spécificité :** Guébourah

# 13 IEZALEL

**Qualités :** Fidélité • Réconciliation, affinité • Facilité d'apprentissage • Mémoires heureuses • Amitié, rassemblements • Fidèle serviteur • Préparation des rencontres • Fidèle aux Principes Divins • Donne forme à l'unité, à l'union • Complémentarité et équilibre entre le masculin et le féminin • Ordre, harmonie

*Distorsions : Infidélité – Enchaînement, passion – Focalisation excessive sur les besoins personnels et la vie sociale – Veut plaire à tout le monde – Blesse les enfants, détruit le mariage et la famille, séparation, divorce – Engendre des karmas lourds de conséquences – Ignorance, erreur – Esprit limité – Tendance à ne pas tirer de leçons des expériences vécues – Éloignement des êtres aimés – Mensonge, tricherie – Ne souhaite pas apprendre – Influence négative sur les autres et sur les situations*

**Physique :** 21 mai au 25 mai **Émotionnel :** 21 janvier, 2 avril, 16 juin, 30 août, 11 novembre **Intellectuel :** 4 h 00 à 4 h 19 **Domicile :** Hochmah / **Spécificité :** Tiphereth

# 14 MEBAHEL

**Qualités :** Engagement • Aide humanitaire, altruisme • Devise : Vérité, Liberté, Justice • Amour inconditionnel • Inspiration en provenance des Mondes Supérieurs • Libère les opprimés et les prisonniers • Aide ceux qui ont perdu l'espoir • Équité, aime la justesse, l'exactitude, la précision et les choix justes, rétablit l'ordre naturel • Respect de l'environnement • Exorcisme • Médiation, arbitrage • Abondance, richesse, élévation des sens

*Distorsions : Difficulté à s'engager ou désengagement – Ne tient pas ses promesses, manque à sa parole – Aide les autres de manière excessive ou insuffisante – Sentiment d'être mal aimé ou rejeté – Problèmes avec la vérité et la justice, mensonge, faux témoignage, calomnie – Procès, accusation, captivité, emprisonnement – Malfaiteur, criminel – Usurpation, lutte intérieure, adversité, oppression – Forces démoniaques – Dynamique tyran/victime – S'identifie à la loi et aux conventions sociales – Marche à contrecourant*

**Physique :** 26 mai au 31 mai **Émotionnel :** 22 janvier, 3 avril, 17 juin, 31 août, 12 novembre **Intellectuel :** 4 h 20 à 4 h 39 **Domicile :** Hochmah / **Spécificité :** Netzach

# 15 HARIEL

**QUALITÉS :** Purification • Pureté des mœurs, innocence • Sentiments spirituels • Découverte de nouvelles méthodes, inventions utiles • Inspiration pour les scientifiques et les artistes • Blanchit la conscience en lui infusant simultanément la Loi et la Connaissance • Procure une grande lucidité, éveille le discernement • Rétablit la communication entre l'individualité et la personnalité • Libère de la paralysie, de ce qui empêche d'agir • Libère de toutes les formes de dépendance

*Distorsions : Puritanisme – Perfectionnisme excessif, trop focalisé sur les détails, manque de vision globale – Caractère compliqué – Se rend complice des forces de l'abîme – Prêt à mourir pour imposer ou défendre une vérité non naturelle – Terrorisme, extrémisme – Esprit sectaire – Échec, effondrement – Lutte contre l'ordre naturel – Mentalité desséchante, esprit excessivement analytique, tendance à disséquer exagérément – Discernement faussé, jugement erroné, principes inversés – Séparatisme*

**Physique:** 1ᵉʳ juin au 5 juin **Émotionnel:** 23 janvier, 4 avril, 18 juin, 1ᵉʳ septembre, 13 novembre **Intellectuel:** 4 h 40 à 4 h 59 **Domicile:** Hochmah / **Spécificité:** Hod

# 16 HEKAMIAH

**QUALITÉS :** Loyauté aux Principes Divins • Attitude royale • Respect des engagements • Coordonnateur, pacificateur • Franchise, noblesse • Obtient des responsabilités • Libérateur • Amour Universel • Devient un leader, un chef, un président • Organisation politique et sociale

*Distorsions : Traîtrise, trahison, guerre, révolte – Mode de vie marqué par l'arrogance, le snobisme – Complexes de supériorité et d'infériorité – Envie, jalousie – Matérialisme excessif – Écartèlement, déchirement – Fait obstacle aux réalisations de notre nature supérieure – Égoïsme, amour trop personnel, passion – Complot, manigance – Provoque la dissidence dans le groupe, discorde, désaccord – Sentiment d'être diminué, servilité – Irresponsable – Idolâtre, égocentrique, mégalomane*

**Physique:** 6 juin au 10 juin **Émotionnel:** 24 janvier de 0 h à 18 h, 5 avril, 19 juin, 2 septembre, 14 novembre **Intellectuel:** 5 h 00 à 5 h 19 **Domicile:** Hochmah / **Spécificité:** Yésod

# 17 LAUVIAH

**Qualités :** Révélations • Faculté de compréhension intuitive, sans analyse et sans étude, télépathie, connaît les mécanismes de la psyché • Agit contre les tourments et la tristesse • État permanent de joie, ascension spirituelle • Don pour la musique, la poésie, la littérature et la philosophie transcendantes, transcendantales • Hautes Sciences • Fait percevoir les grands mystères de l'Univers et les Lois Cosmiques pendant la nuit, révélations reçues en rêve, en songe et en méditation • Pénètre l'inconscient

*Distorsions : Vit dans l'illusion, n'est pas assez ancré dans la réalité concrète – Ignorance, fausses perceptions, comportement erroné, athéisme, ne tient pas ses promesses – Tourments, dépression, tristesse – Insomnie, hyperactivité – Angoisse existentielle, anxiété, décrochage, marginalité choisie ou imposée – Prophète de malheur, esprit malsain et trompeur – Attitude hautaine, arrogante – Entêtement, mauvaise perception, problèmes matériels – Manque de foi, d'enthousiasme et de confiance en soi et envers les autres – Décalage entre le corps et l'esprit, se perd dans l'abstrait – Science sans conscience – Difficulté à exprimer le Savoir*

**Physique :** 11 juin au 15 juin **Émotionnel :** 24 janvier de 18 h à 24 h, 6 avril, 20 juin, 3 septembre, 15 novembre **Intellectuel :** 5 h 20 à 5 h 39 **Domicile :** Binah / **Spécificité :** Hochmah

# 18 CALIEL

**Qualités :** Vérité absolue • Élimine tout doute, innocente • Justice Divine, vision karmique • Tribunal de conscience • Discerne ce qui est juste • Compréhension de l'interaction entre le bien et le mal • Respect des Lois Divines • Jugement parfait, honnêteté • Juge, magistrat, avocat, notaire • Intégrité, amour de la justice • Aide à découvrir la Vérité, à retrouver la source d'élévation • Compréhension que seul le fait d'être juste peut amener la paix, la quiétude, le bien-être intérieur • Capacité à deviner les intentions

*Distorsions : Problèmes avec la vérité et la justice – Condamnation – Utilise la justice uniquement pour s'enrichir matériellement – Cherche à gagner, rivalise – Faux témoin, fausse preuve, flatterie – Procès injuste, adversité – Scandale, bassesse, corruption, malhonnêteté, fausseté – Situation confuse et embrouillée – S'éloigne de la Vérité, période ténébreuse*

**Physique :** 16 juin au 21 juin **Émotionnel :** 25 janvier, 7 avril, 21 juin, 4 septembre, 16 novembre **Intellectuel :** 5 h 40 à 5 h 59 **Domicile :** Binah / **Spécificité :** Binah

# 19 LEUVIAH

**Qualités :** Intelligence expansive • Mémoire des vies antérieures, Mémoire Cosmique • Capacité de mémorisation prodigieuse • Porte de la Mémoire, Gardien des Archives de Daath (Bibliothèque Universelle) • Maîtrise des sentiments par la raison, grande patience • État d'âme communicatif, modestie, mentalité généreuse • Rend capable de supporter l'adversité avec patience et acceptation • Disponibilité à aider ceux qui en ont besoin

*Distorsions : Problèmes d'intelligence, perte des facultés intellectuelles – Perfectionniste à outrance, n'est intéressé que par le gain matériel – Souvenirs inutiles, amnésie, trous de mémoire – Atrocités commises dans des vies passées – Chagrin, mortification, stérilité, esprit borné, méfiance – Tristesse, morosité, désespoir, attitude plaintive – Fait subir des pertes, induit l'amertume, personne compliquée – Accuse et culpabilise les autres – Manipule en utilisant les désirs, tente d'impressionner – Absence de chaleur humaine, incapacité à exprimer des sentiments – Met l'intelligence au service des forces obscures*

**Physique :** 22 juin au 26 juin **Émotionnel :** 26 janvier, 8 avril, 22 juin, 5 septembre, 17 novembre
**Intellectuel :** 6 h 00 à 6 h 19 **Domicile :** Binah / **Spécificité :** Hésed

# 20 PAHALIAH

**Qualités :** Délivrance • Transcendance de la sexualité, pureté de l'intimité, fusion sexuelle divine dans le couple, fidélité • Éveil de la kundalini, de l'énergie vitale • Sujets concernant la spiritualité et la morale • Connaissance du bien et du mal • Pureté, consent à des sacrifices pour évoluer • Rectification des erreurs commises par des désirs exaltés • Établit des règles dans le comportement instinctuel, rigueur • Aide à traverser les épreuves avec courage et dynamisme • Comportement moral irréprochable, grand initié • Rédemption, rencontre avec le Moi Supérieur • Vie spirituelle harmonieuse

*Distorsions : Abus de pouvoir, fanatisme, violence extrême – Lutte acharnée, destin difficile, rigidité – Problèmes avec la sexualité et/ou rejet de la vie sexuelle – Infidélité, libertinage, liaisons passagères, débauche – Abus et gaspillage sexuels, prostitution – Abattement, découragement, craintes, maladie – Ne croit pas en une Puissance Supérieure, transgresse les Lois Divines – Recherche de possessions matérielles – Religieux à la lettre, cherche à convertir*

**Physique :** 27 juin au 1ᵉʳ juillet **Émotionnel :** 27 janvier, 9 avril, 23 juin, 6 septembre, 18 novembre
**Intellectuel :** 6 h 20 à 6 h 39 **Domicile :** Binah / **Spécificité :** Guébourah

# 21 NELKHAEL

**QUALITÉS :** Facilite l'apprentissage • Amour des études, réussite des examens • Omniscience • Faculté d'aller du concret à l'abstrait, de la réalité à l'idée • Don pour les sciences, la technologie et la poésie • Compréhension de la géométrie, de l'astronomie, de l'astrologie et des mathématiques • Inspire les savants et les philosophes • Conscience de l'Organisation Cosmique • Bonne concentration, faculté de comprendre les bienfaits de la récitation de mantras pour accéder à la Connaissance, recevoir des réponses et entrer en contact avec les mondes parallèles • Anticipation • Protège contre les calomnies, les pièges et les sortilèges • Exorcisme par la Connaissance • Enseignant, pédagogue par excellence

*Distorsions : Difficultés d'apprentissage – Problèmes avec les examens, tendance à stresser – Veut plaire aux autres – Recherche le succès à tout prix, études motivées par l'ambition – Attitude hautaine – Complexes de supériorité et d'infériorité – Ignorance, apprend sans comprendre – Recherche et utilise la Connaissance à des fins personnelles – Rejette l'apprentissage, mentalité faible, se perd dans l'abstrait – Préjugés, comportement vindicatif – Constructions mentales erronées – Incapable d'appliquer la Connaissance – Envoûtement par manque de Connaissance*

**Physique :** 2 juillet au 6 juillet **Émotionnel :** 28 janvier, 10 avril, 24 juin, 7 septembre, 19 novembre
**Intellectuel :** 6 h 40 à 6 h 59 **Domicile :** Binah / **Spécificité :** Tiphereth

# 22 YEIAYEL

**QUALITÉS :** Renommée, célébrité • Mécénat, philanthropie • Activités politiques, artistiques et scientifiques • Grande générosité • Encourage la bonté • Commandement, leadership, diplomatie • Fortune, prospérité, affaires, commerce, altruisme • Permet de faire des découvertes surprenantes • Voyages

*Distorsions : Mégalomanie, tyrannie, esclavage – Orgueil, répression – Manipulation, acharnement, compétition, comportement profiteur – Se sent non reconnu, désire être riche et célèbre – Difficulté à se reconnaître soi-même – Avidité, insatiabilité – Perte de reconnaissance – Sentiments contradictoires – Vie déséquilibrée, immobilisme, résistance à changer, à s'améliorer, à progresser – Difficultés dans le domaine des affaires, des entreprises, du commerce*

**Physique :** 7 juillet au 11 juillet **Émotionnel :** 29 janvier, 11 avril, 25 juin, 8 septembre, 20 novembre
**Intellectuel :** 7 h 00 à 7 h 19 **Domicile :** Binah / **Spécificité :** Netzach

# 23 MELAHEL

**QUALITÉS :** Capacité de guérir • Médecin, guérisseur, pharmacologue, scientifique • Naturopathie, herboristerie, sciences naturelles • Connaît les propriétés des plantes médicinales • Faculté d'agir soi-même comme une plante médicinale • Nourriture et culture saines • Aptitude à comprendre que les aliments sains et bien combinés sont de véritables remèdes • Connaissance de tous les cycles et étapes de la chaîne alimentaire • Appréciation et gratitude pour l'Abondance Divine, que l'on ne prend pas pour acquise • Pacifisme, apaisement • Maîtrise des émotions, faculté de s'adapter à toute situation • Foi qui anticipe la Connaissance • Protection de l'environnement, respect de la nature • Initié aux secrets des forces de la nature • Capacité de comprendre les bienfaits multidimensionnels d'une nutrition végétarienne ou végétalienne saine et bien équilibrée

*Distorsions : Maladie, malaise, mal-être – Médecine sans conscience – Utilise la médecine uniquement pour s'enrichir matériellement – Pollution nuisible à la végétation et à l'environnement – Sentiments et entreprises corrompus – Difficulté à exprimer ce que l'on ressent et à improviser – Agriculture et nourriture artificielles – Esprit polluant et destructeur, pensées malsaines*

**Physique :** 12 juillet au 16 juillet **Émotionnel :** 30 janvier, 12 avril, 26 juin, 9 septembre, 21 novembre **Intellectuel :** 7 h 20 à 7 h 39 **Domicile :** Binah / **Spécificité :** Hod

# 24 HAHEUIAH

**QUALITÉS :** Protection • Police, armée, avocat, juge • Avertissement en cas de danger • Honnêteté, incorruptibilité • Bloque le mal, rend justice • Protège les exilés et les immigrés • Protège contre les voleurs et les assassins • Protège contre les forces démoniaques • Protège contre les animaux nuisibles • Protège contre les sortilèges et les maléfices • Aide à retourner au Pays d'Origine • Sincérité, aime la Vérité • Fin d'une période difficile • Bonne intuition, capacité d'anticiper, de savoir à l'avance ce qui se passera • Aide à accepter un jugement et à comprendre qu'il est en accord avec la Justice Divine • Active le souhait de réparer les karmas qu'on a générés

*Distorsions : Problèmes relatifs à la protection – Abus de pouvoir, police, armée et/ou système juridique affectés par la corruption – Difficulté à obtenir justice ou à l'appliquer – Incompréhension du sens de l'épreuve – Instabilité, incohérence, égarement – Sentiment de vengeance, persécution, punition – Fuite devant les responsabilités – Indifférence, froideur émotionnelle – Forces démoniaques – Vit de moyens illicites, pose des gestes illégaux – Délinquant, criminel, récolte les fruits de la violence – Fraude, vol, emprisonnement – Victime de la rigidité judiciaire*

**Physique :** 17 juillet au 22 juillet **Émotionnel :** 31 janvier, 13 avril, 27 juin, 10 septembre, 22 novembre **Intellectuel :** 7 h 40 à 7 h 59 **Domicile :** Binah / **Spécificité :** Yésod

# 25 NITH-HAIAH

**Qualités :** Porteur de la Sagesse et de l'Amour Suprêmes • Maîtrise des forces spirituelles • Étude de la métaphysique et de la Kabbale • Compréhension de la notion du temps • Entend la musique des Hautes Sphères • Semblable aux Anges • Peut tout obtenir • Découverte des mystères cachés de la Création • Révélations reçues en songe et en rêve, facilite les visions • Aide à trouver un lieu pour méditer • Aime la paix, la solitude et le silence, personne calme • Magie blanche, souhait du bien-être d'autrui • Charisme spirituel

*Distorsions : Amour et sagesse illusoires – Magie noire, pacte satanique – Prêt à tout pour atteindre son but – Faux pouvoirs spirituels – Manipulateur spirituel qui agit avec un complexe de supériorité – Incapacité à percevoir la magie de la vie et à accéder à ses multiples dimensions – Renonce à Dieu, au concept d'un Créateur Universel, athéisme – Possession, ensorcellement – Malheur, désespoir – Intérêt matériel, égocentrisme – Agité, incohérent, impatient – Va à l'encontre du Destin et des Lois Universelles*

**Physique:** 23 juillet au 27 juillet **Émotionnel:** 1ᵉʳ février, 14 avril, 28 juin, 11 septembre, 23 novembre **Intellectuel:** 8 h 00 à 8 h 19 **Domicile:** Hésed / **Spécificité:** Hochmah

# 26 HAAIAH

**Qualités :** Discrétion • Capacité de bien structurer le pouvoir et l'abondance • Conseiller guidé par la Sagesse • Faculté de garder et gérer les secrets d'État, les dossiers confidentiels des gouvernements, l'accès aux informations et connaissances qui doivent rester occultées • Sens de l'organisation et de la famille • Contemplation des Structures Divines • Sciences politiques, harmonise la vie sociale • Cohabitation pacifique • Respect de l'Ordre Divin • Capacité de s'adapter à toute situation • Attitudes scientifiques et politiques en accord avec la Science Divine • Leader politique et social, catalyseur, administrateur, décideur, diplomate, ambassadeur, justicier • Permet de savoir comment se comporter lors de situations ambiguës • Cherche la Vérité par le biais de la raison • Créateur d'ambiances positives, constructives, moteur de l'esprit d'équipe

*Distorsions : Indiscrétion, égocentrisme, problèmes familiaux et/ou sociaux – Difficultés en lien avec la politique, la prise de décision, l'administration, l'organisation – Motivé par l'ambition et la convoitise, jalousie, orgueil, vanité, passion – Fuit ses responsabilités, son plan de vie – Désir de pouvoir et de gloire terrestres, abus d'autorité et de pouvoir, esprit de compétition, loi de la jungle – Désordre social, anarchie, conspiration, traîtrise – Impose son point de vue, n'écoute pas les autres – Complexes d'infériorité et de supériorité – Conséquences négatives d'actions désordonnées*

**Physique:** 28 juillet au 1ᵉʳ août **Émotionnel:** 2 février, 15 avril, 29 juin, 12 septembre, 24 novembre **Intellectuel:** 8 h 20 à 8 h 39 **Domicile:** Hésed / **Spécificité:** Binah

# 27 YERATHEL

**QUALITÉS :** Confiance • Source d'Énergie inépuisable • Propagation de la Lumière • Créateur d'ambiance, optimisme • Enseignement par la parole et l'écriture, diffusion sociale • Civilise, sociabilise • Libère des calomniateurs et des intentions malveillantes • Libère en cas de possession • Aime la justice, les sciences, la littérature et les arts en général • Libère de ceux qui s'opposent à notre développement • Disperse la confusion, conduit à la réussite

*Distorsions : Manque de confiance en soi et/ou d'estime de soi ; ou surconfiance et problèmes d'égo – Activités superficielles – Hyperactivité, manque de concentration, de focalisation et de sagesse – Veut plaire à tout le monde – Est prêt à tout pour avoir du succès, être reconnu et apprécié – Dispersion, surexcitation – Possession, esclavage – Gaspillage – Dépendances, habitudes perverses, fanatisme – Désir compulsif de plaire, provocation – Joueur compulsif – Égoïsme, flatterie, emphase mise sur le paraître – Loi de la jungle, méchanceté, ignorance, intolérance, calomnie – Sciences et arts destructifs*

**Physique :** 2 août au 6 août **Émotionnel :** 3 février, 16 avril et 17 avril de minuit à midi, 30 juin, 13 septembre, 25 novembre **Intellectuel :** 8 h 40 à 8 h 59 **Domicile :** Hésed / **Spécificité :** Hésed

# 28 SEHEIAH

**QUALITÉS :** Prévoyance • Longévité heureuse • Protection contre la foudre, les chutes, les accidents, les incendies et les maladies • Guérison miraculeuse, réhabilitation, santé • Protection providentielle, Assurance Céleste • Accorde la Sagesse via l'examen des expériences vécues • Pressentiment, inspiration protectrice • Prudence, capacité de prévoir les événements • Grand calme

*Distorsions : Imprévoyance, imprudence, inquiétude profonde – Problèmes de longévité, peur du changement et de la mort – Anxiété, peur du futur – Activités superficielles qui servent de compensation – Est toujours inquiet et préoccupé pour les autres, manque de confiance dans le Destin et les plans de vie prévus par l'Intelligence Cosmique pour tout un chacun – Incohérence – Chute, accident, maladie – Ruine, tumulte, turbulence – Déclenche des catastrophes – Action irréfléchie, écervelée, étourderie – Énergie tourbillonnante – Volonté excessive, caractère colérique – Paralysie intérieure et extérieure*

**Physique :** 7 août au 12 août **Émotionnel :** 4 février, 17 avril de midi à minuit et 18 avril, 1er juillet, 14 septembre, 26 novembre **Intellectuel :** 9 h 00 à 9 h 19 **Domicile :** Hésed / **Spécificité :** Guébourah

# 29 REIYEL

**Qualités :** Libération • Aime les grands espaces, les hautes montagnes et la nature en général • Conduit vers les Hauts Sommets • Libère du mal, des sortilèges et des ensorcellements • Non attaché au credo (n'appartient à aucun groupe religieux ni à aucune secte) • Amélioration de la vie par la méditation et l'étude de soi • Confiance, diffusion de la Vérité • Citoyen libre de l'Univers, vision globale • Science du comportement • Recherche de la Vérité, détachement matériel • Conception, réalisation, production • Découvre les mystères de l'Œuvre Divine par la méditation • Travail inspiré par le Divin et réalisé avec une conscience supérieure • Établit un lien avec les guides spirituels

*Distorsions : Situation limitative, impasse, manque de liberté à différents niveaux – Veut à tout prix être le premier et/ou le meilleur – Ambition, cupidité, manipulation – Est trop aérien ou trop terre-à-terre – Méfiance, fanatisme, hypocrisie – Propagation d'idées fausses et dangereuses – Ensorcellement, mauvaises fréquentations – Sectarisme, bigoterie, lutte religieuse – Endoctrinement, nationalisme – Prisonnier – Opposition aux réalisations altruistes – Philosophie matérialiste, plaisirs mondains*

**Physique :** 13 août au 17 août **Émotionnel :** 5 février, 19 avril, 2 juillet, 15 septembre, 27 novembre
**Intellectuel :** 9 h 20 à 9 h 39 **Domicile :** Hésed / **Spécificité :** Tiphereth

# 30 OMAEL

**Qualités :** Multiplication • Matérialisation, développement, expansion • Production, réalisation, application, planification • Patience, sens des responsabilités • Rétablit la santé, amène la guérison, touche le corps médical • Fécondité, naissance, touche les femmes enceintes • Épanouissement, joie, antidépresseur vivant • Reconstituant et tonifiant • Patron des règnes végétal et animal • Favorise la plantation et les récoltes • Redécouverte de l'enfant intérieur

*Distorsions : Succès superficiel, philosophie matérialiste – Ambition, avidité, cupidité, est prêt à tout pour gagner, attitude mondaine – Stérilité, insuccès, échec répétitif, pauvreté – Matérialisation corrompue, manque de planification et d'organisation – Impatience – Vivisection (dissection sur le vivant) – Euthanasie, suicide, porteur de mort – Génocide, extermination, expériences monstrueuses, fureur dévastatrice – Tristesse, dépression, désespoir – Mauvaises récoltes*

**Physique :** 18 août au 22 août **Émotionnel :** 6 février, 20 avril, 3 juillet, 16 septembre, 28 novembre
**Intellectuel :** 9 h 40 à 9 h 59 **Domicile :** Hésed / **Spécificité :** Netzach

# 31 LECABEL

**QUALITÉS :** Talent pour résoudre les énigmes de la Vie • Amour de l'exactitude et de la précision • Excellence, recherche de l'ordre à tous les niveaux • Lucidité, intellect puissant, trouve des solutions pratiques • Maîtrise des émotions par la raison • Stratège, gestionnaire, ingénieur, architecte, agronome • Décideur, créateur, concepteur, planificateur de l'avenir, directeur d'entreprise • Étude des sciences exactes • Idées lumineuses et génératrices d'abondance • Révélation des Processus Cosmiques par l'observation de l'infiniment petit • Respect des étapes et des cycles, planification à long terme

*Distorsions : Manque de talent, d'inspiration, d'idées, et/ou frustration résultant du fait qu'on n'arrive pas à utiliser, à déployer pleinement ses propres talents – Manipule et exploite les autres – Insécurités qui poussent la personne à être obsédée par le succès – Moyens illicites, affaires louches, trafic de drogue – Opportuniste, malhonnête, avare – Gère de manière trop analytique, perfectionniste insatisfait – Laisser-aller, négligence, je-m'en-foutisme, gaspillage – Mauvaise utilisation du capital et des ressources, pertes en affaires, faillite, problèmes insolubles, agit trop hâtivement – Possessivité, s'attache aux résultats, essaie de forcer le Destin – Joueur compulsif*

**Physique :** 23 août au 28 août **Émotionnel :** 7 février, 21 avril, 4 juillet et 5 juillet de minuit à midi, 17 septembre, 29 novembre **Intellectuel :** 10 h 00 à 10 h 19 **Domicile :** Hésed / **Spécificité :** Hod


# 32 VASARIAH

**QUALITÉS :** Clémence • Capacité de pardonner • Grande sagesse qui aide à réfléchir, planifier, trouver des solutions, résoudre des problèmes • Planificateur, penseur, stratège • Bonté, bienveillance, magnanimité • Modestie, amabilité • Compréhension du sens de l'épreuve • Aide à se libérer du sentiment de culpabilité • Noblesse, droiture, sens élevé de la justice • Pardon naturel • Juge, magistrat, avocat • Don oratoire • Écoute profonde qui permet la compassion, l'empathie • Confère l'accès à la Mémoire Cosmique, Connaissance du bien et du mal • Mentalité généreuse

*Distorsions : Manque de clémence, difficulté à pardonner – Sagesse déficiente, manque de bonté, difficulté ou incapacité à planifier, réfléchir, trouver des solutions, résoudre des problèmes – Vengeance – Injuste, ignoble, rancunier – Culpabilité, accusation, condamnation – Fuite face aux responsabilités, difficulté à discerner le bien du mal – Résiste à évoluer, nourrit des intentions nuisibles aux autres – Puritain, moraliste, influence néfaste – Maladie pouvant s'aggrave – Focalise sur les mauvais souvenirs – Présomptueux, impoli, mal élevé – Orgueilleux, matérialiste*

**Physique :** 29 août au 2 septembre **Émotionnel :** 8 février, 22 avril, 5 juillet de midi à minuit et 6 juillet, 18 septembre, 30 novembre **Intellectuel :** 10 h 20 à 10 h 39 **Domicile :** Hésed / **Spécificité :** Yésod

# 33 YEHUIAH

**QUALITÉS :** Subordination • Autorité juste et constructive, leadership de haut niveau • Bonne dynamique de travail avec ses supérieurs, capacité de créer un esprit d'équipe et de travailler en collaboration étroite avec des personnes importantes • Faculté de comprendre globalement la structure d'une entreprise, d'une mission, d'une réalité, etc., de planifier des projets importants, d'assumer de grandes responsabilités • Appréciation, reconnaissance et confiance de la part des supérieurs • Inspire la confiance et la loyauté • Aptitude à supporter de hautes tensions, des initiations puissantes • Aide à lâcher prise, écarte les confrontations • Fidélité à ce qui est supérieur, honnêteté • Capacité de reconnaître la véritable Hiérarchie • Conscience de sa place dans l'Ordre Cosmique • Permet de démasquer les traîtres et de découvrir les machinations • Soutient les initiatives altruistes, induit le sens du devoir • Donne lieu à des découvertes scientifiques • Personne de confiance • Engagement, contrat, alliance, association philanthropique

*Distorsions : Insubordination, problèmes avec l'autorité et la hiérarchie – Rébellion, confrontation, résistance ou refus d'exécuter les ordres, agressivité – Ne supporte pas la hiérarchie, écarté ou retiré des postes de commande – Confronte les ordres d'En Haut – Perversité, désirs multiples, manque de fermeté et de force morales pour faire ce qui est juste – Marginalité, quête de l'inutile, abandon – Conflit, trahison inscrite dans le code génétique, dans l'inconscient – Mépris – Complexes de supériorité et d'infériorité – Plaisirs mondains, tendance à abuser des privilèges – Manque de loyauté, trahison – Problèmes d'égo – Impose sa volonté et sa présence, comportement dictateur – Rigidité, colère*

**Physique :** 3 septembre au 7 septembre **Émotionnel :** 9 février, 23 avril, 7 juillet, 19 septembre, 1ᵉʳ décembre **Intellectuel :** 10 h 40 à 10 h 59 **Domicile :** Guébourah / **Spécificité :** Hochmah

# 34 LEHAHIAH

**QUALITÉS :** Obéissance • Fidèle serviteur • Confiance et faveur des supérieurs • Discipline, sens de l'ordre • Loyauté, dévouement, actions altruistes • Soumis aux Lois Divines et à l'autorité qui les représente • Consacre sa vie au service d'un ordre établi (chef de gouvernement, ministre, président, directeur) • Intelligence, paix, harmonie, est à l'aise même dans l'ambiguïté • Compréhension de la Justice Divine • Incorruptibilité, intégrité, sens des responsabilités • Capacité d'accepter la rigueur de sa destinée sans protester • Obéissance sans forcément comprendre

*Distorsions : Désobéissance – Problèmes avec l'autorité – Complexes d'infériorité et de supériorité – Personne déloyale, non fiable, en qui on ne peut pas avoir confiance – Lois injustes, autoritarisme, dictature – Manque d'autorité, incompréhension – Esprit compétitif, opposition, contredit pour avoir raison – Colère dangereuse, agressivité, traîtrise, déclenche la ruine, la destruction – Rigidité, frustration, conflits avec ses supérieurs – Discorde, rébellion, violence, guerre – Nature émotive, tendance à se révolter contre les lois – Rejet, impulsivité, absence de réceptivité*

**Physique :** 8 septembre au 12 septembre **Émotionnel :** 10 février, 24 avril, 8 juillet, 20 septembre et 21 septembre de minuit à midi, 2 décembre **Intellectuel :** 11 h 00 à 11 h 19 **Domicile :** Guébourah / **Spécificité :** Binah

# 35 CHAVAKHIAH

**QUALITÉS :** Réconciliation • Relations familiales harmonieuses • Confiance, aide et support familiaux • Conscience du sens sacré des liens familiaux • Capacité de faire émerger la Sagesse ancestrale • Rapproche les êtres, renoue les liens • Sciences humaines et sociales • Aime la paix, médiateur, conciliateur • Loyauté récompensée, services appréciés • Héritage, partage des biens, dons • Retour au paradis perdu

*Distorsions : Problèmes familiaux, disputes, querelles, désunion – Difficultés et discorde en lien avec l'héritage – Jalousie, envie, trahison – Attachement excessif, malsain, possessivité, essaie de contrôler les autres – Problèmes en lien avec des traditions familiales anciennes – Attachement au passé, maintien de coutumes et de schémas de fonctionnement ancestraux et familiaux dépassés et injustes – Mariage forcé – Veut à tout prix plaire à la famille, dépendance émotionnelle et matérielle – Absence de liens, égoïsme – Procès injustes – Offense – Ruine – Esprit borné, sectarisme, nationalisme, racisme – Maladies héréditaires – Problèmes humanitaires – Désorganisation et désordre sur le plan social*

**Physique :** 13 septembre au 17 septembre **Émotionnel :** 11 février, 25 avril, 9 juillet, 21 septembre de midi à minuit et 22 septembre, 3 décembre **Intellectuel :** 11 h 20 à 11 h 39 **Domicile :** Guébourah / **Spécificité :** Hésed

# 36 MENADEL

**QUALITÉS :** Travail • Vocation, coopération, serviabilité, altruisme • Contremaître de l'Usine Divine • Aide à trouver un emploi • Procure des moyens de subsistance • Vérité et liberté trouvées dans le travail • Travail intérieur, facilite l'adaptation • Libère les prisonniers et les exilés • Compréhension du travail • Procure la volonté pour se mettre au travail • Récupération de son propre potentiel • Dévouement

*Distorsions : Problèmes reliés au travail et aux activités professionnelles – Fait son travail pour être aimé – Excès ou manque de travail – Vit uniquement pour son travail, s'identifie principalement à son rôle et son statut social – Philosophie matérialiste – Esclavage – Perte d'emploi, difficulté à trouver un emploi – Exil, fuite, paresse, évite les responsabilités – Manque d'objectifs et d'intensité, rareté des idées – Personne trop affairée dans la matière – Épuisement, froideur, isolement – Incompréhension du sens profond du travail – Essaie de forcer, de contrecarrer ou de défier le Destin, cherche la réussite à tout prix – Recherche de gloire personnelle*

**Physique :** 18 septembre au 23 septembre **Émotionnel :** 12 février, 26 avril, 10 juillet, 23 septembre, 4 décembre **Intellectuel :** 11 h 40 à 11 h 59 **Domicile :** Guébourah / **Spécificité :** Guébourah

# 37 ANIEL

**Q**UALITÉS : Brise les vieux schémas • Aide à comprendre les cycles de la vie et de l'évolution • Étude de l'histoire, des causes et des conséquences • Compréhension de la Loi du karma, du fait qu'on attire ce qu'on est et qu'on récolte ce qu'on sème • Changement de mentalité, nouvelles idées • Développe une volonté d'indépendance • Aide à purifier les mémoires négatives en lien avec la sexualité, la dépendance affective ainsi que toute autre forme de dépendance • Maîtrise face aux impulsions intellectuelles et émotionnelles intenses • Autonomie spirituelle • Libère des forces et émotions négatives • Porteur de nouvelles sciences et de nouvelles conceptions de l'Univers • Encourage la nouveauté

*Distorsions : Difficulté, refus ou peur de changer – Tendance à vivre dans les mémoires du passé – Philosophe matérialiste, mentalité trop terre-à-terre – Incompréhension ou ignorance de la Loi du karma, du fait qu'on récolte ce qu'on sème – Résistance face aux nouveaux courants – Attachement aux structures anciennes, à ce qui est ancien – Assujettissement à la matière – Tourne en rond en ressassant les mêmes pensées – Lutte acharnée pour maintenir le statu quo – Charlatan, esprit pervers et trompeur – Traditionaliste farouche – Dépendances de toutes sortes – Parle de ce qu'il ne connaît pas*

**Physique :** 24 septembre au 28 septembre **Émotionnel :** 13 février, 27 avril, 11 juillet, 24 septembre, 5 décembre **Intellectuel :** 12 h 00 à 12 h 19 **Domicile :** Guébourah / **Spécificité :** Tiphereth

# 38 HAAMIAH

**Q**UALITÉS : Sens des rituels et des préparations • Stratège, planificateur • Aime faire des choses, préparer des repas, s'occuper d'autrui, etc. • Conduit vers les plus hautes réalisations humaines • Transpose le rituel dans le quotidien • Science du comportement, de la conduite • Beauté, harmonie, paix • Savoir-vivre, politesse, convivialité • Haut lieu de transcendance • Exorcisme • Dissout la violence intérieure et extérieure • Aide à trouver le parfait complément • Histoire d'amour extraordinaire • Sexualité vécue divinement, dans une conscience sacrée • Rituels, cérémonies, initiations • Adore le Divin

*Distorsions : Manque d'implication ou difficultés en lien avec la préparation et les rituels – Facultés de stratège et de planificateur limitées, insuffisantes – N'aime pas faire des choses, préparer des repas, prendre soin des autres, etc. – Égoïsme, manque de considération pour les autres – Impatience – Manque de politesse, de gentillesse, de savoir-vivre – Trop perfectionniste, fait les choses par insécurité ou par peur de manquer de ressources – Suit des rituels ou s'y soumet pour plaire aux autres, pour être accepté et aimé – Refuse ou craint le mariage, absence ou manque d'amour véritable – Mensonge, erreur, refus de respecter les règles, comportement manipulateur – Absence de spiritualité ou concepts spirituels faux, non authentiques – Adorateur de monuments – Cultes, rituels et cérémonies de magie noire – Démon, esprit malveillant, possession, agression, violence – Guidé par des intérêts matériels*

**Physique :** 29 septembre au 3 octobre **Émotionnel :** 14 février, 28 avril, 12 juillet, 25 septembre, 6 décembre **Intellectuel :** 12 h 20 à 12 h 39 **Domicile :** Guébourah / **Spécificité :** Netzach

# 39 REHAEL

**QUALITÉS :** Soumission, réceptivité • Grande sensibilité • Humilité, capacité à accueillir et à accepter ce qui nous est révélé par la Loi de la résonance • Ouverture de conscience générant une compréhension profonde • Respect de la Hiérarchie • Capacité d'écouter les autres • Confère la confiance des supérieurs • Parfaite soumission à des parents et à une autorité justes • Amour paternel • Obéissance et respect • Guérison des maladies mentales, des dépressions et de l'angoisse • Régénération

*Distorsions : Problèmes avec la soumission, tendance à être trop soumis ou à refuser de se soumettre, insubordination, rébellion – Manque de réceptivité et d'ouverture – Hypersensibilité ou insensibilité – Difficulté à être à l'écoute des autres, est trop centré sur soi – Attitude mégalomane – Irrespect de la hiérarchie sur tous les plans – Crime contre les parents et les enfants – Projections des parents sur leurs enfants, de ce qu'ils n'ont pas réussi – Violence, haine, cruauté – Autoritarisme – Impose l'obéissance avec une sévérité cruelle – Maladies mentales – Problèmes émotionnels – Anxiété, angoisse, dépression, suicide*

**Physique :** 4 octobre au 8 octobre **Émotionnel :** 15 février, 29 avril, 13 juillet, 26 septembre, 7 décembre **Intellectuel :** 12 h 40 à 12 h 59 **Domicile :** Guébourah / **Spécificité :** Hod

# 40 IEIAZEL

**QUALITÉS :** Consolation, réconfort • Appréciation, phase de renouveau • Consolation après les efforts • Restaure et revitalise le corps, aide à récupérer la pleine forme • Empêche les débordements émotionnels • Aide à maîtriser la passion et les énergies très intenses • Libère des conditionnements affectifs et des dépendances de toutes sortes (alcool, drogue, etc.) • Délivre les prisonniers • Fin d'une période d'épreuves ou de situations difficiles, marque une nouvelle période plus facile • Apporte paix, harmonie et réjouissance • Commencement d'une nouvelle création • Touche l'écriture, les éditeurs, l'imprimerie, les libraires, les bibliothèques, la lecture, la musique, la peinture et les arts en général

*Distorsions : Difficulté à réconforter les autres – Manque d'intimité et de renouveau – Pensées pessimistes, tristesse – Accumulation de problèmes, épreuves, période difficile – Éclatements et débordements émotionnels – Dépendances, passion, sentiments tumultueux – Découragement, manque de confiance – Tendance à fuir la vie sociale, réclusion – Maladie pouvant entraîner la mort – Écrits malheureux, tristes, pessimistes – Musique et autres formes d'art destructrices*

**Physique :** 9 octobre au 13 octobre **Émotionnel :** 16 février, 30 avril, 14 juillet, 27 septembre, 8 décembre **Intellectuel :** 13 h 00 à 13 h 19 **Domicile :** Guébourah / **Spécificité :** Yésod

# 41 HAHAHEL

**QUALITÉS :** Mission • Fidèle serviteur • Donne inconditionnellement • Berger des âmes, missionnaire • Vocation en rapport avec la spiritualité • Attise la foi • Richesse spirituelle • Non-attachement aux mondanités • Agit dans l'invisible de manière impersonnelle et détachée • Prévient des ennemis de la spiritualité • Révèle le Créateur Universel • Capacité de se sacrifier, grandeur d'âme • Leadership, courage, capacité de faire de grands efforts pour aider et soutenir autrui • Compréhension du sens et du but de la Vie • Grand Sage • Visionnaire, sait ce qui doit être fait et quand le faire • Méditation active, capacité de méditer tout en étant en action • Consacre sa vie au Divin • Guide spirituel • Faculté de marier l'Esprit et la matière

*Distorsions :* *Difficulté à trouver ou à reconnaître sa mission et à comprendre le sens et le but de l'existence – Philosophie matérialiste, égoïsme, manque d'altruisme – Se sent écarté, isolé, seul, nourrit des décalages à l'intérieur de soi, sentiment d'être séparé des autres – Rigidité, extrémisme spirituel – Fait mauvais usage de son autorité – Cherche à convaincre – S'identifie aux martyrs, se sent persécuté – Combat ce qu'il ne peut pas être – Comportement scandaleux – Échoue dans ses projets – Fausse vertu, basée sur l'apparence seulement – Renie sa divinité – Ennemi de la spiritualité – Moquerie, mépris, haine – Inquisition, extrémisme religieux*

**Physique :** 14 octobre au 18 octobre **Émotionnel :** 17 février, 1er mai, 15 juillet, 28 septembre, 9 décembre **Intellectuel :** 13 h 20 à 13 h 39 **Domicile :** Tiphereth / **Spécificité :** Hochmah

# 42 MIKAEL

**QUALITÉS :** Ordre politique • Instaure sur la Terre les Lois du Ciel • Sens de l'organisation sociale et spirituelle • Structure le succès et l'expansion • Planification sage et prévoyante • Aide à comprendre l'adversité • Connaissance du bien et du mal • Procure la lucidité et la vision globale • Démasque les traîtres • Permet de découvrir les secrets, les mystères • Autorité naturelle, obéissance, fidélité • Président, chef, responsable, ministre, ambassadeur, consul • Enseignant • Sécurité et protection lors de voyages • Protège contre les accidents • Succès dans les relations extérieures • Instruit et enseigne pendant la nuit • Instaure le Pouvoir absolu de l'Esprit

*Distorsions :* *Problèmes politiques et sociaux, désordre, difficultés sur le plan organisationnel – Abus de pouvoir ou incapacité à décider et à être un bon dirigeant – Difficulté à prévoir et à planifier avec sagesse, se perd dans les détails, dans les aspects techniques – Envie, jalousie, trahison – Mauvais enseignant ou leader, ne donne pas le bon exemple – Complexes de supériorité et d'infériorité – Système démocratique qui légalise l'expression des bas instincts – Double jeu, gouvernement corrompu – Profère des paroles qui ne correspondent pas à la Pensée Divine – Trahison des idéaux, propagateur de fausses nouvelles – Mensonge, calomnie, diffamation, conspiration, traîtrise – Accidents*

**Physique :** 19 octobre au 23 octobre **Émotionnel :** 18 février, 2 mai, 16 juillet, 29 septembre, 10 décembre **Intellectuel :** 13 h 40 à 13 h 59 **Domicile :** Tiphereth / **Spécificité :** Binah

# 43 VEULIAH

**QUALITÉS :** Prospérité • Richesse, abondance, joie, enrichit la conscience • Abondance de sentiments nobles • Fin stratège pour vaincre les ennemis intérieurs et extérieurs • Compréhension du fait que l'argent est une énergie que l'on peut employer à bon ou à mauvais escient • Aptitude à utiliser la prospérité de manière responsable, juste et altruiste • Commerce, affaires, finances (système bancaire, comptabilité, etc.), administration, management • Fait tout fructifier, rend service aux autres • Autorité naturelle, confiance de la part des supérieurs • Ouverture de conscience qui libère des motivations obscures et des habitudes vicieuses et pernicieuses • Paix, plénitude • Prépare le futur patronat • Donne inconditionnellement • Visionnaire, faculté de prévoir et de planifier en avance • Philanthrope • Compréhension du fait qu'on récolte ce que l'on sème

*Distorsions :* *Prospérité artificielle et illusoire, philosophie matérialiste – Gaspillage d'argent et d'énergie, recherche de paradis artificiels – Discorde, perte de privilèges, ruine, pauvreté – Insécurité profonde, inquiétude face à l'avenir – Avarice, vol, richesse recherchée et obtenue par des moyens illicites – Pense que l'argent peut tout acheter – Égoïsme, égotisme – Esprit limité, borné, aveuglé par le pouvoir personnel – Complexes de supériorité et d'infériorité – Abus de pouvoir, lutte existentielle – Division, séparatisme, révolution, guerre, destruction – Comportements et actes générateurs de karmas, de problèmes futurs – Endommagement et destruction de l'environnement – Manque d'amour et de sagesse – Mégalomanie*

**Physique :** 24 octobre au 28 octobre **Émotionnel :** 19 février, 3 mai, 17 juillet, 30 septembre, 11 décembre **Intellectuel :** 14 h 00 à 14 h 19 **Domicile :** Tiphereth / **Spécificité :** Hésed

# 44 YELAHIAH

**QUALITÉS :** Guerrier de Lumière, Armée Céleste • Protecteur Universel • Guide spirituel • Application de la Justice Divine • Capacité de résoudre les conflits créés par notre comportement • Aide dans les initiations • Talent militaire au service des justes causes • Vie orientée vers la liquidation des dettes karmiques • Fait remporter la victoire et installe la paix • Capacité de s'affirmer positivement, de manière respectueuse et constructive • Franchise, loyauté, courage, bravoure • Succès dans les entreprises • Sagesse acquise • Compréhension du fonctionnement des frontières dans les mondes parallèles • Accorde le Passeport universel • Aide à bénéficier de la confiance des supérieurs • Obéissance à ce qui est juste • Grande faculté d'aider les autres

*Distorsions :* *Prétend être un guerrier de Lumière, extrémisme spirituel – Impose sa volonté, ses convictions, sa croyance, essaie de contrôler les autres – Mission diabolique, forces démoniaques – Abus de pouvoir, dictature, mégalomanie – Fanatisme, terrorisme – Guerre, fléau, comportement agressif, brutal, vindicatif – Massacre et traitement impitoyable de prisonniers – Infraction des lois, criminel, malfaiteur – Emprisonnement – Injustice – Tendance au surmenage*

**Physique :** 29 octobre au 2 novembre **Émotionnel :** 20 février, 4 mai, 18 juillet, 1er octobre, 12 décembre **Intellectuel :** 14 h 20 à 14 h 39 **Domicile :** Tiphereth / **Spécificité :** Guébourah

# 45 SEALIAH

**Qualités :** Motivation, pureté des intentions • Volonté retrouvée, concentration, focalisation • Ardeur, enthousiasme, espoir • Ressort, réveil, moteur de l'Univers qui réveille les endormis • Redémarre ce qui est embourbé • Redonne l'espoir aux humiliés et aux déchus • Confond les orgueilleux et les vaniteux • Exalte la conscience • Retour à l'équilibre de la force vitale • Porteur de santé et de guérison • Patron des quatre éléments : feu, air, eau, terre

*Distorsions : Manque ou excès de motivation et d'enthousiasme – Orgueilleux, vaniteux, excessif – Hyperactivité ou manque d'énergie et d'activité – Imbu, despote, difficile à vivre – Déséquilibre et déchaînement des éléments naturels (tremblements de terre, inondations, sécheresses, tornades, éruptions volcaniques, etc.) et de leurs correspondants sur le plan intérieur – Vie difficile, épreuves – Autocontrôle et confiance en soi excessifs ou insuffisants, manque de maîtrise – Exagération, tendance à vouloir forcer le Destin*

**Physique :** 3 novembre au 7 novembre **Émotionnel :** 21 février, 5 mai, 19 juillet, 2 octobre, 13 décembre **Intellectuel :** 14 h 40 à 14 h 59 **Domicile :** Tiphereth / **Spécificité :** Tiphereth


# 46 ARIEL

**Qualités :** Perception révélatrice • Facultés médiumniques, clairvoyance, clairsentience, clairaudience • Découverte de trésors cachés • Méditations, rêves et signes révélateurs • Découverte des secrets de la nature • Reconnaissance, gratitude • Subtilité, discrétion • Porteur d'idées nouvelles, inventeur • Découverte de secrets philosophiques qui amènent à réorienter sa vie

*Distorsions : Fausse perception ou difficulté à recevoir des révélations – Manque de spiritualité ou illusions spirituelles créées et nourries par l'égo – Médiumnité sans pureté – Problèmes résultant de perceptions fausses et/ou de facultés médiumniques utilisées avec de mauvaises intentions – Mentalité faible – Incohérence, indécision, comportement insensé, tribulations – Timidité maladive, paralysante – Difficulté ou incapacité à trouver des solutions – Activité inutile*

**Physique :** 8 novembre au 12 novembre **Émotionnel :** 22 février, 6 mai, 20 juillet, 3 octobre, 14 décembre **Intellectuel :** 15 h 00 à 15 h 19 **Domicile :** Tiphereth / **Spécificité :** Netzach

# 47 ASALIAH

**QUALITÉS :** Contemplation • Glorification du Divin, expérience mystique • Perspective globale, vision d'ensemble • Contemple d'un point de vue élevé • Synthétise facilement l'information • Initié, facultés supranormales • Pédagogue, instructeur, enseignant, professeur • Psychologue • Trouve la Vérité dans les petites choses du quotidien • Révélation des processus cosmiques • Génie créateur, stratège, talent de planificateur • Intuitif, équilibré, rayonne par le discernement et l'intégrité • Grand intérêt pour l'ésotérisme • Faculté d'accéder aux mondes parallèles, d'entrer en contact avec leurs habitants et/ ou avec des personnes décédées • Aptitude à atteindre de hauts niveaux spirituels par la méditation et la visualisation • Développement du pouvoir mental et de la faculté de concentration et de focalisation grâce à la récitation de mantras • Compréhension de l'importance de vivre la fusion des deux polarités et la sexualité avec une conscience spirituelle et le sens du sacré • Plaisirs Divins, pureté de l'intention • Haute moralité, valeurs authentiques et véritables, respect et fidélité au sein du couple

*Distorsions : Manque de vision globale, ou tendance à se perdre dans des structures mentales et des concepts abstraits, déconnexion de la réalité concrète – Philosophie matérialiste, focalisation excessive sur les besoins primaires, problèmes d'égo – Insécurités, soucis, troubles intérieurs – Actions immorales et scandaleuses – Vérité inversée, malhonnêteté, charlatan, faux professeur – Fausses croyances, enseignement de systèmes erronés et dangereux, admiration aveugle, idolâtrie – Dissèque et analyse de façon exagérée – Mensonge, erreur d'appréciation, ignorance – S'attribue l'incarnation de personnages illustres – Abus et gaspillage sexuels*

**Physique:** 13 novembre au 17 novembre **Émotionnel:** 23 février, 7 mai, 21 juillet, 4 octobre, 15 décembre **Intellectuel :** 15 h 20 à 15 h 39 **Domicile:** Tiphereth / **Spécificité:** Hod

# 48 MIHAEL

**QUALITÉS :** Fertilité, fécondité • Harmonie et paix conjugales • Mariage, fidélité conjugale • Réconciliation, fusion des polarités masculine et féminine • Reproduction, croissance • Aide à engendrer une grande âme • Sexualité vécue divinement • Destin facile dans les associations et les partenariats • Don de clairvoyance, amélioration de la perception • Paix intérieure et extérieure • Aide à matérialiser les Intentions Divines • Protection providentielle • Réceptivité et écoute appliquées avec sagesse

*Distorsions : Stérilité, difficulté à engendrer un enfant ou à concevoir un projet – Discorde, désaccord entre les conjoints, jalousie, inconstance, infidélité – Crainte de perdre l'autre, possessivité, asservissement, machisme – Problèmes sexuels et/ ou luxure, passion, recherche du plaisir des sens pour compenser l'absence de vie spirituelle – Entreprises infructueuses – Revendication de la place de l'autre, compétition – Sentiments d'attraction et de répulsion – Relations multiples, libertinage, prostitution*

**Physique:** 18 novembre au 22 novembre **Émotionnel:** 24 février, 8 mai, 22 juillet, 5 octobre, 16 décembre **Intellectuel:** 15 h 40 à 15 h 59 **Domicile:** Tiphereth / **Spécificité:** Yésod

# 49 VEHUEL

**Qualités :** Élévation vers la Grandeur et la Sagesse Divines • Pratique de la méditation, de la visualisation et de la récitation de mantras • Faculté d'accéder aux mondes parallèles, d'entrer en contact avec leurs habitants et/ou avec des personnes décédées • Exaltation et glorification du Divin • Illumination • Détachement de la matière • Élévation par le service • Grande âme qui consacre sa vie à des causes bénéfiques pour l'humanité • Touche les grands personnages • Élabore le germe de la pensée humaine • Mentalité sensible et généreuse • Source d'inspiration • Altruisme, diplomatie • Libère de l'emprise des désirs instinctifs • Sentiments de fraternité, aide humanitaire • Aspiration à ce qui est élevé • Grand écrivain • Grand dévouement aux autres

*Distorsions : Difficultés à s'élever et à manifester la sagesse – Complexes d'infériorité et de supériorité – Extrémisme spirituel ou manque de spiritualité – Ne médite pas – Athéisme – Abaissement, asservissement aux désirs matériels – Égoïsme, hypocrisie, absence de principes – S'oppose aux sentiments de fraternité – Écrivain critique, personne qui a une influence négative – Passion, haine – Fuite – Peur de la matière*

**Physique :** 23 novembre au 27 novembre **Émotionnel :** 25 février, 9 mai, 23 juillet, 6 octobre, 17 décembre **Intellectuel :** 16 h 00 à 16 h 19 **Domicile :** Netzach / **Spécificité :** Hochmah

# 50 DANIEL

**Qualités :** Éloquence, don oratoire • Grande faculté de communiquer et d'inspirer les autres • Leadership, aptitude à annoncer et à expliquer des décisions importantes • Structuration efficace, bien réfléchie et réalisée avec amabilité et gentillesse • Faculté d'exprimer les choses de façon belle et agréable, de parler avec art pour ne blesser personne • Discours qui atténue la rigueur d'une vérité • Bonté, beauté, harmonie • Aide à voir clair • Permet de percevoir les événements tels qu'ils sont et de prendre les décisions les plus appropriées • Favorise le détachement de la matière afin de percevoir la Vérité dans son essence • Capacité de matérialiser les pensées à travers les actes • Discours, chant, musique et les arts en général

*Distorsions : Problèmes en rapport avec la communication – Éloquence orientée vers l'obtention de bénéfices personnels – Enjôleur, trompeur – Parle bien pour embobiner les crédules, les naïfs – Difficultés d'élocution – Dégénérescence du langage – Égoïsme et problèmes d'égo – Affaires louches, manigance, moyens illicites – Manipule pour s'assurer l'appui de personnes influentes – Discours, musique et arts négatifs – Se cache derrière des masques et/ou emploie différents masques pour atteindre ses buts*

**Physique :** 28 novembre au 2 décembre **Émotionnel :** 26 février, 10 mai, 24 juillet, 7 octobre, 18 décembre **Intellectuel :** 16 h 20 à 16 h 39 **Domicile :** Netzach / **Spécificité :** Binah

# 51 HAHASIAH

**Qualités :** Médecine universelle • Relié à toutes les professions médicales (médecine, soins infirmiers, ensemble des thérapies, neurobiologie, neurotechnologie, etc.) • Capacité de compréhension globale et multidimensionnelle • Permet de déceler et d'identifier la cause des maux • Grand guérisseur, porteur de remèdes universels, conduit vers la guérison véritable, qui touche tous les plans • Bonté infinie, service inconditionnel • Accorde la pierre philosophale • Patron de la Haute Science • Donne accès à la Vérité qui permet de comprendre la dynamique de l'Univers • Expert en connaissances ésotériques (Kabbale, alchimie, métaphysique, etc.) • Véritable mage, âme élevée

*Distorsions : Médecine qui se limite à traiter les symptômes et les douleurs physiques, sans chercher à découvrir et à comprendre les causes profondes des maladies ; ou charlatans et pseudo-thérapeutes qui profitent de la naïveté et de l'ignorance des gens – Enjôleur, trompeur, manipulateur abusant de la bonne foi des autres – Manque de connaissance et de conscience spirituelles dans le milieu des professions médicales – Utilise la médecine uniquement pour s'enrichir matériellement, recherche de pouvoir, ambition – Victime d'escroquerie – Illusion – Science sans conscience*

**Physique:** 3 décembre au 7 décembre **Émotionnel:** 27 février, 11 mai, 25 juillet et 26 juillet de minuit à midi, 8 octobre, 19 décembre **Intellectuel:** 16 h 40 à 16 h 59 **Domicile:** Netzach / **Spécificité:** Hésed

# 52 IMAMIAH

**Qualités :** Facilité à reconnaître ses erreurs • Aide à expier, payer et réparer ses erreurs (ses karmas) • Exécution aisée des travaux difficiles • Courage, ardeur, grande vigueur et force émotionnelle • Grande capacité de prendre soin d'autrui, de consoler, d'aider et de soutenir les autres dans des situations difficiles • Charisme, leadership • Vie sociale harmonieuse • Fait la paix avec ses ennemis • Libère des prisons intérieures • Fidèle serviteur • Humilité, simplicité, patience

*Distorsions : Refus de reconnaître ses erreurs, ou tendance à se diminuer ou à diminuer autrui – Vie affective instable et tumultueuse – Compétition amoureuse – Relation passionnée, désirs pervers – Aversion, bagarre, querelle, grossièreté – Excès d'émotivité, volonté excessive – Tendance à critiquer, colère, jalousie – Vérité cachée, dissimulation, double langage, personnalité à deux faces, hypocrisie – Méchanceté due à la non-reconnaissance de ses erreurs, de ses offenses et de ses méfaits – Aggrave son karma, destin difficile – Esprit conflictuel et rebelle – Orgueil, blasphème, rivalité, animosité*

**Physique:** 8 décembre au 12 décembre **Émotionnel:** 28 février et 29 février, 12 mai, 26 juillet de midi à minuit et 27 juillet, 9 octobre, 20 décembre **Intellectuel:** 17 h 00 à 17 h 19 **Domicile:** Netzach / **Spécificité:** Guébourah

# 53 NANAEL

**QUALITÉS:** Communication spirituelle • Inspire à la méditation • Connaissance des sciences abstraites et de la philosophie • S'intéresse à la vie spirituelle et à l'enseignement • Fasciné par la contemplation des Mondes Supérieurs • Mysticisme • Aime la solitude et les états méditatifs • Facilite la communication avec le Divin

*Distorsions:* *Communication spirituelle négative, extrémisme spirituel, essaie de persuader et d'imposer ses croyances aux autres – Non-respect du rythme d'évolution d'autrui – Veut convaincre et sauver tout le monde – Difficulté à méditer – Personne abstraite, tendance à fuir la réalité concrète, comportement autistique – Rejette la connaissance et la communication spirituelles – Ignorance – Se trompe souvent – Apprend difficilement – Peut entrer dans les ordres par peur d'affronter la vie – Difficulté à réaliser ses objectifs et à communiquer – Peur face aux tâches quotidiennes – Sentiment d'échec – Enseigne la spiritualité sans avoir acquis la Connaissance – Recherche de pouvoir spirituel – Humeur mélancolique, isolement – Célibat égoïste – Difficulté à vivre en couple*

**Physique:** 13 décembre au 16 décembre **Émotionnel:** 1er mars, 13 mai, 28 juillet, 10 octobre, 21 décembre **Intellectuel:** 17 h 20 à 17 h 39 **Domicile:** Netzach / **Spécificité:** Tiphereth

# 54 NITHAEL

**QUALITÉS:** Éternelle jeunesse • Beauté, grâce, raffinement • Synchronicité, stabilité • Hospitalité, accueil chaleureux • Talents artistiques et esthétiques • Célébrité, prestige • Candeur de l'enfant, fraîcheur • Guérison • Légitimité successorale, héritage

*Distorsions:* *Peur de vieillir – Utilise la séduction pour atteindre ses objectifs, besoin de luxe – Axé sur la beauté extérieure et sur le paraître – Complexes d'infériorité et de supériorité – Luxure, ambition, admiration aveugle, idolâtrie – Veut plaire à tout le monde – Dépendance affective, prostitution – Possessivité – Illégitimité – Renversement, conspiration permanente – Attitude qui ne correspond pas aux paroles – Maladie, accident, ruine – Situation instable – Prend pour acquis – Boulimie, anorexie*

**Physique:** 17 décembre au 21 décembre **Émotionnel:** 2 mars, 14 mai, 29 juillet, 11 octobre, 22 décembre **Intellectuel:** 17 h 40 à 17 h 59 **Domicile:** Netzach / **Spécificité:** Netzach

# 55 MEBAHIAH

**QUALITÉS :** Lucidité intellectuelle • Idées claires qui permettent la bonté et la bienveillance • Compréhension par les sens • Ajuste et réglemente les désirs • Harmonisation du comportement • Sens du devoir et des responsabilités • Ouvre le cœur avec discernement • Consolation qui naît de la compréhension • Communique le mystère de la Morale à l'intellect • Expérience spirituelle profonde et mystique • Exemple de Morale, conduite exemplaire, engagement • Aptitude à rectifier sur le plan collectif

*Distorsions : Logique excessive, esprit d'analyse desséchant – Manque de lucidité, opacité mentale – Mensonge – Perfectionniste insatisfait – Complexes de supériorité et d'infériorité – Difficulté à exprimer ses émotions, reniement, négation de tout élan sentimental – Détruit la spiritualité – Agit contre les principes de la Morale – Ne s'intéresse qu'aux choses matérielles – Échec – Méfiance, opposition, combat les pensées positives – Personne capricieuse, égoïste, focalisée de manière excessive sur son apparence et la beauté extérieure, et entretenant une harmonie de façade – Manque de gentillesse et d'amour dû à un esprit trop rationnel et à de faux concepts*

**Physique :** 22 décembre au 26 décembre **Émotionnel :** 3 mars, 15 mai, 30 juillet, 12 octobre, 23 décembre **Intellectuel :** 18 h 00 à 18 h 19 **Domicile :** Netzach / **Spécificité :** Hod


# 56 POYEL

**QUALITÉS :** Fortune, soutien • Modestie, simplicité, altruisme • Apporte les cadeaux de la Providence • Fortune sur tous les plans • Créateur d'idées et d'ambiances positives • Talents, renommée et célébrité vécus avec humilité • Santé • Estimé de tous • Facilité d'élocution, s'exprime clairement et simplement • Humeur agréable • Espoir, optimisme • Humour

*Distorsions : Pauvreté, problèmes relatifs à l'abondance, manque de ressources, de soutien et/ou de modestie, de simplicité et d'altruisme – Mauvaise utilisation des ressources, exagération, gaspillage, plaisirs mondains – Philosophie et mode de vie matérialistes – Orgueil, ambition, veut s'élever au-dessus des autres – Vantardise, étalage de la richesse matérielle – Complexes d'infériorité et de supériorité – Critique, polémique, mépris, abaisse les autres, inhibition, médiocrité – Absence de bonheur, personne malheureuse, mauvaise humeur – Maladie – Problèmes d'élocution – Blagues derrière lesquelles se cachent des besoins et des jugements – Fausse joie, rire et sourire non authentiques*

**Physique :** 27 décembre au 31 décembre **Émotionnel :** 4 mars, 16 mai, 31 juillet, 13 octobre, 24 décembre **Intellectuel :** 18 h 20 à 18 h 39 **Domicile :** Netzach / **Spécificité :** Yésod

# 57 NEMAMIAH

**QUALITÉS:** Discernement • Capacité de comprendre par la simple observation • Mental privilégié, pouvoir d'anticipation, prévoyance • Dévoile la cause des problèmes • Génie en stratégie, force de décision • Procure le sens de l'action • Dévouement aux grandes causes par ses idées • Renonce aux privilèges matériels pour se vouer à sa mission • Grandeur d'âme, noblesse d'esprit • Non-attachement • Sentiment de liberté • Libère les prisonniers • Faculté de comprendre son plan de vie et celui des autres

*Distorsions: Manque de discernement, de compréhension profonde et de vision globale, tendance à se perdre dans les détails – Mentalité sombre et sans principes – Vie embrouillée et obscure – Problèmes relationnels, désaccord, discorde – Difficultés de communication, ne s'ouvre pas facilement à l'autre – Manque de liberté d'expression et de liberté en général – Trahison, lâcheté – Indécis, irrésolu – Naïveté, tendance à croire n'importe qui et n'importe quoi – Reste endormi dans la routine – Ne s'engage pas, ne s'implique pas dans l'action – Prisonnier dans la psyché – Fuit l'expérimentation et le concret – Maladie et fatigue chroniques*

**Physique:** 1ᵉʳ janvier au 5 janvier **Émotionnel:** 5 mars, 17 mai, 1ᵉʳ août, 14 octobre, 25 décembre **Intellectuel:** 18 h 40 à 18 h 59 **Domicile:** Hod / **Spécificité:** Hochmah

# 58 YEIALEL

**QUALITÉS:** Force mentale, haut niveau d'intelligence • Grande logique, aptitude à discipliner ses pensées • Aptitude à discerner avec rigueur • Développe les facultés mentales • Favorise les prises de conscience, la lucidité, la clairvoyance • Faculté de concentration, recherche de précision, compétence, patience • Force bénéfique à l'utilisation des ordinateurs et à la programmation • Neurotechnologie • Maîtrise les passions et les impulsions émotives • Franchise, bravoure • Sens de la justice et de l'ordre, rigueur, loyauté inconditionnelle • Compréhension des Lois et des Structures Divines

*Distorsions: Essaie de contrôler, pense de manière excessive, obsessions, focalisation exagérée sur les soucis – Problèmes en lien avec l'amour et les émotions en général – Manque d'intelligence, difficulté à se concentrer, à focaliser son attention, son énergie, son intention ; ou utilisation abusive de l'intelligence et des facultés intellectuelles – Se perd dans les mondes virtuels (jeux vidéo, Internet, réseaux sociaux, etc.) – Mauvaise utilisation de la neurotechnologie – Perfectionnisme à outrance – Impose ses idées par la ruse, la manipulation – Mauvaises intentions, mensonge, trahison – Colère, vengeance – Abus de pouvoir, crimes – Obstination, entêtement, illogisme – Rigidité, sévérité – Morosité, tristesse, pessimisme – Ne croit pas en Dieu, en une Force Supérieure, athéisme – Mégalomanie – Vie abstraite – Personne excessivement rationnelle et logique, qui croit uniquement ce qui peut être prouvé concrètement – Décalages entre l'intellect, les émotions et les aspects physiques*

**Physique:** 6 janvier au 10 janvier **Émotionnel:** 6 mars, 18 mai, 2 août, 15 octobre, 26 décembre **Intellectuel:** 19 h 00 à 19 h 19 **Domicile:** Hod / **Spécificité:** Binah

# 59 HARAHEL

**QUALITÉS :** Richesse intellectuelle, accès à la Connaissance • Capacité de matérialiser par le biais de la technologie et de programmations avancées • Diffuse la Bonté, la Beauté et la Vérité • Intelligence équilibrée dans tous les domaines • Aime s'instruire, apprend avec facilité • Créativité intellectuelle, intelligence pratique • Fécondité, productivité sur tous les plans • Enfants soumis et respectueux envers leurs parents • Capacité de faire fortune grâce à ses qualités intellectuelles • Écriture, journalisme, édition et imprimerie

*Distorsions : Manque de connaissances, d'idées ou d'intelligence – Passe trop de temps devant les ordinateurs, vit à travers les mondes virtuels, n'est pas suffisamment ancré dans la vie terrestre, manque d'actions concrètes, d'exercice physique et de contact avec la réalité physique – Aberrations intellectuelles – Écrits destructeurs, diffusion et influence négatives pour l'humanité – Opacité mentale, incompréhension – Stérilité, improductivité sur tous les plans – Enfants rebelles et irrespectueux – Incendie, brûle tout sur son passage – Ennemi de la Lumière – Projets voués à l'échec – Manipulation médiatique à des fins personnelles – Fraude*

**Physique:** 11 janvier au 15 janvier **Émotionnel:** 7 mars, 19 mai et 20 mai de minuit à midi, 3 août, 16 octobre, 27 décembre de 0 h à 18 h **Intellectuel:** 19 h 20 à 19 h 39 **Domicile:** Hod / **Spécificité:** Hésed

# 60 MITZRAEL

**QUALITÉS :** Réparation • Compréhension de l'obéissance et de l'autorité • Rectification • Facilite l'exercice de la psychologie et de la psychiatrie • Grand talent en neurobiologie, neurotechnologie et dans le domaine de la technologie en général • Guérison des maladies mentales • Réparation par la conscientisation • Travail et harmonisation intellectuels • Réunification des plans physique, émotionnel, mental et spirituel • Simplicité

*Distorsions : Difficulté à accepter ses erreurs et à réparer, reconstruire sa vie ; tendance à abandonner, à baisser les bras – Peur du changement, non-acceptation des karmas qu'on a générés, refus d'évoluer – Fragilité causée par des décalages – Problèmes avec l'autorité, avec le père ou la personne qui tient le rôle de père, ou avec son supérieur, son chef – Insubordination, désobéissance – Vindicatif, critiqueur, compliqué – Manque d'aide, d'entraide et de coopération, mentalité du chacun-pour-soi – Révolte, rébellion, persécution – Maladies mentales (paranoïa, folie, schizophrénie, etc.) – Fatigue chronique, migraine – Médecine sans conscience*

**Physique:** 16 janvier au 20 janvier **Émotionnel:** 8 mars, 20 mai de midi à minuit et 21 mai, 4 août, 17 octobre, 27 décembre de 18 h à 24 h **Intellectuel:** 19 h 40 à 19 h 59 **Domicile:** Hod / **Spécificité:** Guébourah

# 61 UMABEL

**QUALITÉS:** Amitié, affinité • Étude et compréhension des résonances • Aptitude pour la technologie et la neurotechnologie • Aide à pénétrer le subconscient et l'inconscient pour connaître les vraies motivations • Physique, astronomie, astrologie • Fait comprendre les analogies entre l'Univers et le monde terrestre et entre tous les plans de la Création • Capacité de se mettre au diapason, d'entrer temporairement en résonance avec un sujet, un programme pour le comprendre en profondeur • Dévoile les secrets des règnes minéral, végétal et animal • Aide à développer la conscience • Faculté d'enseigner ce qu'on a appris • Instructeur, enseignant, professeur • Permet de connaître l'inconnu à travers le connu

*Distorsions: Problèmes en lien avec l'amitié et les affinités – Craint la solitude, a peur d'être seul – Veut plaire aux autres – Recherche d'appréciation et de renommée – Incompréhension de la Loi de la résonance et du principe d'attraction/répulsion – Libertinage – Cœur solitaire, difficulté à se faire des amis, isolement, auto-aliénation – Problèmes avec la mère – Retour au passé, nostalgie, attachement à des concepts dépassés, révolus – Problèmes en lien avec la technologie et la neurotechnologie – Narcissisme – Marginalité, agit contre l'ordre naturel – Problèmes de drogue – Ignorance des analogies entre les différents plans de la Création – Science sans conscience – Difficulté à transmettre ce que l'on a appris – Faux ou mauvais enseignant, instructeur, professeur*

**Physique:** 21 janvier au 25 janvier **Émotionnel:** 9 mars, 22 mai, 5 août, 18 octobre, 28 décembre **Intellectuel:** 20 h 00 à 20 h 19 **Domicile:** Hod / **Spécificité:** Tiphereth


# 62 IAHHEL

**QUALITÉS:** Connaissance retrouvée • Philosophe, mystique • Illumination • Procure la Sagesse et le sens des responsabilités • Bénéfique aux retraites, facilite l'intériorisation, l'introspection positive, constructive, fructueuse • Solitude, tranquillité • Modestie, douceur • Favorise la rencontre de l'homme et de la femme • Sexualité vécue divinement, plaisirs purs • Paiement des dettes karmiques • Pacifisme • Affine les sens jusqu'aux plus subtils (clairvoyance, clairsentience, clairaudience) • Créateur d'ambiances positives, harmonieuses • Aime la qualité, la beauté, la poésie • Art culinaire

*Distorsions: Problèmes dus à un manque de Connaissance, ou tendance à s'approprier la Connaissance – Escroc, imposteur, faux savant – Besoin de plaisir, scandales, luxe, vanité – Personne matérialiste, ambitieuse – Problèmes de couple, difficultés dans la relation intime, séparation, divorce – Manque de modestie, de gentillesse, de douceur – Besoin de l'approbation des autres – Jalousie, envie – Créateur de conflits, agressivité – Inconstance, agitation, incapacité de rester seul et tranquille – Isolement*

**Physique:** 26 janvier au 30 janvier **Émotionnel:** 10 mars, 23 mai, 6 août, 19 octobre, 29 décembre **Intellectuel:** 20 h 20 à 20 h 39 **Domicile:** Hod / **Spécificité:** Netzach

# 63 ANAUEL

**QUALITÉS:** Perception de l'unité • Succès dans les relations humaines, facilité à communiquer • Intelligence pratique, logique, vision globale • Initiateur de projets et d'entreprises voués au service du Divin • Compréhension juste du concept de l'argent et des échanges • Aptitude à matérialiser de manière juste, équitable et en respectant les étapes • Sens de l'organisation et de l'altruisme • Faculté de générer une grande abondance avec de nouveaux concepts, de nouvelles idées et technologies • Administrateur, coordonnateur, planificateur, visionnaire • Commerçant, banquier, agent d'affaires, industriel, entrepreneur au service du Divin • Expert dans la compréhension des mentalités et cultures • Maîtrise des émotions • Grand leader, inspirateur • Citoyen de l'Univers

*Distorsions: Se perd dans les détails, accorde trop d'importance à l'argent, égoïsme – Incapacité de créer l'unité dans un groupe – Difficulté à générer l'abondance, à échanger avec les autres, à réussir en affaires – Problèmes avec les nouveaux concepts, les nouvelles idées et technologies – Manque de connaissances et de respect à l'égard des autres mentalités et cultures – Complexe de supériorité sur le plan intellectuel, croit tout savoir, esprit arrogant – Difficulté à guider et à inspirer les autres – Limitations au niveau des voyages, incapacité à obtenir le Passeport universel et l'accès aux mondes parallèles – Absence de sagesse dans les affaires – Manque de bon sens, de vision et de compréhension globales – Corruption – Prêt à tout pour faire de l'argent – Faux raisonnement, manipulé par les désirs – Excès de prodigalité (dépense plus qu'il ne possède), gaspillage, ruine – Esprit limité, trop critique, excessivement rationnel – Froide appréciation – Difficulté ou refus de croire en une Puissance Supérieure, athéisme*

**Physique:** 31 janvier au 4 février **Émotionnel:** 11 mars, 24 mai, 7 août, 20 octobre, 30 décembre
**Intellectuel:** 20 h 40 à 20 h 59 **Domicile:** Hod / **Spécificité:** Hod

# 64 MEHIEL

**QUALITÉS:** Vivification, inspiration • Vie intense, féconde et productive • Intelligence, imagination, réceptivité et compréhension profonde • Aide à trouver des solutions pratiques et innovatrices • Développe les facultés mentales en harmonie avec l'imagination • Force bénéfique à l'activité intellectuelle, aux ordinateurs et à la programmation • Aide à comprendre la corrélation entre la science des rêves et la technologie • Touche l'écriture, l'édition, l'imprimerie, les maisons de diffusion, les librairies et les orateurs, ainsi que les émissions de télévision et de radio • Favorise le développement technologique • Aide à réfléchir sur l'expérience personnelle et à la comprendre • Antidote contre les forces de l'abîme

*Distorsions: Manque d'énergie, incapacité de penser ou d'entreprendre, faire quelque chose; ou hyperactivité, surexcitation, souhait de plaire et d'être apprécié, reconnu – Vie stérile, improductive, difficulté à créer et/ou à réaliser des projets – Manque d'intensité et d'inspiration, problèmes au niveau de la créativité et de l'imagination – Excès ou absence de buts, d'objectifs, d'aspirations – Contradiction, critique, polémique – Déformation de la réalité et complaisance dans l'illusion – Tyrannie, mégalomanie, oppression, fausseté – Comportement destructif, essaie de forcer le Destin – Ne comprend pas la mise en scène de sa vie – Excès de rationalité – Joue un rôle, manque d'authenticité – Problèmes de personnalité*

**Physique:** 5 février au 9 février **Émotionnel:** 12 mars, 25 mai, 8 août, 21 octobre, 31 décembre
**Intellectuel:** 21 h 00 à 21 h 19 **Domicile:** Hod / **Spécificité:** Yésod

# 65 DAMABIAH

**Qualités :** Fontaine de Sagesse • Pureté, douceur, bonté • Rayonne les grandes valeurs spirituelles telles que l'altruisme, le dévouement, la générosité, le non-attachement et l'amour inconditionnel • Fait avancer par la voie facile • Réussite dans les entreprises utiles à la communauté • Relié à l'eau (sources, cours d'eau, mers, etc.), aux émotions et aux sentiments • Personne providentielle qui est capable de résoudre des situations compromises

*Distorsions : Manque de sagesse, de pureté, de bonté, de gentillesse, de dévotion, de générosité, d'altruisme – Personne égoïste, centrée sur elle-même – Échec dans les affaires dû à un manque d'amour et de respect pour la communauté – Choisit la voie difficile pour faire les choses – N'est pas en mesure de résoudre des problèmes – Comportements excessifs, compulsifs – Émotions tumultueuses, sentiments instables, ou puritanisme – Colère, agressivité – Tempête, naufrage – Fatalisme*

**Physique :** 10 février au 14 février **Émotionnel :** 1er janvier, 13 mars, 26 mai, 9 août, 22 octobre **Intellectuel :** 21 h 20 à 21 h 39 **Domicile :** Yésod / **Spécificité :** Hochmah


# 66 MANAKEL

**Qualités :** Connaissance du bien et du mal • Transcendance des peurs • Stabilité, confiance • Aide à la création d'une belle vie • Haute moralité • Apaise l'être, guérit les maladies • Amabilité, bonté, bienveillance • Libère le potentiel enfoui dans les profondeurs • Neurotechnologie • Rêves, songes, Haute Initiation • Réunification des qualités du corps et de l'esprit

*Distorsions : Joue avec les forces négatives, ne comprend pas que le mal attire le mal – Réceptivité aux forces obscures – Instabilité, manque de foi et de confiance, tendances suicidaires – Potentiel piégé dans des mémoires négatives – Vieille âme qui ne veut pas changer, paresse – Complexes de supériorité et d'infériorité – Attitudes mégalomanes – Manipulateur dangereux et machiavélique, est prêt à tout pour arriver à ses fins, absence de principes et de valeurs altruistes – Perturbations physiques et morales – Recherche des jouissances uniquement matérielles et du prestige social – Pour une femme : manifestation tardive de sa personnalité – Pour un homme : rencontre tardive avec la femme – Amitiés dangereuses – Esprit destructeur, impulsivité – Ne tient pas ses promesses – Refus d'appliquer la Connaissance – Usage abusif, mauvais et malveillant de la technologie – Colère envers Dieu, révolte*

**Physique :** 15 février au 19 février **Émotionnel :** 2 janvier, 14 mars, 27 mai, 10 août, 23 octobre **Intellectuel :** 21 h 40 à 21 h 59 **Domicile :** Yésod / **Spécificité :** Binah

# 67 EYAEL

**QUALITÉS :** Sublimation • Science des mélanges et des échanges • Transsubstantiation (changement d'une substance en une autre), transformation, mutation, métamorphose, transfiguration, transfert • Aptitude à comprendre l'Histoire Universelle, capacité de déceler l'origine et la genèse • Archéologie • Faculté d'observer, de reconnaître et de comprendre les affinités • Compréhension de la Loi de la résonance, du fait qu'on attire et crée ce que l'on est • Connaissances supérieures en chimie, physique, biologie, biotechnologie, neurotechnologie, etc. • Étude de l'ADN, des cellules, des atomes, des structures fondamentales • Étude des Hautes Sciences • Vérité abstraite transformée en vérité concrète • Art culinaire, peinture, musique • Joie • Amour de la solitude

*Distorsions : Transformations et mutations négatives, nuisibles – Manipulations qui génèrent de mauvaises expériences – Excès ou manque au niveau des échanges – Peur des changements – Erreurs, préjugés – Propage des systèmes erronés, faux professeur – Tendance à tout mélanger, à créer de la confusion – Problèmes résultant d'un manque de connaissances en chimie, alchimie, biologie, biotechnologie, etc. – Utilisation abusive de la science – Manque d'éclairage, de morale et de principes – Passe d'une expérience à l'autre sans comprendre – Lourdeur, absorbé par la matière, ne médite pas – Nourriture artificielle, peinture et musique qui exercent une influence négative – Absence de joie, tristesse, inquiétude – Isolement*

**Physique:** 20 février au 24 février **Émotionnel:** 3 janvier, 15 mars, 28 mai, 11 août, 24 octobre **Intellectuel:** 22 h 00 à 22 h 19 **Domicile:** Yésod / **Spécificité:** Hésed

# 68 HABUHIAH

**QUALITÉS :** Guérison • Touche l'ensemble des professions du domaine de la médecine et de la thérapie, y compris les soins et les traitements de guérison énergétiques, métaphysiques et spirituels • Capacité de restructurer et de réglementer les désirs • Aide à s'ajuster aux Normes Divines • Rééquilibre les déphasages et les décalages • Aptitude à se réharmoniser lorsqu'on n'est plus dans la synchronicité • Aime la nature, la vie à la campagne et les espaces libres • Agriculture, récolte, expertise agricole • Nature fertile, pouvoir créateur

*Distorsions : Difficulté à comprendre la maladie et la guérison due à un manque de connaissances, de sagesse et à l'incompréhension des causes métaphysiques, originelles – Faux guérisseur, charlatan – Personne perdue dans une multitude de besoins et désirs – Décalage, déphasage, manque de synchronicité, difficulté à être au bon endroit au bon moment – Double vie, décalage entre les pensées et les émotions – Déphasage entre d'une part ce que l'on souhaite être et faire, et d'autre part ce que l'on est et ce que l'on fait – Pour les femmes : tendance dominatrice – Pour les hommes : tendance à se laisser dominer par les femmes – Réticence à abandonner les vieux privilèges – Attitude anti-vie – Terre infertile, famine, misère, pollution, invasion d'insectes – Maladies contagieuses, épidémies*

**Physique:** 25 février au 29 février **Émotionnel:** 4 janvier, 16 mars, 29 mai, 12 août, 25 octobre **Intellectuel:** 22 h 20 à 22 h 39 **Domicile:** Yésod / **Spécificité:** Guébourah

# 69 ROCHEL

**Qualités :** Restitution, accorde à chacun ce qui lui revient • Retrouve les objets, les sentiments et les pensées perdus ou volés • Succession, héritage • Notaire, magistrat • Intuition • Étude des Lois et de la Justice • Étude de l'Histoire • Archives et Bibliothèque Universelles (Daath) • Sciences pratiques et théoriques • Faculté de donner et recevoir avec aisance et facilité • Administration, comptabilité, secrétariat • Retrouve le Moi Divin, l'Androgynie Originelle • Nettoie et transforme les karmas

*Distorsions : S'approprie ce qui ne lui appartient pas – Jalousie, possessivité, égoïsme – Relations de couple basées exclusivement sur la sexualité et sur la matière – Abus sexuels, libertinage et relations multiples – Problèmes familiaux – Difficulté en lien avec la succession, l'héritage et le travail des notaires, des magistrats – Problèmes relatifs à l'administration, la gestion des ressources, la comptabilité et le secrétariat – Esprit trop pragmatique, trop focalisé sur l'aspect pratique – Problèmes avec le donner et le recevoir – Usurpation de biens, vol, ruse – Peur existentielle, insécurité – Vampirise, prend l'énergie des autres – Manipulation des faits historiques – Mégalomanie – Problèmes juridiques, injustice flagrante, procès qui n'en finissent plus – Ruine – Manque de réceptivité ou d'émissivité*

**Physique :** 1ᵉʳ mars au 5 mars **Émotionnel :** 5 janvier, 17 mars, 30 mai, 13 août, 26 octobre
**Intellectuel :** 22 h 40 à 22 h 59 **Domicile :** Yésod / **Spécificité :** Tiphereth

# 70 JABAMIAH

**Qualités :** Alchimie • Transforme le mal en bien • Compréhension et application de la Loi de la résonance • Grande réceptivité et faculté d'aimer dans toutes les circonstances • Guérison • Régénère, revivifie, rétablit l'harmonie • Transforme, transmute en or spirituel • Transforme la société avec des idées lumineuses • Maîtrise les instincts • Guide les premiers pas des défunts dans l'autre monde • Aide à l'accompagnement des mourants • Capacité de visiter les mondes parallèles, de comprendre le travail des guides spirituels et d'apprendre comment on devient un guide et un guérisseur spirituels

*Distorsions : Difficulté à transformer, transcender le mal, les énergies, situations et aspects négatifs – Blocage, rétention, problèmes de digestion sur les différents plans, obésité – Problèmes de santé, maladies incurables, difficulté à guérir due à un surplus de mémoires, pensées, émotions et comportements négatifs – Refus ou résistance face à la réceptivité – Problèmes causés par des besoins instinctuels inassouvis – Débordement, réaction excessive, conflit, affrontement – Rejet de l'autre, manque d'amour, accumulation de sentiments négatifs – Tendance à s'embourber, lourdeur, incapacité à se déterminer un objectif – Ignorance de la Loi de la résonance ou refus de l'appliquer – Incompréhension du bien et du mal – Athéisme, incrédulité – Peur des changements et de la mort – Difficulté à accompagner des personnes en phase terminale ou en fin de vie*

**Physique :** 6 mars au 10 mars **Émotionnel :** 6 janvier, 18 mars, 31 mai, 14 août, 27 octobre
**Intellectuel :** 23 h 00 à 23 h 19 **Domicile :** Yésod / **Spécificité :** Netzach

# 71 HAIAIEL

**QUALITÉS :** Armes Divines • Discernement (symbole de l'épée) • Aura lumineuse (symbole du bouclier) • Protection Divine pour prendre la décision la meilleure, la plus juste • Intelligence réceptive, esprit protecteur, stratège • Délivre de ceux qui nous oppriment • Héros intérieur, force de compréhension qui permet de rester dans le bon chemin ou de le retrouver • Protège et conduit à la victoire, la bravoure et le courage • Idées et concepts nouveaux qui peuvent changer le monde • Réceptivité à l'inspiration Divine • Développe une grande énergie • Leadership

*Distorsions :* *Terroriste, activiste – Manque d'intelligence et d'inspiration – Personne dangereuse qui utilise des forces et des pensées négatives, énergies sombres, magie noire, pactes sataniques – Manipulateur, menteur – Prêt à tout pour gagner, pour atteindre son but – Vindicatif, dictateur, tyran – Discorde, trahison – Fournit des armes pour tuer – Porteur de contradictions intérieures – Rupture (divorce, rupture de contrat, etc.) – Idées criminelles, extrémisme – Excès de rationalité – Non-respect des engagements – Guerre, conflits continus – Gouvernement corrompu*

**Physique :** 11 mars au 15 mars **Émotionnel :** 7 janvier, 19 mars, 1ᵉʳ juin, 15 août, 28 octobre **Intellectuel :** 23 h 20 à 23 h 39 **Domicile :** Yésod / **Spécificité :** Hod

# 72 MUMIAH

**QUALITÉS :** Renaissance • Grande réceptivité, facultés médiumniques, expériences mystiques • Nouveau commencement • Hautes Initiations qui produisent des transformations majeures et amènent de nouvelles connaissances • Place le germe d'une vie nouvelle • Compréhension de la Loi de la réincarnation et de la manière dont se manifestent les affinités sur les différents plans • Début de la transformation et de la mutation angéliques • Annonce la fin d'un cycle et le début d'un nouveau • Porteur de conclusion, aide à terminer ce que l'on a commencé • Réalisation concrète, matérialisation • Touche la médecine et la santé • Phase terminale dans laquelle se trouve le germe du renouveau • Accompagnement des mourants • Grande expérience de la vie • Ouverture de conscience

*Distorsions :* *Difficulté à terminer un cycle et/ou à en commencer un nouveau – Manque de réceptivité – Peur des expériences mystiques due à un manque de connaissances et de compréhension spirituelles et métaphysiques – Craint les initiations et l'évolution de sa conscience, préférant continuer à vivre avec une conscience ordinaire – Ignorance ou fausse compréhension du principe de la réincarnation et de la vie éternelle, ou refus d'y croire – Désespoir, voie sans issue, horizon bouché, dépression – Tendance à abandonner, à nourrir des ambiances négatives et de vieux schémas – Difficulté à s'ouvrir à la spiritualité et au Divin, à développer une nouvelle conscience et à vivre en accord avec elle, athéisme – Mort inconsciente, suicide – Renie sa propre existence, influence négative – Mauvaise santé, handicap – Écroulement, ruine, perte d'emploi, de conjoint, d'amis, etc. – Passe d'une expérience à l'autre sans comprendre – Cherche à convaincre – Va à l'encontre de l'ordre naturel – Force la matérialisation – Science et connaissance employées sans conscience*

**Physique :** 16 mars au 20 mars **Émotionnel :** 8 janvier, 20 mars, 2 juin, 16 août, 29 octobre **Intellectuel :** 23 h 40 à 23 h 59 **Domicile :** Yésod / **Spécificité :** Yésod

# UNE CLÉ ANGÉLIQUE

L'Angéologie Traditionnelle offre une clé extraordinaire pour travailler sur les mémoires que notre âme a accumulées et qui doivent être transformées et purifiées : la Loi de la résonance.

Je vous propose un acronyme tout simple, facile à mémoriser et auquel on peut se référer lorsqu'on se retrouve dans une situation qui éveille des résonances : **R.A.M.** pour **R**etour à soi, **A**nalyse symbolique et **M**antra.

R.A.M. synthétise en trois lettres le processus de transformation que l'on doit réaliser :

– On revient à soi-même aussitôt qu'un dérangement se manifeste intérieurement – au lieu de projeter à l'extérieur notre résonance ;

– On prend le temps d'analyser ce que l'on vit pour comprendre en profondeur les mémoires qui se sont réveillées ;

– On récite un Mantra Angélique pour activer notre pouvoir d'alchimiser ce qui doit l'être.

**R.A.M.,** un acronyme qui aidera à inscrire en soi ce merveilleux processus alchimique et évolutif.

# LA RESPIRATION CIRCULANTE

Debout, assis, couché ou même en marchant, récitez intérieurement le nom de l'Ange avec une grande inspiration par le nez, et expirez lentement et très graduellement en imaginant que l'énergie descend le long du buste et de l'abdomen, passe entre les deux jambes et près de la zone sacrée, et remonte le long de la colonne vertébrale jusqu'au cerveau. Dans l'expiration, plusieurs tours de roue peuvent être réalisés.

Répétez l'exercice autant de fois que vous le souhaitez.

Pratiquée régulièrement, la respiration circulante déclenche des sensations de chaleur qui s'étendent du bas du dos jusque dans la tête. C'est un exercice très puissant qui constitue une bonne préparation à l'éveil de la kundalini.

Bienfaits physiologiques :

- Dynamise l'ensemble du corps ;
- Prévient les rhumes chroniques et élimine la mucosité du nez, de la gorge et des poumons.

Bienfaits métaphysiques :

- Favorise l'intériorisation ;
- Améliore la concentration ;
- Favorise l'éveil de la kundalini ;
- Prépare aux rêves et aux sorties hors corps.

Vous trouverez davantage d'information sur ce type
d'exercice respiratoire ainsi que sur la pratique de
l'Angelica Yoga dans ces 3 ouvrages de l'UCM.

# LISTE DE SITUATIONS ET PROBLÈMES COURANTS ET LES ANGES À INVOQUER

**A**

| | |
|---|---|
| Abaissé, sentiment d'être abaissé | 16 HEKAMIAH |
| Abaissement | 56 POYEL |
| Abandonner, sentiment d'être abandonné | 9 HAZIEL, 56 POYEL |
| Abattement, découragement | 20 PAHALIAH, 40 IEIAZEL, 45 SEALIAH, 58 YEIALEL |
| Abondance | 10 ALADIAH, 30 OMAEL, 31 LECABEL, 43 VEULIAH, 48 MIHAEL |
| Abstrait, aller du concret à l'abstrait | 21 NELKHAEL |
| Abstrait, se perdre dans l'abstrait | 17 LAUVIAH, 21 NELKHAEL |
| Abus d'autorité | 4 ELEMIAH, 20 PAHALIAH, 26 HAAIAH, 42 MIKAEL, 43 VEULIAH, 58 YEIALEL |
| Abus de confiance | 12 HAHAIAH, 27 YERATHEL |
| Abus de pouvoir | 4 ELEMIAH, 20 PAHALIAH, 26 HAAIAH, 43 VEULIAH, 58 YEIALEL |
| Abus sexuel | 5 MAHASIAH, 20 PAHALIAH, 47 ASALIAH |
| Accident | 28 SEHEIAH, 42 MIKAEL, 54 NITHAEL |
| Accouchement | 8 CAHETEL, 30 OMAEL, 72 MUMIAH |
| Accueil | 54 NITHAEL |
| Accusation | 14 MEBAHEL, 18 CALIEL, 32 VASARIAH, 35 CHAVAKHIAH, 69 ROCHEL |
| Acharnement | 1 VEHUIAH, 22 YEIAYEL, 33 YEHUIAH |
| Acné | 30 OMAEL, 66 MANAKEL, 68 HABUHIAH |
| Acquis, prendre pour acquis | 6 LELAHEL, 54 NITHAEL |
| Acte manqué | 5 MAHASIAH, 24 HAHEUIAH, 52 IMAMIAH |
| Actif, s'activer | 1 VEHUIAH, 4 ELEMIAH, 57 NEMAMIAH |
| Action irréfléchie | 1 VEHUIAH, 28 SEHEIAH |
| Action, sens de l'action | 1 VEHUIAH, 4 ELEMIAH, 57 NEMAMIAH |
| Activité inutile | 8 CAHETEL, 46 ARIEL |
| Adaptation, capacité d'adaptation | 23 MELAHEL, 26 HAAIAH, 36 MENADEL |
| Administration, administrateur | 3 SITAEL, 26 HAAIAH, 31 LECABEL, 63 ANAUEL, 69 ROCHEL |
| Adultère | 13 IEZALEL, 16 HEKAMIAH |
| Affaiblissement, faiblesse | 1 VEHUIAH, 45 SEALIAH |
| Affinité | 13 IEZALEL, 22 YEIAYEL, 61 UMABEL |
| Agir contre le Destin et les Lois Cosmiques | 4 ELEMIAH, 8 CAHETEL, 25 NITH-HAIAH |

| | |
|---|---|
| Agitation | 4 ELEMIAH, 12 HAHAIAH, 17 LAUVIAH, 25 NITH-HAIAH, 28 SEHEIAH, 39 REHAEL, 62 IAHHEL |
| Agitation intérieure | 4 ELEMIAH, 12 HAHAIAH, 17 LAUVIAH, 25 NITH-HAIAH, 28 SEHEIAH, 39 REHAEL, 62 IAHHEL |
| Agoraphobie | 12 HAHAIAH |
| Agression | 8 CAHETEL, 38 HAAMIAH |
| Agressivité | 1 VEHUIAH, 3 SITAEL, 12 HAHAIAH, 20 PAHALIAH, 24 HAHEUIAH, 33 YEHUIAH, 34 LEHAHIAH, 38 HAAMIAH, 39 REHAEL, 44 YELAHIAH, 62 IAHHEL, 65 DAMABIAH, 71 HAIAIEL |
| Agressivité, dissoudre l'agressivité | 12 HAHAIAH, 38 HAAMIAH |
| Agriculture | 8 CAHETEL, 23 MELAHEL, 30 OMAEL, 31 LECABEL, 68 HABUHIAH |
| Agronome | 31 LECABEL |
| Aide humanitaire | 10 ALADIAH, 14 MEBAHEL, 19 LEUVIAH, 49 VEHUEL |
| Air | 8 CAHETEL, 45 SEALIAH, 58 YEIALEL |
| Alchimie | 51 HAHASIAH, 67 EYAEL, 70 JABAMIAH |
| Alcoolisme | 15 HARIEL, 33 YEHUIAH, 40 IEIAZEL |
| Alimentation saine | 23 MELAHEL |
| Alliance | 2 JELIEL, 14 MEBAHEL, 33 YEHUIAH, 48 MIHAEL, 63 ANAUEL, 71 HAIAIEL |
| Altruisme | 9 HAZIEL, 11 LAUVIAH, 14 MEBAHEL, 22 YEIAYEL, 36 MENADEL, 49 VEHUEL, 56 POYEL, 63 ANAUEL, 65 DAMABIAH |
| Alzheimer, maladie d'Alzheimer | 19 LEUVIAH |
| Amabilité | 9 HAZIEL, 38 HAAMIAH, 56 POYEL, 65 DAMABIAH, 66 MANAKEL |
| Ambassadeur | 16 HEKAMIAH, 26 HAAIAH, 42 MIKAEL |
| Ambiance, créateur d'ambiance | 26 HAAIAH, 27 YERATHEL |
| Ambigüité | 26 HAAIAH, 34 LEHAHIAH, 68 HABUHIAH |
| Ambition | 6 LELAHEL, 11 LAUVIAH, 26 HAAIAH, 51 HAHASIAH, 54 NITHAEL, 56 POYEL, 62 IAHHEL |
| Amertume | 19 LEUVIAH |
| Amitié | 9 HAZIEL, 13 IEZALEL, 16 HEKAMIAH, 61 UMABEL, 66 MANAKEL |
| Amitiés dangereuses | 9 HAZIEL, 13 IEZALEL, 16 HEKAMIAH, 61 UMABEL, 66 MANAKEL |
| Amnésie | 19 LEUVIAH, 69 ROCHEL |
| Amour altruiste | 9 HAZIEL, 14 MEBAHEL, 25 NITH-HAIAH, 65 DAMABIAH |
| Amour de la nature | 68 HABUHIAH |

| | |
|---|---|
| **Amour Divin** | 1 Vehuiah, 2 Jeliel, 6 Lelahel, 9 Haziel, 11 Lauviah, 16 Hekamiah, 25 Nith-Haiah, 38 Haamiah, 62 Iahhel |
| **Amour inconditionnel** | 9 Haziel, 14 Mebahel, 25 Nith-Haiah, 65 Damabiah |
| **Amour paternel** | 39 Rehael |
| **Amour Universel** | 1 Vehuiah, 2 Jeliel, 6 Lelahel, 9 Haziel, 11 Lauviah, 16 Hekamiah, 25 Nith-Haiah, 38 Haamiah, 62 Iahhel |
| **Analyse** | 2 Jeliel, 31 Lecabel, 47 Asaliah, 55 Mebahiah, 57 Nemamiah, 58 Yeialel, 59 Harahel |
| **Anarchie** | 26 Haaiah, 42 Mikael, 44 Yelahiah, 71 Haiaiel |
| **Androgynie** | 2 Jeliel, 13 Iezalel, 48 Mihael, 62 Iahhel, 69 Rochel |
| **Angoisse** | 12 Hahaiah, 17 Lauviah, 39 Rehael |
| **Animal** | 30 Omael |
| **Anorexie** | 8 Cahetel, 10 Aladiah, 54 Nithael, 68 Habuhiah |
| **Anticipation** | 21 Nelkhael, 28 Seheiah, 46 Ariel, 57 Nemamiah |
| **Anxiété** | 28 Seheiah, 39 Rehael |
| **Apprentissage** | 5 Mahasiah, 7 Achaiah, 21 Nelkhael, 53 Nanael, 59 Harahel |
| **Approbation** | 62 Iahhel |
| **Appropriation** | 69 Rochel |
| **Architecture, architecte** | 3 Sitael, 31 Lecabel, 63 Anauel |
| **Argent** | 6 Lelahel, 43 Veuliah, 56 Poyel, 69 Rochel |
| **Arriviste** | 1 Vehuiah, 6 Lelahel, 66 Manakel |
| **Arrogance** | 5 Mahasiah, 32 Vasariah |
| **Art, artiste** | 6 Lelahel, 15 Hariel, 22 Yeiayel, 27 Yerathel, 40 Ieiazel, 54 Nithael |
| **Arthrite, arthrose** | 1 Vehuiah, 3 Sitael, 37 Aniel, 43 Veuliah, 66 Manakel, 68 Habuhiah |
| **Asservissement** | 16 Hekamiah, 33 Yehuiah, 37 Aniel, 39 Rehael |
| **Asservissement aux impulsions matérielles** | 49 Vehuel |
| **Assujettissement** | 16 Hekamiah, 33 Yehuiah, 37 Aniel, 39 Rehael |
| **Astrologie** | 21 Nelkhael, 51 Hahasiah, 61 Umabel |
| **Astronomie** | 21 Nelkhael, 51 Hahasiah, 61 Umabel |
| **Athéisme** | 17 Lauviah, 25 Nith-Haiah, 38 Haamiah, 41 Hahahel, 49 Vehuel, 70 Jabamiah |

| | |
|---|---|
| Attachement | 13 Iezalel, 35 Chavakhiah, 37 Aniel |
| Attaque | 8 Cahetel, 38 Haamiah |
| Attendre, bonne utilisation des périodes d'attente | 7 Achaiah |
| Attitude négative, destructrice | 9 Haziel, 12 Hahaiah, 64 Mehiel, 66 Manakel |
| Attitude positive, constructive | 11 Lauviah, 12 Hahaiah |
| Audace | 1 Vehuiah, 44 Yelahiah, 71 Haiaiel |
| Aura | 71 Haiaiel |
| Authenticité | 3 Sitael, 64 Mehiel |
| Autonomie | 15 Hariel, 37 Aniel, 41 Hahahel |
| Autoritaire | 1 Vehuiah, 5 Mahasiah, 26 Haaiah, 34 Lehahiah, 39 Rehael |
| Autoritarisme | 1 Vehuiah, 5 Mahasiah, 26 Haaiah, 33 Yehuiah, 34 Lehahiah, 39 Rehael |
| Autorité, compréhension de l'autorité | 4 Elemiah, 34 Lehahiah, 39 Rehael, 42 Mikael, 43 Veuliah, 60 Mitzrael |
| Avant-gardiste | 1 Vehuiah |
| Avarice | 6 Lelahel, 31 Lecabel, 43 Veuliah |
| Avidité | 3 Sitael, 4 Elemiah, 11 Lauviah, 22 Yeiayel |
| Avisé | 58 Yeialel |
| Avocat | 18 Caliel, 32 Vasariah |

**B**

| | |
|---|---|
| Bactérie | 23 Melahel, 30 Omael, 68 Habuhiah |
| Béatitude | 49 Vehuel, 54 Nithael |
| Beauté | 6 Lelahel, 38 Haamiah, 50 Daniel, 54 Nithael, 59 Harahel |
| Bégaiement | 32 Vasariah, 50 Daniel, 56 Poyel |
| Bénédiction | 8 Cahetel |
| Besoin de plaisirs | 62 Iahhel |
| Besoins personnels | 4 Elemiah, 66 Manakel |
| Bibliothèque, Bibliothèque Universelle | 19 Leuviah, 59 Harahel, 69 Rochel |
| Bienveillance | 32 Vasariah, 55 Mebahiah, 66 Manakel |
| Blasphème | 8 Cahetel, 25 Nith-Haiah |
| Blessure | 10 Aladiah, 23 Melahel, 51 Hahasiah, 68 Habuhiah |
| Blocage | 45 Sealiah, 70 Jabamiah |
| Bonheur | 6 Lelahel, 56 Poyel |
| Bonne foi | 9 Haziel, 51 Hahasiah, 65 Damabiah |
| Bonté | 9 Haziel, 11 Lauviah, 22 Yeiayel, 32 Vasariah, 50 Daniel, 51 Hahasiah, 55 Mebahiah, 56 Poyel, 65 Damabiah |

| Bouche | 50 Daniel |
| Boulimie | 10 Aladiah, 23 Melahel, 54 Nithael, 68 Habuhiah, 70 Jabamiah |
| Bravoure | 1 Vehuiah, 20 Pahaliah, 44 Yelahiah, 52 Imamiah, 58 Yeialel, 71 Haiaiel |
| Bronches | 23 Melahel, 51 Hahasiah, 66 Manakel, 68 Habuhiah |
| Brûlure | 1 Vehuiah, 23 Melahel, 59 Harahel, 68 Habuhiah |
| Brutalité | 44 Yelahiah, 52 Imamiah |
| But | 11 Lauviah, 70 Jabamiah |

## C

| Cadeau | 56 Poyel |
| Calme | 2 Jeliel, 28 Seheiah, 62 Iahhel |
| Calomnie | 11 Lauviah, 14 Mebahel, 21 Nelkhael, 27 Yerathel, 42 Mikael |
| Cambriolage | 24 Haheuiah |
| Cancer | 12 Hahaiah, 30 Omael, 33 Yehuiah, 68 Habuhiah, 70 Jabamiah |
| Capricieux | 55 Mebahiah, 56 Poyel |
| Caractère | 5 Mahasiah, 8 Cahetel |
| Caractère, amélioration du caractère | 5 Mahasiah, 8 Cahetel |
| Caractère, mauvais caractère | 5 Mahasiah, 8 Cahetel |
| Catalysateur | 26 Haaiah |
| Catastrophe | 8 Cahetel, 28 Seheiah, 45 Sealiah |
| Catastrophe naturelle | 8 Cahetel, 28 Seheiah, 45 Sealiah |
| Cause, découvrir la cause | 31 Lecabel, 51 Hahasiah, 67 Eyael |
| Célébrité | 6 Lelahel, 11 Lauviah, 22 Yeiayel, 54 Nithael, 56 Poyel |
| Célibat, célibat égoïste | 2 Jeliel, 53 Nanael |
| Cercle vicieux des dépendances | 37 Aniel |
| Chaleur, chaleur humaine | 9 Haziel, 19 Leuviah, 65 Damabiah |
| Chance, deuxième chance | 10 Aladiah |
| Changement | 37 Aniel, 67 Eyael, 70 Jabamiah |
| Changement de mode de vie | 8 Cahetel |
| Chant, chanson, chanter | 40 Ieiazel, 50 Daniel, 53 Nanael |
| Charisme | 10 Aladiah, 25 Nith-Haiah |
| Charlatan | 10 Aladiah, 37 Aniel, 47 Asaliah, 51 Hahasiah |
| Charme, essayer de charmer | 6 Lelahel |
| Chef | 16 Hekamiah, 34 Lehahiah, 42 Mikael |
| Chemin, découvrir un nouveau chemin | 4 Elemiah, 65 Damabiah, 72 Mumiah |

| Chirurgie | 51 Hahasiah, 68 Habuhiah |
| Choix, faire un bon ou un mauvais choix | 5 Mahasiah |
| Chômage | 36 Menadel, 72 Mumiah |
| Chute | 28 Seheiah |
| Civiliser | 26 Haaiah, 27 Yerathel |
| Clairaudience | 12 Hahaiah, 46 Ariel, 48 Mihael, 58 Yeialel, 62 Iahhel |
| Clairsentience | 12 Hahaiah, 46 Ariel, 48 Mihael, 58 Yeialel, 62 Iahhel |
| Clairvoyance | 12 Hahaiah, 46 Ariel, 48 Mihael, 58 Yeialel, 62 Iahhel |
| Clarté | 6 Lelahel, 18 Caliel |
| Claustrophobie | 12 Hahaiah |
| Clémence | 3 Sitael, 32 Vasariah |
| Climat, changement climatique | 8 Cahetel, 45 Sealiah |
| Climat, climat catastrophique | 8 Cahetel, 45 Sealiah |
| Cœur | 1 Vehuiah, 45 Sealiah, 55 Mebahiah |
| Cohabitation | 26 Haaiah, 53 Nanael |
| Colère | 1 Vehuiah, 34 Lehahiah, 58 Yeialel, 65 Damabiah, 66 Manakel |
| Colérique, tempérament colérique | 28 Seheiah |
| Combat, combat intérieur | 14 Mebahel |
| Commencer | 1 Vehuiah, 45 Sealiah |
| Commerce | 22 Yeiayel, 63 Anauel |
| Communicatif, état d'âme communicatif | 19 Leuviah |
| Communication | 15 Hariel, 50 Daniel, 53 Nanael, 55 Mebahiah, 63 Anauel |
| Compagnie, bonne ou mauvaise compagnie | 2 Jeliel |
| Compétition, esprit de compétition | 1 Vehuiah, 11 Lauviah, 22 Yeiayel, 26 Haaiah, 48 Mihael, 52 Imamiah |
| Complication | 19 Leuviah, 60 Mitzrael |
| Compliqué, caractère compliqué | 19 Leuviah, 60 Mitzrael |
| Complot | 16 Hekamiah, 31 Lecabel, 50 Daniel |
| Comportement erroné | 7 Achaiah, 38 Haamiah, 44 Yelahiah, 46 Ariel |
| Comportement exemplaire | 20 Pahaliah, 38 Haamiah |
| Comportement, science des comportements | 29 Reiyel, 38 Haamiah |
| Compréhension | 6 Lelahel, 21 Nelkhael, 51 Hahasiah, 55 Mebahiah, 57 Nemamiah, 58 Yeialel, 59 Harahel, 60 Mitzrael, 62 Iahhel |

| Comptabilité | 43 Veuliah, 63 Anauel, 69 Rochel |
|---|---|
| Concentration, capacité de concentration | 1 Vehuiah, 21 Nelkhael, 45 Sealiah, 58 Yeialel, 59 Harahel |
| Concret, aller de l'abstrait au concret | 67 Eyael |
| Concrétisation | 2 Jeliel, 30 Omael, 36 Menadel, 67 Eyael, 72 Mumiah |
| Condamnation, condamner | 18 Caliel, 32 Vasariah |
| Confiance, manque de confiance | 1 Vehuiah, 9 Haziel, 11 Lauviah, 17 Lauviah, 27 Yerathel, 29 Reiyel, 33 Yehuiah, 40 Ieiazel, 45 Sealiah, 66 Manakel |
| Conflit | 2 Jeliel, 26 Haaiah, 33 Yehuiah, 35 Chavakhiah, 42 Mikael, 44 Yelahiah, 70 Jabamiah, 71 Haiaiel |
| Confrontation | 33 Yehuiah, 42 Mikael, 44 Yelahiah, 70 Jabamiah |
| Confusion | 1 Vehuiah, 7 Achaiah, 15 Hariel, 18 Caliel, 27 Yerathel, 66 Manakel |
| Confusion entre les rêves et la réalité | 12 Hahaiah |
| Connaissance | 15 Hariel, 21 Nelkhael, 53 Nanael, 62 Iahhel |
| Connaissance de soi | 29 Reiyel, 61 Umabel |
| Connaissance du bien et du mal | 18 Caliel, 20 Pahaliah, 32 Vasariah, 66 Manakel, 70 Jabamiah |
| Conscience | 18 Caliel, 45 Sealiah, 61 Umabel, 62 Iahhel |
| Conscience, manque de conscience | 17 Lauviah |
| Consolation | 40 Ieiazel, 55 Mebahiah |
| Conspiration | 26 Haaiah, 33 Yehuiah, 42 Mikael, 54 Nithael |
| Construction intérieure et extérieure | 3 Sitael, 21 Nelkhael |
| Construction mentale | 3 Sitael, 21 Nelkhael |
| Contagion | 30 Omael, 68 Habuhiah |
| Contamination | 30 Omael, 68 Habuhiah |
| Contemplation | 26 Haaiah, 47 Asaliah, 53 Nanael, 62 Iahhel |
| Contradiction, contradictions intérieures | 22 Yeiayel, 34 Lehahiah, 64 Mehiel, 71 Haiaiel |
| Contrat | 2 Jeliel, 14 Mebahel, 33 Yehuiah, 48 Mihael, 63 Anauel, 71 Haiaiel |
| Convertir, chercher à convertir | 20 Pahaliah |
| Convivialité | 2 Jeliel |
| Coordination | 16 Hekamiah, 31 Lecabel, 63 Anauel |
| Corruption | 2 Jeliel, 8 Cahetel, 18 Caliel, 23 Melahel, 24 Haheuiah, 42 Mikael, 71 Haiaiel |
| Cou, maux de cou | 55 Mebahiah, 63 Anauel |

| Couple | 2 Jeliel, 13 Iezalel, 48 Mihael, 52 Imamiah, 69 Rochel |
|---|---|
| Courage | 1 Vehuiah, 20 Pahaliah, 44 Yelahiah, 52 Imamiah, 58 Yeialel, 71 Haiaiel |
| Courtoisie | 38 Haamiah, 56 Poyel, 65 Damabiah, 66 Manakel |
| Crainte | 12 Hahaiah, 17 Lauviah, 20 Pahaliah, 39 Rehael |
| Crampe | 23 Melahel, 70 Jabamiah |
| Création | 1 Vehuiah, 31 Lecabel, 40 Ieiazel, 47 Asaliah |
| Crime, crimes cachés | 10 Aladiah, 24 Haheuiah, 30 Omael, 58 Yeialel |
| Criminel | 10 Aladiah, 14 Mebahel, 24 Haheuiah, 44 Yelahiah |
| Criminel, idées et actes criminels | 24 Haheuiah, 30 Omael, 33 Yehuiah, 34 Lehahiah, 39 Rehael, 44 Yelahiah, 71 Haiaiel |
| Critique | 5 Mahasiah, 56 Poyel, 60 Mitzrael, 63 Anauel, 64 Mehiel, 71 Haiaiel |
| Croissance | 48 Mihael |
| Cruauté | 19 Leuviah, 30 Omael, 39 Rehael, 44 Yelahiah, 71 Haiaiel |
| Cuisiner | 67 Eyael |
| Culpabilité, sentiment de culpabilité | 19 Leuviah, 32 Vasariah |
| Culture | 30 Omael |

## D

| Danger | 24 Haheuiah, 28 Seheiah |
|---|---|
| Débordement (de toute sorte) | 11 Lauviah, 40 Ieiazel, 70 Jabamiah |
| Débuter | 1 Vehuiah, 45 Sealiah |
| Décadence morale | 10 Aladiah, 20 Pahaliah, 30 Omael, 66 Manakel |
| Décalage entre corps et esprit | 17 Lauviah, 68 Habuhiah |
| Décalage entre pensées et émotions | 68 Habuhiah |
| Décalage, décalée | 17 Lauviah, 68 Habuhiah |
| Déchirement | 16 Hekamiah |
| Décider | 4 Elemiah |
| Décision, prise de décision | 26 Haaiah, 57 Nemamiah |
| Décodage des signes | 5 Mahasiah |
| Découragement | 20 Pahaliah, 40 Ieiazel, 45 Sealiah, 58 Yeialel |

| | |
|---|---|
| Découverte des secrets et mystères | 7 ACHAIAH, 17 LAUVIAH, 22 YEIAYEL, 25 NITH-HAIAH, 29 REIYEL, 42 MIKAEL, 46 ARIEL |
| Découvrir ce qui est caché, occulté | 7 ACHAIAH, 17 LAUVIAH, 46 ARIEL |
| Décrochage | 36 MENADEL, 40 IEIAZEL, 43 VEULIAH, 45 SEALIAH, 61 UMABEL, 72 MUMIAH |
| Défier | 1 VEHUIAH, 27 YERATHEL, 33 YEHUIAH, 34 LEHAHIAH, 36 MENADEL, 44 YELAHIAH, 71 HAIAIEL |
| Déformation de la réalité | 12 HAHAIAH, 64 MEHIEL |
| Délinquance | 24 HAHEUIAH, 33 YEHUIAH, 34 LEHAHIAH |
| Délivrance | 20 PAHALIAH, 71 HAIAIEL, 40 IEIAZEL |
| Démuni, aide aux démunis | 10 ALADIAH |
| Dent | 3 SITAEL, 20 PAHALIAH, 68 HABUHIAH |
| Départ, nouveau départ | 1 VEHUIAH, 10 ALADIAH |
| Dépendance | 12 HAHAIAH, 15 HARIEL, 27 YERATHEL, 37 ANIEL, 40 IEIAZEL |
| Dépression | 1 VEHUIAH, 12 HAHAIAH, 17 LAUVIAH, 30 OMAEL, 39 REHAEL, 72 MUMIAH |
| Désaccord | 16 HEKAMIAH, 48 MIHAEL, 57 NEMAMIAH |
| Désarroi face aux situations nouvelles | 7 ACHAIAH, 37 ANIEL |
| Déséquilibre, vie déséquilibrée | 22 YEIAYEL |
| Désespoir | 14 MEBAHEL, 19 LEUVIAH, 25 NITH-HAIAH, 72 MUMIAH |
| Déshériter | 35 CHAVAKHIAH, 69 ROCHEL |
| Désinformation | 7 ACHAIAH, 59 HARAHEL |
| Désintéressement | 9 HAZIEL, 36 MENADEL, 65 DAMABIAH |
| Désir compulsif de plaire | 27 YERATHEL |
| Désir, ajuster et réglementer les désirs | 19 LEUVIAH, 20 PAHALIAH, 26 HAAIAH, 27 YERATHEL, 33 YEHUIAH, 49 VEHUEL, 52 IMAMIAH, 55 MEBAHIAH, 63 ANAUEL, 68 HABUHIAH |
| Désirs exaltés | 20 PAHALIAH |
| Désobéissance | 26 HAAIAH, 34 LEHAHIAH, 39 REHAEL |
| Désordre social | 35 CHAVAKHIAH, 42 MIKAEL |
| Despote | 8 CAHETEL, 45 SEALIAH |
| Destin, aller à l'encontre du Destin | 1 VEHUIAH, 31 LECABEL, 36 MENADEL, 45 SEALIAH, 64 MEHIEL |
| Destin, destin difficile | 20 PAHALIAH, 25 NITH-HAIAH |
| Destin, participer à la création du Destin | 4 ELEMIAH |
| Destin, vouloir forcer le Destin | 1 VEHUIAH, 31 LECABEL, 36 MENADEL, 45 SEALIAH, 64 MEHIEL |
| Destruction | 1 VEHUIAH, 3 SITAEL, 23 MELAHEL, 43 VEULIAH, 44 YELAHIAH, 64 MEHIEL |

| Détachement | 9 Haziel, 29 Reiyel, 33 Yehuiah, 37 Aniel, 49 Vehuel, 50 Daniel, 65 Damabiah, 72 Mumiah |
|---|---|
| Devoir, sens du devoir | 20 Pahaliah, 33 Yehuiah, 34 Lehahiah, 55 Mebahiah |
| Dévouement, dévotion | 11 Lauviah, 36 Menadel, 49 Vehuel, 57 Nemamiah, 65 Damabiah |
| Dictature | 26 Haaiah, 34 Lehahiah, 42 Mikael, 71 Haiaiel |
| Diffamation | 11 Lauviah, 14 Mebahel, 27 Yerathel, 42 Mikael |
| Diffusion par les médias | 7 Achaiah, 59 Harahel, 64 Mehiel |
| Digestion | 23 Melahel, 28 Seheiah, 70 Jabamiah |
| Dignité | 3 Sitael, 16 Hekamiah |
| Diminué, sentiment d'être diminué | 16 Hekamiah, 56 Poyel |
| Diplomatie, diplomate | 22 Yeiayel, 26 Haaiah, 49 Vehuel |
| Directeur, président | 16 Hekamiah, 34 Lehahiah, 42 Mikael, 63 Anauel |
| Dirigeant, leader, guide | 1 Vehuiah, 16 Hekamiah, 22 Yeiayel, 26 Haaiah, 42 Mikael, 71 Haiaiel |
| Discernement | 7 Achaiah, 15 Hariel, 18 Caliel, 31 Lecabel, 32 Vasariah, 42 Mikael, 47 Asaliah, 50 Daniel, 55 Mebahiah, 57 Nemamiah, 58 Yeialel, 59 Harahel, 60 Mitzrael, 64 Mehiel, 71 Haiaiel, |
| Discerner, difficulté à discerner le bien et le mal | 18 Caliel, 20 Pahaliah, 66 Manakel |
| Discipline | 34 Lehahiah |
| Discorde | 35 Chavakhiah, 48 Mihael, 62 Iahhel, 71 Haiaiel |
| Discours | 32 Vasariah, 50 Daniel, 56 Poyel, 64 Mehiel |
| Discrétion | 12 Hahaiah, 26 Haaiah, 46 Ariel |
| Dispersion | 24 Haheuiah |
| Disséquer, tendance à disséquer | 15 Hariel, 47 Asaliah |
| Dissidence, provoquer la dissidence | 16 Hekamiah |
| Distraction | 24 Haheuiah |
| Divorce | 2 Jeliel, 13 Iezalel, 48 Mihael, 62 Iahhel, 71 Haiaiel |
| Dominer et être dominé | 4 Elemiah, 68 Habuhiah |
| Don oratoire | 32 Vasariah, 50 Daniel, 56 Poyel |
| Don, donation | 11 Lauviah, 22 Yeiayel |
| Donner inconditionnellement | 41 Hahahel, 43 Veuliah |
| Dos | 1 Vehuiah, 3 Sitael, 19 Leuviah, 45 Sealiah |
| Double vie | 68 Habuhiah |

648

| Douceur | 25 Nith-Haiah, 56 Poyel, 62 Iahhel, 65 Damabiah |
|---|---|
| Douleur | 23 Melahel, 51 Hahasiah, 68 Habuhiah |
| Doute | 18 Caliel |
| Drainage lymphatique | 15 Hariel, 23 Melahel, 65 Damabiah |
| Droiture, justesse | 32 Vasariah |
| Dynamisme | 1 Vehuiah, 20 Pahaliah, 27 Yerathel, 45 Sealiah, 71 Haiaiel |
| Dyslexie | 60 Mitzrael, 68 Habuhiah |

E

| Eau | 8 Cahetel, 45 Sealiah, 65 Damabiah |
|---|---|
| Écartèlement | 16 Hekamiah |
| Échec | 4 Elemiah, 7 Achaiah, 8 Cahetel, 15 Hariel, 53 Nanael, 55 Mebahiah |
| Écoute, écouter | 26 Haaiah, 39 Rehael, 46 Ariel |
| Écraser autrui | 1 Vehuiah, 8 Cahetel |
| Écriture, écrivain | 40 Ieiazel, 49 Vehuel, 59 Harahel, 64 Mehiel |
| Écroulement des structures | 3 Sitael, 37 Aniel |
| Édition, éditer | 7 Achaiah, 40 Ieiazel, 59 Harahel, 64 Mehiel |
| Éducation, éduquer | 21 Nelkhael, 42 Mikael, 47 Asaliah, 61 Umabel |
| Effacer | 5 Mahasiah |
| Efficacité | 3 Sitael, 31 Lecabel, 38 Haamiah |
| Effondrement intérieur | 15 Hariel |
| Effort | 1 Vehuiah, 45 Sealiah |
| Égard, avoir de l'égard | 26 Haaiah |
| Égarement | 24 Haheuiah |
| Égocentrisme | 2 Jeliel, 16 Hekamiah, 25 Nith-Haiah, 26 Haaiah, 27 Yerathel, 35 Chavakhiah, 49 Vehuel |
| Égoïsme | 2 Jeliel, 16 Hekamiah, 25 Nith-Haiah, 26 Haaiah, 27 Yerathel, 35 Chavakhiah, 49 Vehuel |
| Élément, les quatre éléments | 8 Cahetel, 45 Sealiah |
| Élévation spirituelle | 14 Mebahel, 49 Vehuel |
| Élocution | 50 Daniel, 53 Nanael, 56 Poyel |
| Élocution, problèmes d'élocution | 50 Daniel, 56 Poyel |
| Éloignement des êtres aimés | 13 Iezalel |
| Éloquence | 2 Jeliel, 6 Lelahel, 32 Vasariah, 50 Daniel, 56 Poyel, 64 Mehiel |

| Embellir | 6 Lelahel, 54 Nithael |
| Embonpoint | 10 Aladiah, 68 Habuhiah, 70 Jabamiah |
| Émigration | 24 Haheuiah, 36 Menadel |
| Émissivité | 44 Yelahiah, 69 Rochel |
| Emotion, voir sentiment | |
| Émotionnel, débordement émotionnel | 11 Lauviah, 40 Ieiazel, 70 Jabamiah |
| Émotivité | 31 Lecabel, 52 Imamiah, 65 Damabiah |
| Emploi | 36 Menadel |
| Employeur | 36 Menadel, 43 Veuliah |
| Empoisonnement | 23 Melahel |
| Emprisonnement | 10 Aladiah, 14 Mebahel, 24 Haheuiah, 29 Reiyel, 36 Menadel, 44 Yelahiah, 52 Imamiah, 57 Nemamiah |
| Endoctrinement | 29 Reiyel |
| Énergie qui transforme tout négativisme | 9 Haziel, 70 Jabamiah |
| Énergie, énergie vitale | 1 Vehuiah, 20 Pahaliah, 27 Yerathel, 45 Sealiah, 71 Haiaiel |
| Énergie, source d'énergie inépuisable | 27 Yerathel |
| Enfant | 8 Cahetel, 9 Haziel, 30 Omael, 54 Nithael, 59 Harahel |
| Engagement | 4 Elemiah, 9 Haziel, 14 Mebahel, 16 Hekamiah, 55 Mebahiah, 71 Haiaiel |
| Engagement, non-respect des engagements | 14 Mebahel |
| Énigme, trouver des solutions aux énigmes de la vie | 31 Lecabel |
| Ennemi, réconciliation avec l'ennemi | 52 Imamiah |
| Enregistrer | 7 Achaiah, 64 Mehiel |
| Enseignement, recevoir des enseignements | 21 Nelkhael, 42 Mikael, 46 Ariel, 47 Asaliah, 61 Umabel, 62 Iahhel |
| Enseigner, enseignant | 21 Nelkhael, 42 Mikael, 47 Asaliah, 53 Nanael, 61 Umabel |
| Ensorcellement | 21 Nelkhael, 24 Haheuiah, 25 Nith-Haiah, 27 Yerathel, 38 Haamiah |
| Enthousiasme | 3 Sitael, 11 Lauviah, 17 Lauviah, 45 Sealiah |
| Entorse | 1 Vehuiah, 3 Sitael, 23 Melahel, 45 Sealiah |
| Entreprendre | 1 Vehuiah, 45 Sealiah |
| Entreprise utile pour l'humanité | 11 Lauviah, 63 Anauel, 65 Damabiah |
| Entreprise, entrepreneur | 43 Veuliah, 63 Anauel |
| Environnement, protection de l'environnement | 14 Mebahel, 23 Melahel, 24 Haheuiah |
| Envoûtement | 21 Nelkhael |

| | |
|---|---|
| Eparpillement | 24 Haheuiah |
| Épreuve | 20 Pahaliah, 24 Haheuiah, 32 Vasariah, 40 Ieiazel, 45 Sealiah |
| Épuisement | 1 Vehuiah, 4 Elemiah, 28 Seheiah, 36 Menadel, 45 Sealiah, 57 Nemamiah, 60 Mitzrael, 64 Mehiel, 72 Mumiah |
| Équilibre intérieur | 47 Asaliah |
| Équité, égalité | 14 Mebahel |
| Erreur | 3 Sitael, 5 Mahasiah, 13 Iezalel, 38 Haamiah, 47 Asaliah, 52 Imamiah, 60 Mitzrael, 67 Eyael |
| Esclavage | 22 Yeiayel, 27 Yerathel, 33 Yehuiah, 36 Menadel, 39 Rehael |
| Espoir | 14 Mebahel, 45 Sealiah, 56 Poyel |
| Esprit borné | 13 Iezalel, 15 Hariel, 63 Anauel |
| Esprit de groupe | 26 Haaiah |
| Esprit destructeur | 23 Melahel, 44 Yelahiah, 64 Mehiel, 66 Manakel |
| Esprit limité | 13 Iezalel, 15 Hariel, 63 Anauel |
| Esthétique | 6 Lelahel, 54 Nithael |
| Estomac | 15 Hariel, 70 Jabamiah |
| Études | 5 Mahasiah, 7 Achaiah, 21 Nelkhael, 31 Lecabel, 60 Mitzrael, 67 Eyael |
| Euthanasie | 30 Omael, 72 Mumiah |
| Éveil | 1 Vehuiah, 45 Sealiah, 49 Vehuel |
| Exactitude | 31 Lecabel, 58 Yeialel |
| Exagération | 11 Lauviah |
| Examen | 5 Mahasiah, 7 Achaiah, 21 Nelkhael, 31 Lecabel, 60 Mitzrael, 67 Eyael |
| Excellence | 31 Lecabel |
| Excès de rationalité | 58 Yeialel, 63 Anauel, 64 Mehiel, 71 Haiaiel |
| Excès sexuels | 10 Aladiah, 20 Pahaliah, 43 Veuliah, 62 Iahhel |
| Excès, comportement excessif | 3 Sitael, 45 Sealiah, 56 Poyel, 63 Anauel, 64 Mehiel, 65 Damabiah, 71 Haiaiel |
| Exemple, donner l'exemple | 1 Vehuiah, 55 Mebahiah |
| Exil | 24 Haheuiah, 36 Menadel |
| Exorcisme | 14 Mebahel, 21 Nelkhael, 25 Nith-Haiah, 27 Yerathel, 38 Haamiah |
| Expansion | 3 Sitael, 30 Omael |
| Expérience, ne pas apprendre les leçons de ses expériences | 13 Iezalel, 52 Imamiah, 67 Eyael, 72 Mumiah |
| Expertise | 11 Lauviah, 68 Habuhiah |

| Exploration intérieure et extérieure | 7 ACHAIAH, 12 HAHAIAH |
|---|---|
| Expression, facilité d'expression | 2 JELIEL, 6 LELAHEL, 32 VASARIAH, 50 DANIEL, 56 POYEL, 64 MEHIEL |
| Extravagance | 11 LAUVIAH |
| Extrémisme | 15 HARIEL, 41 HAHAHEL, 44 YELAHIAH, 71 HAIAIEL |

## F

| Facilité d'apprentissage | 21 NELKHAEL |
|---|---|
| Facultés intellectuelles | 57 NEMAMIAH, 58 YEIALEL, 64 MEHIEL |
| Faiblesse | 1 VEHUIAH, 45 SEALIAH |
| Faillite | 4 ELEMIAH, 31 LECABEL, 63 ANAUEL |
| Famille | 26 HAAIAH, 45 SEALIAH, 69 ROCHEL |
| Fanatisme | 15 HARIEL, 20 PAHALIAH, 27 YERATHEL, 29 REIYEL |
| Fatique | 1 VEHUIAH, 45 SEALIAH, 57 NEMAMIAH, 60 MITZRAEL, 64 MEHIEL, 72 MUMIAH |
| Fatigue chronique | 57 NEMAMIAH, 60 MITZRAEL |
| Fausse preuve | 18 CALIEL |
| Fausseté | 41 HAHAHEL, 47 ASALIAH, 64 MEHIEL |
| Faux témoin | 18 CALIEL |
| Fécondité | 2 JELIEL, 8 CAHETEL, 30 OMAEL, 48 MIHAEL, 64 MEHIEL |
| Féminin, polarité féminine | 2 JELIEL, 13 IEZALEL, 48 MIHAEL, 69 ROCHEL |
| Féminité | 9 HAZIEL, 48 MIHAEL, 54 NITHAEL |
| Fertilité | 2 JELIEL, 8 CAHETEL, 30 OMAEL, 48 MIHAEL, 64 MEHIEL |
| Feu | 8 CAHETEL, 45 SEALIAH, 59 HARAHEL |
| Fiabilité | 2 JELIEL |
| Fibromyalgie | 17 LAUVIAH, 23 MELAHEL, 51 HAHASIAH, 68 HABUHIAH |
| Fidélité | 2 JELIEL, 3 SITAEL, 13 IEZALEL, 16 HEKAMIAH, 33 YEHUIAH, 35 CHAVAKHIAH, 41 HAHAHEL, 48 MIHAEL, 52 IMAMIAH |
| Fièvre | 23 MELAHEL, 45 SEALIAH, 68 HABUHIAH |
| Finir | 72 MUMIAH |
| Flatterie | 18 CALIEL, 27 YERATHEL |
| Foi, manque de foi | 17 LAUVIAH, 23 MELAHEL, 41 HAHAHEL |
| Foie | 15 HARIEL, 70 JABAMIAH |
| Folie | 57 NEMAMIAH, 58 YEIALEL, 59 HARAHEL, 60 MITZRAEL |
| Force mentale | 57 NEMAMIAH, 58 YEIALEL, 64 MEHIEL |
| Force spirituelle | 4 ELEMIAH, 25 NITH-HAIAH |

| Force sur tous les plans | 4 ELEMIAH, 44 YELAHIAH, 52 IMAMIAH, 71 HAIAIEL |
|---|---|
| Forces de la nature | 23 MELAHEL, 45 SEALIAH |
| Forces démoniaques | 4 ELEMIAH, 14 MEBAHEL, 15 HARIEL, 19 LEUVIAH, 24 HAHEUIAH, 25 NITH-HAIAH, 38 HAAMIAH, 44 YELAHIAH, 64 MEHIEL |
| Forces obscures | 4 ELEMIAH, 14 MEBAHEL, 15 HARIEL, 19 LEUVIAH, 24 HAHEUIAH, 25 NITH-HAIAH, 38 HAAMIAH, 44 YELAHIAH, 64 MEHIEL |
| Fortune | 6 LELAHEL, 22 YEIAYEL, 56 POYEL, 69 ROCHEL |
| Foudre | 11 LAUVIAH, 28 SEHEIAH |
| Franchise | 16 HEKAMIAH, 18 CALIEL, 44 YELAHIAH, 58 YEIALEL |
| Fraternité | 49 VEHUEL, 61 UMABEL, 63 ANAUEL |
| Froideur émotionnelle | 24 HAHEUIAH, 36 MENADEL, 58 YEIALEL |
| Fuite de la réalité concrète | 5 MAHASIAH, 24 HAHEUIAH, 32 VASARIAH, 36 MENADEL, 49 VEHUEL, 57 NEMAMIAH, 64 MEHIEL |
| Fuite face aux responsabilités | 5 MAHASIAH, 24 HAHEUIAH, 32 VASARIAH, 36 MENADEL, 49 VEHUEL |

## G

| Gaspillage | 6 LELAHEL, 10 ALADIAH, 27 YERATHEL, 43 VEULIAH, 56 POYEL, 63 ANAUEL |
|---|---|
| Gaspillage d'argent | 6 LELAHEL, 27 YERATHEL, 43 VEULIAH, 63 ANAUEL |
| Gaspillage d'énergie | 20 PAHALIAH, 43 VEULIAH, 47 ASALIAH |
| Gencives | 3 SITAEL, 24 HAHEUIAH, 68 HABUHIAH |
| Générosité | 3 SITAEL, 22 YEIAYEL, 32 VASARIAH, 49 VEHUEL, 56 POYEL, 63 ANAUEL, 65 DAMABIAH |
| Génocide | 30 OMAEL |
| Genou | 17 LAUVIAH, 39 REHAEL |
| Géométrie | 21 NELKHAEL |
| Germe | 30 OMAEL, 68 HABUHIAH |
| Global, vision globale | 29 REIYEL, 41 HAHAHEL, 47 ASALIAH, 63 ANAUEL |
| Gloire, recherche de gloire personnelle | 6 LELAHEL, 7 ACHAIAH, 22 YEIAYEL, 26 HAAIAH, 36 MENADEL |
| Glorifier | 11 LAUVIAH, 49 VEHUEL |
| Gorge | 50 DANIEL, 53 NANAEL |
| Gourou, faux gourou | 10 ALADIAH |
| Grâce | 10 ALADIAH |
| Gratitude | 3 SITAEL, 8 CAHETEL, 46 ARIEL |

| | |
|---|---|
| **Grossesse** | 8 Cahetel, 30 Omael, 48 Mihael |
| **Guérison** | 1 Vehuiah, 6 Lelahel, 10 Aladiah, 23 Melahel, 28 Seheiah, 30 Omael, 39 Rehael, 45 Sealiah, 51 Hahasiah, 54 Nithael, 60 Mitzrael, 66 Manakel, 68 Habuhiah, 70 Jabamiah |
| **Guérison miraculeuse** | 28 Seheiah |
| **Guérisseur** | 23 Melahel, 51 Hahasiah |
| **Guerre** | 9 Haziel, 16 Hekamiah, 34 Lehahiah, 43 Veuliah, 44 Yelahiah, 71 Haiaiel |
| **Guerrier de Lumière** | 43 Veuliah, 44 Yelahiah, 71 Haiaiel |
| **Guide spirituel** | 4 Elemiah, 29 Reiyel, 67 Eyael |
| **Guide, leader, dirigeant** | 1 Vehuiah, 16 Hekamiah, 22 Yeiayel, 26 Haaiah, 42 Mikael, 63 Anauel, 71 Haiaiel |
| **Gynécologie** | 30 Omael |

## H

| | |
|---|---|
| **Haine** | 9 Haziel, 39 Rehael, 41 Hahahel, 49 Vehuel |
| **Hallucination** | 12 Hahaiah, 17 Lauviah |
| **Hanche** | 3 Sitael, 28 Seheiah |
| **Handicap** | 72 Mumiah |
| **Harmonie** | 2 Jeliel, 8 Cahetel, 12 Hahaiah, 13 Iezalel, 20 Pahaliah, 25 Nith-Haiah, 35 Chavakhiah, 38 Haamiah, 48 Mihael, 50 Daniel, 52 Imamiah, 55 Mebahiah, 70 Jabamiah |
| **Hémorragie** | 65 Damabiah, 68 Habuhiah |
| **Hémorroïdes** | 68 Habuhiah |
| **Héritage** | 35 Chavakhiah, 54 Nithael, 69 Rochel |
| **Hernie** | 3 Sitael, 33 Yehuiah, 39 Rehael, 45 Sealiah |
| **Herpès** | 20 Pahaliah, 30 Omael, 68 Habuhiah |
| **Hiérarchie** | 33 Yehuiah, 34 Lehahiah, 39 Rehael, 60 Mitzrael |
| **Histoire de l'Univers** | 67 Eyael |
| **Homéopathie** | 23 Melahel |
| **Honnêteté** | 16 Hekamiah, 18 Caliel, 32 Vasariah |
| **Hospitalité** | 54 Nithael |
| **Humeur, mauvaise humeur** | 55 Mebahiah, 56 Poyel |
| **Humiliation** | 56 Poyel |
| **Humilité** | 52 Imamiah, 56 Poyel, 65 Damabiah |
| **Humour** | 56 Poyel |

| Hyperactivité | 12 Hahaiah, 17 Lauviah, 27 Yerathel, 28 Seheiah, 36 Menadel |
| Hypocrisie | 3 Sitael, 9 Haziel, 29 Reiyel, 49 Vehuel, 64 Mehiel |

## I

| Idée, manques d'idées | 36 Menadel |
| Idées claires | 55 Mebahiah |
| Idolâtrie | 16 Hekamiah, 54 Nithael |
| Ignorance | 5 Mahasiah, 7 Achaiah, 13 Iezalel, 21 Nelkhael, 27 Yerathel, 47 Asaliah, 53 Nanael, 58 Yeialel, 62 Iahhel |
| Illégal, action illégale | 18 Caliel, 24 Haheuiah, 42 Mikael |
| Illicite, moyens illicites | 6 Lelahel, 24 Haheuiah, 31 Lecabel, 43 Veuliah, 50 Daniel |
| Illumination | 6 Lelahel, 49 Vehuel, 62 Iahhel |
| Illusion | 12 Hahaiah, 17 Lauviah, 25 Nith-Haiah, 43 Veuliah, 51 Hahasiah, 64 Mehiel |
| Imagination | 64 Mehiel |
| Immiscer (s') | 1 Vehuiah |
| Immobilisme | 1 Vehuiah, 22 Yeiayel |
| Impasse | 29 Reiyel, 65 Damabiah |
| Impatience | 7 Achaiah, 25 Nith-Haiah, 30 Omael |
| Imposant | 1 Vehuiah, 5 Mahasiah, 26 Haaiah, 34 Lehahiah, 39 Rehael |
| Imposer sa volonté | 1 Vehuiah, 15 Hariel, 26 Haaiah, 34 Lehahiah, 39 Rehael |
| Impressionner, vouloir impressionner | 16 Hekamiah, 19 Leuviah |
| Improvisation | 15 Hariel, 23 Melahel, 50 Daniel, 64 Mehiel |
| Impuissance | 20 Pahaliah, 33 Yehuiah, 48 Mihael |
| Impulsivité | 12 Hahaiah, 37 Aniel, 58 Yeialel, 66 Manakel |
| Inaction | 1 Vehuiah, 22 Yeiayel |
| Incendie | 8 Cahetel, 45 Sealiah, 59 Harahel |
| Incohérence | 24 Haheuiah, 25 Nith-Haiah, 28 Seheiah, 46 Ariel |
| Inconscient | 17 Lauviah |
| Inconstance | 2 Jeliel, 20 Pahaliah, 24 Haheuiah, 48 Mihael, 52 Imamiah, 54 Nithael, 65 Damabiah |
| Incorruptibité | 18 Caliel, 24 Haheuiah, 34 Lehahiah |
| Indécision | 4 Elemiah, 46 Ariel, 57 Nemamiah |
| Indifférence | 10 Aladiah, 24 Haheuiah |

Indispensable, se penser indispensable    6 Lelahel

Individualité, décalage entre l'individualité et la personnalité    15 Hariel, 68 Habuhiah

Inertie    1 Vehuiah, 4 Elemiah, 67 Eyael

Infection    23 Melahel, 68 Habuhiah

Infériorité, complexe d'infériorité    4 Elemiah, 6 Lelahel, 26 Haaiah, 33 Yehuiah, 54 Nithael, 56 Poyel

Infertilité    30 Omael, 48 Mihael, 59 Harahel, 68 Habuhiah

Infidélité    2 Jeliel, 13 Iezalel, 16 Hekamiah, 35 Chavakhiah, 48 Mihael

Inflammation    23 Melahel, 68 Habuhiah

Influence négative    13 Iezalel, 32 Vasariah, 59 Harahel

Informatique    7 Achaiah, 19 Leuviah, 58 Yeialel, 59 Harahel, 64 Mehiel

Ingénieur    3 Sitael, 31 Lecabel

Ingratitude    3 Sitael, 8 Cahetel, 46 Ariel

Inhibition    20 Pahaliah, 56 Poyel

Initiation    5 Mahasiah, 11 Lauviah, 33 Yehuiah, 38 Haamiah, 44 Yelahiah, 66 Manakel

Initiative, esprit d'initiative    4 Elemiah

Innocence    10 Aladiah, 15 Hariel, 18 Caliel

Innovation    4 Elemiah, 7 Achaiah, 15 Hariel, 22 Yeiayel, 25 Nith-Haiah, 30 Omael, 33 Yehuiah, 46 Ariel

Inondation    8 Cahetel, 45 Sealiah, 65 Damabiah

Inquiétude    17 Lauviah, 28 Seheiah

Insatiable    22 Yeiayel

Insecte, invasion d'insectes    68 Habuhiah

Insécurité    6 Lelahel, 43 Veuliah, 69 Rochel

Insomnie    12 Hahaiah, 17 Lauviah

Insouciance    7 Achaiah, 28 Seheiah

Inspiration    14 Mebahel, 49 Vehuel, 53 Nanael, 64 Mehiel

Instabilité    2 Jeliel, 20 Pahaliah, 24 Haheuiah, 48 Mihael, 52 Imamiah, 54 Nithael, 65 Damabiah

Instinct, maîtrise des instincts    20 Pahaliah, 38 Haamiah, 42 Mikael, 49 Vehuel, 70 Jabamiah

Instruction    21 Nelkhael, 42 Mikael, 62 Iahhel

Insubordination    33 Yehuiah, 60 Mitzrael

Insulte    32 Vasariah, 35 Chavakhiah, 52 Imamiah

Intégrité    14 Mebahel, 18 Caliel, 47 Asaliah

Intellect    1 Vehuiah, 58 Yeialel, 59 Harahel, 60 Mitzrael, 64 Mehiel

Intellect, activité intellectuelle     1 VEHUIAH, 19 LEUVIAH, 58 YEIALEL,
59 HARAHEL, 60 MITZRAEL, 64 MEHIEL

Intelligence     19 LEUVIAH, 31 LECABEL, 58 YEIALEL,
59 HARAHEL, 63 ANAUEL

Intelligence pratique     3 SITAEL, 31 LECABEL, 59 HARAHEL,
63 ANAUEL

Intention, connaître les intentions     18 CALIEL

Intériorisation     12 HAHAIAH, 62 IAHHEL

Intervenir     1 VEHUIAH

Intestins     15 HARIEL, 70 JABAMIAH, 72 MUMIAH

Intolérance     15 HARIEL, 27 YERATHEL, 41 HAHAHEL

Intuition     17 LAUVIAH, 21 NELKHAEL, 28 SEHEIAH,
47 ASALIAH, 69 ROCHEL

Invention     7 ACHAIAH, 15 HARIEL, 31 LECABEL, 46 ARIEL,
63 ANAUEL

Irréconciliable     9 HAZIEL, 35 CHAVAKHIAH

Irréfléchi     28 SEHEIAH

Irresponsabilité     16 HEKAMIAH, 24 HAHEUIAH, 26 HAAIAH,
36 MENADEL

Isolement, s'isoler     12 HAHAIAH, 36 MENADEL, 40 IEIAZEL,
53 NANAEL, 62 IAHHEL, 67 EYAEL


## J

Jalousie     9 HAZIEL, 11 LAUVIAH, 13 IEZALEL,
16 HEKAMIAH, 26 HAAIAH, 48 MIHAEL,
69 ROCHEL

Jambe     1 VEHUIAH, 27 YERATHEL, 33 YEHUIAH,
36 MENADEL

Jardinage     23 MELAHEL, 30 OMAEL, 68 HABUHIAH

Jeunesse     54 NITHAEL

Joie     11 LAUVIAH, 17 LAUVIAH, 30 OMAEL,
43 VEULIAH, 67 EYAEL

Joueur compulsif     15 HARIEL, 27 YERATHEL, 37 ANIEL

Journalisme     7 ACHAIAH, 59 HARAHEL

Juge     18 CALIEL, 32 VASARIAH, 69 ROCHEL

Jugement, capacité de jugement     55 MEBAHIAH, 57 NEMAMIAH, 58 YEIALEL,
71 HAIAIEL

Juger     18 CALIEL, 32 VASARIAH, 69 ROCHEL

Jungle, loi de la jungle     26 HAAIAH, 27 YERATHEL

Juré     18 CALIEL, 32 VASARIAH

Jury     18 CALIEL, 32 VASARIAH

Justice     14 MEBAHEL, 18 CALIEL, 24 HAHEUIAH,
32 VASARIAH, 39 REHAEL, 44 YELAHIAH,
58 YEIALEL, 69 ROCHEL

K

| | |
|---|---|
| **Kabbale** | 25 Nith-Haiah, 51 Hahasiah |
| **Karma, résolution du karma** | 3 Sitael, 10 Aladiah, 44 Yelahiah, 52 Imamiah, 62 Iahhel, 69 Rochel |
| **Kundalini, éveil de la kundalini** | 20 Pahaliah |
| **Kyste** | 30 Omael, 68 Habuhiah |

L

| | |
|---|---|
| **Lâcheté** | 57 Nemamiah |
| **Laisser-aller** | 7 Achaiah, 10 Aladiah, 31 Lecabel, 42 Mikael |
| **Langage** | 50 Daniel, 56 Poyel |
| **Langage symbolique** | 5 Mahasiah, 53 Nanael, 61 Umabel |
| **Langue, apprentissage des langues** | 5 Mahasiah, 60 Mitzrael |
| **Leader, guide, dirigeant** | 1 Vehuiah, 16 Hekamiah, 22 Yeiayel, 26 Haaiah, 42 Mikael, 63 Anauel, 71 Haiaiel |
| **Liaison passagère** | 2 Jeliel, 20 Pahaliah, 48 Mihael |
| **Libération** | 8 Cahetel, 14 Mebahel, 16 Hekamiah, 18 Caliel, 20 Pahaliah, 27 Yerathel, 29 Reiyel, 36 Menadel, 37 Aniel, 40 Ieiazel, 43 Veuliah, 52 Imamiah, 57 Nemamiah, 66 Manakel, 71 Haiaiel |
| **Liberté** | 14 Mebahel, 27 Yerathel, 29 Reiyel, 36 Menadel |
| **Librairie** | 40 Ieiazel, 64 Mehiel |
| **Lien** | 2 Jeliel, 26 Haaiah, 35 Chavakhiah, 61 Umabel |
| **Litige** | 14 Mebahel, 18 Caliel, 32 Vasariah, 35 Chavakhiah, 69 Rochel |
| **Logique excessive** | 55 Mebahiah, 58 Yeialel |
| **Loi, Lois Cosmiques/ Universelles/Divines** | 8 Cahetel, 17 Lauviah, 25 Nith-Haiah, 34 Lehahiah, 42 Mikael |
| **Loi, respect des Lois** | 18 Caliel, 20 Pahaliah, 32 Vasariah, 34 Lehahiah, 42 Mikael, 68 Habuhiah |
| **Lombaire, vertèbres lombaires** | 3 Sitael, 20 Pahaliah |
| **Longévité** | 28 Seheiah |
| **Lourdeur** | 67 Eyael, 70 Jabamiah |
| **Loyauté** | 13 Iezalel, 16 Hekamiah, 35 Chavakhiah, 44 Yelahiah |
| **Lucidité** | 2 Jeliel, 15 Hariel, 42 Mikael, 55 Mebahiah, 58 Yeialel |

| | |
|---|---|
| Lumière | 6 Lelahel, 7 Achaiah, 27 Yerathel |
| Luxure | 10 Aladiah, 20 Pahaliah, 43 Veuliah, 54 Nithael, 62 Iahhel |

## M

| | |
|---|---|
| Machisme | 48 Mihael |
| Magie | 25 Nith-Haiah, 38 Haamiah |
| Main | 3 Sitael, 43 Veuliah, 63 Anauel |
| Maison, habitation | 8 Cahetel, 12 Hahaiah, 25 Nith-Haiah |
| Maîtrise des pouvoirs, des passions | 19 Leuviah, 23 Melahel, 25 Nith-Haiah, 31 Lecabel, 37 Aniel, 45 Sealiah, 58 Yeialel, 63 Anauel |
| Maîtrise, manque de maîtrise | 1 Vehuiah, 45 Sealiah |
| Maladie | 20 Pahaliah, 23 Melahel, 28 Seheiah, 32 Vasariah, 35 Chavakhiah, 51 Hahasiah, 54 Nithael, 66 Manakel, 68 Habuhiah |
| Maladie incurable | 70 Jabamiah |
| Maladie mentale | 57 Nemamiah, 58 Yeialel, 59 Harahel, 60 Mitzrael |
| Malfaisant | 5 Mahasiah, 32 Vasariah |
| Malfaiteur | 10 Aladiah, 14 Mebahel, 24 Haheuiah, 44 Yelahiah |
| Malheur | 3 Sitael, 7 Achaiah, 14 Mebahel, 17 Lauviah, 18 Caliel, 19 Leuviah, 25 Nith-Haiah |
| Malhonnêteté | 18 Caliel, 31 Lecabel, 47 Asaliah |
| Malveillance | 8 Cahetel, 9 Haziel, 25 Nith-Haiah, 38 Haamiah, 66 Manakel |
| Manigances | 16 Hekamiah, 31 Lecabel, 50 Daniel |
| Manipulation | 7 Achaiah, 9 Haziel, 22 Yeiayel, 31 Lecabel, 50 Daniel, 51 Hahasiah, 58 Yeialel, 66 Manakel |
| Manipulation par les médias | 7 Achaiah, 59 Harahel |
| Marginalité | 17 Lauviah, 33 Yehuiah, 61 Umabel |
| Mariage | 2 Jeliel, 48 Mihael, 62 Iahhel |
| Martyr, martyre | 41 Hahahel |
| Masculin, polarité masculine | 2 Jeliel, 13 Iezalel, 48 Mihael, 69 Rochel |
| Masque | 6 Lelahel |
| Massacre | 44 Yelahiah, 71 Haiaiel |
| Matérialisation | 2 Jeliel, 8 Cahetel, 30 Omael, 36 Menadel, 48 Mihael, 67 Eyael, 72 Mumiah |

| | |
|---|---|
| Matérialiste | 6 LELAHEL, 20 PAHALIAH, 25 NITH-HAIAH, 29 REIYEL, 30 OMAEL, 32 VASARIAH, 36 MENADEL, 43 VEULIAH, 55 MEBAHIAH, 62 IAHHEL, 66 MANAKEL, 67 EYAEL |
| Mathématiques | 21 NELKHAEL |
| Matière, problèmes avec la matière | 8 CAHETEL, 17 LAUVIAH, 43 VEULIAH |
| Méchanceté | 27 YERATHEL, 52 IMAMIAH |
| Médecin | 23 MELAHEL, 30 OMAEL, 51 HAHASIAH, 72 MUMIAH |
| Médiation | 2 JELIEL, 14 MEBAHEL, 35 CHAVAKHIAH |
| Médiocrité | 11 LAUVIAH |
| Méditation | 12 HAHAIAH, 25 NITH-HAIAH, 29 REIYEL, 53 NANAEL |
| Médium, médiumnité | 12 HAHAIAH, 46 ARIEL |
| Méfiance | 19 LEUVIAH, 29 REIYEL, 55 MEBAHIAH |
| Mégalomanie | 6 LELAHEL, 16 HEKAMIAH, 22 YEIAYEL, 64 MEHIEL |
| Mélancolie | 19 LEUVIAH, 32 VASARIAH, 53 NANAEL |
| Mélange, art des mélanges | 67 EYAEL |
| Mémoire | 19 LEUVIAH, 32 VASARIAH, 69 ROCHEL |
| Mémoire Cosmique | 19 LEUVIAH |
| Mémoire des vies antérieures | 19 LEUVIAH |
| Méningite | 39 REHAEL, 60 MITZRAEL |
| Mensonge | 12 HAHAIAH, 13 IEZALEL, 14 MEBAHEL, 38 HAAMIAH, 42 MIKAEL, 47 ASALIAH, 55 MEBAHIAH, 58 YEIALEL |
| Menstruations | 15 HARIEL, 17 LAUVIAH, 65 DAMABIAH, 68 HABUHIAH |
| Mental, problèmes mentaux | 39 REHAEL, 58 YEIALEL, 59 HARAHEL, 60 MITZRAEL, 64 MEHIEL |
| Mépris | 33 YEHUIAH, 41 HAHAHEL |
| Mère | 9 HAZIEL, 48 MIHAEL, 61 UMABEL, 70 JABAMIAH |
| Messager | 16 HEKAMIAH, 26 HAAIAH, 42 MIKAEL |
| Métaphysique, étude de la métaphysique | 25 NITH-HAIAH, 51 HAHASIAH |
| Méthode, découverte de nouvelles méthodes | 4 ELEMIAH, 7 ACHAIAH, 15 HARIEL, 22 YEIAYEL, 25 NITH-HAIAH, 30 OMAEL, 33 YEHUIAH, 46 ARIEL |
| Métier | 31 LECABEL, 36 MENADEL, 63 ANAUEL |
| Meurtre, meurtrier | 24 HAHEUIAH, 44 YELAHIAH, 71 HAIAIEL |
| Microbe | 30 OMAEL, 68 HABUHIAH |
| Migraine | 60 MITZRAEL, 68 HABUHIAH |
| Militaire, talent militaire | 44 YELAHIAH |

| Miséricorde | 9 Haziel |
| Mission | 36 Menadel, 41 Hahahel, 57 Nemamiah, 64 Mehiel |
| Modestie | 19 Leuviah, 32 Vasariah, 56 Poyel, 62 Iahhel |
| Moi Supérieur | 16 Hekamiah, 20 Pahaliah, 29 Reiyel, 49 Vehuel |
| Mollesse | 10 Aladiah |
| Mondanité, besoin de plaisirs mondains | 29 Reiyel, 33 Yehuiah, 56 Poyel, 62 Iahhel |
| Monnayer la justice | 18 Caliel |
| Moquerie | 41 Hahahel, 56 Poyel |
| Morale, déchéance morale | 10 Aladiah |
| Morale, valeurs morales | 20 Pahaliah, 55 Mebahiah, 66 Manakel, 67 Eyael |
| Morosité | 19 Leuviah, 58 Yeialel |
| Mort | 70 Jabamiah, 72 Mumiah |
| Motivation, connaître les vraies motivations | 45 Sealiah, 61 Umabel |
| Multiplication | 30 Omael |
| Muqueuses | 68 Habuhiah |
| Muscle | 45 Sealiah |
| Musique | 17 Lauviah, 25 Nith-Haiah, 40 Ieiazel, 50 Daniel, 59 Harahel, 67 Eyael |
| Myopie | 58 Yeialel |
| Mystère, accès aux mystères | 12 Hahaiah, 17 Lauviah, 25 Nith-Haiah, 42 Mikael |
| Mystique, expérience mystique | 47 Asaliah, 53 Nanael, 55 Mebahiah, 62 Iahhel |

## N

| Narcissisme | 11 Lauviah, 54 Nithael, 61 Umabel |
| Nationalisme | 15 Hariel, 29 Reiyel, 35 Chavakhiah |
| Nature, respect de la nature | 14 Mebahel, 23 Melahel |
| Nature, secrets de la nature | 23 Melahel, 46 Ariel, 61 Umabel |
| Naturopathie | 23 Melahel |
| Naufrage | 65 Damabiah |
| Négatif, isoler le négatif temporairement | 12 Hahaiah |
| Négativisme, attitude négative | 12 Hahaiah |
| Négociation | 3 Sitael, 26 Haaiah, 63 Anauel |
| Nervosité | 1 Vehuiah, 62 Iahhel |
| Nettoyage | 15 Hariel |

| Noblesse | 16 Hekamiah, 32 Vasariah |
| Non-attachement | 65 Damabiah |
| Nostalgie | 61 Umabel |
| Notaire | 18 Caliel, 69 Rochel |
| Nourriture artificielle | 23 Melahel, 67 Eyael |
| Nourriture pour l'âme | 8 Cahetel |
| Nourriture saine | 23 Melahel |
| Nuque | 15 Hariel, 68 Habuhiah |

## O

| Obéissance | 34 Lehahiah, 39 Rehael, 42 Mikael, 60 Mitzrael |
| Obésité | 10 Aladiah, 68 Habuhiah |
| Objectif, incapacité à se déterminer un objectif | 11 Lauviah, 70 Jabamiah |
| Obscurité | 6 Lelahel, 18 Caliel, 25 Nith-Haiah |
| Obstination | 1 Vehuiah, 37 Aniel, 58 Yeialel |
| Oeil | 46 Ariel, 58 Yeialel |
| Offence | 32 Vasariah, 35 Chavakhiah, 52 Imamiah |
| Ominiscience | 21 Nelkhael |
| Opacité mentale | 59 Harahel |
| Oppression | 2 Jeliel, 14 Mebahel, 22 Yeiayel, 64 Mehiel, 71 Haiaiel |
| Optimisme | 4 Elemiah, 11 Lauviah, 27 Yerathel, 45 Sealiah, 56 Poyel |
| Orateur | 50 Daniel, 53 Nanael, 56 Poyel, 64 Mehiel |
| Ordinateur | 7 Achaiah, 58 Yeialel, 64 Mehiel |
| Ordre | 5 Mahasiah, 13 Iezalel, 14 Mebahel, 15 Hariel, 20 Pahaliah, 24 Haheuiah, 26 Haaiah, 31 Lecabel, 33 Yehuiah, 34 Lehahiah, 42 Mikael, 72 Mumiah |
| Ordre naturel | 14 Mebahel, 72 Mumiah |
| Ordre social | 16 Hekamiah, 26 Haaiah, 27 Yerathel, 42 Mikael, 52 Imamiah |
| Oreille | 39 Rehael, 53 Nanael |
| Organisation | 16 Hekamiah, 31 Lecabel, 42 Mikael, 63 Anauel |
| Organisation Cosmique | 11 Lauviah, 21 Nelkhael, 47 Asaliah |
| Orgueil | 6 Lelahel, 8 Cahetel, 11 Lauviah, 22 Yeiayel, 32 Vasariah, 45 Sealiah, 52 Imamiah, 56 Poyel |
| Orientation, manque d'orientation | 1 Vehuiah, 4 Elemiah |
| Orientation, nouvelle orientation | 4 Elemiah, 46 Ariel |

| | |
|---|---|
| Os | 3 Sitael, 28 Seheiah |
| Oubli, oublier | 19 Leuviah, 69 Rochel |
| Ouragan | 8 Cahetel, 45 Sealiah |
| Ouverture de la conscience | 17 Lauviah, 43 Veuliah, 72 Mumiah |

## P

| | |
|---|---|
| Pacifier | 23 Melahel, 65 Damabiah |
| Pacifisme, pacifiste | 16 Hekamiah, 23 Melahel, 25 Nith-Haiah, 62 Iahhel |
| Paix | 3 Sitael, 4 Elemiah, 5 Mahasiah, 12 Hahaiah, 25 Nith-Haiah, 28 Seheiah, 35 Chavakhiah, 38 Haamiah, 43 Veuliah, 44 Yelahiah, 63 Anauel, 66 Manakel |
| Paraître, emphase mise sur le paraître | 3 Sitael, 6 Lelahel, 27 Yerathel, 54 Nithael |
| Paralysie | 7 Achaiah, 15 Hariel, 28 Seheiah |
| Parasite | 23 Melahel, 30 Omael, 68 Habuhiah |
| Pardon | 9 Haziel, 10 Aladiah, 32 Vasariah |
| Parents | 26 Haaiah, 35 Chavakhiah, 39 Rehael, 59 Harahel |
| Paresse | 1 Vehuiah, 7 Achaiah, 36 Menadel, 45 Sealiah |
| Parole | 50 Daniel, 53 Nanael |
| Passion | 1 Vehuiah, 9 Haziel, 13 Iezalel, 16 Hekamiah, 26 Haaiah, 40 Ieiazel, 48 Mihael, 49 Vehuel, 52 Imamiah |
| Patience | 7 Achaiah, 19 Leuviah, 30 Omael, 52 Imamiah, 58 Yeialel |
| Patron du règne animal | 30 Omael |
| Pauvreté | 30 Omael, 43 Veuliah, 56 Poyel |
| Peau | 23 Melahel, 30 Omael, 65 Damabiah, 68 Habuhiah |
| Peinture | 40 Ieiazel, 67 Eyael |
| Pensées malsaines, pessimistes | 23 Melahel, 40 Ieiazel |
| Perception | 17 Lauviah, 46 Ariel |
| Perdu, retrouver ce qui a été perdu | 69 Rochel |
| Père | 9 Haziel, 33 Yehuiah, 39 Rehael, 60 Mitzrael |
| Perfectionniste insatisfait | 31 Lecabel, 55 Mebahiah |
| Pernicieux | 5 Mahasiah, 32 Vasariah |
| Persécution | 24 Haheuiah, 41 Hahahel, 60 Mitzrael |
| Personnalisme distorsionné | 8 Cahetel |
| Personnalités multiples | 6 Lelahel, 64 Mehiel |

| | |
|---|---|
| Perspicacité | 47 ASALIAH |
| Persuasion, capacité de persuasion | 2 JELIEL |
| Perte | 22 YEIAYEL, 72 MUMIAH |
| Perte d'objets, sentiments, amis, emploi, conjoint, etc. | 69 ROCHEL, 72 MUMIAH |
| Perversion, comportement pervers | 2 JELIEL, 11 LAUVIAH, 27 YERATHEL, 33 YEHUIAH, 37 ANIEL, 52 IMAMIAH |
| Pessimisme | 1 VEHUIAH, 4 ELEMIAH, 17 LAUVIAH, 30 OMAEL, 45 SEALIAH, 58 YEIALEL |
| Peur | 12 HAHAIAH, 17 LAUVIAH, 39 REHAEL |
| Peur d'aimer et d'être aimé | 9 HAZIEL |
| Peur de la matière | 49 VEHUEL |
| Peur de l'avenir | 28 SEHEIAH, 43 VEULIAH |
| Peur de vieillir | 54 NITHAEL |
| Peur de vivre | 53 NANAEL |
| Peur du changement | 37 ANIEL, 67 EYAEL, 70 JABAMIAH |
| Philantropie, philanthrope | 22 YEIAYEL |
| Philosophie | 17 LAUVIAH, 21 NELKHAEL, 46 ARIEL, 51 HAHASIAH, 53 NANAEL, 62 IAHHEL |
| Phobie | 12 HAHAIAH |
| Physique, sciences physiques | 21 NELKHAEL, 31 LECABEL, 51 HAHASIAH, 61 UMABEL, 67 EYAEL, 69 ROCHEL |
| Phytothérapie | 23 MELAHEL |
| Pied | 1 VEHUIAH, 27 YERATHEL |
| Piège | 21 NELKHAEL |
| Pierre philosophale | 51 HAHASIAH |
| Plaie, guérison des plaies | 10 ALADIAH, 23 MELAHEL, 51 HAHASIAH, 68 HABUHIAH |
| Plaindre, se plaindre | 19 LEUVIAH, 32 VASARIAH |
| Plaire, vouloir plaire à tout prix | 27 YERATHEL, 28 SEHEIAH |
| Plan de vie | 4 ELEMIAH, 26 HAAIAH, 57 NEMAMIAH, 64 MEHIEL |
| Planification | 3 SITAEL, 30 OMAEL, 31 LECABEL, 47 ASALIAH, 63 ANAUEL |
| Plante | 23 MELAHEL, 30 OMAEL, 68 HABUHIAH |
| Plantes médicinales | 23 MELAHEL |
| Plénitude | 43 VEULIAH |
| Pluie | 8 CAHETEL |
| Poésie | 17 LAUVIAH, 21 NELKHAEL |
| Polarité, harmonisation et réunification des deux polarités | 2 JELIEL, 13 IEZALEL, 48 MIHAEL, 69 ROCHEL |
| Politesse | 38 HAAMIAH, 56 POYEL, 65 DAMABIAH, 66 MANAKEL |

| Politique | 26 Haaiah, 42 Mikael |
|---|---|
| Pollution | 8 Cahetel, 23 Melahel, 68 Habuhiah |
| Possession | 25 Nith-Haiah, 27 Yerathel, 38 Haamiah |
| Possédé, être possédé | 25 Nith-Haiah, 27 Yerathel, 38 Haamiah |
| Possessivité | 9 Haziel, 31 Lecabel, 48 Mihael, 69 Rochel |
| Poste de commande | 22 Yeiayel |
| Poumon | 68 Habuhiah |
| Pouvoir Divin | 4 Elemiah |
| Pouvoir, avidité de pouvoir | 4 Elemiah, 11 Lauviah, 51 Hahasiah |
| Pouvoir, s'emparer du pouvoir | 14 Mebahel |
| Précision | 31 Lecabel, 58 Yeialel |
| Préjugé | 5 Mahasiah, 21 Nelkhael, 67 Eyael |
| Préparation (sur tous les plans) | 3 Sitael, 38 Haamiah, 63 Anauel |
| Prétention | 5 Mahasiah, 32 Vasariah |
| Prévoyance | 21 Nelkhael, 28 Seheiah, 46 Ariel, 57 Nemamiah |
| Principes masculin et féminin | 2 Jeliel, 13 Iezalel, 48 Mihael, 68 Habuhiah, 69 Rochel |
| Prisonnier | 10 Aladiah, 14 Mebahel, 24 Haheuiah, 29 Reiyel, 36 Menadel, 44 Yelahiah, 52 Imamiah, 57 Nemamiah |
| Problème d'argent | 6 Lelahel, 43 Veuliah, 56 Poyel, 69 Rochel |
| Procès | 14 Mebahel, 18 Caliel, 32 Vasariah, 35 Chavakhiah, 69 Rochel |
| Profession | 31 Lecabel, 36 Menadel, 63 Anauel |
| Profit, avide de profit | 22 Yeiayel |
| Programmation, programmeur | 7 Achaiah, 58 Yeialel, 64 Mehiel |
| Programme de vie | 4 Elemiah, 26 Haaiah, 57 Nemamiah, 64 Mehiel |
| Progrès | 8 Cahetel |
| Promesse | 3 Sitael, 7 Achaiah, 10 Aladiah, 14 Mebahel, 17 Lauviah, 51 Hahasiah, 66 Manakel |
| Propagateur de la Lumière, de la Connaissance | 7 Achaiah, 27 Yerathel |
| Prophète de malheur | 17 Lauviah |
| Propreté | 15 Hariel, 20 Pahaliah, 65 Damabiah |
| Prospérité (sur tous les plans) | 3 Sitael, 6 Lelahel, 8 Cahetel, 10 Aladiah, 14 Mebahel, 30 Omael, 43 Veuliah, 48 Mihael, 56 Poyel |
| Prostate | 20 Pahaliah, 33 Yehuiah, 39 Rehael |
| Prostitution | 20 Pahaliah, 48 Mihael |

| Protection | 8 Cahetel, 12 Hahaiah, 24 Haheuiah, 42 Mikael, 44 Yelahiah, 48 Mihael, 71 Haiaiel |
|---|---|
| Protection, se protéger des animaux nuisibles et dangereux | 24 Haheuiah, 68 Habuhiah |
| Providence | 2 Jeliel, 10 Aladiah, 28 Seheiah, 48 Mihael, 56 Poyel |
| Provocation, provoquer | 1 Vehuiah, 27 Yerathel, 44 Yelahiah, 71 Haiaiel |
| Prudence | 28 Seheiah |
| Psychiatrie | 39 Rehael, 60 Mitzrael, 66 Manakel |
| Psychologie | 17 Lauviah, 47 Asaliah, 60 Mitzrael |
| Publicité | 59 Harahel, 64 Mehiel |
| Punition | 24 Haheuiah, 33 Yehuiah, 39 Rehael |
| Pureté | 15 Hariel, 20 Pahaliah, 65 Damabiah |
| Purification | 15 Hariel |
| Puritanisme | 15 Hariel, 32 Vasariah, 65 Damabiah |

## R

| Racisme | 35 Chavakhiah, 63 Anauel |
|---|---|
| Radio | 7 Achaiah, 59 Harahel, 64 Mehiel |
| Rage | 1 Vehuiah, 34 Lehahiah, 58 Yeialel, 65 Damabiah, 66 Manakel |
| Raison | 1 Vehuiah, 58 Yeialel, 59 Harahel, 60 Mitzrael, 64 Mehiel |
| Rancœur | 5 Mahasiah, 9 Haziel, 24 Haheuiah, 32 Vasariah, 35 Chavakhiah |
| Rancune | 5 Mahasiah, 9 Haziel, 32 Vasariah |
| Rassemblement | 13 Iezalel |
| Rate | 15 Hariel, 23 Melahel, 68 Habuhiah |
| Rationalisme excessif | 63 Anauel, 64 Mehiel, 71 Haiaiel |
| Réalisation | 2 Jeliel, 30 Omael, 36 Menadel, 67 Eyael, 72 Mumiah |
| Rébellion, attitude rebelle | 33 Yehuiah, 34 Lehahiah, 39 Rehael, 52 Imamiah, 59 Harahel, 60 Mitzrael |
| Réceptivité | 11 Lauviah, 34 Lehahiah, 39 Rehael, 65 Damabiah, 69 Rochel |
| Récolte | 8 Cahetel, 30 Omael, 68 Habuhiah |
| Réconciliation | 9 Haziel, 13 Iezalel, 35 Chavakhiah, 48 Mihael |
| Reconnaissance | 46 Ariel |
| Reconnu, ne pas être reconnu | 22 Yeiayel |
| Rectifier | 4 Elemiah, 5 Mahasiah, 20 Pahaliah, 60 Mitzrael |

| | |
|---|---|
| Redémarrage | 10 Aladiah, 45 Sealiah |
| Redémarrer ce qui est embourbé | 45 Sealiah |
| Redresser | 4 Elemiah, 5 Mahasiah |
| Réfléchi | 58 Yeialel |
| Réformer | 5 Mahasiah |
| Refroidissement | 23 Melahel, 51 Hahasiah, 66 Manakel, 68 Habuhiah |
| Refuge | 12 Hahaiah, 25 Nith-Haiah |
| Régénération | 1 Vehuiah, 10 Aladiah, 30 Omael, 64 Mehiel, 70 Jabamiah |
| Réhabilitation | 28 Seheiah |
| Rein | 15 Hariel, 68 Habuhiah, 70 Jabamiah |
| Réincarnation | 19 Leuviah, 52 Imamiah, 72 Mumiah |
| Réinsertion sociale | 10 Aladiah, 24 Haheuiah |
| Rejet | 14 Mebahel |
| Relations humaines | 2 Jeliel, 26 Haaiah, 35 Chavakhiah, 61 Umabel, 63 Anauel |
| Remettre en question, se remettre en question | 12 Hahaiah |
| Renaissance | 72 Mumiah |
| Rencontre de l'homme et de la femme | 13 Iezalel, 38 Haamiah, 62 Iahhel |
| Renommée | 6 Lelahel, 11 Lauviah, 22 Yeiayel, 54 Nithael, 56 Poyel |
| Réparation, réparer | 4 Elemiah, 60 Mitzrael |
| Repolarisation (masculine et féminine) | 2 Jeliel, 13 Iezalel, 48 Mihael, 68 Habuhiah, 69 Rochel |
| Résignation | 7 Achaiah |
| Résistance aux nouveaux courants | 37 Aniel |
| Résister à évoluer | 32 Vasariah, 33 Yehuiah |
| Résonance, étude des résonances | 61 Umabel |
| Respect | 18 Caliel, 39 Rehael, 59 Harahel |
| Responsabilité, fuite des responsabilités | 24 Haheuiah, 26 Haaiah, 32 Vasariah, 36 Menadel |
| Responsabilité, sens des responsabilités | 3 Sitael, 16 Hekamiah, 30 Omael, 34 Lehahiah, 36 Menadel, 55 Mebahiah, 62 Iahhel |
| Restitution | 69 Rochel |
| Rétablissement | 1 Vehuiah, 10 Aladiah, 23 Melahel, 30 Omael, 40 Ieiazel, 51 Hahasiah, 64 Mehiel, 68 Habuhiah, 70 Jabamiah |
| Rétention | 68 Habuhiah, 70 Jabamiah |
| Retour au Pays d'Origine | 24 Haheuiah, 35 Chavakhiah, 69 Rochel |
| Retrouver ce qui a été perdu ou volé | 69 Rochel |

| | |
|---|---|
| Sciatique | 27 Yerathel, 28 Seheiah |
| Science des comportements | 29 Reiyel, 38 Haamiah |
| Science, scientifique | 5 Mahasiah, 15 Hariel, 17 Lauviah, 21 Nelkhael, 22 Yeiayel, 23 Melahel, 26 Haaiah, 27 Yerathel, 31 Lecabel, 33 Yehuiah, 37 Aniel, 51 Hahasiah, 53 Nanael, 61 Umabel, 67 Eyael, 69 Rochel |
| Sciences humaines | 29 Reiyel, 35 Chavakhiah, 38 Haamiah, 67 Eyael |
| Sciences naturelles | 23 Melahel |
| Sciences sociales | 26 Haaiah, 35 Chavakhiah |
| Sécheresse | 8 Cahetel, 45 Sealiah, 65 Damabiah |
| Secrétariat | 31 Lecabel, 69 Rochel |
| Sectarisme | 15 Hariel, 29 Reiyel, 35 Chavakhiah, 37 Aniel |
| Sécurité | 24 Haheuiah, 28 Seheiah, 42 Mikael |
| Séduction | 54 Nithael |
| Sens subtils, développement des sens subtils | 46 Ariel, 62 Iahhel |
| Sens, élévation des sens | 14 Mebahel, 49 Vehuel, 62 Iahhel |
| Sentiment de supériorité | 4 Elemiah, 6 Lelahel, 16 Hekamiah, 33 Yehuiah, 54 Nithael, 56 Poyel |
| Sentiment d'infériorité | 4 Elemiah, 6 Lelahel, 16 Hekamiah, 33 Yehuiah, 54 Nithael, 56 Poyel |
| Sentiment/émotion, incapacité d'exprimer ses sentiments/émotions | 19 Leuviah, 23 Melahel |
| Sentiment/émotion, maîtrise des sentiments/émotions | 19 Leuviah, 23 Melahel, 31 Lecabel, 58 Yeialel, 63 Anauel |
| Sentiments contradictoires | 22 Yeiayel |
| Sentiments corrompus | 2 Jeliel, 8 Cahetel, 18 Caliel, 23 Melahel, 24 Haheuiah |
| Sentiments refoulés | 52 Imamiah, 55 Mebahiah, 68 Habuhiah |
| Sentiments troubles | 8 Cahetel, 65 Damabiah |
| Sentiments/émotions contradictoires | 22 Yeiayel |
| Séparation | 2 Jeliel, 13 Iezalel, 48 Mihael, 62 Iahhel, 71 Haiaiel |
| Séparatisme | 15 Hariel, 29 Reiyel, 43 Veuliah |
| Serviabilité | 19 Leuviah, 36 Menadel, 51 Hahasiah, 65 Damabiah |
| Service inconditionnel | 19 Leuviah, 36 Menadel, 51 Hahasiah, 65 Damabiah |
| Serviteur fidèle | 13 Iezalel, 34 Lehahiah, 41 Hahahel, 52 Imamiah |
| Sexualité | 2 Jeliel, 20 Pahaliah, 48 Mihael, 62 Iahhel, 69 Rochel |

| | |
|---|---|
| Signe, lecture des signes | 5 MAHASIAH, 17 LAUVIAH, 46 ARIEL, 67 EYAEL |
| Silence | 25 NITH-HAIAH |
| Simplicité | 52 IMAMIAH, 56 POYEL, 60 MITZRAEL |
| Sinusite | 15 HARIEL, 58 YEIALEL, 60 MITZRAEL, 68 HABUHIAH |
| Situation ambiguë | 26 HAAIAH, 34 LEHAHIAH, 68 HABUHIAH |
| Situation confuse | 15 HARIEL, 18 CALIEL |
| Situation instable | 6 LELAHEL, 24 HAHEUIAH, 42 MIKAEL, 52 IMAMIAH, 54 NITHAEL, 65 DAMABIAH |
| Snobisme | 5 MAHASIAH, 32 VASARIAH |
| Sociabilité | 26 HAAIAH, 27 YERATHEL |
| Social, vie sociale | 26 HAAIAH |
| Solitude | 12 HAHAIAH, 25 NITH-HAIAH, 53 NANAEL, 62 IAHHEL, 67 EYAEL |
| Solution, trouver des solutions inédites | 7 ACHAIAH |
| Sommeil | 12 HAHAIAH, 17 LAUVIAH |
| Sorcellerie, protection contre la sorcellerie | 21 NELKHAEL, 24 HAHEUIAH, 38 HAAMIAH |
| Souhait | 25 NITH-HAIAH |
| Soumission à la Justice et à l'Autorité Divines | 33 YEHUIAH, 34 LEHAHIAH, 39 REHAEL |
| Soutien | 9 HAZIEL, 11 LAUVIAH, 40 IEIAZEL, 52 IMAMIAH, 56 POYEL |
| Souvenirs d'évènements heureux | 13 IEZALEL |
| Spiritualité | 15 HARIEL, 20 PAHALIAH, 25 NITH-HAIAH, 41 HAHAHEL, 53 NANAEL |
| Stabilité | 54 NITHAEL, 66 MANAKEL |
| Stagnation | 1 VEHUIAH, 45 SEALIAH, 70 JABAMIAH |
| Stérilité | 30 OMAEL, 48 MIHAEL, 59 HARAHEL, 68 HABUHIAH |
| Stimulation | 1 VEHUIAH, 45 SEALIAH |
| Stratégie | 3 SITAEL, 31 LECABEL, 43 VEULIAH, 47 ASALIAH, 57 NEMAMIAH |
| Structure, briser les structures | 3 SITAEL, 37 ANIEL |
| Sublimation | 14 MEBAHEL, 20 PAHALIAH, 49 VEHUEL, 67 EYAEL |
| Subordination | 33 YEHUIAH, 60 MITZRAEL |
| Subtilité | 12 HAHAIAH, 26 HAAIAH, 46 ARIEL |
| Succès aux examens | 5 MAHASIAH, 21 NELKHAEL |
| Suicide | 30 OMAEL, 39 REHAEL, 72 MUMIAH |
| Supériorité, sentiment de supériorité | 4 ELEMIAH, 6 LELAHEL, 33 YEHUIAH, 54 NITHAEL, 56 POYEL |
| Surmenage | 1 VEHUIAH, 36 MENADEL, 44 YELAHIAH |

| **Tromperie** | 13 Iezalel, 24 Haheuiah, 37 Aniel, 50 Daniel, 51 Hahasiah, 59 Harahel |

| **Turbulence, énergie turbulente** | 28 Seheiah |

| **Tyran, tyranie** | 2 Jeliel, 4 Elemiah, 8 Cahetel, 14 Mebahel, 22 Yeiayel, 44 Yelahiah, 45 Sealiah, 64 Mehiel, 71 Haiaiel |

## U

| **Ulcère** | 51 Hahasiah |

| **Union** | 2 Jeliel, 26 Haaiah, 35 Chavakhiah, 61 Umabel |

| **Unité** | 63 Anauel |

| **Univers, citoyen de l'Univers** | 63 Anauel |

| **Universalité** | 9 Haziel, 16 Hekamiah, 19 Leuviah, 25 Nith-Haiah, 41 Hahahel, 44 Yelahiah, 51 Hahasiah, 63 Anauel, 67 Eyael, 69 Rochel |

| **Utérus** | 30 Omael |

## V

| **Vampirisme, vampiriser l'énergie** | 14 Mebahel, 25 Nith-Haiah, 69 Rochel |

| **Vanité** | 26 Haaiah, 27 Yerathel, 45 Sealiah, 62 Iahhel |

| **Vantardise** | 3 Sitael, 56 Poyel |

| **Varice** | 23 Melahel |

| **Vengeance** | 5 Mahasiah, 9 Haziel, 21 Nelkhael, 24 Haheuiah, 32 Vasariah, 35 Chavakhiah, 44 Yelahiah, 58 Yeialel, 71 Haiaiel |

| **Vérité** | 7 Achaiah, 14 Mebahel, 18 Caliel, 24 Haheuiah, 26 Haaiah, 29 Reiyel, 36 Menadel, 47 Asaliah, 50 Daniel, 51 Hahasiah, 59 Harahel, 67 Eyael |

| **Vertèbre** | 3 Sitael, 19 Leuviah, 20 Pahaliah, 51 Hahasiah |

| **Victime** | 14 Mebahel, 24 Haheuiah, 51 Hahasiah |

| **Victoire** | 11 Lauviah, 44 Yelahiah, 71 Haiaiel |

| **Vie agitée** | 4 Elemiah, 12 Hahaiah, 17 Lauviah, 28 Seheiah, 39 Rehael, 52 Imamiah, 62 Iahhel |

| **Vindicatif** | 21 Nelkhael, 44 Yelahiah, 58 Yeialel, 60 Mitzrael, 71 Haiaiel |

| **Violence** | 1 Vehuiah, 20 Pahaliah, 24 Haheuiah, 34 Lehahiah, 38 Haamiah, 39 Rehael, 44 Yelahiah, 71 Haiaiel |

# TABLE DES MATIÈRES

******

## TABLEAUX ET ILLUSTRATIONS

## Remerciements

Merci de tout coeur à tous les bénévoles qui nous aident et qui participent à faire connaître l'interprétation des rêves et des signes, le langage symbolique, l'Angéologie Traditionnelle et l'Angelica Yoga de par le monde. Par votre implication et votre engagement altruiste, vous inspirez des millions de personnes à appliquer cette Connaissance et à développer une conscience angélique... une conscience multidimensionnelle. Nous souhaitons à tous de pouvoir comprendre un jour que la vie se vit et se décode comme un rêve, qu'elle est une réelle source d'expérimentation et d'évolution permettant d'atteindre les plus hauts niveaux d'Amour et de Sagesse.

## Pour nous contacter

*Le Centre d'Enseignement & de Recherche UCM* offre des ateliers, des stages, des séminaires web et des formations sur le langage symbolique et l'interprétation des rêves, signes et symboles, des conférences sur l'Angéologie Traditionnelle et des cours d'Angelica Yoga.

Dans le cadre de la Clinique UCM, nous proposons des soins spirituels ainsi que des services d'aide et de soutien dans le développement personnel. Les consultations peuvent se faire en ligne via Google Meet.

Toute personne qui souhaite participer à l'organisation de la Formation IRSS dans son pays et/ou aux différentes activités dans sa région ou qui aimerait se joindre à l'équipe des bénévoles est de tout coeur la bienvenue et peut nous contacter via notre site.

**UCM**
Centre d'Enseignement & de Recherche
Organisme sans but lucratif
36, rue Principale est
C.P. 161, BP Bureau-Chef
Sainte-Agathe-des-Monts, QC, J8C 3A3
Canada


Courriel : info@ucm.center
Site : www.ucm.center

# FORMATION IRSS
## INTERPRÉTATION DES RÊVES, SIGNES ET SYMBOLES

Le Centre d'Enseignement & de Recherche UCM est heureux de vous proposer une Formation complète sur l'Interprétation des Rêves, Signes et Symboles (IRSS). Elle permet à tous ceux et celles qui le souhaitent d'acquérir une connaissance approfondie du sujet, de devenir thérapeute accrédité et même expert, auteur, enseignant dans ce domaine, ou tout simplement de mieux se connaître et comprendre les mécanismes de la conscience humaine.

**Places limitées : inscription possible avant le 31 décembre de chaque année**

INFORMATION ET INSCRIPTION
formation@ucm.center / www.ucm.center

*Tous les profits sont remis à l'organisme sans but lucratif*
*UCM et utilisés dans des projets humanitaires*

Dans le cadre de notre vision et de notre éthique, il est fondamental pour nous de former des spécialistes compétents qui ont intégré dans leur propre vie les principes du langage symbolique et qui, par conséquent, ne sont pas uniquement des théoriciens de la relation d'aide, mais de réels thérapeutes dont la qualité d'intervention aide à l'amélioration de l'équilibre personnel, de la vie spirituelle, affective et professionnelle de ceux qui les consulteront.

## À QUI S'ADRESSE CETTE FORMATION ?

La Formation IRSS s'adresse à toute personne qui, dans son travail ou dans sa vie, reçoit l'appel profond de se comprendre et de s'améliorer. Elle s'adresse également à tous ceux et celles qui veulent se connaître davantage et qui veulent améliorer leurs relations avec leur conjoint, leur conjointe, leurs enfants, leur famille, leur patron, leurs collègues et leurs amis. Il est donc important d'aborder cette formation dans une optique tout d'abord personnelle, pouvant mener par la suite à un niveau professionnel.

Suivre cette Formation activera de profondes transformations intérieures qui vous apporteront une nouvelle compréhension du monde. Elle vous permettra d'atteindre et de mettre en pratique des niveaux avancés de sagesse et de compassion, car plus un être entre au coeur de cette connaissance des symboles, plus il incarne une réelle humilité et comprend que la vie est une continuelle école d'évolution et de transformation. Comprendre sa vie à l'aide des rêves, signes et symboles représente les plus hauts niveaux de savoir et de psychologie humaine.

## LA FORMATION IRSS...

La Formation IRSS c'est : un programme unique au monde, innovant et d'avant-garde, pour apprendre le langage symbolique de manière autonome et approfondie, dans une dynamique de cheminement spirituel très concrète et logique à la fois.

La Formation, c'est aussi…

- 428 heures de cours en ligne, pour le programme complet de 5 ans (C1, C2, C3, L1, L2)

- 360 heures de stage, pour le programme complet de 5 ans (C1, C2, C3, L1, L2)

- Depuis 2014, plus de 475 étudiants provenant de plusieurs pays à travers le monde: Canada, USA, France, Suisse, Italie, Allemagne, Belgique, Luxembourg, Pologne, Inde, Vietnam, Singapour, Indonésie, Nouvelle-Calédonie, etc…

- Depuis 2014, plus de 36 000 rêves analysés par les étudiants eux-mêmes et révisés par les professeurs et assistants-professeurs…

- Depuis 2018, plusieurs thérapeutes diplômés et hautement qualifiés en décodage du langage symbolique (5 années d'études), avec de futurs diplômés dans les prochaines années…

- Depuis 2019, de nouveaux professeurs en formation…

- Et tellement plus encore…

## LA FORMATION IRSS À TRAVERS LE MONDE

Tous les cours et programmes de la Formation IRSS peuvent être suivis en ligne en français ou en anglais, partout dans le monde. En ce qui concerne les stages inclus dans la formation, ils sont offerts en français au Canada et en Suisse, et en anglais en Inde et au Vietnam.

La Formation IRSS est assurée par des professeurs accrédités par UCM dont la réputation est établie dans plus de 43 pays à travers le monde. Elle est donnée et/ou supervisée dans son ensemble par Kaya & Christiane Muller ainsi que par d'autres professeurs et assistants-professeurs UCM.

*Découvrez le programme complet dans l'onglet*
*Formation du site www.ucm.center*

UCM
PRESENTA
ANGELI - SOGNI - SEGNI
INFORMAZIONI
www.ucm.center

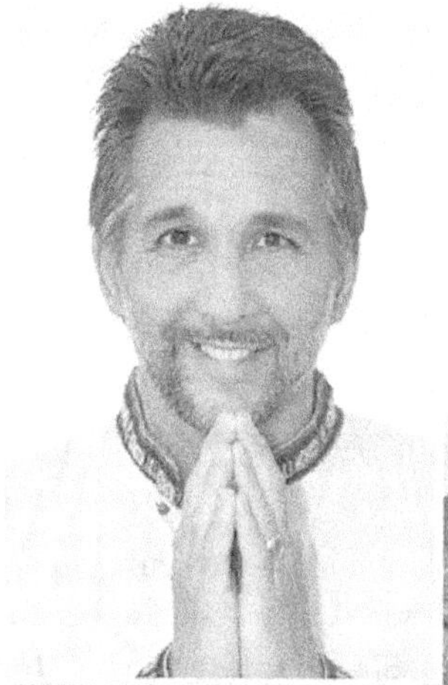

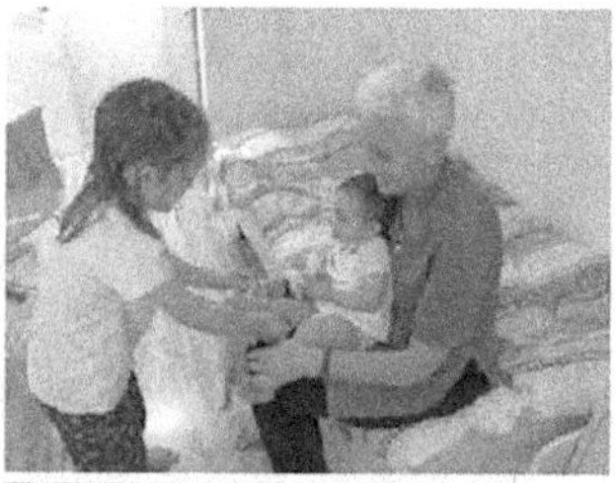

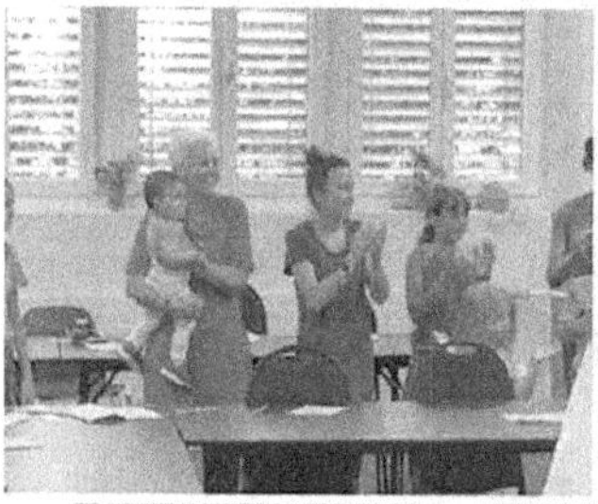

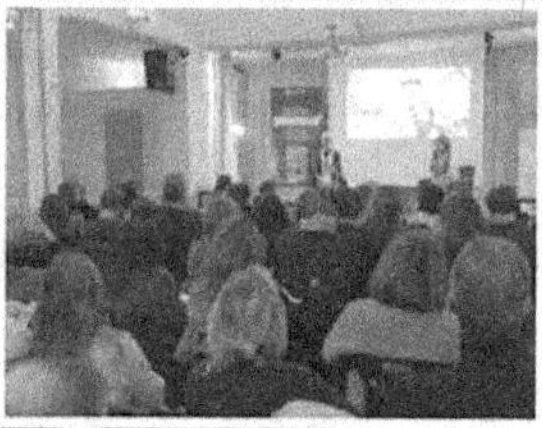

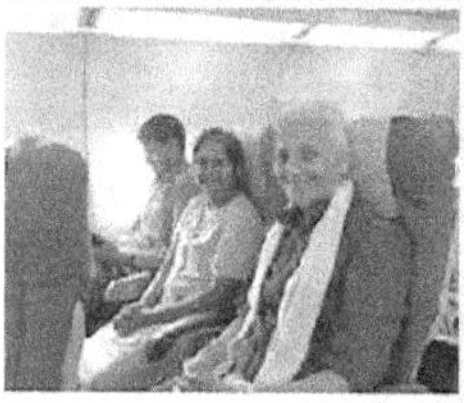

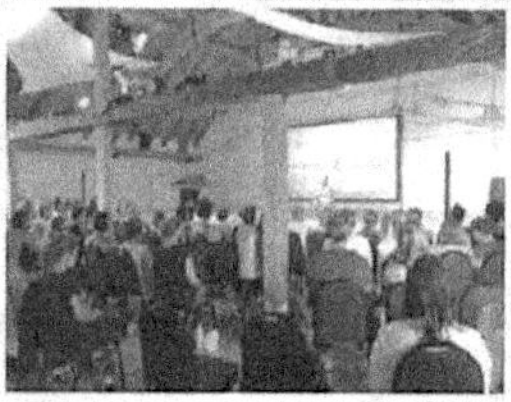

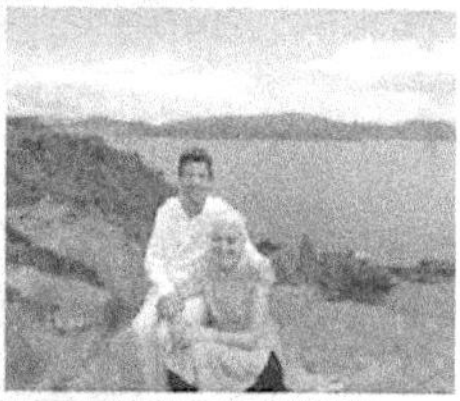

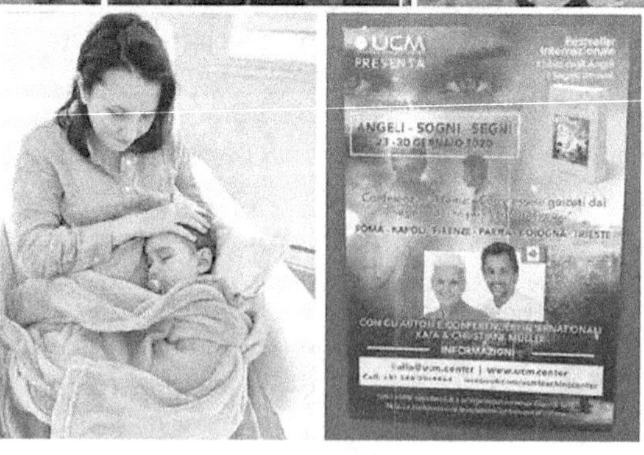

# AUTRES RÉALISATIONS UCM

www.ucm.center

---

## DICTIONNAIRE RÊVES-SIGNES-SYMBOLES
**Le Code Source**
Kaya, 920 p.
ISBN : 978-2-923654-02-7

---

## RÊVES ET SYMBOLES, TOME 1
EXTRAITS D'ATELIERS ET INTERPRÉTATIONS
Kaya, 552 p.
ISBN : 978-2-923097-07-7

---

## RÊVES ET SYMBOLES, TOME 2
EXTRAITS D'ATELIERS ET INTERPRÉTATIONS
**La Matérialisation de la vie**
Kaya, 368 p.
ISBN : 978-2-923097-14-5

---

## COMMENT LIRE LES SIGNES
PSYCHOLOGIE INITIATIQUE
Kaya et Christiane Muller, 444 p.
ISBN : 978-2-923097-04-6

---

## LE LIVRE DES ANGES, TOME 1
RÊVES – SIGNES – MÉDITATION
**Les Secrets retrouvés**
Kaya et Christiane Muller, 460 p.
ISBN : 978-2-923097-00-8

---

## LE LIVRE DES ANGES, TOME 2
RÊVES – SIGNES – MÉDITATION
**La Guérison des Mémoires**
Kaya et Christiane Muller, 704 p.
ISBN : 978-2-923097-05-3

---

## LE LIVRE DES ANGES, TOME 3
RÊVES – SIGNES – MÉDITATION
**La Source de la Connaissance**
Kaya et Christiane Muller, 472 p.
ISBN : 978-2-923097-25-1

---

**LE LIVRE DES ANGES, Tome 4**
RÊVES – SIGNES – MÉDITATION
**Le Chemin du Destin**
Kaya et Christiane Muller, 564 p.
ISBN : 978-2-923097-12-1

---

**LE LIVRE DES ANGES, Tome 5**
RÊVES – SIGNES – MÉDITATION
**A fleur de peau**
Kaya et Christiane Muller, 708 p.
ISBN : 978-2-923654-94-2

---

**LE LIVRE DES ANGES, Tome 6**
RÊVES – SIGNES – MÉDITATION
**Un monde qui déboussole**
Kaya et Christiane Muller, 660 p.
ISBN : 978-2-923654-99-7

---

**DEVENIR UN ANGE**
**Le chemin de l'illumination**
Kaya, 240 p.
ISBN : 978-2-923654-68-3

---

**LES CARTES 72 ANGES**
RÊVES – SIGNES – MÉDITATION
Kaya et Christiane Muller
74 cartes et 1 livret accompagnateur de 44 p.
ISBN : 978-2-923097-08-4

---

**ANGELICA YOGA POUR LES JEUNES,**
KÉTHER, ANGES 1 À 8
Patrick et Régine Thomas, 39 p.
ISBN : 978-2-923654-69-0

---

**LE POUVOIR DES ANGES**
**La Légende de Gérone**
Illustrations : Dominique Grelot, Texte : Kaya
Bande dessinée, 45 p.
ISBN : 978-2-923097-98-5

---

**AU PAYS DU CIEL BLEU**
(CONTE)
Kaya et Christiane Muller
Illustrations : Gabriell
38 p. avec illustrations couleurs
ISBN : 978-2-922467-20-8

---

**LE JOURNAL SPIRITUEL
D'UNE ENFANT DE NEUF ANS**
Kasara, 162 p.
ISBN : 978-2-923097-03-9

---

**LE JOURNAL SPIRITUEL
D'UNE ADOLESCENTE**
Kasara, 184 p.
ISBN : 978-2-922467-22-2

---

**ANGELICA YOGA, Introduction**
Kaya et Christiane Muller, 144 p.
ISBN : 978-2-923097-01-5

---

**ANGELICA YOGA, Tome 1**
Œuvre collective, 500 p.
ISBN : 978-2-923097-06-0

---

**ANGELICA YOGA, Tome 2**
Œuvre collective, 668 p.
ISBN : 978-2-923097-24-4

---

**COLLECTION CD ANGELICA MANTRA, VOL. 1 À 6**
Mantras chantés par Kasara

| | | |
|---|---|---|
| CD Vol. 1 | (Anges 1 à 12) | ISBN : 9782923654355 |
| CD Vol. 2 | (Anges 13 à 24) | ISBN : 9782923654362 |
| CD Vol. 3 | (Anges 25 à 36) | ISBN : 9782923654379 |
| CD Vol. 4 | (Anges 37 à 48) | ISBN : 9782923654386 |
| CD Vol. 5 | (Anges 49 à 60) | ISBN : 9782923654393 |
| CD Vol. 6 | (Anges 61 à 72) | ISBN : 9782923654409 |

**BORN UNDER THE STAR OF CHANGE**
Produit à New York, Los Angeles et Nashville par Russ DeSalvo
13 chansons inspirantes qui touche l'âme et l'esprit

Inclus, un livret de 32 pages expliquant les inspirations
que Kaya a reçues pour composer ces magnifiques chansons
CD disponible en magasin et en format digital MP3
ISBN : 6-27843-15930-8

## COLLECTION CD ANGELICA MEDITATION, VOL. 1 À 12

Méditations guidées par Christiane Muller

| CD Vol. 1  | (Anges 72 à 67) | ISBN : 9787793600129 |
| CD Vol. 2  | (Anges 66 à 61) | ISBN : 9787793600136 |
| CD Vol. 3  | (Anges 60 à 55) | ISBN : 9787793600143 |
| CD Vol. 4  | (Anges 54 à 49) | ISBN : 9787793600150 |
| CD Vol. 5  | (Anges 48 à 43) | ISBN : 9787793600167 |
| CD Vol. 6  | (Anges 42 à 37) | ISBN : 9787793600174 |
| CD Vol. 7  | (Anges 36 à 31) | ISBN : 9787793600181 |
| CD Vol. 8  | (Anges 30 à 25) | ISBN : 9787793600198 |
| CD Vol. 9  | (Anges 24 à 19) | ISBN : 9787793600204 |
| CD Vol. 10 | (Anges 18 à 13) | ISBN : 9787793600211 |
| CD Vol. 11 | (Anges 12 à 7)  | ISBN : 9787793600228 |
| CD Vol. 12 | (Anges 6 à 1)   | ISBN : 9787793600235 |

## COLLECTION CD ANGELICA MUSICA, VOL. 1 À 12

Musique instrumentale par André Leclair et Kaya

| CD Vol. 1  | (Anges 72 à 67) | ISBN : 9787793600242 |
| CD Vol. 2  | (Anges 66 à 61) | ISBN : 9787793600259 |
| CD Vol. 3  | (Anges 60 à 55) | ISBN : 9787793600266 |
| CD Vol. 4  | (Anges 54 à 49) | ISBN : 9787793600273 |
| CD Vol. 5  | (Anges 48 à 43) | ISBN : 9787793600280 |
| CD Vol. 6  | (Anges 42 à 37) | ISBN : 9787793600297 |
| CD Vol. 7  | (Anges 36 à 31) | ISBN : 9787793600303 |
| CD Vol. 8  | (Anges 30 à 25) | ISBN : 9787793600310 |
| CD Vol. 9  | (Anges 24 à 19) | ISBN : 9787793600327 |
| CD Vol. 10 | (Anges 18 à 13) | ISBN : 9787793600334 |
| CD Vol. 11 | (Anges 12 à 7)  | ISBN : 9787793600341 |
| CD Vol. 12 | (Anges 6 à 1)   | ISBN : 9787793600358 |

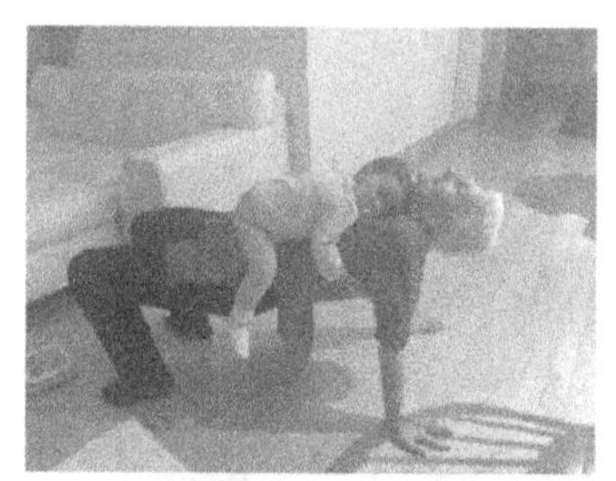

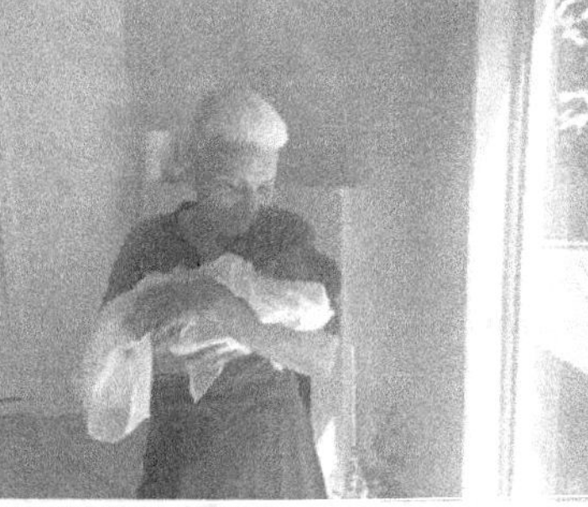

my life
is my message.
M.K. Gandhi

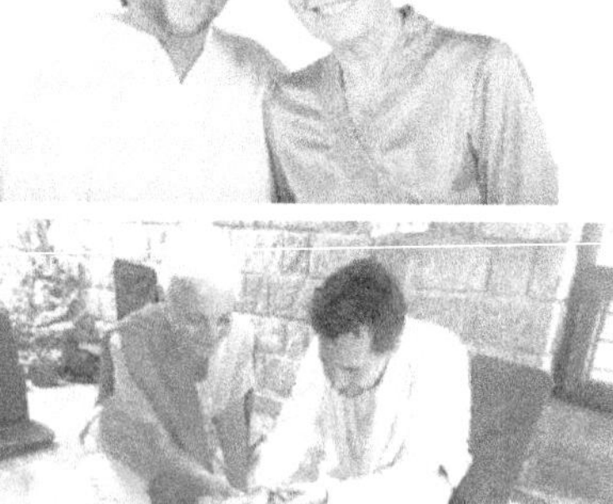

# Notes

# Notes

# Notes

# Notes

# Notes